低碳：全球创新新使命
——2022 浦江创新论坛

Low Carbon: A New Mission for Global Innovation
Pujiang Innovation Forum 2022

中国科学技术发展战略研究院　编

·北京·

图书在版编目（CIP）数据

低碳：全球创新新使命：2022浦江创新论坛 = Low Carbon: A New Mission for Global Innovation—Pujiang Innovation Forum 2022 / 中国科学技术发展战略研究院编. —北京：科学技术文献出版社，2023.8
ISBN 978-7-5235-0418-5

Ⅰ.①低… Ⅱ.①中… Ⅲ.①中国经济—经济体制改革—学术会议—文集 Ⅳ.①F121-53

中国国家版本馆 CIP 数据核字（2023）第 120486 号

低碳：全球创新新使命——2022浦江创新论坛

策划编辑：张 闫　　责任编辑：李 晴　　责任校对：张永霞　　责任出版：张志平

出 版 者	科学技术文献出版社
地　　址	北京市复兴路15号　邮编 100038
编 务 部	（010）58882938，58882087（传真）
发 行 部	（010）58882868，58882870（传真）
邮 购 部	（010）58882873
官方网址	www.stdp.com.cn
发 行 者	科学技术文献出版社发行　全国各地新华书店经销
印 刷 者	北京厚诚则铭印刷科技有限公司
版　　次	2023年8月第1版　2023年8月第1次印刷
开　　本	787×1092　1/16
字　　数	537千
印　　张	27.25
书　　号	ISBN 978-7-5235-0418-5
定　　价	89.00元

版权所有　违法必究

购买本社图书，凡字迹不清、缺页、倒页、脱页者，本社发行部负责调换

《浦江创新论坛创新研究丛书》编委会

（按姓氏笔画排序）

主　任：徐冠华

副主任：李　萌

委　员：朱启高　刘冬梅　汤富强　张　全　张　旭
　　　　陈宏凯　解　敏

编写组：马　双　马艺方　王　冰　王　超　王伟楠
　　　　王治喃　韦东远　毛义君　石敏杰　田念平
　　　　朱　姝　刘仁厚　汤东英　李　哲　李睿婕
　　　　吴　婷　吴伊人　张淑慧　邵学清　周　琰
　　　　周代数　郑君健　姜　扬　姜晨野　贺　琼
　　　　高　懿　郭滕达　谢宗伯　潘洁晞

浦江创新论坛简介

由中华人民共和国科学技术部和上海市人民政府共同主办的浦江创新论坛，创设于2008年，论坛主席为科技部原部长、中国科学院院士徐冠华先生。论坛旨在以创新为主题，坚持国际视野、国家需求，着力搭建创新发展交流平台、先进理念传播平台、学界思想争锋平台、官产学研互动平台、最新政策发布平台和国际科技合作平台，服务创新驱动发展战略和创新型国家建设。

论坛始终围绕创新主题，紧扣时代脉搏，携手全球创新力量，聚焦创新驱动发展战略，关注创新体系建设，洞悉产业变革风云，以全球视野谋划和推动创新。论坛已成功举办十五届，共吸引了全球超过2000位政界高层、学界泰斗和商界精英汇聚浦江，聚焦创新合作、创新活力、创新趋势，围绕产业、创业者、区域、政策、金融、全球健康和未来科学等方面的焦点、热点，从不同层面、不同角度深入研讨国际创新趋势、展望发展前景，形成了一批对经济发展和产业创新具有突出价值的深刻见解，产生了重要的社会影响力。

为进一步促进中国与世界各国发展科技伙伴关系，拓展创新网络，论坛于2012年首创主宾国机制，设立主宾国论坛。过去几年，德国、芬兰、俄罗斯、以色列、英国、丹麦、葡萄牙、新加坡、塞尔维亚、阿联酋、荷兰等国分别以主宾国身份亮相论坛，习近平主席和时任总理李克强及历届主宾国国家领导人先后为论坛发来贺信或作视频致辞，引起全球广泛关注，为不同国家、不同机构的创新合作搭建桥梁。科技部部长和上海市人民政府主要领导每年均出席论坛并作主旨演讲。

为进一步促进区域协同创新发展，论坛于2012年首创主宾省机制。北京市、四川省、黑龙江省、江苏省、浙江省、安徽省、广东省、河北省、陕西省、重庆市、海南省先后担任论坛主宾省，重点依托区域（城市）论坛、政策论坛等专题论坛及主宾省延伸活动，开展各类交流互动、促进区域协同发展、优化资源配置、打造新的增长极。

作为连接科技创新供需双方的创新桥梁，论坛于2020年首次增设"全球技术转移大会（INNO-MATCH EXPO）"，以"创新需求"为导向，突出"以需带供，创新服务"概念，搭建科技成果供需资源汇聚平台，发掘合作潜力、创造合作价值。

立足新时代、新起点，论坛将紧紧围绕世界科技强国和具有全球影响力的科技创新中心建设，在科技创新领域中聚焦重点、把握特点、引导热点、突出亮点，不断提升国际影响力，在推动世界和中国科技创新、支撑引领全球创新发展方面发挥更大的作用。

前 言

2022年，浦江创新论坛以"低碳：全球创新新使命"为主题，重点聚焦以科技创新支撑低碳发展、建立健全绿色低碳循环发展的经济与技术体系、深化全球低碳科技合作等诸多议题，共同为全球可持续发展擘画新蓝图、探索新路径、贡献新智慧。

2022年论坛举办了1场开幕式暨全体大会，1场全球技术转移大会及云端展览，3场特别活动（外国科学家、青年科学家座谈会及女科学家峰会），2场主宾国专题论坛，以及创新政策、未来科学和新兴技术、区域创新、绿色金融、创新创业等13场专题论坛和成果发布会等活动。主宾国荷兰、主宾省海南省、国际国内著名科技组织和科研机构积极参与，共有来自近30个国家和地区的230余位嘉宾发言（外籍嘉宾占30%）、线上线下逾8000万人次参与论坛。

2022浦江创新论坛服务国家战略，积极释放中国开放创新的强烈信号；坚持聚焦创新，国际化特色与创新要素更加凸显；汇聚创新思想，交流先进理念的平台功能不断彰显。展望未来，浦江创新论坛将立足新起点，加快成为更高层次、更优质量、更具影响力的全球科技创新合作交流平台、国家级科技创新品牌活动。

Contents 目录

第1章　开幕式暨全体大会（主论坛） ... 1
1　领导致辞 ... 1
- 时任国务院总理李克强的贺信 ... 1
- 荷兰首相马克·吕特的贺信 ... 2
- 时任上海市委书记李强的致辞 ... 3
- 时任海南省委书记沈晓明的视频致辞 ... 4
- 科技部党组书记、部长王志刚的主旨演讲 ... 5
- 荷兰经济事务与气候大臣米奇·阿德里安森斯的视频主旨演讲 ... 9

2　主旨演讲 ... 10
- 加强国际合作，共同应对全球低碳创新挑战 ... 10
- 数字技术促进全球可持续发展 ... 11
- 数据共享对经济与环境可持续发展的作用 ... 14
- 立足科技创新　推动钢铁业绿色低碳高质量发展 ... 15
- 携手合作对全球可持续发展至关重要 ... 18

第2章　水科技论坛：以水为带，共济未来 ... 20
1　论坛综述 ... 20
2　嘉宾致辞 ... 21
- 荷兰驻华大使贺伟民的致辞 ... 21
- 科技部国际合作司副司长徐捷的致辞 ... 22
- 上海市科学技术委员会副主任黄红的致辞 ... 23

3　主旨报告 ... 24
- Wetsus 模式创新，为一个更加公平且可持续的社会 ... 24

　　　　　　创新驱动发展，携手共创未来 27
　　4　主题报告 31
　　　　第一部分：中荷合作创新 31
　　　　国际合作Wetsus·China：以水为带，共济未来 31
　　　　第二部分：融合创新 35
　　　　科技、文化、教育产业融合水博物馆项目 35
　　　　第三部分：仪式与签约 37
　　　　科技部国际合作司原司长靳晓明的讲话 37
　　　　第四部分：科技创新成果展示 38
　　　　蓝色能源 38
　　　　污水处理——我们的创新和产品 39
　　　　应用水物理和漩涡增氧技术 40
　　　　电化学磷回收 41
　　5　圆桌论坛：低碳与治水作为应对气候变化的全球策略 43

第3章　政策论坛：低碳创新政策 49
　　1　论坛综述 49
　　2　嘉宾演讲实录 50
　　　　中国科技治理法治化进程与展望 50
　　　　世界主要经济体低碳创新政策的分析与思考 54
　　　　应对气候变化与碳中和技术体系的构建 57
　　　　实现双碳目标若干问题的思考 59
　　　　海南自由贸易港科技的创新政策 62
　　　　实现城市可持续发展的资金使用趋势 65
　　3　互动对话 67

第4章　女科学家峰会：绿色发展她力量 73
　　1　论坛综述 73
　　2　嘉宾致辞 73
　　　　中华全国妇女联合会党组书记黄晓薇的致辞 73
　　　　时任科技部副部长、国家外国专家局局长李萌的致辞 74
　　　　上海市人民政府副市长彭沉雷的致辞 76

  3 嘉宾演讲实录 77
    女科学家未来的使命 77
    健康老龄化和可持续发展 78
    赋能女性科技人才发展：挑战与机遇 79
    中国行动点亮绿色未来 81
    赋能科研女性，共筑绿色未来 82
    北京冬奥会低碳技术和实践 84
  4 高峰对话 85
    绿色、传承、融合 85
    低碳、创新、可持续 89
  5 圆桌论坛：绿色城市转型的布局及改变 91

第5章 科技创新青年峰会：投身新科技浪潮，共创可持续未来 98
  1 论坛综述 98
  2 嘉宾致辞 99
    科技部外国专家服务司副司长李昕的致辞——大力推动中外科技人才交流 99
  3 主旨演讲 101
    太阳能光蒸发技术最新进展及未来展望 101
    移动通信技术场景应用要重视测试环节 104
    加快氢能技术基础研究与制氢设备国产替代 106
    同一个世界，两种未来 108
    面向碳中和的可持续氢能 110
    腾讯在碳中和领域的思考与行动 113
  4 青年科学家深度对话：平行未来N次元特别版 116
  5 圆桌论坛：青年力量引领科技未来 123

第6章 全球健康与发展论坛：关注全球妇幼健康，促进全球可持续发展 131
  1 论坛综述 131
  2 嘉宾致辞 132
    上海市科学技术委员会副主任朱启高的致辞 132
    中国科学技术交流中心副主任吴程的致辞 133

3　嘉宾演讲实录 134
　　　　比尔及梅琳达·盖茨基金会北京代表处首席代表郑志杰的
　　　　主旨演讲 134
　　　　比尔及梅琳达·盖茨基金会副主任郎琳的主旨演讲 136
　　　　遗传性出生缺陷的防治 138
　　　　全生命周期生殖健康的分层模式和策略 140
　　　　中国肺炎链球菌的疾病负担以及链球菌结合疫苗效果 143
　　　　儿童早期发展的理念和实践 147
　　　　世界卫生组织加速消除宫颈癌的全球战略 151
　　　　孕产妇和儿童的药物开发智能化模型研究 153
　　　　人工智能技术赋能产前超声筛查 156
　　4　互动对话：推动全球妇幼健康发展 159

第7章　区域（城市）论坛：全球创新与绿色发展一体化·高质量 170
　　1　论坛综述 170
　　2　嘉宾演讲实录 170
　　　　光伏行业的最新发展及在未来低碳发展中的角色 170
　　　　碳达峰碳中和愿景下的能源技术创新和产业发展趋势 172
　　　　绿色氨气能源的产业化之路：从科研到市场 174
　　　　杜邦的可持续发展战略 176
　　　　全球创新和绿色发展 178
　　　　数字化智能制造与新能源电池 179
　　　　携手续创中国的工业未来 181
　　3　国际智能制造联盟圆桌会议 182

第8章　"一带一路"专题研讨会：低碳技术在"一带一路"的推广
与共享 188
　　1　论坛综述 188
　　2　嘉宾致辞 189
　　　　科技部国际合作司副司长徐捷的致辞 189
　　3　嘉宾演讲实录 191
　　　　低碳技术助力"一带一路"沿线国家应对全球气候变化 191

　　　　　碳达（TRENT）：江苏省-巴登符腾堡州环境技术与研究
　　　　　跨国能力中心 194
　　　　　中国碳达峰碳中和愿景下重点领域技术优先序分析 196
　　　　　应对气候变化时代的沿海社会生态挑战——基于自然的低碳方法 198
　　　　　"一带一路"沿线农业系统降污增汇技术途径 201
　　　　　印度尼西亚的能源转型和绿色"一带一路"投资的作用 203
　　　　　系统地理解、传播和促进双碳创新 205
　　　　　以色列：清洁技术的创业国度 207
　　　　　"一带一路"低碳共同体的实践思考 209
　　4　互动对话 212

第9章　区域（城市）论坛：新格局中的低碳协同发展 216
　　1　论坛综述 216
　　2　嘉宾演讲实录 216
　　　　　全球城市碳商的创新 216
　　　　　绿色低碳、开放共享与世界城市和区域创新发展 218
　　　　　低碳协同发展的澳门之路 221
　　　　　践行绿色低碳理念，高质量建设热带雨林国家公园 223
　　　　　碳减排与全球创新 225
　　3　圆桌论坛 227

第10章　绿色技术银行高峰论坛：创新绿色技术，引领双碳未来 236
　　1　论坛综述 236
　　2　嘉宾致辞 237
　　　　　科技部副部长张雨东的致辞 237
　　　　　上海市政府副秘书长尚玉英的致辞 239
　　3　嘉宾演讲实录 240
　　　　　碳中和目标下能源转型的五大趋势 240
　　　　　科技赋能双碳行动与绿色高质量发展 244
　　　　　量化绿色科技和量化战略目标 247
　　　　　上海碳达峰碳中和的技术路线图研究 250
　　　　　建设和完善碳交易市场 253

碳中和进程中绿色私募股权投资的重要作用.................256
　　　ESG与企业的绿色创新：绿色技术银行ESG披露指南.................259

第11章　第三届世界技术经理人峰会：做好科技服务·助力绿色转型......262
　　第一部分.................262
　1　论坛综述.................262
　2　嘉宾演讲实录.................263
　　　全球创新生态与技术转移新态势.................263
　　　双碳目标下的科学技术发展.................265
　　　碳中和与智慧能源.................266
　　　探索绿色化工发展新路径.................269
　3　圆桌论坛：技术经理人助力绿色创新发展.................272
　　第二部分.................280
　1　嘉宾致辞.................280
　　　中共上海市科学技术工作委员会党委书记徐枫的致辞.................280
　　　同济大学副校长顾祥林的致辞.................281
　2　嘉宾演讲实录.................282
　　　世界技术经理人峰会秘书处常务副秘书长夏多银的主旨演讲.................282
　3　圆桌论坛：技术转移人才培养助推科技创新中心建设.................284
　　第三部分.................291
　1　嘉宾致辞.................291
　　　同济大学经济与管理学院党委书记施骞的致辞.................291
　2　分享发言.................295
　　　同济大学技术转移方向MBA/MPA结业学生代表许冰姿的
　　　分享发言.................295
　　　国家技术转移人才培养基地（东部中心）副主任杨文硕的分享
　　　发言.................296
　　　国家技术转移东部中心副总裁朱江宣读《开展技术转移人才
　　　培养"薪火传承"计划》倡议.................297
　　　第三组学生代表夏多银进行项目介绍.................298
　　　第二组学生代表傅晓伟进行项目介绍.................298
　　　第一组学生代表许冰姿进行项目介绍.................299

　　　　同济大学技术转移方向MBA/MPA新生代表丁芸婕的分享发言...300
　　3　嘉宾演讲实录...301
　　　　数字化转型赋能技术经理人...301

第12章　创新创业论坛：双创，新"碳"途...305
　　1　论坛综述...305
　　2　嘉宾致辞...305
　　　　上海市科学技术委员会副主任陆敏的致辞...305
　　3　主旨演讲...307
　　　　新赛道——碳中和目标下的创新创业...307
　　　　起点，中国"双创"孵化助力新未来...309
　　　　新机遇，低碳创业的生态圈...312
　　　　打造科技企业的碳中和路径...313
　　4　圆桌论坛...314
　　5　发布"2022上海高新技术企业创新投入百强榜"...318

第13章　中荷"能源对话"研讨会：能源转型——工业脱碳，绿氢和电池领域的创新...320
　　1　论坛综述...320
　　2　嘉宾致辞...321
　　　　科技部国际合作司副司长徐捷的视频致辞...321
　　　　荷兰经济事务与气候政策部气候与能源司司长Sandor Gaastra的视频致辞...322
　　　　荷兰领先行业-能源名誉主席Peter Molengraaf的视频致辞...322
　　　　上海市科学技术委员会副主任谢文澜的致辞...323
　　3　嘉宾讲演实录...324
　　3.1　主题发言：氢与离岸能源...324
　　　　绿色氢能发展前景和海王星能源公司相关氢能项目...324
　　　　国家电投的氢能布局和创新技术...326
　　　　关注重要产品的储存...328
　　　　马士基脱碳计划及目标...330
　　　　荷兰氢电"吉瓦氢能"工厂项目介绍...332

　　　　　　氢能是中国能源自给的有效保障 333
　　　　　　荷兰氢气运输领域的最新发展 335
　　3.2　主题讨论：电池与工业电气化 336
　　　　　　新能源汽车动力锂电池热点问题及解决策略 336
　　　　　　低容量电池限制能源的创新和可持续性 338
　　　　　　化学工业中高温工艺的电气化 340
　　　　　　海南清洁能源储能与转换系统的研究与应用 342
　4　主旨演讲 344
　　　　　　能源转型 344
　5　圆桌论坛：推动、投资和连接能源转型——顺应潮流还是
　　　成为主流？ 346

第14章　科技金融论坛：探路绿色金融 355
　1　论坛综述 355
　2　主持人致辞 355
　3　嘉宾演讲实录 356
　　　　　　提升防范风险能力，促进绿色金融可持续发展 356
　4　圆桌论坛 361

第15章　未来（科学）论坛：脑疾病发病的神经机制 375
　1　论坛综述 375
　2　嘉宾演讲实录 376
　　　　　　病理性衰老过程中的全脑神经元网络和血管的介观成像 376
　　　　　　寻找精神分裂症和抑郁症的根源和进展模式 378
　　　　　　脑肿瘤劫持神经通路实现肿瘤成长和脑定植 381
　　　　　　神经科学机器人 382
　　　　　　生理性衰老和病理性衰老过程中的成年人神经发生 384
　　　　　　阿尔茨海默病的细胞期 386
　3　互动对话 388

第16章　未来（科学）论坛：生物医药科技前沿与生命健康产业创新 ... 392
　1　论坛综述 392
　2　嘉宾演讲实录 393
　　　　　　干细胞技术是安全、有效、打破传统医疗的第三次革命 393

比尔及梅琳达·盖茨基金会在全球及中国健康领域的工作 395
诺华集团与博鳌乐城携手推动生命健康产业高质量发展 398
产研融合加速创新，助力产业高质量发展 399
荷兰在生命科学和健康产业方面的创新与计划 401
基因治疗行业发展面临的机遇和挑战 403
海南大学药学院助力海南医药产业高水平发展 405
3 圆桌论坛 408

第1章
开幕式暨全体大会（主论坛）

2022年8月27日，以"低碳：全球创新新使命"为主题的2022浦江创新论坛在上海市开幕。时任国务院总理李克强和主宾国荷兰首相马克·吕特向论坛致贺信。时任上海市委书记李强出席论坛并致辞。科技部党组书记、部长王志刚作主旨演讲，并与上海市委副书记、市长龚正共同启动"全球技术供需对接平台"，龚正主持论坛开幕式。时任主宾省海南省委书记沈晓明通过视频致辞。荷兰经济事务与气候大臣米奇·阿德里安森斯通过视频作主旨演讲。世界经济论坛总裁博尔格·布伦德先生，可持续发展大数据国际研究中心主任郭华东先生，弗朗霍夫协会软件与系统工程研究所所长、信息通信技术联盟主席鲍里斯·奥托教授，中国宝武钢铁集团有限公司董事总经理、党委副书记胡望明先生，荷兰皇家帝斯曼集团联合首席执行官、首席运行官傅瑞德先生分别在全体大会上作主旨演讲。

1　领导致辞

时任国务院总理李克强的贺信

李克强　时任国务院总理

低碳发展事关全球绿色未来，创新是引领发展的第一动力。面对复杂深刻变化的国际地区形势和复苏乏力的世界经济，国际社会安危与共、休戚相关。各国

> 发展经济、改善民生、应对气候变化，既要立足当前，更要放眼未来，秉持科学精神和务实态度，坚持走开放合作之路，平稳有序、尽己所能推进能源消费和生产方式转变，努力实现谋发展与绿色转型并行不悖、相互促进，推动提质升级。

在2022浦江创新论坛开幕之际，我谨代表中国政府致以热烈祝贺，向主宾国荷兰代表团、向各位参会嘉宾表示诚挚欢迎。

低碳发展事关全球绿色未来，创新是引领发展的第一动力，本届论坛以"低碳：全球创新新使命"为主题，对于携手实现全球可持续发展目标具有重大意义。面对复杂深刻变化的国际地区形势和复苏乏力的世界经济，国际社会安危与共、休戚相关。各国发展经济、改善民生、应对气候变化，既要立足当前，更要放眼未来，秉持科学精神和务实态度。坚持走开放合作之路，平稳有序、尽己所能推动能源消费和生产方式转变，努力实现谋发展与绿色转型并行不悖、相互促进，推动提质升级。

作为世界上最大的发展中国家，中国要在实现现代化的过程中走低碳绿色发展之路，这在人类历史上是没有先例的，需要付出艰苦卓绝的努力才能实现。我们要立足自身资源禀赋，坚持先立后破，通盘谋划，充分发挥科技创新的支撑引领作用。推动能源消费、供给技术体制革命，确保能源供应有序推进碳达峰碳中和工作。

开放带来进步、促进发展、激发创新，是应对前进道路上各种挑战的关键一招，也是推动中国发展的根本动力。中国坚持对外开放基本国策不动摇，以高水平开放促进深层次改革，推动高质量发展，全方位加强国际合作，深化交流互鉴，更好实现互利共赢。希望浦江创新论坛以举办15周年为新的起点，更好服务国家发展，为推进全球科技创新合作做出新的更大贡献。

荷兰首相马克·吕特的贺信

马克·吕特（Mark Rutte） 荷兰首相

> 当今世界所面对的挑战需要国际合作和长远的谋划加以应对，形成合力。技术的进步和分享创新理念对于所有人拥有可持续发展的未来至关重要。

首先预祝浦江创新论坛获得圆满成功！

当今世界所面对的挑战需要国际合作和长远的谋划加以应对，形成合力。技术的进步和分享创新理念对于所有人拥有可持续发展的未来至关重要。浦江创新论坛为我们提供了一个平台，让各个领域的专家汇聚一堂，讨论和展示他们的创新。今年的主题是"低碳：全球创新新使命"，这也是中荷两国面临的挑战之一，感谢主办方的盛情邀请，由荷兰担任今年论坛的主宾国，使我们有机会回顾和庆祝两国建立大使级外交关系50周年。荷兰方代表将参与到论坛的各项讨论和展览活动当中，我们对未来抱有殷切希望。

时任上海市委书记李强的致辞

李强　时任上海市委书记

> 上海正在加快建设具有世界影响力的社会主义现代化国际大都市，推动高质量发展、创造高品质生活、实现高效能治理迫切需要科技创新的支撑和引领。我们将深入贯彻党中央、国务院决策部署，把科技创新摆在现代化建设全局的核心地位，坚定不移走中国特色自主创新道路，面向世界科技前沿、面向经济主战场、面向国家重大需求、面向人民生命健康，着力强化科技创新策源功能，努力在科学新发现、技术新发明、产业新方向、发展新理念等方面实现从无到有的跨越。坚持开放合作，深化协同创新，全面融入全球创新网络，深度参与全球科技治理，共同推进基础研究、技术创新、成果转化等方面的联合攻关，让科技创新更好地造福人类。

上海是一座创新之城。2014年5月，习近平主席对上海做出加快向具有全球影响力的科技创新中心进军的重要指示，8年来我们牢牢把握科技进步大方向、产业革命大趋势、集聚人才大举措，紧紧抓住强化科技创新策源功能这个核心任务，只争朝夕，砥砺奋进，实现了科技综合实力和创新整体效能的大幅提升。8年来，体细胞克隆猴、人造单染色体真核细胞等一批原创成果在上海竞相涌现，超强超短激光软X射线等一批国之重器在上海运行建成，集成电路、生物医药、人工智能等一批先导产业蓬勃发展，创新生态全面构建，天下英才纷至沓来，国家战略科技力量加速集聚。经过8年的努力，上海国际科技创新中心形成基本框架，全球影响力不断增强，这当中凝结着广大科技工作者的心血和汗水，凝结着国家有关部委、社会各方及海内外朋友的支持和帮助，也凝结着浦江创新论坛的智慧和贡献。

当前，上海正在加快建设具有世界影响力的社会主义现代化国际大都市，我们提出要把推动高质量发展、创造高品质生活、实现高效能治理作为上海最集中的工作导向和最鲜明的奋斗指向，这些都迫切需要科技创新的支撑和引领。我们将把科技创新摆在现代化建设全局的核心地位，坚定不移走中国特色自主创新道路，面向世界科技前沿、面向经济主战场、面向国家重大需求、面向人民生命健康，着力强化科技创新策源功能，努力在科学新发现、技术新发明、产业新方向、发展新理念等方面实现从无到有的跨越。

综观当前科技发展大势，无边界创新、全链条变革、大跨度协同的特征越来越凸显，我们将坚持开放合作,深化协同创新,全面融入全球创新网络,深度参与全球科技治理,积极发起和参与国际大科学计划和大科学工程,打造更多开放包容的国际创新合作平台,共同推进基础研究、技术创新、成果转化等方面的联合攻关,让科技创新更好地造福人类。

今年是浦江创新论坛创办15周年,15年来浦江创新论坛持续汇聚全球智慧,不断赋能科技创新,已经成为促进全球科技创新合作的重要平台。本次论坛以"低碳:全球创新新使命"为主题,共话低碳技术革命新浪潮,共谋全球创新合作新机遇,意义重大而深远。恳请大家深入交流探讨,提出真知灼见,为携手全球可持续发展目标的实现贡献我们的智慧和力量。

时任海南省委书记沈晓明的视频致辞

沈晓明　时任海南省委书记

> 海南科技创新遵循"一切从实际出发"这个最大逻辑,努力做到"三个坚持"。坚持筑独特的巢,引最好的凤,只做自己有独特优势的事,借助气候温度、海洋深度、地理纬度的优势,善用外力,引龙入海,打造"陆海空"3个未来产业。坚持只做有用的创新、不为创新而创新,以广大科技工作者和人民群众为主体,立足于现实发展需要推动创新。坚持以开放促创新,充分发挥自由贸易港建设这个最大优势和最重要特色,加强创新企业和创新人才的培育引进,进一步提升海南科技创新能力,努力在国际科技创新战略全局中占有一席之地。

当前海南全省上下正认真贯彻落实习近平总书记关于海南工作的系列重要讲话和指示批示精神,借助自由贸易港建设的东风,努力在经济建设、社会治理、科技创新等各个领域实现更高质量的发展。结合论坛的主题,我想谈一谈海南的创新逻辑。

海南创新的第一个逻辑,筑独特的巢,引最好的凤。海南科技创新基础薄弱,没有大院大所,科研人才相对匮乏。因此,我们在推进科技创新过程中格外注意把握两条:一是不赶时髦、不凑热闹,只做自己有独特优势的事。二是善用外力,引龙入海。虽然我们自己没有多少一流科学家,但是我们要吸引特定领域所有的一流科学家。例如,借助于气候温度的优势,全国种业领域一流科学家都来海南育种。又如,借助海洋深度优势,全国一流深海科研力量都在布局海南。比如说借助于地理纬度的优势,海南已经成为全国唯一的商业航天发射基地。目前,我们在种业、航天科技领域战略科技力量的集聚已经初具规模,正着力打造"陆海空"3个未来产业。

海南创新的第二个逻辑,只做有用的创新,不为创新而创新。本届浦江创新论坛的主题是"低碳:全球创新新使命",这正是海南发展所需要的。绿色低碳发展对于其他地方来说可能是一个发展问题，但对海南来说这是一个生存问题。例如，过度碳排放带来的气候变暖将导致海平面上升，这对岛屿来说是一场灭顶之灾。又如，对一些地方来说过度使用塑料制品影响的只是环境卫生，但是对于四面环海的海南来说，塑料造成的海洋污染影响的不仅是环境，更是广大渔民的生计。因此，绿色低碳发展在海南绝不是口号和目标，而是全省上下共同的自觉行动。我们建设的热带雨林国家公园已经成为全国首批5个国家公园之一，每年每公顷热带雨林可以固碳1～2吨，并且碳汇能力每年还会增加3%～4%。我们大力推进清洁能源岛建设，清洁能源发电装机规模占比已经达到74%，高出全国平均水平21个百分点。我们宣布到2025年全岛全面禁止生产使用一次性不可降解塑料制品，并且已经付诸行动。我们宣布到2030年全面禁售燃油汽车，新能源汽车保有量连续多年增速位居全国第一。总之，我们的创新是立足于现实发展需要的创新，是以广大科技工作者和人民群众为主体的创新。

海南创新的第三个逻辑，以开放促创新。自由贸易港建设是海南的最大优势和最重要特色，其核心政策是零关税、低税率、减税制和贸易、投资、跨境资金流动、人员进出、运输往来、自由便利及数据安全有序流动。这些特殊的政策制度安排对于创新企业和创新人才的培育引进起到了特别重要的作用，自由贸易港建设2年多来，海南高新技术企业数量年均增长超过40%，营业总收入年均增长超过20%，高新技术产业产值占GDP的比重由6.5%提升到14.9%。科技部和海南省人民政府联合推出海南开放创新合作机制，目的是要通过开放合作进一步提升海南科技创新的能力。

从以上3个方面不难看出，海南创新的最大逻辑就是一切从海南的实际出发。我们知道我们的努力并不会在短期内改变海南科技小而弱的现状，但我们完全有信心在国际科技创新战略全局当中占有一席之地。我们希望以参加本次论坛为契机，进一步向与会各方学习，并加强同大家的交流合作。

科技部党组书记、部长王志刚的主旨演讲

王志刚　科技部党组书记、部长

> 科技创新为人与自然和谐共生提供了新方法、新空间，实现碳达峰碳中和根本出路是科技创新，必须抢抓新一轮科技革命和产业变革机遇，立足中国能源禀赋和高质量发展紧迫需求，加快构建多能融合、市场导向的技术创新体系，从源头替代、过程削减、末端捕集等方面综合考虑科技创新的新方向，在低碳科技创新上不懈努力。在此，提出中国倡议：一是聚焦双碳目标，强化近中远期科技创新系统布局；二是坚持问题导向和应用牵引，强化低碳发展源头供给能力；三是突出"高精尖缺"导向，建设高水平科技人才队伍；四是秉持开放创新和互惠共享理念，深化绿色低碳国际科技合作。

习近平主席指出，科技引领发展，创新改变世界。科学技术越来越成为推动经济社会发展的主要力量，为浦江创新论坛的举办指明了方向。上海作为论坛主办地是中国重要的经济中心城市和国际重要的科技创新中心，正朝着营造开放创新空间、构建高水平全球创新网络目标阔步前行，源源不断的科技供给正成为上海迈向国际化大都市的强大驱动力。

设置主宾国和主宾省是浦江创新论坛的特色机制，今年的浦江创新论坛很荣幸地邀请到了荷兰作为主宾国。中荷两国在农业、环境、材料、能源等领域开展了诸多卓有成效的科技合作，期待双方以中荷建交50周年为起点，以更高层次、更宽视野、更具体的举措推动中荷两国科技创新合作再上新台阶。本次论坛的主宾省是海南，作为中国最南端的生态省，海南正在建设南繁、深海、航天三大科技城，高新技术企业技术年均增长超过40%，科技支撑旅游业、现代服务业、高新技术产业、热带特色高效农业四大产业发展的能力不断增强，创新驱动发展呈现勃勃生机。

过去一年来，中国科技创新发展取得一批重大成果和显著成效，国家创新驱动发展战略有效实施，科技自立自强迈出坚实的步伐，国家战略科技力量发展壮大，新型举国体制逐步完善，基础前沿和战略高技术领域原创能力进一步增强，关键核心技术攻关突破一批瓶颈难题。科技抗疫硬核实力，有力保障全国疫情防控。科技创新为构建新发展格局、实现高质量发展注入更多原动力，统筹发展和安全中的支撑引领作用更加凸显，全社会研发投入增长到2.79万亿元，研发投入强度达到2.44%，世界知识产权组织发布的全球创新指数排名由2021年的第14位上升至今年的第12位。

中国在全球创新版图中的地位和作用发生了新的变化，既是国际前沿创新的重要参与者，也是共同解决全球性问题的重要贡献者。

各位来宾，中国国家主席习近平指出，实现碳达峰碳中和是一场广泛而深刻的经济社会系统性变革，减排不是减生产力，也不是不排放，而是要走生态优先、绿色低碳发展道路。综观人类文明发展日程，碳达峰碳中和带来的科技革命进而引起的经济、社会、环境等各方重大变化其意义不亚于三次工业革命。全球能源结构、产业发展形态乃至人类生产生活方式都将在碳达峰碳中和这场革命当中得到重塑。重塑的关键动力和方法路径必然是当代新科学、新技术成果的支撑引领。能源方面，化石能源资源比重逐步降低，大幅向低碳、高效、绿色方向发展。同时以科技创新促进风能、太阳能、生物质能和氢能等绿色能源为主体的能源系统快速形成。产业方面，电力、工业、交通、建筑等领域将加快转型，工业流程需要再造，产业结构和业态将发生根本性变革。生产生活方面，人类社会发展路径将由资源消耗型、环境污染型转向绿色、零碳和循环模式，人类生产生活方式和自然和谐持续共生将发生划时代的重大变化。

目前全球已经有120多个国家提出了碳达峰碳中和承诺或目标，中国已明确提出力争2030年前实现碳达峰，2060年前实现碳中和，并制定了双碳目标下能源消费减排"三步走"战略。到2025年、2030年、2060年，非化石能源比重分别达到20%、25%、

80%以上，彰显了中国对保护人类地球家园的负责任态度，充分彰显了推动构建人类命运共同体的大国担当。对中国这样一个发展中大国实现碳达峰碳中和的同时实现经济、社会可持续发展，任务异常艰巨。中国的双碳目标是全球减排量最大、时间最短的国家行动。中国仍处于工业化阶段，能源消费煤炭占比仍超过50%，单位能源二氧化碳排放强度高于世界平均水平，单位GDP能耗仍然较高，建立绿色低碳经济体系任重而道远。

历史和实践证明，科技创新为人与自然和谐共生提供了新方法、新空间，实现碳达峰碳中和根本出路是科技创新。近年来，中国政府把科技创新作为关键支撑，推动能源结构不断优化，能源效率不断提高。中国连续15年布局研发供电煤耗最低可达264克每千瓦时，处于全球先进水平。可再生能源和核能领域走在世界前列，截至2021年中国可再生能源发电装机容量突破10亿千瓦，核电突破5000万千瓦，10兆瓦级海上风电机组完成吊装，每千瓦扫峰面积全球最高。第二次青藏科学考察取得系列重大发现和阶段性成果，揭示了青藏高原独特的碳循环机制，对碳达峰碳中和领域基础研究起到重要推动作用。

面向未来，碳达峰碳中和必将催生一系列新理论、新方法，推动孕育一系列颠覆性技术创新，这既是目标导向、问题导向，也是应用导向和场景导向。科技创新将在这场变革中发挥重大作用，做出重大贡献。科技支撑低碳发展，必须抢抓新一轮科技革命和产业变革带来的难得机遇，人类历史上科技创新始终是产业变革、经济发展、社会进步的有力杠杆，当前新一轮科技革命和产业变革加速演进，基础科学理论不断取得新突破，颠覆性创新成果不断涌现，引领经济社会加快智能化、低碳化、绿色化，正在深刻改变这个世界的面貌，也为我们深入推进碳达峰碳中和科技创新提供了广阔空间。我们要紧抓科技创新的发展大势，与国际科技界携手，共同在科技理论前沿上积极探索、勇攀高峰，拓展人类认知的新疆域，为应对全球性问题挑战提供新的科技答案。

科技支撑低碳发展，必须立足中国能源禀赋和高质量发展的紧迫需求，进入新发展阶段，中国已开启全面建设社会主义现代化国家新征程，坚持创新在现代化建设全局中的核心地位，把科技自立自强作为国家发展的战略支撑，聚焦双碳目标要求，形成以国内大循环为主体、国内国际双循环相互促进的新发展格局。推动高质量发展，科技创新的地位和作用更加凸显。中国能源资源的特点是富煤缺油少气，加快能源消费绿色低碳转型和产业结构升级，必须从源头替代、过程削减、末端布局等方面综合考虑科技创新的新方向，支撑构建能源消费、产品制造、服务提供、再生循环的全生命周期、全产业链条深度脱碳的系统工程。通过技术系统集成耦合与产业区域协同优化，全面实现循环型零碳发展的新路径。科技支撑低碳发展必须把实现人民高品质生活作为重要的着力点，当前科技创新深度融入健康、教育、消费、生态等各个领域，科技新产品、新体验不断重塑人类生产生活和思维模式。在今年举办的北京冬奥会、冬残奥会上科技创新成功助力低碳办赛，"互联网+"赋能的平台经济，移动支付等多种科技创新组合，深刻改变着人们的生产生活方式。面向未来，实现人类低碳生活目标，必须在低碳科技创新上不懈努力。

各位来宾，40多年改革开放的成功实践表明，开放合作、交流互鉴对于推动中国科技创新发展发挥了重要作用，我们始终强调以全球视野谋划和推动科技创新，积极融入全球创新网络，学习借鉴国际先进经验，向世界分享中国科技成果。科技部作为国家科技创新的管理部门，坚持"四个面向"的战略方向，体系化布局推进基础研究、应用研究和技术创新，加快推进高水平科技自立自强，打造世界重要人才中心和创新高地。面向新征程，我们愿意和世界各国开展广泛而深入的国际科技交流合作，聚焦气候变化、能源安全、卫生健康等人类社会面临的全球性问题挑战，积极开展创新对话和联合研究。切实肩负起推动构建人类命运共同体的科技创新使命。在此，我愿提出以下几点倡议。

一是聚焦双碳目标，强化近中远期科技创新系统布局。科技部已经发布实施科技支撑碳达峰碳中和行动方案，正在加快编制碳中和技术发展的路线图，从目标任务上统筹科技创新和政策创新，坚持减排增汇保碳协同并举，体系化布局基础能源清洁利用与高效转化、新能源利用、储能与分布式能源技术等方向研发攻关，强化科技成果示范应用，组织实施低碳科技示范工程。支持有条件的地方和重点行业、重点企业率先达峰，培育可复制、可推广的绿色低碳发展新业态新模式。

二是坚持问题导向和应用牵引，强化低碳发展源头供给能力。紧跟世界科学前沿趋势，从行业、区域、低碳发展需求中凝练重大科学问题，聚焦新型电力系统，氢能、储能、碳捕捉和利用等基础研究。坚持创新链和产业链紧密融合，鼓励企业牵头组建绿色低碳技术创新中心和创新联合体，支持企业建立新能源领域未来场景实验室，探索构建从基础研究、应用研究到技术创新和产业化的全链条科技支撑和服务体系。

三是突出"高精尖缺"导向，建设高水平科技人才队伍。人才是创新的根基，实现绿色低碳发展迫切需要建设一支"高精尖"的科技王牌军队伍。我们将注重培育碳减排科技创新的多学科知识领域，弘扬新时代科学家精神，在中国实现碳达峰碳中和中加快汇聚一批跨学科、跨领域、跨国界的科学家、企业家和工程师，大力发现培养使用战略科学家，壮大一批科技领军人才和创新团队，鼓励青年科技人才在低碳创新实践中挑大梁、当主角。我们还要为外国人才来华工作开展研究提供更多的便利服务，为各类创新主体引进好用好各类人才创造条件。

四是秉持开放创新和互惠共享理念，深化绿色低碳国际科技合作。中国实现碳达峰碳中和为世界各国科学家、企业家、工程师提供了广阔的合作空间和发展机遇，在碳排放监测手段、减排机制和路径措施等方面都有大量需要深入研究的科学问题，需要全球各方携手合作。我们将把绿色低碳摆在国际科技交流合作的优先位置，深化低碳技术创新、能源转型、产业升级、气候政策等重点领域合作，深入开展"一带一路"科技创新行动计划框架下的技术研发与国际示范，支持科学界先行发起海洋负排放国际大科学计划。深化与清洁能源、气候变化等相关领域国际组织交流对话，积极参与碳达峰碳中和相关国际规则和标准制定，为推动全球低碳发展做出更多的中国科技贡献。

荷兰经济事务与气候大臣米奇·阿德里安森斯的视频主旨演讲

米奇·阿德里安森斯（Micky Adriaansens） 荷兰经济事务与气候大臣

> 气候问题不应让我们分裂，而应让我们团结起来，因此，让我们集中精力携手推动气候工作。可持续发展事关人类的未来，我们越早认清这一点就能越早帮助彼此变得更强大，也越能分享解决方案，应对我们共同面临的挑战。

首先我想表达对上海的钦佩之情，这个城市在抗击新冠疫情斗争中展现了巨大决心，美好的未来已经展现在我们面前，让我们从中汲取希望，不断巩固两国之间的纽带。今天意味着我们对于减少碳排放的承诺，这样的领域我们已经达成了诸多共识。让我们在接下来的几天里共同努力，继续推动这一共同的事业发展。

气候问题不应让我们分裂，而应让我们团结起来。因此，让我们集中精力携手推动气候工作。可持续发展事关人类的未来，我们越早认清这一点就能越早帮助彼此变得更强大，也越能分享解决方案，应对我们共同面临的挑战。中荷两国都认识到在减少碳排放方面没有"一刀切"式的解决方案，工业可持续和农业可持续发展需要不同的方法，而这些部门在我们经济当中都发挥着至关重要的作用。因此，我们不想剪掉他们任何一方发展的翅膀，必须循序渐进，从不同层次看待问题。从个人层面、地方层面，最重要的是从国家和国际层面综合研判。我们可以在诸多领域相互学习，因此，希望今天我们能够交流最佳实践，特别是基于创新推动经济增长的共同信念。

在荷兰我们设立了一个国家增长基金，期限是从现在到 2025 年，我国政府将大力投资那些有希望助力未来可持续增长的项目。项目由公司和组织提出，由一个独立的委员会审查。该基金支持的项目之一是荷兰可持续材料开发，其重点是塑料的循环使用。该项目方仍在寻找更多志同道合的合作伙伴。荷兰在能源领域及更多的公司部门合作项目中（如非常重要的氢气和风能领域）看到了运输、出行及工业流程电气化领域的巨大机遇，我相信中国也看到了这些机遇。

本届论坛我们将举办能源对话，分享更多让我们引以为豪的项目。我们同样自豪的是长期以来和贵国的成功合作，像飞利浦这样的荷兰跨国公司就是典范，并不断扩大合作领域，该公司在中国雇用了数万人，投资绿色项目，还在中国启动了公司内部的碳税，在中国努力提高城市照明能效，并为中国科学家研究气候变化和能源转型提供了平台。荷兰的学术机构几十年以来一直和上海的大学开展合作，如我们致力于保护和恢复长江三角洲生物生态系统。我们期待着在未来看到更多成功的伙伴关系。因此，让我们利用好今天的论坛，更好地了解彼此的目标和抱负。我们当前的努力决定了子孙后代会如何评判这决定性的 10 年。

让我们一起成为点燃创新的火花，非常感谢。

2 主旨演讲

加强国际合作，共同应对全球低碳创新挑战

博尔格·布伦德（Børge Brende）　世界经济论坛总裁

> 数字技术可以为缓解气候变化做出贡献，中国推进绿色技术解决方案的承诺令人赞叹。绿色技术解决方案存在3个方面的优先事项：第一，必须扩大投资。需要扩大对清洁能源技术的投资，推进世界各地的部署。第二，需要打造一个有利于培育全新解决方案的生态系统。加倍激励创新者，让有前景的新技术快速到达用户手中。第三，加强国际合作。各国和市场主体必须携手努力，政府在制定气候目标时、企业在确定解决方案时都需要协调。

今天论坛聚焦低碳科技的议题，正当其时。过去半年是有记录以来最热的半年，气候变化已经近在咫尺。联合国政府间气候变化专门委员会（IPCC）在其最新的评估报告中做出的评估发人深省，称气候行动刻不容缓，强调了创新的重要性，称数字技术可以为缓解气候变化做出贡献。

事实上《巴黎协定》指出如果我们想把升温控制在1.5 ℃以下，技术是核心。这就是为什么中国推进绿色技术解决方案的承诺令人赞叹。习近平主席承诺中国将力争在2030年前实现碳达峰，2060年前实现碳中和。去年中国公布了五年计划，利用技术推动绿色增长。在2022年1月召开的世界经济论坛"达沃斯议程"视频会议上，习近平主席重申了中国绿色经济转型的承诺，表示实现碳中和是中国高质量发展的内在要求。这非常鼓舞人心，但要做的还有很多。随着各国领导人希望在气候目标上取得进展，关键问题是如何才能充分释放技术的潜力。在此我想为接下来的行动提供3个优先事项。

第一，必须扩大投资。我们已经拥有了实现低碳排放能源体系的路径，但需要扩大对清洁能源技术的投资，推进世界各地的部署。根据国际能源署、世界经济论坛和世界银行最近联合编制的报告，清洁能源投资需要在未来10年增加7倍，世界才能走上实现净零排放的轨道。清洁能源投资在2020年下降了8%，仅在去年略有反弹。这个大背景下世界经济论坛倡导动员对新兴市场和发展中经济体清洁能源的投资行动，成立了一个特别工作组，他们正在为发展中世界清洁能源投资提出建议。我们很高兴地看到中国伙伴正在加入我们的行动。

第二，需要打造一个有利于培育全新解决方案的生态系统。根据国际能源署的数据，帮助实现2050年净零目标技术当中，有一半今天仍然处于原型阶段。我们不能浪费一分

一秒，必须加倍激励创新者，让有前景的新技术迅速到达客户手中。为此，世界经济论坛和我们的合作伙伴在去年联合国气候大会上发起了先锋者联盟。联盟由50多家公司组成，他们利用各自的购买力在8个难减排领域为清洁技术创造新市场。通过联合行动，这些公司正发出强大的需求信号，助力技术更快推向市场。

第三，需要加强国际合作。各个公司和国家必须携手努力，否则我们不可能实现共同的气候目标。政府间制定远大的气候变化和采取行动之后，需要进行协调，企业也需要帮助确定和实施解决方案。2022年5月，中国气候变化事务特使解振华和美国总统气候问题特使克里在达沃斯世界经济论坛上进行了会晤，他们重申了两国共同应对气候变化的承诺。这就是为什么世界经济论坛将在下个月联合国大会期间在纽约召集领导人参与我们的可持续发展影响力峰会，来自企业、政府、国际组织和社会组织的领袖们将齐聚一堂，确定我们可以采取的行动，推动气候变化和可持续发展目标的进程。在短短两个月之后，世界各地领导人将齐聚埃及参与联合国气候大会，在他们制定明年气候议程之时技术将成为非常关键的工具。为充分释放其潜力，我们需要扩大投资，加强合作。

我相信我们能够实现这一目标，因为我们今天的对话恰恰说明了利益相关者之间具有如此坚定的承诺，但我们必须确保今天的对话能产生实际影响力，我们必须言行一致。正如我的朋友解振华特使说的，这不关乎言语，而是关乎行动，气候行动就是关键。我相信我们可以携手共同实现这个目标。

数字技术促进全球可持续发展

郭华东　中国科学院院士、可持续发展大数据国际研究中心主任

> 《联合国2030年可持续发展议程》提出17个可持续发展目标（Sustainable Development Goals，SDGs），其中第13个是气候行动，应对全球气候变暖。SDGs目标的实现面临数据缺乏的挑战。为应对这一挑战，中国在北京设立可持续发展大数据国际研究中心，是全球首个用大数据服务《联合国2030年可持续发展议程》的国际科研机构，为解决我国和全球重大可持续发展问题提供理论基础。地球大数据为SDGs与双碳目标战略进展监测与评估提供数据、方法与决策支持。目标战略包括SDGs若干目标和温室气体排放、生态系统碳汇、新能源发展等。"可持续发展科学卫星1号"开发的数据产品将面向全球进行共享，用大数据服务全球可持续发展目标。

2015—2030年，15年时间内，联合国关注3件大事：第一，减轻自然灾害。第二，巴黎协议为代表的全球变化。第三，可持续发展目标的实现。这个目标，17年前在联合

国总部纽约，联合国 193 个国家通过了一个具有历史意义的文件——《变革我们的世界，2030 年可持续发展议程》，核心是成员国和利益攸关方一起努力用可持续的方式生产和消费让人和自然走上和谐发展的道路，让人类未来的生活更加美好。这其中，联合国可持续发展目标（SDGs）有 17 个，第 13 个是气候变化，与低碳生活和可持续发展密切相关。

前景是美好的，如何实现呢？我们面临巨大挑战、面临百年未有之大变局、面临巨大疫情的挑战，也面临着其他方面的挑战。例如，数据是一个永恒的主题。17 个目标分成 3 类：一类是有方法有数据，一类是有方法没有数据，还有一类是没有方法也没有数据。一多半以上指标和目标没有数据，没有数据无法做成研究，没有数据无法对可持续发展目标进行监测和评估。这就是我们面临的巨大挑战。

今天我们的主题是科技创新促进我们的新未来，我们的新使命非常重要。从国际上来说，联合国推出了技术促进行动，中国叫创新驱动发展战略。技术创新其实有 4 个平台：一是联合国 48 个组织像 UNDP 等这一类组织，他们组成一个联合小组进行科技创新支撑可持续发展行动。二是一个十人组，用科技创新手段怎么支撑可持续发展的使命。三是科技创新论坛，每年在联合国总部召开科技创新大会。四是一个在线的网络平台，两年前正式上线。这张幻灯片①主要讲的是科技创新对我们低碳生活、可持续发展是多么重要。

正因如此，2 年前国家主席习近平在第七十五届联合国大会发表了一个非常重要的讲话，讲到中国关于二氧化碳排放 2030 年和 2060 年两个大的目标，同时讲到为应对可持续发展的挑战，中国将设立可持续发展大数据国际研究中心。经过一年的努力，去年可持续发展大数据国际研究中心成立了，习近平主席发来了贺信，在联合国引起高度重视，秘书长古特雷斯先生和 3 位副秘书长致辞，表示祝贺的同时也将会开展长期合作。这个中心面临巨大使命，我们归纳起来有五大使命，都是用科技创新手段来促进我们的可持续发展，为低碳生活做各方面的科技创新研究工作。形成了一套平台系统，当今世界大数据、云计算、人工智能等孕育了新突破的同时，我们现在在科技创新整个链条中大家都深刻感觉到数字技术将是我们未来科技创新的核心方向。数字技术将促进我们方方面面的发展，这里展示了我们如何基于数字技术构建了一系列云计算、云服务平台和分析平台、分析系统，实现在线分析、在线计算，让人在网络生活中用科技创新手段支撑我们方方面面的发展。

可持续发展和双碳目标从事实上来说方向是一样的，17 个目标中不仅第 13 个目标气候行动讲的就是双碳的事情，同时和其他若干个可持续发展目标也都是相辅相成的，不仅是关于陆地的，还有海洋、温室气体的也都密切相关。利用地球大数据可以帮助我们进行双碳目标的实现，尽我们的一分力量。例如，这里展示的是 SDGs 可持续发展若干方面的目标，它和一些主题包括温室气体排放、生态系统碳汇、新能源发展等一样，

---

① 指作者演讲时演示的图片。因此文为后期整理，无法找到原图，为如实记录作者演讲内容，只能按原文描述。全书还有许多类似情况出现，如未做说明，均以如实记录作者演讲内容为准。

为碳达峰碳中和的实现，做了很好的铺垫。

也基于此，如何用大数据支撑我们中国和全球的可持续发展，过去4年我们撰写了系列报告，报告的全称就是《地球大数据支撑可持续发展目标的实现》。第七十四届联合国大会中国国家领导人率团出席，这个文件也被中国代表团作为4个正式文件之一、出席联合国可持续发展峰会的2个正式文件之一，在联合国大会正式发布了。2022年9月13日第七十七届联合国大会就要召开了，第4份报告也要正式发布。报告的内涵很丰富，几十个指标评价都在里面，其中和今天主题比较相关的如生态系统碳汇，我们一些全球的陆地碳汇讲到的如近20年来全球陆地生态系统碳汇显著增加，这些增加主要来自温度升高和森林覆盖率的增加，把它的机制、缘由做了介绍。同时说生态系统碳汇，回顾过去这些年的一些历程，如1978—2017年，将近40年时间内我们三北防护林生态系统固碳量相当于同期中国工业二氧化碳排放量的5.23%。徐冠华在20世纪80年代中期做的就是三北防护林工作。这里展示了中国土地退化零增长跟踪评估及全球贡献，现在做得怎么样？中国过去几年的工作得出一个结论，2018年净恢复土地面积同比增长60.30%，土地恢复净面积约占全球的1/5，对全球贡献排在第1位。当然我们不能以此作为骄傲的理由，中国发起了"一带一路"倡议，"一带一路"沿线29个国家不仅现在没有能力，经过分析将来到2030年也很难实现这些目标，我们还应该用我们的技术和方法，利用"一带一路"这个大的平台与这些国家共同工作，在全球实现我们的土地退化零增长目标。

全面分析一下中国17个目标做得怎么样，去年我们选择了20个指标进行分析，令我们非常高兴的是有4个指标接近或者已经实现了目标。去年离2030年目标还有将近10年时间，在我们做工作的20个子目标中有1/5已经实现或者接近实现，这是中国了不起的成就。当然17个目标160个子目标任重而道远，要全部实现还有很多挑战。不仅做全国的也做区域的，我们做全球尺度的，如"一带一路"、中亚、东盟这些尺度的工作，同时也做国家尺度的工作，在这个基础上也做地方尺度的，如海南作为一个省份，这两年来我们对海南做了一些工作，从整体上来说可持续发展前景做了200多个指标，前景是很好的，但是发展不平衡。海南这些年应该说发展得还是比较快的，当然有政府的支持，还有大家的努力，科技支撑发挥着非常重要的作用。应该说海南无论做低碳战略还是可持续发展都有其独特的优势，我们列了很多它的优势，有了这样的优势，怎么往前发展？建议国家把海南列为可持续发展示范省进行建设，作为有3万多平方千米陆地面积的省，将来做自由贸易区在国际上形成一个示范往东南亚推广，往南美推广，在联合国形成可持续发展示范省，会有很好的带动作用。

最后，科技创新需要方方面面的努力，我们在用科技创新手段、数字技术特别是大数据进行可持续发展和双碳战略目标实现进行监测评估的时候，空间大数据也是很重要的。为监测可持续发展目标，去年我们发射了一颗卫星——可持续发展科学卫星，我们国家现在有很多卫星，如环境卫星、海洋卫星、陆地卫星等，可以看到那些目标都是对自然的。这颗卫星主要的科学目标思路是精细地监测人类活动痕迹，人和陆地表层目标相互作用之后留下了什么，用这个空间技术进行监测，用大数据进行分析。这颗卫星去年11月5日成功发射，获取了一系列数据，展现在这里的就是目前上海的数据，左边是夜晚反映上海灯光的数据，中间的是多光谱数据，右边是热红外数据。这里做了一个对比，从卫星上看一个地方亮度亮暗代表一个国家发展的程度，灯光越亮工业活动越活跃。疫情没来之前上海非常亮，疫情到来之后灯光暗下来了，每天进行这样的监测可以做很多分析。

上海未来发展的巨大潜力从这张图上可以看得非常清楚。让我们进一步用科技创新的手段为上海市为全国为全球促进低碳、科技发展做出我们应有的贡献。

数据共享对经济与环境可持续发展的作用

鲍里斯·奥托（Boris Otto） 弗朗霍夫协会软件与系统工程研究所所长、
信息通信技术联盟主席

> 数据在实现碳中和过程中发挥着重要作用，尤其在数据共享和数据空间方面。建立数据生态系统，以多边合作的形式应对挑战。建立相互认可的评价标准，建立跨企业价值链的碳足迹数据标准。国际数据空间协会（IDS）制定了实现数据共享、保证数据主权及安全数据交换的标准。国际数据空间协会实验室为中欧双方的合作提供了平台，帮助确立数据共享和可信数据经济的互操作标准。建立科技创新网络来解决全球问题和时代挑战，专注世界创新合作与发展。

我以我们的战略研究项目为例，向大家介绍我们的碳排放目标。我们的灯塔项目旨在实现化工生产过程中的全面减排及能源与材料的可持续循环。除此之外，弗朗霍夫研究院的塑料循环经济与卓越中心集结了6家院所的科研团队，以塑料为代表，设计和实施基于循环经济原则的价值创造体系。最后，弗朗霍夫研究院与9个欧洲研究合作伙伴共同组建了海洋可持续性解决方案的创新平台。

接下来我想谈一谈我个人非常感兴趣的一个研究主题——数据在实现碳中和过程中所发挥的重要作用。尤其是数据共享和数据空间，即数据共享的基础设施是实现该目标的重要推动力。因为只有这样才能建立起数据生态系统，并让我们可以以多边合作的形式来应对气候变化的挑战。在工业网络及其生态系统中共享数据信息，是资源共享的先决条件，进而降低资源消耗和产出，帮助实现碳中和的目标。此外，生产数据的共享可以提高工业资产的利用率和整体效益，在过去如果物流运输网络中的合作伙伴能够像今天一样共享彼此的运输需求和运力数据，额外的运输消耗就可以被避免了。

为了实现真正的碳中和，我们还需要一致的相互认可的评价标准。例如，建立统一的跨企业和价值链明确的碳足迹数据标准，国际数据空间协会（IDS）为数据空间制定了实现数据共享、保证数据主权及安全数据交换的标准。IDS 目前包含来自 20 多个国家的 130 多个成员，其中中国成员包括中国信息通信研究院、华为、海尔等，他们是 2016 年、2017 年加入协会的首批成员。现在为了将我们的合作伙伴关系提升到一个新的水平，目前我们在中国正计划筹建 IDS 研究中心和实验室，该计划由我们中方合作伙伴特别是上海交通大学的教授进行协调，我个人非常期待将于 2022 年 9 月 27 日举行的国际数据空间实验室的开幕仪式。国际数据空间实验室为中欧双方合作提供了平台，帮助确立数据共享和可信数据经济的互操作性标准。

立足科技创新　推动钢铁业绿色低碳高质量发展

胡望明　中国宝武钢铁集团有限公司董事、总经理、党委副书记

> 中国钢铁行业支撑国家经济快速发展，碳排放的任务仍然艰巨。中国宝武钢铁集团有限公司（简称"中国宝武"）一直在为"碳减排"努力，"绿色"是中国宝武的生命底色和发展本色，而科技创新将是可持续的推动力。中国宝武率先发布了碳中和行动方案：一是绿色制造探索低碳冶金创新工艺；二是绿色产品支撑绿色生态圈的发展；三是绿色产业助力低碳社会的发展。未来推动绿色低碳发展的主要方向：一是科技创新，推进绿色低碳技术创新工程；二是标准创新，建立钢铁行业低碳技术标准体系；三是平台创新，推动我国钢铁行业环境产品声明（EPD）平台工作；四是金融创新，完善低碳转型绿色金融支持体系。

15 年来浦江创新论坛紧扣时代发展主题，积极回应国内外科技新领域的热点和难点，对促进我国企业的创新发展发挥了重要的导向作用。中国将力争在 2030 年前实现碳达峰，2060 年前实现碳中和，这是中国向全世界做出的庄重承诺，是关乎中华民族永续发展的重大问题。

今年论坛以"低碳：全球创新新使命"为大会主题，集中研讨如何通过科技创新积极应对气候变化，必将激发全球智慧，凝聚更多共识，有力推进广大企业和社会各界的双碳工作。2015 年自签署《巴黎协定》以来，中国积极参与气候变化国际谈判，维护多边共识，主动担当大国责任，加速绿色转型，先后发布了覆盖全国全领域的碳达峰碳中和及 1+N 政策体系，目标明确、路径清晰、措施坚决，为推动全球气候治理贡献了中国智慧和中国方案。

中国钢铁行业支撑了中国国民经济的快速发展，但同时也是工业领域的碳排放大户，

近年来尽管中国钢铁企业在节能减排方面付出了很大努力，碳排放强度逐年下降，但由于规模体量大、能源结构单一等原因，碳排放的任务仍然十分艰巨。中国宝武是一家具有悠久历史的钢铁企业，2021年钢铁产量达到1.2亿吨，在2022年8月发布的财富世界500强排行榜列第44位，继续居全球钢铁业首位。为践行中国关于实现碳达峰碳中和的承诺，履行企业社会责任，中国宝武在钢铁业界率先提出了实现双碳的目标。非常荣幸今天受大会邀请，我就中国宝武绿色低碳转型发展的战略与实践和大家做一个交流。

中国宝武定位于提供钢铁及先进材料综合解决方案和产业生态圈服务的高科技企业，以共建产业生态圈、推动人类文明进步为使命，以成为全球钢铁及先进材料引领者为愿景。"绿色"是中国宝武的生命底色，2021年年初中国宝武在钢铁行业率先发布碳减排目标，2023年力争实现碳达峰，2025年具备减碳30%的工艺技术能力，2035年力争减碳30%，2050年力争实现碳中和。这是中国宝武积极响应中国关于碳达峰碳中和的重大战略决策所确定的时间表和路线图。聚焦新时代钢铁业绿色低碳发展要求，我们整体部署、重点突破，将绿色低碳转型发展细化为绿色制造、绿色产品、绿色产业3个维度，将绿色贯穿于制造、服务和经营管理全过程，打造绿色产业生态圈。在产业规划、业务发展方面，我们强化顶层设计，进一步优化产业布局，根据双碳时代高产能产业布局结构性转移和调整的要求，我们计划发挥西北地区绿色能源资源的优势，实施沿路沿线产业布局，与现有的沿江沿海弯弓搭箭的钢铁基地布局形成协同发展的空间架构。在钢厂改造方面，我们努力实现废气超低排、废水零排放、固废不出厂，加快建设绿色钢厂。目前，通过实现碳排放和污染物排放治理同步，我们能源环保绩效水平持续进步，2021年吨钢综合能耗同比下降3000克标准煤，二氧化硫、氮氧化物和化学需氧量排放总量下降20%、23%和8%。产业转型升级中我们明确提出打造材料高科技、信息高科技、能源高科技的创新高地。

应对气候变化是当今国际社会共同面临的挑战，非一己之力能够完成的。在世界钢铁业界，我们积极倡导低碳冶金理念，大力推进国际交流与合作。2019年10月中国宝武陈德荣董事长在墨西哥蒙特利尔举办的世界钢铁协会执行理事会上正式发起组建"全球低碳冶金创新联盟"、设立"低碳冶金创新中心"和"低碳冶金创新基金"的倡议。经过多方努力，这些倡议目前都已经成为现实。来自世界15个国家的62家企业院校、科研机构为了绿色低碳这个共同目标采取一致行动，加入我们的行列，体现了钢铁企业对全球应对气候变化进入新阶段的集体响应。同时，也代表钢铁企业在低碳发展之路上将有可能走得更快。今年中国宝武发起的"低碳冶金创新基金"受到了42家科研院所科研人员提交的150项创新项目申请，中国宝武已提供了3875万元资金支持。

绿色低碳创新发展不能停留在理念和规划上，更应该付诸行动。选择正确的碳达峰碳中和路径对钢铁企业尤为重要，2021年11月18日在全球低碳冶金创新联盟成立大会上中国宝武率先发布了碳中和行动方案，这个方案具有3个特点。第一，绿色制造探索低碳冶金创新工艺。2022年7月作为全球首个工业级别的富氢碳循环试验高炉已经在新疆八一钢铁正式点火投运。湛江钢铁目前正在建设一座百万吨级的氢基竖炉电路短流程零碳工厂，于2025年前具备研发生产超低二氧化碳排放的高品质绿色产品的能力。第二，绿色产品支撑绿色生态圈的发展。钢铁产品本身就是绿色可循环材料，中国宝武对汽车用钢等钢铁精品的研发制造产品不断升级，不仅为汽车行业和大型机电工程提供了节能降耗材料，还直接带动下游企业及其用户的碳减排。面向量大面广的建筑行业、交通运输等领域，中国宝武正在开展全方位的材料使用系统解决方案的研发工作，促进更多企业材料应用的全面升级。从材料选用的源头上减少碳排放。第三，绿色产业助力低碳社会的发展。作为规模最大的钢铁企业，中国宝武积极承担建设低碳冶金现代产业链的责任，促进产业生态圈绿色低碳转型。这既是落实国家战略部署的积极行动，也是未来提高企业竞争力的关键所在。中国宝武将身体力行，积极发展绿色能源、绿色资源、绿色金融等产业，带动整个钢铁产业链建立新生态、低碳绿色化。

基于多年来的系统研究和深入实践，我们越来越深刻地认识到绿色低碳转型是对传统钢铁产业工艺的颠覆性革命，唯有通过技术创新方能加快推进钢铁企业的绿色低碳化，真正实现企业的高质量发展。中国宝武已编制发布了集团首份绿色低碳发展报告，展示我们在科技创新、标准创新、平台创新、金融创新4个方面做出的初步探索，也明确了我们未来推动绿色低碳发展的主要方向。

一是科技创新，推进绿色低碳技术创新工程。钢铁产业走向碳中和，关键还是在技术创新、技术突破。科技创新是实现绿色低碳的根本路径，我们清醒地认识到要实现钢铁工业的碳中和目标，绝对不是靠一两项技术就可以完成的，而是一个系统创新工程。一方面要瞄准资源化，通过提示界面能效的创新与应用等技术，推进全流程极致能效；另一方面要在颠覆性新工艺、新技术方面加大研发力度，加快关键核心技术的攻关与应用。为此我们研究设立了碳中和工作推进机制，成立了碳中和推进委员会、碳中和办公室和低碳冶金创新中心。优化技术创新体系，建立高效运行的研发模式和工作机制，同时积极申报碳中和冶金技术国家重点实验室。在全球范围内招募了专业人才，以开放的科研项目吸引人才聚集，提供现场实战平台和试验场所，为他们早出成果创造条件。

二是标准创新，建立钢铁行业低碳技术标准体系。中国宝武将强化科技创新成果转化为技术标准的顶层设计，联合相关研发机构一起加速构建钢铁行业低碳技术标准，促进低碳冶金技术的规模化应用，推动全行业向碳中和目标迈进。结合世界钢铁技术发展趋势，去年我们发布了《低碳冶金技术路线图》，深入策划了炼钢、热轧、冷轧等低碳工艺技术，使得钢铁企业的低碳冶金技术路径越发清晰。

三是平台创新，推动我国钢铁行业环境产品声明（EPD）工作。环境产品声明是钢铁产品在其整个生命周期中对环境造成影响的承诺。截至目前，中国宝武共有6类产品已发布环境产品声明，未来我们将携手国内外同行共同建立国际通用的钢铁产品环境声明规范，促进国际钢材市场的有序竞争。

四是金融创新，完善低碳转型绿色金融支持体系。绿色低碳转型离不开绿色金融的支持，作为国有资本投资公司，中国宝武强化资本运作与产融结合，利用市场化手段积极拓宽绿色金融融资渠道，初步构建绿色金融支撑体系。我们发起并成立了宝武绿碳股权投资基金，陆续发布了绿色信托、绿色基金、绿色债券，在实施转型的上海宝山原钢铁厂区，我们盘活存量资产，建设宝武碳中和上海产业园，营造了良好的现代产业投资生态。

携手合作对全球可持续发展至关重要

傅瑞德（Dimitri de Vreeze） 荷兰皇家帝斯曼集团联合首席执行官、首席运行官

> 地球正迅速接近关键的不可逆转的临界点，但仍有避免气候变化产生最糟糕后果的可能，荷兰皇家帝斯曼集团（简称"帝斯曼"）提出了在人类健康、地球健康、健康生计3个领域的承诺。创新在于伙伴关系，没有合作就没有创新。公共部门和私营部门有相互学习的地方，双方都有强有力的专业知识和能力，私营部门可以通过可持续创新和公共部门进行合作，在实现低碳未来方面发挥重要作用。可持续创新方面的投资绝对是关键，如减少与农业相关的沼气排放、推动可持续农业、推动科学与创新能力数字化转型。

帝斯曼是一家全球领先的健康营养和生物科学公司，运用科学改善人类和地球的建筑，以造福所有人。帝斯曼的宗旨是为所有人创造更美好的生活，我们的产品和解决方案解决了世界上最大的挑战，为其所有的利益相关者、客户、员工、股东和整个社会创造经济环境和社会价值。地球正迅速接近关键的不可逆转的临界点，但仍有避免气候变化产生最糟糕后果的可能，企业有责任将他们的资源和专业知识应用到他们能产生最大影响的地方。作为全球领导者，帝斯曼宣布了一系列新的可量化的承诺，旨在解决与2030年世界粮食生产和消费相关的紧迫的社会和环境挑战。这些承诺涵盖了公司认为和业务伙伴一起可以产生最大积极影响的3个领域：人类健康、地球健康和健康生计。

帝斯曼根植于超过100年的营养科学，聚焦不断增长的营养业务。私营部门可以通过可持续创新和公共部门进行合作，在实现低碳未来方面发挥重要作用。公共部门和私营部门有很多可以相互学习的地方，双方都有特定的专业知识和能力。强有力的公司合作伙伴将促进解决方案的推进，以实现整个社会的集体利益。创新在于伙伴关系，没有合作就没有创新。我们与数以千计的创业公司、学术界、供应商和世界各地的很多机构共同改善人类和地球的健康。我们需要政府、非政府组织、科学界等所有人士的共同努力。

可持续创新方面的投资绝对是关键，我举几个例子。沼气是一种强大的温室气体，100 年时间里使地球变暖的能力比二氧化碳强 28 倍，20 年时间里它的变暖能力比二氧化碳强 80 倍。减少与农业相关的沼气排放是应对气候变化的关键，我们用于反刍动物的沼气抑制剂可以减少 30% 的沼气排放，我们已经开始在中国的注册流程，期待为中国的可持续发展目标提供支持。另外，帝斯曼最近宣布将生产世界上第一个生物基的维生素 A，对化妆品用户进行应用测试，从而实现更低的碳足迹。还有一个创新例子是数字技术的使用，数字技术对于抓住新机遇越来越重要，我们将继续加大投资，推动公司科学与创新能力数字化转型。帝斯曼推出 Sustell™ 智能可持续发展服务，利用数据驱动解决方案，改善动物蛋白生产的环境足迹。这些创新有利于农民和客户，为更广泛的价值链开辟了新的可能性。

我们的行动旨在共同建设绿色低碳的未来。作为一个目的导向的公司，我们的目标是推动可持续增长，这就是为什么我们非常自豪地大规模提高排放目标。我们同时承诺将在 2030 年实现使用 100% 的可再生能源，2018 年该计划启动时这一比例很低，是创新使之成为可能。再创造，根植于帝斯曼企业基因当中。帝斯曼成立于 1902 年，从一个多世纪以前的荷兰国有矿业公司起步，现在已经转型成为一家全球性的科学公司，致力于通过创新让世界更健康、更幸福、更安全。

第 2 章

水科技论坛：以水为带，共济未来

1　论坛综述

当今世界正经历百年未有之大变局，低碳对于携手实现全球可持续发展的目标具有重大意义。中国坚持走开放合作之路，平稳有序尽己所能推动能源消费和生产方式转变，努力实现谋发展与绿色转型相互促进，推动提质升级。

水是综合创新领域永恒不变的话题。水科技不仅带来了科技创新，还延伸出模式创新、合作创新及融合创新。中荷科技创新合作基础扎实，面临共同挑战，未来合作前景广阔。近年来，中荷两国在水科技、碳中和等领域探索开展了众多富有成效的科技创新合作新模式、新路径。

荷兰是 2022 浦江创新论坛主宾国。本次论坛于 2022 年 8 月 27 日在上海举行，主题为"以水为带，共济未来"。荷兰驻华大使、科技部国际合作司、上海市科委和宜兴市人民政府相关领导，凯斯·布斯曼、张景安等领域知名专家、学者参加了会议，重点围绕水科技开展了深度对话，全面推动中荷科技创新合作，为全球低碳创新发展探索新方向和新路径。

2 嘉宾致辞

荷兰驻华大使贺伟民的致辞

贺伟民 荷兰驻华大使

> 今年是中荷建交50周年,但两国在贸易、人文和创新等领域的交流不止50年。过去几十年,两国在各个层面的关系都更上一层楼。未来,两国将在水领域开展合作与协作。荷兰在水领域创建了知识和创新联合体,我们坚信中荷两国可以通过创新生态系统,共同面对水领域的全球挑战。

各位代表,各位贵宾,女士们先生们,荷兰的线上听众早上好!中国的听众下午好!

非常荣幸今天我们共襄盛举,荷兰与中国的代表共同参与综合水科技联合创新论坛。我非常高兴,本届论坛作为浦江创新论坛的一部分,并邀请荷兰作为今年的主宾国。

今年是中荷建交50周年。然而,我们的创新交流、人文交流、贸易交流远不止50年。过去几十年,两国关系在各方面都更上一层楼。互相学习是我们双边关系的重要基石。荷兰和中国在很多领域可以合作,协作则更加重要。要应对当前的全球挑战,需要搭建政府、企业界、科技界的合作伙伴关系。

水领域很好地彰显了挑战,它将世界上最好的科学创业精神汇集一堂,促进中国和荷兰携手共创辉煌。全球水问题是当今世界最大的问题之一,如水的质量、再利用和可得性。中国部分地区及荷兰都面临着这样的困境。

荷兰的大部分地区低于海平面。例如,上海有很多河流在长江三角洲汇入海洋。今天我们介绍水领域有关机制,让荷兰成为极为领先的水技术创新国家。荷兰的一大决心是提高水安全性,在2030年之前为世界过亿人口提供水安全。

在水领域,我们建立了多样的知识和创新联合体——Wetsus(欧洲卓越可持续水技术中心)就是一个典范。这个机构是荷兰创新生态系统的一部分,我们深感自豪并坚信两国合作伙伴可以通过这一生态系统,更好地解决全球水领域的重要挑战。

总结之前,我想特别感谢浦江创新论坛的主办方——科技部及上海市人民政府,我也要感谢中国国际科学技术合作协会(CAISTC)、中国科技金融促进会(CSTF),他们共同承办了此次会议。我真诚地希望在本届论坛后,我们就荷兰与中国如何携手共进有更好的想法,为这个领域激起思维的火花并带来进步。谢谢大家!

科技部国际合作司副司长徐捷的致辞

徐捷　科技部国际合作司副司长

> 气候变化加剧背景下，水技术对中荷两国都十分重要。中国水资源短缺、水灾害问题依然比较突出，欧洲国家极端的洪灾、旱灾事件频发，中欧均面临严峻的水安全挑战。为此，需要培养科技力量以攻关问题、破解难题。中荷双方将基于浦江创新论坛开展交流合作并加深了解。中国与荷兰拥有独特的水治理文化及智慧结晶，并在包括环境科学在内的多领域务实合作，取得了令人满意的成果。期望双方以中荷建交50周年为良好契机，通过本论坛平台开展知识分享、成果展示并探讨合作的挑战与机遇，推动中荷两国在水科技领域的联合研究与创新，推动两国迈向更高水平、更深层次的合作。

尊敬的贺伟民大使、黄红副主任、各位专家、中荷双方的同事们，大家好！很高兴出席今天的中荷水科技联合创新论坛。今年是中荷建交50周年，我非常欢迎荷兰担任2022浦江创新论坛主宾国，感谢大使先生亲临现场。

中荷双方将在浦江创新论坛期间共同举办系列活动，今天的水科技联合创新论坛就是其中之一。我相信通过论坛期间的交流合作，双方将加深对彼此的了解，为未来合作奠定更坚实的基础。

中国国家主席习近平指出，水是生存之本、文明之源。《联合国世界水发展报告》明确指出，气候变化造成的灾难，90%与水有关。在气候变化加剧的影响下，中国水资源短缺、水灾害问题依然比较突出，而欧洲国家极端的洪灾、旱灾事件频发，中欧均面临着严峻的水安全挑战。要破除水资源对社会、经济发展的制约，就需要我们进一步培养水资源领域的科技力量，开展水重大问题的攻关，破解水治理中的科技难题。

水科技也是中荷两国历久弥新、事关国计民生的话题。中华民族千年来一直传承着上善若水的水文化，积累了丰富的水治理经验与智慧。荷兰人民在低地上建立了水治理的强国，在与水的抗争中形成了独一无二的水治理与生态领域的强国。荷兰和中国政府实施了主题科研合作计划和产业创新合作计划等，促进了两国大学和科研机构开展包括环境科学在内的多领域务实合作，取得了令人满意的成果。

今天的论坛聚焦水科技话题，双方多位专家和政府代表参会，我们期待双方通过今天的平台充分交流思想和创意，介绍中荷在水科技领域的发展，分享水科技领域的知识，展示科技创新的成果，探讨中荷水科技合作的挑战与机遇。希望以中荷建交50周年为良好契机，以科技创新的力量共同应对水治理难题与气候变化，迎接碳中和带来的产业发展和变革机遇，推动中荷两国在水科技领域的联合研究与创新，推动双方迈向更高水平、更深层次的合作。

衷心祝愿论坛取得圆满成功，谢谢大家！

上海市科学技术委员会副主任黄红的致辞

黄红　上海市科学技术委员会副主任

> 上海被誉为东方明珠,作为东南沿海的特大型城市,在气候变化、海平面升高、极端天气频发的背景下,面临着严峻的环境挑战。上海的经济贸易中心地位要求我们在注重降碳与环保的同时,还要着力兼顾经济发展,更需要运用科技创新的力量来解决水及环境问题。全球气候变暖、海平面上升,对荷兰和上海等临海地区都是重大的潜在威胁,水科技是上海与荷兰共同的紧迫议题,也是我们重要的合作契机。

尊敬的贺伟民大使、徐捷副司长、凯斯·布斯曼教授、张景安院士,各位来宾,女士们先生们,很高兴参加今天的中荷水科技联合创新论坛。

首先,非常感谢主宾国荷兰驻中国大使贺伟民先生亲临现场,感谢凯斯·布斯曼教授实时在线,感谢张景安院士应邀来到论坛现场,也非常感谢荷兰驻华大使馆、荷兰驻沪总领事馆对浦江创新论坛的大力支持,在此我谨代表上海市科学技术委员会,对水科技联合创新论坛的顺利召开表示热烈的祝贺,对各位嘉宾的到来表示热烈的欢迎!

上海被誉为东方明珠,作为东南沿海的特大型城市,在气候变化、海平面升高、极端天气频发的背景下,面临着严峻的环境挑战。上海的经济贸易中心地位要求我们在注重降碳与环保的同时,还要着力兼顾经济发展,更需要运用科技创新的力量来解决水及环境问题。

荷兰地处海上要道,素有"欧洲门户"之称。有1/3国土海拔低于海平面,以水连接各个产业,作为欧洲的经济强国、领先的科技创新强国及现代化程度高的农业强国。荷兰长期以来围绕水环境的治理及科技创新,使土地免于水患、农业免于干旱、工业摆脱污染、资源免于流失,是上海借鉴学习的好榜样。

上海与荷兰在海洋和水方面的合作颇具渊源。早在1876年,荷兰工程师约翰斯·特来克推动成立黄浦河道局。约翰斯·特来克和他的学生们在上海治水数十年,提出了疏通港口淤塞,极大地改善了黄浦江商船的进出条件。时隔百年后的2006年,上海还曾收到当年负责承接倒堤的荷兰利济公司发出的特别信函,提醒吴淞口疏浚倒堤的寿命期限将至。近年来,华东师范大学等上海高校与乌得勒支等荷兰高校科研机构开展了海洋、海口、海滩气候等领域的科技合作,取得了系列成果,充分体现了上海与荷兰深厚的合作基础。

如今,在低碳战略背景下,上海和荷兰一样都面临着全新的治水挑战。据测算,到2025年全世界将有24亿～33亿人口面临缺水风险,气候变化导致的灾难90%与水有关。全球气候变暖、海平面上升,对荷兰和上海等临海地区都是重大的潜在威胁,水科技是上海与荷兰共同的紧迫议题,也是我们重要的合作契机。我们期待中荷双方的企业家和科学家为促进水资源的保护、推动水科技的利用贡献真知灼见，积极献计献策，为迎接共同挑战、共促社会发展做出贡献。

最后预祝本次论坛取得圆满成功，祝各位嘉宾在沪期间工作顺利，生活愉快，谢谢大家！

3 主旨报告

Wetsus模式创新，为一个更加公平且可持续的社会

凯斯·布斯曼　瓦格宁根大学教授、欧洲卓越可持续水技术中心创始人

> 水即生命，水系万物，水技术对人类的生存至关重要。荷兰的Wetsus是世界重要的水机构，对荷兰水效率的提升起着关键引领作用。报告介绍了Wetsus的工作模式：信任是Wetsus与外部团队开展合作的重要基石，Wetsus的合作方式、团队架构与融资构成为"小核心、大网络"的工作运营提供了强有力的保障。Wetsus的四大研究主题是：可持续的水、健康环境、资源回收及抗干旱性。该机构正通过下水系统的化学品污染处理、饮用水管道的无铅化控制、干旱韧性等项目争取实现技术应用的突破，有望打造、推广一批典型示范项目。Wetsus重视人才选拔和国际交流，也强调艺术与科学的碰撞。荷兰的水技术创新具有一定的影响力，但仍存在很多空白，所以国际合作异常重要。

下午好！我们非常自豪受邀出席这个重要的论坛并作演讲。

水资源稀缺和水质量是人类即将面临的最大挑战。荷兰以水治理闻名于世，从水质的角度，水质稀缺也非常关键。这些问题因气候变化、气候危机而变得更为急迫，所以解决气候危机是当前巨大的挑战。

地球上的淡水包括源自南北极的淡水，但它们不可使用；80亿人口依赖于少量的可利用淡水。解决其他问题或许还有替代品，但解决水问题却没有。人体的70%由水构成，人体分子的99%都是水。可以说，水技术对于人类的生存至关重要，应用于社会的方方面面。

我们认为，水技术在人类社会的应用早于计算机技术。我们在该领域做了很多研究，发现水技术可以很快实施。当水危机出现，我们有很好的模式来解决危机。所以，水技术的实施速度需不断提高。

未来10年，荷兰将斥巨资提高水效率。Wetsus将在技术效率上发挥关键引领作用。

基于水方面的研究，水效率的问题因地区而异。通常，饮用水的质量差距不大，生产的废水也会有全球影响。我们的解决方案可以在世界各地广泛应用和推广。或许我们的努力还不足以解决全球水问题，因而国际合作对于攻克这一难题至关重要。中国远大于荷兰，为此，我们非常自豪、非常高兴来中国开展这项工作。两年前，我们和CAISTF签订合约，但由于新冠疫情而延缓实施。我们将继续努力，关注这个富有挑战的项目。

荷兰三角洲和长江三角洲十分类似，人口密集且有很多工业活动。所以，两者在碳、水、经济方面的挑战是类似的，我们可以相互学习、相互借鉴、相互帮助。

接下来介绍Wetsus。Wetsus通过结合大学知识和公司技术来提高水的利用效率。当前，共有106个公司和25家大学加入了Wetsus，可支持20个研究团队同时开展60个项目。尽管机构较小，但它是世界上最重要的水机构。下面介绍我们的工作模式。

首先，我们的合作完全基于信任。我们将方案划分至20个研究团队。类似于知识产权集群，5~8家公司、2~3个大学共同加入一个技术集群，汇集知识以解决具体问题。我们基于淡水发电，也基于海水和盐水淡化发电，2个大学和几家公司共同解决问题。我们希望用10年时间搭建荷兰最大的工厂，通过混合盐水和淡化来发电。

其次，Wetsus的四大研究主题是可持续的水、健康环境、回收资源及抗干旱性。我们有20个研究团队，每个团队由几家公司和几所大学合作运营。我们基于有限的规模建立信任，这是考虑到过大的合作范围将不利于建立信任，而信任会影响创新效率。我们在初始阶段发现了对创新效率非常重要的3个要素：第一，创新的声誉。众所周知，Wetsus享有一定的声誉，十分受人尊重。第二，诚信。应当作可靠的合作伙伴。第三，为所有人谋福利的善念。大家能够感受到Wetsus的善意，我们希望给合作伙伴带来好的东西。以上三点是Wetsus努力的方向。Wetsus及其合作伙伴每年举行3次会议介绍进展情况。

最后，在合作方式上教授们不做相同的研究，他们和外部团队就同一题目开展合作。这种方法打造了创新和团结。当各方乐于分享知识时，这种方式有助于释放各方面知识，使创新的速度大大提高。人们在每个集群内基于信任感分享知识，提高效率。通过平衡研究主题，大公司和中小企业也可以加入。相较于经济领域，水领域较小，但它对经济的影响是方方面面的：饮用水、地下水、医疗、能源、食品体系等，所有人都需要水技术。将所有的水技术集合到一个研究计划中，便可以达成很大的规模。

形成创意、解决难题，需要跨领域、跨部门的合作。Wetsus把不同大学的博士纳入一个独立的实验室，这个实验室和他们是相互独立的。通过这种方式，Wetsus项目和50位教授搭建起桥梁，通过这个内部网络分享知识。一个拥有50名知名教授的项目是世界上最好、最大的"水技术大学"。这50名教授都是欧洲的知名教授。在Wetsus的合作大学中，最重要的纽带是荷兰技术大学，他们是整个网络的核心。

在架构和融资上，为了增强项目的现实意义或成功概率，一个很好的融资体系是必需的。加入 Wetsus 的公司承担 25% 的资金，大学或者政府承担 75%。这对他们而言是战略性投资，使研究项目更有现实意义。

公司方面，一些公司非常知名，一些公司则相对较小，虽然这些小公司仅在我们的网络内为人熟知，但有望在未来成为知名公司。Wetsus 关注科学，在创新生态系统中利用技术大学做科学成果或工程的推广。在企业界，荷兰最大的水技术集群就在 Wetsus。有 200 家公司加入了我们的网络，公司可以自己创业，也可以把它应用到整个社会。我们可以一起考虑未来的问题，可以把这些研究成果或想法带入现实，我们可以做科学实验，再做一些工程验证。如果成功，可通过国际营销网络将技术商业化。这是一个非常完善的创新生态体系，它对于快速实施创新非常关键。

接着，Wetsus 未来 10 年的商业新计划——一是关注可持续水，如通过无化学品的水系统，减少污染水对人的毒害。二是关注环境健康，通过传感器、监测系统和人工智能，预测水是否安全、水治理是否有效、是否合格。三是希望做抗旱研究，不限于技术视角的储水，而是改变土壤和水文体系。四是关注循环经济，回收资源。水领域有很多资源是被吸湿的，他们会从经济体系中流出，接着流入大海或者成为垃圾。Wetsus 的一个重要项目就是留住这些吸湿资源。五是增加合作公司的竞争力。

案例项目一：当下水系统遭到化学品污染，其淤泥无法安全使用。本质上，厕所废弃物十分干净，可通过废物分离将其转化为农业可用的下水杂物。这是当前成本最低的饮用水获取方式。它可以和厨余结合，厨余可以和厕所排放物结合，最终安全地生产农用产品。我们对这项新技术极有信心，并在欧洲的部分地区开展实验（有数百个家庭试用），我们希望大力拓展。

案例项目二：饮用水的管道无铅化。管道中的铅可能污染饮用水。我们可以将抗泄露型饮用水管的漏水率降低至 30%，这已是世界领先水平。饮用水管道是一项重要工作，我们开发的超声技术可以快速探测哪部分管道何时需要更换，大大降低了探测成本。

案例项目三：干旱韧性项目。让西奈沙漠长出森林，这几乎是难以置信的。基于既有的土壤和湿度，利用天然生态系统生产充足的水，将为社会带来巨大的益处。与中国案例相比，西奈沙漠的降雨更少，因而挑战更大。从二氧化碳这一资源来看，未来，从工业和空气中捕获二氧化碳至关重要，尤其是要实现气候中性。我们将研究电极系统和水系统，因为它们可以节能地捕获二氧化碳，我们希望能推动该技术。

最后，我们的最终目标是竞争力。我们有一个非常大的项目，并得到了政府的资助，希望能够增强科学家的创业精神。科学如果不探索，就是死科学。所以，我们寻找衍生公司，希望形成合作，一方有知识产权，另一方验证其科学、协助其寻找网络、资助其发明，由此为社会带来更多创新。

接下来介绍我们的教育项目。我们开展中小学教育，寻找对水技术感兴趣的年轻人才。一个年轻的部门——business，获得了全荷兰的水技术青年大奖。这个奖项吸引了包括中国在内的50多个国家参与竞争，各国组织国内的水领域竞赛来选拔参与者。Wetsus多次斩获荷兰大奖。此外，Wetsus开设了一个水技术硕士项目。每年，至少6名中国学生会加入Wetsus学院，他们对Wetsus学位的看法非常积极。Wetsus还有独特的博士项目，每年也有几位中国博士生参与。不难看出，Wetsus和中国已有诸多联系。

接下来介绍我们的艺术项目。我们认为艺术和科学可以互相促进，这值得研究。同样重要的是，要让科学走进大众。所以，我们设立了"艺术遇见科学"项目，研究有趣的水现象。这将为艺术带来大量无尽的灵感。例如，在鹿特丹2020年艺术节上展示电气化的水，结合淡化和盐水来带动小风车的项目。

例如，和澳大利亚合作的漩涡也表明水技术可以带给人们很多艺术灵感。我们非常自豪，基于和中国的合作基金，我们可以让科学家和艺术家相聚，并开展二三十个科学艺术项目。非常期待未来在中国和荷兰展示，效率决定未来。

我们知道创新对于未来的重要性，希望Wetsus可提供连贯的解决方案，使一个危机的解决方案也能够解决其他危机。诸如过去化学物质降解等不连贯的解决方案不太适合处理我们当前面临的下水道问题。所以，我们希望Wetsus提供的是具有有连贯性的科技解决方案。对于Wetsus来说，我们要做到循环，以自然为基础，用水而不是化学物质，联系一切。

进出口都包含水，都是用水生产的，我们就由水构成。水即生命，水系万物。谢谢！

创新驱动发展，携手共创未来

张景安　国际欧亚科学院院士、国际欧亚科学院中国科学中心常务副主席、科技部原党组成员、科技日报社原社长

> 在中国，水科学是一个发展重点。荷兰的水科技位居世界前列，其体制机制创新也取得了巨大成功。Wetsus在组织架构、运行模式、合作机制、知识产权管理、孵化及成果转化等方面均有体制机制创新，非常值得中国研究和借鉴。中国政府重视创新与开放发展，坚定不移地推进全球化和创新全球化。"一带一路"是中国推进国际合作的重要载体，有一定的历史渊源。"一带一路"是文明之路和公平之路、是合作共赢之路、是携手创新之路。在新一轮科技创新与产业革命背景下，国际丝路科学院将发挥国际合作的创新平台作用，促进实现互利双赢，共创繁荣。

尊敬的各位来宾，大家好！首先热烈祝贺浦江创新论坛中荷水科技联合创新论坛的胜利召开，向会议的主办方、协办方表示感谢，向出席今天会议的各位嘉宾表示热烈的欢迎！

众所周知，水是人类生命生存最重要的源泉。古今中外，人类文明都离不开水，任何时代、任何事件、任何发展、任何文化都与水息息相关。

水孕育了世界文明，如中国黄河被誉为中华文明的摇篮。面对全球变化，水的问题越发复杂，不确定性越来越多。中国人均水占有量在世界排名靠后，水资源紧张的问题日益突出，已经成为制约我国经济高质量发展的关键问题之一。中国在水方面做了很多工作，如"南水北调"、海水淡化、水的优化治理、水的综合利用、水的污染治理等。水资源、水生态、水管理、水科学一直是中国的发展重点。

今天，水的问题仍然重要，但也复杂，所以中荷合办此次论坛意义重大。中荷两国在水方面的科技合作及整体科技合作的前景光明。荷兰把水作为国家战略的重要民生工程，并将其定位为优先发展的九大领域之一。荷兰支持新技术在水研究中的应用，并走在世界前列。荷兰在水领域有很多研究和转化，都值得我们学习和借鉴。

荷兰北部城市拉尔敦水技术研究中心，是我们学习的样板。该中心在体制机制创新方面取得了巨大成功。在组织架构、运行模式、产学研集成创新、国际合作机制、知识产权管理、创新链条、孵化体系和成果转化等方面均有多项创新，非常值得研究和借鉴。

在相关方的支持下，中荷正进行探讨合作，衷心希望我们这项合作取得较好的进展。习近平主席说："绿水青山就是金山银山。"水已经成为今天中国发展的重要问题之一。因此，今天的会议意义非凡，且在双碳背景下尤为重要。

"一带一路"是科技创新之路，"一带一路"倡议是当代世界和平发展、合作共赢的一面旗帜。在国际化舞台，丝绸之路是一个很好的策划，有助于推动和"一带一路"沿线国家乃至整个世界开展国际科技合作，实现共同目标。

创新是应对发展环境变化、破解深层矛盾问题的必然选择。创新决定国家的竞争力和未来。然而，只有更加开放方能实现创新。所以，中国一直在寻求如何在开放中求发展。我们做了包括国际科技合作在内的诸多努力，有很多工作，也有很多项目。中国40年的快速发展证明，开放的系统充满活力，封闭则面临淘汰。由于当今世界的发展变化，任何国家都不可能关起门来独自发展，必须创新合作，在共赢中前进。特别在新时代，通过丝绸之路发展科技合作，能让多方受益，能够创造未来。

因此，中国政府、中国科技界在坚定不移地推进创新的全球化，为人类命运共同体做出贡献、做出我们的努力，打造全球科技创新共同体。世界遭遇了"黑天鹅"、新冠疫情及俄乌冲突，但是危机中也藏有机遇，这是规律。此次疫情更加彰显出各国命运相连。无论在哪个国家，生命的价值高于一切，天下一家，命运与共。此次疫情更加彰显风雨同舟，以及世界人类命运共同体的必要性。所以，本次会议中，无论是抗疫，还是解决水、环境问题，对大家都有利、都有意义。

第二次世界大战后，世界曾经有一段很长的和平发展机遇期。但如今，世界出现的问题层出不穷，有人说现在我们进入了危机最多的时代，整个世界充满不确定性，导致创新全球化进入困难期。据官方数据：乌克兰、俄罗斯生产的小麦、大麦约占世界的1/3，葵花子占世界的1/4，两国的产量、供应量约占世界的1/4。在地缘冲突前，国际粮价的振荡还有上升；过去一年，全球粮食的价格上涨了1/3，石油价格上涨了2/3，俄乌局势进一步加深了粮食供应链的不稳定性。根据国际货币基金监测的数据，目前已有30个国家对粮食供应进行限制，造成粮食供应链出现诸多问题，食品价格上涨。我认为这有可能拉动全球食品价格上涨，未来世界的趋势将会越来越严峻。有专家说：谁掌握粮食，谁就可能掌握世界。今后相当长的一段时间内，可能出现大面积的、全球的通货膨胀，这些都严重影响全球化及创新的全球化。

回顾历史，2000年前张骞出使西域，打通了贸易路线，开辟了丝绸之路的新纪元。丝绸之路成为亚欧经济发展之路、成为推进亚欧大陆的文明之路，对世界文明的发展产生了巨大影响。明永乐、宣德年间，郑和在海上丝绸之路传播文明，并带动经济发展。18世纪，继丝绸和陶瓷之后，中国的茶叶流入欧洲市场。直至1820年以后，有200多艘船在东南亚做海上贸易。丝绸之路对人类文明做出的贡献永载史册。

信息化互联网刚兴起时，我们赴硅谷调查。那时主流观点认为：信息技术、人才及观念的自由流动，是推动人类文明和全球发展的重要力量。信息化使全球的信息经济得到巨大发展。但是，现今出现了诸多新的不确定性因素。在此情境下，全球化受到很大阻力，有的发达国家失去了推动力，而发展中国家仍在极力推动全球化。因此，我们推动国际化的任务更艰巨、问题更多。然而，国际化是世界前进的重要力量，全球化是大趋势、是文明的象征。即便全球化进入危机之中，中国仍将坚定不移地推动全球化。

今天，我们和荷兰共同举办论坛，促进中荷在各方面的合作，这表明中国政府、中国人民正坚定不移地推动全球化，坚定不移地与全世界互利双赢，坚定不移地推动和平与发展。当今国际贸易下降和世界贫富差距扩大，这两个趋势令人担忧，并影响未来世界发展的进程，也令世界形势出现诸多新的矛盾。在这种情况下，习近平主席提出"一带一路"倡议具有重大意义。

第一，"一带一路"是推动整个国际走出困境、克服重重困难、走向文明繁荣的丝路，也是文明之路和公平之路。这是丝绸之路的本质，也是中国的先进文化。无论世界出现什么问题，中国将坚定不移地推动全球化，中国科技界将坚定不移地推动创新全球化，用我们的智慧打造世界文明，尽中华民族之责。

第二，"一带一路"是合作共赢之路。我国对外开放进入新阶段，提升开放型经济发展水平是中国开展国际合作的一个抓手。"一带一路"沿线国家的基础设施具有很大提升空间，中国年产钢11亿吨、水21亿吨，在绿色水泥、绿色钢铁等技术方面已达到或接近世界先进水平，这使中国在基础设施建设方面具有比较优势。中国在高科技大学建设方面仍有很大的差距，但在基础设施建设方面有很大的优势，因此，在全球新一轮基础设施搭建中，中国物美价廉的钢材和水泥、中国勤劳的建设能力和设计能力有利于推动"一带一路"沿线国家基础设施建设，推动路通、财通，实现双赢和经济发展。中国可以有所作为。

中国是世界的制造业基地。但随着国内工资、地价和原材料成本的上涨，中国部分产能转移到"一带一路"沿线国家。如同20世纪80年代经济结构调整带来的历史发展机遇，制造业一部分转移到中国，中国建设特区、经开区、高新区，帮助一些地区建设科技园区和产业园区，以解决就业、培养人才、发展制造业，为"一带一路"沿线国家提供广阔的舞台，实现互利双赢的合作。

全球供应链的增长，"一带一路"沿线国家可以与各国进行优势互补，互利双赢，这样能够破解"一带一路"沿线国家的发展瓶颈，也是实现全球增长和可持续发展一个途径。

席卷全球的新冠疫情重塑了人类文明，重塑了世界经济格局和商业版图。全球还面临着百年未有之大变局，面临第二次世界大战以来一次深度的全球次序调整，世界需要修复基于规则的国际体系。疫情阻碍了全球化，又成为新的全球化的巨大推动力。因为这次疫情绝不是最后一次，在任何国家生命的价值永远高于一切，疫情使一些产业、企业破产淘汰，但同时倒逼新的技术、新的业态，新的经济崭露头角。大数据、区块链、人工智能快速发展，AI检测、智慧医疗、智能识别、云办公、无接触购物、远程互联网教育出现，萌生了跨界融合的新赛道，出现了新经济的新场景。疫情期间，中国的网上购物、在线教育、在线问诊、在线娱乐、远程办公等实现了井喷式增长。这些都展现了科技创新的价值和科学技术是第一生产力的威力。新冠疫情也倒逼创新生态的形成，我们愿意在新技术、新业态方面与各国合作。首先与荷兰开展深度合作，互利双赢，共创辉煌。

第三，"一带一路"是携手创新之路。当今，全球数字化的时代正向我们阔步走来。22年前，习近平同志在福建任省长时，率先在福建推动建设"数字福建"。22年过去了，数字化已经广泛渗透到经济、政治、社会、文化的方方面面。有人说，人类已进入一个"万物皆数"的时代，数字化正以不可逆转的趋势改变着人类社会。数字产业化、产业数字化，各行各业都要进行数字化转型。有人说，不转型就面临着淘汰。中国进入了创新驱动，数字化、智能化引领高科技、高质量发展的新时代。新时代还有一面旗帜，叫作碳中和。2020年9月22日，习近平主席在第七十五届联合国大会向全世界庄严宣告，中国将力争2030年前实现碳达峰、2060年前实现碳中和。一年以后同样是9月22日，中国政府提出完整准确全面贯彻新发展理念，做好碳达峰碳中和工作，确保双碳目标的实现。要求坚定不移地走生态优先、绿色低碳高质量发展之路，确保如期实现碳达峰碳中和目标。这吹响了我们向碳目标迈进的号角，我们愿与各国在数字化转型和碳目标中开展深度合作，共建美好地球村。这次会议的水合作就是其中之一，我们衷心地希望水合作能够卓有实效，互利双赢。

国际未来科学院，由中国科学院院士、中国工程院院士和社会科学优秀专家组成。国际欧亚科学院中国科学中心与多国科学家搭建了一个国际合作创新的平台，深入开展文化交流与合作。国际丝路科学院成为高层次的思想库，深入探讨"一带一路"沿线国家共同关心的问题，以高质量的研究抢占国际科技制高点，实现互利双赢，共创繁荣。创新是当今世界的主旋律、主题词。新一轮的科技创新与产业革命在全球兴起，重大的颠覆性创新随时可能出现，创新已经成为世界重塑经济结构和经济格局的关键。中国提出：要以科技推动全面创新，我们愿意首先与荷兰进行深度的创新合作，历史的今天也为我们提供了一个千载难逢的机遇和美好的前景。

各位嘉宾，人类经济社会发展是开放共赢、合作和平的发展，合作使各方受益。丝绸之路科技合作的机遇难得，让我们携手构建更有亲和力、互利双赢的亲密合作新局面，让国际科技合作成为"一带一路"的亮点。

刚才荷兰水中心也提出了一个合作项目，其中很多建议完全可以在"一带一路"创新合作中有所作为、优势互补、互利双赢，促进两国携手创造美好的明天。

千秋伟业人才为本，人才是富国之策。今天中国在打造一个完整的新时代创新生态，以独特的关键优势、超大规模的制度优势、中国的开放优势与各国朋友密切合作；以卓越的创新能力扎扎实实搞合作、实事求是搞创业，推动经济社会稳定可持续发展。让新时代美丽的创新之花在国际合作中尽情绽放，谢谢！

4 主题报告

第一部分：中荷合作创新

国际合作 Wetsus·China：以水为带，共济未来

荣忆宁　中国科技金融促进会产业创新工作委员会国际部主任

> 上善若水，水善利万物而不争。欧洲卓越可持续水技术中心（Wetsus）展现出强大的创新能量，并通过 Wetsus·China 项目成立本土化的 Wetsus 中国机构。Wetsus 项目运营表明：水科技领域的创新有助于连通世界、促进学科交叉融合、突破科技转化瓶颈、化解领域资源整合屏障、延伸国际创新合作、提升公众教育与社会认知。当前，Wetsus·China 项目已有明确的落地路线，该项目将结合荷兰水科技经验与中国文化智慧，促进 Wetsus 在中国生根发芽，共创美好未来。

各位领导、各位来宾，下午好！荷兰的线上听众早上好！

我很高兴作为中荷水科技创新论坛的坛主，代表中国科技金融促进会产业创新工作

委员会，在浦江创新论坛与在座各位探讨创新生态的合作与发展。

首先，感谢荷兰科技与创新官员办公室给予我们机会，在浦江创新论坛的舞台展示我们的工作内容和工作成果。

其次，感谢浦江创新论坛组委会，在如此艰难的情况下，依然坚持举办了如此高质量、高水平、大规模的科技创新论坛。因为大家的坚持，我们此刻才能相聚起。

今天我演讲的题目是"以水为带，共济未来"。水科技论坛的主题是共济未来，今天我带来了更加详尽和具体的计划。中国科技金融促进会作为我国科技金融领域唯一的国家级社会团体，在长期工作中探索问题时也遇到了很多难点。尤其是近年开展产业创新工作时，一是遇到了诸如公共社会问题、技术创新问题、产业创新问题、生态模式等瓶颈；二是在和各地政府、各处企业的沟通交流和共同发展过程中，发觉是否应当做出一些突破，是否有新鲜的思想和"血液"来激发更多创新。

在上海，科技和金融是最让人骄傲的两个产业。我们今天在浦江创新论坛探讨这个问题，再合适不过。

我们在探索这些问题的过程中，发现了 Wetsus。荷兰持续在历史上以强大的创新能量而闻名。我们到访 Wetsus 时，看到它门前的奠基石上写着中国《道德经》中的一句话：上善若水，水善利万物而不争。我们觉得非常有趣，居然在地球的另外一端邂逅如此熟悉的语句。

深入沟通了解后，欧洲卓越可持续水技术中心（Wetsus）成为我们灵感的泉眼。Wetsus 做到了人才、科研、产业 3 项全能强势输出，科技成果转化率高达 40%，Wetsus 的学术引用因子高达全球的 2.4 倍，这对于全球高企而言都是望尘莫及的。我们过去感到不可思议，它能孕育出这么多创新成果，其所在地荷兰小城吕伐登被联合国授予"创新城市"；我们到访时感到名副其实，和 Wetsus 深入交流探讨，试图从深层次理解为何它能具有如此强的创新能量。

我们今天在此分享 6 点水科技的作用。

第一，水联通世界。当打开全球地图，似乎地球被不同色块分割成不同的国家与地区，只有海洋是相连的。但如果切换为"水"的视角，如《国家地理》发布的世界河流地图，各板块则由不间断的水系、江河湖海连接在一起。我们强烈感觉到，人类命运共同体的基本逻辑和水是相通的。

刚才科技部领导的致辞中提到，水是生存之本、文明之源。这是习近平总书记提出的。产业创新工作委员会能深刻领会到：在全球水资源日益匮乏的今天，防治水污染、保护水资源、实现水资源的可持续利用已经成为世界各国的必然选择，更是未来世界各国合作创新的重点领域。

我们可以深刻地感受到：什么是国际合作的关键点，什么能把大家真正联通在一起，什么可以打破当前的地缘政治——我们认为本质上是人们对生存的渴望、对生活品质的追求和对安全的需要。

第二，水是促进学科交叉融合的关键因素。由于水是一种物质（饮用、清洗），也是一种形态，它幻化万物于无形。我们的生活离不开水，我们的身体由水组成。因此，最先进的科技智慧都自然而然地激发和应用于水科技。

我们的一个观点是：水是一切科技的起点，也是一切科技的归宿。荷兰 Wetsus 发表期刊论文的领域分布显示，水科技不仅包含我们理解的环保、污水处理领域，还包含各个方面，如水生通信、机器人检测、生物医药，都和水科技密不可分。为什么说水可以打通学科交叉？一个关键点是，水是高容性根科技，同时它具有包容的形态，可吸引和建立各学科间的信任感并促成合作。这使我们在研究中能邀请多个学科、多个相关领域的学者、教授在 Wetsus 平台上共同研究。因此，我们提出的"高容性根科技"概念不在单一的技术领域，而在融合万物的技术领域。

第三，水科技有效突破了科技转化的瓶颈。Wetsus 坐落于荷兰的一个小城市吕伐登，据了解它只有 8 万～10 万人口，相当于上海一个小区的大小。但这座小城却被联合国授予"创新城市"，享有"欧洲水科技首都"之誉。这里构建了以 Wetsus 为核心的创新生态系统，聚集了上百家水处理领域的科研机构、创新平台、初创和中小型企业，形成了世界上影响力最大的水技术创新集群——吕伐登水科技园。Wetsus 扮演了什么样的角色呢？它处于市场需求和科研端，中间加入了创意环节。我希望大家体会一下水给我们带来的感觉——融合感。当我既了解市场需求，又有专业科研能力时，我可以帮助市场提出它的科研需求，并由 Wetsus 平台的众多教授、博士生、博士后实现。其创新的科研链条真正推动了产业创新，进而激发科研全循环的闭环式链条。

第四，水科技领域的科学研究化解了领域资源整合的屏障。这一点对于中国，尤其对于中国科技金融促进会及在座领导都十分明了。中国很多高科技产业园（产业集群）可能都有类似模式：以某一科研机构为核心（如一个研究院或一所大学），围绕该研究院促进产业发展，搭建产业链条。在中国，我们通常会建立孵化器，设立产业引导基金等。

为什么类似的模式在 Wetsus 如此有生命力？结论是因为 Wetsus 从事水科技，Wetsus 模式和中国既有的一些模式存在不同。Wetsus 以水科技为核心，具有非常强的带动能力。在研发端，Wetsus 建立了需求驱动型多学科研究计划。由于它的科研端非常强、包容性非常强，所以它能为专门的主题、领域和水科技概念建立中试平台。基于 CEW 中试平台，紧紧围绕科研核心，就能对实验室的科技成果做有机转化。同时，大量的基础研究推动了应用研究。一批围绕于科研核心的从事金融、项目孵化和市场营销的服务配套机构形成了水务联盟（Water Alliance）。

为什么我们认为 Wetsus 打破了资源整合的屏障？Wetsus 和现有产业工作的一个区别是它有一个强大的驱动链条。Wetsus 通过创新核心区驱动下游服务端的配套，而不是聚集零散的物理空间却互相不理解。

第五，水科技延伸了国际合作的创新。这也是我们在过去几年不断探索、不断拓展的事项。今天我们讨论 Wetsus·China 战略，是想将荷方和中方的优势紧密结合，逐步突破市场和技术的瓶颈，通过高效管理，以最低成本、最高效率释放科技创新活力，提供水危机的解决方案。荷兰 Wetsus 的创新驱动力、创新管理模式、科研网络及平台已经孵化出千千万万家的企业甚至大型跨国企业。中国擅长什么？中国拥有开放的心态，乐于搭建国际合作；中国看重科技发展和科技建设；中国有活跃的资本和领先的思路。中荷两国就像两块拼图，可以恰到好处地拼成一幅完整的图画——Wetsus·China。我们有理由相信，Wetsus·China 可以发展出一个更大的体系，有能力整合更多的科研资源、产业资源和金融资源。让我们共同促进水科技深根发芽，发展壮大。

幽默地讲，似乎科学家总是和苹果树有很深的根源。这是凯斯·布斯曼教授最喜欢的一个比喻：Wetsus 当年也是一棵小小的苹果树，初始阶段长得并不快，它需要 5 年、10 年、20 年的时间慢慢发展。当它长成，便能永远给你带来美味的苹果——领先的、有创新力的科技成果。

第六，提升公众教育和社会认知是推动 Wetsus 落地中国的重要基础。我们特别重视水科技是因为它不仅关乎人类命运的主题，也时刻关乎每一个人，却被忽视和搁置。所以，在整个科研体系中，我们不仅需要科学家，需要产业里的企业，同时还需要社会的关注及公众的理解和认知。

在提升公众教育和社会认知方面，我们开展了博士课题研究，这是 Wetsus 平台上第一个社会科学主题。研究课题叫作"高效型水创新模式的管理理论及跨文化的普适性和可行性"。这项研究并非儿戏，而是能推动在中国复制出 Wetsus 的姐妹机构。我们花时间研究了把 Wetsus 带到中国的模式，促进它生根发芽。第二个课题是如何带动社会参与，提高社会科技的变革性技术和系统影响力。我们认为人人都与水息息相关。水领域的变革也和每个人息息相关。我们希望在推动公众对于水关注的过程中，无形地带动相关产业的发展。

世界卫生组织提到，由于其在生活中的基本作用，水具有很强的文化维度。如果不了解或不考虑水问题的文化层面，就无法找到可持续的解决方案。我认为这种提法恰如其分。它真实地映射了水在整个社会中遇到的问题，同时提供了一个新思路，即开展水科技创新时要考虑、结合文化概念。因此，中国将推行的 Wetsus 中国战略包含了水博物馆项目。水博物馆项目，就是科技成果的艺术化展示。它不是传统的博物馆，通过搜罗展品向大家展示或者让大家了解历史，而是通过艺术化的手段和能与公众沟通的语言，向所有人展示科学家的科技成果。所以，科技不仅与科学家相关，科技的创新或者产业的变革不仅仅与企业家相关，这个主题和全人类相关、和每一个人相关。为此，我们希望创造出一种新模式——用艺术化的、广大受众更能理解的、更多人能记住的方式，展现先进的水科技理念。

下面介绍 Wetsus·China 项目的落地路线。首先，由于 Wetsus 拥有 15 年的水科技创新历史，它可以提供丰富的科学技术成果。其次，Wetsus 将在中国落地新型研发机构，并进行艺术化的二次研发。具体而言，我们将在研发阶段做科技再投入，研发成果是可以和公众交流的科技展品。我想在这里感谢宜兴环保科技工业园，感谢它对我们的新型研发机构的支持及对整个项目的理解。最后，我们会在水博物馆项目里呈现该产品。它是科技的、未来的、绿色的、互动的有机体，致力于让更多人明白应该爱护水、珍惜水、投身或促进水科技的发展。具体而言，我们可以使用展览空间办活动，可以做文创，可以做各类转化来促进和公众的交流。最终，让更多人认识水、感受水，推动水科技的创新和发展。

经过多年探索，我们希望可以和 Wetsus 发挥各自优势，将荷兰 Wetsus 20 年的水创新管理经验与中国东方文化智慧相融合，促进 Wetsus 在中国生根发芽。

我们可以发挥金融的力量，为水科技插上翅膀，以最快的速度培养科技人才，促进科技创新。共同抵御日益加深的气候灾难，助力实现 2060 年碳中和。

最后，我希望今天的努力可以带来平安、幸福的未来生活。谢谢大家！

第二部分：融合创新

科技、文化、教育产业融合水博物馆项目

佛罗瑞思·杰尔德　欧洲卓越可持续水技术中心水博物馆项目主理人

> 欧洲卓越可持续水技术中心实施了多项卓有成效的艺术展出项目。其中，水博物馆项目促进了艺术、科技、文化机构的连接与融合；机械音乐国际展览项目吸引了荷兰皇家的关注和中荷民众的热情；零碳足迹项目实现了知识和艺术的融合，也在校园落地。两个标准有助于判断艺术家、科学家、设计师的跨界合作是否成功：一是是否引起公众的关注；二是是否能为艺术家和科学家之间建立联系、促进交流。成功或典型案例包括源自凯斯·布斯曼教授灵感的陶瓷、瓦片艺术品，以及斯丁·霍夫曼的摄影作品。

女士们先生们，我非常高兴在此为大家讲述我们精彩的新项目。我不是水科学家，我的工作主要是连接不同领域的人，促进艺术、科技、文化机构的连接与融合。我非常高兴自身有和中国伙伴的合作经验。2006 年，荷兰前女王碧翠丝曾为我们的展览开幕剪彩，当时许多国际知名博物馆都参与了这次展览，包括北京的故宫博物院。

机械音乐国际展览项目：我们在广州举办了一次机械音乐国际展览。当时荷兰驻广州总领事也参加了这个展览。我们与故宫博物院进行了文物修复方面的合作，互相交换意见，探讨如何修复18世纪的文物钟表（不限于水技术）。该项目倾注了大家极大的热情，同时得到了荷兰王后马克西玛的重视。

零碳足迹项目：在荷兰Utrecht科技园，我们开展了零碳足迹项目。如何运用知识在这个科技园实现零碳足迹？由艺术家、设计师、教授、学生参与，在日常生活中运用知识，以可见和实际的方式实现零碳足迹。例如，我们用羊毛制作瓦片，搭建科技园的一个装置。如何使校园更加可持续？我们用咖啡渣在植物园里种植蘑菇。设计机器使装置能够盛放更多的饮用水。

在荷兰的一所大学，一些新的发明、装置、艺术作品都是和水技术相关的。这个项目的特别之处在于，它不是由艺术家来装置艺术品或是由设计师来搭建艺术品，而是通过匹配艺术家和科学家，推动双方紧密合作、共同装置和设计艺术品。我们希望创造出20～30件艺术作品，并向公众展示，让人们在适当的时候在中国、荷兰看到我们的展出品。

在3天前的一场国际音乐会，国际博物馆理事会为博物馆赋予了一个新的定义。博物馆是一个为社会服务的机构，向公众开放以提供独特的经验体验，包括教育、娱乐、思考和知识分享。根据上述定义，我们的项目可称作一个博物馆。艺术家、科学家、设计师之间的跨界合作，怎样才算成功？以下几点非常重要。

标准一是引起公众的关注，让他们关注到水技术和相关知识的重要性，以及对于社会的重要意义。怎样让公众认识到水技术的重要性是衡量成功的一个标准。

标准二是艺术家和科学家之间的互动交流，互相激发各自的灵感和创造力，并交换想法。这不但可以让艺术家更有灵感，也能让科学家更有创造性，让所有参与者都有独特的体验和收获。

此外，我们也希望通过此类项目，为中荷两国的科学家和艺术家建立联系。

这个项目的参与者众多，一些人也出席了今天的论坛。今天我们非常高兴和中国科技金融促进会、宜兴环保科技工业园一起做这个项目，也感谢各位合作伙伴的共同参与。我们在中荷两国都有非常好的团队，期待能尽快当面交流推动项目。

最后，和大家分享几个颇具灵感的项目。一份来自荷兰的作品显示：我们日常生活使用的物件里有许多不可见的非饮用水；我们购买的产品中，其实也包含了很多水的元素。

另外，我亲自参与的项目来自凯斯·布斯曼教授的灵感。艺术家、设计师们使用淤泥和废水来创作陶瓷、瓦片等艺术品。这些艺术品正在欧洲艺术之都提瓦特展出，成为文化与艺术之间的一次跨界交流。这起初是一个艺术项目，由于艺术家让这些砖瓦、瓦片和陶器成为真正可用的陶瓷和产品，引起了产业界的关注，该项目已经和产业界开展合作。

还有摄影师杰斯丁·霍夫曼的作品，如"海马"，致力于引起公众对清洁水等社会议题的关注。我们的规划历时两年半，并将在接下来两个月制订具体的计划。具体安排是，我们会有两个季度，每一季度通过和 Wetsus 网络的科学家合作，创作 10 件作品。我们有极富远见的合作团队，相信一定会有精彩的碰撞，这非常令人期待。谢谢！

第三部分：仪式与签约

科技部国际合作司原司长靳晓明的讲话

靳晓明　科技部国际合作司原司长

> 2022 浦江创新论坛水科技论坛签约仪式包含 3 项内容。一是由科技部国际合作司原司长靳晓明、欧洲卓越可持续水技术中心（Wetsus）凯斯·布斯曼院士、中国科技金融促进会产业创新委员会主任谢明林女士为 Wetsus 中国项目签约。二是由欧洲卓越可持续水技术中心（Wetsus）凯斯·布斯曼、宜兴环保产业研究院院长高嵩、天津开明咨询有限公司人文科技整体研究院院长戴磊、北京向野建筑咨询有限公司首席建筑师王永刚为 Wetsus 平台的首个项目签约。三是由欧洲卓越可持续水技术中心（Wetsus）凯斯·布斯曼、中国科技金融促进会产业创新委员会主任谢明林、宜兴环保科技工业园管委会主任为宜兴环保科技工业园与 Wetsus 合作共建新型研发机构签约。中荷将共同努力，一起实现 Wetsus 中国的梦想。

很高兴、很荣幸有机会来介绍签约工作。

第一项签约：Wetsus 中国及前期项目——水博物馆签约，这个项目创新性地引进了荷兰水科技的创新管理模式，由科研平台统筹高校、政府、企业和公众，打造高效创新生态。立足水的公共价值，整合领域、组织再造，其子项目水博物馆旨在建立综合、共创之系统性新型高活性柔性技术平台。

第二项签约：Wetsus 平台的首个项目，旨在研究水科技更加高效的管理办法，使创新成果形成最大化的社会影响力。该研究由 Wetsus 协同荷兰瓦格宁根大学及格罗宁根大学，以及宜兴环保产业研究院、天津开明咨询有限公司、北京向野建筑咨询有限公司共同研究，相关管理结果归 3 家出资企业独家享有。

第三项签约：宜兴环保科技工业园与 Wetsus 合作共建新型研发机构。该新型研发机构为 Wetsus 科技成果艺术化展示装置的前期研发平台，由宜兴环保科技工业园出资成立，由 Wetsus 和其中国唯一战略合作伙伴中国科技金融促进会产业创新工作委员会共同运营。

签约后，凯斯·布斯曼表示：我感到非常自豪，希望我们可以共同努力，一起实现 Wetsus 中国的梦想。

第四部分：科技创新成果展示

蓝色能源

皮特·海克 蓝色能源、盐差能膜发电储能项目创始人

> 蓝色能源项目可生产1特瓦的可再生能源，是环境友好型可持续性技术。其技术产品Redstack的能源规模有望达到全球电力消费的12%，广受好评。蓝色能源试点项目已实现"用一立方米的淡水和海水发一兆瓦电"的目标，依托专业的流程设计和膜设计实现了规模化量产，并接入生产线。第三方评估证实：该技术不会对海洋生命及生态系统产生明显影响。作为全球技术领跑者，蓝色能源项目将进一步生产3特瓦可再生能源，通过量产合作降低发电成本，未来可期！

大家好！我是皮特·海克，蓝色能源的目标是生产1特瓦可再生能源。蓝色能源为了产生可持续的能源，研发出一款产品Redstack。其原理是：河流入海可以产生大量的可持续能源，利用水流的黏度差，使两股水流在两个膜之间交替流动，最终实现正负分离，正离子进入淡化膜，负离子进入另一个膜。我们致力于推动绿色能源发展，由于太阳、风能通常是非持续、不可预测的，所以需要大规模储能并应对其高昂的成本。

技术简介：我们的技术能提供可持续的蓝色能源，可用于洪水保护系统，并在任何河流入海处实现。其潜在的能源规模可达全球电力消费的12%。

Redstack产品及研发团队介绍：本团队是Wetsus的第一家衍生公司，有博士18名、专利15项，获得了Wetsus和数个欧盟基金的支持。当前，我们有一个在荷兰的试点项目，荷兰国王出席了项目的剪彩仪式。Redstack获得了荷兰国家级奖项，并得到多位部长的认可。

蓝色能源试点项目：项目基于海水和河水生产蓝色能源。2004年，模型计算结果显示：理论上1立方米的淡水和海水可以发1兆瓦电，实现每平方米2瓦的密度。2011年，Wetsus通过实验证实了该猜想，于是投入建设试点工厂，并于2014年启动。2019年，实际情况显示：试点工厂最终实现了我们的预期。

这是如何做到的？项目未遇到生物或化学问题，主要问题是堵塞。所幸我们有较好的预处理、专门的架子优化设计，因此，堵塞问题没有影响到发电效率。

技术流程：Wetsus科研人员、博士和Redstack工程师通力合作，避免堵塞，并降低装置压力。首先，通过模型计算，调整膜的大小来实现最佳发电性能。实验表明：膜的扩大不会降低膜效率。我们将膜面积由0.5平方米扩大至500平方米，发现虽然膜的规模扩大了但其效率并未下降。也即对于每立方厘米的水，每平方米的膜在效率和性能

上是相同的。接着，我们将膜由 500 平方米扩大至 2000 平方米，并设计了相匹配的架子装置。CFD 的计算结果再次表明不会有性能上的损失。总体而言，我们的核心技术是流程设计和膜。在生产线中联结各个架子、在架子中联结各种各样的膜单元，即可产电。

技术对海洋生命及生态系统的影响：水流入系统和水过滤系统可能对海洋生命产生负面影响。为此，第三方研究机构（Deltares、NIOZ）对我们的实验工厂进行了测试分析，经推算得出结论：一个 50 兆瓦的工厂不会对生态环境产生严重影响。联合国教科文组织也曾提出，海港三角洲的工业可以不产生环境影响。我们计划扩大规模，生产 3 特瓦可再生能源，工厂则使用同样的膜和架。

尽管我们已经取得很大的成功，尽管 100 万兆瓦蓝色能源在全球潜力巨大，但不可否认，这是一项新技术，有待大规模验证。我们还面临诸多挑战，作为全球技术领先者，我们只能自己摸索道路。我们需要通过项目的大规模落地来降低成本，也希望通过未来和电厂、顾问、工程承包商的合作来寻求机会。蓝色能源的第一个项目中，每千瓦时的平均成本大约为 11 分。2024 年之后，如果有多家大规模工厂，那么，有望将成本降至每千瓦时 5 分。这意味着蓝色能源的电力成本低于核电，也低于储能系统。

蓝色能源是可持续且环境友好的。全球 1000 吉瓦机会巨大。希望你对蓝色能源充满激情，感谢各位聆听！欢迎有兴趣参与 Redstack 的朋友与我联系。

污水处理——我们的创新和产品

托马斯·普罗特　污泥挖矿、磷铁矿回收项目创始人

> 在废水和淤泥中回收磷铁矿是一个市场空白，该工程技术的基本思路是用充足的铁结合磷以促进磷回收。该技术的磷回收率可达 80%，整个项目的磷回收效率约为 60%。污水处理厂分离出的磷和铁均有回收利用价值，磷可用作肥料或染料，铁可用作结合剂或制造锂电池。磷铁矿回收的试点项目需要多方全流程参与，需要建立跨学科的信任，也需要更快速地监管接受。

大家下午好！我是托马斯·普罗特，很高兴今天在此介绍我们的创新、我们如何为市场提供产品及如何处理污水。

首先介绍项目的诞生与初衷。当前，技术还未完全优化，污水恢复的比例非常低。淤泥中含有较高的磷铁，但当前还没有理想的技术实现淤泥磷回收。2012 年，我们和 Wetsus 一起找到了"在废水和淤泥中回收磷铁矿"这一市场空白。2013 年，我们有了 4 位产业界的新合作伙伴，如 Kemira 和 Stowa。在废水处理过程中，铁有多种用途，如用

于硫的生产、有机物的提取、磷的回收，这些铁最后汇集至下水道。我们发现：充足的铁可结合磷以促进磷回收。以蓝铁矿为例，它的颗粒直径非常小，所以回收过程十分复杂。不过，它具有磁性，也即一种生物吸力，可以将铁吸出。在实验成功之后，我们把它推向了工业化升级。2019年，我们与合作者共同实施了磁化分离，为22万户居民进行废水磷回收。蓝铁矿经过纯化，纯度可达90%。其实，这种流程可实现80%的磷铁矿回收。整体看：开始时100%的磷随废水流入；接着80%~90%的磷和铁结合生成磷铁矿。基于此，80%的磷得以回收。整个项目的磷回收效率大约有60%。相较其他应用或技术，60%的回收效率已经非常高。

如何将项目应用到污水处理厂中呢？并非所有废水都要进行上述处理。当废水和淤泥分离后，下述流程可以实现磷铁的回收。当磷铁矿分离出来后，可以进行磷铁再分离，分为磷和铁。其中磷可以用作磷肥或用作染料；铁可以继续用作结合剂参与循环再利用（再次进入污水厂帮助磷回收）或进一步纯化生产锂电池。上述步骤回收到的磷铁盐，一是可以直接用于农业，如特殊的化肥。虽然磷铁因铁含量过高而不能直接用于磷肥，但是磷铁可用作特殊用途的化肥。以橄榄树的铁化肥为例：橄榄树通常缺铁，磷铁化肥能为橄榄树增加铁的供养；二是可以用磷铁做染料。

一个正在进行的移动试点项目：我们对丹麦、荷兰和德国的几个污水池进行测试，测试内容包括黏性、磷铁颗粒的大小、长期表现等属性，获得了更多的数据并有些新发现。技术开发整体顺利，但也遇到一些问题，如市场空白。初始阶段，我们和Wetsus一起发现了这一空白，并通过技术和方案弥补空白。我们全过程听取多方意见，让终端用户、技术提供方和大学从初始阶段就参与进来，并吸收他们的反馈。

我们采用跨学科方法建立信任，这有助于快速发现问题、发掘机会。以分离为例，颗粒的分离并非来自污水厂，而是来自采矿业。我们的经验是，将想法转化为产品是一条很长的路，但是早期的合作很重要，因为它可以建立信任，加速项目进展。

最后，对于资源回收技术，新产品的监管接受处理过慢。我们下一步任务是让磷铁成为未来的资源，而不再是"废物"。谢谢各位！

应用水物理和漩涡增氧技术

艾尔玛·福赫斯　漩涡增氧技术、项目创始人

> 应用水物理能够定义水质，有助于识别、量化和改善水质。回溯领域科学史，浮水桥现象和红外热成像实验发现了水的新液相。带电荷的水可以为水技术领域带来许多创新和应用。应用一：双驱涡旋与水处理的结合可以提高离子放电的效率。应用二：水性磁铁可用于计量纳米颗粒。应用三：在自来水的微生态系统中净化水质。

女士们先生们，下午好！我是项目经理艾尔玛·福赫斯，非常感谢主办方给我介绍应用水物理的机会。应用水物理的核心是对水质进行定义。我们的目标是识别、量化、改善水质，一旦获得很好的突破，将带来巨大的改变。

首先介绍浮水桥。19世纪，阿姆斯特朗做了一个实验。他创造了一个现象，现在被称为浮水桥。简单描述，水因为形成了新的液态，从杯中跳了起来。跳起来的水已不再是传统的水。红外发射成像实验表明，其图形并不是均质的，因此这不是一个均衡的过程。

基于这些研究我们发现通过两个热成像照相机，可以看到带宽迁移，也即区域明亮的地方。这是质子跃迁的结果，一般出现在冰上。我们采用了超快振动能量的视域，它取决于HDO分子中氢振动的测量。我们发现：在这种冰中，固向振动的停止速度更快，而液向振动停止的时间更长。相变时，出现了新的液态。我们确认了上述实验，认为水的这一新液相非常重要。

从杯子中跳出的水，其内发生质子的产生、传导和还原。我们把浮水桥分离来看，如果将水从均衡中取出，其内还会有离子流。我们由此发现了其中带电荷的水，通过这一发现获得了专利。

带电荷的水可以为水技术领域带来许多创新和应用。以双驱涡旋为例，双驱涡旋是让水通过一个涡旋，并自行吸入空气，这样效率非常高，可以很好地用于废水处理。我们继续开展了一系列研究，并获得了专利。研究这个课题的学生获得了全国最佳和可持续论文奖。和水处理结合，如果把电荷放电和涡流结合在一起，可以大大提高离子放电的效率。

关于流场、磁场：已知隐藏的钙离子倾向于选择游离的钙离子，选择性电是黑线。我们由成核现象发现了碳酸钙结晶，即Coey假说：纳米大小的核前团簇生长得更快，钙离子可以被抵销。该假说由爱尔兰都柏林大学圣三一学院Coey教授提出，他在磁性领域发表了很多文章。我们基于Coey假说的分析和应用，制造水性磁铁，通过它计量纳米颗粒。

在自来水中微生态系统的应用：处理后的天然水会发生什么变化？钙有什么变化？我们发现：磁处理后，可用的钙含量减少，微生物簇发生变化，使水变得更加洁净。该技术可以处理钙和微生物。非常感谢Wetsus和多位合作教授！

电化学磷回收

雷洋　南方科技大学副教授

磷既是污染物，可导致水体富营养化；也是动植物生长发育的必需元素和世界稀缺资源。"磷"议题对于中国和欧盟都非常重要。从废水中回收磷资源，有利于磷的循环利用和深化利用。当前，磷处理的工艺或效果仍有提升空间，电化学

> 诱导沉淀技术有弥合差距的潜力。电化学诱导沉淀技术无须投加药剂即可实现磷回收，过程简洁、回收品质优异、潜力巨大。

大家好！非常荣幸有机会向各位汇报我们在磷回收领域的一些工作。我在 2021 年加入南方科技大学，此前多年在瓦格宁根大学和 Wetsus 学习，我的导师是凯斯·布斯曼。今天我将分享我们在荷兰开展的合作：电化学沉淀技术回收废水中磷资源的应用。

在中国，"磷"是非常重要的议题，大家对磷也不陌生。一方面，废水中的磷一旦排放至江河湖泊，将导致水体发生变化，这在我国巢湖、太湖流域已经十分严重；另一方面，磷是包括人类在内的所有动植物的必需元素，尤其在农业领域，施磷肥对于维持庄稼生长非常重要。我们开展了田间试验，结果显示：施加磷肥的庄稼长势显著优于未施加磷肥的庄稼。然而，磷矿是稀缺资源，需从地壳中开采。

对于欧盟和未来的中国，磷矿议题更为重要。因为对于欧盟，如对于荷兰而言，其境内几乎没有磷矿石，因此磷的循环利用至关重要。欧盟已将磷列入 30 种重要原料清单。世界上磷矿最多的地区是摩洛哥和西撒哈拉，其次是中国。考虑到中国的磷矿开采消耗巨大，从国家人口基数来看，中国很可能在不久的将来将面临磷资源短缺的问题。

不难发现，磷具有多面性，一方面它是污染物；另一方面我们又需要它。我们可以从废水中回收磷，避免水体富营养化；我们可以利用水体中提取的磷资源，保证磷的循环利用和深化利用。全球科学家就该议题开展了许多工作，如针对磷的存储和回收开发了多种方法，如生物处理、化学沉淀结晶、絮凝和混凝等。磷遇水由溶解态转为固态。起初，传统的磷处理方法重处置轻回收，只要让水达标即可排放。我们以当前最广泛使用的市政污水处置工艺为例。在市政污水处理厂，最普通的方法是添加铁盐处理剂。这种处理方式非常高效，但水中的磷酸铁或磷酸铝不能被植物利用。因此，需要用额外的方式处理、回收。

为了实现磷回收，我们提出了一种新方法——电化学诱导沉淀技术。理论上，无须投加药剂，即可实现磷回收。那么，电化学系统如何工作呢？工作机制并不复杂。电化学系统有阳极和阴极，在阴极添加药剂会生成氢氧根，它可诱导磷酸根在电极表面生成磷酸钙，并且附着在电极上。处理后，取出电极，即可实现污水分离。

案例展示：电化学诱导沉淀技术的实际应用潜力。以萃取和回收高浓度的食品废水、奶酪废水为例，成分表显示待处理液的盐度高、有机物含量高、磷含量也高。同时，钙浓度超过 2000 mg/L，钙磷的摩尔比是 2.0，pH 值为 4.4（酸性）。接下来使用化学沉淀法，通过投加氢氧化钠，诱发磷酸钙发生沉淀。该过程产生了大量污泥，因此，需要进行泥水分离；该过程形成的固体含水率极低，黏附在电极上。基于此，我们做了电化学设计，对反应器进行了 170 余天的连续评估，运行过程及效果都非常好。

为了探讨实验回收的产物与从地壳中开采的传统磷矿在品质上有何差异，我们基于3项指标（磷含量、携带重金属的含量、生物可利用性）开展了评估比较。结果非常乐观，我们的产品具有非常强的竞争力。

报告小结：第一，废水中磷的资源化意义重大。第二，电化学诱导沉淀技术能有效回收高浓度废水中的磷资源，它的应用潜力巨大。未来应聚焦电化学的磷提取。

最后，再次感谢各位专家的关注，请大家批评指正，谢谢！

5 圆桌论坛：低碳与治水作为应对气候变化的全球策略

主持人：
樊　懋，中国科技金融促进会产业创新工作委员会顾问。
嘉　宾：
王凤平，上海交通大学特聘教授、海洋学院副院长；
孙丽杰，中国国际科学技术合作协会秘书长；
叶清华，荷兰三角洲研究院（Deltares）高级研究员；
胡岩华，中国老科学技术工作者协会教授。

樊懋：这次论坛咱们讨论的主题一个是低碳，另一个是水。水，既有水利，也有水灾、水患，更有水科技，还有联合创新。

这是一个很沉重的话题，因为全球气候变暖，冰川溶化，滔滔大水可能就在向我们涌来的路上。这也是一个积极的话题，因为人类在觉醒、在行动，我们今天的论坛就是来积极地解决这些问题。先连线叶清华博士。

提问：荷兰是一个水科技领先的国家，是最关注海平面上升的国家。他们在应对海平面上升方面有什么成功的经验和举措？

叶清华：应对海平面上升是荷兰非常热门的话题，也是荷兰非常关心的问题。实际上，荷兰人的应对措施是全世界应对海平面上升问题的样板、实验性工程及实践。由于荷兰有1/3的国土海拔低于海平面，有2/3的国土海拔在高潮位以下，如果没有海坝，许多地区每天会在水下待两次。所以，海平面上升对荷兰这个低地国家而言是危险的。

基于气候、海洋等不同领域的研究，全球科学家都有一个共识，海平面上升不容置疑。从历史数据和模型中，我们都能得到这方面的证据及共识。海平面上升多少？实际上现在还有分歧，海平面上升会带来很多危害，不仅对于海堤、海岸洪水有影响，同时会影响沿海水工设施、闸门、内涝的处理。如果外海的水位不停上升，内涝水就不能通过重力流出，必须通过水利工程措施将其排出，对于淡水的应用、港口的使用，甚至对于整个国家的土地使用规划等各个方面都有影响。所以海平面上升会带来多方面的影响。

2006年左右，荷兰科技主管部门及政府慢慢地把海平面上升提到国家关注的主流政策里。对策大概是这样的：荷兰政府组织里有一个叫 Deltares Commision 的机构，类似于我们国家应对重大事件（如南水北调）的委员会，这个委员会可以控制所有政策，从各个方面、从全球视野、从南极到格陵兰岛。委员会针对海平面的变化，制定荷兰各行各业的系统战略；也对海平面的具体变化做一些测量和处理，包括数据处理、数据分析、可能出现的好的或坏的情景。

时间尺度上，从短期的今年要做什么，到5年内要做什么，再到未来20年要做什么的长期战略。从研究到技术应用，从企业到具体部门的实施（如土地规划部门），都会做统筹安排。每年也会有相应的资金保证这些体系的正常运作。从2020年开始到2035年，每年会有14亿欧元的资金保证（Deltares Funds）来应对海平面上升。

总结一下，因为三角洲研究院作为国家水方面的一个智库，其实跟国家很多部门有联系，或者说互相借鉴、互相学习。之前艾尔玛·福赫斯也提到，跟上海华东师范大学等中国高校的联系。我们跟上海的中交三航、长江口的管理中心、环保部门（环保局、环科院）等都有一系列持续的交流和互相学习。其实在海平面上升应对方面：

第一，看这个问题并不是在看一个具体的问题，全球的空间尺度较大，时间尺度也较大。现在的规划已经到2035年，正在做2035—2050年、2050—2100年的规划，如果在IPCC提供的情景下，会发生什么情况？具体来说今年和明年我们会做什么，首先要有大尺度上的把握。

第二，荷兰研究和应用做得非常系统。政府的内部组织、政府的管理部门、科研、工程技术、公众宣传，我觉得做得非常到位。例如，每年他们的海平面上升节，每个小学都会做相应的宣传，在应用上他们做得非常系统。

第三，相对长期化。荷兰长期不间断地从事这方面的研究。从2008年到现在，如今制订的计划是2020—2035年，已经有具体和长期的计划。当然，每5年、每6年会做回顾。2035年的资金已经拨付，也即所谓的预定到位，之后还会不停地做修正和改进。所以我觉得这3个方面值得咱们国家借鉴。

提问：请有针对性地谈一谈海洋在碳汇中的作用，以及人类采取什么样的措施，能更好地发挥海洋碳汇的作用？

王凤平：第一，海洋的重要性是毋庸置疑的。海洋覆盖了地球70%以上的面积，自工业革命以来，近1/3的二氧化碳排放是被海洋吸收了。海洋已经默默地为改善我们人类活动造成的地球气候变化，做出了重大贡献。但是我们现在的目标是碳达峰碳中和，那就是说已有的贡献还不够。怎样能够增加碳汇？所以这就需要全人类共同的智慧，除了科学家，企业、公众等各个方面的共同努力实际上占很大部分。

今天上午有一个厦门大学焦念志院士做的报告，他现在牵头组织了一个叫 Wans 的计划，就是海洋负排放计划，增加海洋碳汇。有没有合适的途径呢？现在科学界提出了一系列方法，但是所有方法都需要更科学的评估和研究。

第一个例子，过去大家很看好也做了 20 年，但后来中间叫停的海洋铁施肥。这是什么概念呢？就像陆地上的植物吸收二氧化碳，海洋里的藻类也吸收二氧化碳。藻类吸收的二氧化碳占地球二氧化碳吸收量的 50%。但是，你想象一下，广袤的海洋里营养盐很丰富，但藻类非常少，它不吸收或者吸收的二氧化碳很少。为什么呢？科学家的研究发现，这个区域大量缺铁。所以 20 世纪约翰·马丁提出了非常有名的"给我足够的铁，我还你一个世纪"。有了大量的铁，藻类就长起来了，形成大量的碳汇，于是把温度降下来了。地质历史时期的记录是非常好的，在低二氧化碳的历史时期，铁的含量都是很高的，便提出了海洋里的铁施肥。后来有科学家持续跟进，不同的研究团队在开展这类实验。而且实验效果确实不错，加铁之后，藻类确实长起来了。但是为什么后来会叫停呢？因为它会引发潜在的生态问题。藻类长起来之后，接下来的过程是什么？它对整个生态系统的长期影响是什么？如果大规模地做，就是所谓的地球海洋地质工程，所谓地球工程，这个东西很不得了。一些 NGO 组织认为海洋铁施肥是非法的，所以叫停了。

在双碳背景下，重提铁施肥。现在国际上的研究以美国伍兹霍尔海洋研究所为主，需要更多的科学家投入研究：铁施肥的长期生态效应是什么，给出安全评估报告、各方面的综合评估，再看它是否为安全有效的途径。

第二个例子，有可能实现的地质工程，是人工上升流或下降流。我们可以把海水看成不同层次的毯子，上面有藻类吸收营养盐生长。上层的营养盐相较深层越贫瘠，就是缺营养的。如果人工造一个上升流，藻类就会在开放的区域暴发。大家可以想象一下，如果很多地方有上升流，自然会有大量的鱼群。现在有不同的策略人为构造上升流和下降流，这在工程上可行，能实现海洋营养盐的再分配。另外，增加海洋的碱度也是可行的，如碳酸钙沉淀、电化学、海洋牧场。

总之，海洋作为广袤的水域，肯定是未来很重要的碳汇实施地。但是在这里呼吁一下，目前我们对它知道得太少了，这么多的工程都需要各方面通力协作才能推动。

以增加碱度为例：增加碱度是什么？是往大海里撒铁矿，就是碱性的矿物。这很有可能造成一些生态灾难等。这些都需要长时间的监测。所以，目前的任务很艰巨，挑战很大。科学家和大众还需要一起做更多的努力，任重而道远。

提问：水域是有国界的，但是水流是没有国界的。请您介绍一下科技合作，国际化的合作与创新，特别是水科技国际化的合作与创新，以及它的作用和主要方式方法。

孙丽杰：通过这样的会议，将荷兰很好的科技资源、科技项目、人才引到中国，说明中国已经到了高质量发展、高水平开放的阶段，这是一个非常好的趋势。今天有幸参加这样的会议，我很开心，也感到自己的责任非常重大。中国国际科学技术合作协会作为民间的科技合作服务平台，于 1992 年成立，到今年已经成立 30 周年。不管是中荷也好，或者是其他的国家双边合作、多边合作，我们协会都在发挥民间的力量。不管是水资源、双碳还是可持续发展，都离不开民间强大的力量。

我本人不是学技术的，但是我毕业于中国地质大学。我的母校在水资源、环境方面聚集了国内大批院士和专家学者的资源。在我参会之前，我也跟母校汇报过，这么好的荷兰项目已经推出了中国方案，它落地中国时，我的母校、我现在所在的平台机构都希望在中荷科技人员交流往来方面发挥应有的作用。这是中荷方面的一个问题。

我想跟大家分享的第二个话题是双碳。中国在双碳话题上的声音，尤其是正面的声音、国际影响力、正确的传播等方面还远远不够。正好跟各位分享一下，我们协会在2006年获得联合国特别咨商地位，我们拥有组织中国的学者、企业、大学、平台机构去联合国组织双边、多边会议的资质，能够发出中国声音。在座的都是科学家，所以我想发出一个倡议：以后在水科技、双碳、生物医药、新材料等各个领域，为中国的科学家服务，让大家走上联合国的舞台。

提问： 从科技政策和科技方略等重大方面给出您对于面对气候变化的建设性意见和建议。

胡岩华： 大水正在路上是个严峻的话题。我一直在思考这些年我到底在干什么？一直在行走，一直在思考，在思考中行走，在行走中思考，在行走中行动。

我出生在安徽黄山太平湖旁，所以思考的第一个问题就是太平湖和太平洋有什么关系。这个问题很大。

在上海华东师范大学7年，我学习国际共产主义运动史，尤其是苏联与东欧关系，硕士论文写的是核武器政策与国际安全体系，那是1988年写的，现在是不是正是时候？正要思考在核武器、人类的战争模式已经发达到随时可以互相毁灭的时候，我们怎么办？在战争与和平的极端对立中，我们要往哪里走？完成这个论文，我感到很焦虑，没有希望。后来我进入国家图书馆，到国家图书馆研究的第一个课题是当时文化部的《新文化运动回忆录索引》，我把1840—1949年涉及的所有新文化运动人物的生命历程梳理了一遍，我的内心重构了：躲不了，别躲了，好好干吧。怎么干呢？新文化运动提出的核心"德先生""赛先生"，更加深层的问题是在古今中外的坐标系里，走向未来的突破点和十字路口，假如说用一个字表达，大家能想到的是哪个字？古今中外，那一个字叫"活"。用哈姆雷特的话叫 To be or not to be？It's a question。天上一滴水，人间一滴水，地上一滴水。这十几年，为了寻找这些水，我去国外的第一站是斯里兰卡，思考这个海上的宝石，为什么会遭遇那么大的灾难——海啸。

从美国东海岸到西海岸，我走遍美国西部的西雅图、拉斯维加斯、科罗拉多大峡谷，思考它们在未来能够提供什么样的解决方案；到希腊的山头，站在雅典娜胜利神庙前思考科学的园地，这个山头能给未来提供什么；到联合国的水管理学院、代尔夫特的总部，在墙上看到用一滴水构成的世界地图，这是走向未来的一滴希望；到欧盟总部看那28面旗子，思考专家们所说的分崩离析的欧洲怎么能统一起来。

一路寻找着、思考着，到昆仑山30多次，到尼亚河、东方的庞贝古城、龙湖、汉密尔高原的湖泊，到洞庭湖、太湖，曾经在一天之内从太湖到洞庭湖，一直走到福鼎。迎着十几级台风，去思考这些湖与台风有什么关系。在这些纵横交错的行走和思考中，也找到几个坐标。就像叶清华博士所说的，我们要放大思维的尺度。我今天在这儿跟大家分享这几个坐标。

第一个坐标就是佩斯博士，这一门地质人文学派的创始人德日进，是参加北京猿人考古的科学家。他写了一本书——《人的现象》，得出两个很核心的结论。第一句话是，人是地质现象的极致，天地在它形成初始造化的过程中，它的配置是原核的。经过我们这些年纵横交错、夜以继日地开采和挖掘之后，进入新地质时代。在新地质时代，可可托海的牧羊人守着那个大坑，他只能走了。然后看到几十万只耗子跳海，看到吉林的狐狸在森林里待不了，为什么出来呢？这些都是问题。在这样的新地质时代，我们下一步发展面临的第一个问题，是要深度思考在天地之间我们是谁。所以"人啊，发现你自己作为人类进入21世纪的一把金钥匙"这句话被供奉在雅典娜胜利神庙里。第二句话是，人发现你自己，接下去怎么办呢？发现不是终极目的，结论可能要到2000多年前的孔子那儿去寻找答案。为此，我到曲阜走了好多遍，又走到美国的杰弗逊纪念馆，美国立国的4个支柱，其中最核心的柱子上写的是孔子。它把孔子列为美国建国体系的思想来源和法治来源之一。这个来源在曲阜的尼山书院，标题叫明伦堂。要明白伦理关系，天地万物之间是怎样的发现，人啊，发现你自己；人啊，再造你自己。这是一个坐标，联合国教科文组织的坐标。

思想界的坐标：英国的历史学家汤因比、哲学家罗素都提出：文明如果不能崛起，那将是全人类的悲哀。今天要对这句话做另一种理解，全人类对我们这个民族是有期待和指望的，面对这个期待和指望，我们做好准备了吗？

美国一个当代经济学家101岁时，大家给他过生日，他说了两句很重要的话。我在这里把他说的第二句话分享给大家，这句话是"为中国奋斗，就是在为世界奋斗"。这句话也表述了他对我们的期待和指望。

还有一个后现代科学家的坐标。大卫·格里芬在《后现代科学：科学魅力的再现》这本书中提到，人类当下面临所有灾难的核心，源自人类忽略了宇宙的存在，并把它从现实生活中排除在外的文化。人类的理性就像一把金剪刀，切断了各种各样的天然联系。

托马斯·刘易斯写了一本书叫《细胞生命的礼赞：一个生物学观察者的手记》，他研究细胞，研究结论是地球不过是一个细胞。细胞里的核心物质是什么？水。医学上的干细胞、干细胞的孕育者、干细胞的基层载体是什么？是水，在这儿又有另外一个坐标：上善若水，天一生水，水容万物，无边无际。一滴水中自有十万众生，因此天地同根，万物并坐，这是我们的核心坐标。这个坐标变成文化，变成华夏民族的心理结构。为什么大家对我们有指望呢？因为我们有一个心理结构坐标，叫"为天地立心，为生民立命，为往圣继绝学，为万世开太平"。这是北宋理学家张载的思想精髓，让我理解了从太平湖到太平洋我们要干什么。

洪涌清：荷兰有至少 1/5 的土地是围海造田造出来的，还有 1/3 的土地海拔低于海平面，所以荷兰人对水非常有研究。

李弘艺：荷兰驻华科技与创新合作办公室是荷兰经济事务部的一个机构，我们的目标是促进中荷双方的科技创新合作。荷兰非常关注经济科技创新中的机遇，我们希望成为连接中荷两国的伙伴，如果大家有兴趣可以和我们联系。非常感谢各位嘉宾和我们分享各自的远见卓识，也感谢各位演讲者的精彩讨论，我们希望大家都可以通过这样的讨论，对中荷两国有更好的了解，感谢大家参与今天的论坛！

第 3 章

政策论坛：低碳创新政策

随着越来越多的国家公布"碳中和"目标，"低碳化"发展渐成国际共识。科技创新要对"低碳化"发展形成有效支撑，必须在技术和政策两端同时发力。传统上具有领域性质的能源科技政策、环保科技政策、绿色科技政策等"散点"，已不能适应当前各国"低碳化"发展的紧迫需求。越来越多的国家意识到科技创新是实现"低碳化"发展的有效路径，将更多科技资源投向"低碳化"发展目标，围绕实现"低碳化"目标的"低碳创新政策"体系呼之欲出。一些国家在运用创新政策实现"低碳化"发展方面已经拥有很好的实践，一些国家正在摸索低碳创新路径和政策工具。政策分论坛将立足科技创新和体制机制创新"双轮驱动"，围绕低碳创新政策的内涵、碳达峰碳中和目标下的政策新理念、实现"低碳化"发展的创新政策工具、低碳目标对现有科技创新政策的影响等问题展开讨论。

1 论坛综述

2022 年 8 月 28 日上午，2022 浦江创新论坛"政策论坛：低碳创新政策"在上海东郊宾馆会议中心举行。本次论坛由中国科学技术发展战略研究院原常务副院长王元主持，科技部政策法规与创新体系建设司副司长汤富强、中国科学技术发展战略研究院院长张旭、中国 21 世纪议程管理中心主任黄晶、国家应对气候变化战略研究和国际合作中心首任主任李俊峰、海南省科学技术厅副厅长刘作凯出席并发表演讲。英国伦敦大学学院巴特莱特建筑学院教授德马里斯·科夫曼进行视频演讲。

本次论坛的主要观点如下：一是中国科技法治建设一直注重把握系统性、前瞻性、实践性、平衡性。中国科技法治建设未来要提高整体协同性，加强新领域、新技术的立法，增强制度的可操作性，推进立法的国际化，培育科学共同体。二是关于未来全球绿色低碳转型，能源领域是全球低碳战略的关键；能源独立是国家安全的基石和未来的发展方向；能源的地质垄断属性越来越弱，技术成本属性越来越强；能源系统的集成化是双碳战略的重要基础平台。三是技术、政策、市场三者之间要互动，其交集越大，科学技术发挥的作用就越大。四是实现双碳目标是我国现代化进程的必修课，全球的政治共识已经达成，发展转型是实现双碳目标的基础，要统筹国际与国内、减排与发展、长期与短期、政府与市场之间的矛盾，把不可能变成可能就是创新的动力。五是应对气候变化、减少排放及适应环境的很多政策都需要靠政府推动，大城市对于实现可持续的能源变革很关键。多边组织和机构的参与可以应对可持续发展绿色城市投资方面的障碍。

2 嘉宾演讲实录

中国科技治理法治化进程与展望

汤富强　科技部政策法规与创新体系建设司副司长

> 中国科技法治建设一直注重把握"四个性"即系统性、前瞻性、实践性、平衡性。中国科技治理法治化未来走向是什么？一是提高整体协同性；二是加强新领域、新技术的立法；三是增强制度的可操作性；四是推进立法的国际化；五是培育科学共同体。

今天跟大家一起交流一下中国40多年来科技治理法治化进程，以及未来走向。科技治理一直是科技政策界研究、关注的重点，也是科技管理界实践的重要命题。改革开放40多年来，中国走出了一条有自己特色，同时也跟国际接轨的科技治理法治化的道路，今天主要从4个方面来跟大家分享。

首先，路径的选择。对于治理，很多的专家都有自己的解读，也有不少是从多元主体之间的互动关系来界定的。在我们看来，治理总体上还是政府和社会主体之间的互动关系，是治理研究的核心。所以科技治理就是由政府引导推动科技创新，形成创新秩序的一种工具。经过40多年的摸索，中国逐步形成了科技治理体系基本架构，它是一个金字塔形的。第一层是通过战略规划来实现共同的目标、共同的价值，起到宏观引领作用。在共同目标引领之下，要有相对成熟稳定的法律制度。第二层是达成了广泛共识的制度规范，通过它们来规范科技活动基本的秩序，这也是治理法治化的根本体现。第三层是政策措施，相对比较灵活，起到激励和导向的作用，它能够引导创新资源流向优先的方向和领域。第四层是科学共同体的内部规范，它相当于我们微观主体内部的行为准则，同时也受到规划、法律、政策的规制。这样一个4层的结构形成了中国的科技治理体系的基本架构。

这样的一个体系是怎么演进和发展的呢？毋庸置疑，体系有自演化的机制在发挥作用，这是内在的因素。但是从另外一个角度看，政府推动科技体制改革，40多年来为科技治理法治化的建设注入了重要的外部动力。所以大家可以看到，这样形成一个三角循环，国家在不同的历史阶段会通过制定战略规划来确定不同的目标和任务，在共同目标的引领之下，通过改革来调整一些不适应的体制和机制，出台相关的政策措施，以引导主体的行为和资源配置的流向。政策在实践过程中是不断优化和完善的，它实践成熟之后就要上升为相对稳定的法律制度。随着国家不断发展，这样的法律制度会不适应新的阶段性目标，这个时候新的一轮改革又会启动，所以就形成了一个改革、政策、法律三角循环螺旋上升的科技治理法治化的演进路径。

其次，简要回顾一下40多年科技治理法治化走过的历程。应该说，我们的科技治理法治化进程和科技体制改革进程是同步的，相生相伴，并肩前行。大概分为5个阶段。

第一个阶段，1978—1984年，这是科技法治建设的起步阶段。这个阶段标志性的事件是1978年中共中央召开了全国科技大会，迎来"科学的春天"，这时候主要围绕科技工作的恢复和发展，以及科技领域对外开放展开。为了配合这个时期科技的改革开放，包括经济的快速改革，出台了一些法律制度，包括专利法、1984年出台的商标法，还有国家技术发明奖、国家自然科学奖、国家科学技术进步奖三部奖励条例。

第二个阶段，1985—1994年。这个阶段科技法律建设进入快速推进的时期，1985年，出台了《中共中央关于科学技术体制改革的决定》，提出了"面向、依靠"——科学技术必须面向经济建设，经济建设必须依靠科学技术。1988年，邓小平提出了"科学技术是第一生产力"这样一个非常著名的论断。这一时期科技体制改革主要围绕促进科技和经济的结合全面展开，所以科技在经济发展当中的地位得到了全面提升。1993年，当时的第八届全国人民代表大会常务委员会第二次会议审议通过了《中华人民共和国科学技术进步法》（简称《科学技术进步法》）。同时，这个时期出台了《中华人民共和国技术合同法》（简称《技术合同法》）、《中华人民共和国著作权法》（简称《著作权法》）等。

第三个阶段，1995—2005年，科技法律体系大框架初步形成。1995年，中共中央和国务院发布《关于加速科学技术进步的决定》，提出要实施科教兴国战略，要求把经济建设的重心转移到依靠科技进步和提高劳动者素质的轨道上来。1999年，中共中央和国务院出台了《关于加强技术创新，发展高科技，实现产业化的决定》。《中华人民共和国促进科技成果转化法》（简称《促进科技成果转化法》）、《中华人民共和国科普法》（简称《科普法》），包括分散的三部奖励条例合并成统一的科技奖励条例，都是在这个阶段完成的。

第四个阶段，2006—2011 年，科技体系、架构进一步发展和完善。2006 年，中共中央出台了《关于实施科技规划纲要 增强自主创新能力的决定》，国务院颁布了《国家中长期科学和技术发展规划纲要（2006—2020 年）》，提出建设创新型国家的目标和任务。在这个阶段，科技改革围绕着加强自主创新、加快国家创新体系建设展开，以推动科技事业迎来了比较大的发展。2007 年，《科学技术进步法》完成了第一次修订，把自主创新的战略方针、国家创新体系建设、自主创新的配套政策等一系列的改革成果都上升为法律。2007 年，颁布实施了《国家自然科学基金条例》，对《中华人民共和国专利法》（简称《专利法》）、《著作权法》也进行了修订。

第五个阶段，从 2012 年到现在，这个阶段科技治理的法律体系、法治化建设得到了全面提升。党的十八大之后，习近平总书记提出了"创新是第一动力"这样一个科学的论述，中共中央和国务院也出台了《国家创新驱动发展战略纲要》，提出了要加快实现科技自立自强，建设科技强国的目标任务。这一时期的科技改革得到了全面拓展深化，其系统性、整体性、协同性都有很大的增强，取得了一系列具有建构性、开创性的重大制度成果。2021 年年底，《科学技术进步法》完成了第二次修订，同时在这一时期《促进科技成果转化法》《专利法》，以及奖励条例等都进行了修订完善。总之，科技治理法治化在共同目标的引领下，在改革的推动下不断地完善。

通过这 40 多年的发展，科技治理的法律形成了"基本法＋专门法"的体系架构。基本法是《科学技术进步法》，其全面规范各类科技活动和关系，在科技工作中确定基本方针和基本制度，在科技领域具有统领和基础性的地位，也为其他特定的科技、法律制度的制定提供依据。另外，专门法包括《促进科技成果转化法》《科普法》，以及国务院出台的一系列条例、法规、部门规章，还有大量的地方性科技法规。基本法、专门法各有定位，共同保障科技创新和科研管理工作的需要。

再次，介绍一下 2021 年年底《科学技术进步法》第二次修订的情况。相比 2007 年的版本，2021 年的修订可以说是一次大强度、大范围的修订，增加了 4 章，条目从 75 条增加到近 120 条，文字规模基本上翻了一番，绝大多数的条文都进行了修改。所以这次修订是一次全面性、系统性的修订，集中体现了中国科技治理法治化和科技体制改革最新的进展，特别是这 10 年来改革的系统性成果。在修订过程中，全国人大常委会的一些组成人员也表示这一次修订的强度不亚于一次重新立法。

修订后的《科学技术进步法》一共是 12 章，修订的幅度很大，主要从 3 个方面来进行修改。一是把中央一些新的战略方针进行落实，包括强化党的领导、科技的核心地位、创新驱动发展战略、人才强国战略，以及世界科技强国的目标，"四个面向"。二是根据形势变化来补齐法律制度的短板。现在科技工作、科技发展呈现出新的阶段性特征：一个是全社会对基础研究的重要性认识空前提升；另一个是地方在科技工作当中的作用越来越凸显。同时，科技的开放、合作还需要坚定不移地拓展深化，另外对科研诚信、科技安全、项目制定管理等方面的监管要求日益提高。这次新增了 4 章，也适应了科技工作所发生的格局性的变化，在法律上补齐短板。三是把一系列重要的改革成果、经验、政策制度上升为法律，在法条里面都能够找到。

最后，中国科技治理法治化未来的走向是什么。应该说，中国科技法治建设一直注重把握"四个性"，这其实也是法治建设呈现出的显著特点。一是系统性，就是科技从国家发展的全局，包括科技创新全链条、全要素来看，系统地谋划，统筹科技法治建设；二是前瞻性，要研判科技发展的动向、大势，增强法律制度设计的动态适应性；三是实践性，要不断把成熟的经验上升为法律制度；四是平衡性，前沿科技具有两面性，在促进发展的同时，也要合理规范，防范风险，努力寻找平衡。

在科技治理法治化的进程当中，还要从以下几个方面继续发力。一是要提高整体协同性。科技的特点就是渗透性、扩散性，科技创新的立法范围绝不仅在科技自身，要提高系统性的思维能力和全局观，统筹发展与安全，加强科技法治的系统规划，同时也要促进相关领域、相关行业的法律与科技法律衔接，这样才能做到以科技创新引领全面创新。

二是要加强新领域、新技术的立法。在这方面还是有欠缺，因为现在新一轮的科技革命、产业变革加速演进，人工智能、无人驾驶、基因编辑、机器人这些前沿的新技术已经落地应用，所以相关立法需求很迫切。这次论坛的主题是低碳，从技术经济学角度来看，实际上要实现双碳的目标，科技创新、体制机制创新要双轮驱动，科技创新和制度创新两个方面同等重要，缺一不可。要实现"碳中和"关键要降低绿色溢价，绿色溢价等于清洁能源成本减去化石能源成本。一方面要降低清洁能源的成本；另一方面要提高化石能源的成本。所以降低清洁能源成本要靠技术进步，要通过碳的价格措施提高传统能源的成本管理。从需求角度来讲，要加强社会治理，引导形成绿色生活方式，不管从供给侧，还是从需求侧入手，都需要相应的政策引导，以及在政策实践的基础上加强法律制度的规范。2021 年，党中央、国务院做了顶层设计，发布了《2030 年前碳达峰行动方案》，最近科技部和国家发展改革委等 9 个部门也出台了《科技支撑碳达峰碳中和实施方案（2022—2030 年）》，该方案的特点是统筹科技创新和政策创新，提出了 10 个具体的行动，这些具体的政策实践都会为将来相关领域的立法提供坚实的基础。

三是要增强制度的可操作性，制度的生命力在于执行。因为科技法律体系是"基本法＋专门法"的架构，所以未来可能更多地需要增强专门法的约束力。同时，要加强执法体系建设，提高执法能力。

四是要推进立法的国际化。开放合作是科技内在的属性、天然的要求，但是科技领域的涉外法制相对滞后，还有不少制度上的空白，现行的规定也有不少不适应扩大开放的需要，所以下一步要加强科技领域的涉外法制建设。

五是要培育科学共同体。根植在深厚的社会科学文化基础上的共同体的自律、自治应该是科技治理法治化非常重要的微观基础。下一步要通过法律政策的引导来促进、明确科学共同体在科技治理当中的责任,同时促进它们发展成熟,使其能够在科技治理法治化中发挥重要的基础性作用。

世界主要经济体低碳创新政策的分析与思考

张旭　中国科学技术发展战略研究院院长

> 低碳发展的五大趋势:一是清洁技术成为各国低碳战略的重心,各国有其重点和特色;二是清洁技术的低成本化成为科技创新发展的目标;三是清洁技术的标准化成为科技政策重要的支持方向;四是政策协调性成为推进低碳战略的重要保障;五是清洁能源的国际科技竞争日益加剧。关于未来全球绿色低碳转型主要从4个方面进行了论述。第一,能源领域是全球低碳战略的关键领域;第二,能源独立是国家安全基石和未来的发展方向;第三,能源的地质垄断属性越来越弱,技术成本属性越来越强;第四,能源系统的集成化是双碳战略的重要基础平台。

低碳创新是科技治理应有的内容,世界各国都有一些关于低碳创新的政策,对世界主要经济体的研究可以为我国提供一些借鉴。

首先,科技创新助力全球低碳行动。昨天,李克强总理在致辞里面讲到,绿色发展是未来,科技创新是第一动力。它们之间有什么联系?应对气候变化已经成为全人类的责任。近40年来,大气温度升高得非常快,大家都感同身受。昨天,世界经济论坛的主席提到过去8年是世界上有温度记录以来最热的8年。联合国减灾署把最近40年分成两个20年来看灾害的变化,其中地理型的灾害,包括洪水、干旱、极端天气,在这两个20年中有大幅的增加。地震型的灾害等基本变化不大,这也看出了人类活动导致的气候变化使极端气候事件频发,使自然灾害风险攀升。昨天,海南省领导的致辞让我印象非常深,其中提到我们感觉到今天很热,但这样的天气对海南一个岛来讲,那就是生存问题。我想,对世界上很多的小岛国来讲,这确实是生死存亡的问题,所以关于气候变化是人类共同的责任,已经取得了高度的共识。昨天也提到2022年已经有130多个国家做出温室气体净零排放的承诺,覆盖了人口的80%。世界主要经济体也相继发布了"碳中和"战略,其核心是通过加大清洁能源研发投入,实施重大清洁能源工程等方式,推动低碳发展。

研究发现,美国、英国、法国、日本低碳政策各有其特点。美国强调以能源系统的转型为主线,到2035年要构建100%零碳电力系统,美国交通运输部主要负责碳排放工作。英国的核心是绿色工业革命实现计划,既强调减排,又强调发展,还强调就业,所以特别强调要构建低碳的产业集群,如海上风电、绿氢等。法国的重点是运输业,法国的能源主要是核能，在碳排放方面比较干净。日本是以能源系统的电极化为主线，重点包括海上风电、氢能和蓄电池等领域。

科技创新和低碳转型是什么关系呢？科技创新既要立足当下，又要面向长远。国际能源署提出，到2030年全球大部分的二氧化碳减排量可以通过当今可用的技术实现，要加大推广力度，降低成本。还有一些领域目前缺乏可用技术，要加强原始创新和基础研究。所以国际能源署认为，最重要的创新领域，从长远来讲，包括先进电池、空气捕获、氢电解槽3项技术。

第二，梳理出5个趋势。第一个趋势，清洁技术成为各国低碳战略的重心，各国有其重点和特色。美国是一个大国，既立足于当下，又面向长远。当下要借助规模效应，降低清洁技术的成本，减少绿色溢价。面向长远还要加强基础研究，为2030年以后的低碳转型提供支撑。英国也根据自身的特点及产业发展和就业的需求一些重点的领域。法国也有明确的攻关方向。

第二个趋势，清洁技术的低成本化成为科技创新发展的目标。要通过科技解决问题最终还是要回到低成本化，降低绿色溢价。现在低碳技术还是很贵的，价格成为阻碍其推广的重要因素。以美国和日本为例，其都将技术成本作为低碳技术的一个重要考量指标。同时要扩大国际市场，通过扩大市场规模来降低技术成本。美国在10年内要把绿氢的成本从5美元降到1美元，同时对氟碳技术、碳捕捉技术提出了降低成本的要求。日本有非常详细的降低成本目标，海上风电到2030年要降到8~9日元每千瓦时，这个价格可能跟中国目前的上网电价差不多，风电0.4~0.5元每千瓦时，最近浙江就是0.4~0.5元每千瓦时。日本没有整机的风电企业，所以成本比较高。另外，对氢能、核能都提出了明确的降低成本要求。例如，降低高温气冷堆制氢成本。我们国家第四代核电的成本比较高，阻碍了推广，因为制氢要跟发电在一起，所以提出了清洁技术的低成本化。

第三个趋势，清洁技术的标准化成为科技政策重要的支持方向。标准化是新技术大规模推广、应用的一个重要前提。以日本为例，日本国土面积比较小，特别强调国际市场，通过国际市场降低日本的技术成本，避免出现技术领先、市场落后的局面。因为日本曾经出现过几次这样的情况，所以它通过标准化要达到3个目标：第一是扩大市场，通过集成通用要素扩大市场。第二是促进市场的差异化发展，在各个细分领域里面怎么发展。第三是制定关于安全的标准，清洁技术要安全，如浮动的海上风电，这个对日本的海上风电发展非常重要，因为日本周边都是深海。

第四个趋势，政策协调性成为推进低碳战略的重要保障。单一供给端的政策是不够的，需要需求端市场方面的政策。就碳减排产业来说，往往也涉及多个部门的联合，既要制定新能源政策，还要制定传统的化石能源政策，以减少绿色溢价。以英国为例，英国2030年要停售汽油车、柴油车，2035年要实现汽车的零排放，需要各种政策的组合。

第五个趋势，清洁能源的国际科技竞争日益加剧。低碳技术在国际上是一个可以合作的领域，各个国家也要借助国际合作来提高本国清洁能源的实力。实现双碳、绿色转型既是人类的责任，也肩负着发展经济、解决就业的多重目标，还要实现本国的经济复苏和产业升级。在这样的目标下，未来清洁能源技术的全球竞争会非常激烈。欧盟提出要确保在清洁能源领域全球的领先地位，英国更是明确提出要成为绿色科技的全球领导者和绿色金融世界中心。最近我们国内的一些新能源企业就去伦敦上市了，这是绿色金融中心的一个举措。日本提出差异化的国际合作模式，如与欧盟发达国家合作主要强调研发，与新兴经济体合作主要强调市场。英国和日本都强调海上风电的产业本土供应率要大于60%，我们国家有很强的风电企业，英国和日本都没有，这也是未来比较大的变量。

关于全球绿色低碳转型有以下思考和建议。第一，能源领域是全球低碳战略的关键领域。从可再生能源和非可再生能源的变化趋势来看历来如此。未来也是如此，右图一个是2018年的数据，另一个是2050年的预计数据，来源于国际可再生能源署。最右边的图是形成1.5度能源结构的变化，有输家，有赢家，煤使用量降低了2%，降低的比例非常大，对我们国家是巨大的压力。石油从37%降低到4%，天然气也有大幅降低。赢家是谁呢？从图里看到有生物质能，特别是现代的生物质能，包括氢能，氢能原来基本没有，它有大幅增长。可再生能源发电占比是最大的。面对这样的一个能源结构，我们国家该怎样发展？其中一条建议是聚焦关键领域，加强清洁能源低碳技术的攻关。对国际能源署的清洁能源关键技术清单进行分析，清单里面列了400多项技术，每项技术有它的技术成熟度。研究发现，其中的能源转型领域是最关键的，会带来75%的减排，所以能源转型领域是科技攻关的重点。能源转型领域还有130多项技术，每个技术群的技术成熟度是不一样的，要根据不同的技术成熟度进行战略研发的部署，技术比较成熟的要加大推广；技术相对不成熟的，要加强攻关，技术完全不成熟的要加强基础研究。其可以为研发布局提供参考，所以要聚焦氢能、生物燃料、先进核能等前沿领域，加强低碳的技术攻关。

第二，能源独立是国家安全基石和未来的发展方向。这是源于乌克兰危机产生的重大影响，原来欧盟有低碳战略，乌克兰危机之后又发布了新的文件，强调要加强能源独立，法国又重新拾起了核能，未来会有新的核建基础，英国也强调能源安全。全球能源供应的本土化将成为世界大国的标配和国际能源发展的主流趋势，也就是说全球的能源系统会有大的变化，原来是跨区域、远距离、大规模输送模式，这种模式可能还有，但未来会有更多本土化、多元化、低碳化的供给模式，这是一个大的变化。科技跟碳排放要保证绿色发展的同时，还要保证国家的能源安全。所以说，中国提出"打造多极的区域能源供应中心"是立足国情拿出的方案。我国的基本国情是：煤炭是能源主体，结合油气对外高依存度的安全隐患和能源低碳转型的国家需求，依托化石资源、可再生资源禀赋差异，打造多极区域能源供应中心。东部沿海有海上风电、太阳能光伏、绿电制氢；

北部地区有光伏、陆上风电；西南地区有常规的、非常规的油气；西北地区有光伏、陆上风电、常规和非常规油气、煤炭。

第三，能源的地质垄断属性越来越弱，技术成本属性越来越强。这是一个大的变化，在能源的转型中，科技会起到越来越重要的作用。传统能源、化石能源是地质属性，是靠天吃饭的，其布局由地质历史时期的事件决定。清洁能源时代能源属性分为地理型和技术型。地理型具有全球普惠性，可以通过科技来提高本国的自然利用率；技术型包括氢能、核能，人才、科技是其最重要的要素，也可以很快地降低成本。因此，建议加快推动清洁能源低碳技术的低成本化和市场化，这是科技最终的目标。技术属性越强，成本降低得越快，光伏的价格曲线是非常陡峭的。海上风电目前的成本比较高，价格可能也会按照这个曲线变化。按照国际能源署清洁能源关键技术清单，要把一批技术尽快地推向市场，尽快地实现低成本化。这里面"产学研用金"的结合非常重要，对绿色能源的投资非常重要，要把技术尽快推向市场。

第四，能源系统的集成化是双碳战略的重要基础平台。原来的能源系统建立在若干平行的能源产业链上，特定的能源与特定的部门是严格相连的。煤是用来发电的，石油是用来运输的，这样降低了能源总体的效率，也制约了能源总体的转型。欧盟发布了《欧盟能源系统整合策略》，希望通过整合能源消费总量能够降低1/3。美国把氢作为载体、媒介，其耦合性特别强，提出了3种模式实现整合。中国应该在国家层面开展能源系统集成，进行顶层设计，通过整合提升效率，同时建立一个集成的研究平台，融合各方力量，最终打造多能互补的低碳化能源系统。

应对气候变化与碳中和技术体系的构建

黄晶 中国21世纪议程管理中心主任

> 技术、政策、市场化，这三者要互动，最后要有一个交集，交集越大，科学技术发挥的作用就越大。科技就是使不可能成为可能，因此交集越大，不可能成为可能的可能性就越大。

美国宇航员1969年在绕月的时候说了两句话：第一句，回首望地球的时候感到巨大的孤独；第二句，那个时刻非常珍惜在地球上的生活。我们是人类命运共同体，地球是唯一的家园，我的体会还是比较深的。以前做研究，要跳出科技看科技。经过几十年的体会，现在要跳出地球看地球，才能感受到地球上事物的宝贵，对人类命运共同体也有新的想法。

说到地球，现在关注气候变化，地球能源来自太阳，但是地球有反射，地表吸收太阳辐射的同时也在释放长波辐射,有一部分被温室气体吸收了,所以地球就变暖了。常规上来说,好像离太阳远的几大星球温度更低一点,金星比水星离太阳远,但它的温度比水星高,为什么?它有温室气体。地球如果没有温室气体,地表平均温度是 $-18\ ℃$,对人类的生存是有很大威胁的,或者不适合人类生存。现在因为有了温室气体,所以地表的平均温度是 $15\ ℃$。温室气体如二氧化碳不是一个坏东西,现在全世界要把它们捕获起来,封存并埋到地下去,防止泄漏。但是为什么必须要减排、填埋、削减呢?就因为人类人为的排放,工业革命以来排放的太多了,所以才有了《联合国气候变化框架公约》,这个公约有很多科学的支撑,联合国政府间气候变化专门委员会(IPCC)报告中称,目前中国年碳排放量是第一,但到底排出多少吨?排出源很多,这其中科学谈判和政治因素又相互交织。

碳排放是在 1990 年开始定性的,现在用百分比衡量做法严谨。煤油气的用量是要减下来的,但我们国家现在又比较倚重化石能量,2019 年有 590 亿吨二氧化碳当量。如果我们什么也不做,二氧化碳排放量持续增长,无法确定一个碳达峰的绝对年份,碳排放何时达到上限。21 世纪中叶以后要净零。超过了 $2\ ℃$ 以后怎么办?人类希望情况乐观,其实很悲观,叫作"过冲",就像看到红灯亮了,停下来时已经过了,大概是这个意思。重要的是,超 $2\ ℃$ 和 $1.5\ ℃$ 还有多少二氧化碳可以供我们排?拿工资打个比方,年轻人工资不高,假设一个月 100 元,还不是月光族,15 天就花光了,还有 15 天怎么办?就是这个意思。《巴黎协定》里面提出努力把升温控制在 $1.5\ ℃$。$2\ ℃$ 实际上还有 11 500 亿吨可排,还有 30 年就用光了。也就是计算 $2\ ℃$ 之内时告诉你还有这么多,一算 30 年就用光了,换句话说过 30 年温度就升高 $2\ ℃$ 了,不能到那时大家都不排了,不可能。

但是现在是 $1.5\ ℃$ 话语体系,$1.5\ ℃$ 就是 5000 亿吨,全世界一年排放 400 多亿吨,中国目前是碳排放第一大国,每年达 100 多亿吨,超过了 1/4,接近 1/3,这样排下去 10 年额度就用完了,2032 年就用完了。很多发达国家都达峰了,欧盟 1987 年就达峰了,美国 2005 年达峰,中国说 2030 年达峰,所以说这个事情非常艰巨。因此温度上升幅度限制在 $1.5\ ℃$ 以内我个人觉得不可能。

《巴黎协定》第四条提出,尽快达到温室气体排放的全球峰值,在 21 世纪下半叶实现温室气体源的人为排放和汇的清除之间的平衡。现在对"源"的讨论比较清楚,"汇"就是怎么去到森林里。碳达峰碳中和就是经济发展要和化石能源脱钩,这是本质。现在欧盟、美国达峰,还有一些国家经历中等收入陷阱,它的经济受到了制约,一直在往下走,碳排放也在不断下降,不是达峰。中国要保持经济的增长,同时使碳排放降下来,逐渐跟化石能源脱钩,这是核心含义。如果我们通过达峰、去峰,2060 年实现碳中和,碳汇到最后需要大于一定的量,关于碳汇现在的结论非常得多,从 10 亿吨到 40 亿吨,还有说到 50 亿吨,我们达峰以后往下降,用风光电代替煤气油,所以会很难算,算完以后还要获得国际的认可,这是个艰巨的任务。

整个的技术体系我认为是零碳能源的重构。在路线图里有子类、亚类、单一技术,每项技术都需要去做成熟度、成本效益、绿色溢价等方面的评估。典型零碳的能源供应是保证发出的电最高，主要依靠可再生能源如风和光。但是有一些高安全保障的，比如说医院，不可能出现没有太阳发不出电的情况。现在对这几类技术成熟度的评估和对未来技术研发的展望还在做。节能是最重要的，14亿人口每个人如果做一点点，这就是对节能巨大的贡献。其次是零碳替代，现在美国人直接捕获。

最后提一下政策的问题，有三类：一类是支撑的；一类是约束的；一类是激励的。研发技术的政策大体上都是激励的，约束类政策大体上是由生态环境部控制的。海上风电也是，这里面就有很多鼓励技术研发的政策。约束的政策有很多，最近的有两个，一个是去年拉闸限电，就是国家把能源双控改成了碳排放的双控；另一个是最近发布的企业排放温室气体限制，这样企业用煤的时候就要考虑使用技术。激励类政策有一个例子，美国的45Q政策可以好好借鉴，一吨二氧化碳可以补贴的奖励越来越多。前两天美国国会刚通过《降低通货膨胀法》，几千亿美元的投入，其中有3000多亿美元用于气候变化清洁能源的补贴。我们目前是最大的碳排放国，如果我们不做最前沿的跟踪，等到十几二十年以后，会有点难度，有点晚。所以估算到2030年的时候可以用二氧化碳捕集、利用与封存（CCUS）技术处理2亿吨碳，我们用CCUS技术来实现碳中和应该没问题。

其实还需要市场化，没有市场肯定是不行的，所以这三者要互动。最后在这三者中找到一个交集，交集越大，科学技术发挥的作用就越大。王志刚部长经常讲科技就是变不可能为可能，因此交集越大，变不可能为可能的可能性就越大。

实现双碳目标若干问题的思考

李俊峰　国家应对气候变化战略研究和国际合作中心首任主任

> 实现双碳目标是我们国家现代化进程的必修课。全球的政治共识已经达成。发展转型是实现双碳目标的基础。要统筹国际与国内、减排与发展、长期与短期、政府与市场之间的矛盾。总之，要忘掉一个词"不可能"，因为把不可能变成可能就是创新的动力。什么叫创新？就是把不可能变成可能。碳达峰碳中和的核心和本质是一场创新的竞赛。

我讲讲关于实现双碳目标若干问题的思考：一是双碳目标和全面现代化的相互关系；二是碳达峰和碳中和之间的关系问题；三是发展转型和双碳目标到底是怎么回事。最后和大家谈一谈双碳目标应该如何推进。

为什么说实现双碳目标是我们国家现代化进程的必修课呢？刚才有两位专家谈了国

内外关于双碳目标推进的政策，国外不叫双碳目标，只叫碳中和。碳达峰是碳中和的一个过程目标，大家都在做，发达国家基本上都达峰了。发展中国家大部分达峰了，全球的目标是2025年达峰，所以中国提出2030年前达峰。全球的碳中和目标，中国、俄罗斯是到2060年，印度到2070年，大部分国家都是到2050年。中国碳达峰之后到碳中和有30年的时间，发达国家大部分在20世纪70年代、80年代，最迟的2005年达峰了，它们达峰之后用近70年的时间碳中和，我们达峰之后只有30年的时间，怎么做？这既是一个难点问题，也是一个焦点问题，更是大家讨论的热点问题，中国不得不这么做。如果2030年我们达峰之后用发达国家的政策，也是50年、70年后达到碳中和的话，意味着中国到2080年或者2100年才能实现碳中和，我们实现全面现代化的目标是在2050年，到那个时候我们很多指标和发达国家还有30～50年差距，政策上是不允许的，所以中央把碳中和叫作政治的担当。另外，可能性怎么样？因为新中国成立70多年，我们走完了发达国家200多年的规划历程，下一代应该有决心用30年的时间走完发达国家50～70年的碳中和的历程，这是一个必答题，必须答好，如果答不好我们不可能到2050年实现全面现代化。

全球的政治共识已经达成，并且过去不怎么认可的现在非常认可了，比如说联合国宪章、WTO；过去我们讨论的时候有争议的，现在特别推崇，比如联合国成员国不分大小一律平等的原则、尊重领土完整的原则、WTO市场机制保护的原则。气候变化把发展放到环境的笼子里，为发展画一条生态的红线：到21世纪中叶，最迟21世纪下半叶，人为排放的温室气体和大自然吸收的温室气体相平衡。这一点也是一个重要的制度安排，我们必须认识到，这是从资源依赖到技术依赖的发展转型。资源依赖发展方式的地理特征特别明显，和努力有关，技术进步是和努力有关系的，只要努力就能解决问题，所以大家都在走这条路：从资源依赖走向技术依赖。无论是美国、欧盟、日本还是中国，都是这么考虑的，并且低碳化发展正在改变着世界。有高层专家说发达国家就在放空炮，什么都没干。不是，他们干了很多，在技术上有长远的部署，现实上有好的政策，好多都是出乎我们意料的。刚才黄晶主任和张旭院长都谈到美国的《通胀削减法案》通过了，拿出3700亿美元来支持能源转型，一个家庭最高可以获得4000美元的补贴，如果用太阳能、风能和储能的时候，再买电动汽车，最高可以获得近7000美元的补贴，是真金白银的支持，所以大家都在努力，一定要想到这点。

碳达峰碳中和是我们发展道路上的第三次关键决策。第一次关键决策是我们选择了社会主义，建立了新中国，中华民族有了自立于世界民族之林的能力。第二次是40多年前小平同志提出的改革开放，让我们摆脱了旧的观念束缚，改变了一穷二白的面貌，使我们现在成为一个繁荣昌盛、富强的国家。这次的关键抉择是实现碳达峰碳中和，这关乎中华民族永续发展和构建人类命运共同体，它是中国开始融入世界，进而引领世界的一个开端。过去我们讲很多的评价体系，比如说绿色、环保，都很抽象，不具体，这个非常具体。生产一度电、一吨钢、一杯茶、一杯咖啡用多少碳，大家明码标出来了。我很高兴，我们更新了电厂，碳排放因子中国 500 多克，过去我们公布的是 700 多克，美国 400 多克，欧盟不到 300 克，挪威不到 70 克，这个大家都在比较。任何一种产品和一种服务方式在同一个平台上进行衡量的时候，就是一种真正的国际化的比较。所以说在这点上碳中和是我们现代化进程中的必修课，我们必须跟上时代。这个时代的发展，包括增长方式、能源系统、生活方式，都要进行绿色低碳的转型。

发展转型是实现双碳目标的基础。首先，发展是第一要务，党中央高度重视减排和发展的关系，要平衡这两个矛盾。如果我们的减排动摇了现代化目标的根基，我们会毫不犹豫地放弃减排，大家不用担心。党中央认为，我们通过减排可以倒逼高质量发展和高水平保护，所以习近平总书记一再强调"实现碳达峰碳中和，是贯彻新发展理念、构建新发展格局、推动高质量发展的内在要求"，一定要平衡这个关系。这个全球都在做，大部分国家提出了自己的碳中和目标，没有提的各个小国家也提出了应对的措施。像太平洋岛国，其他几十个小岛国没有受到碳中和问题的影响，早就碳中和了，他们是另外一种应对气候变化的措施。主要瞄准这些大的国家。IPCC 有一个报告，如果想实现全球温度提升 2 ℃的目标，需要 2070 年达到碳中和，2060 年达到碳达峰，如果想实现全球温度提升 1.5 ℃的目标，2060 年要达到碳中和，2050 年达到碳达峰。我们国家也提出目标，不是那么精确，2035 年实现温室气体排放量稳中有降，2060 年非化石能源占比提高 80% 以上。虽然大家不承认碳预算，但是大家心里都有本账。如果按二氧化碳算，碳中和人均剩下 2 吨。总体来算是什么样子？全球人均维持 8 吨左右，减掉 5 吨，若按照二氧化碳算大概 5 吨减掉 3 吨左右，用钱来解决的问题就不是事了；3 吨、5 吨，若用中国的价格计算就是 150 元、250 元，如果按欧盟的价格就是 300～500 欧元，到 2050 年实现这一目标都不是问题，关键是技术进步，技术上能不能做得到，这是一个政治目标。真正的做事必须工程师说了算，比方说构建新兴的电力系统，有人说 90% 的电力来自科技式的能源，政治目标容易确定，但是技术方案必须由工程师们说了算，所以说我们看上去不是一个多难的事，但是技术上怎么做？现在碳中和的技术 60%～70% 还在实验室里面，所以创新是实现碳中和最关键的因素。所有的国家和地区都在努力，欧盟也是，美国也是。特别讲讲美国，美国最近出台的《通胀削减法案》，包括芯片与科学法案、基础设施方案等文件都谈到了能源转型，三箭齐发。现在美国利用国家的力量攻克什么问题，解决什么问题，做大做强产业链，好多语言和我们几乎是一模一样。和我们的战略新兴产业，和我们的工业 2025，和我们的强国战略非常相像，要理解美国的政策，和我们趋同，为什么？大家有共同的目标，特别在做大做强产业链这一点上有很多相似的地方。我们有明确的目标，还有一堆的行动方案，同时有个具体的要求，具体的要求就坚定不移地推进，既要打攻坚战，又要打持久战，同时要不破不立、先立后破和破立并举，3 个方面也要同时推进。

最后谈谈双碳目标的政策选择。全球增长已经开始放缓了，特别是发达国家等世界主要的经济体增长放缓了，我们的增长还在继续。但是即使那些下降的国家在去年也反弹了，去年不仅中国反弹，欧盟、日本、美国都反弹了。但是大家都在努力，所有的国家短期的目标非常重要。刚才主持人说实现碳达峰怎么难，其他国家如英国计划 2030 年要比 1990 年下降 68%，德国计划下降 65%，美国下降 52%，短短几十年里大家都有较大幅度的下降。我们的碳达峰是必答题，还得稳中有降，降多降少是另外一个问题，碳达峰是必需的。大家都认为美国有两党之争，但是美国做得非常不错，它的法案虽然改了名字，但确是实实在在的真金白银在推动转型，科技创新更是如此，美国关于科技创新战略的安排可能比我们早 10 年。所以我们还需要付出更多的努力，好多人说我们要付出巨大的代价，不是代价，是努力，这个努力是值得的。开一个玩笑，过去我们讲孩子："好好读书，一定要考上清华，争取为国家做更大贡献"，其实即使你考不上清华别人也会考上，有你没有你国家照样发展，但是你考上了对你的命运是天翻地覆的。同样，中国实现高质量转型首先是中国人民受益，其次才是为人类命运共同体做贡献。应对气候变化不是别人要我们做，是我们自己要做，是我们追赶时代付出的努力，这个努力是值得的。实现双碳目标的关键问题在于能源的转型，因为我们国家 80% 的温室气体来自化石能源，只要能源转型成功了，我们就会取得成功，能源转型不可能一蹴而就，必须循序渐进。既要有不破不立的雄心，又要有先立后破的具体实践，同时还要有破立并举的行动。

在这几个方面我们要做好统筹，包括统筹国际与国内、减排与发展、长期与短期、政府与市场矛盾的问题。总之，要忘掉一个词"不可能"，因为把不可能变成可能就是创新的动力。什么叫创新？就是把不可能变成可能。碳达峰碳中和的核心和本质是一场创新的竞赛，好多人把它叫作竞争，其实不是竞争，竞争是你有我没有，竞赛是大家水平都在提高，就像奥运会。我们经常为拿金牌的人喝彩，但是假如我们过去是第 40 名，现在提高到第 28 名，现在也非常高兴，大家都在进步，这是最重要的。科学和技术的竞赛水涨船高，大家都在进步，第 1 名在进步，最后一名也在进步，所以说我们希望大家一块儿努力，把不可能变成可能。

海南自由贸易港科技的创新政策

刘作凯　海南省科学技术厅副厅长

> 海南有世界一流的生态，有最好的政策红利，有朴实、乐观、知足的 1000 万海南人民。对海南生态的最高要求就是做优等生，要在世界上处于领先水平。海南的 4 个支柱产业为旅游业、现代服务业、高新技术产业、热带高效农业。海南的发展离不开最高决策层的谋划，下一轮改革的前沿应该是在海南。

大家可能都去过海南，一下飞机就看到天海一色。用苏东坡的话来说，"天容海色本澄清"，今年的主题跟海南也非常契合，海南省委、省政府要求我们做优等生，在全国做示范、做标杆。因为海南工业化程度低，人为的活动少，所以低碳就不成为问题。

海南到底有什么能吸引大家，能建设自由贸易港？我到任3年觉得海南有3条是比较特别的：第一，有世界一流的生态。海南非常干净，空气是透明的，水是很洁净的，路上都是干干净净的。第二，有最好的政策红利。习近平总书记"三个亲自"：亲自部署、亲自推动、亲自谋划，推动建设全球最大的自由贸易港。第三，有朴实、乐观、知足的1000万海南人民。我觉得在这点上可能"知足"是最重要的。原来举过一个例子，发工资一看工资条8000元，不少啊，挺多，但是转过头一看同事1万元，幸福感马上就没了，为什么？其实你购买力减少了吗？8000元的净值没有任何减少，但就是因为攀比。在海南能处处感觉到人都活得特别知足、特别满足，所以也非常幸福。海南在我国最南端，地处南海，有1000万人口，有3.5万平方公里的土地，比台湾岛略小，台湾岛3.57万平方公里，有2000万人。海南有2000公里的海岸线，生物多样性非常丰富，有5个国家公园挂牌，比如热带雨林国家公园。海南在布局上谋划了海南"三极一带一区"："三极"是指由海口、澄迈、文昌、定安、屯昌等市县组成的海口经济圈，由三亚、陵水、乐东、保亭等市县组成的三亚经济圈，由儋州洋浦一体化融合发展组成的儋洋经济圈。"一带"是指由海口、文昌、琼海、万宁、陵水、三亚、乐东、东方、昌江、儋州、临高、澄迈等临海市县组成的滨海城市带。在地处海南岛西部的昌江黎族自治县，坐拥"海南十大最美海湾"之一的棋子湾，南北紧邻奔流不息的昌化江和珠碧江，它是"一带"的重要成员。"一区"是指由五指山、保亭、琼中、白沙等中部市县组成的中部生态保育区。这里拥有我国分布最集中、保存最完好、连片面积最大的热带雨林，是海南岛森林资源最为富饶的区域，也是中国生物多样性保护的重要区域。

海南的发展离不开最高决策层的谋划，2018年4月13日，习近平总书记在庆祝海南建省办经济特区30周年大会上向全世界郑重宣布，党中央决定支持海南全岛建设自由贸易试验区。2020年6月1日《海南自由贸易港建设总体方案》颁布，2021年6月《中华人民共和国海南自由贸易港法》颁布。2022年4月13—14日习近平总书记又视察海南，提了3条对海南的发展定位和要求：建设具有世界影响力的中国特色自由贸易港；让海南成为新时代改革开放的示范点，也就是原来的改革看深圳，新一轮的改革看海南；要把海南自由贸易港打造成展示中国风范的亮丽名片。所以说对海南的要求是非常清晰的，也非常高。

2021年，有海南省委、省政府很好的谋划，有很强的干部队伍，也有以企业家群体为主的产业界强力的支撑，海南GDP增速全国第二，成为全国最有活力的地区之一。海南的政策红利包括"零关税、低税率、简税制、更自由"。零关税就是进口的关税是不收的，是零。低税率体现在两个15%，就是企业所得税15%，个人所得税最高15%。也就是说你在上海挣100万元，上海的税率最高可能是45%，在海南挣100万元，最高只收15%的税，差距还是蛮大的。简税制现在有30多种税，大概37种，在海南将会简化为7种税。我们公布了"一负三正"的零关税的清单，现在封关之前支持的主要是产业界的。免税的商品品类现在也达到了45种，购买免税品的额度是每人每年10万元不限次，而且更加便利，因为新冠疫情原因现在跟国外的沟通越来越少，在海南也能购买到国外的各种产品。再一个数字是30%，在海南加工增值超过30%的免征进口关税，也就是说在海南岛买100元的进口材料进行加工，加工好卖出去只要大于130元，那它就是免征关税的，把税给免掉。低税率主要对个人和企业是非常有利的，企业的成本会大大降低，个人的净收入会大大增加。低税率也会吸引境外的直接投资，跟香港、新加坡、迪拜等地比较下来，海南的税最低。更自由体现在贸易的更自由、投资的更自由、跨境资金更自由。在国内其他地方，每年出境带钱不能超过5万美元，在海南就没有这个限制，资金可以跨境流转，人员进出是自由便利的，交通运输是自由的，数据也是有效地流动。

下面讲海南的生态。对海南生态的最高要求就是做优等生，我们要在世界上处于领先水平，即采取多种措施，到2035年实现生态环境质量和资源利用率的相关目标。海南的热带雨林公园是全球唯一的有长臂猿种群的公园，长臂猿对环境要求特别高，在五指山就有这样的种群，如果到五指山旅游，没准能偶遇这些长臂猿。生态上我们推广了清洁能源汽车，海南新能源汽车的保有率是最高的，新能源汽车发展也是最快的。因为它很适合这方面发展，整个一个封闭的岛屿，海口到三亚也就300公里，转一圈也就600公里，比较适合。"气化海南"建设在加速推进中。海南还有核电，在长江正在做二期核电，所以说海南的能源布局还是非常明显的。2020年底，海南立法"禁塑"，就是禁止塑料产品使用、买卖，这是人大立的法。现在到海南岛去见不到塑料袋，给你可降解的塑料，成本稍微高一点。如果我们都用塑料，海洋塑料污染是非常严重的。再有就是推广装配式建筑，到2025年，在建筑领域也要实现零排放。海南提前布局了装配式建筑，全岛装配化率要达到80%。海南正在做"六水共治"，就是集全省之力治理污水、保供水、排涝水、防洪水、抓节水、优海水。到了海南会感觉海南的海是非常清的，但是还是不能满足，仍然在做进一步的治理。

海南的科技也稍微介绍一下，我们做了4个规范性的文件，自由贸易港开放创新的若干规定，这是条例，是国家颁布的法律；创新省份建设的方案；"十四五"科技创新规划；还有海南省以超常规手段打赢科技创新翻身仗的三年行动，有六个翻番，分别是全社会研究与试验发展（R&D）经费投入占地区生产总值（GDP）比重翻番，高新技术企业数量翻番，高新技术企业营业收入翻番，拥有国家级科技创新平台数量翻番，获国家科技计划立项项目数量翻番，全省规模以上工业企业设立研发机构覆盖率翻番。我们要发展三大未来的产业，就是陆海空。陆是南繁，南繁正在打造一个国家级的平台——种业实验室；深海领域要做国家海洋实验室的基地；航天要做文昌航天城。南繁的实验室马上要挂牌了。深海领域有中国科学院深海科学与工程研究所，所以有3个平台。制造业有个领域，即数字经济、石油化工新材料、现代生物医药。这是我们国家级平台的展示。再就是人才政策，到了海南，大家最深切的感受就是待遇优厚。海南的4个支柱产业为旅游业、现代服务业、高新技术产业、热带高效农业。这4个产业支撑起了海南产业的四梁八柱。期待各界到海南去发展、去兴业，因为下一轮改革的前沿应该是在海南。

实现城市可持续发展的资金使用趋势

德马里斯·科夫曼　英国伦敦大学学院巴特莱特建筑学院教授

> 未来几十年，气候变化、碳排放减少及适应环境的很多政策都需要政府推动。城市的经济与气候变化密切相关，大城市能够通过自己的能源使用方式更好地减少气候变化的影响，尤其是特大城市对于实现可持续的能源变革很关键。多边组织和机构的参与可以应对可持续发展绿色城市投资方面的问题。

今天很高兴跟大家分享一些趋势，我专门负责可持续发展的城市金融问题。过去几年从理论上说，我们的一些讨论都受到阻碍，因为很多西方人认为这是一个市场和政府在抢责任的问题，大家认为应该政府提供给市场更多的政策来鼓励它们，提供一些方法。但是我觉得这里面没有那么简单，因为又有市场，又有政府，同时还有全球跨境的金融资本，而且往往是由多边机构投入的资本。政府是一些非中央政治组织，比如州一级政府、市一级政府、援助机构等这些组织，我们看到这些会有比较微妙的关系。同时，我也希望大家关注今天全球治理所面对的挑战，尤其是疫情之后，气候变化和疫情管理有一些类似的地方，都会导致全球治理非常困难，挑战很大。

2018年的IPCC出了一个1.5摄氏度项目，创造了一个非常好的条件，进一步加强了各国政府应对气候变化的合作，并且为气候变化、疫情管理等提供了一些工具。疫情之后我们面临很大的挑战，就是民族政府、地方政府、省政府要提供社会基础设施以更好地满足居民的需要，这非常不容易。

疫情之前，大家想的是要自下而上，改变每一个人的行为习惯就能改变气候变化，不要开车，坚持使用清洁能源，不要砍树，大众将会促使政策决策者做点事情以改变气候变化。但是疫情真正改变了大家的认识，老百姓完全没法儿忍受疫情带来的改变。所以可以想象一下，当气候变化严重的时候，普通老百姓怎么可能真的愿意改变自己的行为。所以必须要自上而下，由政府来推动，对于西方各国政府来说，希望他们已经认清这一点。很明显，未来几十年气候变化、碳排放减少及适应环境的很多政策都需要靠政府推动。

低碳问题对城市来说很关键，因为有 40 亿人口居住在城市，城市的经济与气候变化密切相关，大城市能够通过自己的能源使用方式更好地减少气候变化的影响，尤其是特大城市对于实现可持续的能源变革很关键。城市提供基础设施和服务，但是往往没有足够的资本来维护。不仅在中等收入国家，在发达国家也是如此。欧洲国家、美国的大城市越来越大，小城市人口就减少了，所以日益走向两极分化。抑制气候变化所带来的影响也取决于城市提供的基础设施和服务，特大型城市的适应性也很关键，比如说雅加达、马尼拉在应对气候变化方面要做很多的事情，气候变化所带来的移民和难民从农村转移到大城市，所以就需要给他们建立灵活的社会基础设施，他们到达城市的时候为他们提供居住之地。城市对于低碳社会来说是关键。还要强调的是，金融资本是关键的全球气候治理因素，也是能源转型的关键因素。金融机构可以进一步地鼓励资本进入 1.5 ℃ 的标准里面，然后全球的投资经理及其客户也要努力减少温室气体排放。投资、融资投入到应对气候变化的项目后，城市非常关键。要建立低碳、有韧性的未来，深度的低碳行动也取决于城市的经济能不能提升自己的效率，并且实现平等的就业。这是解决气候问题的一个关键，首先需要城市的能力成为工具。但是现在缺乏融资，没有办法让中低收入国家的二线城市实现绿色可持续发展，不能等到 2030 年再解决城市气候变化融资的问题，必须现在就帮助他们融资，实现结构性改革，从而做好气候变化的过渡。

可持续发展绿色城市投资方面的主要障碍是什么呢？2016 年的联合国人居署出过报告，各城市遇到了一系列的障碍。在过去的几年有一些结构性的障碍，比如融资和财政方面的障碍、法律和监管方面的障碍、信息的机构规划方面的障碍等，尤其对于低收入和新兴经济体来说，他们的财政更加缺钱，需要多边组织及援助机构的帮助。

谈 4 个不同的案例来进行分析，前 3 个案例都是多边组织和相关机构参与到其中应对了这些融资障碍，最后一个是解决方案，以应对气候融资的障碍。

第一个案例是，欧洲的投资银行支持撒哈拉以南非洲地区的投资。城市要获得可持续融资非常困难。主要涉及可持续发展的 11 条目标。欧洲投资银行帮助欧洲的二三线城市投一些项目，为其在获得融资方面提供很多经验和支持。现在把这些做法放到撒哈拉以南非洲地区，以支持其实现可持续的绿色发展。欧洲比较大的投资机构鼓励投资人进入这些投资领域，支持一系列的撒哈拉以南非洲地区的绿色项目。比如摩洛哥、肯尼亚的新城市项目发展都是和欧洲投资银行投资框架一致的。交通领域的投资政策就是由欧洲投资银行安排建立绿色的城市交通体系。2020 年，绿色交通的投资政策公布了交通的绿色日程表和路线图，都是跟《巴黎协定》一致的，更关注城市绿色交通的问题。这些城市的交通系统都是由欧洲投资银行的投资项目来支持的。比如摩洛哥的生态城，欧洲投资银行大概提供了 1.5 亿欧元的贷款，以确保这个项目 30% 的土地用作公园，大家可以骑自行车，使用电动车，以减少城市中心的温度，提供比较好的生物多样性。肯尼亚大概有 1.8 亿英镑的融资，为中低收入的用户提供公交房屋。突尼斯的融资主要涉及贫民窟改造项目。

第二个案例是，欧洲投资银行利用城市融资以获得资本。在撒哈拉以南非洲的二三线城市使用了这些项目，提供了工具；比利时、波兰、希腊都通过获得的城市融资，提供经济适用的公租房。资金是很多的，关键是让这些项目获得足够的资源，让它在结构上显得非常适合投资，投资人才愿意投这些项目，这是多边机构可以做的事情。欧洲投资银行做了很多帮助融资的事情，通过各种方式来支持城市的社会基础设施以实现绿色转型。

第三个案例是，财政资金投入到可持续的城市社会发展。很多时候开发商把这些利益抓在手上，但土地价值发挥不足，不能产生足够的城市公共方面的收入。比如索马里使用本土的一些税收方式可以更好地进行土地税的获得，然后使社区获得一些经济收益，进而帮助城市获得一些更好的基础设施。这些项目比较成功，可以帮助获得融资以支持基础设施的发展，关键要让多边机构还有援助机构看到本土的一些政策习惯，因地制宜，产生的项目才能更加具有投资价值。

第四个案例是，公私合作（PPP）。很多城市已经用一些金融工具来吸引全球的投资和融资。在公私合作方面，中国国有企业还有非国有企业采用各种激励机制，快速建设基础设施项目。这种减税机制能够更好地吸引公私合作，房产开发商也愿意通过这些投资形式参与城市的发展。绿色融资、贷款、碳融资这些工具都可以吸引私营投资部门进入资本市场去投资城市项目，私营机构的投资有益于城市的发展。全球的金融市场非常有兴趣投资这些项目，要有技术上的援助，让项目对投资人更有吸引力，这是未来工作的重点。能源政策有多种形式支持亚太地区新兴经济体进行能源转型，但是仍然有很多的挑战，未来的 10 年这些挑战要解决。

3 互动对话

主　持　人：
王　元，中国科技金融促进会理事长、中国科学技术发展战略研究院原常务副院长。
互动嘉宾：
汤富强，科技部政策法规与创新体系建设司副司长；
张　旭，中国科学技术发展战略研究院院长；
黄　晶，中国 21 世纪议程管理中心主任；
李俊峰，国家应对气候变化战略研究和国际合作中心首任主任；
刘作凯，海南省科学技术厅副厅长。

提问 1：不同的城市群低碳产业政策要协同发展，因为不同城市群发展禀赋不同。比如京津冀、长三角、珠三角、成渝、长江中上游城市群，发展禀赋不一样，在产业政策的设计上如何能够更好地实现量体裁衣，根据自身的发展禀赋实现低碳的协同发展？

李俊峰：你刚才提的问题特别复杂，区域协同发展本身就是特别难的问题，从碳达峰碳中和、低碳转型的角度来说更难。中央对这个问题提出了非常明确的要求，就是谈碳达峰碳中和问题时一定要树立全国一盘棋的思想，要有区域的协同。区域协同有 3 个层次的考虑：一是自身的努力，和人一样，一个地区也是如此，你自己必须努力，在你的资源禀赋、客观条件及外部的影响方面做到最好。二是国家政策也给区域协同一定的支持，这是一个非常重要的方面。比如北京，除了主观努力，举办两届奥运会对环境的要求，加之《北京市深入打好污染防治攻坚战 2023 年行动计划》的发布实施等使它必须进行转型。同时，中央给予了很好的政策，如天然气供应比其他地方更优惠一些，外部的清洁能源保障力度更强一些。这种做法应该从京津冀的协同发展推广到其他地方。比如今年夏天碰到的干旱和炎热，我们可能就要考虑更大区域的协同发展。西南地区 5 座比较大的水电站都给江浙供电，江浙很热。但是其他地方也进入了酷暑期，这就是在政策设计上相互帮助的问题，从电网角度考虑叫作网间互济，从区域发展来说有协同的效应。碰到困难的时候，大家如何同舟共济，这是一个非常难解决的问题。所以未来，特别是碳达峰碳中和之后，能源系统会发生根本性的变化，非化石能源占比将提高到 80%以上，这样既保证经济正常运行，人民生活水平不断提高，又保证能源安全，所以说这是一个很好的课题。我希望科技部在这些方面的战略研究要提前做一下，面对大的挑战的时候在战略上应该怎么安排、怎么布局，区域之间怎么相互支撑。因为不是都像北京这么容易解决，因为它是首都，其他地区没有那么好的资源，在这种条件下需要做一些研究，为国家区域协同发展真正做好准备。

黄晶：我补充两点。第一，协同很重要。前不久参加京津冀的碳达峰碳中和协同的相关工作，当时专家也提，大家都在努力，碳达峰碳中和的任务也很重；第二，在氢气制取、存储、运输、加注几个环节里面，很注重源头的投资、创新，包括产业化。

张旭：我要补充的还是国内的，第一，科技部与长三角三省一市联合发布《长三角科技创新共同体联合攻关合作机制》，这个就是长三角协同了。三省一市，针对关键技术问题可以联合攻关。比如做海上风电，江苏和上海都是沿海地区，浙江也是，有问题就可以联合研发了。长三角有类似的资源禀赋，可以在地区上实现协同，长三角在国内可能比京津冀更有协同优势，因为地区发展的水平相近，也有很好的机制。从地区协同发展到全国的大协同，有些地区首先要协同好。

第二，还要看中国特色，这是跟国际不一样的。我们的地方政府是很强大的，这可能跟美国各个州不一样，我们地方政府的科技投入占国家财政科技投入的 60%。地方政府的一些独特的做法是非常有价值的，特别是在面对低碳的时候，还没有那么强的确定性的时候，在一些新的尝试方面，我觉得地方政府可以发挥很大的先行先试作用。

在国际方面，我们更多的是借鉴。前面我和各位专家介绍各个国家的政策，其重点、着力点都是不一样的。以海上风电为例，为什么英国发展海上风电？因为它有北海。日本为什么要重视海上风电？因为日本四周都是海。日本为什么又特别强调浮动式风电，因为日本周边都是深海。我们国家各个地区、各个省市的特点也是差异性非常大，发展方向要跟自己的资源禀赋相结合，结合以后国家可能会有更高层面的顶层设计，这样自上而下和自下而上结合起来效率更高。

李俊峰：我补充一点，全球范围内也有协同机制。《联合国气候变化框架公约》有个非常重要的基本原则，就是共同担有气候责任原则。发达国家必须为发展中国家应对气候变化的行为提供额外的资金和技术援助，这是天天吵的，虽然它现在还没有凑够1000亿美元，但是每年也会投入七八百亿支持发展中国家。我们国家提倡共同富裕，2035年基本实现现代化，我们要考虑东部对西部的支持。刚才我讲到四川、云南给上海调来大量的清洁电力，当它有困难的时候我们考虑怎么支持它？京津冀协同发展的同时，也要考虑长三角协同发展、珠三角的协同发展，还要考虑和西部的协同发展，以实现共同富裕的目标，这是碳中和过程中必须考虑到的问题，这是我们现在考虑比较少的。

提问2：刚才李主任和黄主任在演讲时都提到美国的《通胀削减法案》，3000多亿美元关于氢能的资助。我们注意到两点，美国对于绿氢，提出来清洁氢，就是生产1千克氢气的生命周期温室气体排放量低于0.45千克二氧化碳当量便可列入补贴范围。1千克的氢气可以补贴3美元，这样的补贴力度是什么概念？如果按照这个补贴的话，用化石能源制氢的成本是高于绿氢的，可以在很大程度上推进这个事情。美国的政策对于中国下一步政策的制定，比方说绿氢方面的政策有什么样的启示？我们下一步应该怎么走？我们注意到在支持光伏产业的过程当中，我们政策出手是比较晚的，相对来说欧盟新的政策出来之后，对我们国内的光伏产业有很大的促进，我们国内其实最开始没什么政策。经过海外市场的历练，国内的光伏产业发展起来。现在在发展氢能源的过程中政策什么时候出手？是紧跟美国的步伐，还是就靠美国和欧盟的政策牵引？高盛的一些报告，包括国际能源署的报告很注重制氢的源头，在氢气制取、存储、运输、加注几个环节里面，很注重源头的投资、创新，包括产业化。但国内很多还在强调应用端，搞燃料电池汽车，我们在前面几个环节里面不太多去强调，研究机构也没有研究很多。我想前面的一些环节是不是也应该重视，要重视全产业链发展。

李俊峰：我讲过我们在好多政策的制定上，包括好多科技政策都在借鉴。我纠正一下，我们国家在氢能研究方面做了很长久的部署，没有出成果，不是国家没有支持。在2000年的时候科技部已经在研究氢能的问题上设立了重大专项，一直在做。在此之前已经做了很多研究。我们这些政策并不是凭空的,而是积累了大量的基础。像光伏、储能,当时科技部设立的项目叫后续能源,专门作为一个重大专项在做,也培养了一批优秀的科学家和企业家,否则我们的新能源产业不会发展到现在的状态。

另外,在补贴政策上我们是借鉴欧盟,2002年开始制定政策,我们从2006年开始向它学习,我们抄作业的结果还是不错的,我们做成了全球最好的光伏产业。氢能有可能是这样,美国现在要借鉴我们,它要举国之力,它的补贴政策是向中国学习的,不过补贴力度更大一些。它1千克氢补贴3美元,大体上相当于它的成本,3美元的补贴胜过化石能源制氢,这样做的目的是堵住化石能源制氢的路子,这是值得我们学习的。我一开始也讲了,创新是大家相互学习的过程,如果谁有好的办法,我们应该学过来,企业应该经常向政府提建议,我们应该向人家学习,我们需要这样的政策,政府的政策都是根据企业需求提出来的。美国的政策也是美国的企业根据需求向它的国会提出来的。

黄晶:用风光水代替煤油气最大的问题是它不太稳定,要能储存起来。储存的手段很有限,用得多的方法是把它抽到上面去,就是水库。另外可以把它弄在氢里,但是要制这个氢,如果用太阳能发这个水就无穷无尽,成本特别高。所以美国能源部最近制订了一个计划,大概用10年把氢的成本降低90%,现在的成本很高。核心是中间的电解槽成本很高,运的时候由液体变成气体也是有成本。所以最关键是降成本,最后靠技术把太阳能成本降下来。

提问3:刚刚讲碳中和需要区域的协同,在这个过程当中大家需要考虑怎么量体裁衣。其实还有个方式,要因地制宜。这涉及政策的问题,还是自我作为的问题。刘厅长在报告里说海南人民都很知足,我们也看到海南在整个碳中和的过程当中,条件还是相对较好的:一是海南碳排放量确实在全国一直处于倒数位置,负担小;二是实现碳中和的话,海南的碳汇、资源禀赋,包括能源结构在全国中条件是最好的。借这个机会问一下,海南有很多的政策,包括电动汽车、燃油汽车禁售,有没有碳中和整体的,特别是科技支撑政策?

刘作凯:海南自然禀赋很好,原来的基础特别好,海南的一产占将近30%,二产占30%,三产占40%多,这样的话就造成海南排放工业活动占得最多,海南的工业活动少,所以排放量就应该小。海南资源禀赋与西藏不分伯仲,排放量一般是倒数第一或者倒数第二。但是海南没有很好的科研机构,只有海南大学比较好,在这方面的布局比较晚。我们归口是在国家发展改革委牵头做这个事,它叫"1+N"。"N"是9个单位,科技厅算1个,还有生态环保、住建等各个部门,我们也在做双碳的行动计划,科技部门也在出"N"的行动计划,就是"1+N"。

我感觉,还是有些技术要输出到海南来,因为中西部差距是非常大的。海南GDP只有600亿元,财政收入才900亿元,如果更多投向高质量发展,就没有过多的财力,所以一定要输出技术，输出人才。东部的技术和人才要向中西部输出，因为二氧化碳不分中部、西部。海南在这个方面应该说是做了贡献的，在下一步发展当中应该受点益，这就是技术输出。在制定宏观政策方面，一定要考虑中西部产业落后、产业基础薄弱，在这个基础上如何再进行高质量发展。我们产业布局的成本肯定要高，因为好多产业没法儿在海南发展，比如生物医药产业、汽车产业，因为其对环保要求很高。所以在技术、人才的输出上，能不能中西部单独做碳减排、碳达峰。

提问4：我们团队正在研究一项低碳政策，就是碳交易政策。我想请问各位领导、专家，从国家层面看碳交易政策在整个双碳目标中是一个怎样的地位？下一步的研究重点，包括政策实施的重点是哪些方面？交通也是碳排放的重点领域，是否有考虑把交通行业也纳入碳交易政策当中？

黄晶：这个问题很重要，碳交易这个事，实际上是从以前的污染排放借鉴过来的，要靠市场机制。现在我们的碳市场刚起步，有2000多个电力行业加入了，碳中和承诺的提出，会使压力很大，所以其他的行业不断地会加入进来。但是要把交通加入进来，我觉得很困难，交通是碳中和最难的一个部门。院长说的"汇"，那个汇很难汇到哪里去，汇过去还得要几十年的技术。所以碳市场这件事特别重要，核心的问题是什么呢？你约束他，不让他排了，他会比较我这个厂减少二氧化碳，结果要加好多钱，比如100元。如果我到市场买需要105元，算了，不买了，我自己搞技术革新。如果市场上90元能买下来，他就不搞技术革新了，买回来就完事了，因此它的核心还是要降成本，还是技术，市场还是为技术提供支撑的。

主持人：汤司长我想问最后一个问题，2012年之后治理体系、创新治理才成为官方正式用的名词，其实这是一个政策观念、政策思路以及制定政策方法的转变，您怎么看这些，您认为体会最深的管理到治理转变是什么？

汤富强：刚才也说到了，实际上原来讲治理，说社会多元主体之间怎么互动，要理清这个关系。但是从政府工作人员角度来讲，我们感觉治理的核心还是政府和市场的关系，政府和科研主体、科学共同体之间的关系，所以实际上中国也一直沿着这条路在走，那就是怎么把政府和市场、政府和社会之间的关系理清楚。所以我觉得，现在越来越强调治理，越来越强调法治化，越来越强调改革，我们要落实、扩大自主权，沿着这条道路走。

改革不可能一蹴而就，科技领域最需要改革，有的问题解决了，又出现新问题，有的问题可能是老问题，一直也没有解决，或者解决了一点，没有彻底解决，还得继续改。我们也期待着党的二十大之后能启动更大力度的改革，改革能够更彻底，或者说更协同。咱们是政策论坛，政策有的时候也不是越多越好，关键是要有那些能正确解决问题的，有重点的，所以有的时候政策本身也是减量发展。

大家可以关注过去几年，特别是在两三年之前出的文件、政策非常多，这一两年逐步在减少，更多的是强调要落实、要协同，所以我想下一步也是，很快就开党的二十大，之后还会有大的改革。我们跟大家一样，共同来期待。谢谢！

主持人： 谢谢汤司长对这个问题的回答，其实刚才李俊峰教授、黄晶主任、张旭院长、刘作凯厅长的演讲中都是直接说出或隐含了一个内容，就是当我们在制定政策的过程当中，不要空喊政府与市场的关系，首先你要相信市场。我们向美国学习，看看英国、日本，所有政策工具的基本理念首先是市场能干什么，它不干什么的时候政府才干。我们现在好像政府基本上是冲在前头，你不干我干，其实很多事市场是能干的。政治工具的观念是非常重要的，可能补充了一些问题。

王元： 当我们说双碳目标的时候，我们提解决方案、政策方案，提产业经济政策等，我觉得很少讨论在实施碳达峰碳中和过程当中经济和社会层面所要承担的风险，我们好像很少讨论这个问题。双碳目标的推进对产业结构、对过去传统产业转型过程中大量成本的分担，对可能会出现的大量就业问题的分担有何积极作用，以及在不同禀赋、不同发展水平、不同产业结构的相关区域，在实现碳达峰碳中和过程中，会不会产生鸿沟？我不太清楚。我觉得有很多问题我们可以去考虑，而且很复杂。

另外，我觉得很重要的是，我们如何真正地提供准确、透明、公开、可核查的数据，来描述我们达到了碳达峰，来描述我们实现了碳中和，这可能还不是一个地区可以做的，也不是一个国家可以做的，需要全球的共识标准和指标体系。

大家还可以去关注，碳的排放或者碳汇的关系会不会成为今后国与国之间贸易的一个很重要的因素，我们好像也没讨论过这个问题。今后的碳的含量、碳的排放、碳的目标的达成，会不会也重新上升为贸易的一个因素？我觉得这是我们在宏观政策上也要考虑的问题。

第 4 章

女科学家峰会：绿色发展她力量

1 论坛综述

本次论坛是 2022 浦江创新论坛的崭新板块。论坛广聚海内外科技领域的杰出女性，围绕"绿色发展她力量"这一主题，分享低碳技术、新能源、临床遗传等领域的优秀成果和案例，展示绿色发展、全球创新网络中的女性力量，以及她们在科技创新领域的贡献、情怀与担当，共话参与全球创新发展的新使命、新担当、新作为。

2 嘉宾致辞

中华全国妇女联合会党组书记黄晓薇的致辞

黄晓薇　中华全国妇女联合会党组书记

> 女科技工作者是促进绿色发展的重要力量，她们为推动我国高质量发展、推动全球可持续发展做出了独特贡献。女科技工作者应当坚持科技向善，自觉推动绿色低碳发展，积极参与全球环境治理，深入推进绿色"一带一路"建设，让更多科技成果造福人类社会，承担科普责任，做生态文明建设的实践者、推动者。

尊敬的各位女科学家、各位嘉宾、朋友们，大家上午好。很高兴出席浦江创新论坛科学家峰会，我谨代表全国妇联对峰会的召开表示热烈祝贺，向与会的国内外女科技工作者表示诚挚的欢迎，并致以美好的祝愿。本次峰会聚焦"绿色发展她力量"，主题是传递女性声音，凝聚女性智慧，展望女性科技创新广阔前景。这一主题契合了时代潮流，体现了时代担当，非常有意义。

创新是引领发展的第一动力，绿色是永续发展的必要条件。党的十八大以来，以习近平同志为核心的党中央坚定不移贯彻创新、协调、绿色、开放、共享的新发展理念，着力满足人民日益增长的美好需要，加快促进经济社会发展全面绿色转型，做出实现双碳目标的中国承诺，为建设清洁美丽的世界，打造人与自然生命共同体贡献了中国智慧。

女科技工作者是促进绿色发展的重要力量，全国科技工作者中女性占比约45.8%。她们瞄准绿色低碳国际科技前沿，在突破关键核心技术上奋勇攻关，在推动成果转化中积极作为，在科技服务基层中一马当先，在科技创新助力绿色发展中彰显了巾帼不让须眉的时代风采，为推动我国高质量发展、推动全球可持续发展做出了独特贡献。

为了贯彻落实习近平总书记关于科技创新的重要论述，2021年全国妇联等七部门共同启动了"科技创新巾帼行动"，科技部、全国妇联等十三部门提出了支持女性在科技创新中发挥更大作用的16项措施，为女性科技人才更好地成长发展搭建平台。我们高兴地看到，越来越多的女性成为科技创新的领军人物、绿色发展的拔尖人才，成为实现高水平科技自立自强的生力军。

科技创新为绿水青山护航，让地球家园更美。保护生态环境和推动可持续发展是各国的共同责任。在此，我真诚地希望女科技工作者们追求创新，弘扬伟大的科学家精神，把握世界前沿发展趋势，在勇攀科学高峰的道路上不断创造巾帼新业绩。同时，坚持科技向善，自觉推动绿色低碳发展，积极参与全球环境治理，深入推进绿色一带一路建设，让更多科技成果造福人类和社会。女科技工作者还要充分发挥自身优势和专长，积极承担科普责任，大力宣传推广绿色低碳的理念、知识、技术和成果，引导人们转变生产生活方式，做生态文明建设的实践者、推动者。我们应加强交流，共建绿色家园，携手共创人与自然和谐共生的美好未来。最后预祝峰会圆满成功，谢谢大家。

时任科技部副部长、国家外国专家局局长李萌的致辞

李萌　时任科技部副部长、国家外国专家局局长

> 女科技工作者是科技人才队伍的重要组成部分，是推动科技创新不可或缺的力量。科技部始终高度重视女科技工作者，强化政策保障为女科技工作者施展才华创造政策环境，发挥规划引领作用。强化激励机制，鼓励支持女科技工作者承担国家重大战略任务。营造良好环境，促进女科技工作者潜心研究、悉心探索。

尊敬的吴副主席、彭副市长，各位女科学家、同志们、朋友们，今天是个好日子，我们广大的女性科技工作者有了一个新的交流的舞台。浦江创新论坛15年来，第一次迎来了女性论坛。女科学家峰会作为2022浦江创新论坛两场重大活动之一，既是论坛的丰富提升，也是女科学家交流思想、激励创新的舞台。在此，我代表科技部对本次峰会的召开表示热烈祝贺，向参加峰会的女性科技工作者代表致以崇高的敬意和亲切的慰问。

习近平总书记强调，创新驱动实质上是人才驱动，目前我们国家有4000多万女性科技工作者，是推动科技创新不可或缺的力量。在"科技创新巾帼行动"提出一周年之际，举办以"绿色发展她力量"为主题的女科学家峰会，对于深入学习贯彻习近平总书记重要讲话精神和党中央关于科技人才工作的决策部署，打造高水平科技人才队伍具有重要意义。

女性科技工作者是科技人才队伍中的重要组成部分，在全国妇联和相关部门的共同努力下，我国女性科技工作者队伍建设取得了积极的成效，规模不断壮大，结构不断优化，能力显著提升，涌现出了一大批矢志报国、勇于创新的青年女科学家。在基础理论、应用技术、工程实践各个方面都有女性科技工作者奋斗的身影。特别是新冠疫情发生以来，一大批女性科技工作者和医务人员奋战在抗击疫情的第一线，做出了卓越的贡献。

科技部始终高度重视女性科技工作者。首先，强化政策保障为女性科技工作者施展才华创造政策环境，发挥规划引领作用。在"十四五"科技人才规划中突出强调了对女性科技工作者的服务和保障，力求更好地促进女性科技工作者职业发展。2021年，科技部和全国妇联等13个部门印发了《关于支持女性科技人才在科技创新中发挥更大作用的若干措施》，提出了16条硬招实招，力图破解女性科技工作者面临的瓶颈问题。

其次，强化激励机制，鼓励支持女性科技工作者承担国家重大战略任务。在国家重点研发计划项目中，女性课题/项目负责人大约有6000人，占课题/项目负责人总数的17%，女性项目骨干比例约为27%。有1900多位女科学家参与了青藏科考，占科考人员总数的32%，她们长期奋战在高原的科考工作中，其中有高级职称者约450人。冬奥项目中，也有一批女性科技工作者做出了重大贡献，女性项目骨干占比约30%。鼓励支持国家高新区为女性科技工作者创造优质的创新创业氛围和科技服务生态，全国孵化器企业负责人中女性占比约24%。

最后，通过营造良好环境，促进女性科技工作者潜心研究、悉心探索。目前，在国家科技专家库中，女科学家占22%；在国家自然科学基金委的项目评选中，遵循"同等条件下女性优先"原则；在各类评选表彰中提高女性科技工作者入选的比例，为女性科技工作者赋予更多的权利。目前正在开展的青年科技人员减负行动3.0中，鼓励科研单位建设母婴室，提供儿童托管服务，营造生育友好的工作环境，力图为女性科技工作者开展科研工作创造更好的条件。

下一步科技部将会同全国妇联，进一步完善激发女性科技工作者创新活力的政策体系，切实解决女性科技工作者职业发展中的痛点和难点。进一步优化女性科技工作者成长发展的激励机制，不断提升女性科技工作者的获得感和幸福感。进一步营造良好环境，减轻女性科技工作者的负担，促进女性科技工作者全身心投入到科研工作中。

希望广大女性科技工作者坚持"四个面向"，大力弘扬科学家精神，勇做重要领域的领跑者、关键技术的攻关者、科技前沿的开拓者，继续书写昂扬奋进的巾帼华章，展现女性科技工作者的飒爽英姿，贡献更多的巾帼力量。最后预祝本次峰会圆满成功，祝广大女性科技工作者工作顺利，身体健康，万事如意，谢谢大家。

上海市人民政府副市长彭沉雷的致辞

彭沉雷　上海市人民政府副市长

> 上海历来重视女性科技人才的培养，连续多年颁发上海市巾帼创新奖、举办长三角女性科技创新创业大赛等活动，积极搭建载体和平台，全方位支持女性科技人才发挥更大作用，让更多优秀女科技工作者脱颖而出。

尊敬的吴副主席、李副部长，女士们、先生们、朋友们，值此第 15 届浦江创新论坛女科学家峰会召开之际，我谨代表上海市人民政府向参加本次峰会的各位嘉宾表示热烈的欢迎，感谢大家长期以来对上海科技工作和经济社会发展给予的关心。

浦江创新论坛自 2008 年创办以来，始终坚持用全球视野，传播先进理念，已经发展成为广大科学家和科技工作者的高端交流平台。今年在全国妇联和科技部的支持下，首次设立女科学家峰会，旨在传递女性创新观点，讲述巾帼创新故事，聚合社会创新力量，必将为浦江创新论坛谱写新的篇章。

上海是一座开放、创新、包容的城市。上海历来重视女性科技人才的培养，30 多年前就成立了女科学家联谊会，去年更名为上海市女科技工作者协会，团结和引领了一批又一批女科学家投身科技创新事业。

我们连续多年颁发上海市巾帼创新奖、举办长三角女性科技创新创业大赛等活动，积极搭建让更多优秀女科技工作者脱颖而出的载体和平台。去年出台《关于支持女性科技人才在上海市建设具有全球影响力的科技创新中心中发挥更大作用的若干措施》，全方位支持女性科技人才发挥更大作用，拥有更大发展空间。

现代的女科学家群体不仅是上海科技界的亮丽风景，更是推进城市发展的重要力量，在探索世界科技发展前沿课题，推动经济社会高质量发展和抗击新冠疫情方面都做出了重要的贡献。

希望本次峰会与会嘉宾围绕"绿色发展她力量"主题，共同探讨女性科技工作者的培养与成长，全方位展示可持续发展的女性力量、女性担当、女性情怀。同时，期待峰会激励鼓舞更多女性科技工作者弘扬科学精神，践行科技创新巾帼行动，投身科技创新事业，为构建人类命运共同体贡献巾帼力量。

3　嘉宾演讲实录

女科学家未来的使命

叶叔华　中国科学院院士、
中国科学院上海天文台名誉台长

> 我希望我们的女性科技人员，能够在今后 10 年之内，做出一些很有显示度的、国际上看得见的成绩，这应该是可以做到的。攀登世界科学高峰的女科技工作者，现在已经有 1 个了，希望以后有第 2 个、第 3 个。

各位年轻的同行，今天大家来到上海东郊宾馆，我想大家一定很高兴。尽管很热，但是大家心里的气氛可能比太阳还要热烈一点，所以不要紧，希望大家一起享受今天这样一个美好的活动。

为什么要在这个地方开会，为什么女科学要来开会。我想了一下，我觉得 10 年以后可能国家对我们的要求就更高了，那个时候问科技界出了什么成果，有什么东西能够拿出来，这个事情是紧迫的，对于女科技工作者来说也是很严肃的问题。因此，我们要想到国家要对我们提出什么要求，我们应该做到什么样。

前几年一位中国的女科学家用中药来对付"打摆子"，在非洲每年可以救好多人，得到了诺贝尔奖，这个事情大家都不会忘记。10 年以后国家就会问，你们还有什么奖。对于科技界来说，还是要好好谋划，好好考虑，如何争取国际上应有的地位，特别是女同胞更要考虑这个问题。女同胞要做出什么贡献，这也是本次会议的主要议题。今天的会议是一次很好的动员大会，可以让大家团结起来，找到重要的突破点，让中国科技界在国际上能够扬眉吐气。

我已经 96 岁了，所以我出不了什么力了。希望在座的各位动员有关女性科技人员，在今后 10 年之内做出一些很有显示度的、国际上看得见的成绩，这应该是可以做到的。祝福你们，攀登世界科学高峰的女科技工作者，现在已经有 1 个了，希望以后有第 2 个、第 3 个。

我们要想 10 年以后能够给国家做一些什么贡献，我想只要大家记得我们有这样的责任，我们肯定会做到。现在女同胞在科技界各行各业已经慢慢显露出力量，可以说各行各业都有女同胞在出力。我所知道的航天部门通常是以男同胞为主，但现在已经有相当多的女同胞在航天部门显出力量，共同把航天事业做起来。

今后10年这样的机会更多，对于我们的希望也会更多。我希望今天的会议能给大家打一针兴奋剂，大家共同努力，想想10年之内我们还能够做出什么厉害的、看得见的工作。我这样讲好像是一个旁人，看着你们做我心里很高兴，觉得有点不负责任。其实并不是这样，我自己一直想，哪怕在天文方面我还能够干些什么事情。所以希望各行各业的女同胞共同努力，把我们国家的科技事业推到国际前沿。

健康老龄化和可持续发展

叶玉如　中国科学院院士、香港科技大学晨兴生命科学教授、
粤港澳大湾区院士联盟理事会主席

> 在推动可持续发展过程中，人口老龄化是全球很多国家和地区都要面对的重要问题。通过科技创新推动健康老龄化，积极应对人口老龄化带来的种种挑战，对于我们国家未来的可持续发展有重要意义。

近年来，新冠疫情全球大流行，让我们切身体会到未来社会和经济发展必须符合可持续的原则，整个社会才会长久得益。而在推动可持续发展中，人口老龄化是全球很多国家和地区都要面对的重要问题。我们国家也步入了老龄化社会，随着老龄化速度进一步加快，经济增长和社会发展都将受到很大影响。通过科技创新推动健康老龄化，积极应对人口老龄化带来的种种挑战，对于我们国家未来的可持续发展有重要意义。

近年来，我关注的领域是阿尔茨海默病，这是一种老年认知障碍疾病，全世界有5000万名患者，中国有1000万名患者，全球最高。这一数字还会随着人口老龄化持续增长，这一疾病目前缺乏有效的治疗方法。我和团队一直在推动阿尔茨海默病的发病机制和诊断方法研究，近年来取得了一些成绩。我们开展了对阿尔茨海默病的首次生物研究，研发出高效的生物检测技术，可以在症状发生前5～10年检测患者身体内的病变，准确率高达96%。这种血液检测技术，能够实现疾病的早期筛查，还可以分辨出疾病早、中及晚期，提升治疗效果，在大规模疾病筛查方面也有很大的应用前景。

习近平主席前不久视察香港，我非常荣幸地向他汇报了我们研究团队在阿尔茨海默病领域取得的成果。习近平主席对我们的研究成果给予了肯定和高度的评价，勉励大家再接再厉，在攻坚克难中追求卓越，创造更多引领世界潮流的科技成果。

作为人口大国，老龄化对我们国家的可持续发展带来了众多的挑战，其中与年龄高度相关的老年认知障碍病，包括阿尔茨海默病，更是给社会和家庭带来了沉重的负担。科学家可以在这方面发挥积极的作用，希望我们的研究成果可以提升年长者的生活质量，减轻相关家庭的负担，从而推动健康老龄化的发展，为健康中国及我们国家的可持续发展做出贡献。

科学的可持续发展需要人才，我们要鼓励更多年轻人投身到科研工作中来。浦江创新论坛首届女科学家峰会的举办，不仅可以为科学家提供一个很好的交流平台，还可以唤起广大市民对科技创新的关注。希望可以鼓励更多的年轻人，尤其是更多的年轻女性从事科研工作，我也期待和大家一起努力，继续为推动国家科技发展，以及内地与香港科技合作做一些贡献。祝浦江创新论坛首届女科学家峰会圆满成功，谢谢大家。

赋能女性科技人才发展：挑战与机遇

安思齐　联合国妇女署中国办公室代表

> 绿色发展已经成为一种浪潮，为女性带来了前所未有的机遇，但挑战仍然存在。包括科技领域的性别差距依然存在，技术本身可能会加剧性别不平等，女性在关键领导决策中缺席等。低碳发展趋势可以成为缩小性别差距的机会。科技领域的妇女需要被看见、被赋能、被重视、被支持，特别是年轻女性更需要得到支持。

尊敬的各位代表，感谢邀请我参加今天的女科学家峰会，我想对全国妇联、科技部和上海市政府成功举办这次活动表示衷心的祝贺。

科技创新极大地改变了世界，成为实现可持续发展目标的重要推动力。当今，世界面临新冠疫情和全球气候危机，妇女在科技领域的参与和领导更加重要。70多个国家承诺实现零排放目标，中国承诺2060年实现碳中和。绿色发展已经成为一种浪潮，为妇女带来了前所未有的机遇，但是我们必须提醒自己，挑战仍然存在。

我从性别视角谈3点内容。首先我们知道科技领域的性别差距依然存在，中低收入国家的妇女和女童被困在巨大的性别鸿沟中。有7.4亿妇女和互联网隔绝，文化程度低成为妇女和女童发展的关键阻碍。全球科学领域的女性只占1/3，根据《自然》学术期刊统计，过去60年里女性学者发表的文章数量只占27%。女性获得的学术资源和支持往往比男性同行更少。

另外，技术本身可能会加剧性别不平等。男性主导的行业文化会导致一些搜索引擎和人工智能在管制上存在性别偏见，会自动过滤掉女性应得的职业机会，强化目前存在的性别歧视和暴力。因此，要推进科学和技术领域的性别平等，这需要结构性的变革。

我们必须承认女性在关键领导决策中是缺席的，这意味着女性被视为弱势群体而不是决策者，女性没有获得与男性平等的谈判权和决策权。妇女在科技领域求索时面临许多阻碍，这导致她们即使进入了科研领域，也更容易中途退出。这阻碍了妇女在科研领域发挥真正的潜力，阻碍她们拥有平等的资源，导致她们难以平等地享受科技发展带来的丰硕成果。

好消息是低碳发展趋势可以成为缩小性别差距的机会。环境可持续性工作将在全球范围内创造2400万个绿色工作岗位，未来世界上九成的工作岗位都需要科学、技术、工程和数学（STEM）技能。为确保能源转型的正常实施，让更多女性参与到科技中是至关重要的。女性一直处于气候行动的前沿，也是国际舞台上的领导者，各行各业的女性都在采取气候行动，关注大自然，关注她们孩子的未来和她们所生活的社区的未来。因此，气候变化和环境可持续发展的迫切需求将为更多女性从事科学技术工作打开窗口，吸引她们进入科技领域。

研究表明，当更多女性在可再生能源领域展现领导力时，将鼓励更多女性参与其中，也将产生更好的资源管理成效。当更多女性在科技领域崭露头角时，将鼓励更多女性接受STEM教育，并继续从事相关职业，特别是在新兴的"绿色"和"蓝色"产业。

最后，科技领域的妇女需要被看见、被赋能、被重视、被支持，特别是年轻女性需要得到支持。我们要培养女孩从早期的学习阶段就对科技产生兴趣，为她们提供充分的训练和指导，为其成为未来科学家奠定基础。为了加速这一进程，我们必须确保女性和女童得到充分和平等的资助支持，鼓励更多女孩从小就进入科学和技术领域，也要让优秀女科学家充分发挥榜样作用，那些不断推动科技实现突破的女性榜样作用，值得我们的认可和称赞。同时我们也要促进代际沟通，让年轻女孩和女性科学家建立连接，使之成为她们人生和职业发展的导师。我们还需要全社会的参与，家庭成员、环境和伙伴的支持都至关重要。

只有充分发掘世界上的所有潜力，才能有效应对全球的艰巨挑战。妇女和女童占世界人口的一半，也拥有世界发展的一半潜力，我们看到中国通过政策缩小性别差距的决心。去年科技部牵头13个部门共同发布了《关于支持女性科技人才在科技创新中发挥更大作用的若干措施》。我们也感谢全国妇联和地方妇联为表彰妇女对绿色发展的贡献和促进妇女在全国生态治理中的领导地位所做的努力，我相信中国在碳中和方面的全球领导力，以及在科技发展、乡村振兴、数字创新和绿色转型方面取得的进步，将为中国全面推进性别平等和妇女赋权提供独特机会，持续缩小科技领域性别差距，充分发挥女性潜力，为国家和全球发展贡献绿色创新解决方案。

联合国妇女署随时准备和其他联合国的伙伴一起支持所有政府将性别平等纳入科技和绿色发展主流，推动包括性别平等在内的所有可持续发展目标的实现。

预祝峰会圆满成功，并期待我们的合作，再次感谢能受邀参加本次论坛，谢谢。

中国行动点亮绿色未来

杨小玲　生态环境部国际合作司副司长

> 面向未来，尽管生态文明建设任务极其艰巨，我们将脚踏实地，践行庄严承诺，为推动实现国家绿色、健康发展贡献力量。

尊敬的吴副主席、李副部长、彭副市长，各位女科学家们，大家上午好。很高兴参加第15届浦江创新论坛女科学家峰会，我代表生态环境部对峰会的召开表示热烈祝贺，对推动经济发展和环境保护事业的女科学家们表示由衷的钦佩。

生态兴则文明兴，建设生态文明是中国政府做出的重大战略决策，事关中华民族永续发展和构建人类命运共同体。今天我们共同探讨用中国行动，点亮绿色未来话题，这对携手推动绿色经济复苏，构建清洁美丽世界具有重要意义。我以习近平生态文明思想为指引，坚持共谋全球生态文明建设之路与大家交流。

高质量发展是体现新发展理念的发展，其重要的内涵就是生态优先，绿色发展。加强生态文明建设就是遵循人与自然和谐发展规律，顺应当今时代科技革命和产业变革方向，破解经济发展与资源环境矛盾，建立健全绿色、低碳、循环发展经济体系。加快形成保护环境的产业结构、生产方式、生活方式新格局，不断拓展生产发展、生活富裕、生态良好的文明发展道路。推动高质量发展的内在要求，是全面建设小康社会，建设美丽中国的时代抉择，是积极应对气候变化，维护全球生态安全的重大举措。

习近平总书记以宽广的全球视野，多次对生态文明做出全面、系统、深入的陈述，提出一系列新理念、新思想、新战略，形成了习近平生态文明思想。习近平生态文明思想坚持与优秀传统文化相结合，深刻阐释了人与自然和谐共生的规律，赋予中国优秀传统文化崭新的时代内涵，促进中国传统文化创新发展，让古老的思想文化在21世纪焕发出新的活力，体现了中华文化和中国精神的时代精华。

党的十八大以来，在习近平生态文明思想引领下，坚定不移走生态优先，绿色低碳发展道路。我们以前所未有的决心和力度，进行生态修复和污染防治，促进经济社会发展全面绿色转型，取得了显著成效，中国生态环境保护发生了历史性、本质性、全局性变化。

这10年，生态文明地位之重前所未有，"绿水青山就是金山银山"成为全社会的共识和行动。这10年，长江干流全线连续两年达到Ⅱ类以上水体，生态质量和稳定性显著上升。这10年，公众参与范围前所未有，生态文明建设成为人民群众共同参与、共同建设、共同享有的事业。这10年，全球环境治理力度之大前所未有，我们率先发布中国落实2030年可持续发展议程，积极开展绿色"一带一路"建设，加强应对气候变化。以生态文明为主题，成功举办《生物多样性公约》第15次缔约方大会，首次发布《中国的核安全》白皮书，全面参与联合国环境规划署、亚太经济组织的塑料垃圾治理国际进程。浙江千村整治工程获得联合国健康卫士奖，上海崇明生态岛编入联合国环境规划署绿色教材，云南等地保护野生动物的成果成为共建全球生命共同体的生动诠释。

绿色低碳是各国的发展道路，我们坚定不移走生态优先、绿色低碳的高质量发展道路，统筹污染治理、生态保护，积极应对气候变化，努力构建人与自然和谐共生的美丽中国。我们将稳妥有序地以实现全面降碳为总抓手，用产业结构、能源结构、交通运输结构及用地结构调整、深化碳排放权交易市场建设，坚持绿色低碳技术创新成果转化，打好污染防治攻坚战。加强重点海域综合治理，制定实施生物多样性保护重大工程10年规划，深度参与全球环境治理，建设性参与全球气候治理进程，帮助广大发展中国家提高应对气候变化能力。发挥COP15主席国引领作用，努力推进达成生物多样性框架，做全球生态文明建设的重要参与者、贡献者、引领者，为构建清洁美丽世界做出自己的贡献。

面向未来，尽管生态文明建设任务极其艰巨，我们将脚踏实地，践行庄严承诺，为推动实现国家绿色、健康发展贡献力量。希望世界各国凝聚共识，强化行动，携手进行生态文明建设和应对气候变化，推动世界经济绿色复苏。希望各位来宾、各位女科学家畅所欲言，献计献策，为推动中国如期实现双碳目标，助力全球经济可持续发展提供智慧和方案。最后预祝本次峰会取得圆满成功，谢谢大家。

赋能科研女性，共筑绿色未来

白可珊　荷兰爱思唯尔全球首席执行官

> 科学与男女平等对社会进步和实现全球发展目标同等重要。创建更好的未来，离不开科学的力量。气候变化和近零排放是复杂的挑战，需要各个领域不同性别人才的共同努力，中国女科技工作者为气候科研做出了卓越的贡献，这提醒我们要有更包容的科研环境。

我将和大家分享我们对于应对气候危机女性参与科研的看法，并介绍我们和研究人员共同采取的应对气候挑战的重要行动。气候危机是我们作为全球共同体面临的最大挑战之一，今年夏天我所在的伦敦市气温高达40 ℃，这样的高温天气前所未有，而英国没有应对极端气候的经验。去年夏天中国河南省发生了严重的洪涝灾害，影响了1450万人的生活，联合国的一篇报道指出，过去一年气候灾害影响人类生活的事件达到了80万件以上。温室气体是导致气候变化的罪魁祸首，控制二氧化碳排放是环境保护的关键。许多国家和机构已经制定了目标和框架，中国承诺在2030年前实现碳达峰，并在2060年前实现碳中和，因此研究人员投入了大量资源开展科研活动，旨在深入了解并实现近零排放。中国是近零排放研究领域出版文献的主要贡献者，中国近零排放领域专利数量在全球首屈一指。截至 2021 年年底，一半的近零排放专利都出自中国，随着中国双碳目标的提出，越来越多的大学和研究机构加大了对这一领域的研究力度，中国将一如既往发挥引领作用。

除了研究之外，大学和研究机构还积极采取整体措施和方案。全球有 1000 多所大学使用 STARS 系统监测和管理自己的行动，以打造可持续发展的未来。爱思唯尔已经签署了气候宣言，承诺 2040 年实现近零排放，我们还会用自己的知识做出其他的贡献。

谈到创造绿色未来，引出了今天的另外一个主题"她力量"。实现男女平等，赋能所有女性是我们非常关注的问题，我们正在进步。放眼全球，科学领域一半的毕业生都是女性，但是女性在科研中的占比不到 33%，只有 4% 的女科学家能晋升领导层，这是一个不容忽视的问题。科研工作者的身份会直接影响研究的方向和研究的服务对象，科学界的女性数量不足，意味着女性无法获得和男性平等的医疗卫生服务，如患心脏病的女性，因患病的症状和男性患者不同而被误诊。计算机科学中女性数量的不足可能会影响产品的设计方式，美国的一项独立评估指出，人脸识别的算法当中识别女性的算法水平较低。让符合条件的女性参与科研，能提升科研项目的创新性、创造性和洞察力。

爱思唯尔的《性别报告》旨在调查不同性别人员的参与度、职业发展和认知。该报告指出，女研究员的占比从 1999—2003 年的 29%，上升到 2013—2014 年的 38%。该报告指出，所有国家的女研究员的比例均有所提高，但我们仍需不断努力，才能实现男女在科研领域的平等。目前，爱思唯尔正在和中国科学院合作撰写《性别报告》，主要分析获得中国国家自然科学基金委员会资助的科研人员，研究他们发表的科研文献情况。前期的报告显示，中国女性科研人员的比例从 2005 年的 13% 增加到了 2019 年的 27.7%，工程、地球、行星科学是性别鸿沟最大的几个学科领域，女性仅占 21%，药物学的性别鸿沟最小，女性占比达到了 46%。

2020 年，爱思唯尔成立了包容性和多样性咨询委员会，我们确定了我们能做出贡献的三大领域，包括提升女性在生态系统中的比例和参与度；在科研阶段考虑性别因素；支持女性科研人员在学术领域、职业生涯中的发展。我们的目标之一是实现学术期刊编委会男女比例达到 1∶1，截至 2021 年年底，女性占比达到了 53%。女性在编委会当中的可见度也十分重要。在爱思唯尔举办的会议当中，女性演讲嘉宾比重从 15% 上升到 40%，到目前为止已经讨论了气候危机和女性在科研领域参与不足这两大问题。

放眼全球，越来越多的女性加入到科研队伍当中。基于现有的性别数据，近 5 年来，中国在近零排放研究领域男女比例是 100∶56，高于全球平均水平。中国女科学家在近零排放领域的活跃度，比全球平均水平高 1.4 倍，意味着中国女科学家在近零排放领域的科研产出比远高于她们在所有领域的科研产出比。

科学与男女平等对社会进步和实现全球发展目标同等重要。最后我想强调对创建绿色公平的未来有重要影响的几个方面：创建更好的未来，离不开科学的力量。更好的科研有助于我们了解气候变化和探索抵消其负面影响的方法。气候变化和近零排放是复杂的挑战，需要各个领域不同性别人才的共同努力，中国女科技工作者为气候科研做出了卓越的贡献，这提醒我们要有更包容的科研环境。此外，创建绿色公平的未来需要协作和伙伴。衡量科研进展及其影响也十分重要。希望今天的分享内容对大家有所帮助，我们还需要更多的数据和分析结果，以便做出明智的决定。我们期待与各位携手同行，迈向公平、可持续发展的新旅程。

北京冬奥会低碳技术和实践

喻红　北京冬奥组委技术部部长

> 2022年，北京冬奥会和冬残奥会的"科技冬奥"成果丰硕，尤其是在绿色办奥方面，充分利用了节能环保技术和措施，实现了低碳绿色，充分利用大数据技术手段，实现了节能减排。

各位领导、各位来宾，女士们、先生们，今天特别荣幸参加2022浦江创新论坛女科学家峰会，在这里和大家分享北京冬奥会低碳技术和实践。

2022年，北京冬奥会和冬残奥会的"科技冬奥"得到了科技部的大力支持，成果丰硕，尤其是在绿色办奥方面，充分利用了节能环保技术和措施，实现了低碳绿色，充分利用大数据技术手段，实现了节能减排。

在低碳方面，2022年北京冬奥会采用绿色能源，赛时全部场馆百分之百使用绿电能源。接力火炬使用了氢燃料，将火炬变为微火，产生的排放量只有大火炬排放量的1/5000，减少了碳排放，传递了绿色办奥理念。五棵松运动中心在屋顶安装了光伏发电晶硅组件，减少二氧化碳排放700吨。延庆赛区山地新闻中心建立了光伏屋顶电站，减少二氧化碳排放90吨。我们还测试应用了氢能源发电车作为应急电源。国家速滑馆的索网屋面设计结构为单层双向正交马鞍型，结合高凡密闭索材料和计算机辅助模拟，实现2万平方米无立柱空间用钢量仅为传统结构的1/4。采用二氧化碳跨临界制冷系统完成制冰，碳排放趋近于零，且与传统制冰系统比较，能效提升30%以上。首体制冷系统运行产生的热量回收再利用，全年节电80万千瓦时。北京冬奥会举办期间，制定了绿色出行方案，倡导选择步行、自行车或公共交通等绿色方式出行；提出了低碳办公的要求，日常办公采用电子文档；使用了可降解的餐具、包装袋，减少碳排放1～2.5吨，这些都是低碳行动。

下面介绍数字技术如何支持低碳环保。我们从冬奥会的实践过程看到，低碳节能、环保是未来大型活动的基本要求，而大型活动践行低碳理念起始于初始设计。国家速滑馆"冰丝带"利用 BIM 技术，设计过程当中不仅对混凝土结构进行数字建模，还基于 BIM 进行深化设计，辅助计算人、机、料的准备。针对"冰丝带"工程的 SaaS 化管理平台，关联到多维信息的轻量化云端 BIM 模型，工程师现场采集数据，拍摄照片并实时上传，将实际进度和计划进度进行对比，进行多层级工程进度和里程碑节点管控。BIM 技术还用于国家速滑馆玻璃幕墙的施工，在施工阶段基于扫描复测和 BIM 参数化数据，使模型数据直接传递至加工生产环节，实现幕墙精准高效施工。以 BIM 为核心的信息化技术实现了智慧建造，也为场馆智慧运营奠定了基础。

利用瞩目视频会议系统，冬奥会期间召开 4200 次会议，时长达到 6600 小时，参会人数超过 10 万人次，按照 1/3 的参会人员要从延庆、张家口到北京开会的路程结算，共计减少碳排放 70 吨。赛时核心系统全部基于云端数据，信息技术的利用提供了便捷高效的服务。基于云计算、人工智能和互联网高速传输技术，云转播实现了转播的低成本、轻量化和远程化，除现场摄像设备以外，所有导切都在云端制作，达到千人千面的效果。远程化操作减少了场馆现场电力、空间、人员保障的负担，这些技术应用都支持了低碳、减碳。

张北高电压大容量柔性直流电网工程是首个具有网络特性的直流电网工程，利用了最先进的电力生产、传输、存储、消纳、运行技术，利用多种能源互补进行稳定供电，这样的技术已经进行推广应用。此外，我们还建立了云数据中心，通过自然冰冷、智能调温技术，实现百分之百无机械制冷，节能 30% 以上。利用物联网、人工智能等技术，通过对鸟巢等场馆进行改造，实现了动能的精细化管理，能耗可降低 20%。而三维仿真系统通过 CAD 图纸数据信息，在室内进行激光扫描，结合地理信息等技术手段，对场馆进行数字化建模，辅助规划设施建设和设备部署，在实际建设之前能够看到建成后的效果，减少临时设施拆除、重建的浪费，大大缩短建设和部署的工期，减少人员现场出行，实现减碳目标。

这些数字化的精确计算建立了节能降耗模型，支持了低碳运行。云计算和云服务、场馆仿真系统等数字化技术，支持数字节能和智慧低碳。未来的大型活动中还有更多便捷的信息技术服务，其将成为低碳行动的得力帮手。感谢大家对北京冬奥会的关注支持，祝 2022 浦江创新论坛圆满成功，谢谢大家。

4 高峰对话

绿色、传承、融合

主持人：
黄　伟，第一财经主持人。

嘉　宾：

曾溢滔，中国工程院院士，上海交通大学医学院教授、博士生导师；

黄淑帧，上海交通大学附属儿童医院终身教授，上海医学遗传研究所所务委员会主任；

曾凡一，上海交通大学医学遗传研究所所长、特聘教授。

黄伟： 和传统对话不同的是，今天在浦江创新论坛女科学家峰会对话环节当中的嘉宾既是采访者又是被采访者。首先请上科学界特别著名的家庭，父母和女儿一门三杰，均在医学遗传学领域取得了很大的成就，同时具有深厚的艺术造诣和修养，出过专辑开过演唱会。在生命遗传领域的成就和自由艺术灵魂辉映，让这个家庭充满传奇色彩。这轮对话是女儿与父母的对话，主题是"绿色、传承、融合"。

曾凡一： 今天是用非常特别的形式，让我们把家里的客厅、我们的办公室搬上这个舞台，非常荣幸有机会来参加浦江创新论坛，我们平时3个人经常谈一些问题，今天给了我们一个命题作文"绿色、传承、融合"，欢迎大家到我们的客厅一起聊聊"绿色、传承、融合"。这两位是我人生当中最重要的人，从我的专业来讲，两位都是医学遗传学家，是把我领进这个领域的先生。黄先生、曾先生是上海交通大学医学遗传研究所的创始人，在工作上是我的前辈，也是我的伙伴，现在的合作者。他们给了我生命，培养了我，最重要的是在生活中我们常常像这样坐在一起，谈论一些问题，我们能够交心，他们是我的挚友，是我的知音。接下来和爸爸妈妈聊第一个话题，绿色。想到绿色就想到生命，生命的生生不息、代代相传，和我们研究的遗传是一致的，第一个问题请我的父亲曾先生讲一下什么叫遗传，以及我们如何更好地绿色发展遗传事业。

曾溢滔： 我们一家三口都是做生命科学研究的。我和我夫人黄淑帧教授从事这一研究已经有60年了，凡一也从事了四五十年。我的导师是中国现代遗传学的奠基人，他讲的一句话我深深记得。他说生命科学的研究目的是什么？是使人类延年益寿、丰衣足食。我们不仅要长寿，还要健康，生活质量要高，这要依靠生物医学、生物农业，也就是绿色经济。我们主要的研究领域是医学遗传，研究人类的遗传疾病，包括疾病的诊断、预防、治疗等。最近我们在集中研究疾病的治疗方法，既有基因治疗，又有药物治疗，这是一种新型的治疗模式。

黄淑帧： 我们全家人都是做遗传的，做遗传病的诊断和治疗。我们首先是做地中海贫血的研究，曾先生是做地中海贫血研究起家的，他是首批院士，也是因为地中海贫血研究当选为院士。现在有很多遗传病，还有罕见病，我们目前的研究集中于血友病。血友病不能开刀不能生病，一生病就出血不止，这种病是遗传的，原因是缺少凝血因子中的第9因子，导致血液不能凝固。因此患者每个月都要输血，不输血就没有第9因子，就不能活下去。目前的药是从人的血浆里面得到的，可人的血浆是有限的，国外有合成药但价格昂贵。现在世界上最先进的方法是把动物作为工厂，把药放在动物奶里使之不停地分泌。现在我们在牛身上已经获得了第9因子，也达到了生产水平，一头牛一生生产的奶里有9毫克的第9因子，人的血浆里只有4～5毫克。但是怎么从奶里面把药物提炼出来，这是新技术。因此现在的任务是做临床，把药从奶里面提炼出来，一代做不完有第二代，我们一定要做出来用在患者身上，而且是用低廉的价格让患者获得治疗。

曾凡一：刚刚父亲讲到遗传，母亲讲到临床遗传，我们都把患者的康复作为我们的终极目标，希望能够治疗他们的病。我记得从小就在实验室和父母做实验，现在也非常荣幸和父母一起研发乳腺生物反应器这样一个新的制药技术，这也是我们未来很重要的研究目标。我们讲绿色命题、可持续发展，现场有很多的科学家，大家都知道很多发明需要很长时间，我跟着父母做实验也有四五十年了，从很小的时候就开始了。

科学家必须耐得住寂寞，这是我理解的传承，是科学精神和人文情怀的传承，也是今天的第二个话题。对我来讲是"1+1＞2"的传承，这非常关键。很多年轻人希望听到绿色发展怎么从一代传到另一代，很多人想了解怎么培养年轻一代，怎么让他们有科学精神，有文明关怀。我的第二个问题是，您怎么理解未来的人才，他们应该具备哪些特性。

曾溢滔：传承是一代代传的，传的不只是知识，更重要的是一个人的理念。我读中学时，中国的遗传学长期受到压制，很多人认为摩尔根遗传学是反动的、唯心的、不能宣扬的。但是科学就是科学，我认为摩尔根遗传学是科学的遗传学，所以在1956年我看到谈家桢教授的发言，就写了一封信给谈家桢教授，仅仅谈了个人的想法，谈家桢教授马上回信，希望我去复旦读中国第一个遗传学专业。1957年复旦大学不在广东招生，谈家桢教授得到了上海高教局的支持，让广东省把我的高考考卷封存寄到上海批阅，我才得以考入复旦大学，走上研究遗传的道路。做科学，一定要独立思考，要把自己的想法更好地完善。我希望凡一不是简单地继承我们的专业，更重要的是继承科学的思维，独立思考，在任何压力下都坚持真理。

曾凡一：刚刚父亲讲的传承是遗传学的传承。上次有人问父亲对我有什么要求或者希望，他说希望我把遗传学事业做下去。我从我的母亲这里也获得了传承，我妈妈是第三届"上海市巾帼创新奖"获得者，而我是第六届"上海市巾帼创新奖"获得者。我们一路走来经历了很多，我从母亲那里学了很多东西，今天有这样的机会谈传承，我母亲应该和我们分享几句。

黄淑帧：经常有人问我们是怎么培养女儿的，实际上我觉得女儿是国家培养的、人民培养的、老师培养的。但父母也有责任，也有应该做的事情，我们和其他父母不同的地方可能在于我们尊重孩子，听她的意见，有时候还要向她学习，这就是平等的关系、朋友的关系、和谐的关系。我们不应该制造一条路让她去走，而是应该让她自由发展，父母在旁边引导她应该走什么道路，发现自己的亮点所在。这比硬逼着她走某条路要好，明明是音盲还要她搞音乐，这是很痛苦的一件事。从遗传的角度来讲，每个人都是不同的。她14岁的时候提出要学钢琴，我们就和她谈话，学钢琴好吗？好，但是要学到底，不能学一会儿不学了。其实学钢琴是培养她的意志力，培养她做事情要做到底，要有责任心。说实话那个时候我们家是很穷的，根本买不起钢琴，怎么办？我们想办法，拿硬纸板把钢琴键画上去，买不到谱子，爸爸将5支圆珠笔绑起来画五线谱。我有点音乐才能，就画上高音低音，弹的第一首曲子是《我爱北京天安门》，就是我写的谱子。她就这样在纸上弹琴，后来经济条件好了点，买了风琴，直到后来买了钢琴，学钢琴这条路就是这样走过来的。很多人不理解我们，其实很多时候是教她在没有条件的时候怎么创造条件。

再举个例子，她考进了上海市育才中学，她工科非常好，但进育才中学第一次地理考试只有40分，回到家里和我说考试不及格。我问怎么会这样，她说因为听不懂地理课老师讲话，把经度、纬度都算错了，所以得到了40分。她从来没有得过40分，一直都是90分、100分。我说你听不懂怎么办，她说不要紧，下次考100分，平均就是70分，一直这样下去，到最后我可以拿80分。她爸爸说可以先预习，每次上课前预习5分钟，结果到了期末的时候她真的拿了80分。我觉得这80分比她每次考100分都要好，因为她从哪里跌倒从哪里爬起来，而且自己想出办法来解决问题，最后达到目标。我觉得这不是她的丑事，应该要表扬她。首先要培养孩子怎么做人，教会她怎么克服困难，怎么在没有条件的情况下创造条件，失败之后怎么振奋起来。因为导致失败的事情太多了，这条路太难走了，爸爸妈妈不可能陪伴一生一世，应该让她能够克服困难，才能在社会上立足。

曾凡一：我父母可能是讲我的故事，但这个过程中其实传承了很多艰苦奋斗、不怕困难、没有条件创造条件的精神，这就是我们科学精神的传承。第三个命题是融合，之前我母亲讲过传承是一种精神、一种理念，也是一种做事的准则，对于融合来讲也是一样。在我的眼里，我母亲比较大气，她是外科医生，做事非常果断，很有感染力。我父亲则比较细腻，他们是两个不同灵魂的完美融合。医学遗传界有这样的融合，非常幸运。从社会层面、从大文化的层面讲融合太大了，今天是"她力量论坛"，很多人说男性有Y染色体，女性没有，所以男性比女性强，我们今天也想谈谈这个话题。

我父母对我一直没有强调女性的概念，没有因为我是女性而可以不做什么，或者说因为有更多的责任，只能够做一件事情、两件事情。我母亲一直说要学会做10件事情，如果永远只想做一两件事情，就永远只能做成一两件事。在我们家里对于女性和男性的定位是模糊的，我认为从职业、专业、生活来讲，女性、男性是非常平等的，或者说是等同的，但是也有一些不同的特性和特点。关于这一点我母亲讲得特别好。

黄淑帧：现在大家都说个性化。且不说男性和女性是有区别的，就是女性当中也有很多不同，有的女性很温柔，有的女性很有志气，是很不一样的。从基因角度讲，男性和女性就是不同的，但是各有各的优点，我们应该采取的态度是融合、宽容、互相敬仰、敬佩，然后合作，这样可能会更好。我和曾先生两个人性格是完全不一样的，连生物钟都不一样，我是晚钟他是早钟。我们在家里有时候只有下午才能碰见，因为早上我在睡觉他在干活，晚上他在睡觉我在干活。我们在很多地方都不同，他要求非常细腻，要坚持到底，但我觉得男和女不是对立的，男和女应该合作，应该是融洽的，应该是互补的。

曾凡一：今天我们主要谈了3个内容，绿色是生命的象征、生命的延续，传承是精神和理念的传递，最终的融合是世界的大同，各个学科交融在一起，我们一起努力贡献。最后我们每人和大家说一句心里话。

曾溢滔：今天很荣幸出席首届女科学家峰会，我要说的是世界需要科学，科学需要女性，让我们向伟大的女性致敬。

黄淑帧：巾帼和须眉应该互相帮助、互相融合，创造一个伟大且、绿色的大发展局面。

曾凡一：希望有更多的女性、女科技工作者，年轻人，勇敢、自信地追求自己想追求的，热爱科学的同时，一定要勇敢享受生活。今天的主题"绿色、传承、融合"让我想起一首诗，里面有两句话献给大家。"只要我还活着，只要我那纤弱的双臂还能在晨风中扬起，我就有绿色的歌唱"源自《小草的心》。希望我们永远像小草一样坚韧、绿色地发展。

低碳、创新、可持续

主持人：

黄　伟，第一财经主持人。

嘉　宾：

乔　恩·吉宾斯（Jon Gibbins），美国国家CCS研究中心主任、谢菲尔德大学教授；

李　佳，香港科技大学（广州）创新创业与公共政策专业副教授；

王尔钰，香港科技大学（广州）创新创业与公共政策专业李佳教授课题组博士。

李佳：今天非常高兴与我的导师和我的学生在浦江创新论坛女科学家峰会和大家进行分享。今天我们将从两个方面进行讨论：第一个方面是碳捕集、利用和封存（CCUS），并对这一行业的发展壁垒和发展前景进行探讨；第二个方面是大学教育如何吸引更多的复合型人才，让更多的年轻人投身到这项科研任务中来。

在双碳的大背景下，对CCUS的关注度日渐增长，我的导师乔恩·吉宾斯也是这方面的专家。英国已经将一些最先进的理念转变为实践，请您介绍一下在CCUS这一行业最新的发展趋势。

乔恩·吉宾斯：我们为捕获二氧化碳做了很多尝试，也有很多新的应用。目前，我们可以捕获大量来自工业的二氧化碳，希望能够达到95%的捕获率，除此之外，我们也可以从生物、废弃物中捕获二氧化碳，或者直接从空气中捕获二氧化碳。现在英国有很多相关的实验项目，如果真正能大规模应用，将推动科学的前沿发展，但是现在也面临着一些挑战，就是我们如何安全地对二氧化碳进行捕获和封存。

李佳：您认为技术进一步向前发展面临什么障碍？

乔恩·吉宾斯：通常最大的障碍就是成本问题，现在的成本非常高。除此之外，碳捕获和封存也可以在很多领域进行应用，那么我们就可以采用更多样化的燃料。

李佳：您认为未来的发展方向是什么？如何实现近零排放？

乔恩·吉宾斯：我们希望能够实现绿色安全发展，需要加快行动步伐，控制大气中的二氧化碳。要实现环境的可持续发展，工程师和科学家必须要用他们的智慧找到问题的解决方法，找到前进的道路。

李佳：我简单说一下中国在这方面的最新发展，现在我们的技术已经可以把空气中大概浓度只有0.04%的二氧化碳进行收集、分离，并进行下一步的利用。相比以前的火电厂或者化工厂12%排放源的捕集，现在的技术已经是非常大的进步了。而行业发展中最大的壁垒并不是技术，也不是成本和政策，最大的问题是人。我们招学生的时候碰到最大的问题就是人手不足。即便我们给博士生，甚至博士毕业生高于同行业薪酬，也很难招到人。这是一个新兴行业，毕业生数量也是有限的，作为大学老师非常关心大学教育如何更好地培育出更多的科研人才，如何吸引未来年轻的科研工作者投身到这一事业中去。就刚才的问题，请王尔钰回答一下。

王尔钰：像CCUS低碳排放这样的难题，单个学科是很难解决的。这就需要多样性，多样性包含了地域多样性，包含了男科学家和女科学家，以及各个领域的知识，这些都是融合在一起的。这种融合的教育可以鼓励男同学做一些原本属于女同学的工作，在这种融合的交叉教育的环境下，大家都可以做得更好。

李佳：你作为一位女学生，我也是一位女导师，我特别想知道怎样可以更好地协助你，让你在科研的路上越走越顺。

王尔钰：新兴领域的科研生活本来就需要女科学家的投入，我认为一个优秀的女科学家对未来环境是有很母性、很慈悲的理解的。我们可以看到女科学家做科研的时候有一种很勇敢、很理智的坚韧。女科学家在成为导师之后，也能够有更细腻的交流能力、洞察能力，包括同理心。这些都是女科学家的优势，希望这些优势更好地发挥出来。我个人认为，现在男女已经没有很大区别了。

李佳：英国有一个专门的项目支持更多的女性从事科学研究。以前和我的导师在这方面的交流比较少，我想听听他的意见。您觉得我们应该如何吸引更多的女性学生参与科研项目。

乔恩·吉宾斯：我觉得我们应该把它看作一个职业，当然这并不意味着所有的学生都要去从事这个职业。CCUS 领域很有商业潜力，我们有很多学生，一部分是女生，她们在学校学习的过程中对科研的兴趣很浓厚，但是并不能终身保持这样的兴趣，所以我们需要在行业、学术领域都能鼓励女性参与。现在大家对女性参与科研越来越习以为常，很多时候女性有非常好的科研力量，因此我们应该充分利用，比如说气候变化研究领域就要充分利用女性的力量。

李佳：我在跟着导师做博士生的时候，没有觉得自己被不公平对待过，也没有觉得自己被优待过。做科研的时候不要把女性身份当一回事，所要做的就是找到问题、面对问题、解决问题，这和你的性别是没有关系的。作为一位导师，我更倾向于关注女学生的需求，以便更好地支持她们的科研工作，毕竟在数量上、百分比上，我们所看到的女性科研人员相对还是比较少的。

5 圆桌论坛：绿色城市转型的布局及改变

主持人：
黄　伟，第一财经主持人。

嘉　宾：
梁建英，国家高速列车技术创新中心主任；
廖　宏，南京信息工程大学环境科学与工程学院院长；
余　彦，中国科学技术大学教授、博士生导师；
蒋茜静，浙江大学生物系统工程与食品科学学院特聘副研究员；
康思敏，荷兰驻华大使馆教育和科学参赞。

黄伟：今天讨论的主题是"绿色城市转型的布局及改变"，参与的各位嘉宾都是不同研究领域的女性佼佼者。请从各自研究的专业领域出发，聊聊大家的研究领域和绿色发展之间的关系。首先从梁总开始，从和谐号到复兴号，梁总是高铁装备业中唯一的女总工程师，见证了中国速度一次又一次的突破，更重要的是现在全球最快时速 600 公里的磁浮列车正式下线了。想请教您的第一个问题是中国速度的下一个"快"会在哪里？

梁建英：从高速列车发展现状来看，我们对速度的追求不仅是技术指标，我认为我们国家高速列车下一步的发展，要从 3 个方面不断提速。

第一个方面，我们国家高铁开通的里程会越来越长、覆盖率会越来越高，会形成中国自己的速度。截至 2021 年年底，中国高铁里程达到了 4 万公里，在国家的大战略规划当中，到 2025 年国家的高铁里程会达到 5 万公里，2035 年达到 7 万公里，2035 年会实现20 万以上人口城市铁路全部覆盖，50 万以上人口的城市实现高铁的全面通达。另外，高铁技术走出国门的速度会越来越快，在报道上看到了高铁出口第一单，印度尼西亚雅万高铁在青岛港发运，这是一个全生产链海外建设的项目。

第二个方面，我对中国速度的理解要回到高速列车设计本身，就是高速列车的性能会进一步提升。我们还是要紧紧围绕以人为本的设计理念，在更快的速度、更高的安全性、更加绿色、更加智能这些方面持续创新。在国家"十四五"规划中也提出了要加快推进CR450高速度等级中国标准动车组建设。目前，我们正在开展时速400公里的高速列车核心关键技术攻关，预计2026年有样车研制出来。另外，时速600公里的高速磁浮系统已经研制成功了，速度在稳步提升的过程也是轨道交通装备不断进步的过程。

第三个方面，我们在国际标准修订方面、国际话语权方面的影响也在快速提升。今年国际标准联盟已经发布了由我们国家主持的国际标准，包括中国铁路设计基础设施标准、中国铁路设计供电标准。这两项标准都填补了这一领域的空白，这也说明我们国家在这一二十年的高速列车快速发展过程中对于国际的影响，国际同行的认可度也在快速上升，这也体现了中国速度。以上就是我对中国速度的理解。

黄伟：今天我们的主题是绿色城市转型，交通运输是能耗大户，刚才您提到了我们的高铁要更加"绿色和智慧"，想请您简单分享一下如何变得更加"绿色和智慧"？

梁建英：实际上作为碳排放的大户，交通系统有很大的负面贡献。轨道交通有其自身的技术特点，即在整个交通运输体系中，轨道交通是低能耗、低排放的系统，不过它自身虽然是这样的特性，但是它的能源供给却是用电大户，也是碳排放的大户。在绿色交通建设过程中，首先要促进列车能源供给的变革，我们现在要转变目前的石化能源供电方式，使其向着更加清洁绿色的能源进行转换。在我们国家，光和风等可再生资源非常丰富，在铁路沿线也有一些非常丰富的、可利用的资源。接下来我们要大力发展可再生能源供电系统，形成绿色清洁、高弹性的供电系统，来给列车提供能源，驱动列车快速运行。

目前，我们也进行了许多新能源的大胆尝试和探索，而且取得了比较不错的效果。例如，有轨电车目前实现了氢能源驱动，在广东佛山上线运行，效果不错。同时在能源供给方面，我们在有轨电车、城市交通方面做了尝试，世界各国都有很多的探索和尝试。在日本东京站，有453千瓦的太阳能供电装置给东海道3号线做供电服务。在瑞士，铁路运营公司也建了水力发电站来给整个在线运营车辆供电，基本上可以达到75%的能源保障。在荷兰，轨道交通的能源已经百分之百实现了风能供给。在国内，也很早就开始了这方面的探索，2008年北京南站设置了220千瓦的太阳能发电机组，探索新能源的使用。之后，武汉站投入了2.2兆瓦的光伏发电，杭州东投入了10兆瓦的太阳能发电机组，雄安高铁站投入了6兆瓦的光伏发电系统。

黄伟：列车本身运行是高效和低能耗的，但是有的能源不是那么绿色，我们要用更多绿色的方式来获得能源以驱动高铁，用风、光、水这些清洁能源来驱动铁路系统。如今的高铁已经很智慧了，您认为接下来会有怎样的发展趋势？

梁建英：智慧交通影响了城市建设的方方面面，一个城市的转型必然要考虑交通形式是什么样的。我认为智慧交通未来的形态不是单一的交通形式决定的,是由多种不同的交通方式共同决定的,但是如何让这些交通系统有机地联动成为一体,为民众的出行服务,这是非常重要的。所以我们现在利用新兴的大数据、边缘计算、互联网、人工智能等,来构建多元交通系统智慧平台,让信息共享、协同联动。

黄伟:信息共享、协同联动都是抽象的概念,有没有具体场景的实现?

梁建英:例如,从青岛到上海参加浦江创新论坛,如果有了智慧交通系统,当我在手机终端输入需求的时候,就给我推荐最佳的路径,此时可以有几种选择:可以用最节能、环保的方式到达上海,可以用最短时间到达,还可以选择享受慢生活欣赏周边风景。这样的个性化需求必须是多种不同交通系统去融合才能实现的,然后我们才能用自己希望的系统建议的方式到达目的地。

黄伟:您提到的是"大出行"的概念,高铁是其中一个重要组成部分,还要配合陆路运输和航空体系。接下来请教一下廖宏院长,廖宏院长从事大气环境领域的研究。空气质量是所有人都关心的问题,对于普通人来讲,认为蓝天白云表明空气质量已经很好了,但是实际上却不一定是真正好的空气质量。您主要的研究领域应该是PM2.5和臭氧之间的关系,您能为我们介绍一下这二者之间是什么关系吗?

廖宏:这是两个问题。第一个问题是蓝天白云是不是就意味着空气质量好。大气里面有两种主要污染物,第一种是大家熟悉的PM2.5,它是悬浮在大气中的非常小的液体或者固体状态的小颗粒。所以PM2.5浓度高的时候,大家能够非常明显地感觉到天空灰蒙蒙的。第二种是臭氧,臭氧是人为活动排放的氮氧化物在阳光照射下形成的。4月到10月,如果温度比较高,太阳光很强的时候,臭氧污染经常超标。从科学上讲,蓝天白云比较准确地表达是冬季空气质量好,而夏季因为有臭氧的存在,看见蓝天白云也要关注一下空气中臭氧是否超标。

第二个问题是PM2.5和臭氧是否有关联,二者的确有关联。首先体现在它们有共同的排放来源,工厂里溶剂的使用会挥发有机物,这些挥发有机物一部分形成PM2.5,一部分形成臭氧。臭氧还是大气里的氧化剂,在PM2.5的一些化学成分形成过程中会参与化学反应,因此这两种大气污染物之间存在密切关系。从2013年起我国执行了大气污染防治的"国十条",大家清晰地感受到PM2.5浓度下降得很快,但臭氧污染有上升的态势。现在总体的大气污染治理目标是要实现PM2.5和臭氧污染防治的协同,希望把两种污染物浓度都控制下来。

黄伟:如何确定大气污染物排放的源头,这件事情是不是特别难?

廖宏:关于大气污染物排放的源头是比较清晰的。能源行业发电,交通运输,家里做饭使用的天然气、烧的柴火,还有农业活动、工业活动等都会排放污染物。我们的大框架非常清晰,有专门的科学家测某个工厂烧了多少煤、排放多少大气污染物,都是可以定量表达的。

黄伟：城市在绿色低碳转型过程中应该做什么准备，在布局上应该怎么做？

廖宏：我们希望的城市发展是绿色发展，建设成像公园那样的城市，和今天的会议主题密切相关。我们要低碳发展，除了和污染物有关，和温室气体排放也有关，城市在结构转型中要使用更加绿色可再生的能源，希望我们的城市成为宜居且有很高幸福感的家园。

黄伟：接下来请教一下余教授，余教授主要从事新能源电池研究。目前主流的新能源电池有三元锂、磷酸铁锂。那么这些新能源电池或者动力能源电池的技术路线分别有哪几种，各路径有没有优劣？现在的新技术能否在未来成为主流？

余彦：刚才两位主任说的光伏、太阳能、风力发电等，这些技术的应用可以促进低碳绿色发展，其实光伏和太阳能发电本身就是间歇性的，因此需要新能源二次电池。磷酸铁锂和三元锂电池生产路线有各自不一样的特点和优缺点，磷酸铁锂本身价格比较便宜，且拥有良好的安全性，现在有很多动力电池，包括新能源汽车都希望用磷酸铁锂电池。三元锂电池能量密度高、待机时间长、充电时间短，但安全性略有下降。需要这两条新能源电池路线找到一个平衡点，在保障安全性的前提下，使能量密度越来越高。

未来新能源电池的发展方向肯定是在新能源汽车领域，希望电池充电时间短、续航里程长，要求能量密度比三元锂进一步提升。未来可能会走固态化电池之路。固态电池可以在兼具高能量密度的前提下，兼顾安全性，这可能是未来新能源电池的主流方向。

黄伟：同时兼顾充电效率和速度。现在我们充电原子从正极到负极，逐级压缩，快充的时候来不及填补和压缩，会造成电池寿命的缩短，这也是很重要的一点，那么钠离子电池有可能替代现在的锂离子电池吗？

余彦：我读博士时研究锂离子电池，近几年研究钠离子电池。关于钠离子电流能否取代锂离子电流这个问题，我认为它们之间是互补关系，而不是竞争关系。锂离子电池近几年的价格涨了接近十倍，资源很紧张，原材料成本提高，而且我们国家80%的碳酸锂是从澳洲进口的。但是钠在地壳当中的含量非常丰富，原材料成本很低，也不会被"卡脖子"。安全性方面，钠离子电池热失控的温度比锂离子电池要高一些，安全性便高一些，而且我们研发还发现钠离子的低温性能使其更有优势，这些是钠离子电池的优点，但任何材料都不可能只有优点没有缺点。钠离子电子的能量密度比锂离子电池低一些，希望未来用我们的知识让钠离子电池的能量密度和锂电池的媲美，甚至超过锂离子电池，充分发挥钠离子电池的低成本和安全性，对低碳、绿色城市的发展，包括双碳目标的实现都能起到非常好的促进作用。

黄伟：刚才提到了锂离子电池原料的价格飞涨，未来我们在材料学上能不能取得更大的突破？

余彦：我们会继续努力的。

黄伟：我们提到双碳目标的时候更多谈论工业、制造业、交通业中的节能减碳，我们认为农业一直是绿色的底色，但其实并不是这样。根据联合国粮食和农业组织的数据统计，农业用地释放出来的温室气体超出人为温室气体排放总量的 30%，中国这一数据为 24%，接下来我们继续请教蒋老师，我们如何降低农业温室气体减排？中国的路径在哪？

蒋茜静：回答这个问题之前，我先来讲一下什么是碳排放。很多人觉得碳排放就是二氧化碳的排放，实际上碳排放是很宽泛的概念，包含所有的温室气体，这些都是可以二氧化碳当量来计量的。碳排放主要的来源就是农业，中国的碳排放呈现的特点就是区域化非常严重，因为中国地大物博，农业结构差异性很大，气候、土壤都不一样，所以排放源非常分散，很难进行深度的农业减排。因此进行针对性的减排技术研发非常有必要。举个例子，水稻主要的排放源就是甲烷气体，这是因为水稻特殊的生理特性，需要处于水淹的状态，就会产生大量的甲烷气体。可以通过控制土壤的水分、养分来减少甲烷气体排放，我们采取干湿交替的浇灌方式，就可以使甲烷气体的排放量减少 60%～70%。

黄伟：通过成本和效益之间的关系，我们已经看到了成效，但是我们应该投入的最大成本是多少，成本和效益之间存在什么样的关系？

蒋茜静：农业的固碳减排是用全生命周期来计算的，增加了植物的光合效用，过程中也在增加作物的产量，其实也增加了效益。

黄伟：固碳的概念是什么？我们常采取的固碳方法：碳捕捉、碳收集及将收集的碳埋到地底，农业中采用的是将收集的碳埋到地底这种方式吗？

蒋茜静：农业上的固碳减排比较原生态。固碳就是固定碳，通过植物的光合作用，把空气中的二氧化碳转化为有机碳，成为碳水化合物，再通过大自然的生态循环系统回到土壤，成为碳汇。减排更简单，通过人工手段，控制土壤的环境因子减少碳排放。

黄伟：在未来农业中这样的技术和方式有没有推广的可能性？

蒋茜静：现在水稻田的固碳减排技术、排水灌溉、水肥一体化、秸秆利用、甲烷促氧化技术、冬季绿肥种植、精细农业等方法都可以在农业种植业中推广应用。

黄伟：感谢蒋老师的分享。接下来请康思敏女士进行交流，从绿色发展的教育理念角度做一些分享，STEM 是科学、技术、工程和数学 4 门学科英文首字母的缩写。STEM 人才在共创绿色未来中有着非常关键的作用。荷兰政府出台了哪些举措，鼓励女性 STEM 人才发展？

康思敏：荷兰在这一问题上做了很多努力，现在我们 18% 的 STEM 教授都是女性，两性平等是实现可持续发展的重要方面。研究显示，研究人员的性别多样性可以起到很基础的作用，如果研究团队中没有性别多样性，研究成果就会出现问题。我觉得给男女科学家创造机会是非常重要的，我们准备了 250 万欧元的资金来支持鼓励女性参与 STEM，让女性参与各领域的学术研究。科学委员会开启了人才项目，这一项目特别关注要吸引更多女性，培养她们成为副教授，或者更高级别的科研人员。最终目标是希望越来越多的女性进入 STEM 领域，并且成为这一领域的教授。我们的大学也在做各方面的努力，如提供奖学金、研究项目等。我们希望能够创造一个非常安全的学习和工作环境，让所有人都发挥自己的潜力。

黄伟：荷兰政府是如何将可持续发展目标纳入正规和非正规教育，全校参与的模式在其中发挥了什么样的作用？

康思敏：培养年轻一代很显然是非常重要的。提高人们的意识对性别平等、可持续发展及气候变化至关重要。大家在小时候就了解到可持续发展意味着什么，全球公民身份意味着什么，做好全球公民意味着什么。这些理念非常重要，这让孩子能够了解我们生活的地球到底是什么样的。所以我们必须从小抓起，教给孩子这些理念。

在荷兰，我们有可持续发展相关的方法，在这些方法的指导下，我们将各种各样的话题融入其中。不仅在教材中包含了这些元素，而且在教师培训、学校决策、基础设施建设、整个社区中都在推广这些理念，在教学生活中融入可持续发展的具体方式是很有价值的。因为这不仅关注可持续发展，我们更希望吸引所有利益相关者参与其中，不仅是学校，而且还包含学校周边的社区。这些方法的另一个优势在于其自下而上的做法，学校可以制订自己的计划，发挥自主性，带来可持续的结果。

最后一点就是在每个层面的做法都不同，幼儿园教育和职业教育是不一样的。职业教育更多关注技能培养和发展，为未来的劳动力市场培养人才，所以大家可以看到可持续发展在不同教育体系中的表现是不一样的，最重要的一点就是吸引所有的利益相关者参与其中，大家共同来制订最佳计划。我们希望在社区中开展实践，所有的利益相关者，如政府、教育机构、企业部门、NGO 等都参与其中。

黄伟：有一个完整的制度至关重要。接下来请嘉宾畅想一下未来绿色低碳城市是什么样的？

梁建英：我希望在我们这个领域能够始终坚持以人为本的创新理念，能够在更安全、更舒适、更绿色、更智能这几个方向上持续创新，为我国实现"全国123出行交通圈"做贡献。我也希望我们所有设计都基于这种低碳理念，让低碳理念贯穿于每个人的生活中。我希望最后我们能够实现低碳能源点亮世界，让低碳交通连接世界，让低碳生活与你我同行。

廖宏：大气污染物治理和气候变化有着密切的关系，工业领域排放污染物的同时也排放了温室气体。畅想未来，我希望未来是绿色发展的城市，不再担心空气污染和气候变化，有一个非常幸福安居的家园。

余彦：低碳生活、低碳城市一直都是我们追求的目标，我期待的未来低碳城市应该是新能源全覆盖的城市，包括绿色建筑、绿色屋顶，屋顶上采用太阳能、风能，将太阳能和风能发电接入每家每户，点亮我们的城市。

蒋茜静：未来的低碳城市有4个关键词——原始、现代、固碳、减排，既是原始的又是现代的，既是固碳也是减排。我们的城市要保留原生态的功能，用最先进的科学技术减少碳排放量。

　　康思敏：我认为创造一个安全、平等的可持续环境，不仅是很好的愿景，而且更应该成为我们的教育原则，或者说是研究的基本原则。我们要知道种族或者性别问题如何在低碳发展、气候变化方面发挥作用。最终我们涉及方方面面的终端使用者，他们是多种多样的，有不同需求的，我们希望有能够推动研究、获得最好研究成果的网络。我们希望能够建立起更具包容性的研究框架和网络，只有通过这样的研究框架和网络，才能真正建成绿色城市。

第5章

科技创新青年峰会：投身新科技浪潮，共创可持续未来

1　论坛综述

本分论坛由上海浦江创新论坛中心和腾讯院士专家工作站承办，同时还要感谢支持单位，它们分别是上海推进科技创新中心建设办公室、中国共青团上海市委员会、中国科学院上海分院、上海市中国工程院院士咨询与学术活动中心和科学探索奖。当前，发展绿色能源技术和生态环保产业成为各国竞相争夺的新赛道，全球掀起绿色低碳可持续发展的科技浪潮。然而科学体系是一个复杂的技术生态系统，对于纷繁复杂而又充满不确定性的未来我们将会面临哪些困难？科研机构和市场主体能在哪些方面开展深化合作以扩大协同效应？我们的人才培养体系该如何变革以应对新科技浪潮？围绕这些问题，本论坛邀请了南京大学、同济大学、海南大学、清华大学、复旦大学、常州大学、上海交通大学、山东大学、北京大学、腾讯碳中和实验室的青年科学家、科技管理者与科学技术部、上海市委的领导现场互动，围绕新能源技术研发与应用、科技伦理、企业社会责任和青年科技人才培养等方面，聚焦国家实现双碳目标发展路径开展了深入的交流与研讨。

2 嘉宾致辞

科技部外国专家服务司副司长李昕的致辞
——大力推动中外科技人才交流

李昕 科技部外国专家服务司副司长

早上好！各位中外青年科学家朋友们，今天我非常高兴能来参加浦江创新论坛——科技创新青年峰会，这不是主旨演讲，而是一个引导性的开场演讲，题目是"大力推动中外科技人才交流"。

去年9月，党中央召开的中央人才工作会议，提出一个战略目标——到2035年我国进入创新型国家前列，建成人才强国。习近平总书记提出聚天下英才而用之，即在中国建设世界科技强国过程中，中国发展需要世界人才共同参与，中国发展也为世界人才提供机遇，将实行更加积极、开放、有效的人才政策，用好科技创新资源，形成具有吸引力和国际竞争力的人才制度体系，加快建设世界重要人才中心和创新高地。

今天我们会议的主题是低碳。温室效应是由英国科学家约翰·丁达尔发现的，他在30多岁时发现了温室效应。

发现二氧化碳浓度变化和温室增温效应相关的科学家是查尔斯·大卫·基林。他从20世纪50年代开始研究增温效应，也是在30多岁时于夏威夷建立长期观测站。他在低碳领域属于非常年轻的人才，并开启富有创造性的工作。

2021年通过的《中华人民共和国科学技术进步法》规定，各级人民政府和企事业单位应为青年科学技术人员成长创造环境和条件，鼓励青年科学技术人员在科技领域勇于探索、敢于尝试，充分发挥青年科学技术人员的作用。对于青年，在大学里被称为"青骄"会面临很大压力，无论是工作还是生活，甚至是个人职业发展、心理健康等方面均会面临众多挑战。

中央人才工作会议开完后，科技部、教育部、人力资源社会保障部等各部门，均从各自角度推出如何更好培养、使用和激励青年人才政策。例如，科技部负责的国家重点研发计划，明确设立青年科学家项目，并规定出一定比例专项服务于青年科学家开展重大研发任务。目前，国家自然科学基金委已经有国家杰出青年科学基金项目；科技部、财政部等5个部门，也开展了减轻青年科研人员负担专项行动。

中国科协等八部门在今年发布了《关于支持青年科技人才全面发展联合行动的倡议》。科技部开展减轻青年科研人员负担专项行动。据我所知，人力资源社会保障部、教育部也会发布一系列激励青年科技人员行动的配套政策。

我演讲的另一部分内容是鼓励中外青年科技人员交流。在《2021年全球创新指数报告》中，中国再次排在第12位，去年预计今年排名可能会更高一点。即便如此，这也是有史以来发展中国家能够达到的最高排名。但同时也要看到中国与发达国家之间的差距，欧洲工商管理学院等联合发布的《2021年全球人才竞争力指数》显示，中国仅排在第三十几位；此外，中国科技人员数量位居全球第一，但是在人才质量方面与发达国家仍存在明显差距。中国科技事业至今已走过70余年，中国科技具有比较可观的投入费用和产出效益的比值；同时，全球创新集群统计显示，全球排名前100创新集群有较多集中在中国东部沿海地区。

最新的"自然指数（Nature Index）"显示，中国排在第2位，与美国的差距进一步缩小。在全球前沿技术科研机构排名方面，有11家中国机构位于前30，包括复旦大学、上海交通大学、同济大学和中国科学院等科研院所。

日本科技部门统计显示，中国在科研论文数量和质量方面均居全球第一。当然也有不同的统计方法，在其他统计方法中，也有美国排在第一的情况，但是无论哪种统计方法，中美在科研论文数量和质量方面均十分接近。

在国际科研合作论文方面，Nature Index显示，中国仅次于美国，但中国合作网络和其他国家相比丝毫不逊色，从对合作论文贡献度出发，中国在合作论文中的贡献略超美国。

中国也研发了一系列世界前沿科学装置，如核聚变反应堆、贵州500米口径球面射电望远镜、世界最深地下宇宙观测实验室、西藏羊八井宇宙线观测站、"奋斗者"号深海探测装置、中微子实验装置、中国空间站。中国空间站目前已对外开放，第一批国际实验即将在中国空间站开展。最后就是赫赫有名的上海光源，其对推动中国多学科领域的科技创新和产业升级产生重大作用。

从科技部角度而言，特别对外国专家服务司而言，已经推动了一系列中外青年科技人才交流项目。我们不仅涉及科技领域，也包括历史、文化、法律、金融、对外传播等领域。习近平总书记在第二届"一带一路"国际合作高峰论坛提出，未来五年将支持5000人次中外人才开展交流合作、培训和研究。

我们有一个专门的外国青年人才计划，大力支持博士后、青年人才来华开展研究。这是科技部的部分工作，跟国家自然科学基金委也开展了相同的项目。国家科技计划项目、国家自然科学基金委项目和国家重点研发计划项目均对在华科学家开放，如外国学者研究基金项目是科技部与国家自然科学基金委共同的项目之一，从2022年开始，由原来的青年学者拓展成外国学者研究基金项目，包括青年学者、优秀青年学者和资深青年学者。45岁以上算资深青年学者，45岁以下我们都认为是青年学者。据目前了解的情况，来自全球的青年科学家踊跃报名。

还有国家留学基金委，也提供来华攻读博士和访问学者的项目。人力资源和社会保障部中国博士后科学基金会专门有海外博士后项目，中国科学院有国际人才计划。科技部国际合作司有针对发展中国家杰出科学家来华工作的计划。

2017年，科技部发布了一个外国科学家参与国家研发计划的通知，对目前在华的国家自然科学基金、国家重点研发计划和省市一级的科研计划，对在华的科学家都是开放的。不仅是项目开发，我们在规划和制定政策过程中广泛听取在华科学家包括外籍科学家的意见。据科技部统计，外籍科学家第一意愿是申请国家自然科学基金项目。我们欢迎符合申报标准的科学家踊跃申报这个面向全球的科学研究基金。

我们还开设了一个海外人才交流洽谈系统，依托每年在深圳举办的中国国际人才交流大会等方式进行项目、人才等方面的对接，我们有自己的专家系统。我也向在座的各位外国科学家朋友推荐中国政府门户网和一些主要政府科研机构网站，里面有很多可供大家参考的信息。

最后，再次感谢主办方给我这个做开场介绍的机会，也欢迎更多外国科学家来中国创新创业。

谢谢大家！

3　主旨演讲

太阳能光蒸发技术最新进展及未来展望

朱嘉　南京大学教授

> 在低碳发展时代背景下太阳能光蒸发技术大有可为。目前该技术在缓解区域水资源匮乏、电力不足等问题上发挥积极作用。未来通过与纳米技术及新材料深度耦合，太阳能光蒸发技术能够在技术效率与应用场景扩散等方面取得更大进展。

感谢李司长，感谢陈巡视员，也非常感谢科技部、浦江创新论坛和腾讯等主办方提供这样一个与大家一起分享的机会。我于2013年回国并入职南京大学，随即开启自己的科研工作。

今天论坛主题是低碳。其实水和能源是完全交联的，在水和能源交汇处存在的技术就是我们今天要谈的太阳能光蒸发技术。下面我将跟大家分享这项技术发展到目前有哪些进展，后续还有哪些拓展。

我从以自然科学领域见长的 Nature Index 中发现很多前辈在研究微结构物理知识，回国后，我用微结构物理知识来探索面向国家重大需求的科研工作。

水和能源紧密交织。来自世界银行的报告，全球有28亿人缺水，25亿人缺电。缺水与缺电往往紧密交联。很幸运我们生活在长三角这片富饶的土地上，事实上有很多欠发达地区和国家是严重缺水和缺电的，这也表明区域基础设施和水资源也紧密相连。

我们国家也同样如此，有很多前辈在这个领域做出重要贡献，使我们熟知的反式渗透、闪蒸、多效蒸馏等技术得到突飞猛进发展。听到水处理，我们往往想到的是一个巨大的水处理厂消耗能量去处理水，然后做分布式布置。它的好处是可以集中处理，并可以放大到任何一个城市来建造更多水处理厂。但是缺水的地方往往缺电，缺基础设施建设能力，也无法满足日常运维的要求。这就促使我们认识到缺水时往往也缺电。能不能突破集中式处理方案做便携式个性化运营方案？也就是在需要水的时候，能否为自己生产一点水？而不是通过建大型水处理厂来实现。

中国有句古话——师法自然，我们可以从大自然学习很多方式方法。大自然怎么净化水？通过蒸发、沉积和水循环为人类提供干净的饮用水，然而这却不是高效的水循环。我们发现水是透明的，代表了什么？它跟光无法进行强的相互作用，无法充分吸收大自然的能量。同时加热海水依然是不能饮用的，只有通过蒸发才能得到纯化水，蒸馏水才是真正干净的水。如何利用大自然的能力来蒸发水？这是一个非常重要的切入点。这不是一个全新想法，早在100多年前就有前辈尝试将光热材料铺在容器底座来强化光蒸发效应，这确实能有所强化，但效果不明显。

几年前，有几位前辈开始拿纳米材料提升效能。悬浮的纳米颗粒和石墨材料，我经常打一个通俗的比较，有点像我们在学生时代用的"热得快"，即放一个加热器在水里面烧开。需要加热水体本身来促使蒸发，实验结果表明蒸发效率有一定提升，但我觉得依然有提升空间。我们认为最理想的方式是光热界面和蒸发界面是同一个界面，即吸收完能量后加热界面水分子，直接产生蒸汽。当水冒出蒸汽时你会认为它是热水，理想状况下，能量用来加热水本身，当它冒蒸汽时，摸上去应该是凉的。正因如此，能量不是加热水，而是促使蒸发，我们称这样的能量使用方式为界面光技术。

光打下来，蒸汽流出去，需要光的充分吸收，热耗散性也要处理好。在材料学方面我们也进行了深度设计，确保水不断流进，蒸汽不断流出。一方面，光要充分吸收，热不能耗散出来，而是用来蒸发；另一方面，水要不断流进，蒸汽不断流出。

基于这一物理思想，我们设计了第一代光蒸发机，这是世界上第一个基于等离激元效应的太阳能海水淡化技术。我们检验了该技术生产水的质量，并尝试不同盐度海水的淡化。还做了多种循环，确保它可以重复使用，效果非常显著。

当时，这仅仅是在实验室里的初步尝试，后来反馈的实验结果超出了我们的预期，如越南的公益组织和巴基斯坦的协会向我们发来很多咨询。我国在这方面也有很多需求，同样也超出了我们的预期。反过来从侧面印证，尽管我们日常生活中未必看得到太阳能海—水处理技术，但是真实生活中确实有应用。我们设想这个技术效率能否进一步提升？效率在聚焦情况下，可以达到80%～90%，我们还尝试能否进一步降低成本以提高太阳能光蒸发技术的可适用性。在一个理想的界面蒸发，光吸收后，若热能不及时耗散出去，它的表面温度会提升。表面温度提升后，辐射跟对流的损耗就变成下一个非常重要的损耗。如何解决这个问题？我们想到人工蒸腾作用。人工蒸腾作用的好处在于蒸发面积扩大后，单位面积所吸收的光效降低从而降低它的温度。有了这个设计思路后，有位女性朋友对我说，如果我们的设计思路是正确的，蘑菇就能帮我们干这事。蘑菇的形状是不是跟我们当初的设计图形非常相似？同时蘑菇里有水通道。实验验证蘑菇的效应非常好，自然界事实上有非常棒的天然设计。如果大家选一个合适的蘑菇做测试可以得到 65% 以上的效率。如果你把它碳化了，可以得到 85% 以上的效率。这是我们有史以来发表最快的工作成果，这是天然的材料。

编辑比我们还激动，在自己的博客上面写了一篇专文。什么意思呢？蘑菇平时生活在阴暗角落，接触不到太阳，人们都没有发现它具有强大的光蒸发效应天赋。

我给大家快速回顾一下。利用微纳结构设计，我们就不需要任何光学和热力辅助，可以实现光蒸发 85% 以上的效率，若把这一材料漂浮在海洋表面，它就可以实现 85% 以上的光蒸发效率。同时我们通过仿真技术提升材料使用寿命，光蒸发走水分之后，盐在哪里？很容易结在材料表面，影响其寿命。我们可以通过设计进一步延长寿命。通过微纳效应，可以实现高效、稳定的"界面光蒸发"，可用于海水淡化和污水处理。

没有水源怎么办？还有一种方式是从空气中取水，空气中孕育了大量水分，但能否取水取决于空气湿度。世界各地都有人在这一领域做深入研究。我说的空气取水的方式是不需要耗电的方式，它面临一个非常大的难点是什么呢？在不耗电情况下，如何做到让它既吸附又脱附？吸附强的时候脱附难，脱附强的时候吸附难。通过界面加热，能增加脱附，当我不担心脱附问题时，我可以使用更强的吸附。我们最新的一项研究结果是通过一明星材料进一步精细调控它的特性，从而可以提升它的动力学，加快它脱附与吸附的速度，由此可以让它在固定时间内取得更多的水。在南京这种自然条件下，固定时间范围内可以获得每平方米 2.9 千克的水，如果作为野外求生的救命水，那这已经是非常可观的。

时间关系，我快速讲最后一个问题。光热是可以跟光伏紧密结合的，光伏是光产电，光热是通过光产生蒸汽，再产生水。一个基本思考是可以通过半导体产生电，实现全光伏利用，在此基础上是可以协同创新的。为什么？热对光伏来说是不利的，温度升高，光伏的效率就降低了。但是热对于蒸发来说是非常有利的，通过两边协同工作，可以把光伏里的热导出来，让碳能的光电效率进一步提升，同时让光蒸发效率进一步提高，这就是 1 加 1 大于 2 的效果。例如，我可以把 19% 的光伏转化效率提升到 20%，同时还能实现对产出量的进一步提升。整个装置具有便携化的特点，放进背包便能水与电联产。

在界面光蒸发技术方面有很多值得深入探究的领域。水在纳米尺度的行为值得探究。在应用层面，我们知道蒸汽可以做很多事情，做食物、产电、高温蒸汽可以杀菌。我女儿一直在说，如果能够控制蒸发，你能为我做一片云吗？我想这便是我们的下一个奋斗目标，称之为私有云。

因为时间关系，我今天只分享了我们光蒸发领域的工作，还有很多其他工作以后有机会跟大家进一步分享。衷心地感谢大家！

移动通信技术场景应用要重视测试环节

Jose Rodriguez Pineiro　同济大学助理教授

> 移动通信技术快速迭代发展对智能社会建设发挥关键作用，然而以前沿技术为支撑的新应用场景往往还伴随着新风险。因此，研究人员有必要遵循人民安全至上原则对前沿通信技术反复测试，以确保其稳定可靠。

大家早上好！感谢主办方邀请，感谢主持人的介绍。今天我给大家介绍与智能城市相关的通信项目。首先介绍一下项目背景，我们为什么要做这样的研究。其次我会介绍目前通信项目的进展及未来有哪些计划，最后再进行展望和总结。

我们研究的出发点在于对现代社会的观察。在现代社会中，很多人都是处于出行和移动中。有时因为城市中心生活成本太高，我们会住在郊区和乡村，再到城市中心工作，每天付出很高的出行时间成本。由于路程时间很长，人们往往使用手机和电脑消磨时光。不仅是人需要通信，无人驾驶车通信也是个很热门的话题。无人驾驶车需要相互通信，以避免冲撞、碰撞等交通事故，现在不仅是人需要通信，设备也需要通信。这会带来一些负面影响，因为刚才谈到的一切都依赖于通信基础设施和技术，可以说通信是一切。例如，2018年四川地震，基础设施、通信系统被摧毁，这种情况下我们如何救援受灾人群呢？必须做好准备才能更快部署，基本的通信基础设施要马上建立起来，以备应急之需。

所有现代设备都需要通信，我希望给大家展示一下我们之前从4G到6G的进化之路，这也展现出人们在出行方面付出的时间越来越多。2012年是LTE网络部署的元年，我们希望为出行中的人们提供一些服务，他们可以工作，也可以娱乐。所以高铁成为那个时代一个重要的研究场景。当谈到关于高铁通信需求方面的问题时，不仅是为满足人们工作和娱乐的需求，而且还要提供一个更安全的措施。当信号出现错误时，信息应该立刻传出以免事故发生。2012年之前火车上的通信系统是怎样的呢？它们基本上是2G技术，有点像GSM，几乎无法连接到互联网。

2011年，我们正在开发LTE，LTE可不可以用于高铁呢？我们当时就进行了研究。除了提供一些服务，我们能不能用LTE来维护铁路上关键系统通信的可靠性？2012年我们并不知道答案，所以进行了研究。后来我们知道是可以把LTE用于高铁上的。我在这里想引用一段话"如果你不能衡量，你的知识就是没有用的，是平庸的。"其实对我们的研究来说也是如此，如果不能测量，那它就不是科学。所以在我的研究中，我将此作为我的座右铭，如果做的成果不能测量、不能评估，那这就不是科学。

2011 年，我们想验证能不能将 LTE 用于高铁通信呢？我们想要证明它，当时没有任何设备可以做测试。我花了一年半的时间做测量设备，改变了 LTE 的一些参数，尝试优化 LTE，让它可以更适合普通火车和高铁。目前在上海的 6 家大学已开始使用我做的测量设备。当我有了测量设备后，随即开始做实际检测。然而这种评估也很难做，我们有一个项目做了 4 年，由 3 所大学、5 家公司和西班牙国家铁路局共同参与，努力尝试将 LTE 应用于高铁通信。我们第一个测试就是想验证 4G 技术能否用于高铁，我们发现了参数和基站的位置。然后我将这些参数和基站位置用于优化地铁、道路等通信信号以扩大应用场景范围。

2015 年，5G 技术推出，此时我们又碰到新问题。之前的 4G 技术可以用，那么 5G 能不能用呢？5G 技术是不是更好？但 5G 技术也不能直接替代 4G 技术直接应用于现实场景，接下来我们就要对 5G 技术进行测试。刚才说了要做这样的测试是非常昂贵的，它有很多安全限制且实验成本高昂，我们也没有专业设备来测量 5G 技术是否能用于高铁通信。

后来我们和奥地利维也纳大学进行合作，用大概一年时间设计了一个测试设备。在实验室做出来后尝试第一次测试，在高速环境下测试 5G 通信信号，反复证明 5G 技术是可以用于高速通信的。

当前进展如何？在 5G 技术之后，现在处于哪个阶段？火车通信可以使用 5G 技术，今后趋势如何？2017 年，我们发现以无人机为代表的飞行器渐趋应用于提升农业效率。我们和一所大学在南美开展一项联合研究项目，通过无人机监测大豆增长效率；无人机还可以用于安全领域，如救援，在灾难之后它可以作为一个基站帮助人们呼叫求救。现在出现了 5G 技术，我们真的能够通过 5G 技术来控制无人机吗？它有时会在几公里之上的天空中，这种情况下 5G 技术还可以用吗？我们又要通过研究和实验进行测试。2019 年，我们为此做了第一项系统性研究，这是世界上第一次同类实验，当然我们也需要很多公司和合作伙伴的帮助。

下一步，我们该做什么？等在前面的是 6G 技术，我之前谈到无人机应用时有一些内容与传感器相关。将来我们还可以看到将传感器应用于无人机领域，会有很多的激光雷达。在 6G 技术中，我们可以把所有传感器取消，只需一个一体化的通信工具即可。我们已经开始做这方面的研究。无人机通过机器学习，通过周围的东西告诉我现在的状态，我现在只要使用一体化的通信及传感设备就可以更好地监测自己的状况。

在通信中，有时我们一直在想什么时候能够更快速，希望能看更多的视频。目前我们所用的关键服务也是依赖于通信的。每次出现一个新标准，往往也会出现新机遇，还有新应用场景，但同样可能带来新挑战，所以关键在于要通过测试以确保它的适配性和可靠性，因为这关系到人民的生命安全，我们要确保任何一个技术在应用于新场景时都能够保证人们安全。

这就是我的介绍，如果你对我演讲中的任何一个部分感兴趣欢迎跟我交流。

加快氢能技术基础研究与制氢设备国产替代

田新龙　海南大学化学工程与技术学院教授

> 我国在低碳发展路径下亟须推动能源结构变革，其中发展氢能是实现双碳目标的主要路径之一。以纯化制氢技术和海水制氢技术为代表的基础研究有待进一步加强，制氢器件国产替代效率与质量需要进一步提升。

尊敬的各位领导、专家和老师们，大家上午好！我是海南大学的田新龙，很荣幸能有这次交流的机会。我主要围绕氢能利用和关键材料做简要分享。

近年来，环境与经济问题日益凸显。在降碳减排背景下，世界各国均在碳中和方面加强投入。中国将在2030年前实现碳达峰，于2060年前实现碳中和，这将加速推动中国能源结构变革。

我们可以看到高效清洁能源转化与存储技术是能源、经济与社会可持续发展的重大需求。氢能，特别是21世纪以来我们对氢能赋予了更重要的角色。21世纪是核子的时代，也是氢能的时代。当前氢能话题已经成为国际热点，全球主要国家纷纷制订氢能研究计划和发展路径。国际能源署预测，到2030年我们对氢的需求将达到2.3亿吨，绿氢占比为60%～80%。

在中国，近两年我们密集出台一系列氢能扶持政策，将氢能发展提升到国家战略层面，发展氢能是我国实现双碳目标的主要途径之一。

前几天出台的《海南省碳达峰实施方案》提出，要建立制氢和储氢产业链，发展氢能源，这是海南建设清洁能源岛的内在要求。

在氢能规划与立法方面，国家制定了非常清晰的产业规划和体系建设目标。预计未来十年将迎来氢能爆发式发展，对煤炭、石油等不可再生化石燃料将起到替代作用。在技术方面，国家也将逐渐从灰氢、蓝氢到深绿氢制备阶段转变，安全性能稳步提高，同时也将全面推进全国氢能供给、利用好基础设施网络体系的建设。至2050年，基本形成氢能全产业链计划。

目前，全球经济还是以灰氢和蓝氢为主，绿氢主要来自可再生能源水的电解；此外，生物制氢也有巨大优势——绿色环保且效率较高等，然而它的劣势是依赖高纯水。

从我国发展现状来看，氢气年产量在3300万吨左右，但绿氢产量非常低，基本只占1%。计划至2060年，绿氢占比要达到70%以上，这对我们研究人员而言是机遇，也是挑战。针对电解水的研究主要集中在碱性电解槽、PE-MVE 和固态氧化物电解槽。碱性电解槽发展比较好，缺点是碱液腐蚀、不适应波动，同时还需要脱碱。自主交换膜制氢是未来的重要发展路线。

目前关键问题在于高度依赖进口的催化剂。催化剂自主交换膜当前还依赖进口，其费用占总成本的 70% 左右。因此对于关键催化剂和催化剂自主交换膜等物料的国产化需求十分迫切。

整体而言，无论是制氢器件还是氢能转化，利用率低是国产化的主要瓶颈。针对以上问题，我们团队以产业化为切口开展深入研究。最初我们选用氮化物，其原因是氮化物成本非常低廉、可以大规模制备，但问题是电池性能还需进一步提升。后面我们还是回到氮化物与贵金属相结合，把氮化物作为内核，再以贵金属为载体，通过替代贵金属内核，降低贵金属用量，来提升氮化物的综合性能。

随着制备技术不断提高，可以合成空心催化剂，在实际应用方面表现出较好的效能和活性。我们还开展了深化研究，揭示催化反应机制，后面我们又尝试催化剂的规模化制备技术，特别是在小器件方面的应用。

对于膜电极技术，主要是不锈钢腐蚀和传输效率低的问题，我们设计开发了超薄钛基多孔设备，同时利用可视化手段对膜电极进行设计，进一步提升水电的效率和性能。

整体而言，我们团队主要围绕催化剂性能和机制开展研究，最终实现对高性能氢能器件的开发。

在碳达峰与碳中和目标压力下，对绿氢制备需求量日益凸显，这会带来两个问题。一是氢气纯化造成的巨量消耗，二是加剧我国局部地区电力紧张局面。因此我们要充分利用可再生能源，如光伏、风电、海洋风电及海洋潮汐能等，如果将这些能源转化成可再生用电，同时通过电解制氢，这可能是未来制备绿氢的重要路径之一。在电解海水制氢方面的研究还处于起步阶段，尤其是在制备过程中阳离子会堵塞催化活性位点且催化剂稳定性较差，未来关于电解海水制氢方面还有待进一步研究。

无论是纯化电解制氢，还是海水制氢，该如何构建基础研究和应用？我们尝试围绕性能、寿命和成本做一个平衡，发挥从基础研究到应用的过渡作用。此外，预计未来中国对氢能需求较大，有必要对这些关键器件实现国产替代，还应该鼓励科研院所与国家领军企业深化合作，为实现循环经济发展夯实基础。

对于关键材料，特别是如果能在基础应用方面打通堵点，不仅有助于国家充分利用多种陆地和海洋可再生能源，还能助推国家构建一个稳定、可持续的氢能系统。

感谢大家，请各位领导、专家批评指正。

同一个世界，两种未来

和马町　清华大学建筑学院助理教授

> 人与自然共同构成有机生态系统，以西方价值理念指引发展道路可能会对生态环境带来无法逆转的负面影响。我们未来发展路径应更加多元与包容，不能拘泥于西方主导的价值体系，而是要实现人与自然和谐共生，倡导从机器时代走向生命时代。

各位领导、朋友们，早上好！我是清华大学建筑学院的和马町，由于我的中文还不熟练，所以我将用英文开展演讲。

我今天演讲的题目是"同一个世界，两种未来"。自我介绍一下，我不是中国人，我来自荷兰，于2010年开始在中国工作，我的硕士和博士都是在清华读的。

我们都理解这个世界正在不断变化，我们也知道该怎么做及如何让世界更加美好，我想以建筑行业为例，给大家讲述建筑不仅是一些混凝土的大楼。

首先我提供给大家一个选择，同一个世界，两种路径。一个是按过去的方式；另一个是可选择的一条不同路径，我想给大家展示一条不同的路径。在我十几岁的时候，一个"女孩"改变了我的生活，她名叫Jazy，它不是人类，而是一只大猩猩。

当时我在动物园工作了6年，是一名驯兽员。这个动物园和其他动物园不一样，它没有任何栏杆和笼子，它环境设计的初衷是希望能够激发大猩猩的天性。可以看到它们数量并不多，一共35只，都有自己的孩子和族群。我在那里工作，是Jazy的"父亲"。我当时很激动可以在那里工作，可以营造很好的环境。

在其他地方并非如此。我发现世界各地，无论是南美、非洲、亚洲还是大洋洲，自然环境均面临恶化风险。正是因为这只大猩猩的驯养让我联想到，伐木机器进来后摧毁了很多猩猩的生存空间。伴随经济发展及人口增长，以生物多样性为代表的很多自然指数呈下降趋势。现代社会大规模生产消耗大量资源，直接影响自然生态环境，我们砍伐树木后建起高楼大厦，而城市能源消耗占比近50%，这也是导致全球气候变化的重要原因。

过去，我们以西方价值观为导向采用大规模生产的方法，这可能会在未来对生态环境带来无法逆转的负面影响。高楼大厦是生活的机器，是我们生活的地方，在这些混凝土盒子里，无论在中国或者在荷兰的阿姆斯特丹，我们认为这就是正确的生活方式，其实并非如此。

建筑师有一种优势，可以重新设计这个行业，然而也可能适得其反。例如，一项沙特阿拉伯的愚蠢设计，在沙漠边境挖了一条运河，这是很好的生活方式吗？不是，这完全违背了自然规则。

我提出的另一条未来路径更加多元与包容，不只是西方，也包括世界其他地方，并非完全追求经济价值。我希望更加重视生态环境，中国就是一个很重视生态环境的国家，这就是我为什么来中国的原因。中国有个成语叫天人合一，这非常符合我对世界的想象，我学的建筑学，希望它不只是生活的机器。

《黄帝内经》指出，我们人类是环境的一部分，它是一个平衡的系统，我们有自己的特异性。我们与世界共同组成了一个整体系统，人类是更大系统的一部分，我们可以选择从哪里参与这一系统。我的很多想法来自日本的一本书，该书谈到从机器时代到生命时代。

我想给大家介绍一下我们的案例，首先就是理解大楼和环境之间的关系，大楼和环境之间应该是共生关系。这是位于荷兰的一所大学，在这座巨大的混凝土墙塔楼外，大家可以看到我为了展示人与自然存在一种关系而制造的一个小小的东西，在建成的环境中也应该有自然的身影。大家可以看到这座大楼的外部完全由人工绿植所覆盖，据我所知这是世界首次尝试，现在你看到很多这样的情景，但在当时是很少的。大家看到叶子长出来了，这个大楼是活生生的，它会呼吸，也会生长。

还有座大楼是基于生物材料的木头，这是一个组装的建筑，2006年，这是世界上最大的木制房，而且也是第一个有绿色外墙的房子。当时荷兰政府希望我们用钢筋水泥建造，而我们建造了一所木制房屋，而且房子外面还有树叶，多年后这个理念被广泛应用。

其次大家可以看到这是来自新加坡的案例，如果有绿色外墙的地方，它的温度比钢筋混凝土外墙要低 $20 \sim 25\ ℃$，这对我们的能源世界大有裨益。建筑不仅是为了建筑本身，而是我们利用建筑让生活、让世界更加美好。它是一个途径，而不是一个目的。

刚才有嘉宾也谈到过水和能源的关系，我们在重庆能看到这一点。几年前我开始了一项自然科学基金会的研究——基于生物的未来城市，我们选择了重庆这座城市。希望验证在大型城市中能否利用我刚才说的那些理念。我们的观察范围涵盖水流、物料流动和二氧化碳的流动。我们还开展了系统研究，因为在大楼和区域中有很多水，我们必须了解城市规划，必须了解它的地缘、地理及水文相关。特别是中国传统的城市规划——风水，其利用了天然特征因地制宜。例如，对于一个位于半岛的城市，我们觉得不必重新设计这个城市，而是顺势而建，基于人与自然和谐共生的理念修建道路和公园等基础设施。

在人口增长方面，我们关注于如何平衡人类在城市区、生态区和混合区活动对气候的影响。目前我们正在推进这一研究，尚无最后结论，但针对这一问题的研究方法很值得我们进一步探索。

另一个当前热议的话题是如何再利用现有的高楼建筑？这对于拥有众多高楼大厦的中国而言更为重要。例如，这是清华的一个建筑物，我们不能把它拆掉，从内部空间布局而言，既不适合富有创造性的同学在里面工作生活，也不适合普通的年轻人在里面生活。建造之初，设计师认为学生就应该好好读书，两耳不闻窗外事。我们希望重新对其设计改造，让它适用于更多的移动通信社会场景。我们在清华建立屋顶花园、心理中心和咖啡厅，很多人想不到清华是这样的。第一阶段现在已经改造好了，大家可以看到这个学生学习的地方，它 24 小时开放，没有任何人监管。结果显示该区域的使用效率提升了 300%，无论早晚抑或是工作日与休息日都被占满了，学生们很喜欢它。提供这样的模式可以方便其他大学通过借鉴现有的高楼建筑改造方案进行复制，完全不用"白手起家"。

最后回到动物话题，我们不能忽略动物，尤其是昆虫。昆虫在为植被、水果和蔬菜授粉方面发挥关键作用，然而它们的数量在快速减少。在荷兰我们建立了世界上最大的昆虫旅馆，这是一个生态系统，有可回收的材料，还有建筑残余，它创造了昆虫可以赖以生存的空间。在整个研究团队中有生物学家和环境保护学家，他们了解不同昆虫的需求。昆虫日常需要吃东西，所以我们提供了天然花场，还有本地产的一些植物。在两三个月内，花自己长出来了，昆虫也被吸引来了，人们可以在周围进行观赏，会在潜移默化之中受到教育，意识到人类的干预也可以对昆虫带来惠益。

猴子会吃掉昆虫，昆虫也会吃掉植物，人们可以看到这一切。我们打造了一个可以让游客可以吃点东西的地方，我们造了个小房子，也是预制的木板楼。这个地方并没有破坏周围任何环境，这意味着可以通过一些小小的改进，哪怕是从一小块地方开始即能得到很好的效果。

这是我们王室王妃，她不断倡导我所向往的理念——小的变化会带来巨大的改进。我非常喜欢今天的论坛，年轻科学家们的使命跟我们的使命一致，能为人类带来更可持续的美好未来，这是我们应该肩负起的责任。

最后我希望大家都能知道，无论你做的大事还是小事，它都应该指引我们走向更多元化、更包容及更生态友好的世界，而不是完全依赖于西方主导的价值理念，让我们从机器时代走向生命时代！

谢谢大家！

面向碳中和的可持续氢能

龚鸣　复旦大学教授

在双碳目标背景下，氢能替代化石能源是我们实现碳达峰碳中和的重要切口。氢能不仅是可再生绿色能源，而且热值较高，还能与其他能源实现深度耦合而提升整体能源效率。下一步科研院所将携手工业企业共同攻关制氢与储氢技术，加快构建能够实现闭环、可持续的氢能技术系统。

它可以与可再生能源实现深度耦合，并提升效率。同时制氢技术是全产业链需要科研院所和工业企业共同攻关的重要问题。我们还需要认真考虑它的可持续性，确保建立起的整个氢能循环能够闭环运转，这样才能实现我们的双碳目标。

感谢科技部，感谢上海市人民政府，还要感谢浦江创新论坛给予我这次与大家沟通交流的机会。我今天报告的题目是"面向碳中和的可持续氢能"。刚才海南大学的田教授已经做了相关介绍，我这里再做一些补充。

首先做一个简单的自我介绍。我本科毕业于清华大学，在美国读了博士及博士后，于2019年入职复旦大学化学系，研究方向是能源电催化，主要面向碳达峰碳中和的一些电化学应用场景，去提升它们的应用效率和可持续性。

进入主题，首先刚才如田教授所说一样，能源可持续是我们在21世纪面临的最大挑战之一。我们存在对能源长期和持续的需求，对以化石燃料为主的能源社会已经造成二氧化碳过度排放的问题。我国也做出了相应承诺，力争于2030年前实现碳达峰，争取于2060年前实现碳中和。这是一项艰巨的任务，也是我们必须要面临的一次能源革命。

值得称赞的是可再生能源正在不断崛起且在整体能源结构中的占比持续上升，在我国整体能源结构中的占比已经超过10%。但可再生能源有一个潜在弊端，它在时空尺度上其实是不均一的。例如，太阳能白天有，晚上没有；风能北方多而南方少；太阳能西部多而东部少。这就代表我们需要在可再生能源富裕时找一个载体把它存储起来，在能源相对贫瘠时再把它释放出来，从而实现对可再生能源的高效利用。

氢能便应运而生。首先，它最大的优势在于不涉及碳，它是零碳的能源媒介。其次，它的热值非常高，而且它是电热器转化之间的重要媒介，可以应用于各个方面。有预测表明，至2060年，整个氢能市场增量会达到近1亿吨，整个氢能的应用场景也从传统的化工行业面向社会的方方面面，如建筑行业和交通行业。由此也会孕育出氢能经济，也就是电力系统与氢能相互耦合、相互扶持。电力系统发展氢能的下游产业，在发展氢能这些下游产业基础上再回馈给电力系统，进而增加可再生能源占整个能源系统的比重，最终达成低碳目标。

可以看到整个氢能是一个产业链，从产业链上制、储、运、用氢能都是科研机构和工业企业需要共同攻关的核心问题。

简单说一下制氢，也是我研究的主要方向之一。制氢具有多样性和资源不均一性的特征，各国也会根据实际情况选取适合的制氢路径。例如，我国可能以煤制氢为主，日本以电解水为主。这些路径可以分为灰氢、蓝氢和绿氢，绿氢就是利用可再生能源制氢。伴随绿氢技术发展，我们可再生能源电价将不断降低，以2030年为时间节点，绿氢和灰氢的价格将趋同，2030年以后，绿氢的制氢成本有巨大优势。电解水制氢也会随时间的推移逐步进入我们的视野，至2060年，预计整个装机总量将达到500兆瓦以上。

电解水制氢会牵涉效率问题，而效率十分关键。对碱性电解水成本分析，我们发现电费占总成本比重达 70% 以上，这意味着如果能够节省 10% 的效率，带来的不仅是成本上的节省，更是整个能源效率的提升，这也是我们研究的一个主要方向。其实电解水制氢的优化方式有很多，我们主要针对催化剂优化，如通过设计催化剂和材料形成一些镍基复合结构，能够真正提高催化剂的活性和稳定性。

从实验数据来说，相比传统催化剂我们设计的催化剂能实现 20% 左右的节电率，在整个稳定性测试中也取得了优异的成绩，这也是面向应用的一个初步尝试，能够将我们实验室小型的电极转化成一个初步放大的电极，基本上与我们实验室的电极没有差异。此后我们还会进一步放大，能够真正地将节电率应用到社会，实现高效电解水制氢的效果。

我演讲的主题是面向碳中和的可持续氢能，为什么这么说呢？因为氢能作为一种绿色可再生能源具有广泛的应用场景，具备为可持续发展服务的潜力。但我们不希望在推广氢能的前提下，造成更多关于可持续发展的困扰。这里我举几个例子进行阐述。

首先，简单从化学角度来看一下氢气潜在环境问题，其实氢气是一种还原性气体，它可以和臭氧进行反应，形成一些水分子，这些水分子在平流层低端，从而不利于臭氧的形成，可能会损害臭氧层。另外，氢气是非常轻的气体，会持续上升，甚至在一定程度上逃逸出地球。氢气在自然界是不存在的，如果这些氢以零价形式逃逸出地球，也就代表着地球生态圈以更高价态存在。以现在氢的应用量来说，这个影响非常小，但是规模化以后是否有影响？影响有多大？这些都是值得深入研究的。

从另一个角度出发，如果我们 100 年前看到二氧化碳的影响，我们是否会停止使用化石燃料？我们需要把氢作为一个新的循环和平衡，并把它建立起来，这样才能真正实现对氢能的合理使用。

储氢就是一个非常重要的循环，现在主要是以物理储氢为主，大家也在探讨化学储氢形式，如固态储氢、新型液态储氢。还需要考虑一些环节的可持续性。例如，氢以氨的形式进行存储，需要时再从氨中释放出来，这样的优势在于储氢密度较大，同时液氨非常好存储。这里我提一个想法，液氨释放出氢气需要较高温度，400～500 ℃，这导致总体效率较低，需要人为降温。同时，自然界并非存在氨气到氮气的说法，需要通过前沿技术提高效率。这表明考虑氢能存储全环节的可持续性，才能真正保证高效性和可持续性。

可再生能源和水资源在地理分布方面严重不匹配。站在化学角度来看，氧气是一种特殊分子，如果氧化必然会导致能量损失。那么在考虑氢经济的角度下，是否需要考虑氧管理？从而实现既能生产氢气，又能生产我们平时需要的化学品。我们需要找一些关键的分子，这里举几个例子，后面稍作延展。例如，甘油和尿素，甘油来自传统生物质，尿素存在于市政污水里，其中氮氧污染物占比非常高。另外，环乙醇是高分子重要的前驱体。这里以甘油催化整制氢为例，甘油来自生物柴油，会产生大量粗甘油，粗甘油精制非常耗能耗钱，可以利用这些甘油分子既产氢气又产我们需要的化学品，实现同时制取甲酸和氢气，一方面可以减少能耗，另一方面凸显经济价值。另外一个是己二酸，可以把传统化工热化学过程转化为氢气和己二酸联产。

再简单说一下资源可持续问题，刚才田教授介绍了关于质子交换膜电解水制氢技术。目前在电催化剂方面还是使用大量贵金属。随着电解槽的不断放大，贵金属占比将不断上升，达到接近 50% 左右。有测算表明，大概 1000 万的 PEM 电解槽需要 2 克铱，刚才说到电解水制氢这样的装机总量会达到几百兆瓦，无法满足我们对电解水制氢的需求。这意味着我们需要从资源的角度来考虑，是否需要进行催化剂减量？以及是否有可能替代它，这是我们 PEM 电解水制氢的必经之路。

总结一下，氢能是我们实现碳达峰碳中和的重要途径，它可以与可再生能源实现深度耦合，并提升效率。同时制氢技术是全产业链上需要科研院所和工业企业共同攻关的重要问题。还需要认真考虑它的可持续性，确保建立起的整个氢能循环，能够闭环运转，这样才能实现我们的双碳目标。

今天我的报告到此为止，欢迎各位专家、朋友批评指正。

腾讯在碳中和领域的思考与行动

许浩　腾讯可持续社会价值部副总裁、碳中和实验室负责人

> 腾讯作为中国科技领军企业致力于实现国家低碳发展战略，并将其作为自身应尽的职责。一方面腾讯将通过碳减排、碳汇和发展绿色电力等方式力争在 2030 年前实现全供应链碳中和；另一方面腾讯将充分发挥技术优势帮助中国消费者和传统工业企业低碳转型，助力中国实现双碳目标。

大家好！我是腾讯可持续社会价值部副总裁、碳中和实验室负责人许浩。今天非常荣幸有机会参加科技创新青年论坛，也借此机会向大家分享一下腾讯在碳中和领域的一些初步的思考和行动。

伴随我国提出尽力在 2030 年前实现碳达峰，2060 年前实现碳中和的目标和承诺，气候变化已经变成非常热门的话题。

气候变化已经给我们的生活带来了各种各样的影响。例如，北方地区的洪涝灾害、南方地区的干旱、夏天遇到的极热天气，还有重庆山火等极端天气，可以说气候变化已经在切实影响我们每个人的日常生活。

腾讯作为一家科技企业，我们把气候变化议题视为一项战略议题，而不仅是企业社会责任的议题。为什么我们这么看待呢？大家如果想象一下中国 2030 年实现碳达峰，

2060年前实现碳中和，2060年前实现碳中和的世界与我们今天生活的世界会有显著不同，无论是能源获取方式，还是我们日常的交通和建筑，或者是我们使用的各种各样的产品与服务，可能从形态、来源及便捷程度上都会发生较大变化。这背后是整个经济结构和产业结构带来的深度调整，整个调整可以说是前所未有的。

从另一角度来讲，它既带来了风险，也带来一定机遇，这也是为什么腾讯把碳中和当成战略议题的主要原因。上半年，腾讯正式公布《腾讯碳中和目标及行动路线报告》（以下简称《报告》），从我们的认识来看，碳中和要分两部分。

第一个部分是做好自己，我们在《报告》中也承诺了腾讯将在2030年前实现全供应链碳中和，腾讯碳中和的目标不仅包括了腾讯范围一、范围二相对比较直接的排放，也包括了范围三腾讯上游整个供应链的排放，希望我们的行动能够带动我们自己及合作伙伴，共同实现碳中和的目标。

对于腾讯基准的排放，2021年，我们做了比较详细的碳排查，结果显示绝对值并不高，大概在511万吨左右，相当于600兆瓦的火电机组一年的排放总量。所以从绝对值上来讲，腾讯并不是碳排放强度很高的一个企业。我们实现碳中和的进程主要有以下3个方面。

一是优先级最高的减排，我们希望通过建筑能效、数据中心能效能够显著降低用电量。这不仅能给企业带来节能效益，同时也能降低温室气体的排放。在这个领域我们也做了很多新尝试，包括数据中心制冷、数据中心将北方地区的余热用于冬季供暖等一些新兴技术。

二是用绿色电力可再生能源。包括风能、太阳能，还有在特定区域水力发电代替以化石能源为主的电力供应，这样能够实现温室气体排放和用电量的脱钩。这是我们的第二大举措，也是我们整个碳中和进程中最重要的举措，因为腾讯主要的温室气体排放来自电耗。

三是针对我们的供应链，有些排放项目一旦形成便难以减排。例如，我们数据中心采购的硬件、服务器，楼宇内的建设材料、钢铁和水泥等，这些材料一旦使用就难以减排。我们通过碳抵消和碳汇的方式实现最终的碳中和。在这一部分我们希望不仅借鉴已经相对比较成熟的方法——森林碳汇，也希望探索一些新型的碳汇方法，包括蓝碳，也就是海洋领域的固碳手段，还包括农业领域温室气体减排与碳汇的手段，也希望能与合作伙伴一起增加碳汇整体的容量，因为从全社会减排角度而言，碳汇需求是不断增加的，仅靠森林碳汇远远不够，我们希望探索一些新的方法。

通过以上3个方面，腾讯希望能够在2030年前实现全供应链碳中和。腾讯本身碳排放强度不高，希望通过承担领军企业责任帮助其他企业，尤其是碳排放量较大的传统重工业企业，推动中国整个低碳经济战略，甚至在全球范围内推动世界向低碳经济转型。腾讯作为一家科技企业在双碳目标下还是能够有所作为的。

第二部分工作我们认为更重要,对腾讯而言能够发挥更大作用。我分3个主要方向讲述。

第一个方向是在消费者领域。我们希望通过各种各样的方式来引导消费者,尤其是新一代年轻消费者向低碳生活方式转型。低碳生活方式并不是抑制消费,也不是放弃对更好生活水平的追求,希望绿色生活是更加便捷、有趣和酷炫的生活方式,如果更多的消费者能够向低碳消费方式靠拢,那么在供给端就能实现更大的转型。在这一领域我们也有初步实践和探索。在深圳推出的低碳星球,包括我们推出的碳中和问答等一系列游戏小程序,后续在这一领域也会发挥腾讯和消费者紧密连接的力量去推动工作。

第二个方向是在企业服务领域。主要是针对温室气体排放强度较高的传统工业企业,包括钢铁、水泥、电力、化工等行业,我们希望能发挥腾讯数字技术力量,如机器学习、区块链和数字孪生等数字技术,帮助传统企业向低碳转型。这既包括数字技术赋能以提升企业运营效率和能源效率,也包括温室气体排放强度下降,还包括在数字化领域能够探索出一些新兴的、和温室气体减排密切相关的新应用和新举措。例如,虚拟电厂技术,能够帮助电网更加经济与灵活,也能让电网容纳更多可再生能源,还能推动整个能源体系向低碳供给快速转变。

第三个方向是在低碳技术领域。2060年将是一个碳中和的世界,现在与未来的低碳与零碳技术相比还有较大差距。现在还有很多技术要么尚未开发,要么不够成熟。希望能在低碳技术领域发挥作用,我们关注的一些技术对中国整体实现碳中和进程非常重要,但就目前而言可能还不太成熟,或者因经济性较差而未能受到重视,我们希望拉长时间线去看待这些技术的发展,也希望能够帮助这些技术更快走向商业化。例如,低碳材料、氢能和CCUS等能实现零碳排放的一些新兴技术。

举个例子。来自青岛的一家公司,他们能在短时间内把二氧化碳与玄武岩进行矿化,从某种形式上逆转了化石能源产生的排放,通过重新矿物化把碳元素封存到自然环境中,以此实现了减排。我们计划在中国首先做1000吨的实验,如果成功的话,我们也希望把这种技术更大规模地引进国内,发挥中国在整个工业领域规模化和成本的优势,助推这些技术快速发展及商业化进程。

以上是腾讯在整个碳中和领域的初步思路与活动。接下来我快速总结一下。第一部分是实现腾讯自身的碳中和目标,这是作为科技领军企业必须要做的事情。第二部分是我们更看重通过与外部合作伙伴一起行动,发挥腾讯在数字化、连接消费者和技术发展领域的优势,推动中国经济与社会实现低碳转型。

我们也希望在转型过程中能够发现与腾讯相关的一些业务机会与业务模式,然后去更好地发挥我们的力量,助力中国实现双碳目标。

这个就是我今天借此机会想跟大家分享的内容,谢谢大家!

4 青年科学家深度对话：平行未来 N 次元特别版

主持人：
马俊珩，腾讯科学探索奖项目总监。
嘉　宾：
呼和涛力，常州大学城乡矿山研究院院长、研究员；
李廷贤，上海交通大学机械与工程学院教授；
程星星，山东大学能源与动力工程学院教授。

马俊珩：谢谢主持人，现场的各位专家，各位学者，大家上午好！我是马俊珩，来自腾讯公司，非常荣幸可以主持今天平行未来 N 次元特别版。我相信在座的各位跟我一样，都有一个疑问，就是这个平行未来 N 次元到底意味着什么？我想平行未来的意思应该是我们在这个平台上汇聚了不同领域、不同学科、不同专业的专家和学者，在这个平台上大家交流、碰撞，以期激发出更大的智慧和能量，以求更多的合作。

回到今天的主题"科技创新如何推动双碳目标的实现？"今天的主角不是我，我简单介绍一下嘉宾。山东大学能源与动力工程学院教授程星星，上海交通大学机械与工程学院教授李廷贤，常州大学城乡矿山研究院院长、研究员呼和涛力。

通过上午的 5 个报告，我相信大家对如何从事低碳能源工作有了充分的了解。双碳目标涉及了技术研发、人才培养等各个方面。我们今天请 3 位专家分别从传统能源和可再生能源角度，共话如何通过科技创新为双碳目标实现提供支撑。接下来从呼和涛力老师开始，为各位现场的专家学者简单介绍一下自己。

呼和涛力：感谢主持人，各位来宾大家上午好！我来自常州大学城乡矿山研究院，我叫呼和涛力。我于 2011 年回国，先是到中国科学院。回国之后，主要从事能源与环境工程技术的开发，还有一个就是能源与生态文明建设战略咨询方面的研究。

从党的十八大以来，自 2012 年到目前为止，我很荣幸参加到中国工程院院士战略咨询项目及生态文明建设若干战略问题，还有推动能源生产消费这两个方面的研究，前后参加了咨询项目一期、二期、三期，系统性参加了一些大项目。

生态文明战略研究主要的抓手之一是固废资源化这个方面。有关能源的生产消费，我们侧重可再生能源和节能减排的研究。通过研究我们形成了一些方法，如基于全生命周期的一个 4F，就是四流——能量流、环境流、沉积流、物质流这样综合的评价体系方法。还有固废处置和降污降碳协同增效的评价方法等。

目前，我们结合双碳背景，就如何减污降碳及如何减少污染物排放等问题不断开展深入研究。谢谢！

程星星：我是来自山东大学能源与动力学院的程星星，2014 年加入山东大学。当然，随着双碳目标的提出，我们的污染物减排工作从前期的污染物攻坚，到后期主要做节能和降污降碳。我们的主要技术路线是通过污染物治理过程自循环，还有污染物资源化利用，就是以污染物治理污染物这样一个比较清洁、高效的方式，不依赖外界资源的、独立的污染物治理过程。

我们希望通过研究可以在燃煤过程、冶金和水泥等高污染领域实现低碳化、循环化、节能化和集约化。我们也在做一些包括脱硫脱硝、除尘和VOC治理等面向多种污染物的综合治理系统。

李廷贤：我叫李廷贤，来自上海交通大学机械与动力工程学院。我们学院主要做两个方面的工作，一个是机械加工，还有一个是能源动力。我本人主要是做能源领域可再生能源方面的工作，涉及热能的储存及制冷，还有热管理方面的工作。

主要研究是通过发展一些先进的热能组织技术，促进太阳能光热和可再生能源的高效利用和可控发展。

马俊珩：谢谢3位专家。正式进入今天的讨论之前，我其实有一个问题，需要李老师解答。能给我们普及一下，或者简单从宏观角度介绍一下我国整体的能源体系或者能源结构的大致背景和情况是怎样的吗？

李廷贤：今天早上好几位老师已经讲到能源方面的问题。我大体给大家汇报一下我国目前的能源情况。能源问题应该是非常重要的，可以说和我们日常生活息息相关。例如，在座的各位今天到这里参加会议，你可能开车或者乘坐公共交通，这些都需要消耗能源。我们今天坐在这里，这样一个环境也会消耗能源，所以能源和我们生活息息相关。

我们国家每年能源消耗量已经达到52亿吨标准煤。这意味着什么？中国现在是全球最大的能源消费国和生产国，这个数量是非常大的。可以用6个字概括我国的能源结构即富煤、贫油、少气。从未来的角度来讲，我们的能源结构里主要是以煤炭为主，并且它的占比基本在50%以上，随着双碳目标的实施，我们相信可再生能源将会得到迅猛发展。

马俊珩：现在低碳转型成为全球发展趋势，在我们双碳目标背景下，在您看来我们国家能源体系发展会是一个怎样的趋势呢？

李廷贤：从全球角度来讲，能源是从化石能源向清洁能源和可再生能源转型。对于我们国家也是这样，大家可以看到我们国家的发展目标需要从高碳向低碳转变，最后变成碳中和与零碳。

我们国家目前二氧化碳排放量已突破100亿吨，现在美国排名第二，我们国家二氧化碳排放量已经是美国排放量的两倍以上。有一个数字跟大家分享，我们国家每年排放的二氧化碳量基本上是全球碳排数量第二到第十国家碳排放的总和。国家面临的减碳压力非常大，我们提出能源消费革命，对新时代能源发展指明方向。未来我们主要工作就是加快构建清洁、低碳、高效、安全的能源体系。整体来讲要大力发展可再生能源，还有高效利用现有的化石能源，要做好储能、调废方面的工作。

欠发达地区也需要发展新型能源技术，随着新农村建设的推进，怎样实现低碳采暖将得到前所未有的重视。

马俊珩：刚刚您提到化石能源，刚好台上的程老师所做的工作就是通过煤促进可持续能源的实现。程老师您所从事的工作，特别是传统能源方面的研究，是如何助力我们双碳目标实现的？

程星星：大家一提到双碳，肯定都想到我要提高新能源的比例。实际上不可忽视我们现在能源基础还是化石能源，特别是在能源短缺的时候，像去年在一些应急情况下，新能源产量还是存在很大的波动性，还是需要化石能源作为保障能源。不管新能源如何去发展，我们依然需要化石能源这样一个基石。

但是我们只要好好利用化石能源，本质上和双碳目标并不矛盾，这就是现在传统能源行业正在做的事情。我们如何通过低碳的方式利用化石能源？我认为主要包括两个方面。

一是怎样通过清洁的方式使用化石能源，如我们一直在做燃煤的清洁排放、清洁利用。一方面，提高燃煤效率，后端的污染物治理的清洁化、节能化，还有我们组正在做的工作——治理污染物、减少外围资源和能量的输入，让整个系统变得更加独立一些，这是污染物端；另一方面，在尾端排出的二氧化碳，就是CCUS这个环节，也是我们要做的事情。

二是传统化石能源如何与新能源相互结合使用？因为新能源存在季节性较强等问题，这对能源的利用提出一定挑战，要提高它的调控能力。这也是我们现在特别关注的一点，就是如何让燃煤电站在新能源比例比较高的时候降到超低负荷。还有在污染物治理的稳定性方面也是我们现在要攻关的方向。

马俊珩：我有一个问题想问呼和涛力老师，我们对新能源的认知可能是风能、潮汐能，现在有一种利用生物质能的方式，它又是如何推动双碳目标实现的，或者说生物质能的一些技术应用场景都在哪些方面？

呼和涛力：生物质能大家在百度百科上都能搜到，它是来自自然界植物储藏的能量，它主要是来源于太阳能。

生物质能主要包含四大类：一是农林秸秆，二是畜禽粪便，三是生活垃圾，四是林业废物等。按每年在我国的产生量来说，农林秸秆有11亿吨，畜禽粪便有22亿吨，生活垃圾有3亿吨，林业废物有1.3亿吨。这些加起来每年产生40亿吨左右的生物质能，所以生物质能是产量巨大的资源，同时也是碳库。40亿吨生物质能折成能量的话，能达到10亿吨标准煤的量，且这10亿吨标准煤是一个潜在的能量，它里面可用于能源的量大概是4亿吨标准煤。

4亿吨是什么概念？刚才李老师提到我们国家每年能源消耗量52亿吨标准煤，大概能占我国能源消耗量的8%左右。若把生物质能全部利用起来的话，它能占到整个能源消耗量的8%。但是目前我国每年的开发利用量只有6000万吨标准煤左右，也就是说大概是10%左右的开发量，还有90%的能源没有开发，这是我们下一步要做的东西。

生物质能是一种来源非常广泛的资源，同时它比较稳定。它比可再生能源风能和太阳能有间接性，但是生物质能是稳定的，易于存储，而且是非常广泛应用的能源种类。所以生物质能在应用方面具体表现为，焚烧发电、热解供热、制成液体和固体燃料及各种材料，所以它的应用非常广泛。今后怎样把剩下的90%的能量充分开发利用起来是我们的研究重点。生物质能的应用也是非常广泛的，我们给生物质能定义了两个属性。第一个属性其实不是能源资源的属性，是环境属性。它首先是废弃物，你必须去治理它才行。第二个属性是把生物质能分为两种能源形态，第一种叫被动性生物质能，首先要去处理它才可以。第二种叫主动性生物质能，我们也可以去培育一些能源植物，再利用它们。所以生物质能的利用方式以及应用的领域是非常广泛的。

马俊珩：您曾经提出过一个概念叫城乡矿山的产业技术与模式，里边也特别提到了通过生物质这种形式协同解决固体废物污染源的问题，请您展开为我们介绍一下。

呼和涛力：听了我们城乡矿山的名字，好多人都问我，你是挖矿的？其实不是，我们是做废弃物综合治理和资源化利用的一个研究部门。2014年，我们是全国首家以城乡矿山命名的研究机构。

关于城乡矿山我给大家介绍一下。这是城市与乡村所有的废弃物的总称，我们变废为宝，不把废弃物当垃圾，把它当作矿山，挖掘其蕴藏的资源，所以我们叫城乡矿山。

从城乡矿山理念出发，从元素来分析的话，通过重量体量来区分，最下面的应该是无机元素，向上依次是有机元素、能量元素和营养元素，最上面是金属元素。为什么这样分呢？无机元素我们指的是建筑垃圾，它的量非常大，重量也很大，它是这座山的最底层。再往上为有机元素，如废塑料等废弃物。再往上的能量元素就涉及各种焚烧发电，还有甲烷和沼气等能量的提取与开发。再往上是营养元素，我们所说的饲料化的应用。最顶端是金属元素，做这个行业的人最想提取的是金属元素，因为它附加值非常高，提取贵金属，包括金银等。

我们通过研究院建立城乡矿山，开发城乡矿山，励志打造一个技术超市，把这些技术广泛应用到社会，服务社会，这是我们的初衷。这是我给大家介绍的城乡矿山的现状与理念，谢谢！

马俊珩：我刚刚听到程老师和呼和涛力老师介绍，我脑中飘过两个词：一个是能源稳定性，另一个是储能技术，储能技术留给李老师解答。

无论是新能源、可再生能源还是传统能源，其实能源利用面临的最大挑战就是能源稳定性，这个问题我也想给到两位，请两位帮我们解答一下。在你们看来，无论是我国还是国际社会，是不是两种技术路线并存的局面？这个局面大家所面临的挑战和机遇分别又是什么？请程老师先回答。

程星星：这是肯定的。我觉得在未来很长一段时间，两种能源是并存的。我们都是不断预测，化石能源会降低，新能源会上升，这个过程中化石能源起到托举作用，新能源逐渐会成为主力。

在这一过程中，包括刚才说的它们两个要互相耦合协同才行。另外，它们的规模也在不断改变，如传统的化石能源。我们现在做的化石能源都在向大型化、集约化发展，不断地减少使用小型的、污染特别严重的和分散的化石能源。例如，我们要关停小煤电，关停农村的采暖，现在是煤改电。这是大型化石能源的使用，但是新能源呢？我们最好切入的还是小型化、分布式这样的情形，如风电和太阳能发电等，在偏远地区是最容易实现的。我们不断做分布式，然后慢慢做大型化布局。另外，这两个方面在发展过程中，也是有一些技术可以相互借鉴的。例如，刚才呼和涛力老师说的生物质能，以及在有机固废方面的利用，我们好多技术可以借鉴，煤发电相关技术都可以齐头并进、共同发展。

呼和涛力：程老师已经说得很全面了，我就不再补充了。

马俊珩：无论是可再生能源还是传统能源，其实储能技术对于双碳目标实现也是至关重要，请李老师为我们就储能技术做一下简单介绍。

李廷贤：以上海为例，白天电价比较高，晚上电价比较低，这是目前的能源现状。因为我们现在以化石能源为主，以可再生能源为辅。随着双碳目标的实施，我相信到碳中和阶段，一定是以可再生能源为主，这个时候化石能源作为补充。我认为将来的电价会更便宜，以太阳能为例，白天的时候电价最低，晚上电价最高。产生这一差距的原因是，可再生能源不稳定。例如，太阳白天有晚上没有，这就需要通过能量的调节手段来维持其稳定性。

整体来讲，在全球主要能源国家中都把储能技术作为目前主要的战略高地。我举个简单的例子，在2020年，美国专门出台了储能大挑战发展路线，其目标很明确，到2030年美国成为全球储能领域的领导者。

我们国家对储能非常重视，这几年出台了很多政策。例如，2021年发布的《关于加快推进新型储能发展的指导意见》，把储能列为我们国家能源领域的战略性新兴产业。这几年大家可以看到我国储能技术得到很好的发展。以锂电池为例，全球规模较大的电池厂家，中国有6家，如宁德时代。我们相信随着双碳目标的实施，可再生能源会越来越重要，储能技术的主要目标就是把可再生能源由不稳定能源变成稳定能源，便于存储和运输，满足国家的能源需求。

马俊珩：您刚刚说的可再生能源储能技术是从不稳定到稳定的存储和运输，在这一过程中将会有哪些挑战呢？您又是通过何种方式多学科交叉地去解决这一困难的？

李廷贤：这是个非常好的问题，也是目前在可再生能源发展中大家非常关注的焦点。这里面有个什么问题呢？我们国家的可再生能源，目前已经是全球规模最大的。我国减排任务很重，可再生能源发展也非常快。

可再生能源与地理位置相关，我们称之为因地制宜，然后低成本地应用可再生能源。

对于成本，怎么样通过技术研究把它变成高安全、低成本的使用形式。例如，锂电池储能技术是很好的储能技术，但是现在为何无法实现规模化应用呢？主要是安全性，锂电池热失控后就会产生非常严重的后果，在这方面主要的目标是高安全、低成本和长收益的发展趋势。

马俊珩：今天我们现场也有非常多能源领域的专家和学者，接下来有一些时间，我想把这个时间留给现场的各位专家。我们有什么问题可以在这里一起交流和互动，这是一个开放的平台。

李昕：我提一个问题，我在清华大学读过一段时间能源领域的学科。有的讲到了新能源，有的提到了传统能源。我想问，现在传统能源，如化石能源和核能，它的一个优点就是输出有持续性，而可再生能源是间歇性的。如果把可再生能源和传统能源结合在一起，用智能电网的技术，在当前的状态下，能否保障稳定的输出和低成本的供应？

马俊珩：程老师您先讲一下。

程星星：这方面其实电网的作用非常重要。您提到核能的问题，现在全球建了很多核电站，它的发展受政策影响，也在持续稳步发展。核能也是一种能源形式，在电网的调控方面，我们现在做的是通过各种商业手段调控，一是通过电网的稳定调控；二是通过商业手段减少季风量。风电要保证上网，在风电量不足时，煤电机组如何确保快速跟进？这时会对煤电机组有一定的效率影响，如何平衡煤电机组运行的稳定性？让煤电企业发电更有积极性，有些时候需要政策上的跟进，可能还需要相关的政策补贴。

还有就是刚才所说的调峰问题。风电足的时候电量很大，这时候电厂的处理非常非常小。充电机组为30%左右，如果要做到更低负荷的话，其实会带来更多困难，这也是电厂技术层面我们需要做的事情，不仅是电网层面的调节，还需要其他技术的跟进。

李廷贤：我稍微补充几点，李司长提的问题非常重要，也非常宏观。站在我国整个能源的大格局来看这一问题，刚才讲到目前我们的能源供应现状是以化石能源为主，可再生能源辅助。未来两者会踩跷跷板，可再生能源上升，化石能源下降。刚才讲可再生能源的不稳定性，企业的出发点有两个思路。

第一个思路是能量存储技术，现在有着不同的发展阶段。例如，光伏电站的建设，把电先存储下来，当你需要电的时候，快速输送到电网，然后再输送到用户端。另一种思路是将能量存储到用户端，当用户用的时候释放能量。这便是我们说的源网荷储一体化运营模式，其对储能技术具有非常大的挑战性，主要有两个大的方向：一个是功率性，它要实现传统电网快速供电，如类似于大功率储电或者储能。另一个是能量性，即我的密度很大，便能够满足长时间的储能需求。以手机电池为例，我们希望手机电池既能充一次电用很长时间，同时还要实现快充快放，这是功率性。整体来讲，我们认为在储能技术方面，将来功率性和能量性将快速发展，能够更好地支撑可再生能源和化石能源的耦合。

第二个思路是现在我们国家在建的核能装机容量居世界第一，这是非常重要的能源供应部分。

呼和涛力：我是来学习的，李老师的储能，还有程老师的电网电控，我觉得全面回答了李司长的问题。

马俊珩：我这边问最后一个问题，我想3位老师各自用一分钟时间作答。在您的研究中，都存在从理论到应用、从实验室走向市场的过程。在这个过程中，相信各位都会遇到很多挑战和困难，作为青年学者，您觉得我们的使命应该是什么？如何去实现双碳目标？实现碳中和？

呼和涛力：我觉得我们这个行业，首先让大家认识到城乡矿山这一概念，再从概念上让大家认识双碳目标是我的使命。

许浩：我觉得青年的使命是创新。刚才李司长说了好多新的"Idea"，都是科学家在青年时期创造的。所以说我们在做基础研究的同时，也要注意研究的前沿性，把前沿性和实用性结合在一起。

李廷贤：我这个领域现在也面临一个问题，储能技术的发展路线是多样化的。大家一谈到储能，就想到储电，我自己做热能和储能，借此机会跟各位领导汇报一下。如果以家庭为例的话，包括国际可再生能源协会调研，对于用户、燃料和交通基本上占30%的使用情况。这个不难理解，各位想一想你家里用电费最多的时候，一定是夏天开空调或冬天采暖时。你的照明、冰箱可能一天都用不了一两度电。我们借此机会，向各位朋友大力宣传热能存储，也希望得到大家的认可。

另外作为新时代年轻的科技工作者，双碳目标给能源领域提供了千载难逢的机会，我们在这样一个点位包括百年未有之大变局的背景下，科研工作者一定要加倍努力，支持我们国家实现双碳目标。

马俊珩：最后一分钟，我做一个简单小结。之前许总介绍了我们腾讯团队的使命，还有科学探索奖和新基石研究员项目。

科学探索奖是2018年由Pony和14位顶尖科学家共同发起的，面向中国内地和港澳地区45周岁及以下的青年科技工作者项目。

新基石研究员项目是我们鼓励基础科研的项目，腾讯会投入100亿元支持基础科研。今天科技创新青年峰会第一位做报告的朱嘉老师是2020年科学探索奖获得者。我们鼓励更多的年轻人申请科学探索奖和新基石研究员项目。

今天我们做了非常简单的探讨，而碳中和的话题很大，我们也希望在青年峰会这个平台，在平行未来N次元特别版这个平台与更多专家、学者交流、互动。

谢谢3位老师的精彩分享，我们把时间交给主持人。

5　圆桌论坛：青年力量引领科技未来

主持人：
李　昕，科技部外国专家服务司副司长。

嘉　宾：
中井雄一郎（Yuichiro Nakai），上海交通大学副教授、李政道学者；
江　涛，同济大学物理科学与工程学院教授，同济大学精密光学工程技术研究所副所长；
阮承超，复旦大学基础医学院生理与病理生理学系研究员；
黄旸木，北京大学公共卫生学院研究员。

李昕：各位来宾，大家好！刚才各位的演讲和讨论都非常精彩，大家都对未来科技发展有清晰的认识，对如何以创新助力我国双碳目标有自己独特的见解。我们今天要讨论的主题是"青年力量引领科技未来"，大家可以看到"未来"这个词是今年浦江创新论坛出现最多的热词。

上台的4位嘉宾先简单做一个自我介绍，同时用几句话来讲讲您心中，特别是自己所关注或研究的领域未来究竟是什么样的？下面我们先请上海交通大学的中井雄一郎先生演讲。

中井雄一郎：首先非常感谢大家的邀请，我是中井雄一郎，来自上海交通大学。我的研究方向主要是基础科学中的颗粒物理，了解宇宙的起源是什么。我想大家可能都知道，我们这里的所有东西，一切物质都是由原子构成的。

20世纪的科学家发现了原子，原子是由原子核和核外电子构成的，原子核又由质子和中子组成。质子由夸克组成，这属于科学界的发现。我们可以去看宇宙根本性的组成物质，到底什么组成了质子（包括什么组成了夸克），什么组成了电子？这种理解其实只是了解了宇宙的5%，而电子、夸克这些东西只是宇宙的5%而已，剩下的95%还是非常神秘的。例如，暗物质或者暗能量，我们对此根本不了解，不知道这些暗物质到底是什么，所以我们这种理论物理学家，包括实验物理学家、宇宙学家都是在研究这些领域，去研究暗物质、暗能量，希望能够搞清楚宇宙的神秘之处。

李昕：下面有请同济大学江涛所长。请您先做个简单自我介绍，再讲讲您研究的领域未来会是什么样子的。

江涛：我是来自同济大学的江涛，其实我本科是在华东师范大学读的，博士是在复旦大学读的，后面又在国外做了几年博士后，现在回到上海，在同济大学物理科学与工程学院工作，我的主要研究方向就是利用一些先进的光学探测手段研究纳米尺度光学和光电子现象。

我正好是响应今天双碳目标这一主题，我们也在思考怎么利用自己的研究，来推动如在光电探测器、光电子芯片、新材料和新机制的一些研发，我们也期望能从我们的角度，为双碳目标做一些努力。虽然是做一些物理学的基础研究，但是我们也是能从这么一个机制或者基础研究的角度来创新一些新研究技术或新器件的工作原理。这就是我的介绍，谢谢！

李昕：我本科其实也是学光学的，没想到现在已经到纳米尺度的光学研究了。大家都知道新冠疫情还没有完全结束，各地还是面临很多疫情防控挑战，下面请复旦大学基础医学院阮承超研究员，给我们做一下自我介绍同时也讲讲你所在基础医学领域，不管是传染病，还是慢病，你对未来的科学有什么样的期望？

阮承超：谢谢李司长。我是复旦大学基础医学院的阮承超，刚才李司长讲得非常好，我们现在基础医学研究很多时候还是传统的分子生物学、生物化学，但是我期待的未来研究范式可能更多整合人工智能医学，并把很多大数据结合到里面，是不是我们可以将智能化的大数据，各种生命体征的数据融合进去之后，其实也要结合今年双碳会议的主题，可以说有一个更精准的医疗方式，还有更精准的数据获取途径，可以减少一些医疗资源的消耗。

另外，其实医学与双碳是相辅相成的，尤其是环境变化中的医学。我自己本身是从事代谢性心脑血管疾病研究的。在环境因素方面，像今年极端高温天气，还有极端寒冷天气对代谢性疾病，还有心血管疾病都是有影响的。我们希望未来人与自然和谐相处、健康生活。

李昕：阮老师讲得非常好，我曾经参加过我们国家多次 UNFCCC 气候谈判，我们有一个议题是减缓碳达峰碳中和，其中卫生健康领域一个重要议题，就是我们面临的热浪冲击可能跟气候变化相关，那么卫生系统如何应对呢？特别是公共卫生系统如何应对气候变化的影响，也是很一个重要的议题。下面有请北京大学黄旸木老师，先请黄老师讲讲您的专业背景，公共卫生领域的科技，在您心目中未来会是什么样？

黄旸木：谢谢李司长。大家好！我是来自北京大学公共卫生学系的黄旸木。在我理解范围里，我觉得未来创新科技应该是可持续的创新，也应该是低碳的创新，但更重要的是它应该是基于需求的创新，是一个能为更多人群所用的创新，不仅适用于中国人群，也适用于其他发达和发展中国家人群。例如，我们的新冠疫苗如果能够更好地适用于其他发展中国家，这是我的研究领域，也是希望未来能够看得到的场景。谢谢李司长。

李昕：我们进行下一步讨论。大家对于本研究领域科技发展的未来都有一定的了解和设想，在当前科技大变革时代，我们都知道有很多学科交叉发展，你们觉得最大的挑战是什么？如何应对这些挑战？不仅是学科发展，也包括自己在研究方面面对的挑战，还包括社会如何理解你做的研究。你们觉得有哪些挑战和问题需要得到整个社会的理解和支持？我就不点名了，哪位对这些问题能有精辟的见解。

黄旸木：我先来吧。

李昕：公共卫生肯定是大家最关心的。

黄旸木：对，谢谢李司长的介绍。接着我刚才说的，我觉得全球医药产品创新是非常重要的，这中间有一个特别大的挑战，我们如何开展需求创新？我做过RCT，也做过临床试验，在创新过程中发现我们的研发很多时候是聚焦在本身的创新，而没有聚焦在更多全链条的创新。我的研发是否能够转化，我的转化是否能适用于更多的人群和场景？这是我们面临的挑战，也是我们急需解决的问题。

这里涉及两个挑战，一个是硬件创新，另一个是软件创新。例如，我们的疫苗研发出来，是否适用于缺少电力和水利条件的地区。再如，我们有一些注射剂，如果当地没有，我们如何给药等。这是硬件创新。

软件创新也非常重要，就是我们的国际合作模式，以及合作研发模式。像李司长早上介绍的，国际合作非常重要，我们关注的公共卫生领域更需要合作，需要了解其他发展中国家的需求，这样才能开展更广泛的创新，而且这是低碳创新。因为我们的创新可以适用于更多的人群和场景。

李昕：我想听听交通大学的中井雄一郎先生的见解，因为您的研究是非常基础性的，而且是和物理学分不开的。您的研究很多都聚焦在非常基础的问题上，如物质是否可以无限可分？很多都上升到哲学层面。人类来自哪？大部分做科学技术研究的同仁不是太理解，您所做的研究将怎样获得社会的支持和理解？

中井雄一郎：其实中国对我们非常好，至今为止我还可以获得来自政府强大的支持，我非常感谢！另外，基础科学非常重要，我相信基础科学是最基础的一层，然后应用科学叠加在上面。另外儿童，我觉得让儿童对科学感兴趣也很重要。例如，这颗星星是什么星座？宇宙是如何开始的？这本来就是根本性问题，我们的孩子如果对我们这些基础科学感兴趣，可能他们就可以用一种科学的方式来思考，我觉得像我们这种基础性科学真的非常重要。

宇宙是怎么产生的等，这些非常根本性的问题，是所有人都好奇并且想了解的。所以我觉得这么有意思的问题，肯定有很多人都本能地想要了解。我觉得中国政府也想支持我们这方面的研究，来理解更深层次的基本性问题。

李昕：我在上海出生长大，喝浦江水，虽然在北疆工作。我想大家都去过佘山，佘山上面有我们国家比较早的天文台。上海在临港新区有一个新的天文馆，我去年夏天也去参观过。据说是世界上最大的一个天文馆，也是为科技系统打一个广告。

就像中井雄一郎先生刚才讲的，天文学离我们非常遥远，但它是基础学科，包括我的孩子也非常感兴趣。

下面讲一点跟我们相关更紧密的，复旦大学阮老师你是做基础医学的，你怎样让社会理解你所做的工作？并且你所从事的基础医学工作如何回应社会的支持？

阮承超：谢谢李司长。沿着交大日本学者说的，其实科学研究从技术开始，就像基础的物理学，我觉得医学它是一个综合学科，它的发展是建立在很多传统物理学、数学和化学发展的基础上，没有物理学的发展，就不会有 X 光机。刚才说的很多的质子、重离子，我们现在有重离子医院可以去。就是说基础物理学，在 100 年前我们不知道它的应用，100 年后它的应用可能就会很广泛。医学也是这样，它有基础医学，还有临床医学。我们现在研究基础医学，可能更偏向生理学、病理生理学和分子生物学，就是到生命的本质。但是生命的本质到将来的临床科学应用可能还有很长一段路要走。而基础医学是医学之基，是医学的根本。如果整个医学是参天大树，基础医学是根的部分，只有扎牢基础医学的根基，将来才有临床医学诊疗方式和新兴药的发现，这是我的见解。谢谢李司长。

李昕：我们请江所长讲讲光学领域。

江涛：这个问题特别有趣，包括我的父母，还有一些其他的朋友，他们也会经常问你研究的这个东西到底是干什么的？

李昕：光学领域，我们接触的第一个东西就是万花筒。

江涛：我是做光学的，我一直跟大家讲，其实我们理解光学很容易，每天早上大家起床第一件事一定是睁眼睛，因为光给我们带来很直观的感受。光的一些机制，掩藏到材料深处或者运行原理的深处。第一我们如何让同行理解我们做的东西，或者是我们做的东西为什么有趣。我虽然是做物理的，但是比较有趣的是我在美国读博士的时候，我的室友基本都是化学系的，他们和我交朋友后，基本上都能发出很好的成果。

李昕：他们把你作为合作人。

江涛：今天来的路上另外一个朋友发了一篇《自然科学》文章，基本上我和身边朋友之间有一些相互促进的作用。我想如果我直接跟大家讲我做的光学是什么，可能大家不一定感兴趣，也不一定理解，但是我们通过交叉互动，我可以告诉你我的技术或者我知道的一些原理，怎么促进你的学科发展。这是非常重要的，也是国家基金委设立交叉学部的初衷。这是第一点，我觉得我自己很享受，包括我们在纳米尺度研究材料的光谱学性质方面。我们既可以用它研究半导体领域的东西，也可以用它研究工业一些与材料相关的性质，我们还可以用它研究病毒细胞的一些相关性质。这其实都是有很多交叉互动的，在交叉互动过程中就能促进彼此理解。

另外是和社会层面的互动，现在同济大学做得挺好的，像其他学校应该都有类似的活动，就是有一些开放日。例如，高中生或者邀请一些社会人士参观你的实验室。这个时候对我们做实验的人就有高要求，我的实验室做得非常漂亮。例如，以前谢希德教授的儿子，他一看我们当时做的工具架就说，这个特别漂亮，我要拍个照。

从另外更广的角度来说，他们在理解过程中我们就会用普适的角度跟他们讲我们在研究什么。我说我研究的就是头发丝这么小的微粒，我拍一张照片出来给你看，而且是五颜六色的。

还有就是与工业界，这可能是我们接下来无论对科研学界还是工业学界都需要促进的一个点。我其实看到了太多可以交叉融合或者合作的点，但是因为没有一个合适的平台，或者一个非常高效的平台，让大家互相理解。例如，我前段时间理解到有做这种硅片产业的，他们要检测硅片的一些缺陷，从我们的角度来说，这是一个很简单的问题。因为我本来就是做光学检测，用一些先进的设备去研究材料。所以我觉得这里面分为两个部分：一个是我们科学界之间，另一个就是我们和社会层面。社会层面可能需要大家一起努力，我觉得还在于我们科学界和工业界的耦合。谢谢！

李昕：的确像刚才4位青年科学家讲的，一方面我们要加强不同交叉学科之间相互的理解和探讨；另一方面把我们做的研究成果向社会、经济和产业等各方面用通俗易懂的语言讲述出来。这还不完全是科普，要让大家理解和支持我们做的研究，这还是很需要花工夫的。有的时候做出很好的科研，但是不一定每一个人都有能力，能够把自己做的科研以非常通俗易懂的语言介绍给大众，这个是很有意思的话题。

回过头来讲交叉学科，也是很有意思的话题。我读书的时候，同一个寝室都是同一个学科同一个班的同学。现在据说各个大学都想打乱住，本科开始就是不同专业的同性别学生放在同一个宿舍，给大家创造思想火花碰撞的机会。当然这需要很强的自制力，如果睡懒觉是没有人提醒你上课的，因为大家都是学不同专业的。

我回到最后一个问题，在座的诸位虽然说都是青年科学家，大家都是小有成就的，否则我们论坛也不会请大家来分享经验，也有些成为科技创新领域的佼佼者，不光是研究型，也参与管理工作，都是院长、所长。我想在座各位已经成为博士生的导师或者硕士生的导师，从你们自身成长的角度，怎么培养年轻一代研究员？目前存在什么样的挑战？如何培育未来的青年科技人才？如何通过国际交流与合作培养下一代科技人才？

还是先请中井雄一郎先生讲述，因为您是从日本来的，本身就有非常强的国际研究经验。

中井雄一郎：对于我的学生来说，我的确也是一个导师，我本身也是国际导师，所以他们和我合作也是国际合作。我有5名研究生，他们非常有才华。我希望他们能够实现各自的梦想，希望他们非常有目标，做一个这样的人并成为这样的人。

为了能够做到这一点，我觉得他们真的要非常非常努力和深入学习，然后非常广泛地学习，这样才能有一些新的想法和理念。有些想法不足的学生，他们跟着导师规划的方向走了，我不希望他们是这样的。我希望他们有自己的野心、有抱负、有动力，按照自己的方向走。然后能够成为科学的未来，科学的未来能够变成他们的未来，我希望他们非常成功。

李昕：就像你这样。谢谢，下面请同济大学的江所。

江涛：大家看到我皮肤晒得比较黑，是因为我带学生军训。我们所给我的任务是把教学质量提上来，大家看我的样子，看上去很年轻，其实我很受学生喜欢。我的学生包括5名博士、4名硕士，更多的还有很多本科生，本科生都是自发要来我的实验室，而且本科生都很优秀。他们成绩很好，还要留下来读硕士、博士，以前可能都跑到复旦或者交大去了，现在我都把他们留下来了。

我带得最多的，同时带了三四个本科生。他们勤奋的话，每周会给我写周末总结，看这些总结确实看得很辛苦，但再辛苦也会把它们看完，因为学生写作的时间更长。有些人不理解你为什么要带这么多本科生？从我的角度，是要立德树人，不管是否留在同济，哪怕我多培养一名本科生，把他带得更优秀，那我就赚了。要以身作则，要融入进去，融入进去的时候，让学生了解我，了解我是怎么去以身作则，或者我是怎么要求自己。这里面可能会有3个方面，前面可能差得比较远。第一个是品质的培养，首先是要培养一个合格的人，对品质的培养是非常重要的。第二要有通识性的培养，我们知道社会发展节奏很快，时代变革也很快，你怎么抓住时代机遇？其实就是通识性的培养。第三个专业性的培养。

第一品质的培养，因为我自己读博士过来，对我来说最重要，就是人品你要好；格局要大，不要纠结一些细节的东西，觉得吃亏或者什么的。还有一个要注重跟别人的沟通、合作，要想着我能做好的同时，我能不能帮助别人？意志力也很重要，我们一直说读完博士以后，我们的神经就变粗了，其实就是抗压能力变强了。这是品质的培养。

第二个是通识性的培养，我们怎么表达自己？你做出一个工作只做了一半，怎么写论文表达出去？这是很核心的，重点培养的是"00后"，因为每个时代有每个时代的烙印，他们现在这方面不太想沟通，也是我愿意跟他们沟通的原因。以前有个本科生不说话，现在主动说话，也能做一些事，他说江老师如果没有您的话，我就废掉了，我很开心。我看到本科生毕业以后，在致辞里说我是他们本科阶段最重要的一位老师，这个点让我很开心。

通识性，你对学生的培养，从表达能力、思维能力、逻辑能力，还有协作、合作能力，大家可能觉得协作并不重要，但是我觉得在我们这一快速发展的社会中，会遇到更复杂或更难得问题，你是需要一些协作的，怎么更好地协作？我觉得也很重要。

第三个是比较硬核的专业技能，学术是有血脉和有传承的，你的传承怎么流派下来？是有烙印的。我们要求学生机械制图、软件编程都要会，会了之后做独特的设备来研究一些独特的机制，并且我要求学生要敢于质疑我的思想，你批判我，只要是对的都可以。

不好意思说得有点久，前面这位老师说的志向和动力，我跟学生刚军训完，就发现有些学生在这方面比较欠缺，这是我正在思考的方向。谢谢！

李昕：江老师看上去的确非常年轻，三层次的博、硕、本学生都是亦师亦友。而且有点炫富，炫的是有备之才。

下面请复旦的阮老师和北大的黄老师结合你们的经历讲讲，如何通过国际交流合作促进年轻人才培养？

阮承超：刚才江老师讲得非常全面，基本上人才培养的各个要素都讲到了，我本人也是参加本科生的教学，自己也有研究生、硕士生、博士生。我谈一点我自己的感受，像本科生的教学，我觉得我们培养人才，最终是要做科技创新的。科技创新其实就是一个挑战权威的过程，需要批判性思维，其实就是后人不断挑战前人的过程。我给本科生上课的时候，我最希望的一点就是上完课之后，有学生来找我说这本书，这个章节是不是有点问题？是不是还有未解决的问题？我最担心的是学生上完课，到期末来问我："老师，这个章节的重点在哪里？"我希望他们能够有一些挑战教科书的能力在这里。

另外，我自己带研究生、博士生，大家在做科研领域都知道，我们有科研的组会，每周一个组会。我们组会上有一个传统，你要找一篇好的文章，像 Nature、Science 文章你读了之后，要把缺陷找出来，假如让你做，你该怎么做。这个文章还有什么缺陷的地方，不是说发了很好的科研论文，就是你全盘接收它，你要带着否定的思维去挑战它。

刚才李司长说的合作，我们非常鼓励学生去跟外界交流，包括现在互联网非常发达，每一篇科研论文都有通讯作者。经常有学生问我，说这个设备我们没有，这个仪器我们没有，我经常就说你们可以先去找发表的文章，去找这些通讯作者，跟他们写 E-mail，其实很多时候他们非常愿意跟年轻人去交流的。至少从我自己来讲，如果谁读了我发表的科研论文，给我发一封 E-mail，说自己需要你这里面的什么东西，我是非常乐意提供帮助的。因为大家都在关注你的研究领域，这是我的想法，谢谢李司长。

黄旸木：我觉得刚才各位老师说得很全面，大家都是很好的导师。我从我的角度来说，更希望每个学生进来之前，我都跟他聊很长时间，我希望找到他热爱的点，营造一个宽松的环境，让他能在这个点里面继续他自己的探索，允许他失败，让他能够感受探索的快乐。

在国际合作方面，因为北京大学是全国首家全球卫生学系，我们也建立了海外基地，如在缅甸、马拉维等。我们培养全球的学生，至少要求半年在海外进行研究和交流，这些学生在海外，不仅对他们的科研能力有很大提升，更重要的是让他们有更好的家国情怀，让他们理解自己的研究是有意义的，而且能够造福更多的人类。这是我们当老师最为之自豪的，也是希望继续为之奋斗的一个领域。谢谢！

李昕：谢谢黄老师，国际合作和人才交流本身也是分不开的，咱们参加国际会议，能够探讨国际合作的机会，包括国外访学，欢迎留学生到中国来学习，欢迎外国青年科学家到中国来。

我一直在科技部外国专家服务司工作，你们既是青年才俊，也是新一代青年学者，从自己的经历和体会当中来谈怎样进一步培养新一代科技人才，各位老师都才思敏捷，讲话非常精辟，我们南方人语速都非常快，还有很多新词汇，我估计咱们翻译同声传译可能要受累了。

这一阶段的圆桌论坛由于时间关系到此结束，之后我们还想找机会进行深入探讨，也希望全社会关心支持青年人才的成长。下面我把话筒交给主持人。

周俊夫：再次感谢4位老师，再次感谢李司长的精彩主持。谢谢，请各位入席，有请！

随着我们圆桌讨论的结束，本场的论坛也接近尾声了。首先再次感谢所有登上舞台的专家学者，他们拥有非常睿智的大脑和非常风趣的语言，还有有趣的灵魂。同时更要感谢他们以这样一个年轻科学家的身份出现在我们面前，让我们更是看到了他们对科学的追求、对创造人类美好生活不竭的追求。

再次感谢他们，也感谢所有今天参会的嘉宾们，本场论坛到此结束，感谢各位，再会！

第6章

全球健康与发展论坛：关注全球妇幼健康，促进全球可持续发展

1 论坛综述

妇幼健康是全人类健康的基石，是全人类可持续发展的基础和前提。全球，特别是发展中国家每年都有妇女和儿童死于可预防的疾病，仍有妇女和儿童未能充分获得孕育和成长所需的营养和卫生支持，此外，持续的新冠疫情正在拖慢全球减贫的进程，贫困妇女和儿童面临的营养和医疗危机日益加剧，全球可持续发展面临着严峻的挑战。

本论坛旨在联动国际组织、政府部门、科研机构、企业等多方跨界对话，以科技合作为纽带，协助发展中国家探寻妇幼健康的解决方案，以更加行之有效的科技支撑，佑护人类健康，促进可持续发展。

2　嘉宾致辞

上海市科学技术委员会副主任朱启高的致辞

朱启高　上海市科学技术委员会副主任

> 妇幼健康是全人类健康的基石，关系着人类的希望与未来。上海作为超大型城市，高度重视妇幼健康发展，其妇幼健康核心指标保持领先水平。通过修订实施相关政策法规，上海不断完善与妇幼健康相关的临床研究、服务保障、项目建设等工作，并借助一系列创新改革举措加强研发创新、平台建设和成果转化，持续提升妇女儿童健康和福祉水平。

尊敬的各位领导各位嘉宾，女士们、先生们，各位线上的朋友，大家下午好。很高兴和大家相聚在上海，共同举办"第三届全球健康与发展论坛"，我谨代表论坛主办方向出席论坛的各位来宾表示热烈的欢迎，向长期以来关心和支持上海健康事业发展的各位朋友表示衷心的感谢。

妇幼健康是全人类健康的基石，也是联合国可持续发展的目标重点。作为拥有2400多万人口的超大型城市，上海在妇幼健康核心指标上保持着领先水平，2021年上海地区孕产妇死亡率是1.6/100 000，婴儿死亡率是2.3/1000，危重孕产妇、新生儿抢救成功率分别达99.5%和92.6%。近年来，上海全力保障母婴健康的安全，修订实施了《上海孕产妇保健工作规范》《产科血酸预防上海专家共识》等政策，围绕共同关注的焦点问题开展多学科临床救治和研究，完善妇幼健康服务保障体系，启用国际和平妇幼保健院奉贤院区，推动复旦大学附属儿科医院新生大楼等重大项目的建设，推进儿童健康综合发展示范等创建工作。

当前持续反复的新冠疫情正在拖慢全球减贫进程，贫困妇女和儿童面临的营养和医疗危机依然突出，我们建议共同关注妇幼健康发展这一重要的议题，提升妇女儿童健康水平和福祉。"十四五"期间上海将全面落实健康中国战略，加强生物医药技术创新，聚焦母婴健康重大疑难妇幼疾病、防治出生缺陷等方面开展前沿生物技术、创新药物、高端医疗器械的研究，以科技创新促进妇幼健康事业的发展。我们将加强重大创新平台的建设，在妇女儿童健康领域加快培育和建设一批临床医学研究中心、技术创新中心和重点实验室，积极推进妇产科、儿科医联体建设，支持企业打造开放式平台，联合医院、高校等开展医产学研协同创新。我们将完善创新政策服务体系，针对妇幼健康事业发展的特点，强化改革和政策创新，探索临床研究成果转化的激励机制，力争让一批创新改革举措能够贯穿研发创新、审评审批和产业化的多重环节。

各位来宾，妇幼健康关系着人类的希望与未来，让我们以论坛为契机，碰撞思想、加强合作，共同携手为妇幼健康事业的发展做出更加积极的贡献。最后，我预祝此次论坛圆满成功，谢谢大家。

中国科学技术交流中心副主任吴程的致辞

吴程 中国科学技术交流中心副主任

> 一直以来，科技创新为我国妇幼健康事业发展提供了强大的支撑。科技部把生命健康领域的创新工作摆在突出位置，加强战略谋划和统筹部署，以科技创新为动力，以健康需求为导向，加强对妇女健康、儿童重大疾病防治、生殖健康疾病、出生缺陷防治等方面的重点支持。中国科学技术交流中心作为科技部直属的专门从事国际科技交流和合作的专业化机构，将与上海市科委在内的全国地方科技管理部门和比尔及梅琳达·盖茨基金会（简称盖茨基金会）等知名国际组织一道携手努力，为增进卫生健康和可持续发展领域的合作搭建平台、提供服务，积极开展国际科技交流与合作，展现中国智慧，贡献中国方案。

尊敬的李昕司长、朱启高主任、郑志杰主任，各位专家、各位来宾，大家下午好！

很高兴在上海参加"第三届全球健康与发展论坛"。我对各位嘉宾的到来表示欢迎，对上海浦江创新论坛中心、上海市生物医药科技发展中心为筹备这次论坛付出的辛勤努力表示感谢。

当前世界之变、时代之变正以前所未有的方式展开，百年未有之大变局给人类提出了诸多挑战，人类命运休戚与共。健康是人类生存和发展的基础，也是人类的永恒追求，妇幼健康则是全人类健康的基石和前提。在全球疫情大背景下，妇女儿童弱势群体的健康问题显得尤为突出。今天我们以"关注全球妇幼健康，促进全球可持续发展"为主题召开此次论坛，既具有特别意义，也体现了大家的关切和关爱。

实现健康和发展目标要向科技要方法、要答案。2020年9月11日，习近平总书记在主持召开科学家座谈会时强调，我国科技事业发展要坚持"四个面向"。其中，"面向人民生命健康"为科技事业的发展增添了新的方向和动力。一直以来，科技创新为我国妇幼健康事业发展提供了强大的支撑。科技部把生命健康领域的创新工作摆在突出位置，加强战略谋划和统筹部署，以科技创新为动力，以健康需求为导向，通过国家重大科技专项、重点研发计划加强对妇女健康、儿童重大疾病防治、生殖健康疾病、出生缺陷防治等方面的重点支持。同时，我们坚持疾病无国界的理念，在解决和应对全球医学难题和健康挑战、助力发展中国家探寻健康解决方案等方面，积极开展国际科技交流与合作，展现中国智慧，贡献中国方案。

中国科学技术交流中心是科技部直属的专门从事国际科技交流和合作的专业化机构，我们愿与上海市科委在内的全国地方科技管理部门和盖茨基金会等知名国际组织一道携手努力，为增进卫生健康和可持续发展领域的合作搭建平台、提供服务。同时，我们也希望在座的各位专家借助浦江创新论坛这一对标国际的重要交流平台，分享经验、增进共识，为推动全球健康事业发展建言献策，贡献智慧。

最后衷心祝愿本次论坛取得圆满成功，谢谢大家。

3　嘉宾演讲实录

比尔及梅琳达·盖茨基金会北京代表处首席代表郑志杰的主旨演讲

郑志杰　比尔及梅琳达·盖茨基金会北京代表处首席代表

> 从全球数据来看，世界妇幼健康状况正在取得进步。中国在加大科学研究投入应对自身面临的健康与发展挑战的同时，也在努力确保新技术和新工具能够转化为有效的公共产品，以帮助挽救本国和其他国家数以亿计的生命并改善他们的生活。比尔及梅琳达·盖茨基金会将不断深入支持中国在妇幼健康领域的工作，通过建设上海全球健康与发展卓越中心，整合各方资源，共同推动全球创新网络建设，聚焦服务全球健康和可持续发展。

尊敬的李昕司长、朱启高主任、吴程主任，尊敬的各位嘉宾、各位同道，女士们、先生们，大家下午好。首先，衷心感谢科技部、上海市人民政府、浦江创新论坛中心、上海市生物医药科技发展中心、中国科学技术交流中心、中国科学院上海分院、奉贤区人民政府为举办这次论坛付出的努力。

今天论坛的主题是"关注全球妇幼健康，促进全球可持续发展"。事实上，对妇幼健康的关注也是盖茨基金会成立的主要原因。20多年前，盖茨先生和梅琳达女士读了《纽约时报》的一篇报道，报道称一些在美国早已控制的传染病仍然造成数百万贫困国家儿童的死亡，这让他们痛心不已，也催生了盖茨基金会的成立。

截至去年年底，基金会在全球144个国家开展项目，捐赠总额超过650亿美元，而妇幼健康自始至终是盖茨基金会最重要的工作领域之一。梅琳达女士曾经说过，如果让她只选择一个数据，"5岁以下儿童死亡人数或者儿童死亡率"则是必须追踪的指标。因为这一指标代表人类整体健康水平，也是衡量进展和公平的主要目标。从全球数据来看，世界正在取得进步，20世纪60年代，全球每年有2000多万5岁以下儿童失去生命，到1990年这个数据是1700万。随后30年，我们取得了更大成就，到2020年这个数据是500万。但是，500万儿童失去生命也是难以容忍的。通过这样的数据，我们可以看到全球健康和发展领域存在巨大的不平等，这些儿童绝大多数生活在非洲撒哈拉以南地区。秉持着所有生命价值平等的理念，盖茨基金会致力于减少类似的全球不平等现象。

我们资助新想法，对抗疾病和贫困及由于医疗卫生资源、教育和经济发展机会短缺造成的各种问题。我们开发和鼓励新型伙伴关系，确保共有的资源能为最广泛人群带来最大的利益，让每个人都能过上健康而富有成效的生活。也因此推动了很多合作伙伴关系在中国落地生根。

今年是盖茨基金会北京代表处成立15周年，我们见证了中国日益成为推动全球健康和发展事业的重要贡献者。中国在加大科学研究投入、应对自身面临的健康和发展挑战的同时，也在努力确保新技术和新工具能够转化为有效的公共产品，以帮助拯救本国和其他国家数以亿计的生命并改善他们的生活。

盖茨基金会也在持续参与并支持中国伙伴在妇幼健康领域的发展，这里以两个项目为例。

第一个项目是对上海自主研发的皮下埋植避孕产品的支持。使用避孕药有助于减少孕产妇死亡、意外怀孕、流产和婴儿死亡。由于缺乏满足质量要求且价格低廉的产品，在发展中国家有超过2亿妇女无法获得安全有效的避孕药具。皮下埋植被评价为安全、高效的长效避孕方法，但是一度因为价格昂贵而难以普及。盖茨基金会在全球范围寻找企业合作伙伴，发现上海达华药业自主研发的皮下埋植避孕产品具备高效、易用、安全、价廉的显著优点，于是我们资助一家专注于健康和发展的非营利机构——家庭健康国际组织，为达华药业提供技术支持，帮助其产品在2017年获得世界卫生组织的预认证，成为全球第二个获得该认证的同类产品，意味着该产品可以通过国际组织的采购和分配渠道惠及更多中低收入国家的女性。随后5年，这个只有100多人的上海企业为中国以外的国家和地区交付了超过600万套产品，其中大部分通过联合国人口基金等援助机构渠道进行分配，避免了500多万例意外怀孕和800多例孕产妇死亡，帮助公共卫生节省了2.5亿美元的医疗费用。

第二个项目是对满足中国和其他发展中国家女性需求的宫颈癌疫苗的推动。宫颈癌是威胁女性生命健康的恶性肿瘤，每年夺取30多万女性健康生命，全球大约90%新发病例和死亡发生在中低收入国家。由于人口众多，区域经济和卫生水平发展不平衡等原因，中国的宫颈癌负担严重，病例和死亡病例占全球1/5，且逐年攀升。接种疫苗是预防宫颈癌既经济又有效的方法，但由于已上市的宫颈癌疫苗价格昂贵且供应不足，无法为所有女性提供公平保护。为了解决这一挑战，盖茨基金会和帕斯适宜卫生科技组织及两家中国宫颈癌疫苗生产企业开展合作，在诸多方面为企业提供专业指导，并无偿转移了关键性质量检测技术，帮助企业提高产能、降低成本、提高质量，助力中国生产的宫颈癌疫苗达到国际质量标准，弥补全球供需缺口，从而满足中国和其他中低收入国家女性的迫切需求。在多方协同合作下，首支中国研发生产的宫颈癌疫苗于2021年11月顺利通过世界卫生组织资格预认证。

盖茨基金会过去20多年的实践，特别是和中国伙伴密切合作的15年，让我们不断思考，全球健康和发展挑战巨大，如何才能用有限的资源为贫困地区有需要的人群带来最大的积极影响。我们特别深切地体会到，应对疾病、贫困等全球性挑战，创新至关重要，而且只有科技创新远远不够，必须让创新真正触及那些有需要的弱势人群，使他们也从科技进步中受益，真正深远的影响才可能发生。要实现这一点，需要各国各界对创新合作拿出诚意、勇气和智慧，共同寻求和搭建广泛的合作伙伴关系。当然，如果要确保这种休戚与共的合作，合作伙伴需要拥有共同的目标和理念，这也是人类命运共同体重要的基础。

盖茨基金会对和各位中国伙伴一起构建这样的合作关系充满信心，稍后我们将共同宣布成立一个新的国际合作平台——上海全球健康与发展卓越中心，以期整合各方资源，共同推动全球创新网络建设，聚焦服务全球健康和可持续发展。多年来，我们和上海市人民政府包括市科委、市生物医药科技发展中心及相关研究机构、大学和企业在浦江创新论坛举办的生物制品上市许可持有人制度研究，疫苗和抗疟疾药物的开发，生殖健康、农业创新和全球人才交流等领域，都保持着紧密且富有成效的合作。我希望上海全球健康与发展卓越中心可以充分利用基金会的全球资源和网络，发挥上海市在人才、机构、产业和国际化等方面的突出优势，确保创新成果惠及中国和全球有需要的人群，成为那种休戚与共合作伙伴关系的典范。

谢谢大家。

比尔及梅琳达·盖茨基金会副主任郎琳的主旨演讲

郎琳　比尔及梅琳达·盖茨基金会副主任

> 经过多年的发展，盖茨基金会在全球改善健康及最贫困人群的健康和福祉方面取得了卓著的成效。上海在生命健康领域成果显著，产业要素聚集、创新产业链供应链齐备，通过建设上海全球健康与发展卓越中心，可以进一步深化多方伙伴关系，打造全球健康与发展学术交流中心，在科技创新、技术开发、人才交流、产品供给等方面实现突破，提升上海和长三角在全球健康和农业发展方面的作用。

各位尊敬的嘉宾，线上线下的同行们，下午好。今天很高兴有机会和大家共同分享上海全球健康与发展卓越中心的背景和使命。

世界的科技进步越来越需要中国，中国的科技创新和发展也越来越离不开世界。创建一个更加开放、包容、互惠、共享的国际科技合作将大大推动全球的科技创新，中国也将日益发挥越来越重要的作用。正如我们基金会的联席主席比尔·盖茨先生在2021年浦江创新论坛开幕式上所说的，中国已经成为全球包容性创新的一股重要力量。

在影响人类发展进步的众多科技领域中，生命安全和身体健康是首要和前提。尤其是新冠疫情在全球的蔓延给生命健康带来严峻威胁的情形下，加强全球生命健康领域的团结和合作，携手应对全球健康与发展，比任何时候都具有更重要的意义，也更加紧迫，相信在座的各位和线上的朋友与我有同样深刻的感受。

为应对这些挑战，改善世界上最贫困人群的健康和福祉，我们基金会一直把科研创新和建立新型合作伙伴关系作为核心战略，目前取得了很多成效。尤其是在建立新型合作伙伴关系方面，我们日益重视全球各地合作伙伴的优势和特色，如我们资助了多个非洲国家的科研团队，通过南非药物研究中心开展合作，协调非洲的药物研发创新；2012年开始我们在西非塞内加尔资助了巴斯特德达卡尔研究所，制造出了黄热病疫苗，还计划制造麻疹和风疹疫苗。在深化全球合作伙伴关系中，上海在生命健康、农业科技创新方面有着巨大的优势，其产业聚集，产业链非常齐备，综合配套优势明显，更重要的是在参与全球合作的事务方面上海非常积极，显示出很多有效的成果。

今天比尔及梅琳达·盖茨基金会北京代表处和上海市科委合作成立上海全球健康与发展卓越中心，我们期待充分发挥双方在科技创新、产品供应能力和调动全球资源能力方面的优势，更发挥上海和长三角方面的生命健康领域的科创优势、产业集群优势，还有政策创新和国际化的优势，以加强我们的创新合作。我们希望在基金会和上海市科委的共同努力下，通过建设上海全球健康与发展卓越中心，深化多方合作伙伴关系，不仅是在科技创新方面，还要在技术开发领域、人才交流、全球产品供给等方面实现新的突破，提升上海生命健康与发展领域的创新水平。同时，不仅是在生物医药领域，我们也希望在清洁厕所、农业发展等科技领域进一步提升上海参与整个全球生命健康发展领域的分工能级，引领上海和长三角在农业发展领域、生命健康领域的全面发展。

相信创新的动能，相信合作的力量，我们衷心地希望在座各位和线上嘉宾能够和我们一起提出上海方案、中国方案，共同建设一个更健康、更平等的未来。

谢谢大家，希望和大家一起携手共同创建一个优秀的卓越中心。

遗传性出生缺陷的防治

黄荷凤　中国科学院院士，英国皇家妇产科学院荣誉院士，发展中国家科学院院士，复旦大学、浙江大学、上海交通大学讲席和特聘教授，主任医师

> 科技创新是应对疾病挑战的有效手段。就遗传性疾病而言，若是有了植入前遗传学检测技术（PGT），一级预防就可以变被动诊断、产前诊断为主动防控，流产等问题就能够避免。目前成人慢性病预防效果不理想，有必要从生命源头新的角度寻求突破。如果能够攻破多基因疾病的源头防控技术（PGT-P），则可以为将来高血压等慢性病的源头防控提供理论和技术支撑。

遗传性出生缺陷指的是因为染色体或者基因变异导致的出生子代代谢异常。我国出生缺陷发生率是5.6%，其中遗传性出生缺陷占了1/3，这部分是在临床上可防可控的工作。很多罕见病就是与基因有关的疾病，欧盟认为患病率低于1/2000的疾病为罕见病，美国则认为患病人数低于20万人的疾病为罕见病，目前罕见病病种有8000多种，其防控包括一二三级防控，在临床上非常重要。

我今天主要介绍一级防控。一级防控是指在胚胎还没有形成之前进行筛查与诊断，选择没有遗传病的胚胎植入母体中。1990年胚胎植入前遗传学检测技术发明出来，简称PGT，在其基础上，2019年诞生了应对多基因疾病的PGT-P。

所谓PGT指的是对胚胎或者卵裂球进行活检，经过诊断后将染色体或基因异常的胚胎剔除，选择好的植入。PGT的历史在整个世界的起步是在1990年的英国，中国起步则是2000年。PGT在中国的发展速度非常快，特别是基于二代测序技术，目前中国处于世界上第一方阵。当前PGT有3种类型，对非整倍体、单基因病及染色体结构重排检测。

试管婴儿的临床步骤是通过促排卵、取卵、体外受精，然后进行活检，确诊以后选择好的胚胎进行移植，生出健康的胎儿。对于一个卵母细胞，我们利用DGT活检进行逆向诊断，如果DGT带有突变基因，说明这个卵母细胞可用。同时我们也可以对胚胎进行活检，利用一束激光对透明带进行打孔，打孔以后就可进行卵裂球活检，在体外做染色体或者基因检测。我们可以对移位染色体洗去以后进行复染，可以对非整倍体进行筛查（如缺少22号或是多了21号和18号等异常情况）。这就是对基因进行测序，通过PCR检查是否为正常胚胎或者异常胚胎。同时我们也可以用映射方法判断其CMP的连锁，存在一个交换反射。有了这个技术后，通过一级预防加上技术性的工作，可以把以前的被动诊断（产前诊断要经历流产）转变为主动防控。

下面看几个病例。第一个是多发性内分泌肿瘤。该病为显性遗传病，一出生就会产生像甲状腺细胞瘤等癌症，需要切除甲状腺，这将导致生长发育非常困难。这里有一个

案例，患者是一个二型，年纪轻轻血压就很高，整个家族 3 个人都患有甲状腺癌。她要生孩子，到我们医院求助。我们通过基因检测获得了 10 个胚胎，最后做了 6 个胚胎的诊断，成功率超过 50%。这种诊断存在着等位基因的问题，当你扩增到非致病区域，会造成致病胚胎被植入进去，出生一个病胎。因此，我们对这 6 个胚胎又重新进行了 SMP 分析，发现 2 个胚胎有问题，同时还有一个胚胎看不清楚。最后我们从 3 个好的胚胎中移植了 1 个胚胎，发现诊断正确，胎儿成功分娩。所有的 PGT 必须做产前诊断，这是防止诊断错误的最后一关。很多癌症都是通过单基因遗传的，可以通过这种方法避免肿瘤患儿的出生。

第二个案例是先天性双侧输精管缺如。我们对这个男性进行了基因检测，存在杂合子，就是隐性遗传，分析发现除了这个点突变，另外一条发生了复合杂合现象。文献显示，这种 TG 到 T 的改变是致病的。当它的 TG 越来越多，T 越来越少，蛋白越来越少。最后判断他是复合杂合。如果太太也有 CFTR，那就要做 PGT。但是他太太是正常的，最后做一个普通的试管婴儿就可以解决问题了。

第三个案例是原发性免疫缺陷。这个案例是一个湿疹血小板减少伴免疫缺陷综合征的患儿，多次感染，还在抢救。致病基因来自患儿母亲，但她不发病。她要求除了把致病基因去掉外，还要做一个 HLA 配型治疗患儿。我们选择的 4 个胚胎是可用的，但一个胚型也没有配到，让其在 4 个胚胎中选一个移植，但是对方不愿意，一定要治疗这个孩子。我们又进行了第二个周期，一个是正常一个不正常，让她生育一个不带基因的孩子。这些免疫性疾病还可以通过 PGDM 加上 HLA 配型进行治疗。

到目前为止，我们已经开展了超过 300 多个单基因病及超过 300 多个胚胎的分子诊断，疾病基因的筛查可以达到 90%。但是目前国内遗传性出生缺陷诊断能力非常不一致，基因诊断效率很低，一般都要一个多月才出报告。另外，存在实验室和临床缺乏交互、基因数据碎片化、基因诊断能力不足等问题。

我们成立了一个基于 AI+5G 的远程会诊平台，具有云会诊和远程超声的功能。可以在异地给患者做超声，同时把整段基因数据送到数据云端。通过云计算，利用阿里巴巴的 45 台电脑，20 分钟就能把致病基因诊断出来。目前我们成立了出生缺陷联盟，如果台下有单位愿意加入，我们非常欢迎。这是我们会诊的一个典型案型，温州出生的小孩，马上问我们这个小孩要不要抢救，我们看了一下这个小孩也是畸形，很多部位都有问题，我们考虑他是 Treacher Collins 综合征，我们和他家属谈了，这种小孩要经过无数次手术矫形，但是他很聪明，最后家属同意把这个小孩养起来。通过会诊后鉴定了这个基因来自他妈妈，她的表型没有他儿子这么严重。还有 GAPA4 是对心脏畸形负责，这是第三方医院，这是我们儿童医院。因为他的食道、气管都有问题，我们直接送到复旦大学儿科医院进行手术，这是小孩 3 个月以后，这是他出生的时候。我们要为生命欢呼，如果我们没有经验也没有基因诊断，这个小孩也许就被丢弃，他是一个生命，我们很开心。

这是一个糖尿病家族，这个家庭一共有 8 位男性，7 位患有糖尿病，其中两人因糖尿病并发症去世。发病代数上上代 60 岁，上代 40 岁，这一代到我这里看病的时候只有 20 多岁。糖尿病是多基因疾病，我们对其进行了多基因评分，做法和试管婴儿的做法是类似的。基于家系遗传背景，我们发现有 114 个风险 SMP 位点，50 万人群有 27 000 多个 2 型糖尿病的模型，通过校正计算，最后对这个胚胎进行评分。在一共拿到的 7 个胚胎中，有 4 个是染色体有问题的，我们对 3 个胚胎进行评分。这是他家人的评分，一共 7 个糖尿病患者 2 个去世了，5 个评分很高。其中一个没有患病的是男性，还有一个没有患病的是女性。我们拿到的 3 个胚胎是可用的，分别是 1、2、3。我们挑了评分最低的，它的基因和没有患病的男性非常相像。进行了移植，希望他出生后可以减少糖尿病的风险。

我认为目前成人慢性病预防效果不理想，有必要从生命源头新的角度寻求突破。同时，多基因疾病的源头防控 PGT-P 也迈入了第一步。这个如果成功了，将来慢性病包括高血压等疾病的源头防控都可以得到理论上和技术上的支撑。

最后谢谢大家。

全生命周期生殖健康的分层模式和策略

郑晓瑛　发展中国家科学院院士、中国医学科学院北京协和医学院特聘教授、
博士生导师，北京大学全球健康发展研究院双聘教授，
北京大学 APEC 健康科学研究院（Hesay）院长

> 人口在不同的生命阶段可能会遇到不同的生殖健康问题，呈现出多样性和复杂性的特点，有必要树立从胎儿到生命终点的生殖健康全程服务的理念，针对不同的年龄结构、群体、地理空间进行分层模式的探索。从全生命周期的视角来看，出生缺陷、人类生育率衰退、青少年生殖健康知识掌握不足、不孕不育多年龄层蔓延等是主要的生殖健康问题。应当立足全生命周期，分层守护人类的生殖健康问题，积极应对从出生缺陷到青少年生殖健康意识及育龄人口的生育率压力和老年期生育健康等各类挑战。

尊敬的各位专家、各位领导，大家下午好！非常荣幸能够参加"第三届全球健康与发展论坛"。我下面向各位专家汇报的题目是"全生命周期生殖健康的分层模式和策略"。

中国人口呈现了显著的年龄结构变迁。人口转变理论认为，生育率会从一个较高的水平开始逐步下降，通常认为会稳定在 2.1 的水平上。但是我国的总和生育率常年低于

这个水平，徘徊在 1.5～1.8，我国人口生育问题已经从政策性问题转为内生性问题。和生育率低对应的问题就是老龄化，我国 2000 年 65 岁以上人口占比达到 6.96%，标志着我国在 21 世纪开始就进入老龄化社会。第七次全国人口普查结果显示，2020 年，我国 65 岁以上人口占比达到 13.5%。我们团队过去的预测研究表明，即便考虑到二孩和三孩，我国仍将面临人口快速老龄化，预计 2023 年进入中度老龄化社会，2033 年进入重度老龄化社会。我国人口老龄化呈现的短期内加速的特殊性，导致我国老龄化社会治理面临着很严峻的挑战。

人口在不同的生命阶段可能会遇到不同的生殖健康问题，这就引出了我们的探讨重点，人口生命周期生育问题呈现多样性、复杂性，生育健康问题又是潜在和隐匿的，我们应该如何应对这种挑战呢？从胎儿到生命终点的生殖健康全程服务是一个重要理念，要求针对不同的年龄结构、群体、地理空间进行分层模式的探索。第一个表现就是需求的变化，总体上人口的生殖健康需求从基本和普遍走向个性和特殊，基本服务需求保障人们免受疾病的困扰，个性化服务需求更加遵循个人意愿的实现，包括对满意度、服务可及性、公平性尤其高效科学的追求，从基本向个性的转变是随着生活水平的必然转变。第二个表现是当下程度的差异。青少年、残疾人、老龄人群及男性大多数需求服务的可及性还比较低，服务利用程度也不高，存在多样性的个性化需求和服务群体。有效服务策略的本质就是分层，包括群体分层、质量分层、服务内容的分层等，只有分层才能将一个概念或者变量、指标细化至可操作并且最为有效的水平。导致分层策略的重要原因是个体个性化需求的增长和群体间需求实现程度的差异。从外部环境的角度来看，区域人口、社会、经济发展等方面的差别也导致了满足服务需求策略的不同，甚至自然环境的差别也在其中加以干预。我们以经济发展水平与人口密集度这两个影响服务资源均等化的主要指标为例，人口稀疏和欠发达地区服务均等化水平及可及性水平普遍较低，均等化程度改善的趋势也不够明显。经济发展水平不同区域之间的基础性差异和发展性差异导致技术与资本的投入、政策的倾斜和人力资源的集聚存在差异性。尤其对于农村地区、边远地区及山区边界地带，这种经济指标和人口指标的差异最终就会演化成卫生服务资源空间分布和人口分布的复杂性和不均衡性。

关于环境和生殖健康的交互作用，我们开展了 973 计划，重点对风险因素及其背景进行了细化分层研究。一方面是风险的空间定位，不同的自然地理环境中的污染物包括大区域之间、小环境之间或者室内室外环境间污染物的分类，以及在环境当中的转轨机制、分布规律的差异，对生殖健康、作用机制及控制手段有着不同的影响。还包括风险之间存在的交互作用，以及不同风险因素背景之间的交互作用等。分层在环境和生殖健康交互作用研究中占据了很重要的位置，我们说生殖健康和环境的关系一定是分层描述的，需要厘清不同层面的交互作用，从而细致地解读二者间的交互关系。

如何才能实现策略的有效分层？这要求社会、政策、人口、经济等多元主体、多类指标的协同参与，促进规模、结构等不同属性的转变。例如，卫生服务规模的增长、可及性、可负担性等多类指标的优化及要素之间的交互作用，不同年龄段研究科学融合与生殖健康方面的对策基础决定了环境科学、生命科学、地理科学、管理科学、数量科学等多类交叉学科对话的必要性。

下面从全生命周期的视角讨论几个主要的生殖健康问题。

第一个问题，出生缺陷问题。出生缺陷患儿有 40% 死于 5 岁前，虽然 60% 存活下来了，但是日后逐渐发展成了残疾。由此可见，出生缺陷导致了严重的因治疗残疾或者死亡所导致的疾病负担，影响儿童的生命和生活质量，也给家庭带来了沉重的经济负担，也是我国人口预期寿命损失非常重要的原因。当前有诸多研究探究了关于多重环境风险与生殖发育安全的关联证据，重金属对生殖系统的损害，包括引发的自然流产、早产等问题的增加。出生缺陷往往是在孕前或者孕早期受到不良环境的影响，这体现出环境治理的关键作用。北京 PM2.5 浓度偏高的问题，相比南方高达 2 倍甚至 3 倍，容易导致有毒金属渗入人体血液循环系统，使得妇女子宫内的胎儿发育迟缓问题相应显著增高。诸如此类的环境问题应当作为生殖健康改善的长期手段和根本措施。

第二个问题，人类生育率衰退的问题。我们知道环境污染除了引发出生缺陷，同时也严重影响了儿童的正常生长发育。例如，儿童性早熟不断增加的问题及女性卵巢功能早衰问题。研究数据也揭示了男性也面临着非常严峻的生育率衰退的挑战，指标显示男性精子质量下降，全球男性平均精子密度从 1940 年的每毫升 1.13 亿个减少到 1990 年的 6600 万个，2003 年其下降比例达到了 62%，应该引起高度关注。我们再从两个宏观指标分析人口生育率的问题，1988—2016 年近 30 年间，我国育龄妇女自然流产率总体上从 3.6% 下降到 2.45%，但是下降趋势当中还存在自然流产率波动回弹的现象。1984—2006 年，我国育龄妇女人工流产率高峰出现年龄前移，人口流产年龄高峰逐渐呈现低龄化趋势。自然流产率的波动回弹及人工流产年龄高峰的前移，对我国人口生育率的保护起到了负面作用。

第三个问题，青少年生殖健康知识掌握不足问题。不安全性行为、性骚扰、艾滋病等问题严重威胁青少年群体生殖健康。现代年轻人思想更为开放，对于一些事物的接受度会更高，因此他们似乎面临着更为严峻的生殖健康挑战。一项研究数据显示，在性知识、艾滋病以及避孕知识等方面，青少年知识掌握程度基本处于 15%～70%，多个指标掌握程度在 50% 左右，掌握不足的情况在流动青少年群体当中更为严重。但是我们对比数据可以看出，流动青少年和非流动青少年之间并未在普遍指标显示出非常显著的差异，也在一定程度上表明，我国青少年生殖健康知识掌握不足的问题可能是一个普遍性的问题，这对生殖健康知识的普及工作提出了非常高的要求。

第四个问题，从潜力生育一胎和二胎的规模来看，一胎规模仍然很庞大。

第五个问题，不孕不育在多年龄层蔓延。导致不孕不育的病因很广泛，除了女性排卵系统、输卵管及子宫宫颈等方面的问题，还有男性个体的问题，以及社会环境问题对心理干预影响等多方面问题。从调查数据特征来看，2012年北京不同年龄阶段不孕不育患病率呈现较为明显的差异，伴随年龄段降低，不孕不育患病率呈现出升高的趋势。2010—2011年海淀区不孕患病率40岁以上相对较高，这种差异体现出不孕不育在多年龄层蔓延的特征。面对当前我国老龄化的严峻态势，我们还要重视老年人生殖健康挑战，例如盆底功能障碍及性健康意识不足等问题。

面临从出生期到生育期再到老年期覆盖全生命周期的生殖健康挑战，我们应该建立怎样的应对策略？最关键的就是今天探讨的分层模式的主题，针对出生缺陷的问题要强化多元风险的风控，当前影响出生缺陷的环境和社会因素增多，育龄妇女环境有害物质暴露增加，高龄产妇比例也在上升。对于多元风险这种防控治理要重点从预防源头入手，在公共管理和公共行动方面要进一步完善出生缺陷综合防治体系的建设，涵盖产前筛查、新生儿一系列筛查，以及相关的机构、人力和资源的配套建设等。另外，要从科学研究层面进一步深化胚胎发育的早期干预手段。

面对人口生育率衰退的问题，很重要的措施就是提倡适龄怀孕，同时针对高危孕产妇和儿童建立一个专门化的管理体系，并且整合覆盖青少年生殖健康、避孕服务、婚前检查及孕前孕期产后保健和儿童保健等一系列问题。此外，还要建立科学生育率评估指标体系，对人口生育率的现状和未来的趋势有一个相对比较综合和直观的掌握。

面对青少年生殖健康知识掌握不足的问题，要加强青少年生殖健康导向的教育和服务。一方面提供及时恰当的生殖健康教育普及，这是最根本的；另一方面要提供全面可及的生殖健康服务，基于社区、学校和家庭对于青少年而言最为重要的三位一体的场景，建设覆盖青少年生殖健康咨询、避孕、应急、心理疏导多方面生殖健康服务，从而努力减少和控制青少年的过早怀孕、人工流产等问题，保护人口的长期生育能力。

相对于出生期、生育期、老龄期的一系列生殖健康问题，相对应地就是从出生到死亡的全生命周期分层的健康服务和健康保障。

最后还是想强调，要立足全生命周期分层守护人类的生殖健康问题，涵盖从出生缺陷到青少年生殖健康意识及育龄人口的生育率压力和老年期生育健康挑战等重要问题。

以上就是我的报告，非常感谢大家的聆听。

中国肺炎链球菌的疾病负担以及链球菌结合疫苗效果

王伟炳　复旦大学公共卫生学院流行病学教研室主任、教授

> 肺炎链球菌感染在中国儿童当中的疾病负担很重，尤其是在西部不发达地区，约是东部地区的2倍左右。尽管多国证据都显示出肺炎疫苗具有较强的保护作用，

> 但其效果在中国尚未得到充分证明，因此，我国需要进一步完善我国监测体系，并加强对疫苗的管理和引入，尤其是针对西部地区、不发达地区和贫困地区等最需要疫苗的人群。此外，价格是影响疫苗覆盖的重要因素，目前的价格使得疫苗不具有成本效益。

在座的各位同道、各位朋友，大家下午好。我和大家分享一下在中国肺炎链球菌感染的疾病负担和链球菌结合疫苗的效果。

儿童当中的肺炎在我们国家一直是一个非常严重的问题。尽管从另外一个角度来说我们已经有了非常好的预防工具去阻止这种疾病蔓延，但事实上这些年来肺炎在儿童中的发病、死亡仍然占据了非常主导的地位，据估计大约 5% 的儿童死亡是由于肺炎导致的。非常有必要在这里和大家探讨一下儿童当中肺炎的情况，以及为什么我们现在的疫苗应用还没有能够成功地改善或者防止这种疾病的产生。

中国儿童尤其是 5 岁以下儿童中，不管是上呼吸道感染还是下呼吸道感染发病率都是很高，尤其是 5 岁以下儿童的上呼吸道感染。尽管比老年人发病率低，但是从年龄分布来看，5 岁以下及 65 岁以上是上呼吸道感染的两个高峰。对于细菌性儿童肺炎感染而言，肺链起到了非常重要的作用。从中国疾控中心的最新监测数据来看，急性呼吸道感染患者当中肺链导致的感染占到总检出率的 30% 左右，5 岁以下儿童当中肺链占到 38%，肺链是儿童肺炎非常重要的病因。北大的数据显示，在肺链所导致的死亡中存在非常明显的地区差异。从地图上大家可以看出，红色地区是由肺链导致的相对病死率比较高的。将近一半肺链导致的死亡发生在西部地区，西部地区的死亡人数以及死亡比例要远远高于东部地区，基本上是东部地区的 2 倍左右。尽管从趋势上来说这些年呈现出相对明显的下降趋势，但是量上仍然面临较大的疾病负担，目前难以得到有效控制。

从更细的年龄类别来看，临床中肺链阳性比例确实存在年龄差异，1 岁以下儿童为 7%，1～3 岁为 10%，3～5 岁为 11%。似乎可以看到随着年龄的增加，肺链的阳性率有增加的趋势，但这是因为儿童尤其是 1 岁以下儿童取标本的难度非常大，并不意味着在小年龄组中肺链阳性问题较轻。从数据来看，欧美儿童当中小年龄组被疾病困扰的程度更严重，侧面说明我们对于小龄组儿童的检测或者临床检查不足，所估计的疾病负担可能是被低估的。该数据为 2017 年的数据，目前还缺少新的证据进一步验证。

肺炎链球菌结合疫苗，常规用的疫苗基本上是 2000 年在美国获批使用的 7 价 PCV 疫苗，到后来的 10 价 PCV 疫苗，再到 2010 年开始使用的 PCV13。PCV13 进入我们国家晚了 7 年，2017 年才开始在中国正式使用。这些疫苗价数多少意味着覆盖的血清型多少，从欧美或者全球的角度来说目前最常见的血清型是 14，早期的 PCV7 可覆盖差不多一半左右侵袭性肺炎链球菌感染（IPD）疾病，预防相对比较严重的侵袭性肺炎。东南亚地区除了 14 血清型以外还覆盖 19、6、23 等。13 价疫苗则是在 7 价疫苗基础上多增加了 6 种血清型，PCV13 基本上可以覆盖上面所提到的所有血清型。

国际证据已经非常充分地显示，13 价疫苗对儿童紧急性肺炎链球菌疾病的效果是非常显著的。7 价疫苗从 2000 年开始在美国获批并且开始使用，在血清型所引起的疾病发病和死亡方面，它的安全性和有效性都得到了非常好的证明。13 价疫苗同样如此，有非常好的保护效果。为什么美国有这么好的证据，因为美国很早以前就建立了儿童肺炎实验室监测体系，能够非常清楚地知道历史上侵袭性肺炎的发展。13 价肺炎疫苗在全球应用以后，不仅仅在欧美国家，在一些发展中国家同样得到证明，至少对于血清型所覆盖的侵袭性肺炎死亡率下降很明显。目前，我国还没有建立全国的监测网络，因此拿不到直接证据证明 13 价疫苗在我国对侵袭性肺炎同样是有效的。

我们课题组在全国一些地区进行了这方面的研究，我和大家汇报一下我们的初步研究结果。中国肺链携带率也就是血清型的覆盖是一个非常重要的话题，总体来说 2017 年以前中国儿童当中的肺链携带率差不多是 21%，3 岁以前儿童携带率最高，随着年龄的增长，3～5 岁会逐渐下降，5 岁以后又会下降，一直到 10 岁。PCV7 2008 年引入中国以后，携带率下降至 14% 左右，差不多将近 7 个百分点。当然，这个监测数据是来自于零散的研究集合，并不是一个非常系统的有组织的监测，证据上还存在一些问题。这是我们老师做的 Meta 分析，观察从 PCV7 引入 PCV13 引入，PCV7 开始使用前后，一个比较大的变化是 19 血清型出现了非常明显的上升趋势。我们知道，一个疫苗的引入一定会引起血清型的变化，虽然会导致侵袭性肺炎的直接下降，但是同时会引起血清学替换，让这些疫苗没有保护的血清型有了更大的占比，所引发的侵袭性肺炎比例会更高，因而 19 血清型成了这几年我们监测当中非常重要的血清型。疫苗带来的结果无非是两个，一个是直接引起侵袭性肺炎的下降；另外一个是引起新的血清型的出现。

我们在这两年时间里做了肺炎链球菌携带率调查，发现不同地区的携带率存在差别。在贵州农村地区携带率差不多 22%，在青海携带率为 18% 左右，在深圳携带率则为 11%。这个携带率差别的背后原因很复杂，据我们分析，第一是经济原因导致发达地区的家长们更加关心也更愿意接种，使这个地区的肺炎发生没有那么高，疾病负担没有那么重，农村地区则相反。从年龄来看，5～10 岁比较当中，0～5 岁携带率显著高于 6～10 岁。大家可以看到，这个数据非常有价值，我们现在疫苗覆盖是没有到 5 岁以上年龄组，而且 5 岁以上年龄组发病率、携带率不低。因此，接下来的策略是仍然局限在小龄组接种，还是应该扩容到大龄组保护更多的儿童，需要政策制定者进行考虑。过去的数据显示，我们出 2020 年专家共识的时候清楚地看到，当时系统综述显示 PCV13 能覆盖 87% 的血清型，PCV7 可以覆盖 60% 左右。但是根据这两个地区我们所做的研究，PCV13 应用后对于血清型的覆盖只有 39%，PCV7 只有 30%。这说明什么问题？第一，有一个 35 血清型，以前是非常少见的。这可能是因为疫苗的应用导致了新的血清型的出现，也可能是因为疫苗在很多地区并没有得到广泛接种。我们在深圳看到的数据同样如此，35 血清型的占比超出我们原来的估计。

另外，疫苗对于现在血清型的覆盖是比较低的，这意味着 PCV13 在当前儿童中的保护效果不如我们想象的高，更不如临床实验中见到的结果，真实世界中它的保护效果之所以这么低有直接的原因。针对这个问题，我们用上海所有医院信息系统数据和疫苗接种记录进行了对接，通过浦东新区和松江区覆盖了几百万人口的数据来看，接种率在逐年上升，到 2021 年 PCV13 接种率达到 60%，所有接种儿童中约 50% 左右完成了 3+1 全程接种。现在上海二类疫苗接种的信息完整性是不错的，整个接种时间分布基本上都是符合规定免疫程序的。最重要的一点就是，随着 PCV 接种率的升高，临床肺炎发病率逐年降低，60% 对一个传染并不是很高的传染病而言，基本上能够达到群体免疫的水平。我们期待超过 60% 以后它的发病率有进一步下降，但是需要进一步观察。临床上疫苗对肺炎的保护效果差不多是 20% 左右，对细菌性肺炎来说 20% 的保护效果已经非常不容易了。如果我们拿接种疫苗对于住院和发病的直接数据来看，接种疫苗对于保护住院来说效果更好，因为住院疾病负担更重，一般都是重症肺炎，而对于门诊的保护可能有差距。我们学校教授在苏州地区进行了更长期的效果评估，用了血清型的数据，证据显示，疫苗对于首次就诊的保护差不多在 61%，所有就诊都算上保护效果为 62%，说明接种疫苗对于儿童就医有非常直接的保护作用。另外对于发病率的降低它的作用也是非常明确的，直接导致了十万个孩子中减少发病 208 个。台湾的数据同样如此，和上海的数据有比较大的相似性，他们也用了血清型数据。

我们知道，现在制约疫苗在中国应用最大的障碍就是价格，和 HPV 有相类似的地方。一针疫苗差不多七八百元，尽管我们已经有了国产疫苗，但是价格同样不低。引入疫苗到底是不是具有成本效果呢？我们看一下国际上引入 PCV 的情况。现在已经有很多国家开始把 PCV 纳入到国家免疫规划，这些国家的证据显示，引入疫苗对于挽救孩子的生命以及他们的失能都是具有成本效果的，尤其是 Gavi（全球疫苗免疫联盟）覆盖到的非洲、亚洲等国家，其成本效果证据非常充分。中国为什么不行？我们对上海推广疫苗的情况到底是不是有成本效益进行了分析，发现最大的影响因素就是 PCV13 的价格。以现在的价格来看，如果纳入到地方免疫规划，上海拿钱给孩子接种到底行不行？如果用 GDP 衡量，目前纳入到免疫规划其实并不成熟。这个价格要低到什么样的水平才具有成本效果呢？只有当一针价格低于 200 元才能显示出它的效果。当然现在的效果数据还是基于全因肺炎的数据。我们需要在和企业更多的交流合作之中寻求这样的空间，让现在的疫苗更好地在人群当中使用。

做一个总结，第一，中国儿童当中的肺炎负担很重，尤其是西部不发达地区，差不多是东部地区 2 倍左右的疾病负担。第二，疫苗效果在很多国家都已经得到证明，但为什么现在没有在中国得到证明？一方面因为我国监测体系需要进一步提高；另一方面我国对疫苗的管理和引入还存在一些问题，比如越是西部地区、不发达地区和贫困地区等最需要疫苗的人群，疫苗越不可及。最后就是无论在发达地区还是不发达地区，目前的价格使得疫苗都不具有成本效益。

谢谢。

儿童早期发展的理念和实践

江帆　上海交通大学医学院党委书记、教授，
上海儿童医学中心、国家儿童医学中心发展与行为儿科系主任医师

> 儿童早期发展理念包括了疫苗、营养、疾病防治，要从孕产期开始一直延伸到出生以后到婴幼儿阶段、儿童期、学龄前、幼儿园，然后到学校。美国来自不同阶层的儿童发展风险明显，高知家庭和低保家庭在18个月左右已经开始出现分化，年龄越大分化越明显。要推广中国本土化的儿童早期发展干预包，把营养、健康、回应性照护、安全保障、早期学习等干预要素融合到整个妇幼健康体系，形成全周期的支持保障。从儿童早期发展的阶段来说，我们有一些特别的方案，如聚焦低收入群体、贫困地区项目，都是为了解决均衡性的问题。我们也从医学上关注高风险群体，根据不同阶层和人群特点，进行精准的公共卫生干预，既可以提升整体水平，又可以解决均衡性问题。

各位专家、各位同道，大家好！很高兴今天参加浦江创新论坛。我作为一名儿科医生，尤其是从事公共卫生领域儿童保健的一名儿保医生，今天和大家分享儿童早期发展的理念和实践。我来自上海交通大学医学院附属上海儿童医学中心、国家儿童医学中心。

生命早期是儿童成长最快的阶段，90%的大脑发育过程是在5岁以前完成的，这个时候孩子大脑整个发展飞速形成。生命早期是可塑性最强的阶段，婴幼儿大脑每秒钟可以有超过100万个神经元突触联系建立。蓝色线代表大脑的可塑性，随着年龄的增加可塑性在减少。黄线代表让儿童大脑发生变化所需要付出的努力，在生命早期可塑性很强的时候，只要付出比较小的努力就可以带来很大的变化。但从另外一个角度来讲，它的稳定性也比较差，如果生命早期存在一些不良因素也会使儿童大脑发育受到损伤。

正是这样的理念，在科学研究的推动下，儿童早期发展的工作显得尤为重要。儿童早期发展关注的就是生命早期最关键的年龄阶段，从怀孕到8岁阶段，尤其重要的是怀孕到3岁，这是儿童体格认知和情绪发育最关键的时期。儿童早期发展的工作其实就是让有利于孩子发展的要素最大化，让不利于发展的要素最小化，最终目标是帮助儿童发挥最大的潜能。从国家层面来看，如果每个孩子的潜能都能够得到很好的发挥，人口的综合素质就可以提高，最终达到国家发展的目标。正因为如此，儿童早期发展也被联合

国儿童基金会及世界卫生组织定为国际重要议题。

在过去这段时间，中国儿童早期发展取得了重要成绩，这和我们国家一系列的工作密不可分。可以看到，这是2004—2010年的一组数据，来自全球儿童早期发展分析。2004—2010年全球存在儿童早期发展有风险的孩子有明显下降，其中单独把印度和中国拉出来，印度人口基数很大，风险人群远远高于中国。从人口数来看我们是差不多的，但是印度的风险人群远远高于中国。中国的儿童早期发展的风险群体在2004—2010年有明显下降，中国下降了34%，印度下降了22%。但是因为我国人口基数很大，全球仍然有8%的儿童早期发展有风险的孩子在中国，预估1743万人。但是这个数据从全球专家评估来看被远远低估，因为在评估全球儿童发展风险要素时，只考虑了极度贫困及儿童因为营养不良导致的生长迟缓。而随着我们国家脱贫攻坚取得胜利，极度贫困问题已经解决了，但是很多其他社会环境因素导致儿童存在发育风险的数量远远不止这些。

儿童早期发展在不同社会阶层存在很大的差异，全世界范围都有这样的问题。左边这张图是美国来自不同阶层的儿童的发展，以儿童的词汇量作为一个代表，18个月左右高知家庭和低保家庭儿童发展风险差异已经开始出现分化，年龄越大分化越明显。右边这张图是我们团队前期做的一些工作，和陕西师范大学在陕西贫困县，当时还是国家级贫困县，现在已经脱贫了。灰色的是当初我们在全国8个省做的城市地区儿童有发育迟缓的发生率，大部分都是在10%以下。黄色代表我们在上海做的队列人群，上海地区低于5%。陕西国家级贫困县当时数据，一组1000多个同样的孩子在6～12个月是13.4%，但是24～30个月达50%，现在脱贫以后有所好转。我们又进一步评估中国儿童早期发展到底存在什么样的区域差异。这是我们去年刚刚发表的研究，利用我们自己研发的评估工具，评估了中国东西部儿童早期发展现状，选择了云南和甘肃，这是和北京大学一起联合做的项目。云南和甘肃存在风险比例儿童达到30%，浙江和上海这个数据相对低一些，这是地区间的差异。不光是地区间，地区内部，也就是同样云南或者浙江最高收入家庭和最低收入家庭，孩子发育风险不均衡性差异也很大。云南省内部或者甘肃省内部，最高收入和最低收入家庭发育风险差值接近30%。浙江和上海也有差异性，但相对小一些。儿童早期发展不仅地区间存在比较大的差异，地区内部也存在明显差异。

从整个人群角度我们应该怎么样推进儿童早期发展？这张图是儿童早期发展推进的框架图，我们提到儿童早期发展是针对全人群的，所有看护者和儿童都应该得到服务，这是公共卫生政策覆盖的范围，是普适性的。但是除了全人群每个孩子都应该获得的基本服务支持之外，第二个层级是存在风险的家庭，如贫困家庭、留守儿童，这些是有风险的家庭，应该有针对性地指导，多部门协作，民政、卫生、教育等联合进行干预和保障。像我们贫困地区的营养包项目就是对特殊群体提供特别的营养干预。最上面的就是高危儿童，这些儿童往往是需要妇幼临床机构提供专门的服务，专门性支持力度比较大，对支持的要求也比较多，分不同层级进行不同的管理。

在中国如何推进儿童早期发展呢？在妇幼领域非常重要的是要形成一个服务包，我们的妇幼健康体系推进儿童早期发展，形成我们适宜的技术。五大领域是我们儿童早期发展干预的五个要点，营养、健康、回应性照护、安全保障、早期学习，这五大领域应该如何植入到妇幼健康体系呢？我们做了一个基于国际指南制定的中国本土化的干预包。我们把五大领域的干预要素，融合到了整个妇幼健康体系，从备孕期开始，孕产期、新生儿期、儿童期，将适宜的技术和要点植入这个体系，形成全周期的支持保障。这个方案已经形成，下一步将会进行成本核算，评估以后哪些应该纳入到基本公共卫生服务，哪些可以作为其他的筹资渠道进行推进。

儿童早期发展有了服务包很重要的是体系建设，如何完善儿童早期发展的服务网络。更重要的是服务要有一定的外延，医防融合，把妇幼保健体系和医疗体系有机融合起来。例如，高危儿，医疗体系出院了以后，如何在社区预防保健体系里面进行管理，还要形成上下联动，社区和大型医疗机构的对接。我们的医疗指南或者很好的适宜技术，如何融入妇幼医疗体系。儿童早期发展还要和教育联动，医教结合也是非常重要的领域。我们怎么把教育的优势资源整合在儿童早期服务网络中，形成以家庭为中心的儿早服务网络。要形成上下联动、医防融合、医教结合，网络和信息系统是把大家整合在一起的很重要的平台。

建议加快整合妇幼信息系统，尤其像儿童早期发展这样的，要从孕产期开始一直延伸到出生以后，到婴幼儿阶段、儿童期、学龄前、幼儿园，然后到学校。中间如何让儿童全生命周期的信息系统打破壁垒，我们也看到全国现在有很多省，至少能够把产儿信息系统对接起来，这个特别好。另外一项工作就是要推进，要有非常好的监测系统，要很好地评估。中国妇幼领域做得最好的，如5岁以下儿童死亡率、孕产妇死亡率，有赖于我们很好的监测系统，有了评估就知道问题在哪里。儿童营养也有很好的监测体系，孩子身高、体重，妇幼保障体系做得很规范，了解儿童的营养状况。儿童早期发展如何评估，也应该有一个评估手段和指数，量了以后才知道问题在哪里，如何改进。为此我们团队首先研发了中国首个3～6岁儿童早期发展评估工具，可以用在群体层面大规模人群。我们还创建了儿童早期发展指数这个工具，目前建了全球最大规模的监测队列，现在已经有十几万儿童，在上海建了一个非常系统的，每年都在做。这个工具涵盖了社会、家庭全生态体系的儿童早期发展监测，涉及3个大的层级9个大的领域。这个工具我们也在国际上发表了，以后会得到很广泛的应用，现在中国有很多团队都在用我们自己的工具开展研究，很多妇幼保健体系也在用这样的工具进行监测。0～3岁是很重要的阶段，我们这次加入了世界卫生组织的0～3岁全球儿童早期发展工具研发任务当中，这个工具特别好，今后可以适用于所有的国家，中国也参与其中进行开发，可以免费使用。现在，在7个国家进行工具最后研发阶段，未来这个数据里面有中国的数据。之前在体格发育这项，世界卫生组织当初没有中国的数据，这次儿童发展数据我们能够积极参与，这个体系将会有中国儿童的发展数据。最终形成的全球工具可以进行一些国际的比较，中国儿童的发展和别的国家比较是什么样的，有什么不同。这个工具像儿童的身高体重，以后儿童不仅可以有一条身高体重曲线、BMI曲线，还可以画一条儿童发展曲线，不同年龄段连续进行评估监测，而且可以实现国家内和国家间的比较。每名儿童可以有自己的轨迹展示，这样的工具研发本来今年要完成，但是因为疫情可能明年会把这个工具推出，明年推出以后大家也就可以很好地应用了，帮助建立很好的监测体系。我们儿科医疗服务模式，一直说要从生物医学模式转化为生物、社会、心理模式的转变，儿童早期发展就是一个很好的切入点，非常强调社会心理模式，强调家庭、父母和社区对儿童发展的影响，儿童早期发展这项工作推进得好，可以使得我们医疗服务的模式得到很好的提升。还有儿童早期发展要进一步加强研究，微观角度要和脑科学团队对接，儿童早期发展很多机制都是来自脑科学研究。往上需要更好地对接公共卫生，转化为有效的可持续公共卫生政策，推进全民儿童早期发展的工作，使得综合人口素质得到提高。

临床关注高危人群，原来我们都是关注最左边的高危人群，把高危人群最大限度地控制。儿童早期发展理念不一样，瞄准的是全人群，曲线上的每个点都是我们关注的，目标是希望每个点的孩子都能够在他自己潜能的基础上得到最大的发挥，实现全人群发展。正是因为儿童早期发展人群覆盖面很广，所以它也作为一个重要议题列入健康中国中。儿童早期发展理念包括疫苗、营养、疾病防治，但是在健康中国里面把这条专门列出来，强调这项工作的重要性。从儿童早期发展的阶段来看，我们要推进全人群健康，但是儿童早期发展还是解决均衡性的有效利器。家庭、社会风险、一般公共卫生都是普世性的干预，如果我们在全人群进行一个公共卫生的干预，社会家庭风险比较低的人群也就是经济条件比较好的人群，往往获益比较大，如果不考虑社会家庭因素均衡性的问题就不能很好地解决。我们有一些特别的方案，如聚焦低收入群体、贫困地区项目，就是为了解决均衡性的问题。我们也从医学上关注高风险群体，当然最好的是根据不同的阶层和人群特点进行精准的公共卫生干预，既可以提升整体水平，又可以解决均衡性问题，使人群得到保障。

这样的目标，也是和党的十九大报告当中提到的人民日益增长的美好生活需要相一致的，其实是解决健康和发展的需要与不平衡不充分的发展之间的矛盾，儿童早期发展就是为了更好地解决不平衡不充分发展的问题。最后总结一下，中国过去70年，在儿童生存领域取得了非常好的成绩，而且早期发展作为一个全方位的促进儿童早期发展的工作战略，已经成为面向2030年的重要议题。我们中国要进一步加强国际合作，研究形成科学可行可推广的实施方案，如果能够融入互联网健康体系，将会大大提升儿童早期发展的水平，帮助儿童发挥最大潜能，通过提高人口综合素质达到国家发展的目标，这是我们共同的愿望。

谢谢！

世界卫生组织加速消除宫颈癌的全球战略

安德烈·卡瓦略 世界卫生组织国际癌症研究机构高级科学家

> 宫颈癌在36个国家中是最大的癌症杀手,其中最糟糕的是非洲国家,以及一些东南亚国家。2018年,WHO全球消灭宫颈癌行动计划中消灭宫颈癌有3个要点:(1)90%女性在15岁之前接种疫苗;(2)70%以上女性35岁之前要进行高危型HPV筛查;(3)90%有宫颈性疾病女性应该接受治疗和护理。

各位好,我叫安德烈·卡瓦略,我是一个科学家,来自世界卫生组织国际癌症研究中心。我首先祝贺主办方能够成功开展浦江创新论坛,同时感谢邀请我来讲讲WHO有什么样的战略加快宫颈癌在全球的消除。另外,要谢谢我的同事李张,他在WHO国际癌症研究中心做博士后,主要是做宫颈癌的预防和诊断。

我们看一下宫颈癌的预测,这是发病率,宫颈癌在世界各地的发病率都是比较高的,有些地方发病率会更高一些。这边可以看到中国宫颈癌整体发病率并不是非常高,但是因为中国整体人口比较多,所以只占到全球宫颈癌的18%。死亡率也是一样的,非洲国家死亡率比较高,东南亚也是如此,他们的死亡率比其他地区高一些,中国的死亡率总体来说和其他国家相比并不是非常高。但是因为中国人口基数比较大,所以占到了全部死亡人数的17%。

我们看一下最常见的宫颈癌诊断,23个国家最常见的癌症中,宫颈癌是其中之一。在36个国家中是最大的癌症杀手,最糟糕的仍然是非洲国家,还有一些东南亚国家。可以看到,宫颈癌有一个癌症演变的过程。先是正常的宫颈细胞,然后HPV感染,经过3个癌变阶段,最终有侵袭性癌症。因为这是它自然癌变的过程,所以过程是非常长的,在很长一段时间当中我们可以预防,通过HPV疫苗的接种,通过大规模筛查可以诊断非常早期的癌症。在很早的时候进行治疗,有90%成功率。但即使已经变成了侵袭性癌症,我们也可以在早期通过癌症筛查进行更好地治疗,这种治疗也是比较有效的。我们也知道在女性生命周期当中可能在比较早期就会出现HPV感染,有一个高点,有一些感染会下降,然后达到比较稳定的值。一直存在的HPV感染可能会癌变,这种暴露发生得比较早,我们在15岁之前就给女孩进行HPV疫苗接种避免感染。宫颈癌发病过程持续的时间比较长,所以癌前病变可能会在25、30岁的时候发生,35岁的时候达到高点,这个时候就应该开始二级预防,比如说确保早期早筛,可以用HPV检测。女性一生当中要一直检测到59岁,基于我们对病程的了解,这是可以预防宫颈癌的。2018年,WHO就有一个行动计划,消除宫颈癌,2年之后我们有一个全球战略,帮助各国有这样一个路线图,最终消除宫颈癌。这是有史以来第一次全世界一起承诺消除一种癌症。要实现这样的目标有3个要点,首先要进行积极的接种,女性至少15岁之前90%要接种。另外

70% 女性 35 岁之前必须要进行高危型 HPV 筛查，至少在 35～45 岁进行 2 次筛查。然后 90% 女性有宫颈性疾病，如癌前病变或者癌症，应该接受治疗和护理。如果这 3 点都能够做到，我们就可以完全消除宫颈癌。

我刚才讲，我们要有一个战略实现这个目标，2020 年 11 月，WHO 就有这样一个全球战略，加速宫颈癌的消除，使它不再成为一个公共卫生问题。我们什么时候能实现这样的目标呢？必须要有一个精确的时间表，什么时候能够达成宫颈癌的彻底消除呢？大家有一种共识。澳大利亚应该是全球第一个实现这个目标的国家，根据他们的历史，他们疫苗接种很早之前就开始了，有很高的接种率。澳大利亚也非常有效地做宫颈癌的筛查，我们看到每 10 万筛查对象中只有 6 个病例，一旦这个疾病发病率每 10 万低于 6 个人，就认为是很好的，我们最终的目标是低于 4 人，预计澳大利亚 2028 年达到这样一个目标，而且这个之后会持续下降。基本上五六年以后，澳大利亚就可以实现 10 万个人当中不到 4 人发病。

看一下世界各国，我们会发现什么时候实现这个目标取决于一开始的发病率，还有人类发展指数。如果这个国家 HDI（人类发展指数）比较低，发病率就比较高，可能会花更长时间达到这样的目标。但是最佳情境是深绿色，也就是说有一个比较高的接种率。除此之外至少有 2 次 35～45 岁 HPV 筛查，如果能做到这一点，他们到 2100 年就可以实现彻底消除宫颈癌。中间人类发展指数的国家，他们现在 10 万人当中有 18 个人，如果接种方面做得很好再加上筛查，到 2070 年左右能实现这样一个目标。但是如果人类发展指数比较高，他们可能会在 2065—2069 年达到，非常高人类发展指数的国家可能更早达到。我们再看一下中国的情况，是比较乐观的，我们认为中国的发病率现在是 11 左右，即 10 万当中 11 个，如果我们三大战略加起来，9 价疫苗接种、HPV 筛查，中国 2046—2050 年能够实现宫颈癌彻底消除。中国能够实施所有必要的战略，这种可能性还是非常高的。

我们在宫颈癌疫苗接种方面的情况怎么样呢？我们知道至少有 113 个国家已经有 HPV 疫苗接种了，是国家强制接种的，这是非常好的。除此之外，我们还看到一个好消息，考虑到高收入和低收入国家的比较，我们在低收入国家当中也看到有一些做得非常好的国家，像卢旺达、赞比亚等，他们已经有超过 90% 的接种率了，像芬兰、瑞典、挪威、美国这样一些发达国家他们收入很高，但都没有达到这么高的接种率。另外黄色这一点，显示至少打了第一针或者第一剂，蓝色是完全接种，在接种第一剂方面有些国家表现得更好。我们改到单针接种 HPV，也有很好的预防作用。另外检测方面，现在 WHO 认为，最好的检测是 HPV 检测，这是非常有效的。有一些国家只是 HPV 检测，有一些国家，如美国、智利及欧洲的国家，他们是 HPV 加上细胞学检测。我们希望中国一些省份也能够做到 HPV 加上细胞学检测。

看一下覆盖率，30～49 岁女性当中检测筛查的覆盖率，一生当中做过一次筛查的覆盖率，这个数字好像并不是那么乐观。我们希望能够达到 70% 的覆盖率，只有深蓝色才是达到 90%～100% 至少做过一次筛查的覆盖率，但是在非洲、南美、东南亚还没有达到这样比较高的筛查率。我们看一下全球宫颈癌的预测，一级预防已经有超过 110 个国家有了疫苗，另外15%的9～14岁女童已经完全得到保护，但是HPV疫苗接种没有进入国家接种计划当中仍然有61%病例。二级预防，有65%的国家有全国性的宫颈癌筛查，25%的国家达到了至少50%的宫颈癌筛查的覆盖率，但是我们的目标其实是70%覆盖率，平均覆盖率在一些中低收入国家不到10%，这些国家会出现比较多的宫颈癌病例。三级预防，包括90%的高收入国家有HPV治疗，中低收入国家比例是50%，低收入国家这个比例只有16%。国与国之间实现这些目标方面有很多不平等，我们在全球需要做得更好。

看一下中国的数据，中国从2009年以来发展得越来越快，包括消除宫颈癌和接种方面，另外在一些地区2014年就有试点HPV检测项目，现在也逐渐在比较贫困的地区做一些宫颈癌早期筛查，还把宫颈癌的筛查纳入到了全民医保当中。中国的筛查覆盖率仍然比较低，但已有改善。2015年数据是比较低的，但是我相信这是一个不断改善的趋势。另外看一下，2016年HPV疫苗在中国获批，覆盖率依然比较低，疫苗还没有进入到全国强制接种，但是我们发现到2022年，中国已有44个城市有HPV疫苗接种计划，在朝着好的方向发展，最终将能够消除宫颈癌。

最后，讲一讲我们在这个方面面临的一些机遇和挑战。首先，HPV疫苗接种是比较贵的，但是有越来越多证据显示，接种一针就能有很好的保护效力，可以减少成本，改善供应。另外还有一些性别中性的接种计划，只要接种一剂，男孩女孩都接种可以达到62%～70%的比例，更有可能帮助我们实现群体免疫。现在我们有更多的HPV疫苗，还有一些PDA在做临床实验，包括在印度也有新的疫苗，都会帮助减少成本。在大规模筛查方面，主要的问题还是覆盖。其次，现在筛查的成本还是有一点高，但是有一些新的比较简单的检测方法，不仅能够减少成本，也让这些检测能够更方便地进行，也可以进行自我取样检测，对农村地区来说这是更可行的检测筛查的方法。最后，就是癌前治疗，癌前病变主要是做一些热消融治疗，这是WHO建议的，癌症做一个宫颈癌变的热消融，希望增加它的覆盖比例，可能不需要特别的癌症中心来做。

谢谢。

孕产妇和儿童的药物开发智能化模型研究

刘东阳　北京大学第三医院药物临床试验机构副主任，研究员

> 当前现状是大多数药物并不清楚最优剂量，增加了孕妇、儿童临床用药的风险。通过数学模型、虚拟人来准确预测用药剂量，优化药物的临床开发和给药方式，对于儿童和孕妇等难以进行临床实验的人群的新药开发过程有重要作用。目前，难度较大的环节在于数据搜集和发育动力学规律的掌握，对此我们需要加强协作研究，加强数据搜集，搭建高质量的体外预测实验体系。

非常感谢大会邀请我向大家介绍我们的工作。尊敬的李昕司长、朱启高主任、吴程主任，各位来宾，大家下午好。我主要向大家介绍孕产妇和儿童药物研发的必要性和挑战及我们自己的一些思考和总结。

首先谈一下孕妇人群药代动力学问题，因为孕妇排尿渗透率的改变及药物药代动力学浓度的改变，药物浓度有很大的改变。我们做创新药开发过程当中主要面对的患者是普通人群，他们得到的剂量最终会被定义为上市剂量进行治疗。这个时候因为普通人群和孕妇人群药代动力学特征的不同，会造成孕妇人群需要进行额外剂量调整，这种调整需要有实验数据支持，但是这种实验数据很难在普通临床实验当中被纳入，导致我们国家大多数药物都是超说明书使用，并不清楚真正的最优剂量是多少，增加了孕妇临床用药的风险。

为了解决这个问题，美国FDA最近5～10年连续在政策层面推出了一些要求，如2015年要求药品说明书上必须规定，妊娠期、哺乳期如何使用药物，2018年、2019年连续发布指南，要求进行研究。考虑到孕妇临床实验难度，提出最好能够用一些模型研究支持孕妇剂量的确定和优化。我们最近这20年，逐步对孕妇人群的药物剂量和给药方式及相应的临床实验研究，进行了一些要求和规定，除了FDA以外，NIH及多个基金也协同参与，共同推进孕妇和哺乳人群临床的开展。

相对于孕妇来说，儿童也是药代动力学改变比较大的群体，而且儿童并不仅只是一个小的大人，即使是折算体重计算给药量，也不一定得到最佳剂量。他的发育由比如药物代谢酶多少决定药物浓度以及清除率，并不是随着体重改变而整体改变，这种情况下，我们就不能完全按照体重进行校正，而是要研究发育动力学，进行一个剂量优化。我们国家从2014年开始对儿童人群进行了一些新药开发的指南，多个指南特别提到要用数学模型的方法支持，并且借鉴儿童和成人定量规律及成人数据进行儿童的给药开发。这是最近几年的指南包括去年发布的改良型新药的开发指南，以及现在还在起草的通过成人外推儿童的指南。数学模型，对于儿童和孕妇难以进行临床实验的人群，在新药开发过程当中具有重要作用。

小结一下，孕妇药物临床研究的挑战。第一，成人研究当中得到的年龄、体重和药物浓度的定量规律，并不能准确外推儿童，尤其早产儿、新生儿。我们要进行临床实验，困难很大，如伦理挑战，家长不愿意让孩子或者孕妇进行临床实验。同时进行临床实验必须有适应证才能进行，儿童和孕妇大多数情况都有其他的共病，及多种药联合应用的干扰。我们必须要同时考虑多个因素，模型引导药物开发是一个非常好的解决这个问题的办法，但是这个办法受到孕妇和儿童发育动力学规律的限制，现在的数据只能是少量揭示儿童和妊娠发育动力学的规律，还有新生儿、早产儿发育会受到孕妇妊娠期间影响的研究，孕妇妊娠期间药物或者外界环境通过胎盘转移的效率，这些很难进行研究，挑战很大，数据也很少，中国几乎没有。如果有了这2个规律，包括儿童妊娠发育动力学规律及孕妇胎盘转移规律，我们可以通过数学模型的方法，构建和预测药物在不同年龄、妊娠周期体内药物浓度包括胎儿药物浓度，通过定量关系预测效应，最后给出一个比较准确的给药剂量和给药方式。难点在于发育动力学规律和转化效率的研究。我们最近几年进行了一系列研究，包括药代动力学虚拟人研究，我们希望能够构建一个影响药物体内浓度的因素，都放在这个数学模型里面，构建一个虚拟人，通过虚拟人准确预测药物浓度，优化药物的临床开发和给药方式。第二，药物可能会出现相互作用，尤其在病毒和感染性疾病患者当中。一般来说对于传统新药开发只是在健康人体内进行药物相互作用研究，如2个药A比B可能增加2倍，我们就假定患者体内A和B药使用B药需要降低一半剂量，假设是健康人和患者药物相互作用是一样的，但其实可能不一样，我们需要做预测。第三，肾功能预测研究。对抗生素来说，70%都是通过肾消除的，第一步就是对肾功能进行准确预测。我们国家早产儿、新生儿的肾功能公式现在还没有明确。第四，高质量预测实验体系。除了获得文献的数据和自己做的研究之外，高质量的体外预测实验体系也是非常重要的。

特定人群药动学虚拟人研究策略。通过文献搜集获得年龄驱动的人口学数据及转运体的分度，再用特定的体内浓度进行一个验证，然后构建人群模型。基于这种模型策略，这是我们构建的人口学的年龄和体重、身高定量规律，点是实测，线是预测，这是我们做的药物模型的验证。人群模型只验证了肾功能和2个代谢酶的通路，相对药物开发来说只代表了3/16的比例，还有13个通路有待研究，我们也同时做了孕妇、儿童、老年人的研究，同时我们利用人群模型，在新型冠状病毒感染早期支持了羟氯喹和氯喹在特定人群优化的给药方式。我们还做了自己发起的研究，包括Cocktail研究、内源性标志物研究、外泌体研究等，完善中国特定人群模型研究。这也是获得盖茨支持的临床实验的数据，我们研究了洛匹那韦在中国HIV和HBV合并预测研究。预测孕妇和胎儿的药物浓度，并且用胎儿的药物浓度验证，建立人群模型。通过验证，我们认为这个模型是可靠的，通过这个模型预测洛匹那韦和克林霉素合并用药的情况，得出的结果是克林霉素需要降低剂量一半。我们通过自己搜集的信息建立方程，新建立的方程比2006版的方程对中国60位新生儿预测相关性高了很多。即使是我们用了目前所有的数据，合作之后还是有很多转运体和代谢酶，这是我们最近两年获得的研究结果。对孕妇来说，希望基于孕妇建立孕妇模型，我们还关心孕妇环境暴露以后有多少药物会进入胎儿，我们和中科院王老师合作建立STV胎盘转运细胞，和目前用到的胎盘细胞最大的不同是它可以真实地反映胎盘的转运体的分型。另外，我们从昆明张教授那边学到了胎盘体外灌注模型，液体从这里灌入从那边出来，看药物多少通过胎盘，这是我们构建了一个STV和开盘体外灌流模型。最后，构架孕妇胎儿体内浓度的体系，这个体系已经达成了。还有外泌体，可以反映肝内的情况，我们建立起了一个可以准确预测肝内转运体和代谢酶分布的方法，这个方法也是最近建立起来的。

综上所述，对于特定人群精准给药和新药开发来说这是刚性需求，这两类人群的患者必须要吃药，但是进行精准给药和新药开发挑战很大。基于模型的药物开发和精准给药是最有效的工具，有多种方法可以支持。目前，卡脖子的环节在于数据很难搜集，还有发育动力学规律没有找到。我们需要进行一些协作研究，需要进行数据搜集，也需要搭建高质量预测实验体系，包括内源性标志物、胎盘体外灌流及外泌体。前面说的是基于我们要让患儿和孕妇体内药物浓度达到成人患者体内药物浓度，其实额外的药效还是要考虑，还要进行药代药效动力学模型研究。最后特别感谢我们团队和多个合作医院。

谢谢。

人工智能技术赋能产前超声筛查

朱军 四川大学华西第二医院全国妇幼卫生监测办公室、中国出生缺陷监测中心主任

> 目前，产前超声技术检查依赖于医生的操作和水平，医院间和医生间产前超声检查的水平差异很大，同质化程度低、规范化程度低。在"十三五"科技支撑支持下，有关单位和专家合作，利用互联网+、大数据、云平台和工人智能等新型创新技术与产前超声领域深度融合，开发了产前超声AI质控新技术。这项技术可以实现从传统超声质控，向AI智能在线超声质控的转变，具有标准优势、智能优势、部署优势、管理优势、展示优势、学习优势等。人工智能的应用，同样在新生儿甚至怀孕阶段就可以更好地进行超声筛查，对质控技术也做出了很多帮助努力。

非常感谢大会邀请我给大家分享AI技术赋能产前超声筛查质量的提升。

大家知道，去年我们国家新生儿人口数量为1062万，如果每一个胎儿都要接受3~4次产前超声检查，至少有一次产前超声筛查，产前超声检查的数量是巨大的，分布在1.5万个助产机构。目前，产前超声筛查质量现状是高度依赖于医生的操作和水平，医院间和医生间产前超声的检查水平差异很大，同质化程度低、规范化程度低，全国产前筛查机构都要经过三级胎儿超声筛查工作。产前筛查机构在"十三五"末的时候达到4800多家，今年可能会达到5000多家，这些机构超声筛查水平参差不齐，再加上今年年初国家颁布了新的超声产前筛查技术规范，提出了更高的要求，因此产前筛查的质量非常重要，直接关系到胎儿健康发育，也同时关系到产科的质量，产前超声技术的质控非常重要。

2022年1月颁布的《超声产前筛查指南》（以下简称《指南》），我们要求所有机构都要按照这个《指南》执行，但是有一部分还不能做胎儿超声筛查工作，需要进一步提升筛查能力。产前超声质控现状堪忧，我跑了几十家妇幼保健院及基层助产机构，胎儿

超声质控多流于形式，部分机构根本没有开展每月的质控，质控不能达到科室所有从事超声人员的覆盖。对一个辖区来说，上一级检查也只能是检查一两家医疗机构或者一两个人，对辖区内所有机构我们缺乏全方位的监管，质控也留有死角。另外，传统的人工智能缺乏客观性、比准性，主要是靠人来进行打分、进行判断，有人情分。人工成本高，耗能力、耗时间、耗经费，检查人员很难走到所有助产机构进行检查。

因此，我们在国家"十三五"科技支撑计划安排了这样一项工作，我国著名的产前超声专家李胜利教授的团队和湖南大学国家超算中心进行合作，加上企业的投入，历时十余年，利用互联网+、大数据、云平台和人工智能等新型创新技术与产前超声领域深度融合，开发了产前超声 AI 质控新技术。经第三方测评，目前 30 多个切面准确性都很高。中国地大物博，怎么把创新技术实施得更好，取得更好的效果，由我本人带领的团队，对 AI 质控技术的实施模式进行探索。这项技术可以实现从传统超声质控，向 AI 智能在线超声质控的转变。第一，传统超声质控耗时长，这个自动化时间很短，而且每个机构只需要一个质控员把关，所有的超声医生都可以提交个人的切面，花费基本上可以忽略不计，我们坐在办公室可以看到整个地区所有助产机构、超声医生的质控情况，解决人力物力不足的情况，并能提高效率。第二，我们采用统一的标准，解决了人工智能标准不统一的问题。另外，我们可以全地区覆盖、全病例覆盖，这是非常高效的。我们不需要任何其他设备，只要有电脑，每个医生都有手机，从手机端就可以接收到上传的胎儿切面，两三分钟内就可以得到质控的结果。具备及时性、覆盖性、快捷性，告别了传统的低效质控，到今年年底可以达到 60 个切面，基本上覆盖所有的重要的胎儿切面质量控制。个人也可以生成个人质量控制报告，可以看我的非标准例和标准例有多少，也可以对照标准切面模式图进行学习。同时，也可以分析单位里面提升进展，比如说在越来越好或者在某一个问题持续在低分上找原因。这个已经实现了全自动分析切面类型，并能自动对胎儿标准程度进行评分。80 分（含）以上算标准切面，60～79 分（含 60 分）基本标准，59 分以下非标准，重点是关注非标准的比例和图像。为什么会产生非标准的情况，我们找到了原因。非标准人工智能质控技术和工具给大家提供了非标准的情况，特别是基层打了 10 年都不知道自己打错了，一直按照错的规定去做。可以看到我们对每一个机构都进行了标注，这个评分是 55 分，非标准的。对于科室或者地区来说，我们可以在后台看到全科室每个人的质控情况，我坐在办公室就可以看到整个地区每一个助产机构进行胎儿超声人员打的切面。去年推出以来，现在有 500 多家已经接入系统进行常规质控，取得了非常好的效果，可以进行可视化展示。

总结一下，我们开发的超声 AI 质控技术有这几个优势。①质控标准，按照国家和国际标准。②智能优势，可以自动判别标准、非标准，并给出原因。③部署优势，不需要植入 HIS 系统，不需要额外设备，只要有网络就可以。④管理优势，减轻人力和成本，可以避免打人情分。⑤展示优势，我们可以以机构为单位季度报表或者年度报表。⑥学习优势，同时给出应该怎么学，为什么打得不好，不好的原因是什么。我们同时还进行闭环管理，如果这个过程当中你觉得有不符合标准的，也可以提出申诉，专家审核，给出结果。目前，我们运行了一年多，这个结果非常好，需要专家审核得越来越少。

我们在产前超声 AI 质控使用过程当中，体会到这是一个很好的工具，但需要有人用好它，每个单位需要专人钻研它，把里面发现的问题改进，如果发现问题不改进，AI 技术再好也是徒劳的。运行过程中特别是在新疆、贵州等偏远地区实施中，发现光有产前 AI 质控工具不够，还需要辅助学习。因此，我们启动了产前超声 AI 质控技术实施模式的研究，在深圳只需要 AI 技术，但是在贵州、新疆特别是基层地方除了 AI 同时还要加上给大家提供的切面讲座课件，告诉切面应该怎么打，过去是没有这个系列教材的，我们做了 34 个切面，就讲基础，辅助我们做好 AI 质控，做好以后就知道怎么做了。同时，我们也进行考试，这是我们学习前、学习后的考试，取得了非常大的进步，我们在某一个省做了 13 家妇幼保健院，学习后提高很明显。同时，我们发现光有学习还不够，我们必须对这个科室的质量进行全面分析，包括设备设施、人力资源、学习培训、质量控制、图像质量、超声质控等全方位分析，从而形成问题清单。形成问题清单以后，给出了接近 100 页的分析报告，逐条告诉每一个筛查机构应该改进什么，形成问题清单持续改进。我们也可以看到，如第二家妇幼保健院，实施之前只能打一级，实施以后可以打二级。我们不光告诉其整个科室胎儿切面标准的原因，最多的是什么，其次是什么，供大家学习、改进。这个报告里面除了 AI 做胎儿切面标准化以外，还看标准化测量。从切面 AI 来说判的分很高——95 分：标准切面。但是它的测量非常可惜，黄色线测量错了，正确的应该是红线。所以，光有 AI 不够，还需要更多地跟进，以 AI 为导向进行超声全方位地质量把关。

我们这个项目在今年实施模式探索，实施半年就取得了非常好的效果。我给大家展示的是我们上线 1—7 月的提高情况，包括过去不能打二级只能打一级，但是现在因为有智慧助手了，也可以打二级。还有非标准率也从比较高的位置下降到非常低的，NT 也大幅度下降，让他骨子里渗透对质量控制的追求，把 NT 打好。除了这个以外，我们还做了一个远程会诊，你平时见不到他，他自己改进学习，有疑惑的时候，我们提供了一个新型移动远程会诊，过去每家医院都有远程会诊仪，我们建立移动远程会诊生态圈，患者不动专家动，专家可以开会、休假，任何时候我们都可以找到，我们用一键直通方式找到专家。同时找到合适的专家，不一定找国内顶级的专家，实际上在非常基层和顶级的专家的水平不在一个频道，合适的水平就是最好的，并不一定要最好。我们还要给他智慧学习，实现智能智慧并重。我们形成一个生态，这是我们专家库的专家，我们进行远程会诊，四川省妇幼保健院的李胜利教授还有他们本省的教授和贵州的远程会诊，取得了很好的效果，仅仅只有 6 个月时间。超声远程会诊并不是摆设，而是一个工具，我们有很多远程会诊是摆设，领导来了放一个。我们做出来一个生态，希望大家加入，也可以和我们联系。我们还有远程会诊记录单,对会诊有什么要求,满不满意,还有申请调取科室远程会诊的录像,供更多科室的人学习。远程会诊提高了会诊医生的信心,他原来有点怕,就不做了,现在他有信心了,有专家指点了,就提高了能力。接下来我们可能还会做小儿超声,这也是国内一个新的增长点和需求。我们要建立小儿超声专家库,全国各级的专家库,满足我们各级产前超声的筛查机构需要。

我们用一个手机可以在线学习、在线考试、在线答疑、在线查询、在线直播、在线质控、在线会诊、在线转诊、在线管理,还搭建了一个智慧超声云平台,除了全院可以用无纸化考试、无纸化学习,海量知识库,同时我们智能监考工具给到所有科室,而且适合超声动态地考试。AI 质控、远程会诊,达到一个智慧超声云平台。

非常感谢大会的邀请,谢谢。

4 互动对话:推动全球妇幼健康发展

议题阐释:
徐福洁,比尔及梅琳达·盖茨基金会副主任。
主 持 人:
李国红,上海交通大学中国医院发展研究院副院长,健康长三角研究院副院长。
互动嘉宾:
李 昕,科技部外国专家服务司副司长;
周 凯,联合国艾滋病规划署临时代办、政策与战略顾问;
乔友林,中国医学科学院北京协和医学院群医学及公共卫生学院教授。

徐福洁:大家下午好,我是第二次来浦江创新论坛,再次感谢会议组织者。更重要的是感谢我们主旨演讲嘉宾,大家知道妇幼健康方面基金会感兴趣的东西比较多,从刚才讲的人工智能到新药研发都是基金会关注的领域,还有一些已经开发出来的比如说疫苗、推广,也是基金会的领域。我从话题阐述的角度说 3 个方面。

第一,基金会的愿景,让人人过上健康而富有成效的生活。我们的定位就是人人,妇幼健康非常重要,大家知道妇女儿童尤其是发展中国家的妇女儿童是健康脆弱人群,妇幼健康的重要性我就不再阐述了,这是基金会一直关注的方面。

第二,作为一个慈善基金会,基金会的慈善理念是做催化式的慈善。慈善有 2 个层面,授人以鱼和授人以渔,我们就是要做生态的改变,通过我们的创新、伙伴关系,使得整个生态变得越来越好。

第三,基金会是行动层面,我们有一个要求是以结果为导向的,而且这个效果要量化,用数据的方式来测量。我们钱花在什么地方?什么是最好的投资?基金会很多专家在这个方面有很多贡献。我上次在浦江创新论坛最后一张幻灯片上就介绍过疫苗是最好的投资，疫苗是一个预防工具，主要针对儿童，这是比较高效的投资。健康的问题尤其全球健康，最重要的疾病负担在不发达地区，我们只能是一层一层解决，通过像疫苗这样的工具解决我们的健康问题是很务实的选择。

最后，回到我自己在基金会负责的工作，我负责的是健康领域，其实是2个轨道，一个轨道是创新，今天我们说了很多创新的话题；另外一个轨道就是伙伴关系建设。我主要关注的是健康领域方面。今天线上线下专家在一起我觉得非常感慨，这是一个欢聚的时刻，非常荣幸能够引导话题进行创新方面讨论，还有伙伴关系进行讨论。

有请李国红教授。

李国红：谢谢徐福洁教授的引导，我们今天这个论坛的主题就是促进全球妇幼健康的可持续发展，妇幼健康其实对我们人群的健康水平起到非常重要的支撑作用。根据世界卫生组织对于健康水平的目标和定义，有三大指标：人均期望寿命、孕产妇死亡率、婴儿死亡率。这3个指标里面有两大指标都是我们妇幼健康的指标，可以说妇幼健康的状况其实是代表了我们人群健康水平的核心，同时也是国家文明非常重要的核心。今天非常荣幸邀请到了全球健康、妇幼健康及卫生发展领域的几位专家，一起来讨论推进全球妇幼健康发展问题。

他们是科技部外国专家服务司李昕副司长；联合国艾滋病规划署临时代办、政策与战略顾问周凯博士，通过线上参加；中国医学科学院北京协和医学院群医学及公共卫生学院乔友林教授，也是通过线上参加；还有比尔及梅琳达·盖茨基金会中国办公室副主任徐福洁教授。

现在请各位专家介绍一下自己，也介绍一下自己在工作中和妇幼健康、全球健康相关的一些工作领域。

徐福洁：我在盖茨基金会负责健康领域的创新与合作，我个人主要和妇幼相关的领域工作是疫苗方面，尤其儿童疫苗。我自己是医生背景出身，工作背景比较复杂，我在疾控部门工作过，也在药物公司工作过，也在大学工作过。上次我们在浦江创新论坛说疫苗在全世界儿童中是一个能实现健康公平的工具。刚才，王教授和WHO的同事说疫苗接种是第一步，是一个很好的健康投资。但是因为疫苗的价格问题，一些疾病负担很重的人群往往是打不上疫苗的，宫颈癌疫苗我们考虑得比较多，还有像肺炎球菌疫苗也是。感染性疾病在不发达地区和贫困的负担比上海要高，但是谁能花钱打疫苗？像上海这种发达地区收入比较高的人群才能打上。基金会在这方面做了大量工作，一直把疫苗作为很重要的关注点。从创新和伙伴关系这两个方面来说，我们不但要把疫苗开发出来，还要把疫苗打到该打的那些孩子身上，这才是真正解决妇幼健康的目标。

我就分享这些。

李国红：谢谢，有请线上的周凯博士给我们做一个介绍。

周凯：非常荣幸能够参加"全球健康与发展论坛"，很抱歉不能到场参会与各位领导和嘉宾有更深入地互动。我个人研究生毕业以后，一直在北京大学医学部做妇女儿童青少年健康促进的相关科研和教学工作，之后参与联合国大型的艾滋病科研项目管理，后来我主要协调联合国系统的11家机构共同应对艾滋病工作，包括世界卫生组织联合国儿童基金会、联合国教科文组织、人口基金，主要协调做好艾滋病的应对，包括对中国的艾滋病应对，也包括南南合作。希望中国经验可以走向世界，推动全球终结艾滋病目标的实现。

工作20多年来，无论在科学教学、技术支持或者国际合作的哪一个岗位，都是为了高风险人群和脆弱人群服务，促进他们的健康。以艾滋病为例，我们对妇女儿童格外关注。2021年，全球有150万新的艾滋病病毒感染者，每天有4000个人感染艾滋病病毒。10%以上都是15岁以下的儿童，而在15岁以上的成人中妇女和年轻女性的感染问题特别严重，受到普遍关注。特别是撒哈拉沙漠以南非洲地区，7个15～19岁新感染者中有6个是女孩，15～24岁的女性占到30%，但是在人口中的比例只有10%。艾滋病又是15～45岁少女和妇女死亡的主要原因，不仅可能死于艾滋病，还可能死于其他的共患病，如宫颈癌。所以我们现在从事这项工作，不仅是艾滋病防治，更多的是和妇幼卫生及全球卫生密切相关。我非常荣幸有机会和大家更深入地在更广泛地层面上讨论这个问题。

李国红：下面有请乔友林教授做一个简短的介绍。

乔友林：谢谢！我叫乔友林，是来自中国医学科学院北京协和医学院群医学以及公共卫生学院的特聘教授，在工作生涯里我是不折不扣的公共卫生人，我是在华西医科大学读的公共卫生专业，后来到了大连医科大学还是读公共卫生专业，一直在从事公共卫生工作。我第一个工作是在昆明医学生物学研究所，该所是直属中国医学科学院的，是郭华东老院长创建的。从此，我和疫苗、妇幼健康结下了不解之缘，有一段时间我还做了其他的工作，如消化道肿瘤、食道癌、肺癌。1997年回国后，在山西太行山区看到那里的妇女遭受宫颈癌的危害，开始进入宫颈癌防治领域，花了10年做筛查方法学研究，2008年又做了HPV疫苗。现在我主要的工作目标就是消除宫颈癌，不光要消除中国的宫颈癌，将来还要消除其他发展中国家的宫颈癌，让中国的故事、经验、科技产品走向世界。

谢谢。

李国红：谢谢，最后请李司长做一个介绍。

李昕：感谢盖茨基金会和中国科技交流中心邀请我来参加这个论坛及圆桌讨论，我不是卫生健康专家，也不是妇幼问题的专家。我一直从事国际合作和人才交流工作，从大学毕业进入科技部国际合作司以来，主要从事国际组织和美国问题研究，2015—2019年任中国驻美国使馆科技参赞，后来转岗到科技部外国专家服务司，和盖茨基金会是老朋友了。2001年,在上海召开的亚太经合组织APEC会议,今天参会的有一位也是APEC健康研究院的院长,当时盖茨先生来华,我们共同参与接待,算起来20多年了。在20多年国际合作和人才交流生涯当中,在国内外也交了很多医学界和公共卫生界的朋友。2003年,因为SARS防控,科技攻关组的牵头单位和世界卫生组织开展了很密切的沟通,后来也有很多合作。从医学界的朋友身上学了很多东西,如中国疾病预防控制中心(CDC)的邵一鸣老师,当时他给我科普了很多艾滋病方面的知识。还有寄生虫病研究所,原来我一直以为他们研究的就是我小时候吃的糖丸,打蛔虫的,其实他们研究的范围是与很多热带病密切相关的,现在我才知道他们是做这么重要的一件事情。2019年我回来以后,没过多久新冠疫情就暴发了,当时负责抗疫国际合作的事情,也学到了很多关于传染病方面的新的知识。

总而言之,我所有涉及妇幼保健的直接的经历,仅限于我夫人生孩子前后和我为孩子接种疫苗所做的计划等,确实谈不上专家,谢谢。

李国红: 我们说的妇幼健康包括的面是很广的,国际合作及人才的支持都是非常重要的,疫苗生产出来可能仅仅是开始,要真正应用到需要的人群当中,这个过程很多,包括体系、融合、政策等,我应徐福洁主任的要求,这里稍微做一个自我介绍。

我本身是从事经济卫生政策方面的研究,也一直在公共卫生领域工作。我们做的政策研究包括医改的政策,其实医改的政策最终一定要有目标导向、需求导向,需求导向要放到人群当中,看他们的需求是什么。这些年,我们一直从事妇幼健康发展研究,包括江帆教授讲到的儿童早期发展,其实我们已经走过了生存的过程,很多指标得到了很好的改善。现在要到繁荣阶段,如何跨越这一步,政策也是很关键的。可以指导这条路怎么走,要能够利用我们非常有限的资源获得最大的产出。这些年,我可以说是我们妇幼健康领域的新兵,但是我越做越觉得意义很大,这次非常荣幸接受邀请来主持这个环节,我也是抱着学习的态度来的。

说到中国的成就,去年《柳叶刀》发表过中国妇幼健康专门的报告,在这个报告当中,对于我们新中国70年来妇幼健康尤其母婴、生殖、青少年健康领域,取得的巨大成就做了一些非常好的回顾、总结、展望,这个报告当中我们可以看到数字上进一步表明,我们国家的孕产妇死亡率和婴儿死亡率是持续改善的,已经提前完成了联合国千年目标,我们也居于全球中高收入国家的前列。

在这个情况下,请教徐福洁教授,中国在妇幼健康领域取得了一些成就,从全球来看,您认为这些成就和我们全球健康的关系是怎么样的?还有什么是我们未来需要特别关注的点?

徐福洁: 这个问题其实还是回到创新这方面,我们刚才看到了朱教授最后的分享,超声虽然是一个简单的技术,但是推广起来需要人实时操作、实时判断,是不容易的。它的AI是最高级要求的AI技术。现在,我们产前检查如果离开上海到撒哈拉沙漠以南,很多地方超声工具都用不到。到那样的地方你想把一个比较初级的技术,而在中国已经用了很多年的技术用到那样的地方,第一要面对的问题就是没有人能操作这个技术,不是买不起机器。这方面的创新点是中国可以不单生产出廉价的机器,中国有5000个产前检查点推到全世界尤其非常不发达的国家,有一个费用的问题,但没有那么多人操作。类似这样的事情,其实可以在妇幼方面让世界不发达地区往前迈很大一步。例如,宫颈癌疫苗是很重要的,还有宫颈癌筛查,可以更快地解决妇女死于宫颈癌相关问题。但是这样的技术也需要推广,怎么操作更简单,以前可能用活检的方式,在显微镜下看癌细胞,这都需要很多技术,也需要患者来了检查结果出来以后反馈给患者,再介绍到上一级医院治疗。我们想开展的技术是一站式的,把筛查技术一次性看到癌前病变,一次性治疗,而且是低成本、高质量的治疗。大家在基金会能看到中国的力量和中国给出的解决方案是很多的。再说到伙伴关系,我们今天建立了一个卓越中心,同时我有一个非常强烈的期待,希望我们在妇幼健康这方面能看到更多的成果落地,可以从上海出发到最边远地区。

谢谢。

李国红:谢谢,我们讲到全球健康的时候,觉得中国有什么样的经验可以推广到全球,其实妇幼健康领域取得的成就确实是非常好的。怎么样落实,让全球都能够使用到,通过我们伙伴关系的建立、创新的方式方法能够进一步推广,特别有意义。前面说到低成本、高效益,其实就是健康干预的概念。我们说健康干预,刚才也说到宫颈癌消除,最好的健康干预的成果就是疾病消除。政府特别关注这个领域,去年9月份国家出台了《2021—2030妇女儿童发展规划纲要》,在这个纲要里面,特别提出了未来10年整个妇幼健康领域发展的目标和策略措施,尤其是国家卫生健康委也制定了非常细致的实施方案。在这个方案的具体方法里特别提到了两消除,一个就是艾滋病、梅毒、乙肝这些通过母婴传播的疾病,另外一个就是对宫颈癌加速消除。

今天两位线上专家,都是这个领域的资深专家。首先请乔教授谈谈,乔教授是"妇女之友",他还是中国名片,他是世界卫生组织消除癌症委员会唯一的中国专家,他在宫颈癌消除过程当中付出了大量的精力,也取得了非常好的成果。我特别想听听乔教授在宫颈癌消除方面的看法,我们一定会面对很多困难和挑战,可能也会有一些新的技术和方法。请乔教授和大家做一个分享,谢谢。

乔友林:谢谢,谈到宫颈癌的全球消除计划,科学技术已经成熟了。谈到疫苗,对没有感染病毒的年轻女孩,打了疫苗以后不感染病毒。但是对于成年妇女,世卫组织要求70%进行筛查,目前最困难的就是这70%筛查指标很难达到,我们两癌筛查做了10年,只有30%多。其实2003年的时候就曾经支持全世界多中心研究,当时就已经意识到了病因,如果能够研发一个健康适宜的技术,相当于一个实时的检测技术,很快就可以得出结果。同时这个技术可以用于全世界任何一个角落,不管在北京、上海还是喜马拉雅山都可以用，这是非常具有挑战性的。科学家说有办法，我们也能做，但最后还是盖茨基金会投资了1300万美元，最后有中国、印度、法国、美国4个国家和机构联合攻关，做成了这个技术。在很多非洲国家应用，但是这个技术在中国到现在为止还没有获批，还是需要我们学会和组织的大力推广。这个在很极端情况下可以用，城市里反而不让用。大家要关注这个疾病，关注科学进展，是可以通过科学技术的发展把它消除掉的。世界卫生组织2018年就发出全球号召，2020年全世界194个国家都达成共识，加速消除宫颈癌进程。现在中国做得很好的就是在国家卫生健康委的领导下，国家癌症中心在全国15个城市启动了健康城市、健康中国消除宫颈癌的试点，在鄂尔多斯已经进行了全人群防治工作。尽管中国的宫颈癌防治还任重而道远，发病率在上升，但是我们应该共同携起手来，共创一个没有宫颈癌的美好的世界。

谢谢。

李国红：谢谢，刚才大家也都了解到，加速消除宫颈癌现在已经在全球194个国家得到了共识，而且各个国家包括世界卫生组织都在为此努力，我相信有乔教授这样的专家，我们一定能够尽快地达成目标。谢谢。

接下来请教周凯博士，刚才我们说到两消除，其中一个消除就是艾滋病、梅毒和乙肝，这些病都是可以通过母婴传播的，我们也可以通过一些相类似的干预手段。周博士一直致力于中国能够在全球发挥更重要的促进艾滋病防治的作用，请您谈谈中国在艾滋病防治服务模式上有什么样的创新手段，对于妇幼卫生或者全球健康方面的促进作用是怎么样的？

周凯：谢谢，我听到的最主要的核心内容就是要促进妇女儿童健康，不仅要有疫苗、创新这些技术本身，更多的是期待服务的落实，不仅有疫苗，还要有疫苗接种。核心内容就是服务的普及和服务的落实。

举例来说，我认为艾滋病是一个非常好的服务整合的例子。艾滋病是1981年被发现的，到去年已经有40年了，在全球各国的努力下，它的各项措施都在逐渐落实，包括对重点人群的检测推广、抗病毒药物的研发和更新及治疗在全球的推广。这种技术的创新和应用使得艾滋病从一个急性传染病，变成现在可防可治的慢性传染病，既依靠科技又依靠落实。随着病情的变化，相应的防治措施也要有变化，最大的变化包括现在我们正在推进的暴露前预防和网络干预等，最主要的还是服务的整合。推动消除艾滋病的母婴传播，这是全球艾滋病防治领域重要的组成部分。2016年，我们共同发起并组织了一个消除认证工作，即消除艾滋病母婴传播认证工作，来评估各国的进展。2017年，中国也加入了认证工作的行列，并开始在广东、云南和浙江3个省进行试点。但是，中国率先开展的消除不仅是艾滋病，而是艾滋病、梅毒和乙肝三病消除。实际上是对公共卫生服务整合非常好的典范。这种模式在2016年就被世界卫生组织很快采纳了，当年它的指南还只有艾滋病，到2021年更新为三病了，这个指南也在全球进行推广。这3个病都是性传播疾病，传播方式也是一样，通过性、血液、母婴传播，这种整合对母婴工作都是一整套的流程，容纳的非常好，中国做得也非常出色。到目前为止三病筛查的母婴阻断工作比例已经达到了 99% 水平，艾滋病母婴阻断成功率达到 97%，很多省已经很多年没有检出新生儿艾滋病病毒感染了，这也是非常了不起的成绩。

除了三病消除母婴传播之外，艾滋病领域还有一个服务整合是艾滋病和性病的整合，我们做艾滋病检测的时候往往在高危人群里面做，以前就查一个病，现在重点人群艾滋病、梅毒、乙肝一块查，是很好的整合。甚至采一个样用新的试剂查 3 种疾病，都可以检测出来。早筛早治，把艾滋病和性病门诊服务结合起来，扩大了检测的覆盖面，提高了检测效率，尽早发现感染者，给他们提供更好更早的抗病毒治疗。这是非常好的，将来我也希望能把艾滋病和宫颈癌消除紧密结合起来，在一个更广泛的普遍健康的理念里推动，也将艾滋病体系建设、人员培养建立起来的成就，贡献于妇幼健康及全球健康。

谢谢。

李国红：谢谢，刚才周老师给我们特别好地介绍了包括三病消除，宫颈癌和艾滋病、梅毒、乙肝，其实三病消除我们也觉得非常有信心。您讲到目前检测率已经 99% 以上了，第一步已经取得非常巨大的成就了，我们同时又有非常好的方法，一些创新的模式，您说到融合特别重要。现在很多人都在讲融合，包括不同体系的融合，我们也特别期待。

这是具体到某一些疾病，说到妇幼健康我们是希望妇幼健康全覆盖，这个全覆盖可能不仅是卫生系统这一个系统的事情，需要的是搭建一个卫生系统内外的合作交流平台。人才是非常关键的环节，李司长您是做国际合作交流的，尤其是在人才培养、人才规划上有特别好的心得，我想请教李司长，您认为我们目前有哪些政策是可以促进国际交流的创新？或者说有哪些跨机构的合作，包括人才方面有什么样的经验和我们分享吗？

李昕：浦江创新论坛今年的主题是双碳，我的确不是卫生健康或者妇幼的专家，但是我作为中国政府代表团成员，参加过十几年联合国气候变化框架公约的有关履约谈判，在国内我原来在合作司国际组织处工作，多方推动有关环境、可持续这方面的合作项目。

我觉得我们卫生健康首先和大的论坛议题非常相关，宫颈癌我不是特别清楚，说到艾滋病大家都知道现有的研究都是从 SIV 到 HIV，包括很多热带传染病和自然环境的变化密切相关。我们谈碳达峰碳中和、减排方面的问题，但是还有一个非常重要的不亚于减排的就是适应，适应环境和卫生健康都是非常重要的部分。卫生健康领域包括母婴健康和气候变化也是非常相关的，如果说气候酷热情况下开空调，小孩的肠道疾病可能会增加，不开空调食物可能腐化变质得更快一些。

此外，刚才有几位专家讲了在中国人口变化的大趋势下，大家看到了最近国家卫生健康委发的趋势性报告。我认为母婴健康是非常重要的议题，我们达到了中高收入国家比较高的水平，甚至不亚于一些发达国家，这是非常了不起的成就。但是，刚才也有专家讲了，每年有 6% 出生缺陷，对每一个家庭来说就是压力非常大的。我的观点是没有健康的母亲，毫无疑问没有健康的孩子，没有健康的童年，就没有健全的人生。

关于国际合作和人才交流方面。

第一，在推动这方面的合作和别的领域是一样的，无论是中国和联合国的合作，还是中国和盖茨基金会这样的民间机构的合作，也不管是环境气候变化还是卫生健康、母婴这方面，还是要遵从可负担可持续的原则。上海和北京这样的大城市在很多地方的一些经验和做法并不适合别的地方，在母婴健康方面没有和国际组织开展过合作，但是在环境方面有开展过。非洲水资源时间和空间的分布不均衡，同时还有非洲的水温度比较高，很容易有寄生虫产生。当时提出让我们到非洲去，让我们帮着援助非洲打水窖，无论是北京还是上海可能大家对这个都非常陌生。我们请教了甘肃同仁，随后去打水窖，有很高的技术含量，要保证水不渗漏，同时保证寄生虫不会大量繁殖，同时水还能抽出来，枯水情况下可以供他们用。还有水窖里面要放消杀片，这是很有意思的事情。恰恰是适用技术，能够做到可复制、可推广、可持续发展反而是不容易的事情。

第二，不仅是科技，而是改变人的认知和习惯。这次新冠疫情国内外都出现了疫苗犹豫的现象，我们有新的技术要更多地向公众介绍和推广，注射也好，疫苗推广也好，是一个网络，包括随访、检验都是大的网络，不是医院孤立的点。这个方面投入的精力和改变公众的认知或者习惯方面目前重视程度还要进一步加强。这是开展国际合作和国内推广非常重要的领域。

第三，中国政府历来重视加强和联合国系统的合作，包括三方开展的南南合作。习近平总书记专门提出来，加强建设人类命运共同体的同时还要加强建设人类卫生健康共同体。这方面我们国家20世纪60年代开展了对阿尔及利亚的援外医疗卫生队，无论卫生系统还是科技系统都做了很多事情。中国在非洲援建的CDC中心，这是非常标志性的大工程。同时，我们也在人才交流方面做了很多事情，我在国外待了5年多，回来以后有幸到几个医学院参访，才发现我国现在留学人群当中很大一部分是来自医学界，也包括我们公共卫生领域的。每年接收的中国政府奖学金，相当一部分是发展中国家医学界来华学生。今天早上我参加了青年论坛，我在会上也介绍了教育部留学基金委、人社部海外留学博士后、中科院国际杰出青年、科技部发展中国家杰出青年科学家来华工作计划，这个是中国科技交流中心吴主任那里管的。我们外专司专门有"一带一路"创新人才交流项目和青年人才计划，还有我们和国家自然科学基金委共同支持的外国学者研究基金，有很多医学、公共卫生类的项目。我们也非常希望加强和发达国家、发展中国家在生命健康和卫生领域的国际合作和人才交流。

我曾经有一个委托任务交给华东师范大学历史系，他们做很多历史研究，我和他们讨论过一个很有意思的课题，即在冷战中美苏两国消除小儿麻痹症，这是极好的合作案例，2种不同技术路线竞争，最后苏联引进了糖丸，在中国也进行了大规模推广。之后，美苏还就全世界消除天花开展了大规模合作。我们作为一个负责任的大国，中国始终是开放的,愿意和世界各国无论发达国家还是发展中国家,在卫生健康科技领域进一步推动,开展国际合作和人才方面的交流。9月份我们在中关村论坛期间,还要办一个大流行病合作方面的论坛,和部里面中国交流中心、国外人才研究中心共同开展活动,欢迎大家积极关注和参与。

谢谢。

徐福洁:每个人都很渺小,我们的生命一天一天在缩短,但是我们可以把人类的文明增长和增高,就像您说的任何一个疾病最后要到最难的地方,像小儿麻痹在阿富汗这样的地方还有流行,不管是周博士还是乔老师做的都是要求非常高的,你要找到最后那一公里那一个人,最高的落地、最深的落地,都是非常了不起的,这都是增加人类文明高度的。今天的论坛和创新还是想在科技上发展得更好,增加人类文明的长度。做人才交流,把人类本身作为一个互相之间的交流来延长一个物种的长度和高度,这是非常了不起的。这里面肯定都是人的行为,刚才提到即使是最困难时候消除小儿麻痹症,最开始的还不是美国引领的,应该是苏联引领的。今天我们看到很多人在困难的时候能保持信心,对未来有一个乐观的态度又脚踏实地工作,对我们很有启发。

李国红:李司长对于很多妇幼相关问题的思考特别深入,您也通过自己的亲身经历告诉大家,我们做国际交流也是一个全球健康的概念。您提到适宜,我们现在说创新,创新不一定都是高科技,不一定是需要投入很多的,但是我能够用创新思维把这件事情落实,能够让它惠及更多人,这也是一种非常好的创新模式。对人的培养其实是提高文明程度的层次,之前也有听到过,我们在做国际合作交流的时候,我们的卫生在国际上的优势,有的时候可能还没有完全发挥出来,很多做卫生的都是科学家去攻克,我们的知识传播完全可以再进一步拓展,包括一些学生的交流、体系的输出及技术的适宜化的应用,特别受益。

刚才还说到气候变化对于健康的影响,我们知道社会经济发展状况,对于健康的影响非常大,尤其对于妇幼健康的影响。现在我们还是会有很多低资源地区,尤其是妇幼健康方面,怎么样能够进一步提升妇幼健康的可及性或者创新方法的应用,这些方面我也想听听各位专家的建议。

周凯:谢谢,您引出了一个特别宏观的话题,服务的可及性及公平性。我记得新冠疫情刚刚开始暴发的时候,对疫苗的推广全球有更多的呼吁,希望能够公平地获得疫苗,联合国艾滋病规划署(UNAIDS)执行主任也参与了呼吁。世界卫生大会上成立了一个小组,推动一个叫"人民的疫苗"的公开信签署。UNAIDS想用40年的经验告诉大家千万别重蹈艾滋病的覆辙,20世纪90年代末的时候,艾滋病药物研发出来了。但是刚刚出来的时候,只能在发达国家使用,在发展中国家和贫穷国家根本用不上。当时执行主任呼吁不能再看到这种悲剧的发生。要想解决这个问题,应认识到艾滋病不仅仅是疾病,和发展也密切相关。2020年,我们提出的新的艾滋病战略题目,就叫消除不平等、消除艾滋病，消除不平等的前提下才能消除艾滋病。如果做到了平等，很多疾病都能够被消除。如果社会可以平等发展，惠及那些资源缺乏的地区和人群，很多疾病都可以被消除。

从艾滋病防治40多年的经验来看，我们也有一些总结。

第一，肯定需要政府支持、资金到位。艾滋病应对这40年因为政府支持力度很大，特别是2000年千年发展目标定了之后，政府政治承诺、资金保证、指标监测都到位了，妇幼卫生这一块也需要资金到位。有一点创新，就是企业和全社会的力量真的不容忽视，企业社会责任在创新方面有体现，在推动方面也应该有所体现，资金的筹集和应用是第一位的。

第二，能力的建设、人才的培养。我们培养了很多各层人士，包括政策、技术层面，还有社区层面。这次全球新冠疫情大家都看到了，在应对方面社区发挥了巨大作用。我们说的社区有很多，除了行政社区还有受影响人群层面的社区，如妇女小组、感染者组织，真正的社区人群，他们的能力也需要建设和加强。我们有基层妇幼保健人员，和真正的社区人员一起工作，他们的能力是需要被加强的。

第三，伙伴关系。不管是全球卫生还是妇幼卫生这一点都非常重要，首先这绝对不是健康部门一家的事，我做艾滋病防治太了解合作了，我们有全球合作模式及国务院艾滋病防治工作委员会这种体制，我们有财政部、国家卫生健康委、科技部、教育部，所有部委都在，甚至高发省市都在协调范围内。这种机制也应该应用到各个方面，全社会的参与，如像教育方面有很多课程，全面性教育、生殖健康教育纳入到教育体系。工作场所也希望有更多地宣传，给女性更多的工作机会和其他平等的机会。多方面全面合作，还有社会性的妇联，消除对妇女暴力等。多合作，才能最终提高妇女的健康全球的健康。

谢谢。

李国红：谢谢，下面请乔老师给我们分享一下您的想法。

乔友林：刚才谈到健康的公平权和可及性的问题，这也是我们人类追求幸福的最基本的权利。我们说一些疾病，如病毒引起的疾病，病毒分不出有钱人和穷人，它对人类的攻击是没有差别的。但是人群获得健康的机会是不一样的，在低卫生资源地区受到伤害比较重，高资源地区能够及时得到健康服务，避免死亡。对于我们来说，我们在做中国低卫生资源地区消除宫颈癌的努力，很清楚地认识到人类战胜癌症一个都不能少，不能把中西部落后地区忽略掉，否则就和小儿麻痹一样，我们国家没有了，但是周边国家还有，如果那些地方不扑灭，全世界就不能宣布人类已经把小儿麻痹消灭掉了。习近平总书记提的口号非常好，一定要建立人类命运共同体，我们休戚与共，共同创造美好的世界。

谢谢。

李国红：谢谢，我们共同创造美好的世界。请徐福洁主任谈一下。

徐福洁：我很久之前读过一篇心理学的论文，说尤其在经济发展速度变缓的时候，如果没有力量短时间内创造大量的财富，创造更多的公平可以提升幸福感。我们需要创造更多的公平，在健康公平这方面，中国有独特的影响力，过去几年成功减贫和消除极端贫困，中国在这方面做得非常好。

回到健康的主题，一方面我们要对未来抱着乐观的信心去做创新投入，另一方面我们要建立更有创造性的伙伴关系。如果创新是科学家的事或者是年轻科学家的事，那伙伴关系是我们所有人的事，我们需要通过建立创造性的伙伴关系，不断解决全人类健康方面的问题。

李国红：各位嘉宾分享的都特别精彩，今天因为时间关系，可能没有提问时间了，我谈一谈我的感受。

我记得有一句话，我们每一个人的今天都是源于我们有健康的母亲和健康的儿童，进一步就是全人类的健康。在这样的概念下，我们就会看到团结是非常重要的，我们是一个生命统一体。还是回到今天的主题，我们说的是全球妇幼健康的促进，这里面有2个点，一个是可持续发展，还有一个是高质量发展。联合国可持续发展目标SDGs里面有很多关于健康的指标，包含了关于妇幼健康的指标。在这样的情况下，我们是不是可以达成一种共识，妇幼健康为全体，全体也为妇幼健康。让我们每一个妇女儿童都能够健康，那我们国家的文明程度也会提高一个层次，也能够尽早实现全人群、全生命周期健康发展，也是我们共同追求的目标。我们也相信有这么多专家、机构和政府的大力规划支持，一定会尽早实现我们的目标。

再次谢谢各位专家的精彩分享，这个互动讨论环节就到此结束，谢谢。

第 7 章

区域（城市）论坛：全球创新与绿色发展一体化·高质量

1 论坛综述

"创新"和"绿色发展"是全世界普遍关注的两大主题，在应对全球气候变化这一背景下，中国等世界主要国家出台双碳战略目标，全球能源格局变革和重构的同时，更是打开了巨大的产业发展空间。本次论坛聚焦双碳背景下绿色技术创新和产业发展、企业可持续发展战略、智能制造技术实践等主题，共同为全球可持续发展擘画新蓝图、探索新路径、贡献新智慧。

2 嘉宾演讲实录

光伏行业的最新发展及在未来低碳发展中的角色

Martin Green　澳大利亚科学院院士、新南威尔士大学教授

> 零成本减排的两个最大贡献者是风能和太阳能。得益于发射极和背面钝化电池（Passivated Emitter and Rear Cell，PERC）技术的成功，不仅有效提高了光能的

> 转换效率，还可以切割成小片克服电流量限制，进而降低生产成本，未来随着电池堆叠等技术的发展，光伏产业还有很大的成本下降潜力。

联合国政府间气候变化专门委员会（IPCC）在7月出版了一份报告，主要内容是减缓气候变化。根据 IPCC 报告，到 2030 年，通过光伏技术，大概能够实现 40 亿～50 亿吨的二氧化碳减排，大部分都可以零成本或者负成本实现，光伏是减缓气候变化的重要手段。我绘制的二氧化碳年度排放量图表显示，虽然最大的排放国已做出很大努力，但到 2030 年依然会碰到很多问题，主要原因是因为二氧化碳减排已经达到了峰值。我们必须这么做才能把气温上升控制在 2 ℃ 以内，这意味着现在还面临不少挑战。如果每年有 1 TW 的光伏装机总容量，能够代替火力发电和交通消耗的汽油，10 年之后，可以控制住气候变化，但前提是所有其他条件保持不变，其他领域的排放和现在一样。2021 年，光伏装机量大概增加了 0.2 TW。接下来的 10 年，很有可能实现每年 1 TW 的装机容量，特别是中国会使用更多的可再生能源来减少对油气的依赖。

最近几年发生的主要事件是光伏成本的下降，2008 年光电组件约 4 美元/W，700 W 的电池组件是 2800 美元。2012 年，降到了 17 美分/W，700 W 的电池组件批发价是 100 美元。光伏成本下降最主要的推动者就是施正荣博士，他在 2002 年建立了中国第一个商业化的太阳能电池工厂，并且在美国上市。之后，其他国家都学习该模式，随后全球经济危机爆发，公司间竞争非常激烈，光伏价格大幅下降。2008 年之后，市场竞争更加激烈，光伏价格再次大幅度下降。2016 年之后，随着电池技术的进步，成本再次下降。过去一段时间以来，电池技术主要是美国进行开发，右边是不同技术的市场份额，蓝色和深红色区域是美国技术，黄色和咖啡色区域是实验室开发的新技术，PERC 电池及其他 3 个潜力技术都是可以在未来 10 年中应用的，TOPCon、HJT、IBC 是其他的几个电池技术，这三大技术在争夺黑色区域。PERC 技术是比较商业化的技术，基于硅组件的销售在 2021 年占到了 91.2%。PERC 技术不仅拥有很高的转换效率，而且有很多功能。人类首次可以低成本地生产两面均能对光产生反应的电池组件，收集更多的太阳能。另外，PERC 技术带来的另一个好处是将正方形电池转化为长方形，可以把电池组件切割成小块，使用其中一半的电池。自 2012 年以来，产业应用的晶圆尺寸都是六英寸，但是在过去几年，由于 PERC 技术，使得晶圆尺寸涵盖了 120～125 毫米，大概有 10 A 电流，如果割成小片，可以克服电流量限制，在生产过程中可以降低成本。

另外一个比较重要的问题：在 PERC 技术之后又会有什么新技术？比较好的答案就是更好的电池结构，从使用一个电池变成电池堆叠，如果我们改变了电池属性，这些电池的反应就是最高能量的电子一层层过滤下来，自动过滤了太阳光，有的在比较高的层面，最上面已经被吸收了，然后进行了转化，其他过滤了下来，每层都用最适合转换吸收的光子，这样可以整体提高效率，把电池堆在一起形成电池堆。现在硅行业规模非常大，电池可以堆叠在硅上面，这样做可以大大提高效率。最近光伏行业的成本大幅下降，这只是一个开始，还有很大的下降空间，我们可以把越来越多的电池堆叠形成电池堆，未来电力会变得非常便宜。大家都在讨论第三次能源革命，现在有了 PERC 技术，我们可以做很多事情，所有的新技术对于光伏的未来都有很大的好处。有一些电池组件的成本已经降到了 17 美分/W。未来 5 年，有 10 美分/W 的低成本，一度电只需要一美分，这样的电价已出现在最近的沙特阿拉伯购买协议中，今后有可能成为主流。右边显示太阳能也能很好地减缓二氧化碳排放，这也是 IBCC 的论点。当然，决策应该是非常大的，可以来减缓全球变暖，甚至作用会比 IBCC 所描述的更大。

碳达峰碳中和愿景下的能源技术创新和产业发展趋势

卫昶　国家能源集团北京低碳清洁能源研究院原院长

> 中国实现碳中和目标面临时间跨度短和碳强度高的双重挑战。实现碳中和的途径有 2 类：一类是减少排放，通过加快零碳电力发展和加速化石燃料替代；另一类是增加碳汇，通过扩大自然碳汇和采取工程系统增汇。储能有多种形式，电化学储能和氢能发展迅速，有良好的前景。碳捕集、利用与封存（CCUS）技术对中国实现碳中和目标意义重大。煤电是主要的二氧化碳排放源，中国的能源结构注定了多煤缺油少气，独特的能源结构需要规模化 CCUS。规模化 CCUS 技术应用可以避免大量高碳能源资产搁浅，促进全球绿色技术的发展。

在过去 80 万年的大部分时间里，二氧化碳的浓度是在 200 PBM～350 PBM。在 150 年前二氧化碳浓度升高到了超过 400 PBM，这个阶段是人类经济活动高速发展的时期。由于气温的增加，导致了一系列的自然变化，包括海平面上升、极端气候增加，这是为什么联合国在过去很多年一直在全球范围内推动联合应对气候变化的原因。标志性事件就是 2015 年的《巴黎协议》，希望到 21 世纪末能够把温度控制在 1.5 ℃以内，因为研究表明，如果平均气温上升 3 ℃，对人类会产生灾难性且不可逆转的影响。这张幻灯片讲的是过去几十年二氧化碳的排放情况，请大家注意几个点，可以看到欧盟是一条蓝色的线，其在 1970 年的后期实现碳达峰了，然后一直缓慢下降。美国在 2010 年左右碳达峰，现在也在下降。中国从 2000 年开始经济飞速发展，随之二氧化碳排放量急剧增加，现在达到了 100 亿吨。印度二氧化碳排放也在逐渐增加，世界其他经济体总和也在增加。到目前为止，我国二氧化碳的排放应该是全世界最大的，达到美国的两倍、欧盟的三倍，占全球的 30%。

中国注意到二氧化碳排放的上升，会对中国造成影响。2009 年，温家宝总理提出到

2020年单位GDP的二氧化碳排放比2005年下降40%～45%，这是中国第一次提出二氧化碳强度的概念。到了2015年习近平总书记首次提出总量控制，到2030年左右二氧化碳总量达峰。2020年，中国政府明确表达了争取在2060年前实现碳中和。实现碳达峰碳中和，对中国来讲挑战巨大。首先是时间跨度短，欧盟1970年末期就实现了碳达峰，目标是2050年碳中和，约有80年的时间。美国从碳达峰到碳中和，有43年的时间。中国是2030年实现碳达峰，2060年前力争实现碳中和，只有30年的时间，时间跨度明显少于欧盟和美国。从2030年到2060年，中国需要在发电领域减排50亿吨，时间短、强度高，挑战巨大。实现碳中和有两大途径：一是减少排放。一方面增加零碳电力，如光伏、风电、地热、核电等可再生能源的大规模使用；另一方面是替代化石燃料，如电气化、生物燃料、氢燃料。二是增加碳汇。一方面扩大自然碳汇，如森林、海洋、土壤碳汇；另一方面是工程系统增汇，如碳捕集、利用与封存（CCUS）。我们需要做更多工程碳汇，只有通过技术创新，推动与碳达峰碳中和相关的产业发展，才能实现碳中和。

在具体如何实现的问题上，可再生能源是一个主要途径。到2020年年底，中国的风电和光伏装机容量都突破了3亿kW。2021年，风电和光伏的装机容量超过1亿kW，截至目前总装机容量已经达到了25%。海上风电发展迅速，年内增速超过4倍。在风电领域，大部分陆上风电的风口已经被使用，近海风电发展非常迅速，2021年增长了450%。远海风电有很多应用，因为其利用率高、空间极其广阔，但面临的挑战是安装难度大、维护成本高，而且在输送电方面损耗高。在光伏领域，2021年分布式光伏第一次超过了集中式光伏，装机容量达到2900亿kW。分布式光伏发展规模很大，问题是需要占大量的陆地面积。分布式光伏包括屋顶光伏（BAPV）、建筑光伏一体化（BIPV）和移动式光伏。建筑光伏一体化有很大的应用前景，如果对现有建筑进行改造，用5%安装BIPV，装机总量约为400 GW，如果对新建筑进行BIPV安装，总量约为20 GW。交通光伏一体化主要是柔性光伏，包括硅基在内的光伏，在向薄膜和可弯曲上进行尝试。此外，地热是新型可再生能源的一个重要方向，但是地热发电还在初期发展阶段。光热技术也有巨大的前景，尤其是高温光热发电。

储能是可再生能源发展的前提，同时也是煤电灵活性应用的关键技术，所以储能技术在低碳清洁领域特别受关注。中国在2021年新增了约7.4 GW的储能装机，其中大部分是抽水蓄能，抽水蓄能是储能的主要形式，电池储能、压缩空气、储热也得到了很大的发展。在目前储能产业发展趋势下，电池最受关注，锂离子电池、钠离子电池已经初具规模，发展迅速。氢能是化学储能，各个地方都在关注，也是投资的热点，但还在产业上升期。储热领域是一个蓝海市场，机会特别多。高温储热方面，水和固体可以储热，还有熔岩储热550 ℃左右，千摄氏度以上的储热可以通过可再生能源、锅炉直接换热或者太阳能聚焦加热，储热之后可以用来发电、直接供应高温热，再就是热电耦合来供应，有着巨大的应用市场。

氢能有两大功能：一是耦合功能，氢可以从可再生能源来，可以发电，又是化工的重要原料。二是低碳特性，可再生能源制氢，通过氢以氢能的形式可以大规模地提升可再生能源的发展，氢的可运输性可以优化能源配置，储能特性可以提升电力系统的稳定性，最终实现终端的去碳化。氢的产业链很简单，制氢环节都可以储运，有很多环节可以通过气体或液氢形式运氢、加注，应用于汽车、发电或化工领域。氢能产业发展有两大趋势，绿氢和液氢。

CCUS是捕集煤电排放的二氧化碳，煤电是主要的二氧化碳排放源。中国的能源结构注定了多煤缺油少气，一定范围内煤电依然会存在。另外，中国有大量的煤电资产，很多都是过去十年新建的，如果不利用好CCUS就会造成大量的资产搁置。如果真正实现大规模低成本的CCUS，煤炭也可以成为一个绿色能源。技术成本依然是挑战，包括捕集有膜法、吸附法、容器法，需要材料上的技术突破。应用层面最多的是驱油，但是成本很难匹配，需要更大规模的化工品应用。最终要有一大部分的碳排放被封存，因为排放量实在太大，所以低成本封存技术也是需要关注的。

在碳中和大背景下，二氧化碳减排是大趋势，势在必行，可再生能源的发展是减排二氧化碳最重要的途径，储存又是可再生能源规模化发展的重要保证，储能又分电化学储能、氢能、储热，这些都需要技术的持续提升和突破，才能真正实现大规模低成本的应用。对于二氧化碳的捕集、封存和利用，需要真正的突破性技术，否则目前在成本上是不能符合经济需要的。碳达峰碳中和是巨大的系统工程，每个国家的地理位置、发展状况和资源禀赋都不一样，所以提出的碳达峰碳中和路径也不尽相同，甚至是大相径庭的，所以需要国际社会通力合作，才能真正应对气候变化。

绿色氨气能源的产业化之路：从科研到市场

Truls Eivind Norby　挪威科学院院士、奥斯陆大学教授

> 绿色氨气能源发展面临3个突出的问题：电极如何保持动力，氨如何进入负极，开关过程如何确保足够安全。技术革新依赖基础研究，科学和产业创新之间没有矛盾，创新可以在两者之间流动、互动，科学和产业之间有力的互动依赖于坚固的科学基础和教育产业，需要几代人的努力。当前，中国需要更多从科学到产业的创新。

氨气可以用于化肥、燃料，也可以用于船舶燃料，基于质子陶瓷的燃料电池可以直接把氨气转化为电力，用来推动发动机。中国在锂电池技术方面发展得很好，锂电池电动车做得也很好，几乎所有的挪威新车都是电动车，我们也非常喜欢中国北极星车型。

但是为了储存更多能源，我们用电解的方式来获得可再生能源，主要是氢，还有用燃料电池把氢再转化为水。氢也可以用在电动车上，中国有世界上第一艘氢能船，氢还可以用在公交车上，将氢作为涡轮发动机的燃料，在碳排放方面要比化学燃料好得多。

我今天重点讲氮化合物，氮的三甲基胺很难打破，而且没有办法用植物、细菌提取氮能，需要添加硝酸盐让它转化为化肥。怎么打造氮的化学键？用加热、催化或者其他的伙伴物质，使它成为一种新的状态。第一种方法，用电解。100年前，挪威一位化学家发现在高温情况下可以打断氮的共价键和空气中的氧气反应生成一氧化氮，用电解的方法可使它分离从而获得电能，通过这样的方法也可以生产氮肥。我们发现天然气中已经有氮能源，可以生产氢气制造氨气，这个过程也已经得到了优化，但氨气必须通过氧化反应才能生产出化肥，所以氨气只是中介产物，氮氧反应现在已经工业化了。用通常方法打断氮的共价键来生产化肥需要电极反应，一氧化氮是最接近终端化合物的形式，但是今天谈论的不是用于化肥的氨气或硝酸盐，而是把氨作为燃料能源及氢能相关的燃料。

氨是大宗商品，也是唯一含氢但又没有碳排能源的化合物，氨可以来自化学燃料，是绿色能源。氢和氨的差别就是连接键的强弱，氢非常不稳定，易燃易爆，没有毒性和腐蚀性；氨容易液化，可以保存在零下33℃。氢需要低温高压才能储存运输，氨相对容易一些，其密度比氢高，所占体积比较小，运输起来效率较高。所以氨可以作为一种主要的海用能源，估计在2040年会得到大规模的使用。现在世界上已经有船舶公司把氨作为内燃机的燃料，第一批已经投产，简单的方法就是用热裂器加热，打破氨，释放出氢能与空气混合，然后加注进内燃机，推动发动机发电。此外，也可以把氨加到燃料电池中，需要氢气，加热到120～180℃，污染也比较少。还有一种方式是直接用氨的固体氧化物燃料电池，需要800℃的高温，内化的裂化反应，直接实现热链，会与来自电极的氧气结合反应。还有更好的是用质子导体，质子陶瓷燃料电池，温度稍低，只需要600℃，直接内部热裂，蒸汽产生在电池阳极，效率更高，污染更少并且更安全。要实现这一点需要质子陶瓷作为媒介物，常用的有锆酸钡，产生氢氧离子，在负极实现氨的裂化，将氢进行氧化反应后，释放出氢离子。质子的材质是在2个电极中间，氨气在负极释放出氮和氢，氢释放出质子，质子就通过这些电极。氢进入电极后，通过扩散释放出质子，这个过程非常复杂，现在科学家还在研究。

如何把这种方法从实验室推广到市场，有几种不同的选择，但都有挑战。在质子陶瓷领域，目前主要是用1000 W的反应堆以甲烷制造乙烯。今年我们在科学杂志上发表了用甲烷提取氢实现工业化的文章，效率非常高。质子燃料电池的电压更低且抗泄露，电容密度比较高，制作工艺比较简单。问题是如何做得更加扁平和稳定，电极如何保持动力，氨如何进入负极及开关过程如何确保安全。我们需要中国、挪威、欧洲的资金更多地投入到项目中，把生产制造放在中国，因为这里的效率比较高。而市场方面，我们有长三角航运体系，还有韩国、日本、欧洲、挪威等，如果产品足够好，相信在 2040 年完全可以成为这一领域的领导者。

中国需要从科学到产业的更多创新。技术革新需要依赖基础研究，通过基础科学研究成为技术，而那些科技发达的强国必须要有非常坚固的基础研究，才能更好地发展技术。在科学和产业创新方面，其实并不矛盾，创新可以从科学界一直延伸到产业界，并且可以反向进行，科学界能有一些产业界的想法会发展得更好，相互之间的互动需要非常坚固的科学基础和非常有知识的产业界，中国需要推动产学之间的沟通交流。中国科学界现在缺少一些科学家，如我们这个领域，其实 100 年前就已经兴起，包括有机化学，一直慢慢发展，一代代的导师传承下来，Richards 获得了诺贝尔化学奖，指导了 Lewis，Lewis 又指导了 Seaborg，然后得到了诺贝尔化学奖，而在中国没有这样的传承，所以现在中国依赖于海外的科学家或者归国学者。在中国最了不起的物理化学家，几乎都有海归背景，有知名学者指导。另外，很重要的就是耐心和深度，只有这样才能让中国诞生更多的世界一流科学家。

杜邦的可持续发展战略

陈志东　国创中心"全球创新伙伴"代表、
杜邦（中国）研发管理有限公司董事

> 杜邦公司业务领域覆盖电子、水资源利用、职业保护、工业技术及下一代汽车。杜邦可持续发展的三大支柱为：创新为善、保护人类和地球、赋能员工和社区繁荣发展。创新为善包含 3 个目标：建立和推广应对全球挑战的方案、倡导循环经济、更加完善的安全性设计。保护人类和地球包含 3 个目标：采取气候行动、引领水资源管理、建立全球领先的健康和安全体系。赋能员工和社区繁荣发展的目标：发展多元化、包容性、平等的文化，培养员工的幸福感、成就感，构建繁荣社区。

杜邦公司是一家美国公司，成立于 1802 年，迄今为止已经有 220 年的历史，是可持续发展经济委员会的创始成员。杜邦公司从 20 世纪 70 年代开始对废弃物、污染物的防治采取了一些有力措施，随后进入 20 世纪 80 年代，在应对碳排放方面着手做了一些相应工作。从 2000 年开始，在可持续发展创新方面，引入了全生命周期发展理念。杜邦公司是一家科学创新公司，创新发展是基石，基于我们的核心价值观，通过最基础的创新促进人类繁荣发展。

目前，杜邦公司业务领域主要聚焦于 5 个方面：一是电子，主要是下一代半导体芯片技术及印制电路板（PCB）用到的高性能材料和技术。二是水，在水资源利用方面，我们有全球最先进最全面的水处理应用和技术解决方案。三是保护，保护工人，同时实现建筑的可持续发展。四是工业技术，在比较严苛的环境下所需要的高端材料，如医疗防护、航空航天、国防、清洁能源等不同领域。五是下一代汽车，新能源车的材料应用和安全驾驶构造。在这些业务方面，杜邦制定了可持续发展战略，将联合国17个可持续发展目标非常贴切地融入杜邦技术和产品中，建立了三大支柱：一是创新为善；二是保护人类和地球；三是赋能员工和社区繁荣发展。这三大领域，基于杜邦现在的业务基础和领先的知识产品，构成了杜邦公司创新组合和业务运营模式，以及对员工和社区做到的承诺。

一是创新为善，包括3个方面。①建立和推广应对全球挑战的方案，基于杜邦比较领先的材料科学支持和比较全面的工程技术，在联合国可持续发展目标的引领下，能够百分之百把杜邦的创新组合融合在一起。②倡导循环经济，杜邦比较早地考虑产品的全生命周期发展，包括生产、使用、运输等全生命周期的碳足迹、碳排放影响，使整个市场能够更好地为未来服务。③更加完善的安全性设计，把杜邦的设计理念和可持续的绿色化学应用到产品设计和整个工艺流程中。图上有9个杜邦创新平台，介绍2个例子。一个是个人防护，大家看到图上"大白"穿的白色防护服，基本都是杜邦公司提供的，从2020年疫情暴发开始到现在，杜邦在全球范围内已经提供了超过2亿件高端的医用防护服。另一个是在生命健康、医疗领域的应用，疫情期间接种疫苗的针头上都有杜邦生物相融性润滑剂，针头打到皮肤里以后有触感，痛感就会降低，我们在疫苗生产领域也拥有很好的有机硅管路系统。目前的8个平台，杜邦以技术和产品来铺垫，在整个创新领域推广。

二是保护人类和地球。杜邦有气候行动目标，在2030年将温室气体排放减少30%，要采购60%可再生能源，同时在2050年使碳中和达到标准。杜邦有全球最完善最全面的水处理技术，从电子、生物制药用的高纯水到市政用水，甚至废水、污水处理，各类解决方案都已经建立起来了。杜邦还有全球领先的健康和安全体系，杜邦公司最早是做火药的，做了100多年，从20世纪初转行进入化工材料行业，20世纪很多化工材料都是杜邦先商业化的，但是工厂生产安全是重中之重，杜邦安全管理咨询基本上是整个行业的标杆，在国内与中石化、中石油、国家应急管理部都有合作。例如，Delrin杜邦聚甲醛材料，采用生物质作为原材料，杜邦的能源用生物质发电，或者其他绿色能源进行生产，同时在物流链上也用到相应的低碳措施，使温室效应值降低了75%。新能源车里用到导电技术，杜邦的导电胶得到了非常大的应用，对于汽车电子化有很大的帮助，我们也是特斯拉的供应商。

三是赋能员工和社区繁荣发展。杜邦倡导包容文化，是全球最具包容性的公司之一。在包容性领域，不管是对员工、客户还是社区，杜邦都做出了贡献，杜邦的信条是相信未来，杜邦的发展依赖于创新驱动，依赖于更多的"想法、创意"。这些"想法、创意"怎么产生？就需要多样性。所以，多样性和包容性是杜邦成功的核心因素之一，正因为公司这种良好的创新文化和环境，才会吸引市场上多种多样的人才，在多样性方面能够一直有创新的文化、产品、技术面世，"Diversity Best、Best of the Best"是公司在可持续发展方面获得的奖项。此外，还要培养员工的幸福感、成就感。在建立繁荣的社区方面，杜邦的目标是在2030年前，繁荣一亿人口的生活，使他们的生活水平得到提高。

全球创新和绿色发展

Hans Duisters　Sioux 集团创始人、首席执行官

> Sioux 公司希望通过技术打造更智能、更绿色、更健康的世界。2019 年，Sioux 公司在苏州建立 Sioux 科技公司的亚洲总部，服务对象包含半导体、医学分析和其他产业，提供研发服务、解决方案和组装服务。开放式创新生态系统，可以做到更快、更好，更低成本、高效益地完成任务，并扩大技术应用范围和集群。开放式创新的道路是从核心到战略合作伙伴再到基础合作伙伴的选取。第一层是核心，要具备自己的高价值 IP。第二层是关键技术和其他方面。第三层是基础，找到任何合适的有时间完成这项工作的合作伙伴。

Sioux 公司希望通过技术打造更智能、更绿色、更健康的世界，公司聚焦于通过先进的软件开发和组装低用量、高复杂、高复合系统。Sioux 公司是高科技企业，可以提供应用数学和软件资源，公司有超过一千名工程师，年收入超过 1 亿美元，欧洲总部在荷兰埃因霍恩，亚洲总部在中国苏州，公司有 50 年的科技发展史。2019 年，Sioux 进入中国市场，加入了长三角的生态系统，在江苏苏州建立了 Sioux 亚洲总部，目前收入近 1 亿元人民币。公司为半导体、医学分析和其他产业提供研发服务，也可以提供控制系统、摄像系统等解决方案，还可以提供组装服务。Sioux 是 OEM 的一级供应商，目标是实现机电一体化，在应用数学、软件、电子系统等方面提供专业技术。

纵观整个价值链、供应链，公司首先需要了解客户需求，然后针对需求提供解决方案，我们有自己的研发给他们打样，生产一些组件和元件再进行组装，然后集成系统上市。在荷兰有很多中间件外包给供应商的情况，其中有一些公司只是面向客户做销售，其他价值链中很多环节交给经验丰富的供应商，这样更加具有成本效益，质量也更高。Sioux 公司有一系列的技术项目和程序，包括设备设计、视觉感知、精准定位、运动控制等方面，在半导体、医学分析产业领域有超过 100 多家客户，在满足客户需求方面积累了丰富的经验。ASML 是半导体行业的领先者，Sioux 公司是 ASML 的供应商，还有飞利浦、西门子及其他很多医疗器械公司都是 Sioux 公司的客户，Sioux 公司也是 Thermo Fisher（赛默飞世尔）等分析仪器工具企业的主要供应商。在中国，Sioux 公司开展纳米级别的打样组装，提供

组装服务，组件生产也是价值链中的一部分，Sioux 公司非常需要这些重要组件来形成解决方案。这些电子显微镜是为赛默飞世尔客户定制的，不到一年时间就做出来了，先进高端，是世界领先的桌面式电子显微镜，全球每年有超过 500 台，Sioux 公司有经验非常丰富的供应链，可以调动整个供应链的资源，相对于企业自己做要好很多。

回顾一下开放式创新的历史，飞利浦公司做全链条，从创意到原型打样，到工业化，再到上市及销售渠道。但现在趋势已经发生变化，在荷兰出现了更多开放式创新，OEM 欢迎其他企业加入生态圈，一起做开发、设计、数学应用，在下游分销渠道也是找合作伙伴，所以整个价值链都是开放式创新，OEM 会进行协作，仍然能够控制供应链，所以形成了开放式创新的生态系统，可以很容易地进行创业。换一个方式来说，这一理论来自于加州大学伯克利分校的 Henry 教授，开放式创新是指，如果我们找合作伙伴，可以做到更快、更好、更有成本效益地完成任务，而且不仅在开发领域，在生产、销售领域都可以找合作伙伴，可以将自己的技术许可给合作伙伴，还可以内部创业、剥离，也可以和产业合作伙伴连接，扩大技术的应用范围。从事外包的 OEM 有自己的大 IP 核心，如有一项专利，他们会尽一切可能保护好，其他关键技术会找一些战略合作伙伴。最后是基础，基础就是可以在任何时间完成这项工作的合作伙伴。所以，从核心到战略合作伙伴，到基础合作伙伴，也是开放式创新的道路。

我们和江苏省政府密切合作，希望打造一个中荷高科技创新港，能够促进荷兰和中国双方协作。这栋楼还在建设中，希望明年竣工，它将成为全球合作和开放创新的热土。从苏州北高铁站步行就可以到中荷高科技创新港，这不仅是一栋楼，还是一个孵化和创业基地，同样可以孕育未来工厂，这个创新平台可以把西方精华和中国特色连接在一起，相互学习而不是竞争。

最后，我坚定地相信全球协作才能带来更加美好的未来，从美国、欧洲到中国，相对于单打独斗，我更加相信合作的力量，我们要相互依赖才能把蛋糕做大，实现共赢。

数字化智能制造与新能源电池

黄云辉　华中科技大学教授、博士生导师

> 智能制造中融合了数字制造、机器人、人工智能、互联网和制造工艺等技术，是我国从"制造大国"向"制造强国"战略目标转变的重要保障。智能制造的应用，如视觉导引机器人智能装备、激光雷达自动化测量装备等广泛应用于汽车主机厂、汽车零部件（发动机）、家用电器等制造领域。面向国家对新能源汽车和规模储能的重大需求，发展高安全、高性能新能源智能电池，开发超声、光纤等多物理场监测技术及人工智能与电池技术的高度融合已经迫在眉睫。

智能制造是将人类的智慧物化在制造活动中，形成一个人机合作的系统，通过机器人技术、网络技术、通信技术、人工智能，来提高制造装备系统的适应性和自治性，实现智能化升级。智能制造的目标是产品，实现产品的智能驱动，包括人机交互，涉及多功能感知、语音识别、信息融合、自动感知，核心技术包括传感技术、无线通信技术、自主决策技术，要基于智能识别、人工智能和大数据才能实现精准执行。机器人系统在汽车、家电等很多领域已经实现了应用，包括视觉导引机器人等。在发动机缸体数控加工生产线上，机器人上下料成套设备、发动机泄露检测装备、电池激光雷达测试装备已经运用于中国重汽、一汽等企业。特别是针对一汽的需求，研发了智能制造运营管理系统，为锡柴智能工厂建设做出了很大贡献，取得了很好的社会效益和经济效益。

新能源电池是现在投资界、学术界和产业界的热点。在高能量密度下实现高安全是至关重要的，所以有智能电池的概念。我们利用内部电子线路或传感技术测量计算或存储电池数据，通过电池管理系统使电池的行为和全生命周期的管理变得更加可预测。因为电池是密闭系统，电池的健康状态很难监测，出现问题如何解决，是目前电池发展的痛点和难点问题。智能电池离不开对失效机制在内的电池内部健康状况的深入分析，有了这些分析才能通过材料和技术的革新进一步提升电池的综合性能。我们在丁院士平台上搭建了多尺度迁移学习框架，为用户提供个性化的电池健康管理方案；用人工智能分析监测电池健康状态，平均误差在0.2%，剩余寿命预测在8%左右。

探测电池内部健康状态很重要。从2015年开始，我们用超声检测电池内部的健康状态，把超声信号和电池结构结合起来，应用难度非常大。通过浸润、内部极化、SEI生长、波形等，对应这些关系，验证其准确性和有效性，通过机器学习及大量电池测试，发现内部联系。超声信号比外电流、外电压信号更加灵敏，通过这种信号加上人工智能，可以判断电池健康状态。另外，超声成像是比较成熟的技术，我们开发了电池超声扫描成像系统，通过人工智能算法，更准确地监控电池内部的状态并进行效率分析。除了超声传感，还要进行实时监测。目前，采用光纤智能传感监测电池的应力和温度。光纤用光谱或散射来研究电池健康状态，可以内置在电池内部，也可以贴在电池表面，灵敏度非常高。

电池管理系统基于"电池剩余电量百分比（SOC）"，缺少"电池当前的容量与出厂容量的百分比（SOH）"，如果把SOH接入进去，对于电池管理系统是一个变革性的进步。另外，通过其他传感手段，包括热、力、声、气、化学传感，多物理场的传感技术叠加在一起，如超声或光纤，都需要把声学信号变为电信号，如果能够直接测出电信号，成本上就更加划算，所以我们开发了一个新型技术——用碳纳米管做应力和温度，单个成本非常低（人民币一元左右），而且可以做得非常薄。此外，通过材料的创新，如压电陶瓷等，成本会更低且更加实用。针对电池安全事故，现在的标准要求15分钟发出预警，我们把超声和光纤进行组合，对电池进行安全预警，现在通过实验室可以做到20分钟。

工业产线未来的发展，是通过融合生产线上的大数据和人工智能来提高产品质量。实际上电池材料等生产线的智能化程度越来越高，如果能做成智能芯片，应用起来会更方便。针对新能源电池，把人工智能、传感和电池技术进行深度融合是关键。在电池装备方面，从材料到电芯到模组再到系统的智能化程度都做得相当高，基本都是智能工厂，但是缺乏新型智能设备。固态电池没有合适的生产线和生产装备，钠离子电池很热门，但没有专用的钠离子生产线，大量电池退役回收利用，如何对电池进行智能监测，判断剩余价值，以及如何重新整合，这些智能化的设备目前都没有，值得我们开发。

携手续创中国的工业未来

戚锋　西门子工业软件（上海）有限公司
产品与战略咨询首席、大中华区副总裁

> 数字化技术提高工业制造的效率和生产力。推进"生产"数字孪生在软件中的应用，开展产品数字化设计、仿真和验证，通过PLC代码生成和虚拟调试进行数字化生产的规划、仿真、预测和优化，最终通过全集成自动化，实现高效、安全生产，并通过数据洞察优化产品和生产。西门子致力于融合现实和数字世界，为数字化转型和可持续发展做出贡献。

西门子在中国有150年历史，为中国的工业化、电气化和数字化发展做出了贡献。从2010年开始，西门子是中国制造2025及中国工业数字化转型的引领者之一，西门子成都工厂是中国第一家数字化工厂，展示了先进的传感器技术、数字化技术、网格化技术，以及德国人对现代化工厂制造标准的追求。在中国经济发展过程中，西门子培养了很多如今比西门子业务做得还大的中国工业企业，如上海振华港机。未来中国进入绿色、创新、双碳发展阶段，西门子将成为相关领域的技术支持者和应用导入者。

西门子一百年前开始玻璃制造的探索，1856年发明了蓄热炉技术，以此为基础进行玻璃制造。20世纪80年代开始探索玻璃行业的电气化、自动化。1950年，西门子推出了太阳能硅芯片的制造工艺技术，创建了欧洲最大的光伏发电厂。2002年，西门子把完整的技术公开给了市场，同时把太阳能光伏技术业务卖给了荷兰的壳牌公司。这样的技术工业探索和应用，使西门子对很多再生能源领域应用材料的电器化、数字化、自动化有深刻理解。

西门子作为全球拥有50多万员工的跨国公司，持续变革、持续发展，驱动发展的核心就是企业的灵活性、组织结构的灵活性、产品的创新及对优秀产品的追求。在我们的认知中，新能源行业硬件的投资非常重要，但是软件也是新能源发展的重要工具，软

件和硬件的组合至关重要，像软件定义汽车一样重要。所以，未来的智能制造、绿色制造、创新发展、双碳战略，都离不开硬件和软件紧密结合。从分布式能源的发展趋势看，2040 年 58% 的乘用车将是电动的，2050 年整个行业的电气化将导致电力需求翻一番，这更加为行业发展提出了绿色能源、高效率、可持续发展的期望。从西门子的角度看，数字孪生是应用数字化技术的标准或者方法论，西门子通过硬件和软件组合，把数字孪生的标准和技术完美应用到了生产制造中，从产品设计、产品性能仿真、工厂工艺设计、工厂制造，到制造的运行管理，以端到端的数字孪生支持工业用户，使用工业硬件技术和软件技术更加精准地完成智能产品的制造。

数字化的软件技术可以很精准地通过三维模型用 99.9% 的精确度把创新产品描述出来，软件提升了工程师的创造力及沟通效率。通过数字化软件，可以进行协同快速设计，在同一个软件平台里设计一个冰箱，设计一辆汽车，甚至设计一辆飞机。设计完产品之后，也可以快速对产品进行虚拟仿真，不管是飞机的飞行曲线、汽车的可驾驶性或者工厂的样子，通过软件工具高效率、低成本地完成制造价值工程全生命周期。然后评估产品的性能，决定制造产线的方式、设备及材料。通过数字孪生在软件中的应用，就完成了现实世界中需要花时间、成本、精力才能完成的一系列工作，这就是数字化技术对工业制造带来的效率和生产力的提升。新能源汽车领域，西门子支持了很多国内企业，在一年内发布了 5 个车型，快速进行汽车量产，从设计、工艺、工厂、制造及数字孪生、数字化组线，帮助企业快速完成从梦想到产品的过程。这就是现实世界和数字世界的关联，西门子也在做工业元宇宙的早期铺垫工作，工业元宇宙是数字孪生的最终体现和实现。西门子不单服务于工业，也为中国的自动化制造业培养了大批人才，每年举办西门子数字化大赛，在上海虹口区创建了上海第一个工业数字化创新体验中心。

西门子参与了中国商飞公司的大飞机制造，解决了很多关键技术问题。帮助传统的食品饮料行业通过数字化技术来提升产品质量、消费者满意度，帮助企业争做行业内制造核心。西门子作为数字化引领者，在 2021 年推出了数字化加速器概念，数字化加速器是指在一个统一的数字化环境中，将多学科的工业应用工具，包括三维软件、仿真软件、电缆电路设计数据，集成到统一平台上，帮企业解决了数字化时代面临的最重要挑战。数据越来越多，软件越来越复杂，所面临的产品引入的学科越来越多，未来的电动汽车有芯片、通信系统、雷达。与传统柴油企业相比，多了很多通信电子软件的新学科，通过西门子数字化加速器新标准，使三维的 CAD 设计数据、芯片设计 EDA 数据快速得以共享。

3 国际智能制造联盟圆桌会议

主持人：三菱电机、中节能、南京钢铁、帝斯曼在数字化和工业碳减排方面，各自有什么成功的实践和案例可以分享?

蔡建国(三菱电机有限公司 E—JIT 统括事业总监):三菱电机 2003 年提出智能制造的概念。智能制造主要是自动化和数字化。智能制造和绿色制造是 2 个概念。智能制造关心的是生产线内部的人、机、数据,而绿色制造关心的是制造环境与排放。如何利用物联网技术、数据技术、人工智能技术,把智能制造上的技术在绿色制造方面进行推广,将生产现场内部的数据和外部数据进行合作,是未来的重要方向。关于数据利用的考虑,首先是数据如何收集,其次是数据收集后的通信传播方式,最后是数据的管理和使用。

张自强(中节能绿碳环保有限公司董事长):智能制造和绿色发展不是割裂的。中节能绿碳环保在工业节能方面主要从事工业生产,尤其是高耗能领域的"三余",余热、余压、放散性可燃气体的回收利用。智能制造、数字化、信息化提升效率的同时,也促进了减排,因此智能制造和绿色发展存在关联关系。数字化应关注如何把行业数据孤岛变成有价值的数据。我们比较熟悉的是大型互联网公司对数据的使用,但很多行业数据现在仍是孤岛。

孙茂杰(南京钢铁联合有限公司总裁助理):钢铁在行业中能耗高、排放大,但是钢铁是社会进步最重要的原材料,国防、交通、建筑、汽车、轻量化,都离不开钢铁,现在中国钢铁产能达 10 亿吨,占世界产能的 50% 以上。如何继续发挥钢铁之力又平衡绿色减排很关键。数字化转型需要定义规则。数据的收集、整理、应用是长周期的过程。大范围的智能化改造对数据的要求更高,如 IT 技术、区块链技术。不是所有数据都有价值,只有数据可用才能资产化。需要定义规则,限定数据的转化、业务协同、价值传递及数据清洗等规则。数字化过程的使用必然是价值导向和业务导向。无论是智能制造还是低碳,无论是直接经济价值还是社会价值,不管是短期还是长期,一定是价值导向,是做有价值、共赢的事情。数据的应用、优化、分析关键在业务导向,数字技术最终与业务融合,一定是业务人员用好数据、发挥价值为导向的。

周涛[帝斯曼(中国)有限公司总裁]:帝斯曼较早开始了可持续发展道路的探索。帝斯曼不是传统制造企业,是营养健康生物科技公司,持续关注可持续发展。从绿色角度考虑碳排放和能源,提出 2030 年要全部使用绿电,温室气体排放降低到 2016 年的 50% 的目标。绿电在中国刚刚起步,我们相信实现双碳不是一个企业能够做到的,企业之间的合作,政府和企业之间的合作,包括消费者对企业提出的可持续发展方面的要求,这些都是帝斯曼达到目标最大的动力。帝斯曼还在 ToB 业务中实现碳减排。动物蛋白生产过程中的温室气体排放,其中很大比例是反刍动物的甲烷排放。我们经过十多年的努力,说服政府和畜牧业,用少量的牛饲料添加剂降低 30% 的甲烷气体排放。

主持人:从制造到生产整个产品的全周期流程,很多企业在理解的时候有不同的思路,有的关注生产过程,有的关注最后的物流和仓储,从材料准备、设计、需求定义到最后余热、余能的回收处理的整个生命周期,南钢认为哪一块骨头最难啃或者哪一块最重要？

孙茂杰：我们借鉴美国、欧洲、日本、韩国钢铁企业的先进经验，不管是数字企业还是绿色企业，有多少排放，归根到底是企业提供产品和服务的，我们以产品为龙头，拉动全流程的服务。上海振华港机、江南造船都是我们20年以上的长期合作大客户，这里面国之重器的设计是从源头探索的，通过协同设计到精准制造，包括造船分段交付，如果和库存、使用分段制造结合起来，把物流带进来，从制造到物流、交付就形成了一个闭环。至于对哪个流程比较难的理解，不同企业有不同的认识，很难说哪一点很难。只要这条路选对了，最终事情的落实一定是一个联合团队的过程。以业务专家为主导，协同好相关技术资源，就没有解决不了的问题。

主持人：帝斯曼给ToB提供的产品和技术，怎么帮助别的企业在绿色发展上有所提高呢？

周涛：我们不是传统的制造企业。刚才提到了在制造过程中提升能源使用效率，都用绿电，有几个总目标。在给客户提供解决方案方面，我们很大业务是动物蛋白生产，因为动物蛋白生产的温室气体排放量占全世界18%，排放量非常大的是甲烷，如反刍动物奶牛气体的排放对温室气体的负担非常重，没有人相信这里面的经济价值，我们经过十多年的努力，不断说服政府和畜牧业，往饲料里添加不到一勺的添加剂，使得一头牛排放的甲烷气体减少30%。这个产品已经落地，在欧盟、拉美已经获批，我们正在积极和监管部门沟通、和大客户合作，希望尽快推动产品在国内的落地。

主持人：刚才提到的给畜牧业提供的产品，业务表现怎么样？

周涛：作为企业，业务做不好、不赚钱，就难以持续下去。这个产品只是这么多年创新产品中的一个，对公司来说一定要有利润，虽然前面有十多年的坚持投入，一旦落地是赚钱的，尤其现在全球大趋向是越来越重视，养殖户也有来自社会大众的压力，生产的牛肉和奶是不是可持续的，碳足迹怎么样。昨天王志刚部长提到，绿色革命不是负担，而是技术发展的机会。

主持人：赚钱的同时让畜牧业的从业人员意识到了牲畜养殖时也可以减少碳排放。

周涛：社会大众、企业、政府要联合起来，如果只和养殖户谈，他们没有动力用这个产品，政府和消费者是获益方，这样的话才有动力做这个事情。

主持人：中节能绿碳环保公司的案例中有一个通过绿色发展减排直接回收废弃物，给企业直接带来利润，请给大家分享一下。

张自强：绿色发展不等于低碳发展，因为很多绿色发展的甲烷排放并不低，牛排气的甲烷含量非常高，而且种植的水稻每天都在生产甲烷。有机废弃物如果处理不好，无论是饲料化还是肥料化，都会在使用中排放甲烷。国家最有名的酒企之一——茅台，一年要排放20万吨酒糟和相同量的高浓度废水，最早酒糟用于饲料，实际上也是变成了甲烷，还有一部分做了有机肥，施肥的过程中也是排放甲烷。我们和茅台合作，处理了

20万吨酒糟，通过液氧技术把酒糟变成天然气，回到酿酒过程，大大降低了有机废弃物使用中的排放问题。液氧技术是负碳技术，不但减少了甲烷和二氧化碳的排放，而且整个过程基本是负碳。在合资企业里也有一个现象，在建设合资企业过程中，每个环节都由不同的厂家给我们做，所以做的控制系统都是不一样的，如预处理系统、液氧发酵系统、提纯、压缩都是不同厂家做的，有ABB、西门子PLC或日本的系统，相互之间并不连接，所以效率比较低。这两年我们投入了几百万进行智能化和一体化控制改造，用上位机把不同的系统串起来，不但提高了效率，而且和天津大学智能学部合作积累大数据，用人工智能自学习的方法不断优化甲烷生产全流程的效率。经测算，最低可以提高10%，最高是23%，大大提高了产气率，在生产过程中也降低了排放。

主持人：2020年4月，中国第一次正式把数据增列到生产要素里，开启了中国数字经济的热潮，现在都在说数字转型，关于数字化和数据，我们在数据上遇到的最大问题和最大挑战是什么？

张自强：大型互联网公司对数据非常重视。数据安全关系到社会安全和国家安全，所以国家要求大型互联网公司的数据服务器放在国内，不能出境。但是对于ToB行业应用、生产数据，现在都是孤岛，中节能是全国最大的一家工业节能企业，有拉法基水泥在中国的余热发电项目，还有台湾玻璃在大陆4个玻璃窑的余热发电，以及钢铁企业放散性可燃气体的回收利用，全部由我们投资建设，装机容量45万kW，占企业用电的70%。还有煤制油，这些数据都是一个个企业的。后来我们在成都投资建设了余热发电数据中心，用大数据和大量传感器把余热发电的所有企业数据集中到成都中心，积累的数据可以对同类型的水泥窑余热发电，各项数据进行收集和对比，这就有了效率提升空间。还有安全预警，也可以比较不同行业同类型锅炉之间的效率及大量的电机效率。针对个人用户的业务（ToC）的互联网数据价值非常巨大，利用工业领域的数据首先是安全预警，其次是效率提升和企业管理。下一步数据积累得越来越多后，可以导入人工智能进一步提升，以及开展行业之间的交流。我们也在推动工业和信息化部将央企的数据拿来集中分析比较，虽然面临阻力，但价值是巨大的。

主持人：南钢内部有数字化、信息化平台，建设这样的信息化平台和工具的时候，遇到的最大挑战是什么？是没有数据还是信息化的技术不行，最大的痛点和挑战是什么？

孙茂杰：日本的GFE在数据挖掘方面做得不错，数据的收集、处理、应用是长周期的过程，包括行业中的宝钢、南钢，今天的数字化来自于装备和生产线的自动化、信息化、智能化，在技术迭代的过程中，随着大范围的智能化改造和数字化转型，对数据的要求更高了。现在IT技术进步了，处理能力也上来了，包括区块链技术，对内统一数据定义，通过标准化实现资产的可用化，行业中也有先进企业在做。这些数据真正可用才能做到资产化，不是所有的数据都有价值。在生产过程中，数据如果没有指标意义就是无效的，要关注可用的数据，对数据进行持续跟踪分析。下一步就是数据的业务化，这些数据收过来后，最终怎么转化，如对客户的画像、如何更好地给客户服务、对产品质量的改进、制造上需要优化的方面等，这就是数据的业务化。在企业内部生态中，子公司有一百多家，还有供应商和客户，加起来上万家，有这么多系统对接，并不是把一条标准走到底。作为技术比较先进的企业，我们的客户、供应商不可能具备一个能力水平，在这个基础上定义规则形成数据转换，最终目标是实现业务打通、业务协同、价值传递。同时，把数据再次清理，进一步提高质量。数据的进一步清洗使用是非常重要的，我们提出一个生态理论，当把所有的规则定义之后，把规则结构全部统一了，不管多少孤岛都可以熔化掉，符合规则才能生存下来，不符合规则会被冲掉，所以在一个大的生态中，具体化称之为千岛湖，是一个企业在生态中真正发挥价值的模式，也是南钢的探索。

主持人：所以不管在企业内部还是不同的企业之间，在数字化过程中所面临的挑战是一样的，最后是业务的数据化、数据的业务化。

孙茂杰：企业家的决心很关键，南钢从2002年和韩国伙伴合作，2005年和台湾同胞合作，这么多年一直和高手合作，整个过程中大家不断提升。南钢坚持了20年，从自动化到信息化再到数字化转型完成了30%，还有很长的路要走，要求企业要有恒心，领导者要有持续的坚定目标。公司每年有4亿～5亿元预算来保证数字化项目的推进。

主持人：创新的核心点就是要协同，不管是企业内部封闭式创新，还是开放式创新，最后强调的都是协同。企业内部各个部门、各个机构、各个人均要协同，企业和企业之间也要协同。

请问一下蔡总：你们给企业做了很多咨询服务，有没有可以分享的，以及工业碳的减排把数字化做到位了，实现碳减排的目标就容易很多，而且更清晰了，是不是这样理解？

蔡建国：我们一直做项目，在数据利用方面有很多合作伙伴。举个例子，有一个汽车工厂碰到的第一个问题是数据如何收集。一方面，如果智能生产过程中要收集数据，数据收集的准确性、力度到底怎么样；另一方面，收集完数据，是否有标准的通信往上传播，如何在现场进行处理。还有一个更大的问题，即企业有数据保密的问题，用边缘计算技术还是云计算技术。收集的数据是否有用、有效，能否高效传播，这是我们平时看到的比较多的现象。第二个现象，现场数据非常多，数据对不同的人有不同的作用，但是这些数据对某一个部门或其他部门有效还是无效很难说。我们把通过数据收集、数据传播，包括现场数据的保密、人工智能的计算等方式获得的有用数据提供给合作方企业使用，希望数据的应用给企业发展带来更多好处。

主持人：产品的生产，从设计需求开始定义到最后回收处理的整个全生命周期来看，不管是中国企业还是国外企业，如何充分挖掘和利用好数据，发展空间非常大，能够带来的生产力提升也非常大。如何实现最好的企业数据化，在企业内部不管是通过创新还是组织改革，有哪些关键因素需要注意？

张自强：数字化过程中，像富士电机、西门子公司提供的硬件已经比较完备了。数字化系统建成以后，更大的问题是如何利用数据、分析数据。这两套系统建成以后，要求在系统上增加碳足迹的计算，在全流程中用传感器记录相关数据，同时把每个工艺环节所发生的碳排放情况都计算出来，这是我们第3个版本要做的事情。这个过程的痛点就是缺乏数据分析人才，包括很缺乏碳足迹计算方面的人才，希望业内能够在这方面提供工具和人才，尤其是跨学科的人才。

孙茂杰：无论是智能制造，还是低碳，若真想把这部门做好，整个工作要持续。首先，是价值导向。这件事情无论是直接经济价值还是社会价值，不管是短期还是长期，一定是价值导向，因为大家愿意投入精力、时间的事情一定是有价值的。在企业生态内部做有价值的、共赢的事情，大家都会去做。其次，从数据应用来讲，主要是业务导向。所有的技术，包括数据分析技术、人工智能技术、图像识别技术等，最终和业务融合，这个过程中技术不可能全部取代业务，一定是业务人员用好这些数据来发挥价值。我非常赞成张总讲的人才培养，因为人才培养是无止境的。在先进理念和先进技术支撑下能走多远，关键看人才，但是真正能够解决问题的人才培养是需要一个过程的，中国大陆是2017年之后才有机器人专业毕业生。有关人工智能、智能制造等人才的培养，在大学本科阶段设置相关专业是不合适的，本科知识不足以解决跨界问题。人工智能，尤其是智能制造，以及绿色低碳要求的门槛很高，要求有宽阔的知识面，人才打造需要企业、高校、社会各界的共同努力。

主持人：现在跨界创新需要梯形人才，要有自己的专业，上升以后要能横跨出去，横跨不出去成不了梯形人才。

周涛：从跨国公司角度看，中国有自己的特点，数字化在日常生活中的应用是走在很前面的，不一定要高大上，但是要实用。如何调动员工的主动性做一些开发，调动起使用数字化的激情，可能很小的软件就能够解决很多方面的问题。

蔡建国：我以前做过钢铁炼炉的项目，为了保证炼炉材料的稳定性，在炉里装了80多个传感器。后来我们从社会环境、国家发展角度考虑，若想利用有效的数据，当初是否需要安装这些传感器。当初测的主要是温度，如果现在倒过来想，能否事先把环境温度采集一部分，对预期的质量保障、有效生产会有什么效果？应该有一支持续开展研究和数据分析的复合型人才团队进行不断地钻研与分析，光靠某一个专业技术人员是做不到的。

第 8 章

"一带一路"专题研讨会：低碳技术在"一带一路"的推广与共享

1 论坛综述

"一带一路"倡议根植于"人类命运共同体意识"的全球治理新理念，生态优先、绿色发展是"一带一路"应有之义。目前，"一带一路"沿线国家和地区是全球最具经济活力和发展潜力的区域之一，也是全球碳排放强度较高的地区。深入落实联合国 2030 可持续发展议程，构建绿色低碳的全球能源治理格局，重在推动"一带一路"沿线国家和地区合作减排、共同发展。本次研讨会探讨了通过搭建"一带一路"沿线国家和地区低碳技术共享平台、促进低碳技术推广与共享的政策交流、加强绿色低碳技术的推广应用等方式，充分拓展"一带一路"沿线国家和地区在低碳技术、产能、资本、贸易等方面合作的广度和深度，加强"一带一路"低碳合作，引领全球低碳治理新格局。

本次研讨会由中国科学技术发展战略研究院和上海科技管理干部学院联合承办，科技部国际合作司副司长徐捷为研讨会作开幕致辞，中国科学技术发展战略研究院副院长孙福全、德国卡尔斯鲁厄理工学院全球先进制造研究所（GAMI）总经理 Lucas Bretz、中国科学院上海高等研究院副院长魏伟、华东师范大学生态与环境科学学院教授 Shekhar Biswas、海南大学生态与环境学院教授喻朝庆、印度尼西亚基本服务改革研究所执行主任 Fabby Tumiwa、同济大学可持续发展与管理研究所所长诸大建、以色列智慧城市研究院主席 Edna Pasher、清善环境协作集团董事长、上海清华国际创新中心低碳研究所所长杨军等 9 位专家分别做了主旨演讲，并以问答交流方式与现场公众进行了深入交流。中国科学学与科技政策研究会国际合作与科技外交专业委员会为研讨会提供了支持。

2 嘉宾致辞

科技部国际合作司副司长徐捷的致辞

徐捷　科技部国际合作司副司长

各位专家、各位来宾，女士们、先生们，朋友们，大家下午好！很高兴与各位嘉宾齐聚黄浦江畔，以线上线下方式共同出席低碳技术在"一带一路"的推广与共享专题研讨会。

首先，我谨代表科技部国际合作司对会议的成功召开表示热烈祝贺！同时，也向长期关心和支持"一带一路"科技创新合作的各界同仁表示衷心感谢！

科技创新合作是共建"一带一路"的重要内容。2017年5月，习近平总书记在首届"一带一路"国际合作高峰论坛开幕式上宣布启动"一带一路"科技创新行动计划；2019年4月，在第二届"一带一路"国际合作高峰论坛开幕式提出了继续同各方一道实施"一带一路"科技创新行动计划，推进科技人文交流，共建联合实验室科技园区合作、技术转移等四大举措。去年11月，习近平总书记在第三届"一带一路"建设座谈会上强调，要实施好科技创新行动计划，加强知识产权保护国际合作，打造开放、公平、公正、非歧视的科技发展环境。在"一带一路"共建国家的努力下，在各有关部门和地方的大力支持下，"一带一路"科技创新行动计划正在从理念转化为行动，从愿景转化为现实。在共建"一带一路""硬联通""软联通""心联通"方面，科技支撑作用不断凸显，推进建设创新之路取得积极进展。

一是构建多层次、多元化的科技人文交流机制。大力促进科研人员和青少年科技交流，通过启动"发展中国家杰出青年科学家来华工作计划"（简称"国际杰青计划"）等各类科技人文交流计划，支持共建"一带一路"国际青年科学家来华开展科研工作，通过组织各类技术培训班，广泛培训技术人员和科技管理人员，举办了面向"一带一路"共建国家的创新中国行、科普交流周、青少年创客营等品牌活动，支持建立了"一带一路"国际科学组织联盟，为促进民相亲、心相通发挥重要作用。

二是启动"一带一路"联合实验室。支持国内产学研等各类主体与共建"一带一路"沿线国家积极合作设立联合实验室，启动了一批"一带一路"联合实验室，长期合作构筑坚实机制。

三是夯实科技园区合作。推动和培育各具特色的产业创新集群，积极开展科技园区建设经验与政策交流，组织科技园区孵化器管理与规划培训班，举办科技园区发展论坛和国际创新创业大赛等活动，结合各国创新及产业发展实际，共同支持实体界合作。

四是发挥技术转移先导作用。推动更多创新成果惠及共建"一带一路"沿线国家，与相关省区共建跨国技术转移中心和创新合作中心，链接中外企业和机构余万家，积极加强国际技术转移能力建设。

各位朋友，当前人类社会正面临气候变化、公共卫生、粮食安全、能源资源短缺及经济增长乏力甚至衰退的共同挑战，为此我们既需要向各界要答案，更需要站在人类命运共同体的高度，寻求科技范围内科技创新及其应用的协调与合作之道。

"一带一路"创新合作正是我们共同携手应对挑战的重要平台，面对气候变化和低碳发展需求，中国秉持负责任的态度提出要支持发展中国家能源绿色低碳发展，深化与发展中国家的生态环境和气候治理合作。中国作为南南合作的坚定倡导者和参与者，通过可再生能源技术转移、基础设施建设、绿色投资、物质援助等方式，持续帮助其他发展中国家提高应对气候变化能力。中国也愿意与发达国家合作，共同推动绿色低碳技术的发展，并共同推动在广大发展中国家的应用和推广。

各位朋友，各位来宾，习近平总书记指出共建"一带一路"要以高标准、可持续、惠民生为目标，巩固互联互通合作基础，拓展国际合作新空间，扎实风险防控网络，努力实现更高合作水平、更高投入效益、更高供给质量，更高发展韧性。我们将从以下几个方面为推进共建"一带一路"做出更大的努力。

第一，扎实落实"一带一路"科技创新行动计划各项任务。深入实施科技人文交流、联合实验室与联合研究、技术转移、科技园区合作、创新创业、科技支撑互联互通等行动，巩固和提升科技创新水平。

第二，加强"一带一路"科技创新协同谋划和统筹协调。拓展健康、绿色、数字等新领域合作，支持成渝地区共建"一带一路"科技创新合作区，服务地方开放创新。

第三，发挥科技支撑"一带一路"互联互通的关键作用。围绕推进"一带一路"高质量发展的紧迫需求和优先方向，通过支持联合研发，扩大科技人文交流，搭建国际创新创业合作平台，畅通创新要素的有序流动。

第四，坚持共商共享的科技惠民发展方向。聚焦"一带一路"共建国家可持续发展和民生需求，通过推动可持续发展技术转移等科技合作，支持"一带一路"共建国家更加普惠包容、可持续的发展。

中国科学技术发展战略研究院是中国知名科技智库，希望战略院与国内外智库持续关注"一带一路"创新，为共同创新发展积极贡献智慧。科技部国际合作司将做好相关支持工作。

今天与众多学者和嘉宾线上线下齐聚浦江创新论坛，我们衷心希望各位专家学者能以广阔的视野、精彩的思想、深刻的洞见，围绕低碳技术在"一带一路"的发展和应用，就如何加强创新政策的协调对接和创新要素的融通流动，促成更高水平的科技创新合作进行研讨交流，为建好"一带一路"创新共同体，应对全人类社会共同挑战提出更多、更好的建议。

最后，预祝会议圆满成功。谢谢大家！

3 嘉宾演讲实录

低碳技术助力"一带一路"沿线国家应对全球气候变化

孙福全　中国科学技术发展战略研究院副院长

> 应对全球气候变化已成为人类共识，"一带一路"沿线国家面临用能需求增长迅速和化石能源占比高的双重能源压力。为了应对挑战，低碳技术的创新可以实现能源供给和能源绿色的双重目标。中国依靠科技创新实现清洁能源驶入发展快车道，同时持续投资"一带一路"沿线国家能源基础设施建设，也特别注重清洁能源项目的投资。

非常高兴有这个机会跟大家学习交流，今天报告的题目是：低碳技术助力"一带一路"沿线国家应对气候变化。

众所周知，中国提出的"一带一路"合作倡议确实为世界各国的发展提供了新的机遇，同时对我们自身的发展也开阔了新的天地。在应对全球气候变化的大背景下，科技创新对全球低碳的转型发挥着支撑引领的作用，也有助于我们真正地把"一带一路"建设成为绿色之路、创新之路。

我首先向大家简单介绍一下低碳技术对"一带一路"沿线国家应对气候变化的重要意义，然后对"一带一路"沿线国家可再生资源的潜力做一个评价，再对中国可再生能源领域产业的技术进展和在"一带一路"沿线国家的能源投资做一个梳理总结，最后提几点建议。

低碳技术对"一带一路"沿线国家应对气候变化具有非常重要的现实意义。根据联合国的报告，进入 21 世纪以来极端的气候事件频发，自然灾害风险攀升，给人类赖以生存的自然系统带来了灾难性的后果，今年全球性的高温天气和干旱，也确实给我们的生产生活都带来了很大的影响。所以，应对气候变化已经成了人类的共识。近年来，承诺温室气体净排放的国家大大增加，到 2022 年 7 月已经有 130 个国家做出了承诺，覆盖全球碳排放的 83%，全球 GDP 的 91%，全球人口的 80%。

"一带一路"沿线国家在能源转型方面面临着双重的压力：一方面，用能的需求还会继续增长。因为绝大部分"一带一路"沿线国家属于中低收入、低收入国家，人均GDP在2021年只有5037美元，远远低于同年全球人均GDP（10 926美元）水平，与发达国家更不能相提并论。而且，目前还有85个"一带一路"沿线国家没有实现全面通电，占全球无电人口的88.8%，这也预示能源需求将有一个刚性增长，所以能源需求仍会大大增加。另一方面，化石能源占比很高。在能源消费方面，大多数"一带一路"沿线国家可再生能源的发展水平明显低于全球平均水平。在发电量方面，70%的电力仍来自于煤炭、石油、天然气等化石能源，明显高于全球的平均水平（62.2%）。

为了应对挑战，通过低碳技术的创新来实现能源供给和能源绿色的双重目标。根据预测，到2050年清洁能源将取代化石能源，成为人类社会的主体能源，中国的预测是到2066年，我国的可再生能源比例会达到80%左右。所以，这也是一场能源领域的革命。在能源领域的革命也好、变革也好，还是要依靠清洁能源技术的创新。因为能源的技术创新可以大幅度地降低清洁能源的成本，也有利于消除能源的贫困，促进"一带一路"沿线国家的经济社会的发展。

下面我们再对"一带一路"沿线国家的可再生资源的潜力做一个评价。"一带一路"沿线国家可再生资源的潜力非常巨大。从风能的资源来看，根据100米高度风速的数据测算，全球每年风能资源理论蕴藏量总计2005 PW·h/a，"一带一路"沿线国家资源量占到了55%；全球适宜集中开发的风电规模约131.2 TW，"一带一路"沿线国家资源量占比72%。根据太阳能水平面总辐射量测算，全球每年太阳能光伏资源理论蕴藏量总计208 325 PW·h/a，"一带一路"沿线国家占到66%；全球适宜集中开发的光伏发电规模约2647 TW，"一带一路"资源量占到76%。

我们再以分布式光伏作为案例进行技术分析，因为大部分"一带一路"沿线国家的能源基础设施比较薄弱，分布式的光伏是推进"一带一路"沿线国家能源建设的重要技术手段。目前，"一带一路"沿线国家仍然有85个国家没有实现全民的通电，占"一带一路"沿线国家数量的60%，占全球无电人口的88.8%。要实现这些无电地区的通电，面临偏远地区通电难度大、电网延伸的经济性也差的难题。分布式光伏优点是适应光伏资源分散性特点，全生命周期温室气体排放低，降低远距离输电基础设施建设，以自发自用为主、减少了电力输送损失。

"一带一路"沿线国家分布式光伏潜在装机容量非常可观。在资源侧，聚焦并网屋顶分布式光伏，2011—2019年屋顶分布式光伏装机容量占全球分布式光伏总装机容量的92.1%。在需求侧，聚焦无电地区离网型分布式光伏，无电地区电力建设是光伏离网应用的重要场景之一，具有显著的社会效益。

分布式光伏应用的场景也非常广泛。例如，居民屋顶的分布式光伏的应用，完全可以自发自用，也可以余电上网、全额上网。又如，工商业分布式的光伏应用，因为工业、商业和服务业占"一带一路"114个沿线国家用电总量的近2/3，可以通过用能方式和发电方式的转变实现降碳的效果。交通领域，在推广绿色交通的背景下，光伏发电与充电桩结合，实现分布式光伏充电与电动出行同步发展。光伏也可以与农业大棚、水产养殖结合，实现发电、农作物种植、水产养殖融合发展，运行模式既可并网亦可离网。

下面再介绍一下中国依靠科技创新实现清洁能源发展的情况。

第一，科技创新引领我国清洁能源技术快速进步。根据国际能源署发布的《清洁能源关键技术清单》，在444项技术中，我国领先的技术有62项，全球排名第三。在太阳能、风能等清洁能源领域，我国专利、论文数量近年持续攀升，全球清洁能源专利呈现"东升西落"态势。

第二，科技创新推动我国清洁能源产业跨越式发展。通过科技创新，加速了绿色低碳技术的效能提升和成本下降，推动清洁能源产业的发展，我国在光电发电、核能等领域世界领先。我们通过设置重大专项、研发计划、自然科学基金等项目，聚焦一些重点研发领域，实现了能效的持续提升。中国光伏的电池量产效率的变化从单晶硅的效率到多晶硅，效率有了一定幅度的提升。光伏产业国内组件和系统的价格出现了大幅度的下降，成本大幅下降。所以，我国目前的光伏发电成本已经降到了与煤电成本基本上接近的水平，甚至比煤电成本还要低，优势非常明显。

第三，科技创新支撑中国双碳战略目标实现。中国提出了双碳目标，转型任务重，时间窗口紧。中国制定了"1+N"的政策，其中包括《科技支撑碳达峰碳中和实施方案（2022—2030年）》。该方案的目标包括突破前沿和颠覆性技术，形成低碳技术解决方案和建立低碳科技创新体系。同时提出了"十大行动"，包括能源绿色低碳转型科技支撑行动，主要是煤炭清洁高效利用、对新能源的开发利用及储能技术等；低碳与零碳工业流程再造技术突破行动，主要是对钢铁、有色、化工等耗能比较高的行业，进行低碳化流程的再造。碳达峰碳中和科技创新的国际合作也特别重要，包括多边、双边低碳零碳负碳科技创新合作、低碳零碳负碳技术国际合作平台、碳中和科技创新国际论坛等。

我国持续投资"一带一路"沿线国家能源基础设施的建设情况。首先能源基础设施是"一带一路"倡议的重要领域，并且也强调了基础设施建设要考虑环境和气候变化的影响。根据世界资源研究所发布的报告，2000—2021年，我国在81个"一带一路"沿线国家投资了524项能源基础设施建设。按投资数量计算，排名前5位的国家共获得153项投资，约占投资总数的1/3。投资非化石燃料电厂346座，化石燃料电厂162座。同时，我国也特别注重清洁能源项目的投资，水电、太阳能光伏、煤电、陆上风电和天然气是投资最多的电厂类型，老挝和泰国分别是水电和太阳能光伏获得投资项目最多的国家。

最后，简单提三点建议。

第一，围绕"一带一路"沿线国家能源建设需求，针对性开展技术援助、投资建设。根据不同区域实际情况，明确差异化合作方针。例如，中巴经济走廊强调可再生能源项目提质增效，中南半岛区域（越南、马来西亚、泰国等）注重高质量制造基地建设和强化本土运营,中非合作关注重点国别、重点项目发展。

第二,以数字化为突破口,强化技术互融互通。数字化是中国企业开展境外清洁能源项目建设的核心能力。应进一步加强清洁能源领域数字化、智能化研发力度和应用深度,搭建智慧能源体系创新平台,实现多能源类型、多应用场景、多用能模式下低碳技术互融互通。

第三,积极参与清洁能源领域国际标准体系建设,加强标准领域合作。标准化的建设对"一带一路"沿线国家能源互联互通互用方面非常关键,所以我们要积极参与国际清洁能源标准体系建设,来促进构建"一带一路"清洁能源国际合作的标准,以及规范指南的互认体系。

我的汇报就到这里,谢谢大家。不对之处,请大家批评指正。

碳达(TRENT):江苏省–巴登符腾堡州环境技术与研究跨国能力中心

Lucas Bretz　德国卡尔斯鲁厄理工学院全球先进制造研究所总经理

> 21世纪面临诸多挑战,这些全球性挑战不是单一国家可以应对的,需要共同努力,只有通过国际合作才能解决。中德碳达的目标是为江苏和巴登符腾堡的高等教育和研究机构、公共当局和企业提供平台,共同开发绿色和可持续世界的解决方案,使科学和技术为现在和未来世代所用。通过实践应用,中德碳达开展了太湖水质检测项目,有效监测了太湖水质并对整个水体生态系统做出了积极贡献,也为中国及世界各国共同应对的饮用水安全问题提供了经验。

亲爱的朋友们,浦江创新论坛的与会者们,我很荣幸向大家介绍中德碳达(TRENT)——江苏省–巴登符腾堡州环境技术与研究跨国能力中心。我想简单介绍一下我们中德碳达的项目,分享我们的一些洞察和成功案例,以及未来的规划和大家能够为这个项目做什么。

全球资源需求其实已经在去年7月份超过了地球的负载。2019年,全球能源资源的需求是1.7个地球才能够满足的。与此同时,碳排放每年的增幅是2.5%,而世界人口还在不断增长,就需要更多食物、更多能源、更多资源,这些挑战不是一个国家可以单独胜任的,需要全球的努力。

考虑到德国和中国都是制造大国、科学大国,江苏省是中国最发达的省份之一。在此背景下,我们决定和江苏省共同开启一个项目来应对全球性的挑战。德国巴登符腾堡州的环境技术和能源效率署、全球先进制造研究所,以及巴登符腾堡州南京国际办公室和我们共同开展合作,与卡尔斯鲁厄理工学院一起开启了碳达项目。我们不单只是和企业、研究所合作,我们也希望公共部门、政府部门能够参与其中,能够保证我们为他们提供不同的工具解决相应的挑战。

我们参与行业项目、研究项目及研究教育的项目来创造更加美好的未来。我们的主要专注点和应用领域，包括可再生能源的生产，垃圾回收利用、再资源化，水的处理及材料的效率和环境保护。我们主要关注大气污染、生物经济、循环型经济和资源的管理，环境监测保护，以及可持续的水管理。整体来说，我们为大学提供不同的教育项目，提供我们内部的洞察和视角。我们也组织各种各样的联合研究项目，提供不同的咨询服务，通过我们的专家来指导大家更好地工作。

再来看看我们的一些洞察和成功案例。早在2011年，我们开启了中德联合水质监测项目监测长江的水质。此后，我们开展了一系列非常有创意的活动，在江苏和德国巴登符腾堡州开展了能源和环境相关的联合活动。2018年，我们与南京科技大学签署了一份谅解备忘录。去年7月份，我们在中国启动了一个高级代表的活动，让政界、商界和研究学界的代表纷纷参与到我们的活动当中。未来，我们希望能够通过各种各样的活动打造一个平台，为我们的环境保护共同做出贡献。

关于我们的研发项目，我们的智能监测技术首先应用到了太湖的水质监测。我们知道，太湖的水质面临着一系列的挑战。去年我自己也去了太湖，发现夏天的水浑浊，又有浮萍了，那时候我们就打造了水质监测的联合项目。一开始，我们用的是多中心的监测体系，通过6个不同的监测中心来提供数据，但是这样一个监测平台是静态的。所以，我们就提出了生物流场/生物鱼类的概念，结合数据管理系统提供高度时空的水质数据和评估工具。该体系的独特之处在于，可以深入水下，而且可以带着6个不同的监测试管去不同的水域，能够在不同的时间来取水样。这样的一个优势是，可以动态地根据需求在不同的时间和空间维度上去采取水样，能够对太湖的水质有更加全面的理解和认知。总体来说，这个项目对太湖水质的监测及整个水体生态系统的管理起到非常积极的作用，而且也能够很好地帮助中国及世界各国正在面临的一个共同问题，即确保饮用水的安全。

我们也提出了自己的研究议题，希望看一看在江苏能不能打造一个超高能效的产业园，从而将一些浪费的热能更好地循环利用。如何来设计这样的产业园，确保这些热能能够更好地循环利用呢？卡尔斯鲁厄理工大学的教授们共同参与了设计，以确保热能浪费是最小的。

同时，我们也关注与行业、企业的合作，以确保能够实实在在地为这些企业带来利益和好处。行业工作坊是我们非常重要的合作起点。我们开展了大气污染治理工作坊，水处理技术工作坊，以及废物、垃圾资源化工作坊，每个人都可以在其中畅所欲言，交流自己的想法。我们也提供转化服务，以确保中德双方参与者都能够得到等同的信息。我们欢迎所有人参加工作坊的活动，来交流自己的经验和知识。通过这些工作坊，我们启动了与行业之间更加务实的合作。在工作坊活动结束之后，我们还会后续跟进，与企业对接，看他们是否有合作意愿。我们也会提供不同的咨询服务，告诉他们存在的问题，如文化障碍等，让他们能够更好地开展中德企业合作。通过我们，德国的一家企业和南京的一家技术公司已经开展了合作。我们也跟进了废物、垃圾资源化工作坊的活动，现在这个项目还在继续，我认为这个项目是非常有前景的，我们应当也会有更好的一些合作成果。一旦有成果以后，我会及时与大家分享。

还有一个风上集团的合作项目，是证明产研合作成功的案例典范。有的时候，企业会碰到一些自己无法解决的问题，但是他们不知道如何寻找合适的专家。于是，我们起了非常好的桥梁作用，我们帮助这家公司在有限的联系方式之下，与这些专家建立起联系，让他们能够获得一些必要的知识，开展相应的产业合作。

为了确保下一代得到适当的训练，我们组织了湖体环境和生态主题的夏令营。我们与江南大学合作开展了暑期学校项目，参与者接近50人，其中有11个专业的课程讲座，还有4个不同的文化交流讲座。并且这些话题不是在大学能够直接听得到的，以确保他们能够为下一代提供更好的继续教育的可能性。未来，我们会提供类似的教育项目，希望能够将其推广到更广的范围中来。

未来会是什么样的呢？我们是从工作坊开始与合作伙伴开启合作的。我们提供一系列高水平的主旨演讲，之后遴选一些小组开展不同的圆桌讨论，这样他们就可以发现志同道合的伙伴了。然后，我们打造相关的工作小组，确保这些项目能够真正地落地。我们最终的目标是，希望能够让项目落地，真正地帮助中国和德国，以及整个"一带一路"沿线的各个国家，推动更多的环保和生态项目落地。

即将举行的活动是中德碳达的能源效率技术工作坊，是在今年9月29日举行。去年中国碰到了电能短缺的问题，今年德国也碰到了类似的问题。所以，我们希望通过这样的一个工作坊，让主旨演讲的嘉宾和成功的企业分享他们的成功经验和实践。如果大家对这个活动感兴趣，可以随时联系我。除了主旨演讲外，大家可以参加问答互动。在这里，我热诚地欢迎大家的到来。谢谢！

中国碳达峰碳中和愿景下重点领域技术优先序分析

魏伟　中国科学院上海高等研究院副院长

> 科技支撑是实现碳中和目标的唯一途径。我国现有技术发展水平不足以支撑碳中和目标实现，必须依靠科技创新，不断提高我国科学技术水平，才能顺利实现2060年碳中和目标。基于重点领域技术分析，提出我国双碳重点领域总体框架，即科技支撑、三端发力（能源供应端、能源消费端、固碳端）。双碳涉及面极其广泛，减排重点在能源生产与利用相关的国民经济基础产业，需要众多领域的全面技术突破与应用，切实发挥科技创新的引领作用。

非常荣幸能够受邀参加浦江创新论坛"一带一路"分论坛。今年的主题是低碳技术在"一带一路"上的推广应用。说起低碳技术，今天中国与低碳最密切的就是双碳问题，所以我今天向大家汇报一下中国碳达峰碳中和技术优先序的分析。

2020年9月22日，习近平总书记在第七十五届联合国大会一般性辩论上郑重宣布："中国将提高国家自主贡献力度，采取更加有力的政策和措施，二氧化碳排放力争于2030年前达到峰值，努力争取2060年前实现碳中和。"碳达峰碳中和是党中央经过深思熟虑做出的重大战略决策，科技支撑是实现碳中和目标的唯一途径。科技部去年就开始做中国碳中和的技术路线图，现在正在不断地修改完善。从我国2020年温室气体排放的现状分析，按照现有的技术推断碳达峰碳中和的过程，以现有的技术我们能"达峰"，只是推迟几年的问题；但我们不可能实现"中和"，必须依靠科技创新，不断提高我国科学技术水平，才能顺利实现2060年碳中和目标。

首先，要详细分析和预测国家未来能源体系的构成。去年，国务院印发的《2030年前碳达峰行动方案》提出，将碳达峰贯穿于经济社会发展全过程和各方面，重点实施"碳达峰十大行动"，确定了具体的目标；结合我国确定的经济发展目标，可以根据目标反推我国的工业体系构成。同时，也要考虑我国资源状况，把光伏、风电、水力、核能、氢能等纳入进来，以预测2022—2026年趋势。我认为，五年一预测，到2030年是靠谱的，后面这几年变化不大。

从整个工业体系来看，中国目前的能源生态体系构成如图所示。图中展示了一些领域。核心是要评价这些领域的技术类型和具体技术，包括评价1000多项技术。首先，要评价减排的潜力，或者固碳的潜力。其次，要评价经济效益，包括技术成熟度及其中的衔接。我们知道，对于钢铁、火电等高碳资产，目前建设应用平均不到20年，习近平总书记说坚持先立后破，"破"的过程中我们怎么样充分利用，又要"立"什么？因此，要从多种维度评价高碳资产。现在主要是以煤发电为主，我国85%的能源，未来五年一个阶段，煤电的地位可能往灵活调控的方向上走，现在火电体系怎么样走、需要哪些技术、在各个区域的种类应用等情况，我在此不具体读这些数据了。

刚才孙院长非常好地展示了"一带一路"资源量和潜力，我国光伏潜力比较大一点，风电其实并不多，水力发电量也并不大，生物质能目前还没有形成产业，这也是几大技术类型，其中包含了若干技术。我们需要做大量的科技创新工作。根据目前的技术，我刚才说的从综合技术减排潜力和技术成熟度2个维度确定技术攻关权重。对于核能行业，未来大概2亿~3亿kW，过程中哪些核电的技术可控，在技术推进过程中有不确定性，或者有很大的不确定性，现在可以做什么、未来可以做什么等，一步步来做。电网行业也是。去年我国出现了拉闸限电，我们需要在碳减排过程中把智能电网建起来，并且要稳定、可靠，在这个过程中有若干的电网技术要发展。

在储能领域，各种形式、各种应用场景结合在一起，我们认为各个阶段是什么样子。

氢能领域也是一样，大家对氢能寄予很大的期望，但是我本人认为我们必须做到应用场景，不是说全国都得用的场景。所以，在氢能领域碳减排过程中，我们要解决若干问题。钢铁行业更是，根据我国技术现状基本上有个判断。水泥行业也是，现在24.5亿吨水泥，未来怎么往低碳走。化工行业更是烦琐，去年14万亿的产值，行业产品的品种非常多，石油化工、煤化工都是我国特有的，其他行业都是可以降的，但唯独化工不能降。2060年，我们认为二氧化碳可能降到1亿~2亿吨的量。但是，总产量可能要翻番，甚至翻两番不止。电解铝行业也是如此。

在交通领域，未来交通的载具、交通的材料、交通能源智慧体系衔接，包括分布式能源怎么融合，这些体系到底在中国的应用场景是什么，有了应用场景评价出来量在什么地方。建筑领域也是，现在的体系北方、南方是不一样的，资源禀赋也不一样，要求也不一样。未来在分布式能源过程中可能的构建模式也不一样，包括未来我们在新建过程中，大概时间到2060年我们是在13亿人口以上或者14亿人口左右，这个过程中我们建筑怎么来做。

碳捕集、利用与封存（CCUS）是大家绕不开的点。科技部2011年发布了CCUS技术路线图第一版，2015年发布了第二版。我们出了2期《国家科学技术评估报告》，过程中大家对于整个的CCUS技术寄予厚望。CCUS的结合点非常多，在这方面我们有详细的报告。我们去年纳入了计价修正案，虽然不一定纳入双碳的目标，但是我们有责任减排。我牵头上海市的科技创新的双碳工作，我一直认为上海必须把问题解决掉，里面有若干的技术。

双碳涉及面极其广泛，减排重点在能源生产与利用相关的国民经济基础产业。需要众多领域的全面技术突破与应用，切实发挥科技创新的引领作用。双碳重大专项也好、重点专项也好，要形成一盘棋、有优先序地部署，科技支撑，消费端、发电端、固碳端三端发力。

今天时间有限，我快速梳理一下前段时间我们做的框架，我们对某个领域具体技术拆开，才能有看得清的技术、看得见的技术，2030年以前我们可以做哪些，其中还有很大的不确定性，我在此只是抛砖引玉，向大家提供一个思路。谢谢！

应对气候变化时代的沿海社会生态挑战——基于自然的低碳方法

Shekhar Biswas　华东师范大学生态与环境科学学院教授

目前，沿海地区的经济生态受到严重挑战，自然灾害的强度和频率不断增强，使生命、财产和自然环境处于高度危险之中。预计未来自然灾害将更加严重和频繁，气候变暖和海平面上升不仅将危及4000万沿海人民的生命和生计，而且还将

> 危及独特的沿海生态、生物多样性及其提供的服务。有别于传统高碳的工程解决方案，沿海绿化带是减少沿海脆弱性的一种基于自然的方法，我们可以通过打造绿色河床的低碳解决方案，有效降低海岸线侵蚀，发挥很好的防风和防洪作用。

大家下午好！特别荣幸能在这个论坛上作主旨发言。围绕"一带一路"主题，我想分享一些我们在孟加拉国的经验，主要介绍孟加拉国面临的社会生态挑战，尤其是气候变化对沿海地区所带来的社会生态挑战，以及我们以自然为基础的一些低碳解决方案。

首先，我先简单讨论一下沿海地区的经济生态挑战。在过去的100年时间里，全球气温升高了0.85 ℃，孟加拉国在过去20年里每年都升高了0.05 ℃。在沿海区域，不仅是气候问题，海平面也在上升，全球平均上升3.3 cm，孟加拉国上升得就更高了。带来的后果是，自然灾害发生的强度和频率都进一步上升了，将人民群众的生命、财产和自然均置于巨大的风险之中。每个国家都遇到了这个情况，但孟加拉国位于三角洲区，是比较低矮的区域，可以说是世界上受气候影响最大的前七个国家之一，平均每年自然灾害会造成500多人死亡，GDP每年损失0.41%，孟加拉国主要最脆弱的区域在沿海区域，面临洪水、盐化、土壤损失等。

我们现在看到的自然灾害这些问题未来频度和烈度会更强，大家都预计，海平面还会上升，龙卷风的袭击强度和频率会增加。河床也受到了一些袭扰，包括河床盐化，进而会直接影响种粮的一些区域。有很多植物的多样性也受到了影响，一些植物从此不再存在了。所以，它影响的不仅是人民群众的生命和生计，而且也伤害了生态和自然，已经成为一个严重的问题。

我们现在看到沿海地区的这些情况，如海上龙卷风、海上飓风、洪水、洪涝，思考能不能有一些工程上的解决方案，找一些沙包建河床堤防，这些是我们做的，都是工程的一些做法，都属于高碳做法。还有哪些别的低碳方法呢？即以自然环境为基础的解决方案？例如，我们打造一些绿色河床，在沿岸地区，孟加拉国非常低的一个区域，在沿海区域一般这些植物是不能长的，但是低灌木是好长的，在那里就多种一些，这些是自然存在的，本来就在沿海区域存在。现在人们建造了这些低灌木丛，大概20万公顷几乎把整个沿岸都种上了这些低岸灌木，起到了很好的防风和防洪涝的作用，这只是一方面。

我们知道要种这些植物是不容易的。一个简单的方法是在河床上建立新的三角洲，沉积平原出现以后就开始种，基本上是从0开始种的，第一步什么都没有，然后开始种，第三步长出一些灌木，之后数量越来越多，成为自然耕种的形式。这看起来很简单，很多人都说这是不可能的。刚在沿岸的时候，种任何东西一般的植物是长不出来的。在咸水区域，土壤都有可能会流失，也需要一些专门的护养人员和技术，要在海的最前面建一些堤防设施，然后自然的树种要在这里进行耕种，这些都成为低碳的自然应对自然灾害的做法，而不是工程做法，这些都是人们种出来的成果，我们把它称为绿带。50年的时间里不断地在种，形成了一条绿带。种的过程中，50年前大家还没有谈碳的问题，这几年才开始关注这样一个重大的问题。这是一个例子。

接下来发生了什么呢？我们用的是一种类型的植物，慢慢地长成了植被。但是单一类型的植被生成的树林对于野生动物不是特别的友好，刚才其他嘉宾主旨报告中提到了CCUS，我们寻找并播种了那些碳捕获和采集能力更强大一些的植物树种。之前树种碳捕获的能力不够强，这些绿带也在老化。我们试图理解这些碳捕获和采集过程和效果，还要考虑生物多样性对于生态系统的服务和效果。我们要开发出一个世界性的模型，考虑到用的是高碳汇潜力的树种进行跟踪。老的那些要替换，新的模型我们还要种更多的新的植物，这样把这一套技术扩张、复制和升级，然后进行不同树种的组合和整合之后，你就看到图中这一块是新的结果。

在绿带之后，沿海地区还有一小块独立小灌木的种植区。但是还有一些通行区域，都是三角洲地区，这里有非常多的河流、川流的地方，所以有很多的人行或者车行的通道，我们想能不能也在这些区域进行人造树林的种植。第一道防线离人居住的地方很远，靠近人居住的区域我们打造第二道绿植的防线，因为这是一个政府推动的事情，谁也不想做，但是大家都可以免费的使用，所以他们往往也会受到一些影响和损失，就会出现有人破坏的情况。

联合国开发计划署（UNDP）和孟加拉国绿化部开展了合作。我们发现有一些通道的区域我们也种了，但是90%的种植区域，自从有了绿植防线以后，水利设施就没有受到损害，在最近的6次巨大飓风的影响之下都没有被损害。因为种了绿植之后，土地就不会再流失了。人们可以免费使用这些土地之后，他们也相应有了自己的生计，因为种了这些绿植之后，养虾鱼的产量在上升，也会有些野生动物在这些区域里面成长。大家可以看到，生物多样性和国计民生都相应得到了良性的同步提升。在政府和政策层面，我们希望这些小通道区域里面建第二道防线，这是靠近人居的地方，大家都想到了这些做法非常好，能够给大家带来益处。本地社区他们来自己做，当然也得到了孟加拉国中央政府的支持。在第二道防线，要考虑到本地居民的生计，解决他们的生态上的脆弱性，从而把他们动员起来了。

还要谈一些社会问题，他们怎么样能够获益？我们可以再分享一些很好的自然的、绿色的手段，来减少沿海地区的脆弱性。第一代绿带都是一种类型的植物、灌木，是孟加拉国本土的植物。第二代绿带涉及的植物种类更加丰富，固碳能力更强大，也有机会带来一套更多样性的生态系统的服务。有的时候，小一点的独立的没有连成片的这些绿植，仍然成为第二道防线，防止自然灾害带来的影响，能够进一步提升社区的生活。斯里兰卡、缅甸等国已经采取不同的措施加以应对本地区常见的问题，如果能够动员起当地的一些社区，也有助于提高他们的生计，这是一种很好的补充，带来一个更平衡、更可持续的沿海地区和谐生活方式。

我就向大家介绍到这里。最后，我要感谢我的学校，感谢华东师范大学，同时也特别感谢 UNDP 和孟加拉国绿化部。谢谢大家。

"一带一路"沿线农业系统降污增汇技术途径

喻朝庆　海南大学生态与环境学院教授

> 农业是重要的温室气体排放源，并且排放主要特征是以非二氧化碳为主。对中国而言，农业是氮、磷等污染源的主要排放源。中国经验对"一带一路"沿线国家的借鉴主要包括：一是传统农业循环体系依然是最有效的途径；二是城市和乡村建设在最初设计阶段都要把物质循环设施考虑进来；三是建立城乡物质循环的可持续经济模式是政策制定的关键；四是管理体系要加强统一规划和部门协作。

感谢大会组委会的邀请，也感谢各位嘉宾给我这个机会来介绍一下我们的工作，尤其结合"一带一路"的技术共享谈一下我们的研究。由于我长期从事农业、粮食安全和环境安全相互关系的研究，我今天的题目是："一带一路"沿线农业系统降污增汇的技术途径。

农业系统是重要的温室气体排放来源。全球的农业、森林和其他土地利用（AFLOU）占总温室气体排放的 20%～24%，其中农业为主要排放源，生产系统占了接近一半。农业系统的排放主要特征是非二氧化碳，相对于二氧化碳来讲，温室效应接近 300 倍，甲烷接近 25 倍。

农业也是最该关注的减排领域，农业是氮、磷等污染源的主要排放源。我们在 Nature 主刊发表的文章结果显示，目前中国氮污染物的农业来源占 59%，包括种植业和养殖业。我们想回答的科学问题是能不能在保证粮食安全的条件下，实现消除污染，或者恢复环境质量，增加碳汇？我们希望把粮食、环境联系在一起，于是就构建了一个中国过去 60 年的农业生产模拟系统。

我们建立了整个体系的时空关系，可以看到粮食增产与化肥施用、有机肥还田、氮流失的关系。可以注意到，把这个数据与排放和粮食整个结合起来，再对比水质的变化趋势，发现多数省区氮的排放在 20 世纪 80 年代中期就到了所谓的污染水平，也就是污染水平低于国家标准的室内水的下限。根据这个标准，我们第一次量化了中国水环境的氮排放的安全阈值，就是图中那条红线。大家可以看到，现在每年的排放量是 1450 万吨左右，接近 1500 万吨，但现在的环境安全阈值可以允许的安全排放按照室内水标准来定为 520 万吨，现在是每年超排 900 万吨，这是一个巨大的量。我们能不能在保持现在人的吃饭问题的同时，还有吃好，饮食结构平衡的状态下，把我们的氮排放，也就是污染物拉到安全阈值内，这是一个巨大的挑战。

要应对这个挑战，我们就把现在主要的措施都做了量化。右边是各个省份的污染状况、排放状况，红圈是安全水平。可以看到除了西藏以外，每个省都超过它的阈值。很多省市面临较大的挑战，如果要把它拉到这个范围内的话，要做几件事情：第一，要发展高效农业。高效农业就是要提高作物对氮的利用率，现在中国的利用率30%左右，要提高到60%，就是要翻一倍，这是一个非常重大的，需要农业技术革命或者农业技术推广，才能达到这样的目标。因为氮的吸收水平高了之后，农田的历年排放可以减到40%以上。但是，这对于我们整体920万吨左右的超排量来讲，即使把这部分做到最好，相对总体来讲也只有1/4。第二，要重构城乡养分循环体系。城乡养分还田率要从现在的36%提高到86%以上，其中有些省份要达到95%以上，这是一个非常大的挑战。第三，化肥减量。在这个体系建立起来之后，化肥的氮需求量将大幅减少，可以减少超过50%。

现在的部门和政策，从各个部门的职能范围来制定政策，对于整个体系实质上还存在很大的挑战。例如，我们现在每年的化肥投入量大概是3000万吨左右，只有把整个体系建好了之后，我们的化肥需求量1100万～1400万吨，就是相当于我们中国总的系统氮的总输入的源头控制下来，才可能实现整个环境的安全。但是，同时是在保障粮食不减产的条件下实现的，这就需要把中国整个的物质循环系统进行改革。另外，各个部门之间，除了在自己的职能范围内要有一个共同的科学目标，在这个共同的科学目标之下，来制定相互协作的规划、行动方案，才能达到应对当前的挑战的目标。

还有一个问题，为什么我们从传统的农业体系，非常典型的可持续的农业体系变成现在污染比较大的农业体系？主要问题还是我们的经济机制没有完全建立起来，所以要解决办法有2个。

第一，建立比较好的物质循环体系。

降氮对于污染来讲，不仅是水污染、氮污染的问题，它同时产生了碳减排和土壤增汇的潜力。发展高效农业之后，氮氧化物减排可以减到40%～60%的范围，同时甲烷——如水稻田的甲烷可以降到1/3，这对于"一带一路"沿线国家来讲，无论是种水稻的国家，还是种旱作物的国家，都有比较重要的借鉴意义。

第二，重建城乡养分循环。碳氮是耦合的，把氮放到耕地里面是有益物，把碳也放到土壤当中，农业系统增汇最重要的途径是土壤碳汇有比较大的增量。变成最优或者最高效的农业系统之后，化肥的需求量会大大减少，化肥工业能耗非常高，这样下去化工的能耗带来的排放同样的。

第三，现在在建能耗处理污水系统，如果建成循环体系之后，可以降低能耗，将节省的能量带到耕地里面去。同时，污水处理的能耗也是可能降低的。

对于"一带一路"沿线国家来讲，我觉得有一些中国的经验可以供大家借鉴：①传统农业循环体系依然是最有效的途径；②城市发展在设计阶段就应该把物质循环体系路径建好,不要等到建好之后再来修改,代价就大了;③建立城乡物质循环的可持续经济模式是政策制定的关键,从一开始把体系建起来,整个社会要统一协调。

刚才我们也提到,已经在超级计算机上把全球的粮食产量逐日模拟系统和预测做出来了,现在中国有个重大科学装置模拟器,我们在上面试运行,这个可以对"一带一路"沿线国家做一些对口的技术支持,不但可以作为动态的农业管理,还可以对旱灾、水灾等进行预警,为国家的战略发展提供科学支撑。

谢谢大家!

印度尼西亚的能源转型和绿色"一带一路"投资的作用

Fabby Tumiwa　印度尼西亚基本服务改革研究所执行主任

> 印度尼西亚是世界上第十五大经济体,温室气体排放量位居全球第七。过去20年,印度尼西亚的碳排放量增长迅速。为了实现零排放目标,印度尼西亚需要大量投资,相关领域包括光伏、地热、水电、天然气、电池、煤炭清洁技术等。将"一带一路"的投资从煤炭转向清洁能源基础设施技术,对印度尼西亚和中国来说是双赢的,中国和印度尼西亚合作将对"一带一路"清洁能源基础设施技术投资起到示范作用。

谢谢大家,下午好!非常感谢主持人的介绍,大家可以叫我Fabby,我是印度尼西亚基本服务改革研究所的主任。研究所主要开展印度尼西亚能源政策方面的研究,很荣幸能够参加本次论坛,感谢主办方给我这样的机会。我今天要讲的内容是印度尼西亚的能源转型,以及绿色"一带一路"投资的作用。

印度尼西亚的温室气体排放量并不大,作为世界上第十五大经济体,从排放量来说排在第7位,但是过去20年我们的排放量增加比较迅速,在能源领域的排放量要超过我们在能源和林业方面的排放量。为实现《巴黎协定》提出的目标,我们就必须要进行转型。怎么来转型?这是个问题,我们能不能达到《巴黎协定》的要求?

去年,我们研究所出了一份报告,模拟了印度尼西亚的情况,看印度尼西亚是否能够达到《巴黎协定》的要求。《巴黎协定》提出了一个标准,就是要把全球变暖控制在2℃以内,同时尽量不超过1.5℃。在这样的一个模拟当中,我们探究了印度尼西亚应该做些什么来达到不超过1.5℃的要求。我们重点考察了3个领域:发电、运输和工业。根据我们模拟的3种情形,从技术上、经济上来说都是能够实现的,这样我们在2050年可以实现电力、运输和工业领域的减碳。

印度尼西亚可以通过实施4项战略在2050年实现净零排放:可再生能源战略、电气化战略、减少化石燃料战略和使用清洁燃料战略。后面我会详细介绍每个战略。这其实是为印度尼西亚描绘了去碳化的路线图，我们把这个历程划为3个阶段：第一阶段是从现在到2030年；第二阶段是2030—2035年；第三阶段是2035—2050年。根据我们去年做的研究，到2050年我们是可以实现净零排放的，也可能比2050年更早。根据我们的研究结果，印度尼西亚可以更早地实现这一目标，不管是从技术上，还是从经济上，都能够实现。

首先，第一支柱战略是快速部署可再生能源，以取代化石燃料发电。作为一个发展中国家，我们对于能源的需求，在接下来的若干年仍然会继续增加，但实质上我们人均能源消耗量与同类国家相比还是较低的。所以，未来我们会看到能源的需求将进一步上升，这就是一个挑战，怎么样能够用更多的可再生能源来代替目前大量使用的化石燃料。

从我们的评估当中发现，直到2040年，太阳能将是一个主要能源。到2050年，我们差不多需要有1500 GW的光伏发电，占到总发电量的85%。而且电网的互联互通也可以更好地实现可再生能源的充分利用，以印度尼西亚主要的岛屿——爪哇岛为例。在爪哇岛，可再生能源还没有得到很好的利用，所以我们的战略是要把可再生能源发电或者说清洁能源发电分布到所有的岛屿上。同时，电网的互联互通也非常重要，这样能够充分利用可再生能源来发电、供电。在印度尼西亚我们有比较好的条件来用可再生能源代替现有的化石燃料，从而进一步提升低碳发电比例。

第二支柱战略是以直接电气化取代运输和工业供热中的化石燃料。目前来说，使用可再生能源发电来进行交通运输和工业供热，相对来说效率还不如燃油燃气来得高，但是我们到2050年可以在效率方面有更大的提高。

第三个支柱战略是要减少化石燃料的使用，同时取代燃煤发电。根据我们的评估，2025年之后不能再建新的燃煤发电厂了，要逐步减少燃煤发电；到2030年要大大减少燃煤发电；最终到2045年要完全取消燃煤发电。同时，我们需要新的可再生能源来代替这一部分减少的化石燃料。

第四个支柱战略是在那些难以削减能耗的部门尽量使用清洁燃料。例如，我们的航空业、采掘业、矿业是很难减少燃料使用的，所以氢气、生物燃料和合成燃料将在运输和工业脱碳方面发挥关键作用。当然，可再生能源、新能源的成本也处于下降过程中，我们还可以利用其他资源来产生清洁燃料。为了在2050年前实现净零排放，印度尼西亚需要加大投资，这些投资涉及各种技术。总的投入大概是每年300亿～400亿美元的规模。

我们怎么来实现这一目标呢？前面我们提到了每年的投入有300亿～400亿美元的规模，其实我们在基础设施的建设方面，从燃煤向更加清洁的能源转换，对于印度尼西亚和中国来说是一个双赢的选择。2015年，中国和印度尼西亚发布了《关于加强两国全面战略伙伴关系的联合声明》，这里面包括了水电、太阳能、风能等清洁能源领域的合作。还有一点对于印度尼西亚来说很重要，这些投资不仅仅是在基建技术领域，还涉及汽车电池、光伏、变速器等其他方面,我们也希望和中国"一带一路"的合作能够为印度尼西亚能源转型带来更多的成就。

谢谢大家!

系统地理解、传播和促进双碳创新

诸大建　同济大学可持续发展与管理研究所所长、教授

> 碳达峰碳中和目标将推动目前高度依赖化石能源的经济增长与二氧化碳排放脱钩,形成经济增长与双碳目标的倒 U 形革命。双碳创新可能是第 5 次创新长波,双碳技术创新将推动革命式的非线性变革。中国减碳的实践可以理解为当前以能效改进为主导、2030 年以后以可再生能源为替代、2030—2050 年以可再生能源为主导的三阶段发展。

非常高兴,下面我就直截了当讨论这个话题了。

现在谈双碳的会很多,可能大家分门别类地谈技术非常重要,这个事情要干上 30 年,中国要干上 40 年,怎么样整合地理解双碳发展?中国技术项目走出去的时候,中国思想、中国的战略思路也应该不断地传播过去。因为时间关系,我只能围绕 3 点谈一谈自己的看法:为什么?是什么?怎么做?

大家都谈到低碳创新,我们讲双碳创新是指碳达峰碳中和。发达国家已经是碳达峰了,下面就是碳中和创新。如果从创新角度来说,世界上有一个创新的传播理论,关于第三次工业革命或是第四次工业革命仍存在一般性争议,我倒觉得双碳创新是第五次创新传播。第一次是蒸汽机,第二次是电力,第三次是计算机,第四次是互联网,这一次是对前面 4 次的大革命。双碳创新的实质是倒 U 形,碳减下去的时候不能把经济社会发展也给拉下去。

我这里面提个问题,我们现在要减碳还是要减能源?我只能很简单地讲。例如,我们要减碳,是不是能源消耗也要减下去?这个问题没有讲清楚。给大家看一个图,中国到 2035 年左右 GDP 要翻一番,中国人均的用电量 2020 年是 5000 度,包括工业在里面,我们还需要翻一番。所以,什么叫双碳?双碳是我们用电量还要翻一番,能源消耗还要上去,但是碳要下来——这对于理解双碳创新非常重要。如果把我们传统技术拿过来只减一个,这样的技术不能解决问题。所以,这不是一个渐进的变革,而是革命式的非线性变革。我国人均 GDP 是 1 万美元,到 2030 年、2035 年左右人均 GDP 要达到 2 万美元,人均用电量现在是 5000 度,到那时要达到 1 万度,这才是实现现代化。这个要冲上去,你用什么能源?就回答这个问题。你不能说能源下来,碳也下来。这是我的第一个

观点。

第二个观点，我回答"是什么"问题。我做了一个二维矩阵。看刚才 Fabby 主任的报告，你发现做一个战略图都要把减碳分到农业部门、工业部门、交通部门；海南的喻教授讨论温室气体，农业是主要的温室气体排放来源之一。要明确两个概念：一个是能源相关的直接二氧化碳的减少；另一个是广义的所有温室气体的减少。把现在我们讨论的问题放到一个 2×2 的二维矩阵。一个向度是 3 类双碳技术：首先是能源效率里面的减碳，那就是传统的能源，2030 年以前中国主要是传统能源的效率提高问题；其次是能源替代里面的零碳创新；最后是后端的，即碳汇和碳捕捉。把减碳技术用到我们的对象领域里面，与能源有关的基本上是 4 个领域：能源领域、工业领域、交通领域和建筑领域。各行各业都在研究，但肯定要制作一个综合路线图，要把领域都分解下来。我们每个专项就是讨论纵轴和横轴在哪个领域更有竞争力。

交通领域的低碳就是 3 条路径，一条是大排量汽车变成小排量，即提高能源效率；使用纯电动车、新能源车，那就是能源替代，这是第二条路径；第三条路径即数字化，包括网约车、共享单车，在自动化里面融入数字技术。交通领域还有排碳的问题，通过二氧化碳的排放补偿可以解决这种问题。这种思路拿过来，在纵向交错的领域都有可发挥的空间。科技要进入一种方法、一种思想，双碳也面临这种总结。如果这个讲清楚了，你就可以理解中国的碳中和就是三大技术，当前是以能效改进为主导，2030 年以后要以可再生能源为替代，一直到 2050 年可再生能源要变成主导，2050 年以后的最后 10 年——成为"最后一公里"——碳汇要起很大的作用。这就是我讲的双碳创新的 3 条路径。

中国要解决的问题就是 4 个对象领域的问题：能源领域、工业领域（广义上是产业领域）、交通领域、建筑领域。我根据刚才讲的思路做了一个路线图，纵轴是各个领域，横轴是刚才双碳创新的路径，里面都是具体的项目，可以把刚才的二维矩阵表达出来。如果这个思路可以再优化一下，我们关于"是什么"的研究就可以用进去了。这是我要讲的第二个观点。

第三个观点是怎么做。这是世界前几年提出来的 3 个范围的减碳降碳。如果在座有搞企业的，都是要研究这个问题的。范围一，大家知道是跟直接使用化石能源有关的排放。例如，小汽车、烧油车的碳排放就是范围一。我要在这里面减碳，大排量变成小排量，或者变成可再生能源。范围二是什么呢？例如，这是用电，这个电不是直接能源，它是间接的，可能是用火电转过来的，这个就是范围二。家里面用的电及用的其他各种各样的电器都是范围二的问题，但仅仅这两个是不够的，这两个都是运营阶段的。个人、企业、组织、酒店、城市都可以分析这个，这两个是直接有关的。范围三是针对整个物质流的上下游而言的。例如，我用话筒，我们出来开会，这是直接的，而在这个过程中所有的物件、物件生产全过程当中隐含多少碳，这就是范围三。不管你研究什么，都需要把各个范围考虑进去，这才是有可操作性的"怎么做"的入手路径。

我要发挥一下，在此基础上加一个范围四。例如，对于腾讯、阿里巴巴、美团而言，它们自己的平台排碳没有多少，直接的能源消耗没有多少，但是送外卖过程中排碳多了，包装一大堆。阿里巴巴是一个平台，平台里面都是合作的中小企业，这里面它引导这些企业怎么排碳，我把这个叫赋能。

我用 TESCO 的例子来解释刚才的 3 个范围。TESCO 是大超市，大超市门店要减碳，范围一、范围二定了减碳的目标。供应链要减碳，这是范围三。然后要帮助消费者减碳，这就是赋能。如果讲到 IT 技术，就是要赋能。大家可以看到，把门店当中直接使用的、间接使用的东西做了减碳安排，包括能源替代、能源消解。然后，把所有物品的全生命周期列出，算出哪个阶段碳排放最多。例如，牛奶全生命周期中，算出供应商碳排放最多；橙汁从巴西运过来，物流阶段碳排放最多。要研究减碳，就要把全生命周期碳排放最多的环节找出来。

对于范围四，怎么做？我们现在买东西都有一个商标，商标是生产的价格、收益及政府要收的税。现在每个商标里面要放上一个全生命周期的碳足迹。买个杯子、买一双鞋子，上面都弄上一个碳足迹——这个足迹就是赋能。本身不是它的职能，但是通过赋能让消费者能够知道在商品价格差别不多的时候，自己尽一点义务，自己去减点碳。因为消费者是用钞票投票的，你让他减碳要付出很多钱是不可能的，光靠道德是不能解决问题的，要有经济机制。所以 TESCO 做了这么一个超越范围三的，我称之为范围四的尝试。

现在有一个非常精彩的概念传播得不是很广，我们现在都知道这个概念叫碳足迹——我干一件事，我的碳排放多少。现在有一个英文词 handprint——碳手印，计算机行业正在围绕这个主题做研究，华为也好、腾讯也好，说计算机行业到 2030 年将占全球 1.97%的碳足迹；碳排放减少到十几亿吨，占全世界总量的 20% 左右，这是 10 倍的杠杆效应。本身的碳是排出来的，但是这是很小的一部分，在数字技术的赋能下，撬动的排碳量是很大的，现在各行各业都在关注这个问题，用少量的碳足迹减少碳排放，这就是范围四的研究内容。

我就讲这 3 个观点，供大家参考，谢谢大家。

以色列：清洁技术的创业国度

Edna Pasher　以色列智慧城市研究院主席

> 为适应低碳发展，我们致力于落实四大变化管理原则，即开展行为研究、以用户为中心设计生活实验、进行实地实验、利益相关方参与。为了实现联合国可持续发展目标，我们需要以创新型的发展手段和解决方案教育我们的下一代。

大家好，这是我第一次参加"一带一路"论坛，我非常高兴，特别是在疫情这样一个艰难的时期，我们依旧可以利用技术和大家云端相见。今天我想向大家分享我对技术的理解。

我们知道以色列被称为初创企业的国家，因为这个国家里面有很多的初创企业。我们这场论坛主题是"低碳"，我想向大家分享一些在以色列发展的清洁技术企业的案例。

首先，我想做一下自我介绍，我是以色列智慧城市研究院的创始人和主席，这是一个非政府组织，我们与中国的智慧城市学院有积极的合作。如果我们要实现低碳发展，就需要做出很多的改变。为适应低碳发展，以色列智慧城市研究院致力于落实四大变化管理原则，即开展行为研究、以用户为中心设计生活实验、进行实地实验、利益相关方参与。

接下来，我想给大家展示一些清洁技术，还有与低碳相关的技术项目。这是我们参与的第一个案例研究，涉及社会民生，因为要打造一个低碳社会，我们必须要减少电力的浪费，只有这样我们才能降低污染程度。这个研究背后的理念主要是关注智能电网。双向逆变器能够通过谐波消除对能量流进行智能控制，并能够根据智能电网和多种电价的未来需求进行调整。该研究还将社会方面作为电气设备控制方案中的一个综合主题。

第一个项目是关于以色列初创清洁技术公司 AeroPvonics 的，是关于以家庭种植替代环境种植或者大范围种植的。有的地方可能因为缺水，或者是环境问题，或者是法律限制，没有办法进行露天种植。这时候就把它改成家庭种植。这其中包含了一个非常重要的原则，即减少污染，特别是关于水的污染。

第二个项目叫作 CowPower（奶牛力量），我很喜欢这个项目，是因为它真正地变废为宝了：它可以把牛粪变成发展的机遇，这样的一个体系能够解决牛粪的问题，特别是对中小规模的农场有帮助。

第三个项目也来自一个初创型企业，这是我们指导的一个初创清洁技术公司，叫作 ReFresh，是把一些废布、废料变成新的纺织原材料。我们知道，纺织业的纺织废料是非常大的污染源，而且生产新的布料本身也是高污染的，所以我们就打造了新的基础设施，把这些废布料、废料变成新的原材料。

Nova Lumos 也是一个清洁技术企业。以色列日照非常充足，所以我们在大力发展太阳能系统。我们给大宗市场提供了一个独一无二的能源解决方案，使电能工艺产生颠覆性的革新，就相当于当初座机到手机的革新。我们把太阳能提供给每一个小企业、每一家、每一户。

我们如何鼓励和教育年轻一代？这是我们自己的一个初创项目，是一个教育项目。如果我们希望实现低碳，实现 17 个联合国可持续发展目标，我们就必须关注教育——我们必须要有一系列的创新型发展手段和解决方案，并教育我们的下一代。所以，我们提出了"我们的世界，我们的教室"这样一个项目。我们提供全球性的线上教学，可以和任何的中小学及高校合作。我们非常高兴能够有这样的一个项目，我们甚至使用项目导向的研究方法向下一代介绍相关的创新，以及可持续发展的一些创新理念。我们可以做全年全学期的项目，也可以做短期的项目，这其中我们会提出一系列可持续的智慧解决方案，我们也希望能够帮助新的初创企业。但是，我们希望进军市场的这些企业是真正值得投资的一些企业。

这是即将于2022年12月举办的会议活动，由以色列智慧城市研究院、IEEE及特拉维夫大学波特环境研究所共同举办，名称叫作"可持续发展再行动"。我非常欢迎大家来和我们接洽，也非常希望能够在以色列和大家见面。

非常感谢我的中方朋友，再见！

"一带一路"低碳共同体的实践思考

杨军　清善环境协作集团董事长、上海清华国际创新中心低碳应用所所长

> 推动共建"一带一路"低碳共同体，充分体现中国首倡的打造"人类命运共同体"思想的丰富内涵，也与联合国可持续发展目标一致。促进清洁能源产业技术合作、引导金融资源、加强国际合作是实现"一带一路"能源绿色低碳发展的3条关键路径。中国在"一带一路"沿线国家建设的项目采用国内现行的节能减排、应对气候变化的标准，也是参照世界最先进的标准，同时我们还提倡不走或者少走过去发达国家在工业化过程当中那种先污染后治理、先破坏后恢复的道路。

今天非常荣幸受到主办方邀请来这么一个专业的论坛进行交流。前面几位专家和学者及工商界的人士做的分享里面包含的信息量非常大，也给了我很多启发，所以我觉得这是非常值得参与的一个论坛。今天我主要围绕"一带一路"低碳的技术应用，向大家分享一些我们商业和应用推广方面的想法。我报告的题目是"低碳共同体的实践思考"。

前面各位专家都已经提了很多方面，如低碳和双碳的一些政策及一些国家的趋势，这里我就不重复了。我主要是提一下双碳。首先来讲，它是中国首创的一个叫"人类命运共同体"思想体系的内容，实际上如果我们创造一个概念叫"一带一路"低碳共同体的话，双碳就是人类命运共同体中的一个非常落地的思想，这是我要提的第一点。

其次，从低碳角度来讲，双碳目标是全世界的科学家、专家和负责任的政治领袖共同达成的一个理念，也是共同执行的一个任务，也就是要达到碳中和。所以，我就把它总结为一句话，是一个普世的价值观。我们谈双碳目标、谈"一带一路"，我们"一带一路"所推行的目标、推行的一些项目，以及我们现在谈的低碳共同体的概念，实际上跟联合国可持续发展目标是一致的。从联合国所列出的全世界达成共识的可持续发展目标来看，目标6、目标7、目标13、目标17，与我们所讲的低碳共同体、最后全球气候变化的控制，都是密切相关的。从某种意义上来讲，我们中国这么多年来很努力推广的"一带一路"实际上是我们落实联合国可持续发展目标的一个非常落地的实施方案。

我们对"一带一路"有什么样的献言？或者从纲领来讲，对于"一带一路"低碳共同体这个概念，我们真正要实现的目标是什么？我总结为3个方面：第一是共享中国实践，也就是说把我们中国自己在环境保护、生态治理、低碳治理上的成功经验拿到"一带一路"去帮助别人。第二是拿出中国方案，因为环境保护也好，绿色生态也好，可持续发展也好，全世界有各种各样的方案，发达国家也有他们的方案，但是我们可以拿出我们的中国方案，我们中国方案实际上是非常有特点的，而且对第三世界国家，尤其是"一带一路"沿线国家来讲，中国方案实际上更适合他们。例如，我们自己也是发展中国家，所以我们的情况跟"一带一路"沿线国家的现实非常接近，或者我们的方案是符合他们现在需求的方案。第三是发出中国声音。为什么要说中国声音？因为我本人一直在进行商业运作的工作，也做过研究，我们通过"一带一路"向全世界，尤其是"一带一路"的第三世界国家，传达我们中国的一种友好信号，或者说我们愿意帮助别人的善意，所以我觉得通过把低碳与"一带一路"传统性投资组合，我们能够更好地表达我们中国的友善和跟大家共同发展的意愿。

我们再回到"一带一路"来讲。最近有很多关于10年来"一带一路"的成果宣传，事实上，大家坐下来静心而论，"一带一路"还面临很多挑战。传统的我们不说了，这几年又有新的挑战，而且新的挑战比以前的挑战更加严峻、更加艰巨。例如，现在处于防疫状态，全世界经济受到影响，这对全世界、对中国本身和对"一带一路"沿线国家都是挑战；这几年气候发生剧烈的变化，尤其是今年夏天，大家一直说气温变化要控制在1.5 ℃以内，事实上从这个情况来推断，或许今年气候变化的速度比我们原来预想的还要快很多，也就是说我们面临的灾难比预想的更快到来，留给我们解决问题的时间更短了。我想，真正的挑战是如何把我们"一带一路"沿线国家的经济发展需求与低碳所要达到的目标需求结合起来，这是最大的挑战。

回到"一带一路"和"低碳"这两个关键词。我们如何让"一带一路"成为低碳之路是我们今天聚焦的主题。从另外的角度来讲，低碳之路怎么做，我们国家要拿出一个中国方案。例如，今年3月，由国家发展改革委牵头出台了一份专门的文件，是关于推进"一带一路"向绿色"一带一路"发展的政策指导意见。从低碳发展上来讲，如何达成"一带一路"目标，并不只是我们中国关心这个事情，这么多国家签署了"一带一路"的协议，事实上他们本身有各自碳中和的目标和时间表。我们中国的企业、智库如何跟这些国家一起达成这样的目标，这个思路我们必须要清晰。实际上，中国做了一个非常胸怀宽广的表达，大家注意这个词，我们采用国内现行的节能减排标准，把我们现在做得最好的拿出去分享。我们希望这些国家不走先污染再治理的老路，这曾是我们中国走过的路，我们希望帮他们摆脱前面的困境，这对中国来讲是非常有诚意的做法。

低碳的应用前面几位专家也讲了，包括前面第一位德国的碳达公司也讲了，低碳是各个行业都涉及的一个相关话题，我现在主要讲一下我们传统的比较熟悉的污水处理。我国污水处理每年碳排放量达到了全国总排放量的2%，在美国也是这样，污水处理厂排放量占比也达到了2%，2030年污水处理行业达到碳中和是他们的一个目标。从实践上来讲，我们中国的污水处理厂已经积累了很多成功经验，在能耗上取得了极大的改善。关于污水处理我了解到一个非常好的成功案例来表达我刚才讲的中国案例和中国方案。

金锣集团是一家养殖、屠宰、深加工的企业，因为是用水和污水大户，所以每年在这方面投资非常多的钱。通过跟一些智库和技术合作，它发展出来一种新的分布式污水处理方式。前几年这个方式被引进到了迪拜，来帮助迪拜的一个城镇——每年5500吨的生活污水排放量，居民差不多有16 000人，这个案例取得极大的成功。因为大家知道迪拜缺水，迪拜的自来水费用相当于我们中国每立方米20元，而对他们的城市污水进行处理之后，处理成本只有5.7元/立方米，也就是说金锣集团在那里做的这个案例为当地水的使用做了非常大的贡献，当然这里面也节省了非常多的能源。

下面讲到今天的主题，我们对"一带一路"低碳共同体的建议。现在有很多人提出了这个概念，从推演上来讲，其中的一个延伸是，"一带一路"如果能真正达到低碳共同体，我们就可以推广这里面的碳交易和碳转移，这是一件非常有意义的事情，能够很大程度地帮助这些国家从经济上得到改善。

在此，我想向浦江创新论坛的组委会提一个建议，有没有可能浦江创新论坛能够发起一个低碳共同体的工作组，可以把我们今天各位教授、专家，还有要参加"一带一路"的国企和愿意参加的国际企业，"一带一路"沿线国家相关的部门和相关的科学家、技术专家请进来，平时进行日常化的交流，如每两个月交流一次，这样我们就把平台和机制建立起来了，到下一次论坛的时候，我们就能够交流更具体的合作和真正成功的案例。另外，作为清华的智库、应用方面的智库，我们认为，对于我国的国企和一些民营企业、大型企业参加"一带一路"沿线国家的具体项目投资，可以给他们从低碳和绿色发展上保驾护航。我觉得这是非常重要的概念。

最后，我要跟各位专家和学者分享的是，我觉得我们还是应该坚持理念先行。因为人类有一个非常明显的特点，不管是年轻人，还是年长者，他们总是愿意做他们想要做的事情，而对于别人给他们或者别人要求他们做的事情，总是有一定的抗拒心理。我觉得这是非常重要的。我们在"一带一路"，包括我们在国内的一些城市，跟地方政府和一些企业交流的时候，我们意识到这样一点。我向参与"一带一路"的企业和政府提一个建议，通过培训中小型示范项目，来建立一个可持续发展的理念——这个理念我们各位专家都已经建立起来了，但是对很多政府官员来讲，他们还没有建立起来，因为他们可能还处于发展的初级阶段。通过技术培训和理念性的培训，促使"一带一路"当地的决策层——包括政府的决策层和技术的决策层——做出发自其内心的选择，也就是说我们输入给他们的低碳可持续发展的理念和项目是由他们自己来做出选择的，我想这对我们今后的推广、落地和最后实施都会发挥非常好的作用。

这是我今天跟大家的简单分享，非常感谢各位的聆听，期待后面跟各位专家和教授、观众们一起来讨论。谢谢！

4 互动对话

杨　军，清善环境协作集团董事长、上海清华国际创新中心低碳应用所所长；
喻朝庆，海南大学生态与环境学院教授；
Shekhar Biswas，华东师范大学生态与环境科学学院教授；
孙福全，中国科学技术发展战略研究院副院长；
诸大建，同济大学可持续发展与管理研究所所长、教授；
Edna Pasher，以色列智慧城市研究院主席（视频）；
Fabby Tumiwa，印度尼西亚基本服务改革研究所执行主任（连线）。

提问：我已经退休了，今天听了几位专家的报告很受启发。刚才杨军先生提到一个问题，理念培训这个事情，我觉得这个事情确实也不错，从我过去做过的事情可以看到，培训对促进地方的绿色发展很重要。最近一段时间看来，中国在这个方面已经开始取得很成功的进步了。我想问的是，国家层面对项目的培训或者理念培训，有没有一种方向性的或者政策上的说法？谢谢！

杨军：感谢，非常好的问题。据我了解，中国对"一带一路"沿线国家做了很多培训，我们清华苏州环境创新研究院前几年就进行了大量的对"一带一路"沿线国家的培训，很多"一带一路"沿线国家，包括这些国家的总统府、科技部、环境署等都来参加了。我刚才提到，前面我们做的很多工作已经取得了很多的效果，这些接受培训的官员后来在碰到问题的时候就会来问之前培训他们的老师——大家就像朋友一样，他们碰到这个问题就会来问怎么解决，这实际上就是我们建立了一定的交流渠道。

我刚才提到，低碳上我们就更要培训了。我们跟中国的地方政府有很多合作，对于双碳的做法，事实上基层工作人员有很多误解。如果他有误解，你让他去推广一个东西，他总是推广不到位的。就如双碳，大家就想着减碳，但事实上碳达峰不是要 2030 年吗？为什么 2030 年达峰呢？实际上 2030 年以前我们还是应该抓紧进行发展，达峰就是给你再快速发展多少年，就是这样一个理念。实际上对于减碳，你把能源一减，很多产量就会下来，这是一个非常明显的问题，但事实上还有很多理念我觉得如果我们能够让他们理解得更深刻，我们从中央层面下来的一些指示和政策性的方向，他们就能够落实得更加到位。

联想到"一带一路"我觉得更是这样了，他们的国家有自己的规划和时间表，怎么来做，可能他们自己都没有底。这个时候我觉得既然我们是要帮助他们，我们就要从理念上帮助他们，最重要的是我刚才讲的，我们更愿意帮助他们做他们想做的事情，那别人才高兴。你做了半天你觉得很好的，但他觉得别扭的事情，最后他也不会高兴。这一点是我个人的观念，谢谢。

喻朝庆：根据我们现在研究的结果，实质上我觉得我们现在最大的需求就是希望更多的公众和决策人员知道，降污增汇是连在一起的。我们现在政府官员也好，部门也好，政策制定时，有可能都是从自己的专业和行业角度来的。把整个环节打通，就变得非常重要，这个其实是需要我们的支持的。对于"一带一路"的国家来讲，这些理念也是非常重要的。

Shekhar Biswas：我的想法还是需要发展碳汇，用碳汇的方式进行更好的发展。对于发展中国家、"一带一路"沿线国家而言，想要打造自己的经济发展与基础设施，发展的过程中就有可能毁坏树木、绿化。即使在几个月之前，我当时在给报纸写一篇文章，我们就说发展和绿色应该合在一起。在发展的时候，不断地进行植树造林，就是在考虑碳汇、碳捕捉和封存的问题。我们看各地的报纸，通常会看到，政府决定要做一些发展的项目，但是环保主义者就会抗议，就会不同意。为什么？双方不和谐，没有同步。我们要想一想，不能只想着发展，或者也不能只想着减碳，你还是要存活的，发展经济这一块必须要讨论。其他国家也在讨论中国的很多值得学习的地方，我们希望学习中国平衡的发展路径。

提问：各位专家下午好，我是来自上海科技管理干部学院的，很感谢有这个机会能和各位专家交流，我想请教一个问题，目前我们低碳化、数字化是全球经济社会发展的一个主要趋势，这两者的关系是怎么样的？它们之间是否存在一些互相影响的方面？例如，前面孙院长也提到过绿色低碳的数字化转型，还有我们熟悉的数字赋能、制造业低碳转型，除此之外，这种影响、这种关系还体现在哪些其他的方面？谢谢！

孙福全：这个问题提得很好。低碳化、数字化，是我们包括技术变革、产业变革的重大方向，是处在不同角度上的。因为数字可以赋能各个行业、各个领域，对产业的低碳转型，以及对生活方式、促进方式的低碳化，都有很大的帮助，所以我觉得这两个方面还是一致的。低碳化的过程也是一个渐进的过程，我们讲低碳化，不是说一步就到位，我们碳达峰碳中和有不同的时间要求，而且在转型的过程当中也要注意能源的安全性，包括传统能源不是说马上就要退出的，它还有跟可再生能源多能互补的过程，所以也不能把低碳化简单地理解为尽快实现低碳，或者说传统的能源尽快地退出。

诸大建：中国，具体如上海，就提出两大转型，一个是数字化转型，一个是低碳化转型，或者广义上是绿色化转型。如果这两个耦合绝对是属于最大的，但是现在有矛盾的地方。例如，数字中心看起来是非常高科技的，但实际上非常耗能。上海最耗能的电力中心，一个是临港，一个是张江。现在中国的东数西算布局就是要把计算放到西部能源比较多的地方，这就是贵阳、青海、内蒙古作为数字中心的道理。东部主要使用数字结构，这就要对两者之间冲突的部分好好把控。不能一开始就认为这两者是耦合的。

Edna Pasher：在我的报告当中，我也讲到了智能电网，我觉得我们首先应当优化能源使用，以及电能的生产方式。很多电能，如果是用新的方式来生产的话，是没有办法存储的，所以第一步不是关注新能源的电能生产，而是应该关注智能电网：怎么样能够更好地使用现有的这些电能？这其实也对数字技术的使用有很好的启发，要利用数字技术来更好地推动我们的低碳化发展。另外一个是我讲到的教育项目，我现在能够在特拉维夫和大家进行沟通，Fabby能够在印度尼西亚和大家分享知识，就是因为我们使用了数字技术。其实疫情让我们实现了一个飞跃，大量地使用这些数字技术，我们可以减少出行、减少污染，这也是对我们的低碳社会做出了贡献。我也再次感谢大家的邀请，谢谢。

Fabby Tumiwa：是的，我同意 Edna 说的，她举的这个例子非常好。我现在不在上海，但是我可以在印度尼西亚和大家进行沟通，是数字技术让这一切变成了可能。与此同时，我也不需要大费周章、不远万里地跑到现场，我们也知道出行确实是碳排放的一个重要来源。

说到低碳、去碳化，我觉得数字技术能够更好地推广分布式的能源应用，对于未来的电网，我们如果能够去中心化的话，就能够更好地保证能源安全。在不久的将来，我们的蓄电技术及太阳能技术将变得更加先进，这样也能进一步推动低碳化。得益于数字技术，我们能更好地将这些能源接入智能电网，让电能更加有的放矢地分配，这样也能真正优化能源使用。低碳化能够进一步推动绿色技术、数字技术发展，创造新市场。数字技术又能够提高能源使用的效率，这些都是数字技术及数字化和低碳化进行耦合的地方。谢谢！

提问：在推动低碳技术的推广和共享方面，推动的主体有可能包括政府、科研机构、高校、企业、国际合作平台，以及国际组织等，这些主体如何在推动低碳技术的推广共享中发挥作用的？不同的主体内部或者是主体之间，如何通过协同合作更好地推动低碳技术的创新及推广？谢谢！

诸大建：低碳的利益相关者，实际上分工不同。政府主要是制定政策和战略路线图。如果自下而上，应该是企业为主导，因为只有进入产品和服务的时候，低碳才会走向基层化、通用化。金融机构现在做的，前面专家讲的 ESG（环境、社会和治理），包括绿色金融，就要有个门槛线。消费者当然是用钱购买低碳的商品，一般我们都讲可以把低碳整个的流程线上不同利益相关者分出政府、企业、部门投资、消费者、供应链，每个部门都可以看出独特的功能。你问题问得很好，现在没有整合起来，现在大家都讲共同的话语。如果做报告，一般不太管听众是谁，讲的是一套同样的东西。这就是大的挑战，所以培训很重要。

我讲两个问题回应你的问题。现在大家都在讲低碳，说循环是可以实现低碳的，循环真的能够实现低碳吗？大家都学过能量守恒定律，能量是不能循环的，讲低碳的时候我们讲的是能源替代。讲循环的时候，怎么来实现低碳？如果这些问题都没讲清楚是个很大的问题。我再提个问题，大家都知道汽车交通要大排量转变成小排量，要新能源替代老能源，这些都没错。现在我们分部门，交通部门把高铁、地铁放在一边，把汽车放在另一边，根本没有人搞整合的问题。这样一些根本的整合性问题没有统筹起来，低碳是搞不成的。

提问：我刚才查了一下资料，了解到目前我国能源结构，好像化石能源占比跟我印象中比较起来反差很大，占比在 85% 左右，非化石燃料的能源占比是 15%。只考虑减排、低碳，是否能够实现我们的双碳目标？刚才老师也说了，根据能量守恒，我们要实现发展，能源需求的总量应该不会少。低碳发展模式，我觉得这样也是不可能实现的。刚才老师也提到，中国目前的人均电量消耗只有 4.5 MW·h，跟全球前列相比差距也很大，面对这么大的能源需求缺口，同时我们要实现双碳的目标，除了在减碳、低碳方面去做以外，在固碳、储碳方面，是否目前有相关的研究？

诸大建：你这个问题是大问题，真正搞清楚这个问题后面就好办了。但是要明确，中国在 2030 年之前碳达峰，首先要实现现代化的目标，在这个时候要新能源作为主力军是不可能的。刚才你那个数据稍微旧了点，实际上 2030 年以前主要靠煤、油、气等传统能源，所以现在要解决的就是能效的改进问题。新能源主要是在 2030—2050 年成为主力军，基本上每年增加 1～2 个点。碳汇技术开发成本非常高，碳汇在什么时候发力？大概 2050—2060 年，但是不要对碳汇抱太大希望，碳汇就做末端治理，碳汇的容量争取控制在 20% 左右，也就是说是减碳，用电减不了。一定要有整体路线，你要知道你的新能源在什么时候发力。最近四川水电供不上，火电等下降得很多，所以这些是整体上的绿色能源问题。

孙福全：能源也是二氧化碳排放的主要来源，至少是 50% 以上的来源。我们要实现双碳目标，肯定要优化能源结构，从目前的以传统能源为主逐步过渡到以新能源为主。这将是一个缓慢的过程，可能 2030 年碳达峰以前还是以传统能源为主，我们要提高传统能源利用的效率，这是一个重要的方向。另外，关于电气化率，我们与发达国家相比电气化率要提高，用电总量要提高，提高以后是不是碳排放要增加？其实，这里面并不是都用传统能源发电，我们更多地使用新能源发电，特别是光伏发电、水力发电，新能源占比将越来越大。

第9章

区域（城市）论坛：新格局中的低碳协同发展

1 论坛综述

区域经济创新发展是许多国家和地区应对当前及以后挑战的重大战略选择。京津冀协同发展、长三角区域一体化发展和粤港澳大湾区建设是我国区域创新体系的重要组成部分。区域（城市）论坛以新格局中的低碳协同发展为主题，贯彻绿色低碳和可持续发展理念，围绕我国重大区域发展战略，借鉴世界区域经济发展的成果经验，探讨在外部环境、基础条件、发展动力等发生重大深刻变化背景下，如何深入推进区域协调发展、推动区域协同创新。

2 嘉宾演讲实录

全球城市碳商的创新

吴志强　中国工程院院士、同济大学原副校长

全球城市碳商（City Carbon Quotient，City CQ），反映城市经济社会发展过程中碳耗的智慧程度，是一个"品"字形理论模型，包括城市经济社会发展水平、城市碳排量、城市碳汇量3个重要方面。碳中和发展不是"短跑"，要以科

> 技动力策源。随着城市创新的增强，城市碳排放强度明显衰减。如何选择一条绿色的、智慧的、创新的发展路径，是出给各个城市、考验城市文明高度的智慧考题。

关于碳商的研究可以回溯到 2006 年，这一年瑞典政府宣布要在世界上成为"超越石油和煤炭的国家"。我认为，一个国家要超越石油和煤炭，城市一定要先行。假如一个城市都没有办法超越石油和煤炭，一个国家更是无法超越的。

2006—2008 年，我们与瑞典 3 所高校，以及同济大学、哈尔滨工业大学、华南理工大学等合作开展研究，探讨城市如何超越石油和煤炭，并将研究成果整理出版。该成果在 2008 年召开的"第四届世界城市论坛"上发布，并引起瑞典各方专家、官员的广泛关注。通过这个成果的发布，大家都知道了中国团队一直在围绕世界城市如何完成碳中和、零碳排放而努力攻关。

基于前几年的研究基础，我们正式提出碳商（Carbon Quotient，CQ）这一概念。今天我将把 2022 年世界城市碳商报告正式向全球 700 个城市公布。

首先要明白什么是碳商。碳商是一个"品"字形的理论模型，上面的分子是一个城市的经济社会发展水平，下面的分母由两个要素构成，一是城市碳排量，二是城市碳汇量，也就是一个城市排了多少碳，吸了多少碳，即一个城市的碳负债水平，该值可正可负。一旦城市达到碳中和，经济社会发展水平将非常高。

基于对碳商的研究，我们实现了五大突破。

一是首次将研究从国家层面转到城市层面。我们对全世界设立碳中和、净零、气候中和目标的 69 个国家和地区及其 700 个城市进行了碳商测算，并将碳商分成了高、较高、中上、中等和中下 5 个级别，把每个城市进行了排序。碳商比较高的是欧洲的城市，如卢森堡、慕尼黑等。在"高"的城市中，北京属于比较高，单位碳排产生的价值比较高，香港也比较高；"低"的城市中间也有中国的一些城市。就整体而言，我们还有很长的路要走，但是中国城市在努力地向前，而且我们每个碳排都用到了最好的经济社会发展上。例如，我们在中间栏里，"中上"第 4 位是舟山，第 8 位的龙岩、贺州、宜昌碳商都比较高；湖州的碳商也是比较高的。总体上来说，中国城市的碳使用率还不是特别高，还有很大的努力空间。

就全世界各大区域的平均碳商而言，美国东海岸的城市群总体碳商十分高，达到 129.59；大伦敦区的碳商达到 109.32；长三角区域的碳商目前是 97.9，京津冀城市群的碳商为 97.1。在世界各大城市群中，可以看到低于 100 的只有中国的城市群，我们必须努力赶上这些世界大城市群的平均值。也就是说，我们要加快降低碳排放，更大规模地提升劳动生产率和社会经济发展效率。

二是测算精度由 14.67% 提升至 92.95%。过去研究多用夜间灯光判断一个城市的碳排,准确度仅有14.67%,差异很大。我们这次采取了多维和精准的数字统计,并将城市每平方千米的碳排放量和工业产值比例联系起来,从而将各个城市碳排测算准确度从14.67%提高到92.95%,这是非常大的技术突破。杨浦区和浦东新区在2010年上海世博会时每平方千米的碳排放量很高,2015年逐步萎缩,2020年浦东新区和杨浦区碳排大规模下降,只有与虹口区交界的地区处在高排放区位上。

我们不仅要计算碳排放量,还要精准测算中国每平方米的碳汇量。中国南方有更多的绿色资源,其碳汇好于北方;从东西部来看,东北比西北好。中国有41个城市达到Alpha级别,也就是说净生产总值与预测碳排总值的差值大于0,这些城市主要分布在西藏、东北大兴安岭、新疆、内蒙古,以及长三角的溧水和黄山等地区。

三是从"产业大类"到"细分产业"。过去对碳商的研究多基于产业大类,现在我们将细分产业作为预测、评价每个城市碳商的依据。通过对各地人均数量、经济总量、三产情况进行跟踪,对每个城市的地均碳排和工业从业人员人均碳排进行精准耦合,从而清晰表达地均碳排和人均产值间的关系。可以看到,我们和发达地区仍存在较大差别,京津冀、粤港澳、长三角等地区还需要继续努力。

四是从"短跑"策略逐渐变成科技动力策源。根据各城市碳排放,能够预测一个城市未来的发展趋势与科创能力,研究表明UII(城市创新指数)和碳排之间正相关。例如,慕尼黑工业4.0引起了碳足迹方向的改变。

五是从"定性评价"到"以数明律""以律评价"。通过对农业从业人员人均产值、工业从业人员人均产值,以及交通、金融、商务和消费、公共服务人员人均产值等关键要素的计算,得到城市双碳发展与关键要素的耦合规律。

中国各个城市达到碳中和的道路是非常需要智慧的,现在不可以放松警惕。碳达峰并不是一条简单的直线,而是精准的曲线选择,这是中国特色、地方特点、永续发展的必然要求。因此,如何选择一条绿色的、智慧的、创新的发展路径,是出给各个城市、考验城市文明高度的智慧题。在这个过程中,我们开发了全球城市绿色设计智能平台,可以及时计算各个城市、各个地段碳排和碳汇的平衡程度,以科学辅助城市碳中和规划。

从国家总量角度来看,和世界其他国家相比,我们正在进步,但从碳排、效率、人均、地均等角度来看,与其他国家进行比较时,我们仍存在一定差距。

绿色低碳、开放共享与世界城市和区域创新发展

Erik Solheim 世界资源研究所高级顾问、"一带一路"绿色发展国际研究院理事会联合主席兼外方院长、联合国环境署原执行主任

中国在21世纪开启了新的发展模式,即实现经济发展和环境保护"双赢"模

> 式，生态和经济两手抓，两手都要硬。中国在绿色技术发展领域确立了牢固的领先地位，发挥着不可或缺的作用。中国在环境保护上的实践值得重视，无论是从技术层面，还是从实践层面，都值得在其他国家复制推广，"一带一路"倡议是非常好的契机，能够推动中国企业到其他国家投资，并利用自身的技术在中国和其他国家之间建立人文交流的桥梁。

我们赖以生存的地球正在面临污染、生物多样性遭破坏和气候变化三大环境危机。虽然我们制定了一系列政策应对这些危机，来为人类经济、健康提供有益的做法和方案，但许多国家仍无法减少污染，最初是在工业革命后的英国，之后是德国、美国、日本、韩国，过去几十年中国也在面临这样的问题。中国在21世纪开启了新的发展模式，即实现经济发展和环境保护"双赢"模式。生态和经济两手抓，两手都要硬，促进经济发展的同时，保护环境，中国为其他发展中国家提供了模板。

有三大因素推动着全球绿色转型，即"3B因素"：第一是企业（Business）；第二是布鲁塞尔（Brussels），代表欧盟；第三是北京（Beijing），代表中国。

对于企业（Business）而言，基本上每家企业都在绿色转型方面走在了政策前面。美国微软公司承诺在2030年实现碳中和，同时还承诺将清除自公司创立以来所有排入大气中的碳；在中国，宁德时代的动力电池已占据全球市场份额的40%~50%，深圳比亚迪今年电动汽车的销售数据比以往任何年份都高，华为公司运用其顶尖科技，支持太阳能发展，推动太阳能发电机效能提升，此外华为还借助其他高科技，支持爱尔兰及挪威的自然保护；在印度尼西亚，亚太资源集团制定了森林零砍伐目标，禁止公司开展纸浆造纸或棕榈油业务，以防造成森林砍伐。

在欧洲（Brussels），欧盟是这场变革的引领者，欧盟发布了绿色金融分类标准，绿色投资领域将不断增加，而棕色行业及投资将会大大减少，这将极大促进欧洲可再生经济发展。

在中国（Beijing），10年前中国还是污染严重的国家，在民众呼吁和政府重视下，中国空气污染问题以惊人的速度缓解。现在中国从全球环境"差生"，一跃成为全球环境"优等生"。

在全球绿色技术发展方面，中国发挥着不可或缺的作用。中国已在全球大部分未来领域确立了牢固的领先地位。过去一年，全球80%的太阳能板、80%的海上风电、80%的新建水电、70%的动力电池、70%的绿色电动高铁、99%的电动巴士产自中国，同时中国也是全球唯一一个可以将60%的太阳能接入电网的国家。此外，中国在环境保护上的实践同样值得重视，如浙江省河道治理、长江流域禁捕令、内蒙古库布齐沙漠绿化、四川用人工智能追踪熊猫等。美国和欧洲应该追随中国的步伐，大力发展绿色产业，以竞争推动创新发展。在竞争的同时，还要加强合作，只有这样才能取得更好的成果。

虽然中国在绿色技术领域的全球领先地位已得到一致认可，但是全球还没有意识到中国在环境保护方面也逐渐确立了领先地位。以浙江省为例，浙江省位于上海市以南，浙江省近几年开始实施河道治理，过去这些河道被称为"牛奶河"，呈现白色，目前这些河道已被清理完毕，河水清澈干净，大家可以到河里游泳。只有河流系统恢复了，整个生态系统才能恢复，鱼儿才会大量繁衍。坚持10年时间，渔民可以再次从恢复后的长江生态系统中迎来大收获。中国的环保实践，无论是从技术层面，还是从实践层面，都值得在其他国家复制推广，"一带一路"倡议是非常好的契机，能够推动中国企业到其他国家投资，并利用自身的技术在中国和其他国家之间建立人文交流的桥梁。

在自然保护方面，中国的进展也极其迅速。疫情后，中国相继设立了3～4个国家公园。几年前，我曾经有幸参观过四川熊猫公园，亲眼看到中国如何将高科技融入自然保护中，使用人工智能追踪熊猫，确保熊猫不靠近人类栖息地。我们看到了很多有关自然保护的积极行动，中国毫无疑问是自然保护的重要力量，内蒙古库布齐沙漠的绿化工作也是全球一流的，沙漠绿化结合绿色农业、生态旅游、太阳能等发展，方方面面都存在巨大的机会。

内蒙古很快就会成为全球绿色氢能中枢。上海和江苏能源领域的领军企业未来几年均计划在内蒙古建设大型绿色氢能设施。同样在城市发展方面，中国深圳、苏州、广州等城市已成为全球绿色发展水平较高的城市。深圳地铁规模全球数一数二，上海地铁也是全球规模最大的地铁之一。上海大力推广电动巴士和电动出租车，深圳也出现了电动货运卡车。总的来讲，不管是清理河道、治理空气污染、保护自然，还是建设国家公园、停止森林砍伐及发展城市，中国在创新环保实践方面已经成为全球领导者。

作为"一带一路"绿色发展国际召集人之一，我们将竭尽所能促进中国与其他各国的交流与联系。在发展中国家推广中国的最佳实践，当然中国也可以同欧洲、印度等其他国家和地区学习很多他们的最佳实践。

在这些双赢政策的加持下，我相信未来我们可以生态和经济两手抓。但同时我们也面临着两大挑战。一是要尽力确保绿色转型的公平，为更多工人提供培训机会，帮助他们进入新岗位，避免丢掉工作或丧失收入。在这个方面，中国共享汽车服务提供商滴滴为失业煤矿工人提供了一个平台，让这些工人可以在滴滴平台找到工作。同样，欧盟也采取了一系列措施，包括设立公司、提供培训等，以确保绿色转型的公平性。我认为，中国、欧洲、美国及其他国家有必要在这一领域加强经验交流，确保绿色转型的公平性。二是要加强国际合作。目前，地缘政治局势紧张，尤其是中美关系紧张，这使得全球经济增长及绿色转型面临更多挑战。因此，我强烈建议所有人都应当保持理智，克制自身情绪。

当前危机主要是由美国造成的，美国不愿接受中国已经成为全球重要力量的事实，而且美国夸大中国的军事力量，却不承认中国的经济发展。尽管如此，中国仍在努力消除全球紧张局势,从而确保找到全球性解决方案。2500 年前孔子曾说,天下一家,时至今日,亦是如此,世界人民应团结起来,天下一家。只有这样,我们才能解决所有重大的共性问题。

我们正站在新生态建设思维的十字路口,传统思想的核心是趋利避害。美国早在 50 年前就成立了美国国家环保局,目的是保护自然免受不利影响。而中国正在积极发展的生态文明理念,不仅要努力避免破坏自然,同时还要建设人与自然和谐共处的文明社会,创造更多就业岗位,让更多人收获健康,过上更好的生活。因此,中国生态文明理念是从积极正面的角度,将经济、生态及人类生活有机结合。

中国向全世界庄严承诺将在 2030 年前实现碳达峰,2060 年前实现碳中和。从现在到 2030 年,中国每年新增造林面积将超过比利时国土总面积,中国将全面停止海外煤炭采购,这些都体现了中国生态文明理念。在人民、企业和政府等主体的共同参与下,中国在推动绿色转型方面取得了积极成效。未来,我相信中国和其他国家一定会引领我们继续推进绿色转型,基于生态文明理念,积极采取有力政策措施,推动生态保护、经济发展与人类健康。

中国圣贤孔子曾经说过:"君子欲讷于言而敏于行。"这应成为我们未来几十年的任务,让我们携手共进,做行动的巨人,谢谢大家!

低碳协同发展的澳门之路

> 崔世平　澳门科学技术协进会会长,第十三届全国人大代表,
> 中国科学技术协会全国委员会委员,澳门立法会议员,
> 澳门建筑、工程及城市规划专业委员会委员,
> 澳门经济发展委员会社区经济发展政策研究组组长

> 新时代、新定位、新格局下澳门将在各领域持续探索低碳发展,打造"绿色澳门",助力国家 3060 双碳目标。

第一,基本介绍。习近平总书记在联合国大会上做出了庄严的承诺:中国将力争在 2030 年前实现碳达峰,2060 年前实现碳中和。这需要付出艰苦努力,但我们会全力以赴。2005 年,中国二氧化碳排放总量超过美国,成为全球第一大二氧化碳排放国,2030 年中国碳排放总量将是美国的 2 倍。从人均水平看,2005 年中国人均碳排放是美国人均碳排放的 1/5,到 2020 年大概是美国人均碳排放的 1/2。中国要实现与其他国家和地区同样的碳排放目标,将面临更艰巨的挑战。

第二,澳门能够做到哪些。澳门位于中国大湾区南端,土地面积 32 平方千米,海陆

面积 85 平方千米。从 GDP 看，疫情之前澳门 GDP 大约为 520 亿美元，2021 年达到比较可观的水平。人均 GDP 为 8.1 万美元，排在全球第 3 位，稍微落后于卢森堡，澳门在重返祖国怀抱之后获得了长足发展。

澳门第二产业比重为 4.3%，第三产业服务业是澳门的支柱产业，包括博彩业、旅游休闲业、商业、金融业、建筑业等。着眼于未来，我们对澳门的定位是一个基地、一个中心、一个平台，即以中国文化为重点的多元文化交流合作基地、世界休闲和旅游中心、中国与葡语国家商贸合作服务平台。

第三，澳门碳排放情况。澳门能源消耗主要来自进口能源，其中能源消耗的 71.4% 来自商业领域（其中，68% 来自旅游和休闲娱乐行业），居民生活消耗占 18.2%，公共设施消耗占 7.1%，工业消耗占 3.3%。能源发电产生的碳排放是污染的主要来源，如何减少碳排放，尤其是能源消耗重头产业的碳排放成为关键。同时，澳门机动车辆尾气排放也值得我们警醒，休闲旅游行业的二氧化碳排放总量大概是 178.9 万吨，酒店影视行业也排放了很多二氧化碳。

第四，澳门行动。澳门制定了经济和社会发展第二个五年规划，主要目标是推动城市规划和减少碳排放，希望每年将二氧化碳排放量降低 2%。澳门能够减少的碳排放主要来自交通运输领域，这需要在 5 年内减少大约 300 万吨二氧化碳排放。在金融领域，澳门也要控制碳排放规模，对此应积极借助金融技术探索可持续循环经济模式，发展绿色金融，建立绿色金融平台，实现碳排放减排目标。除此之外，我们还要不断优化绿色空间，与珠三角区域内重要城市开展合作，实现城市的再发展，打造低碳澳门，并与其他城市共享绿色空间。

为配合国家"十四五"规划及 3060 双碳目标，澳门颁布了《澳门环境保护规划（2021—2025）》，为打造"低碳澳门"制定了相应的战略和措施。澳门是一个非常宜居的城市，因为这里有居民负担得起的房价，公共住房的绿色建筑也有相应的法规落地，我们为民众提供很好的基础设施。与此同时，我们也希望能够建设更多的房屋，满足居民的生活所需。我们也在积极推动产学协作，开展了很多太阳能方面的研究，包括开发高技术混凝土水泥用于建筑领域，从而减少污染。

旅游业对澳门经济十分重要，在该领域的减碳需要在建筑中更多利用太阳能，使用电动巴士、多多种树，停止使用塑料瓶子，从而让澳门成为一个绿色城市。澳门科学馆、金光赌场、学生活动中心等建筑也在使用绿色建筑国际标准，并获得 LEED 项目银奖、英国建筑研究评估奖、新加坡建筑局绿色建筑标志奖等。

第五，未来前瞻。澳门未来会从各领域探索碳汇的可能性，对此我们希望能够打造更多绿色空间，包括大量使用太阳能电池板、制定绿色水处理方案，从而减少能耗、降低碳排放。未来在建筑领域，我们希望能够减少超过 50 万吨的二氧化碳排放。澳门特区政府在降低碳排放过程中扮演重要角色，制定了鼓励更多政府大楼屋顶使用太阳能电池板的政策，这些太阳能电池板均产自中国大陆，未来屋顶使用太阳能电池板的区域将会达到 29.5 万平方米。

我们需要不断地审视，我们之前做到了什么，未来如何规划，同时我们要对自己的能力进行设计，从而更好地实现节能减排。我们希望澳门能够大步向前，逐渐成为绿色和低碳城市。

第六，愿景。我们希望打造一个更加绿色的世界，希望澳门能够发挥所长，成为世界级旅游休闲中心，成为全球低碳产品检验中心。

践行绿色低碳理念，高质量建设热带雨林国家公园

高述超　海南省林业局副局长

> 海南省秉持绿色低碳发展理念，在促进国家公园原住居民经济社会发展、绿色转型方面开展了卓有成效的工作，探索出一条生态生活生产"三生互促"的低碳发展思路，促进人与自然和谐共生。

2018 年 4 月，习近平总书记在庆祝海南建省办经济特区 30 周年大会上亲自谋划海南热带雨林国家公园的建设；2019 年 10 月，习近平总书记在十九届四中全会上亲自推动热带雨林国家公园建设；2021 年 10 月，习近平总书记在《生物多样性公约》第 15 次缔约方大会上亲自宣布正式设立海南热带雨林国家公园等一批国家公园。2022 年 4 月，习近平总书记亲自调研海南热带雨林国家公园五指山片区，他强调保护好海南热带雨林对全国、亚洲，乃至全世界都有着重要的意义。要跳出海南看这项工作，视之为国之大者，充分认识其对国家的战略意义，再接再厉把这项工作抓实抓好。2022 年 4 月 13 日，习近平总书记强调，热带雨林国家公园是国宝，是水库、粮库，更是碳库，要充分认识其对国家的战略意义，努力结出累累硕果。

习近平总书记这些重要讲话、指示、批示精神，为建设海南热带雨林国家公园提供了根本遵循、指明了方向。为贯彻落实习近平总书记"4·13"重要讲话精神，海南省委、省政府将热带雨林国家公园建设予以推动，认真贯彻绿色低碳理念，举全省之力推动热带雨林国家公园建设，取得了明显成效。

第一，基本情况。

海南热带雨林国家公园位于海南岛中部，区划总面积 4269 平方千米，涉及五指山、琼中、东方、陵水等 9 个市县，5 个国家级自然保护区。海南热带雨林是我国分布最集中、类型最多样、保存最完好、连片面积最大的大陆性岛屿型热带雨林，是岛屿型热带雨林的代表、热带生物多样性和遗产资源的宝库、海南岛生态安全保障，也全球最濒危

动物海南长臂猿的唯一栖息地。在生态保护第一和最严格的保护前提下，在热带雨林国家公园开展绿色低碳创新实践，探索人与自然和谐共生、生态保护与社区良性互动的模式具有重要的历史意义和现实意义。

第二，主要做法。

①在全国率先开展海南热带雨林国家公园生态系统GDP核算工作。组织中国林科院和海南省林科院共同完成热带雨林国家公园GDP核算。2021年9月26日，海南省政府新闻办公室召开新闻发布会，发布海南热带雨林国家公园2019年生态系统生态总值核算成果，为2045.13亿元。海南热带雨林国家公园成为首个发布GDP核算成果的国家公园，表明海南热带雨林国家公园在探索"绿水青山"转化为"金山银山"路径的具体实践上走出了坚实的一步。GDP核算成果不仅为热带雨林国家公园建设提供了科学参考，也为我国开展热带雨林国家公园"两山"转化提供了借鉴，为热带雨林国家公园提供了海南样本。

②积极采取措施，逐步降低热带雨林国家公园范围内的碳排放。近年来，海南持续开展热带雨林国家公园小水电退出，采取系统修复、综合治理等手段，逐步减少热带雨林国家公园范围内的碳排放。2021年，海南省住房和城乡建设厅等4个部门印发了相关指导意见，以中部地区的热带雨林国家公园为重点区域，通过大力推进燃气下乡，大幅降低木材在园区内、农村居民燃料中的结构占比，优化农村居民燃料结构，推进农村人居环境整治和美丽乡村建设，助力园区绿色发展。同时，我们进行了实时监测与统计，建立信息发布机制，让社会公众了解热带雨林国家公园碳汇功能，提高公众认知度。

③倡导低碳消费，大力推动生态旅游发展。以昌江黎族自治县为例，近年来它依托热带雨林国家公园生态环境资源和黎族特色文化优势，启动文化小镇建设项目，发展生态旅游、乡村旅游，让群众吃上了旅游饭。

④开展国家公园绿色低碳交流合作，积极打造低碳创新领域的多方合作平台。例如，海南热带雨林国家公园与清华大学碳中和研究院达成战略合作共识，以热带雨林国家公园为研究基地和案例，聚焦国家公园理论技术和关键问题，将零碳生活、零碳社区作为重要内容。此外，海南热带雨林国家公园还与联合国教科文组织达成合作意向，共同设立以生物多样性保护为主题的科普教育基地，共同开展能力提升等活动，共同进行对栖息地的监测。2021年9月，在中华环境保护基金会征集活动中，海南长臂猿全方位保卫项目从全球26个国家申报的258个申报案例中脱颖而出，成功入选联合国"生物多样性100+全球典型案例"，并在法国马赛召开的第七届世界自然保护大会上向全球发布，获得了专家赞许。

⑤打造国家公园生态搬迁绿色生态宜居社区。这是我们的重点任务和标志性工程。例如，白沙黎族自治县南开乡3个自然村118户共498人，位于热带雨林国家公园核心保护区。为了加强生态系统的完整性保护，正确处理生态保护与居民生产生活的关系，

我们以此为目标，有序开展处于江河源头等核心保护区的生态搬迁，以自然村为单位，实现迁出地和迁入地土地置换，稳妥推进核心保护区生态搬迁工作，目前已全部完成搬迁，探索出一条生态生活生产"三生互促"的低碳发展思路。通过 Gartner 建设，减少对环境的污染，确保社区运行与生活消费的低碳发展。

在自然生态修复方面，促进国家公园原住居民的经济社会发展、绿色转型，通过自然教育、生态体验等方式，为公众提供亲近自然、享受自然、体验自然的机会，同时鼓励和引导公众在游览国家公园时做到绿色出行，减少碳足迹，促进人与自然和谐共生。

碳减排与全球创新

Bettina Tratz-Ryan　Gartner 政府行业研究副总裁

围绕碳减排的科技创新在不断蓬勃发展。例如，沙特的 OXAGON 改造项目运用工业 4.0 理念，计划落地时将会实现 100% 使用清洁能源，推动循环经济发展；丰田基于氢能供应链打造无碳排放城市，围绕行业和社会需求实现环保平衡，"元宇宙"能够进一步控制碳排放，打造一个可持续世界。

Gartner 提出，2025—2035 年要通过一系列政策措施做到碳减缓，不断降低风险，提升效率。2035—2050 年要使更多人了解实现碳适应和碳减缓的措施和好处，通过一步步的碳适应、碳减缓、碳创新，打造可持续社会。

我们需要充分利用科技，深入开展技术分析并分享成果，让大众了解如何进一步加快气候适应。我们使用数字孪生技术了解碳排放对气候造成的影响，从而更好地建立城市和空间规划模型，保护生物多样性。同时，我们还有很多新技术有待开发。瑞典斯德哥尔摩正在寻求新的原材料，提供新的电动化交通运输方式；加拿大蒙特利尔使用新技术、新的土地管理方式，广泛收集数据以了解污染水平；日本神户借助最新技术，了解城市在地震方面可以做出的相应反应。

碳减排问题面临很多挑战，我们需要从原材料入手，了解总体碳排放和碳足迹，对此，需要更高的透明度和更好的算法机制，以便从源头减少隐含碳，同时考虑到碳封存、碳捕捉及原材料消耗影响生物多样性等问题，我们需要更多数据支持，打造信息模型，通过机器学习算法进行场景规划、模拟仿真，从而要把隐含碳的产生机制植入决策过程中。一方面，我们要关注建筑大厦、建筑材料、垂直花园、树木种植、绿化这些因素；另一方面，我们也要了解价值链所产生的隐含碳的变化。同时，我们还需要基于不同标准、不同行业获取到具有透明度的数据。例如，区块链技术帮助我们更好地捕捉碳排放，获得更好的统计数据。

我们常常会谈论到"循环经济"这个概念，我们也看到了在循环经济方面的诸多创新。一方面，我们已经创立了相应的基金会；另一方面，我们还采取了很好的产品设计。让产品和原材料实现循环利用，从而延长产品的生命周期，减少废料的产生，解决碳排放和污染排放问题。我们有很多关于可循环性本身价值的新探讨，并发现在循环经济方面创新的新动态。这些创新不仅关注到产品本身，而且可以让我们更好地了解该怎样生产更好的产品。刚才所讲的丰田的例子告诉我们该如何更好地设计能源的消耗、减少水的浪费、提升水和其他资源的利用效率。我们看到很多的创新已经涉及产品使用方面了，通过采取不同的方法和步骤，让这些材料、能源成为循环、可再生资源，延长它们的使用寿命，打造一个真正的循环经济。我们不仅关注隐含碳，还关注产品生命周期问题，它是碳减排非常重要的指标和方向，这其中需要考虑的重要问题是如何追踪产品的使用。宜家公司已经使用数字化方法追踪整个销售过程，从而让二手产品重新被使用和销售。我们可以看到循环经济确实发挥了重要作用，但目前还没有相应的标准。

当前我们努力推动可再生资源发展，在这个过程中需要认识到这些努力给土地、生物多样性、人类带来的负面影响。换句话说，在控制碳排放过程中，我们要通过数据分析了解其影响，从而兼顾不同行业的利益。在农业领域，有一些项目能够实现碳捕捉和碳封存。在第二产业中，也可以找到这个方面的例子，通过对气候、二氧化碳排放等不同变量进行平衡取舍，从而实现碳捕获和碳封存。另外，道路、铁路等基础设施，以及一些新型建筑、包装等也是不错的减排领域，是可以发力的环节。

我希望能够探讨的一点是群策群力打造可持续社会。Gartner 相信，几十年之后，至少 1/3 的亚洲城市将会实现非常好的工业化发展。在这个方面，对生态的压力也会越来越大，需要警惕的是，在工业化过程中要进一步观察碳排放，推动短期经济和长期可持续性平衡发展，这需要人类社会拧成一股绳，群策群力，并充分保护弱势群体利益，从整体减少碳足迹。

可持续性对于城市影响非常大，可持续性发展目标打破了行业与行业之间的隔阂，以及人与人之间的壁垒。低碳排放的基础设施建设初始投资成本非常大，在这个过程中会有一些阵痛，但是我们要全力推进低碳基础设施建设，通过进一步挖掘数据和分析，了解弱势群体，并进一步给予关爱和支持。

最后作为结论，我给大家带来 3 点总结。

第一，希望大家重点关注碳排放，推动碳创新在很多社区确实非常具有挑战性，其挑战不仅在于产业界，我们的使命感也是非常重要的，我们需要更多的人加入我们的对话，需要纳入更多利益相关方。

第二，碳创新从战略角度和技术角度来讲都非常重要。例如，打造生态系统时，智能建筑如何实现碳捕捉和碳封存，如何避免其带来的副作用，这不仅是技术性问题，还要战略性地吸纳不同产业参与，实现可持续发展。

第三，围绕社区构建，需要提高关于碳的透明度，加强知识普及，引起普通民众的兴趣。例如，让民众了解碳减排相关会议，增强他们推进碳中和的意愿。

感谢大家的聆听，之后有问题可以通过电子邮件或者媒体交流互动。谢谢！

3　圆桌论坛

主持人：
伍　江，法国建筑科学院院士、联合国环境规划署 - 同济大学环境与可持续发展学
　　　　院院长、长三角可持续发展研究院院长。

嘉　宾：
应　盛，联合国人居署中国办公室国家官员；
高述超，海南省林业局副局长；
Virgile Rwanyagatare，卢旺达驻华大使馆第一参赞；
张亚雷，同济大学工程与产业研究院院长、现代农业科学与工程研究院院长、新农
　　　　村发展研究院常务副院长；
Chen Shalita，以色列绿色建筑委员会主席；
Peter Gilruth，国际农用林研究中心高级顾问；
Alberto Mendoza，墨西哥蒙特雷科技大学可持续技术和土木工程系主任、拉丁美洲
　　　　和加勒比地区水中心主任。

伍江：2022浦江创新论坛区域（城市）论坛以新格局中的低碳协同发展为主题，探索绿色低碳和可持续发展理念。圆桌对话将重点围绕京津冀协同发展、长江经济带发展、粤港澳大湾区建设、长三角一体化发展、长江流域生态保护和高质量发展，探讨在大背景下如何推进区域协调发展与协同创新。

在此背景下，论坛面向全球科研机构、高校院所、企业等征集低碳创新城市/区域及转化应用与推广工程示范性好、减排潜力大的低碳技术成果案例，目前已经收到来自海南、上海、深圳、桂林、溧水、湖州、浙江、天津、德国、日本、纽约、荷兰、以色列等的15个案例。这些案例从再生能源及清洁能源利用、污水处理、低碳农业创新、节能新技术、绿色制造、绿色建筑、绿色出行、低碳社区等方面做了示范，并在低碳政策、低碳项目、低碳技术等方面进行了创新。

圆桌对话主要议题：
①如何通过绿色产业和绿色技术创新推进绿色可持续发展。
②高等院校和科研机构如何更好地为新发展格局中的绿色低碳发展提供科技支撑。
③如何促进国际低碳合作，国际机构和组织在其中的作用与价值。
④面向未来的绿色低碳发展新局面展望。

伍江：应盛先生在绿色可持续发展、智慧城市规划、大数据与城市职能建设等领域有着丰富的经验，欢迎应先生发言。

应盛：当前百年未有之大变局与疫情叠加共振，发展合作动能减弱，2030 年可持续发展议程正面临前所未有的挑战。根据世界气象组织最新发布的《2021 年全球气候状况》，2021 年温室气体浓度、海平面上升、海洋热量和海洋酸化 4 个关键气候变化指标都创下了新纪录。今年以来，全球各地都遭遇了气候变化的严峻挑战。在亚洲，印度今年就遭遇了 1901 年以来最热的 3 月，中国也遭遇了 1961 年以来最强的高温；在欧洲，英格兰 8 个地区进入干旱紧急状态。这些都是大自然对人类的警告。

人类活动产生的巨大碳排放可能正在使地球走向灾难性的新极端。今年是有史以来最热的一年，也可能是未来 10 年最凉快的一年。我们必须即刻开展气候行动，而最有力的气候行动就是低碳发展。地球可以不需要人类，但是人类不能没有地球，面对严峻的现实，我们愈发需要推动合作，促进低碳转型，共同努力实现净零碳的未来。

联合国人居署作为联合国系统中负责城市事务的机构，积极推动全球低碳发展合作，为实现 2030 年可持续发展目标贡献力量。各位嘉宾，我们对落实 2030 年议程都有不懈的追求，对全球发展挑战都有共同的关切，对人类社会进步都有共同的期许。作为国际组织，我们从多个方面努力推动和加强低碳发展的国际合作。一是积极推动建立国际低碳发展合作机制。例如，联合国人居署和国家发展改革委发起成立了"一带一路"可持续城市联盟，积极推动"一带一路"沿线城市可持续发展合作。二是设立新的国际表彰机制，鼓励更多城市参与低碳发展。在今年 6 月，联合国人居署和中国共同设立了上海全球可持续发展城市奖，表彰全球在可持续发展领域表现突出的城市。三是开展低碳项目试点，推动低碳城乡规划建设。联合国人居署在中国开展了一系列可持续发展城市试点，也和相关机构进行了低碳城市合作。例如，我们和同济大学伍江校长团队在浙江舟山开展了乡村振兴定海实践，这份报告即将发布，请大家多多关注。四是鼓励数字技术合作，推动更多低碳公共知识产生。我们正在筹备编写联合国人居署第三份报告，其主题是数字科技赋能净零碳的城市未来。五是鼓励年轻人参与低碳创新发展，同城市数字化转型一样，城市低碳转型也是基于创新的，打造创新城市一定要抓住年轻人这个创新的主要动力。人是城市低碳转型的中心议题和最终目标，为此我们也发起了未来城市和中国青年对话等一系列活动。

各位嘉宾，一个净零碳的未来才是我们共同的未来，我们愿意和大家一道，扎实推动低碳发展，为落实 2030 年可持续发展议程、实现城市更美好的愿景而努力奋斗，谢谢大家！

伍江：谢谢应盛的精彩发言，我们也期待着和联合国人居署的合作。海南是双碳"优等生"，也是今天的主宾省，其将与上海携手探索绿色低碳发展路径。下面有请海南省林业局副局长高述超先生发言。

高述超：良好的生态环境是海南的最大优势，绿色低碳发展是海南自由贸易港和国家生态文明试验区建设的重要标志，把海南打造成为低碳技术、零碳技术、负碳技术的创新实验场所是我们努力的目标。

海南作为我国的热带资源大省，太阳能资源、海洋资源、森林资源、生物资源等都非常丰富。能源经济结构调整潜力巨大，具有率先实现碳达峰碳中和目标的有利条件，也具有打造绿色低碳循环发展先行区的显著优势。我想将来可以从以下3个方面推动绿色低碳发展。

一是对接国际先进规则，加快形成法治化、国际化、便利化的一流国际营商环境。建立与高水平自由贸易港相适应的政策制度体系，吸引更多高新技术企业、科研机构、优秀人才进入海南。增强海南在绿色低碳领域的科技创新能力，将海南打造成为海外高新绿色低碳经济的重要门户和窗口。

二是积极发展绿色碳汇和蓝色碳汇经济。海南热带雨林国家公园是最大的大陆性岛屿型公园，它是实现低碳创新的理想区域。此外，海南海域面积超过200万平方千米，占我国总海域面积的42.5%，独特的海洋资源优势具有较强的吸碳除碳能力，是实现绿色低碳发展的重要载体，同时还具有潜在的蓝碳经济价值。

三是着力优化能源产业结构，力求率先实现碳达峰碳中和。借助海南地区区位优势与生态资源优势，重点开发太阳能、氢能、潮汐能、风能、生物质能等清洁能源产业，将海南丰富的清洁能源转化为更多能源。谢谢大家！

伍江：实际上海南与上海有很多合作，同济大学在海南也有很多的研究项目，我们期待有更多的活动。

高述超：欢迎您常来海南指导工作，谢谢。

伍江：接下来欢迎卢旺达驻华大使馆第一参赞 Virgile Rwanyagatare 先生发言。

Virgile Rwanyagatare：感谢大会主办方，2022浦江创新论坛主委会、尊敬的来宾、女士们、先生们，非常荣幸能够参与本次重要论坛。此次会议的主题是新格局中的低碳协同发展，它强调了环境和气候变化的重要性，以及背后的机会和挑战。

首先简单介绍一下卢旺达，卢旺达是全球了不起的国家之一，位于非洲中东部，山脉很多、景观多元、民众友善，有丰富的野生动物资源、庞大的热带雨林等，能为大家提供非常独特的体验，很多来自其他国家的游客都对卢旺达雄伟的山脉和壮丽的景观倍感赞叹。我们的生态系统作为国家非常重要的一部分，为我们提供了极其丰富的生态系统服务和生物多样性。卢旺达也是一个重要的茶叶和咖啡出口国，整个国家电力供应非常依赖水电。卢旺达的经济不断增长，但同时受到的气候变化的影响也在与日俱增，气候变化也给我们带来了严重的自然灾难，让卢旺达付出了巨大的生态代价和经济成本。

各位尊敬的领导、来宾、女士们、先生们，卢旺达在过去十几年都致力于改善环境和气候，通过各种国家政策来支持各个项目的落地。卢旺达的政策框架是非常丰富的，对于气候变化的机制框架也非常扎实。卢旺达非常容易受气候变化的影响，适应气候变化是卢旺达优先考虑的重中之重。卢旺达希望对全球的减排做出贡献，一来降低林业、农业等方面的预期碳排放，二来进一步在基础设施建设领域加强碳减排。

卢旺达政府也推出了"气候恢复力"战略，通过设立战略框架进一步规范气候变化应对措施，并为经济和社会规划构建一种绿色路径。卢旺达的目标是到2050年进一步提升气候恢复力，建设低碳经济体，积极参与联合国全球零排放倡议，推动可持续发展。2020年，卢旺达进一步对国家自主决定贡献方案（NDC）进行了修订，进一步明确了气候变化适应等相关目标，以及2030年之前所要采取的一系列措施。卢旺达也承诺，到2030年减排38%（约4200万吨）的二氧化碳当量。

卢旺达社区很容易受到气候变化的影响，特别是贫穷家庭，我们通过群策群力，充分发挥专业知识作用，更好地打造环境友好生态，改善民众生活质量。我们从2008年开始与合作伙伴不断合作，构建了48个绿色村庄，在这些绿色村庄的建设过程中，我们将自然资源的使用效率最大化，并积极完善绿色基础设施，进一步推动农业建设。

尊敬的各位领导、女士们、先生们，现在采取行动恰逢其时，因为大家也都达成了一致的认知，气候变化是真真切切的，我们需要采取合适的战略和制定合适的政策。现在就应该把这些战略和政策付诸实施，保护未来。我们有必要采取合适的气候变化适应和减缓措施，并制定问责框架。实施气候行动需要大量的金融资源，而光靠卢旺达一个国家是无法实现的。我们需要充分探索合作伙伴关系带来的机会，进一步推动卢旺达的进程。卢旺达政府也做了一些决策，希望进一步保护关键生态系统。气候变化和碳排放问题是跨越国界的，因为这些碳排放影响到全世界各国社区。毫无疑问，卢旺达政府也愿意参加到多边环境公约和协议中，目前为止，卢旺达已经签署了17个与气候变化相关的协议和公约，包括《生物多样性公约》。

感谢浦江创新论坛主办方，在这里我们可以就各个解决方案进行科学探讨，并进一步推动全球低碳发展和绿色经济创新，卢旺达政府也期待与各位进行进一步合作，以推动这个至关重要的进程。谢谢！

伍江：希望今天的对话能够更好地加强中国与卢旺达之间的合作。接下来欢迎同济大学工程与产业研究院院长、现代农业科学与工程研究院院长、新农村发展研究院常务副院长张亚雷先生发言。

张亚雷：谢谢各位专家。我今天介绍的题目是崇明生态岛低碳发展。

上海市崇明区由崇明、长兴、横沙三岛组成。其中，崇明岛位于上海北翼长江口，是中国第三大岛、世界最大的河口冲积岛，其面积为1269平方千米，长兴岛面积为88平方千米，横沙岛面积为56平方千米，三岛总面积达到1413平方千米，户籍人口数量达68.8万人，2009年年底沪崇苏越江通道的通车为崇明生态岛开发和建设奠定了基础。

崇明生态岛具有非常好的低碳发展基础与优势，包括优良的土地资源、非常好的生态环境及丰富的生物资源。在土地资源方面，崇明土地面积一直在增长，是上海最重要的土地后备资源，具有优良的深水岸线；在生态环境方面，崇明具有独特的湿地景观资源；在生物资源方面，崇明具有充足的太阳能与风能。

根据崇明生态岛至南向北的地段性规划，整个岛屿总体布局分为五大分区，包括崇北、崇中、崇东、崇南、崇西5个分区，主要建设成为生态示范区、科教博览区和休闲区。其中，崇中分区是中央森林区与休闲度假、教育研创区。崇北分区规划面积为170平方千米，是大型会展、科教园区、体育场等功能区所在地。崇南分区规划面积为200平方千米，是全岛田园式的城市化中心城区。崇西分区规划面积为150平方千米，是生态景湖区和大型会展区。

崇明生态岛在碳汇提升方面具有非常好的优势。根据前期统计，目前我们国家总体碳汇能力并不强，每年还有很大的碳汇提升空间。后续会开展以下工作：一是碳汇监测。面向生态系统碳汇进行传感、监测研究和技术推广，开展多尺度多层级天空地一体化监测，并进行监测预警和评价。二是利用陆地碳汇（绿色碳汇）技术，包括林业碳汇增汇技术、湿地碳汇增汇技术、草地生态系统增汇技术、城市绿色碳汇智能辅助构建与优化运维技术。三是利用海洋碳汇（蓝色碳汇）技术。四是利用负碳增汇（人工碳汇）技术，包括农田种植减排和碳提升、二氧化碳封存等相关技术。同时，加强人工碳测绘遥感大数据分析和空间模拟推演等相关综合平台建设。

我们准备在这几个方向进一步推进崇明的碳汇、增汇工作，以上是我的简要介绍，谢谢大家！

伍江：谢谢张院长的精彩发言。刚才我们已经有3位进行了非常精彩的发言，在接下来3位的精彩发言之前，我想利用这个机会给大家展示一下本次论坛通过定向邀请与广泛征集、专家评审得到的国内外优秀典型低碳案例。这些案例来自中国海南、上海、湖州、桂林等典型省市，以及德国、荷兰、纽约、日本、以色列等国家和城市。

第一个案例是海南热带雨林国家公园。这是中国最早一批5个国家公园之一。海南在探索绿水金山转化为金山银山的路径上走出了坚实的一步，GDP核算体系不仅为海南热带雨林国家公园体制试点区的保护和建设提供了科学参考，也为我们国家公园开展两山理论的转化提供了很好的借鉴。

第二个案例是上海崇明区。刚才张亚雷教授给大家介绍了崇明岛的生态建设。崇明生态岛是中国的第三大岛，是上海自然生态环境最好的区域。崇明坚持低碳发展道路，大力发展绿色交通，已建设超过800个500千米的生态绿道、自行车绿道等，更新了新能源公交车，实现了新能源公交车全覆盖。

第三个案例是湖州市。湖州坚持制造业与现代服务业双轮驱动，大力发展数字经济、智能装备，推动经济发展绿色转型。全市已建设超过300家绿色工厂，完成100项绿色制造技术改造示范项目。

第四个案例是丽水市。丽水环境质量优越，市控以上地表水断面水质、县级以上集中式饮用水水源地水质达标率超过100%，空气质量优良率排在全省第一，在全国168个城市当中有很好的表现。2021年，丽水市累计发电61.27亿千瓦时，可再生资源发电有58.14亿千瓦时，占比94.9%，单位能源生产排放量为0.145千克千瓦时，森林覆盖率达到了81.7%。

第五个案例是恭城县。2015年，桂林成为中欧低碳生态城市合作项目专项试点示范城市，其新三位一体生态农业发展模式为我国绿色发展提供了非常好的示范，其中，恭城县黄岭村被评为广西普及沼气能源示范村，沼气池入户率达到100%。

下面欢迎以色列绿色建筑委员会主席 Chen Shalita 先生发言。

Chen Shalita：大家好！非常荣幸能够和各位对话。绿色建筑和政府学界、商业领域都高度相关，我们希望能够在建筑领域实现最高标准的可持续性，共同创造可持续环境。

气候变化确实是我们面临的最严峻挑战。为了应对气候变化带来的挑战，全球各个国家先后在巴黎、英国等地商讨如何应对气候变暖等问题。当前，建筑材料和建筑领域是二氧化碳排放量最大的领域，对此我们要使用更多可再生能源，缓解建筑能耗问题，从而实现能源平衡，实现净零目标。这个目标是否具有可能性？为了回答这个问题，我们为大家提供一些关于净零的项目参考。

一个是零碳建筑项目，可以达到最高的绿色标准4星，解决天气、遮阳、日照等问题，还可以产生很多能源，因为我们有太阳能阳台，通过数月建设以后，可以实现正向的能源平衡；另一个是老港口修复项目，通过对传统式建筑整个屋顶进行分析和预估，了解其使用阳光可以产生多少可再生资源，还包括使用太阳能、光伏电池板、风能、潮汐发电；还有一个是一家位于港口附近的餐厅，能够实现把有机肥料变成能源。如果把这些不同的可再生资源融合在一起，我们可以实现100%的可再生资源生产，实现净零目标。

当然我们还有一些其他项目，包括在已有建筑上使用太阳能光伏板，全面翻新这些传统历史建筑，通过在建筑的正面、侧面、屋顶安装太阳能电池板来生产可再生资源。全球变暖是我们面对的非常大的挑战，它影响到生活、生命、财产的安全，但同时也存在很多机会点。我们要审视不同的国家，思考该怎么样打造更好的建筑，使它们有更高的能源使用效率，使它们价格更加低廉，更加舒适和健康。

因为我们要改变建造的方式，所以背后毫无疑问存在很多机会点，非常感谢大家的聆听，谢谢！

伍江：非常感谢 Chen Shalita 先生的发言，希望我们和以色列能够有更多的交流，特别是在绿色建筑、绿色规划上，我们会有很多可以分享的经验，再次感谢！

接下来我们非常高兴地请到来自国际农用林研究中心的高级顾问 Peter Gilruth 先生，Peter Gilruth 是现在联合国学术界私营部门在项目制定、投资开发、执行、监测评估方面拥有超过 30 年国际工作经验的专家。

Peter Gilruth：首先对大会主办方表示感谢。下面我将从 3 个维度讨论全球合作的重要性，及如何进一步通过合作推动低碳发展。

第一个维度，科学知识的分享。联合国环境规划署等国际组织会接收各国资金注入，进一步把最佳科学专业知识集聚起来，推动科研透明度和研究成果可及性，从而推动全球发展。最好的例子之一就是联合国政府间气候变化专门委员会（IPCC）围绕气候变化主题出台了一系列专门报告，以增强各国对气候变化的认识。2022 年，联合国环境大会组织各国讨论制定了首个应对塑料污染的全球条约。

另外一个例子就是南苏丹环境资源部邀请 UNEP 对其湿地进行评估。对于南苏丹而言，如何进一步把河流进行引流并重新塑造南苏丹生态系统，成为国家关注的重要议题。UNEP 向南苏丹政府提交了一份报告并完成了相应评估，指导南苏丹对当地尼罗河的水文情况进行决策。

第二个维度，国际性的低碳目标监测。从国家层面来讲，各国要做出承诺和持续性贡献，以降低气候变化带来的影响并实现减排，这需要各国在联合国框架下分享各自在实现减碳承诺方面的进展和进度。最新的例子就是来自 UNEP 发布的《2022 年排放差距报告》，UNEP 根据 2030 年温室气体排放预测情况，综合利用科学、专业知识进行建模，进一步明确了各国排放差距，从而服务和指导当地发展决策。

第三个维度，进一步推动国家和非国家的利益相关方合作。联合国系统最大的优势是把不同国家召集起来，响应国际重大问题，并基于联合国平台高效运作。国际机构对低碳社会转型发挥了重要作用，未来需要进一步促进全球政策环境塑造，提高人们对低碳的关注度，鼓励各个社区采取行动，并持续推动低碳发展合作。

毫无疑问，我们必须要现在行动起来，进一步推动低碳来应对气候变化。非常感谢大家的关注，也感谢主办方的邀请，谢谢。

伍江：非常感谢 Peter Gilruth 先生，您的分享带给我们很多启发，期待着您给我们以后的工作进行指导。下面欢迎来自墨西哥蒙特雷科技大学可持续技术和土木工程系的主任 Alberto Mendoza 先生。

Alberto Mendoza：非常感谢主办方邀请我参与本论坛。我希望和大家分享的是，大学研究机构如何在提供绿色低碳发展政策和技术中发挥作用。

首先，在合作方面，墨西哥蒙特雷科技大学参与了全球可持续性联盟，通过研究和能力建设，进行了一系列解决方案的尝试，其中包括技术解决方案、政策解决方案及经济激励等。同时，我们也是国际大学气候变化联盟成员，希望能够助力全球社区绿色发展。此外，我们也和能源企业及其他低碳组织开展合作，共同应对气候变化。

墨西哥蒙特雷科技大学基于当前气候变化带来的巨大挑战，积极推动绿色低碳教学和研究工作，但我们相信我们还可以做得更多。例如，如何加强实验室等平台在低碳解决方案研究中的作用，从而加强本地决策能力和政策制定能力。对此，我们实施了Off-Grid项目，通过把大学建筑和空间转化为鲜活的实验室，邀请本科生参与进来，吸引新的创意和想法，推动技术方案转型。

其次，要进一步提高大学的活跃度和可见性。解决整个社区所面临的问题，不能仅依赖单一校园，而是要借助不同的校园网络，我们做了一个校园城的项目，将整个大学城园区打造成为智慧社区。

最后，在政策方面，我们从项目一开始就吸纳多个利益相关方参与，并指导决策，推动在各个市级政府层面真正落地，实现减排效果。

伍江：非常感谢，墨西哥和中国远隔重洋，但是我们共有一个星球，希望我们在可持续发展方面能够有更好的、更多的合作。在今天结束圆桌对话之前，我想把评选出来的其他优秀案例做一个分享。

中新天津生态城。中新天津生态城是一个集绿色、低碳、健康、智慧于一体的创新型社区。2020年年底，这个生态城单位GDP碳排放强度为147.1吨/美元，优于德国的177.2吨/美元、日本的221.1吨/美元、美国的231.7吨/美元。

德国鲁尔区。德国鲁尔区是一个世界知名的工业区，在近200年的工业化发展及工业转型变迁过程中，由曾经欧洲最大的煤炭和钢铁产区逐步转变为今天的现代商业和服务产业区。其软件信息服务企业、电信企业、环保企业聚集，服务业就业人数占比由1965年的39%，增加到了2011年的72%，成为欧洲领先的高科技技术中心。

美国纽约。纽约碳排放的主要来源是建筑、交通、城市废弃物，其中建筑领域碳排放占比最大，高达68%，这些排放几乎有一半仅来自2%的建筑，为了解决这个问题，纽约积极改造，以提高现有建筑的效率。

新康乃尔纽约科技园区。新康乃尔纽约科技园区的规划设计不仅是一座象牙塔，它的前瞻性设计充分利用了最新的建筑技术，从而将其能源消耗与二氧化碳排放相互抵消，实现净零排放。

日本川崎市。川崎市处于日本东京都市圈，位于京滨工业地带中心，是大型石油化工、钢铁、电子等工业基地，如今基于产业创新成为创新型经济城市。

以色列马塔姆高科技园区。以色列是实现碳达峰并明确碳中和目标的少数国家之一，是实现零碳社会的典型代表。绿色科技不断更新迭代是以色列保持发展动力的根本原因，新型绿色产业为以色列创造了全新的产业增长点，但传统产业的技术改造和绿化升级对于国民经济的减排增效同等重要，以色列利用技术改造老旧产业和高能耗产业取得了明显成效，积累了丰富经验。

荷兰。为了应对气候变化，荷兰政府希望到2030年将温室气体排放较1990年减少49%，到2050年减少95%。清洁能源方面，荷兰积极推动能源转型，开发氢能、海上风能等清洁能源。在先进材料领域，荷兰一直保持领先，开发出众多全球知名创新材料，包括 twaron 纤维、Dyneema 纤维和 Glare 材料等。

今天很高兴给大家介绍以上案例，下面邀请各位嘉宾用一句话再次阐述一下您对我们今天讨论主题的看法。

应盛：我想表达的是，我们必须即刻开展气候行动，最有力的气候行动就是低碳发展。

高述超：海南这一块要加快形成法治化、国际化、便利化的营商环境，吸引更多高新技术企业、科研机构、优秀人才落户海南、投资海南、建设海南。谢谢大家！

张亚雷：碳达峰碳中和的最终实现需要科技创新、全民参与和国际合作，我们期待与各位进一步合作，谢谢。

Peter Gilruth：非常感谢！我们绝对是没有选择的，我们必须要采取低碳合作来应对气候变化，谢谢！

Virgile Rwanyagatare：我也和大家所想的一样，我相信机会点是非常近的，大门正在慢慢关上，解决方案已经在那里，但是它需要我们立刻开始执行。

伍江：今天简短的发言及最后各位专家很简单的概括，都非常深刻和敏锐地给我们指出了应对气候变化、保持全球绿色可持续发展是我们所有的国家、所有的民族唯一的选择。我们只有一个地球，我们的环境需要大家呵护，人类文明需要发展，我们要在发展和绿色发展之间打造我们最正确的道路，让我们的地球永远美好，让我们的文明继续发展，让我们创造更加辉煌的未来！

今天的圆桌讨论到此结束，谢谢各位来宾，谢谢各位专家，也谢谢各位到会的和线上参会的各位嘉宾，谢谢！

第10章

绿色技术银行高峰论坛：创新绿色技术，引领双碳未来

1 论坛综述

绿色技术银行高峰论坛以"创新绿色技术，引领双碳未来"为主题，聚焦全球气候与环境问题、技术创新引领低碳与产业转型、绿色技术银行建设与发展等话题展开深入研讨。科技部社会发展科技司副司长、绿色技术银行建设领导小组秘书处秘书长傅小锋，上海市政府副秘书长尚玉英，泰国高等教育、科研与创新部部长阿内·老塔玛塔（Anek Laothamatas）在会上致辞。论坛主旨报告会共邀请了7位演讲嘉宾，分别为中国工程院院士、全国政协常委、上海交通大学讲席教授上海交通大学碳中和发展研究院院长黄震，中国工程院院士、清华大学碳中和研究院院长贺克斌，上海银保监局一级巡视员张光平，中国科学院上海高等研究院副院长魏伟，上海联合产权交易所有限公司党委书记、董事长周小全，优山资本董事长陈十游，华东理工大学教授、绿色技术银行研究院ESG首席经济学家麦勇。论坛与会嘉宾一致认为，在推进双碳目标的新形势与新要求下，绿色技术银行需进一步支撑我国绿色低碳发展，提升绿色技术产业上下游协同，加强专业化队伍和市场机制能力建设，强化国际交流合作，为我国绿色转型发展、建设美丽中国贡献坚实力量。

2 嘉宾致辞

科技部副部长张雨东的致辞

张雨东 科技部副部长（科技部社会发展科技司副司长 傅小锋代为致辞）

> 科技部作为绿色技术银行牵头落实部门，会同外交部、国家发展改革委、工业和信息化部和上海市政府等有关部门和地方，共同推进绿色技术银行的全面建设。5年来，在各方共同推进下，绿色技术银行搭建了三大平台，即绿色技术信息平台、转化平台和金融平台，促进绿色技术的转移转化能力持续提升，不断加强市场化创新要素配置，探索技术+金融的转移转化模式，加强国内外示范引领，逐步推进绿色技术国际化转移转化。面对新形势与新要求，持续深化绿色技术银行建设任重而道远，在此提出3点希望：一是在绿色低碳的时代背景下进一步把握绿色技术银行的历史使命；二是加强专业化队伍和市场机制能力的建设；三是瞄准国内、国际两个市场，加强国际交流合作。

尊敬的阿内·老塔玛塔部长、尚玉英秘书长，尊敬的各位嘉宾，女士们、先生们，上午好。很荣幸主持2022绿色技术银行高峰论坛的开幕仪式，在此我谨代表本届论坛的主办方之一对各位领导、各位嘉宾的到来表示热烈的欢迎。

首先请允许我向大家介绍出席今天大会开幕式的领导和嘉宾，线上参加本届论坛的领导和嘉宾有：泰国高等教育、科研与创新部部长阿内·老塔玛塔和中国工程院院士、清华大学碳中和研究院院长贺克斌先生。莅临本次论坛现场的领导和嘉宾有：中国工程院院士、全国政协常委、上海交通大学讲席教授上海交通大学碳中和发展研究院院长黄震先生，上海市人民政府副秘书长尚玉英女士，上海银保监局一级巡视员张光平先生，上海市发展改革委副主任、一级巡视员周强先生，上海市科学技术委员会副主任、绿色技术银行建设领导小组秘书处秘书长谢文澜先生，上海市虹口区人民政府副区长、绿色技术银行建设领导小组秘书处秘书长陈帅先生，上海市科学技术委员会二级巡视员、绿色技术银行建设领导小组秘书处成员郑广宏先生和绿色技术银行管理中心主任、上海科学技术交流中心主任王震先生。

出席今天论坛开幕式的还有上海市各委办局、虹口区政府有关部门的负责同志，各高校、研究机构、金融机构、企业的知名专家学者和企业家，以及新闻媒体朋友。在此对大家的到来表示热烈欢迎和诚挚感谢。同时也向为本次论坛的成功举办付出辛勤劳动和智慧的各位领导和专家表示衷心的感谢。

张雨东副部长因为其他的公务无法亲临现场，委托我对本次论坛的顺利召开表示热烈的祝贺，下面我把张雨东副部长的致辞宣读一下：

女士们、先生们，大家上午好。

非常高兴参加 2022 绿色技术银行高峰论坛，在此对会议的召开表示热烈的祝贺，对各位来宾表示诚挚的欢迎。

2015 年 9 月联合国可持续发展峰会通过了《2030 年可持续发展议程》，2016 年李克强总理正式宣布的《中国落实 2030 年可持续发展议程国别方案》，明确了建设技术银行的目标，建设绿色技术银行是中国落实联合国《2030 年可持续发展议程》的重要举措。科技部作为绿色技术银行牵头落实部门，会同外交部、国家发展改革委、工业和信息化部及上海市政府等有关部门和地方，共同推进绿色技术银行的全面建设。

5 年来，在各方共同推进下，绿色技术银行搭建了三大平台，即绿色技术信息平台、转化平台和金融平台，促进绿色技术的转移转化能力持续提升，不断加强市场化创新要素配置，探索技术＋金融的转移转化模式，加强国内外示范引领，逐步推进绿色技术国际化转移转化，这些进展和经验令人振奋、可喜可贺。

面对新形势与新要求，国家做出了"2030 碳达峰、2060 碳中和"和深入打好污染防治攻坚战的战略部署，持续深化绿色技术银行建设任重而道远，在此我提 3 点希望：

第一，在绿色低碳的时代背景下进一步把握绿色技术银行的历史使命。绿色发展和低碳发展需要科技支撑引领，同时我国绿色低碳领域的科技力量多集中在科研院所和高校。为此，绿色技术银行要挑起科研成果梳理、评估和转移转化的历史重任，加强上下游协同，成为科学家和企业家高度信赖、依赖的桥梁和纽带。

第二，加强专业化队伍和市场机制能力的建设。聚集一批高素质、复合型人才，并在实践中培养人才，应用灵活的激励机制激发专业人才的创新活力。要以市场需求为导向，按照企业化的管理运营方式，努力实现科技成果的收益最大化，蹚出一条市场化运作的新路子。

第三，瞄准国内、国际两个市场，加强国际交流合作。瞄准"一带一路"沿线国家不同发展阶段的技术需求及与我国相近的环境问题，推动我国绿色技术向"一带一路"沿线国家转移转化，服务绿色"一带一路"建设。瞄准我国绿色发展市场庞大的优势，积极推动发达国家的绿色技术到我国转化。同时也可以积极探索服务我国履行《联合国气候变化框架公约》《2030 年可持续发展议程》等。

同志们、朋友们，习近平总书记在全球发展倡议中提出，加快绿色低碳转型，实现绿色复苏发展。希望大家继续关心和支持绿色技术银行的建设，为绿色转型发展贡献力量，谢谢大家。

上海市政府副秘书长尚玉英的致辞

尚玉英　上海市政府副秘书长

> 未来上海还将在3个方面发力，促进绿色技术银行发展。一是不断完善国际绿色技术转移机制，聚焦双碳重点领域、重点行业需求，做好技术转移转化的服务支撑，形成可复制、可推广的绿色技术转移转化的模式，探索建立绿色技术交易与碳交易的互促机制；二是不断做强绿色金融服务体系，充分发挥上海金融资源集聚、科技和产业基础雄厚等优势，探索绿色金融改革创新，引导金融资本等要素支撑引领低碳产业创新发展和传统高碳行业绿色转型；三是不断拓展全球绿色低碳的合作网络，构建国际绿色技术协同创新联盟，推动标准互认、标准互鉴、联合研究、知识共享等方面的国际科技合作，促进绿色技术供需的"双向奔赴"。

尊敬的黄震院士、傅小锋副司长，各位来宾，朋友们，大家上午好。

很高兴参加2022绿色技术银行高峰论坛，首先我代表上海市人民政府对论坛的召开表示热烈的祝贺，对各位嘉宾的到来表示诚挚的欢迎。也借此机会向长期以来关心支持上海科创中心建设和绿色技术银行发展的各位领导、各界朋友表示衷心的感谢。

推动能源革命实现双碳目标，绿色低碳技术尤为重要。近年来，全球气候变化问题日益严峻，绿色发展成为当今世界各国的共识，与此同时新一轮科技革命和产业变革加速演进，技术迭代与转化周期大大缩短，为推动绿色技术发展和成果转化也创造了良好的社会环境和发展条件，提供了前所未有的重大机遇。习近平总书记多次强调，要坚持不懈推动绿色低碳发展，建立健全绿色低碳循环发展的经济体系。为贯彻落实总书记重要指示精神，在科技部细心指导下，上海坚持国际化、专业化、市场化原则，全力推进绿色技术银行的建设，取得了积极进展。

一是汇聚了一批专业化创新机构。成功吸引了世界自然基金会、联合国工发组织、全球创新基金等100多家平台机构与绿色环保企业，以及2000多家金融类企业入驻了虹口集聚区。

二是储备了一批绿色低碳技术成果。依托绿色技术信息平台、转化平台和金融平台，收储绿色技术成果9200多项，筛选出重点项目2200多项，形成了一批成套技术和系统的解决方案。

三是启动了一批重大示范项目。以技术+金融模式，实施了市北高新区地表水环境治理、上海化工区废水减排及资源化、张江高新区废水零排放等项目，打造行业转型标杆。绿色技术银行已逐步成为承接绿色技术原创成果、促进绿色技术产业化的综合性服务平台，成为上海落实国家重大战略、实现联合国《2030年可持续发展议程》目标的重要载体。

面对未来双碳新机遇和低碳发展新要求，上海将牢牢把握绿色技术银行的发展定位，切实发挥好综合性服务平台的资源集聚作用和示范效应。

一是不断完善国际绿色技术转移机制。聚焦双碳重点领域、重点行业需求，做好技术转移转化的服务支撑，形成可复制、可推广的绿色技术转移转化的模式，探索建立绿色技术交易与碳交易的互促机制。

二是不断做强绿色金融服务体系。充分发挥上海金融资源集聚、科技和产业基础雄厚等优势。探索绿色金融改革创新，引导金融资本等要素支撑引领低碳产业创新发展和传统高碳行业绿色转型。

三是不断拓展全球绿色低碳的合作网络。构建国际绿色技术协同创新联盟，推动标准互认、标准互鉴、联合研究、知识共享等方面的国际科技合作，促进绿色技术供需的双向奔赴。

女士们、先生们，上海将始终坚持生态优先、绿色发展的战略定位，努力建设人与自然和谐共生的现代化、国际化大都市，使绿色成为城市最动人的底色、最温暖的亮色。希望各位专家学者、企业家和各界人士多关心、多支持、多指导绿色技术银行的建设，为上海推动城市绿色转型建言献策。

最后预祝本次论坛圆满成功。谢谢大家。

3 嘉宾演讲实录

碳中和目标下能源转型的五大趋势

黄震　中国工程院院士、全国政协常委、上海交通大学讲席教授
上海交通大学碳中和发展研究院院长

> 面向碳中和目标实现，我国面临全新能源转型，表现为五大趋势：新能源从补充能源走向主体能源；化石能源从主体能源走向保障型能源；再电气化成为碳中和的重要路径；可再生能源将与零碳电力形成二次能源脱碳的重要组合；从基于地下自然禀赋的能源开发利用走向基于技术创新的新能源开发利用。碳中和是人类理想彼岸，将重新定义人类对资源的利用方式，使得人类发展变得更加可持续。

二氧化碳排放力争于2030年前达到峰值，努力争取2060年前实现碳中和，非常高兴今天能够在"绿色技术银行高峰论坛"上跟大家一起分享我最近一两年对国家双碳的理解和一些认识。题目叫"碳中和目标下能源转型的五大趋势"。

2020年9月22日，习近平总书记已经向世界正式宣布。同时，习近平总书记明确

强调这是党中央统筹国内国际两个大局的重大战略抉择，专门强调这是一场广泛而深刻的经济社会系统性变革。我国宣布了"3060"双碳目标以后，这一年多来国际上也发生了很大的变化，目前温室气体减排已经成为全球高度共识的一件事，特别是去年10月格拉斯哥会议，各个国家在会前纷纷更新其减碳目标，据我们了解目前已经有136个国家宣布在2050年前后要实现碳中和。除了这些国家自我碳中和以外，欧盟又开始了减碳措施外部化。今年7月欧盟委员会正式推出了碳边境调节税计划，今年6月正式通过了修正案。我国高度重视并稳步推进"3060双碳"目标，去年10月党中央和国务院正式发布了"1+N"的首个文件，各省市包括上海都发布了相关的"1+N"文件。

今天讲到双碳的目标，要实现温室气体排放控制，根据我们所了解和掌握的数据，我国88%的二氧化碳排放来自于能源系统，因此能源系统的变革和转型就变得非常重要。所以，我今天跟大家讲双碳目标下能源怎么转型，怎么实现我国的双碳目标。

首先，简要回顾能源转型整个人类历史的发展过程。

人类最早从钻木取火开始，学会了使用能源，之后进入以薪材为主的时代，由此迈入了农耕文明时代，进一步地第一次工业革命时期瓦特发明了蒸汽机，用机器代替手工劳动，从以薪材为主转型到以煤炭为主。随着第二次工业革命、第三次工业革命的发展，世界主要国家从以煤炭为主实现了以油气为主的能源转型，我们现在还属于以煤炭为主。紧接着未来的能源转型或者正在面临的能源转型是从以煤炭、油气为主的时代，转型为以新能源为主的全新时代，由此引领着人类进入生态文明的时代，并会引发第四次工业革命。每次能源转型都是人类文明发展和进步非常重要的驱动力。

碳中和正面临一次全新的能源转型，这个转型总结为五大趋势。

第一，新能源从补充能源走向主体能源。现在是化石能源为主的能源体系，通过化石能源集中式的发电，30万机组、50万机组、60万机组，输电到家家户户，所以是一个确定、连续、可靠的能源供给。能源进一步发展转型将会走向可再生能源为主体的电力脱碳过程。可再生能源有随机性、波动性、间歇性，对这种能源系统必须要重构我国的能源体系，构建新能源为主体的新型电力系统将非常重要。当然对于新能源从补充能源走向主体能源，我国是非常有底气的，我国可再生能源的规模稳居全球第一。去年可再生能源装机总规模首次超过了10亿千瓦，另外看到光伏和风电都纷纷超过了3亿千瓦。还有截至去年年底，可再生能源发电总量约占到社会总用电量的30%，习近平总书记在前年向世界宣布，到2030年，中国的光伏和风电将达到12亿千瓦以上，根据我们团队的预测届时会达到16亿~18亿千瓦，2050年、2060年会达到50亿~60亿千瓦，全球前十的光伏组件企业中我国占8家。风机整机制造企业TOP 10里面我们占了半壁江山。新能源从补充能源走向主体能源还有很重要的成本问题，能不能用得起。最近10年成本下降得非常之快，去年国家电投在四川甘孜上网的电价首次达到0.18元/度。去年对于我们生产输出到沙特阿拉伯的电能，一个光伏电场报出了1.04美分/度的价格。光伏产业界有一个目标，要进入1美分/度的时代，沙特的报价让这一目标值得期待。

风电包括海上风电、陆上风电，陆上风电现在已经实现平价上网，海上风电争取在"十四五"末期实现平价上网。

装了这么多的风机、光伏板，新型电力系统的构建也非常重要，我称之为一个变革性的技术。"源网荷储"深度协同，希望有更多风、光、水、火、核的互补，由于新能源本身具有波动性、随机性，储能成为非常关键的一个要素。负荷端由于本身具有灵活性，需要负载更多的可综合用户、更多的虚拟电网。我们的网要有更强大的智能电网，包括万维网、局域网，还要大力促进电力市场的改革和电力市场的交易，这都是非常重要的。因此，我们可以看到这个趋势——从现在集中大发电、大电网，会逐渐走向分散、分布式能源与微电网。

第二，化石能源会从主体能源走向保障型能源。我国的煤、石油、天然气怎么办，我们这么大的国家绝不是一谈减碳就是去煤、去石油，这是保障型能源。我们的化石能源必须要结合CCS和CCU技术，将来会成为主标配，使化石能源大规模发电也能实现零碳排放，这也是一个大的发展趋势。化石能源要作为保障型能源，灵活性的提升很重要，也就是说煤电机组灵活性要不断提升，通过灵活性不断提升补偿风、光的间歇性，同时要平衡可再生能源发电的波动性。

第三，再电气化成为碳中和的重要路径。为什么加一个"再"，大家知道第二次工业革命法拉第发现了电池感应效应，由此发明了电报机、电话等，人类进入电气化时代。但是现在我们人类的电气化水平并不高，全球终端能源绿电比重是29%，我国是25.5%。因此，在大量绿电的基础上，就可以说以电代煤、以电代油。例如，煤锅炉、煤窑炉可以是电锅炉、电窑炉等。实现各行各业的脱碳和零碳，电气化就变得非常重要。

第四，可再生能源将与零碳电力形成二次能源脱碳的重要组合。对于二次能源来说，最重要的一个是电力，一个是燃料。电力所使用的化石能源经过碳捕获与封存技术进行脱碳后，燃料怎么处理？燃料也可以进一步脱碳，首先可再生能源有一个随机性、波动性，储能就变得非常重要，储能大家最多想到的是物理储能，其中包括抽水蓄能，讲到储能都了解，如锂电池、超级电容，还有一个非常重要的储能就是燃料储能，或者叫化学储能。可以通过绿电来做燃料，而不是从煤、石油去提炼，这是一个全新的方向。将来有大量的绿电以后，可以通过绿电制取电解水制氢，还可以制氨，将来成为船舶、车辆重要的无碳燃料。捕集到二氧化碳以后，和氢合成各种燃料，合成汽油、柴油，这比石油提炼的更干净。这些方向都是未来重要的方向。特别是对难以电气化的地方可以用合成燃料、可再生燃料替代，由此实现将来的碳中和目标。

第五，人类过去是基于地下自然禀赋的能源开发利用，将来会走向基于技术创新的新能源开发利用。说到底自然禀赋主要还是集中在地下煤、石油、天然气丰富的少数国家。现在的阳光赋予我们的光以及由此产生的风能、水能，是很多国家都有的，关键是怎么通过技术的进步把光、风、水更好地转化成电力，为人类所用，这是一个大的发展趋势。

由此，未来可以构建一个以高比例可再生能源为主体、化石能源和核能作为保障型能源的高度电气化的清洁、零碳、高效、安全的能源体系。其核心是可以利用每天见到的太阳给我们提供取之不尽、用之不竭的能源。这个能源有多少？每天照到地球的能量相当于4000多亿吨煤，每秒钟照到地球的能量相当于500万吨煤。对科学家来说非常重要的愿景是通过科技进步，未来可以用到阳光提供给我们的取之不尽、用之不竭的热、电和各种可再生的燃料。

接下来是对我国双碳工作3个关系的一些认识。

第一个关系，如何正确认识和理解碳达峰碳中和的关系。碳达峰是过程，不是目标，碳中和才是目标。碳达峰只是量变，通过能源结构的调整，相信我国一定能在2030年前达峰。但是碳中和是一个质变，如果没有能源的变革、没有系统性的社会变革、没有一场绿色革命，不可能实现碳中和。所以，面向碳中和目标，其中的颠覆性、变革性技术将会起着极为关键的作用。如果没有这些颠覆性、变革性技术，很难想象未来可以把化石能源颠覆。

第二个关系，如何正确理解双碳和经济社会发展的关系。一些企业担心双碳会不会影响企业的发展，一些地方政府担心双碳会不会影响地方政府的GDP。我经常讲一个观点，双碳特别是碳中和和经济社会发展绝对不是一个对立和矛盾的关系。双碳不是一个赛道超车的概念，更不是弯道超车的概念，而是换赛道的概念，是重新定义人类对社会资源的利用方式，所以碳中和将会引领构建全新的零碳产业体系。今天对于我们绿色技术银行，大家都在预测，它会引发数以百万亿元的投资和产业机会，所以我们一直预测有很多新的技术、新的行业、新的商业模式将诞生，谁在零碳技术上占据领先的地位，谁就是领跑者，如果传统行业不去做技术进步、不去做变革，就会凋亡。双碳是挑战，更是机遇。

第三个关系，怎么理解双碳破和立的关系。经常讲能源转型的趋势，但并不是一谈双碳就是弃煤、弃化石能源，也不是说在碳达峰过程中冲高峰、攀高峰。去年和今年有些地方都碰到了拉闸限电、电力紧张的情况，能源变革不仅是一个能源问题，也不仅是环境问题，而是全局性、系统性的问题。所以，双碳不是一蹴而就，而是循序渐进，包括能源的发展趋势一定是先立后破，只有先构建起新能源为主体的新型电力系统，才可能逐渐减少化石能源的使用。零碳排放的化石能源在实现碳中和以后仍然是不可或缺的保障型能源，所以能源变革的路径一定是基于政策、法规、管理和市场机制进行多层面的设计和决策。

最后，过去人类文明从石器时代走向铁器时代，并不是说先人把石头用完了，碳中和是人类的一个理想彼岸，将重新定义人类对资源的利用方式，使人类的发展变得更加可持续。所以我们坚信在党中央的坚强领导下，路虽艰，行则必至。

谢谢大家。

科技赋能双碳行动与绿色高质量发展

贺克斌　中国工程院院士、清华大学碳中和研究院院长

> 如何理解世界经济发展由资源依赖向技术依赖的转变：首先全球实现碳中和具备能源资源条件，以风、光为代表的资源量是足够的；其次，未来资源的约束不是各国的主要矛盾，关键在于如何更早、更好地大规模使用绿色技术。在双碳行动的科技支撑方面，我国仍面临着三大挑战：关键核心技术创新、新能源系统的关键材料，以及气候与环境的协同治理。

大家早上好，我今天发言的题目是"科技赋能双碳行动与绿色高质量发展"。

碳中和问题已经成为全世界关注的一个大问题，截至去年年底全球已经有136个国家做出了碳中和的承诺，这些国家加到一起已经覆盖了全球88%的二氧化碳排放、90%的GDP和85%的人口，全球高度重视气候变化及相关的减碳问题，最核心的原因是气候的极端变化带来了气象灾害。我们可以看到，目前全球性的热浪遍及美国、欧洲、俄罗斯及中国，中国的应急管理部发布的2021年全国十大自然灾害中，除了两个是地震，其他的全部都是极端气象灾害。研究揭示，气候风险对世界食品的供应也影响巨大，水稻、小麦、大豆、大麦、咖啡、可可等食品均出现减产现象，从百分之几到百分之几十不等。

2007年诺贝尔和平奖、2018年诺贝尔经济学奖和2021年诺贝尔物理学奖分别授予了从事气候变化相关工作的团队或专家、工作者。可以看出，气候变化的认知共识度在不断提升。

科学界的认知提升促进了政府采取相关行动，联合国有一系列的相关法律文本。标志性的有3个：1992年的《联合国气候变化框架公约》、1997年的《京都议定书》和2015年的《巴黎协定》。其中，《巴黎协定》提出了1.5℃的温控目标，也提出了碳中和的解决方案。可以看到，碳中和问题是从气候履约来切入的，但是核心问题是新一轮的全球性产业竞争。

有观点认为，世界进入碳中和阶段，世界经济发展的模式正在从能源的资源依赖性走向能源的技术依赖性，这可以从两个方面理解：第一，根据国际能源署的估算，对于全球实现碳中和的支撑条件，在能源资源方面，以风、光为主体的资源量是足够的，所以煤暂时没有资源上的限制。第二，化石能源在国别的分布上是极度不均匀的，对于传统的煤、石油、天然气，前5位的储量国占这3种化石能源的1/3～3/4，风、光资源各国分布也不均匀，但是不均匀程度远远不及化石能源这样明显，所以各国将来都有一定量的风、光自然资源。资源约束将不是未来发展的主要矛盾，大家都有机会去开发风、光资源，但是谁能更好、更早地利用起来，取决于大规模稳定使用这些技术的能力。无论是欧洲、美国，还是日本，都在技术方面布局了下一轮的竞争计划。欧洲的技术新政

从能源、工业、建筑、交通4个最核心的减碳领域和农业、生态、环境3个增惠领域形成了一整套转型政策和推动产业发展的举措。美国提出了2050年碳中和5个零计划的目标，包括零碳电力、零碳交通、零排放汽车、零废物制造、零碳建筑。日本去年公布的《面向2050碳中和绿色增长战略》提出了14个领域的实施计划，包括能源领域的海上风电产业、氨燃料产业、氢能产业、核能产业等，交通运输领域的相关制造产业，如混动飞机、大型运载工具、氢动力飞机、电动船舶和下一代运载工具等，还包括建筑领域相关的产业和资源循环领域相关的产业等。

对于我们发展中国家来讲，不仅有产业竞争，以中国为代表的发展中国家的传统环境问题还没有彻底解决，我们还有一个非常重要的目标，就是生态文明建设和实现生态环境改善、建设美丽中国。大家关心的PM2.5，在过去21年，我国经历了3个七年，即传统控制、总量控制和质量控制3个阶段，分别呈现出遏制增长、基本稳定、明显下降的治理效果。但是在2020年全国平均PM2.5达到33微克/立方米，进一步下降必须与双碳相结合，实现碳路的协同治理。

我们做了初步的分析，以2020年33微克/立方米的PM2.5指数作为基数，如果按照传统的路径治理，到2060年最多把全国的平均水平降到25微克/立方米，如果实现2030年碳达峰，2060年可以降到20微克/立方米，如果略微提前达峰，如2028年实现碳达峰，2060年的浓度就是18微克/立方米，如果如期实现2060年的碳中和，最终中国300多个城市的平均PM2.5浓度会达到约8微克/立方米，这是美丽中国目标能够实现的最核心保障。

要实现减碳的目标，2030年之后的30年要实现碳中和，大概有100亿吨的二氧化碳要减掉。用什么办法来减？我们归纳了5个方面的减碳途径，包括资源增效减碳、能源结构降碳、地质空间存碳、生态系统固碳，以及市场机制融碳。

第一，资源增效减碳主要是在能源领域里节能和提升能效。我国的能源强度是世界平均水平的1.3倍，是OECD国家的2.7倍，尽管我们自己跟自己比已经有了长足的进步，但是按照当前的消费水平，能耗每降低1%就对应着1亿多吨的二氧化碳减排。另外，我国推进无废城市的建设从固废切入，而双碳时代不仅要关心固废，还要把固定四废（废水、废气、废热、废碳）打通，实现真正的资源循环利用，从而从无废城市迈向无废社会。

第二，能源结构降碳主要是建设以新能源和可再生能源为主体的新型能源和电力系统。根据国家气候中心的估算，到2050年我国非化石能源比例会超过85%，非化石电力在电力当中的比例会超过90%，届时风、光装机容量会超过60亿千瓦，是2020年累计装机容量的11倍。如果再仔细分析各大电网的分布，基本结果是，除华东电网的潜力不足需要电网之间的互补以外，西北、华北、东北等其他电网光伏发电的潜力都超出各自的电力需求12倍以上。所以从资源量上来讲，中国在这个方面潜力也是足够的。

第三，地质空间存碳。我国六大盆地未来的产业集群能够充分利用二氧化碳的捕集和封存技术，这样能源结构降碳方面的压力会大大减少，这是这个方面的托底技术，即使到了2060年仍然有一部分化石能源要在能源系统里产生二氧化碳，届时可以通过地质空间存碳加以解决。

第四，生态系统固碳。基本上和生态环境里面讲到的山田林河湖草沙是一致的，通过生态的建设、巩固、恢复、修复等动作，我们的碳汇能力得到大大提升，碳汇能力的提升会使能源结构减碳、降碳的压力减少，碳汇越多前端减碳的压力相对越少。

前面4个方面是技术类，除了技术引导，很重要的还有市场机制融碳，中国的碳交易市场已经在去年的7月16号正式开市，目前覆盖了中国二氧化碳排放的25%，以后会逐渐覆盖到八大行业，达到排放量的70%，最终再加上个人碳足迹100%，市场机制融碳是非常重要的杠杆。

在双碳行动的科技支撑方面，目前还面临3个方面的主要挑战：①关键核心技术创新。根据国际能源署的评估，未来全球实现碳中和目标的支撑技术中，目前实现商业化的只有一半，还有50%的技术没有成熟。科技部做了技术分析，支撑中国实现碳中和目标的各大类技术中，我们现在只有1/3实现了商业化，1/3是中试和示范工程，还有1/3处于概念和研发阶段，未来的可变性、不确定性带来了各种路径的变化。②新能源系统的关键材料。在可再生能源当中，特别像光伏，每产生一度电会消耗大量的关键材料，除了钢、铜、光伏级的玻璃外，还有镍、锑等稀有金属，在目前的规模范围内，全球的材料储量可以保障供应，但是未来大规模使用的时候，这些关键的材料都面临储量难以支撑的问题。所以，关键材料的循环利用成为研究重点，要把原来无害化处理的方式改为资源化利用。同时在光伏领域我国的有关分析认为，到2050年，现在的报废光伏组件产生的新型工业固定废物有可能成为新能源系统建设里面卡脖子的环节。有分析表明，到2050年报废的光伏组件中关键金属含量将达到6万～7万吨，如何形成循环利用和如何有效处理也是值得我们去关注的问题。从供应的角度来看，锂电池是电动汽车的核心部件，但是生产锂电池的关键材料，如锂、钴、锰等矿产集中在少数的几个国家，中国除了石墨资源占据全球的1/4外，锂、钴、汞、锰等矿产资源的全球占比都很低。在未来报废锂电池大量增加的情况下，如何进行无害化处理，存在着非常多的技术问题。③气候与环境的协同治理。《减污降碳协同增效实施方案》是七部委联合印发的重要文件，也是"1+N"体系"N"里面的一个重要文件。文件中已经讲到，无论是大气、水、土壤领域，还是固废处理领域，都面临着大量的二氧化碳和非二氧化碳温室气体协同治理的技术问题，一些重要机制需要加强，如减污降碳协同增效的时空机制、区域联动机制、重点行业和关键领域的脱碳路径优化和驱动机制。温室气体排放的监测和评估方法分为微观、中观、宏观3个层面。微观层面要建设数据统计和核算系统，建设全球和中国的温室气体数据库；中观层面需要建立数据支撑基础上的标准体系、市场机制、政策法规体系；宏观层面要把双碳纳入文明建设的整体布局，拟定相关的理论框架、方法体系和主要举措。

最后，双碳目标下五碳并举推进减碳支撑技术，而如何在碳中和和生态环境协同、科学评估和决策上面形成一个定量分析的支持平台，实际上是产业支撑上的一个核心工作。最终在管理层面，我们需要通过这些定量分析实现减碳、减污及生态环境效益的协同，包括水资源、土壤资源、非二氧化碳温室气体和生态系统等主要指标的定量分析。所以，建立分析平台对未来综合决策非常关键，需要环境科学、环境工程、环境管理、环境生态这些板块共同协同才能最终完成这一综合性任务。

以上是我的分享内容。谢谢大家。

量化绿色科技和量化战略目标

张光平　上海银保监局一级巡视员

> 全球主要经济体和绿色技术大国绿色专利数据仍然相对缺乏，世界知识产权组织仍没有可比的绿色专利数据。我国需要利用世界知识产权组织公布的各类专利数据，对绿色技术进行合理度量。美国绿色技术国际化程度显著超过美元国际化程度，也高于美国科技国际化程度，相比之下，我国绿色技术国际化程度仍有巨大潜能亟待挖掘。

各位专家、朋友们，今天非常高兴向大家汇报最近一段时间我对绿色技术研究的最新进展。这一二十年来我主要关注人民币国际化，绿色科技是最近这几个月一边学、一边做的。人民币国际化与绿色科技有什么关系？做了十几年，两年前我把科技国际化和货币国际化联系在一起，科技是货币的支撑，用同样的思维把绿色科技、绿色技术进行度量。

很多概念前两位院士讲得非常好，就整个绿色技术而言，在全世界范围内我们处于什么样的状态呢？要有一个度量，没有技术指标的度量，我们大多的讨论都仅停留在探讨或者概念的层面，所以我是从绿色技术度量的角度来考虑的。节能减排是全人类的目标，中国这么多年来取得了比别人好的成绩，但是必须要有协作，排放是全球的问题，技术也要有协作。前面两位老师、两位院士都讲到，目标能不能达到，最关键的是技术能不能得到突破。能不能把别人的技术有效地利用在我们的途径、我们的视野之中，因为很多技术不可能由自己从头来做，所以要有整体量化目标。但是量化目标现在有一个问题，最近国内有些机构已经推出中国绿色技术年度报告，这个年度报告确实很有意义，我们国内取得了巨大的成绩，但是我们没有体现与其他国家的可比性。我们取得巨大成就的同时别人的进展怎么样？这里度量绿色技术跟我们度量所有的参数指标一样，必须有数据，但是到现在为止不但绿色技术银行、上海知识产权局、国家知识产权局和世界知识产权组织没有全球可比的绿色专利数据，连绿色技术的标准各个国家都不尽一致。

10多年以来，我们国家和主要发达国家都越来越重视绿色科技的发展，很多国家都建立了绿色专利审批特别通道。减排是全人类的任务，且越来越艰巨。我们可以猜测，再过10年世界知识产权组织也很难有全球主要国家绿色专利的系统数据。我们不能再等10年，绿色技术不可能在知识产权之外产生，是不是这样的概念？绿色技术一定是基于各个国家已有的专利，有加强、有突破、有飞跃。所以未来10年、20年，可以预测全球专利系统里面绿色相关的因素、绿色相关的专利等数量占比一定会提升。但是现在不能等，我们看到绿色技术银行与很多部门、专家已经讨论出来了中国的绿色技术方案。

我查了一下网站，其他各个国家的方案不尽一致，世界知识产权组织公布的35类专利中有四五类完全是绿色的，分别是能源、环境技术、引擎发动机和热处理相关的专利。全世界绝大部分的技术是以专利来体现、以专利来保护的，所以就用世界知识产权组织几十年公布的各个国家申请的专利、各个国家在别的国家授权的专利来对绿色技术进行度量。此外，冶金、化学工程、交通海运的能耗在全球的占比也很大，以上这些汇总起来可以定义为"狭义绿色技术"。绿色技术不可能就这七八个领域，绿色技术还依赖于数字技术、计算机技术、IT管理技术相关的专利，经过加权把这个方面称作"广义绿色技术"。"狭义绿色技术"范围比较小，世界知识产权组织已经有这样的数字。2000年，中国的绿色技术不到美国的1/10，我国当时的专利数是1269件；但是2010—2015年我国实现年均增长30.49%，2010年我国绿色专利的数据已经超过美国，现在不考虑质量；到2020年已经是美国的好几倍。但是大家注意看美国2010—2015年和2015—2020年这两个5年，美国的整体增速略有下降，从5.90%下降到5.57%，比美国GDP的增速稍微高一些。而我国从30.50%下降到11.16%，10%以上的增速还是很客观的，所以国内的绿色技术有了巨大的发展。日本这10年基本上处于下降趋势。德国后面5年年均增速是1.15%，前面5年年均增速是2.04%，德国发展也很快。广义不再详细说。

真正的结果是什么？各个国家的专利是不可比的，质量比较是全球知识产权体系中非常困难的一个问题。2010年我国"狭义绿色技术"专利数已经超过美国，但并不一定代表我们的绿色技术真的超过美国。把各个国家的专利进行比较非常困难，必须借助于每一个国家平均每一个专利能够带来的知识产权出口使用费，这同时还能够减少各个国家对别国知识产权的依赖度。中国的专利数10年前就超过美国了，但是知识产权使用费现在还是逆差，而且2021年全国知识产权使用费逆差是351亿元，2018年也是高峰，达到302亿元。2020年有了每个国家科技自主度的定义，"科技自主度"是什么意思？

它是一个国家所有的知识产权能够创造出来的出口使用费,除以进出口使用费。专利再多卖不出钱,创造不了知识产权出口使用费,替代不了别国知识产权,也是没用的,绿色科技方面也是一样的。我国科技自主度到2021年才首次超过了20%,表示我们整个国家在科技方面2021年之前80%以上依赖外国的专利。

以同样的概念度量、比较绿色科技方面各个国家对外的依赖度、绿色科技全球占比和绿色科技国际化会得到这样一个结果,依据世界知识产权组织2000—2020年的数据,用数学方法对应各个国家,不要说进口和出口的知识产权数量有多少,这个国家总体在国际上被别国授权接受的专利代表该国家知识产权在外面可以产生的出口使用费。例如,美国、日本、德国在我国国家知识产权局授权的专利就可以算出来,以美国的专利基数平均为1,可以计算出来各个专利局平均每个专利的矢量,就相当于平均一个专利可以产生多少出口使用费。欧洲专利局基本上在55%左右,其有38个国家;日本从64.6%上升到90%以上,日本的专利平均质量跟美国很接近;英国也差不多,从60%多上升到接近90%;澳大利亚只有不到20%;瑞士、加拿大为40%多;我们国家从仅有的2%、3%上升到2020年的18.1%。有了这个结果可以度量出各个国家绿色技术自主度。例如,中国有这么多的技术,2010年专利数量就超过了美国,但是全球接受的专利只占我国在国内批准专利的不到5%,也就是说走出去的专利不到5%。计算出来2010—2020年前面定义的"狭义绿色技术"自主度从3%上升到4%,我们依赖最多的是日本的绿色技术,这从国内授权日本的绿色专利的数字完全可以看出来。

由前面的权重和各个国家平均专利能够产生出口使用费的标准,然后再利用别国授权我们的专利和我们授权别国的专利,按照同样的思路可以计算出绿色技术对外的依赖度和我国整体科技依赖度。2020年,我国只有4.23%的国家整体绿色技术自主度,而整体科技依赖度是18.7%,所以绿色技术对外的依赖度比整体科技依赖度还要高很多。

看到成绩的同时要知道真正的差距。日本、美国在绿色方面达到什么程度?刚才说的绿色技术自主度、绿色科技国际化及中国每一个绿色专利创造多少出口使用费,前面有一个平均系数,乘以全球对中国授权的绿色专利,除以全球所有的权重,加在一起就是专利国际化水平。我们绿色专利国际化,从2000年的0.27%上升到2010年的0.33%,再上升到了2020年的3.48%,确实取得了很大的成绩。最近这10年进步得非常快,但是这个比例相对于全国的科技自主度还很低,相对于整个知识产权国际化的10.1%,也只有其1/3的水平,绿色技术的自主度比国家整体科技的自主度还低,绿色科技的国际化比整个国家整体的水平也要低。要用现有的世界知识产权组织公布出来的数据,不要等、也不必等,再等5年、10年,知识产权体系容纳的绿色技术信息量会更大。用现在的世界知识产权的数据建立起全球绿色技术国际化指标,也能够对我们的进步、别国的进步做到心中有数,明确哪些技术需要补足。

感谢大家。

上海碳达峰碳中和的技术路线图研究

魏伟　中国科学院上海高等研究院副院长

> 技术发展路线图是科技创新支撑碳中和行动的重要蓝图。我国科技部已组织开展《中国碳中和技术发展路线图》编制工作，上海也正在开展碳中和技术路线图编制工作研究。上海市碳达峰碳中和技术路线图基本思路遵循5个步骤：上海市碳排放特征摸排、碳中和技术体系建构、碳中和技术评估模型构建、技术成熟度与贡献度评估、形成碳中和技术路线图。预期成果有上海市温室气体排放现状、关键时间节点排放情况预测、上海市技术现状与碳流图、技术体系清单与构建等。

尊敬的各位领导、各位专家，女士们、先生们，大家上午好。

今天非常荣幸参加绿色技术银行高峰论坛，我汇报的题目是"上海碳达峰碳中和的技术路线图研究"，这个题目是去年上海市科委在科技创新、双碳项目过程中布局的一个重要项目，做了一年多的时间，有了初步的结果，在会上向大家汇报，希望大家批评指正。

背景黄院长、贺院士、张参事都介绍了，我这里快速过一下双碳的背景。7月4日科技部牵头九部门联合印发的《科技支撑碳达峰碳中和实施方案（2022—2030年）》已经出来，上海市正在形成过程中。我国双碳面临的几个问题包括总量大、强度高、时间紧、经济耗碳没有真正脱钩等，还需要很长一段时间，这为我国实现双碳的确带来很大的障碍。技术给科技创新带来巨大的发展空间，对双碳也产生一些贡献。国外方面，贺院士讲了欧盟的绿色新政、美国清洁能源计划、日本的重大战略。碳中和的目标其实国外从2000年左右就提出来了，2010年特别是2015年部署了大量的战略研究，我国研究开始的时间其实比较晚。我了解的信息是，我国有一个气候战略委员会，从2019年才开始部署。我国实现碳中和到底什么时候合适？在总书记提出"3060"双碳目标以前，2020年9月15日总书记在欧盟的高峰论坛上就和几个主要的欧盟领导者在谈，谈我们的目标，最后总书记定下来，9月22号正式宣布承诺"3060"双碳目标，中间其实有很多的原因。

我国前期的的确确没有深入的战略研究，特别是对碳中和。过程中，去年科技部有一张碳中和技术路线图，现有的技术水平实现碳达峰是没有问题的，只是拖后几年。但是按照现有的技术实现碳中和是没有希望的。从这张图中得出科技创新是实现碳中和的唯一出路。比照这个图和上海的图，的的确确如果没有科技创新，碳中和的实现将非常困难。贺院士PPT中有一张是科技部现在正在做的中国碳中和技术路线图，去年4月开始，傅司长带领了上百位专家，从国家层面来讨论，刚开始讨论时具象到几大领域，特别是14个领域，包括火电、可再生能源、电网、高铁、水泥、化工、非二氧化碳易害气体、生态碳汇等，设计讨论过程中要特别兼顾对各个省市的指导性，因为各个省市的资源状况、禀赋都差距很大。所以从顶层设计、从社会需求来看双碳，就集中到"5+1"这几个领域，即零碳电力、零碳的非电能源、燃料过程替代、CCUS、继承耦合与优化，以及非二温室气体削减，所以没有全口径的碳，去年的确加入了计价修正案，我们有责任减排非二温室气体。在这个过程中欧美发达国家碳中和的内涵很清晰，全口径6种CO_2e，在这个过程中初步框架已经形成，也在不断修改，评价了大约有几百项技术，并不断扩展，也做了各种各样的评价模型。

上海应该启动上海的技术路线图，上海有上海的特点，特色的确非常明显。在上海市科委谢主任这里，"五高"即建筑的增速高、聚集密度高、经济活动强度高、化石能源占比高、高碳行业占比高。上海与其他城市相比，能耗是比较高的。能耗在我国可以这么比，但是在国外不能这么类比，我们能源利用方式不一样，这当中形成的价值链也不一样。例如，美国的煤炭93%以上是用于火电，这是非常清楚的能耗指标。我国只有50%左右用于发电，我们有很多工业体系，在这个过程中新能源、化石能源发挥的作用不一样，所以能耗内涵、外延不一样。北京、上海等4个直辖市有一定的可比性，但是也不一样，因为每个区域能源的利用方式差别巨大。总体来说，上海还是比较高的。关于未来的研判，上海碳排放有上行的驱动力，城市功能增强、生活质量提升、消费升级、可再生资源发展受限、碳赋潜力不足是上海的特色。

编路线图的底层逻辑是什么？围绕着上海超大型城市能源、资源、工业活动的特征贯彻减排与经济同向同行、相辅相成、形成合力的理念，双碳是逐渐的过程，不是一蹴而就的，要面向不同的发展阶段。例如，科技部在引领绘制中国的碳中和技术路线图的时候，我参与得比较多，其分了4个阶段，2030年之前是一个阶段，2040年前、2050年前、2060年前都是一个阶段。通过梳理国外的先进技术，建立各类技术、经济和社会效益评估模型，形成各类技术对我国和区域碳中和贡献的阶段性成效评估，从而不断更新刻画出上海市碳中和技术路线图。两年过程中不断更新，技术也在不断更新迭代的过程中。真正摸排清楚上海碳排放的特征，不是说简单的一个排放数据，而是要把排放过程中碳的流动刻画出来，只有这样才能知道从哪个方面减碳，各个技术贡献度有多大。同时，碳中和技术体系的构建，要和已有的产业和未来布局的产业结合在一起，看需要哪些技术体系。要建立评估模型，通过评估模型把技术的成熟度、经济性、贡献度评估出来。昨天陆院长做报告时我简单汇报了一下科技部部署的14个重点领域技术优先性的初步研究结果。在过程中我们至少考虑3个维度，一是技术的减排潜力，到底技术减排潜力有多大；二是技术的经济性，当然也包括社会效应在里面；三是技术的成熟度。从3个维度看技术在哪个方面发挥作用，怎么部署。重点发展阶段、重点过程不一定准确，上海也在不断变化中，去年画了一张图，希望在项目研究中得出几个结论，如上海市温室气体关键时间节点排放情况预测、技术的碳流图、清单、模型、技术成熟度、经济性、环境效益、风险评估、远中期技术发展路径、远中近期技术发展部署及若干的保障措施。下设5个课题：一是能源，有若干单位参与；二是工业板块，特别针对宝钢和两个化工园区；三是产业，包括低碳交通、建筑、循环制造；四是CCUS，可再生燃料方面上海有两大港口，在这个方面是不是可以发挥更大的作用；五是碳汇，如生态碳汇、海洋碳汇，我们有海岸线，也做了部署。

碳中和技术构建的这一年多时间，大家从不同的传媒上看到各个研究单位、机构、科研工作者都发布了若干的清单，有的粗，有的细。以科技部做的碳中和技术路线图为例，现在第一步先作为重点领域先导，后面有1000多项技术正在评估过程中。大家可以看到碳中和技术清单，各个地方都有一些可借鉴、可用的。大家围绕上海5个板块、7个领域都会有一些技术的简介，形成更下层，如一级、二级、三级解构的清单。目前，可再生能源、火电（十几个火电场）有87项技术，工业有63项技术，城乡有49项，CCUS有13项技术，自然碳汇有20项技术，技术在不断增加的过程中。在碳中和目标实现过程中，有接近一半的技术是看不见的，需要未来颠覆性技术的出现，过程中要不断地进行更新。

当然技术评估过程中既要靠专家，特别是相关领域的专家，其判断是非常重要的，也要有模型，涉及成熟度、成本、潜力、推广特性、技术绿色度等。这样基本上算搭建完了。

每一类技术下面包含了各项看得清的技术。例如，能源领域，风能、太阳能、海洋能、生物质能、氢能等九大技术上，上海的风能、海洋能有自己的特性，并不是说用了太阳能技术在上海就一定有经济性，就一定有潜力。

工业废旧物循环利用以后，我们以科委的名义调研了很多次化工园区。上海宝钢、宝武有大的技术路线图，我也参与了一些工作。宝钢在24平方千米左右的范围内，现在3000多万吨的碳排什么时候能降下来。化工园区是以材料为主体，前面有部分炼油烯烃，后面出口是以材料为主，未来这些化工怎么与中央给上海的定位结合在一起，包括大飞机、新能源材料，这里面有若干的技术，每一个技术在里面的潜力和背景都不一样。除了超大型城市、路面交通以外，还有基础设施、航运、港口、河运，这里面有若干的技术，要进行体系评价。

我解释一下，9项评价里面底层技术并不一定是这样，后面会不断地做、不断结合。另外关于CCUS，可再生燃料用在上海特别有现实性，其实除了作燃料、材料、化学品替代，上海化工园区目前用的化石能源在上海具有非常好的赛道，有非常好的前景，长三角一体化过程中可以联动起来解决区域的问题。生态碳汇有森林、海洋、绿地，我们在国家层面也在考虑景观，城市绿化也被纳入进来，整体的生态碳汇有10亿吨左右，2060年碳汇压力很大，上海空间有限、地方有限，我们更需要生态碳汇。当然有些技术是可以提升的，特别在崇明岛、核心区、青浦区，上海的城市绿化也是非常大的一块。

的的确确可以发挥作用,这只是目前初步研究的结果。

针对上海特征、上海未来的发展,要把技术落地在上海,构建具有全球影响力的科创中心。作为科创的发展地,上海有非常大的资源潜力,应该往哪个方面的技术进行部署,产业上低碳技术怎么助力,希望能构建这种场景、路线图。

也希望两年一更新,今年年底能够形成一个初步文本,不断地筛选新技术。另外,要考虑技术的升级。最后,这是科委去年部署的一个非常重要的战略、非常重要的项目,有 20 多家企业参与,我只是把牵头的 5 家放在这里,有大量的专家在里面做了巨大的贡献,为此表示感谢。很多观点不一定对,请大家批评指正,谢谢。

建设和完善碳交易市场

周小全　上海联合产权交易所有限公司党委书记、董事长

> 全国碳市场上线运行一年多以来,取得了多项重大的进展和成效,具体表现在 4 个方面:构建了支撑全国碳市场运行的制度体系;顺利完成第一个履约周期的配额分配和清缴工作;实现了全国碳市场的启动交易和平稳运行;扎实开展碳排放数据质量管理工作。目前全国碳市场还处于起步阶段,有待进一步深化,可从 4 个方面着力提升:持续深化、强化全国碳市场的法律法规、市场体系,构建更丰富完善的法律制度体系;丰富参与主体,构建更加多元化的市场格局,逐步扩大行业覆盖范围;完善市场类型,构建多层次的市场结构;推动交易产品发展创新,实现多维度的市场发展。

尊敬的各位领导、各位专家、各位嘉宾,非常高兴参加 2022 绿色技术银行高峰论坛。下面我重点围绕建设和完善全国碳市场,助力实现双碳目标做简要的汇报。

实现碳达峰碳中和是党中央做出的重大战略决策,在这个背景下建立碳排放权交易市场是利用市场化机制控制温室气体排放的重大举措,也是深化生态文明体制改革的迫切需要,有利于降低全社会的减排成本,推动经济向绿色低碳转型升级。启动碳交易市场建设之初,国内外也有关于不同路径的讨论,通过建设一个市场化的交易平台,借助市场化的交易机制,实现低碳减排。另外一个渠道是通过收碳税,以行政化方式控制温室气体的排放。最后,国家采用了市场化的减排方式,通过建立全国性的交易场所,以市场化的手段、市场化的定价促进减排。

在既要保证经济发展又要实现减排的目标下,碳交易无疑是最有效的市场化工具,对我国实现碳达峰碳中和也具有重要的意义。碳排放交易体系通过配额总量的设计与分配,将整体减排的目标分解并压实到每一个企业,倒逼产业结构低碳化,能源消费绿色

化,总的目标由政府部门根据国家温室气体排放的要求,综合考虑经济增长、产业结构调整、能源结构优化和大气污染物排放协同控制等因素进行制定。同时建立市场交易机制,为碳减排释放价格信号,推动企业根据碳价所反映的市场边际成本,调整自身的生产经营决策,引导企业根据自身的实际情况开展内部碳排放管理,促成绿色低碳转型升级。全国碳排放交易市场也于去年的7月16日正式上线启动,首批纳入排放交易的行业就是电力行业,共有2162家电力排放企业。

从一个行业的排放量来讲,覆盖每年的温室气体排放的数量大概是45亿吨,也成为实现双碳目标最重要的推力,因为大家知道现在所有行业里面,电力行业的年排放量是最大的。全国碳市场上线运行一年多以来,总体上看成绩还是突出的,市场运行平稳有序,取得了多项重大的进展和成效。我归纳了大概4个方面:一是构建了支撑全国碳市场运行的制度体系,生态环境部门规章也先后出台,如《碳排放权交易管理办法(试行)》碳排放权登记、交易管理制度,企业温室气体排放核算方法与报告指南等。与此同时,国家层面的《碳排放权交易管理暂行条例》也已经纳入2021年国务院的立法工作计划,相关部门也正在推动条例尽快出台。二是顺利完成第一个履约周期的配额分配和清缴工作,生态环境部也印发了《2019—2020年全国碳排放权交易配额总量设定与分配实施方案》,采取基准法对全国发电行业重点排放单位免费发放2019—2020年度的碳排放配额,我们国家的一级市场分配是实行了免费的发放。去年年底,碳市场第一个履约周期顺利收官,配额履约总体完成率为99.5%。三是实现了全国碳市场的启动交易和平稳运行,全国碳市场是全球覆盖温室气体排放量规模最大的碳市场。截至8月26日,一共运行了271个交易日,应该说每个交易日都有成交,碳排放权的配额主成交量接近2亿吨,总成交额为85.51亿元,近期的成交价大概在55~60元/吨,这个跟国际碳价的差异还是比较大的,欧盟是我们的10倍以上。过半数重点排放单位参与了交易,总体上来看实现了全国碳市场建设的预期目标,二级市场现货成交量也位居全球碳市场的前列,应该是排在全球第一。我们二级市场现货的成交量是全球最大的,但是我们的市场目前只有现货交易这一个品种,没有碳的衍生品交易,欧盟市场最大的份额是在衍生品交易,我们因为市场刚起步,只是配额交易。四是扎实开展碳排放质量的管理工作,严格落实碳排放的核查和报告制度,加强对重点排放单位核查机构、咨询机构等市场相关主体的监督管理。去年以来出现过不少虚拟信息的事件,中央非常重视,进行了严查追责,所以现在正在从源头上建立健全相关的机制体系,明确地方落实数据质量管理和监督执法相关工作的任务要求。进一步加强对全国碳市场的数据管理,提升数据的质量。因为数据的真实性关系到从一级市场的发放到二级市场交易的基础,如果数据弄虚作假,直接影响到全国碳市场的建设和运营。

我国碳市场建设从试点起步,逐步扩展到全国,按照国家生态文明建设和控制温室气体排放的总体要求,全国碳市场以发电行业为突破口,在不影响经济平稳健康发展的前提下分阶段、有步骤地推进碳市场建设。目前全国碳市场处于起步阶段，结合双碳目标及加快建设全国统一大市场的目标要求，全国碳市场建设有待进一步的深化。我从4个方面提出相关的想法。

①持续深化、强化全国碳市场的法律法规、市场体系，构建更丰富完善的法律制度体系。要积极推动暂行条例出台，完善配套的交易制度和相关技术规范，要构建完善以相关条例为法律基础，部门规范性文件、技术规范为支撑的制度体系，确保全国碳市场各项政策维持长期的稳定，特别是《碳排放权交易管理暂行条例》，这个条例是整个行业的根本大法，也是属于指导整个市场运行建设的一个非常重要的基础性法律法规，所以要尽快推动条例出台。

②丰富参与主体，构建更加多元化的市场格局，逐步扩大行业覆盖范围，在发电行业重点排放单位有序参与全国碳市场的基础上，尽快将钢铁、化工、水泥等其他行业纳入全国碳市场。要在满足监管要求的前提下，有序引入非履约的主体，包括金融机构、专业的碳资产管理公司等各类机构投资者，目前我们市场的交易机构主要是排放的企业，其他的投资机构、金融机构都还不能够入市开户，也不能参与交易，这对整个价格发现机制的影响还是很大的。下一步，要从发电行业扩展到其他的8个行业，与此同时引入投资机构、金融机构等非排放企业入市交易，能够实现全国碳排放交易市场的主体多元化，持续提升市场的覆盖面、流动性和有效性。

③完善市场类型，构建多层次的市场结构。目前在二级市场稳定运行的基础上，要逐步引入有偿分配的机制，建设一级市场，对一级市场的配额分配不能够完全采用免费发放的方式，应该要有偿分配。要更有效地发挥市场对资源的配置作用，丰富碳价格发行机制，同时要统筹好配额市场和资源减排市场的融合发展。目前在上海、在全国碳排放市场主要是配额市场，是配额的交易，但是资源减排、CCER和其他碳汇交易还没有建立起来。所以，今后要把配额市场和资源减排、碳汇的交易实行融合发展，有序建立起一级市场和二级市场的高水平连通、配额市场和减排市场的有效呼应，形成多层次、复合型的碳市场格局。

④推动交易产品发展创新，实现多维度的市场发展，在现货市场平稳运行的基础上，要在碳市场和金融监管部门的支持下，逐步从碳市场创新服务起步，实时稳步推进创新交易产品、碳金融产品和衍生品的研究和发展。特别是碳的衍生品交易，碳期货、碳基金、碳指数等与碳有关的金融产品必须要丰富起来。实行现货市场和期货市场与衍生品市场的相互联动，才能更好地发挥碳价的机制。这也是我们下一步的重点，上海已经提出要把碳金融中心作为下一步上海国际金融中心建设的重要组成部分，要把碳市场打造成为完整的碳交易市场、碳定价市场和碳金融市场，所以今后市场发展空间相当大。

作为全国碳交易市场的建设和运营机构，上海联交所及上海环交所总体上圆满完成了上海碳交易市场的建设和上线交易任务，有力保障了一年多以来的持续稳定运行，全面支撑了双碳战略市场化机制的建立和全球规模最大碳市场的建设。近几年来，上海联交所也是按照市委、市政府的部署要求，提出并且实施了一体两翼多平台的发展战略，以服务国有产权和资源交易为主体，以金融资产交易和知识产权交易为两翼，同时大力发展环境能源、公共资源、区域性股权、企业征信、非公产权、农村产权等多样化的业务板块，打造全国要素市场化改革的上海样板，力争"十四五"期间建成具有世界影响力的全要素交易市场新高地。其中，整个环境能源板块是我们全力打造的重点业务板块，上海联交所将会始终高度重视碳市场建设，充分发挥多平台业务协同的优势，全力支持上海环交所，包括全国碳市场的发展。

各位领导、各位嘉宾，全国碳市场还处于初期起步阶段，面临不少问题和挑战，需要通过更长时间的政策实践、更大范围的市场探索和主体参与来不断完善，从而更好地发挥碳市场对实现双碳目标的支持作用。我们期待与社会各方，包括绿色技术银行等相关机构携手并进、合力推动，为我国如期实现双碳目标贡献我们积极的力量。谢谢大家。

碳中和进程中绿色私募股权投资的重要作用

陈十游　优山资本董事长

> 中国碳中和事业急需社会资本支持。我国要在2060年实现碳中和，预计需要约100万亿元人民币投资，其中电力行业需求最大，约57.6亿元，交通行业将花费31.1亿元。要发挥私募股权投资在碳中和中的重要作用。产业的发展和政策的贯彻和执行过程中，私募股权投资机构在加速技术产业化落地、优化经营管理以提升企业商业化水平、强化人才培养、实现"技术＋产业＋金融"可持续发展等4个方面发挥重要作用。

尊敬的各位嘉宾，今天非常荣幸能够应邀参加绿色技术银行高峰论坛。今天我来分享一下我们在绿色投资领域的一些浅见。

现在全球变暖的形势非常严峻，今年大家都体会到了酷暑难熬，上海今天气温还好，前一段时间连续49天高温，历史上非常罕见。原因是全球二氧化碳排放量增加了非常多，2000—2019年碳排放已经增长了50%，到2019年全球达到了350亿吨，其中中国占了30%。二氧化碳排放的增多导致了极端的天气，我们已经体会到了粮食的减产、环境的灾难、海平面持续升高，如果冰川都融化了，上海可能就不复存在了，所以形势非常严峻。我们要不断开发新的绿色技术，推广成熟的绿色技术，大家现在集体努力，争取把气温控制在升高2.5℃的水平，避免更大的人类灾难。

从中国情况来看，中国从2000年一直到2019年碳排放量增加了39%，过去10年增加了38%，已经达到了110亿吨，占全球30%的排放量。其中80%来自电力、交通、工业。中国的人均二氧化碳排放量为8.12吨，是世界平均水平的1.6倍，因为我们是发展中国家不想承担减排的任务，所以我们说人均碳排放量还是很低，累计的碳排放量也不高，但现在看起来这个形势越来越严峻。中国现在承诺了在2030年实现碳达峰，2060年前实现碳中和，30年的时间实现碳中和。但是这个跟国际上比还是比较难的，可以看到欧盟在1990年就实现了碳达峰，他们要花60年的时间实现碳中和，美国要花43年的时间实现碳中和，我们是发展中国家，而且我们碳排放量非常大，但是我们承诺是30年。在碳达峰以后要实现碳中和，这个任务非常艰巨。

怎么实现碳中和这个艰巨的任务？肯定要抓大头，从110亿吨的碳排放总量上来看，最大的是电力行业（45亿吨），占了41%。预测2060年电力需求会是现在的2～3倍。碳中和的目标是实现更多的绿电，提高风电、光伏装机的速度。按照碳中和的目标，理论上每一年需要新增200 GW的风电、光电装机，但是2019年装机规模只有56 GW，所以未来还是有非常大的空间，这也是我们一个非常好的投资领域。

第二大碳排放行业是交通，交通在110亿吨里占了28%。最晚到2040年，燃油汽车就会全面禁售，新能源汽车销量会提高20倍。另外，从能源结构转型的角度来说，能源结构转型刻不容缓，刚才各位专家都提到了，目前还是煤炭和石油占主要部分，煤炭占了56%，碳中和将把非化石能源的占比从2020年的15%提高到33%，到2060年会占到85%～90%。

达到碳中和的目标有各种不同的测算，有研究估算2060年实现碳中和需要100万亿元的投资。各个地方有不同的预算，中金公司的预测是要花139万亿元，国外还有机构预测是要花283万亿元，这100亿元也许属于比较低的数字。按照这个数字，第一大电力行业（最大的碳排放领域）要花57.6万亿元，第二大交通行业要花31.1万亿元，除了政府资助以外，需要大量社会资本的支持，社会资本包括我们这些资本。但是社会资本投什么呢？没有什么好的投资机会，因为中国GDP的增速从过去几十年的双位数慢慢降低，未来也就是4%～6%的GDP增长速度，对于我们投资机构来说，双碳领域有巨大的前景，碳中和领域里的各个产业都能实现双位数甚至三位数的年均增长率。

首先是最大的绿电行业。提高风能、光伏的装机总量，给我们带来的成长也将是非常快的，中国在这个方面并不是落后很多，全球前十的光伏组件制造企业中，中国就占了8家，全球前十的风机整机制造企业中，中国占了一半。

其次是交通行业。这个行业里汽车属于"新三化"，即电动化、智能化、服务化。在电动化和智能化方面，行业都已经是上千亿元的市场规模了，但是到2025年预计的规模都是上万亿元，这两个方面平均增速都在年化30%以上，给投资机构提供了巨大的投资机会。在燃油车的时代，我们落后发达国家80～90年，本来想用10年、20年的时间追回来，但是没有做到，想用市场换技术也没有真正做到。在电动汽车、新能源汽车时代，我们真的可以重新开始,在这个行业里电池、电机、电控这3个方面我们做得不错,在电池领域里全球前四的电池企业中宁德时代排第一,比亚迪排第四,全球前十的电池企业里中国也占了一半,所以在这个方面我们也不是落后的。整个碳中和的投资领域里,我们都可以走在世界前面,可以换赛道或者弯道超车,给投资机构提供了大量的投资机会。

最后,比较看好的是燃料电池行业。燃料电池行业从燃料电池汽车、燃料电池系统到电堆,都是50%的年化成长性。氢能的基础设施领域,包括氢能的生产、储备、氢能的运输,以及加氢领域都有非常好的投资机会。刚才很多专家谈到了风能、光能需要大量的储能设备加以配套,我们在储能领域非常看好电化学储能系统,这里有很多新的技术是我们关注的。罗列了一些比较看好的大的赛道,但是这里也有很多细分,都为我们投资机构创造了很好的投资机会。

私募股权机构在碳中和的领域里能够发挥什么样的作用呢?在技术方面,我们可以加速技术的研发和技术产业化的落地。刚才有一位专家提到,中国在绿色领域里技术研发真正商业应用只有34%,还有36%在中试示范阶段,还有30%在概念和研发阶段。作为私募基金来说,我们更多会在商业应用里起到更大的作用,在中试示范阶段也会起到一些作用,可能在概念研发阶段起的作用要小一点。

可以起到的作用是帮助企业商业化,帮助企业优化投资管理,明晰战略的发展方向,提高企业的竞争力。通过吸引更多的人才,加强行业人才的培养。

当然,我们毕竟是社会资本,社会资本追求稳健的商业回报。在绿色领域不一定大家都能够获得像以前在互联网那个阶段的高额回报,但是会得到一些稳定的回报,通过稳定的回报吸引社会投资,形成良性循环。

下面我分享实践中的例子,怎么实现技术的研发和产业升级。我们与绿色技术银行合作,帮助绿色技术银行甲醇项目实现技术的产业化落地。马士基是全球最大的集装箱运输商,也是世界500强企业,其和绿色技术银行形成了一个战略合作备忘录,将在中国生产绿色甲醇,从5吨到30吨,再到未来的1000万吨、2000万吨,这会是世界上最大的甲醇供应项目。我们与绿色技术银行一起合作,发现在合作架构、资本结构、条款设计、投资回报的测算方面这个项目很新颖,全世界都没有先例,所以我们通过一些投资回报的测算倒算绿色甲醇的价格,如定在什么样的价位更合适,从而加速项目的产业化落地。

另外,还可以优化经营管理,提高企业的商业化水平和竞争力。一般进入一个企业以后,我们会提供战略咨询,帮助制定战略和发展方向,包括未来收购、兼并、上下游拓展。同时帮助企业进行管理的优化,提高运营水平,还会介绍更多的商业客户,让企业更好地开拓自己的市场,帮企业引进专业人才。

企业的竞争、行业的竞争、国与国的竞争都是人才的竞争,我们也会帮助企业吸收大量优秀的人才。通过投资回报可以吸引社会资本更多地加入绿色行业。优山资本是一个新锐基金投资机构,主要的成员是来自中金公司和国内外的优秀投资企业,团队早期投资了金风科技、保利、宁德时代、蔚来汽车、小鹏汽车等,未来也希望在绿色能源领域做出更大的贡献。谢谢大家。

ESG 与企业的绿色创新:绿色技术银行 ESG 披露指南

麦勇　华东理工大学教授、绿色技术银行研究院 ESG 首席经济学家

> 《绿色技术银行 ESG 披露指南》包括四大部分:一是背景与特色,二是原则与评估,三是指标和建模,四是报告和监测。《绿色技术银行 ESG 披露指南》附属三大原则,即稳健性原则、可追溯原则、可比较原则。其关键 ESG 指标具有三大维度,一是定性指标的频度、信度和效度;二是定量指标的稳健性与指标调校的基准;三是指标质量评估与一致性评价。报告形成经历治理准则、数字画像、平台交互、报告追踪等四大步骤,报告跟踪监测包括数据溯源认证、数据时效性分析等关键措施。

各位嘉宾,上午好。今天给《绿色技术银行 ESG 披露指南》做一个发布。《绿色技术银行 ESG 披露指南》是在团队多年的耕耘、努力基础上,形成的最终发布成果。我们披露的指南是基于不同行业、不同规模的 ESG 评估,包括了我国企业,尤其是国有上市公司的 ESG 评价的原则、程序、指标体系。评价指南是在国标的基础上形成的绿色技术银行的指南。我们是 1.0 版。

指南主要由 4 个部分构成:一是背景与特色,二是原则与评估,三是指标和建模,四是报告和监测。

首先介绍一下背景。在 2006 年深交所、2007 年国资委、2008 年上交所、2016 年人民银行、2019 年上交所、2020 年深交所和科创板颁布的上市公司规则的基础上,在 2022 年国资委成立社会责任局、科技创新局政策的支持下,结合 ESG 合规的企业竞争力关键市场因素,形成我们的指南。

绿色技术银行是《中国落实 2030 年可持续发展议程国别方案》的国家级平台,2021 年绿色技术银行又设立了联合国开发计划署可持续发展创新实验室,面向苏州产业园区的 SDG 产业评估,参加联合国国际论坛,发布可持续发展的最新成果。

我们的 ESG 体系与国际 ESG 体系相比较,可以发现国际上像明晟、标谱、彭博、富时罗素等机构 ESG 体系都是比较成熟的,因为发达国家关注得比较早。国内体系有 3 类机构在做 ESG 评估:一是金融咨询机构;二是中介服务机构;三是学术研究机构。这 3 类评估机构的导向存在差异,金融机构比较结合收益,特点是跟经济联系得比较紧密;

中介机构有特色的是商道融绿、商道纵横；大学里面有中央财经大学绿色金融国际研究院。

ESG 披露指南有三大特点：第一是融合了企业文化的 ESG，因为企业文化相比较而言是一个比较稳定的要素，有研究表明企业的文化要比法院还要稳定。我们把文化作为一个经营基础，作为判断一家公司 ESG 质量高低的基础，对建模有好处。第二是融合了碳追踪 ESG，由于碳追踪的 ESG 和碳排放剂量、企业的漂绿行为及供应链完备程度都有关系，所以融合碳追踪的 ESG 是绿色技术银行的一个特色。第三是融合机器学习方法和大数据建模的手段，更关注绿色技术的创新信息披露，一家企业如果想在绿色技术方面有所作为，它一定是有一定的创新性披露的，在这个方面要特别关注。

第二部分是原则与评估。指南有五大基本原则，即实质性、真实性、完整性、准确性、一致性，还有三大附属原则，即 ESG 评估需要一定的稳健性，ESG 评估结果不能有比较大的差异，可以追溯、可以比较。整个评估体系围绕环境、社会、公司治理和企业文化的架构，这个架构有 16 个维度。环境、社会、公司治理这 3 个方面主要是温室气体排放、劳动力多元化和监督等，在这个基础上有环境友好型、社会友好型、公司治理友好型的企业文化作为根基。这是我们整体评估的框架流程，流程中文化与意识是最核心的，我们再结合绿色的政策和流程进行评估，依据外部、内部数据，在关键 ESG 指标、情景分析和 ESG 自我评估的基础上，形成建模和监控 ESG 的报告。

第三部分是指标和建模。具体而言，即 ESG-C 的指标体系与建模，指标体系分类思路是从数据来源层、披露方式层、披露特征层 3 个层面展开。数据来源层包括外部数据和内部数据，外部数据主要是第三方机构和权威数据库获取的企业数据，如企业的报告、媒体的数据、政府的监管信息等。内部数据主要是企业主动或向利益相关者披露的企业状况信息，披露方式有硬性的 ESG 信息披露和软性的 ESG 信息引导。定量和定性披露当中，定性信息主要是靠环境管理战略、社会发展战略、公司管理战略、企业文化层面的这些知识。一个关键的 ESG 指标是建模的基础，怎么寻找一个关键的 ESG 指标呢？主要从 3 个维度展开，第一是定性指标的频度、效度和信度，第二是定量指标的稳健性和指标调校的基准，第三是指标质量评估与一致性评价。质量评估与一致性评价能够反映 ESG 的质量稳定性。

具体来讲 ESG 的 3 个方面，首先环境"E"，排放物类有 6 个指标，总共有 14 个指标，因为时间关系不再一一细讲。除了前面的 6 个，还有环境资源使用、环境与自然、气候变化、生物多样性等。社会"S"，有 9 个指标，具体为就业、健康与安全、发展与培训、劳工标准、供应链管理、产品责任、社会投资、反贪污、客户责任。公司治理"G"，有 12 个指标，包括公司治理实践、董事长、董事会、董事长兼 CEO 的情况、非执行董事等，另外还有公司主体的纳税透明度、风险管理与内控、投资者管理、审计人员报酬、公司秘书、股东的权利等。最后企业文化"C"，有 3 个指标，包括环境友好、社会友好、公司治理友好。这样我们就可以将指标层、数据层、应用层、算法层结合起来，应用大数据的方法进行数据处理和建模。

第四部分是报告和监测。报告的形成是从治理的准则开始，到进行数字画像，再到平台交付，最后是报告的跟踪，下面我们就一些行业的数字画像分享一些实际案例。

首先是煤炭开采和洗选业的绿色信息披露画像，煤炭开采洗选业的核心是外部披露和内部披露。信息披露的画像当中，行业里面有6家上市公司，这些公司又受到国家标准下的主要污染排放物标准和地方标准的共同影响和制约。在这样的共同影响和制约下，我们的思路是先有一个行业标准，行业标准定位清晰以后，公司在行业的排序或者在行业的地位就清晰了；有了行业标准以后，重点考察公司披露和外部披露，这两项披露对公司信息披露的影响是什么样的。公司自身主动披露部分的系数最大是0.6，而外部数据相对来讲主动披露得比较少，我们在画像中从行业在产业链当中的地位排序展开。除了煤炭开采和洗选业外，还有有色金属采选业环境信息披露的画像，从有色金属采选业的环境信息画像可以看到，在国标的影响下污染物主要有5种，公司有自身对外披露环境信息的需求，社会公众和行业也有披露绿色信息的需求。

其次是黑色金属冶炼和压延加工行业的信息披露画像，还有非金属矿物质制品业的信息披露画像和纺织业的绿色信息披露画像。对于这几个行业，从矿产的开采到矿产的应用再到纺织业是一个产业链的上游、中游、下游，这样能够观察不同行业当中公司主动披露和社会外部披露、外部处罚的影响。可以看到，纺织业外部治理和外部处罚非常少，这个数字几乎等于零，而公司内部的主动治理是比较多的。

最后是碳排放比较高的电力、热力生产和供应业的环境信息披露画像，电力行业、电力上市公司也是主动披露自身环境保护情况的，社会对其关注度仍然不低，外部治理需求比较高。

我们得到了画像以后，可以给公司定位、给行业定位，确定一个比较好的跟踪基准，形成ESG报告，包括ESG信息的稳健性、有效性、一致性。我们在后续还可以进行质量跟踪。

ESG披露还有一些延伸服务，主要是通过伙伴计划、ESG表现的诊断提升，以及向地方政府优先推荐落地项目，形成第三方的ESG报告。

我的汇报就到这里。谢谢大家。

第 11 章

第三届世界技术经理人峰会：做好科技服务·助力绿色转型

第一部分

1 论坛综述

当前，科技创新是我国的重大主题，科技成果以前所未有的深度和广度渗透到经济社会发展的方方面面，但科技创新又是一个复杂、不断迭代的过程。人才是创新发展的第一资源，绿色转型是关乎全球可持续发展的重要战略。如何让科学技术实现更大程度的商品化、商业化、产业化和市场化，更好地服务经济社会的发展？

本次论坛将以"做好科技服务·助力绿色转型"为主题，围绕全球技术转移人才发展和中国"力争 2030 年前实现碳达峰、2060 年前实现碳中和"承诺，邀请来自全球技术转移专业协会、高校技术转移办公室、创新孵化平台等技术转移全链条上的技术经理人，深入研讨国际创新生态与绿色发展、技术转移数字化转型与国际协同及技术转移人才体系建设等议题。

2 嘉宾演讲实录

全球创新生态与技术转移新态势

高孟睿　联合国教科文组织 Netexplo 观察站副总裁

> 今年全球观察站推出重要的趋势是重新定向，只有当创新能够服务于某一个共同目标的时候它才是有意义的，任何技术都可以转化成目标的应用。Netexplo 通过设计指标、衡量标准和量化的技术去衡量技术的包容性，并发现教育、健康、情感等多领域都可以转化为可视数据。技术重新定向，可以产生积极的作用，可以让科技变得更有包容性，而如何使用是真正让技术起作用的关键。

尊敬的各位领导，女士们，先生们，非常高兴参加第三届世界技术经理人峰会，非常感谢此次主办方和承办方成功举办了这次重要的活动，感谢各位邀请。

Netexplo 是全球观察站，总部设置在巴黎，由联合国教科文组织建立。我们希望通过这个组织能够和世界各地的观众分享我们的观察，同时我们也在智慧城市、数字传输及其他的技术领域建立了不同的平台机制和培训机制。2008 年是对技术非常重要的一年，是智能手机和社交媒体创立的一年。2008 年浦江创新论坛充分捕捉到了科技领域的一些新方向和新趋势。同时，我也相信世界技术经理人峰会及全球技术转移大会将在全球技术发展当中起到越来越重要的作用。我们也希望有更多研发技术能够应用到生产生活当中，对经济发展和人类生活大有裨益。

前几年我们已经看到有很多科技，有的在有限的领域进行应用，有的进入更广泛的领域，有的甚至可以推进人类未来的发展。在这样的背景下，我想给大家分享一下我们在年报当中一些重要的观察和观点。我们推出了 Netexplo 全球趋势，这个趋势是根据我们每一年在全球观察到的一些主要趋势得到的。今年重要的趋势是重新定向，意思就是只有当创新能够服务于某一个共同目标的时候它才是有意义的，任何技术都可以转化成目标的应用。如何理解重新定向的概念呢？其实过去有很多非常有前景的技术和大会的主题非常契合，如可持续性、低碳经济和新能源。

要去判断技术是否普惠，是否有包容性，指标非常难做。我们在 Netexplo 就有一些指标、衡量标准及量化的技术，能够去更好地衡量技术的包容性。同时，我们也通过这样的衡量标准，设置了一些 KPI 关键的指标去看这一项技术能不能真正服务于最广泛的公众。

我们发现活动当中越来越多领域，不管是教育、健康还是人的情感，都可以通过技术的手段量化和测量，从而转化成可视的数据，如 VR 中很多用于游戏的技术都可以应用于培养人的同理心，并且给人的情绪和心理做治疗。这一个创意可以运用到职场当中，让人们看到职场当中的提示和其他不好的现象。元宇宙也是近几年比较火的主题，但是元宇宙还没有让人真正信服的应用。元宇宙不仅可以让玩家逃遁到虚拟的世界，还可以让人和现实世界建立更好的联系。

回到包容性的问题，技术当然可以保证残疾人充分参与到社会中。比如，有一个公司设计并生产了一种眼镜，这种眼镜有一个非常好的功能，可以把别人的对话转化成文字，这样听障人士可以实时了解别人在说什么，可以参与到别人的对话当中，专业委员会把这个技术选为2022年Netexplo十大最重要的趋势之一。

我们未来看到人工智能、虚拟现实及其他的新技术可以有更好的包容性，同时可以推动世界平等，减少不平等和财富差距现象。我觉得技术重新定向让技术更加有包容性，让世界更加美好，它也是重要的趋势。

我们知道很多人喜欢玩游戏，他们在最喜欢的游戏上可能要花上很多时间，这种创造力和数字资源是不是可以用在更加有意义的事情上？法国有一家公司，通过一个游戏激励人们去清理海洋当中的垃圾，玩家可以远程操控真实海洋当中清理垃圾的工具去清理海洋当中真实存在的污染物、塑料和废物。这样在玩游戏的同时，让世界变得更加清洁和美好。

我相信加密货币也是大家非常熟悉的技术了，它并不像很多支持者所说的，可以去包容和容纳更多的参与者，其实很多时候加密技术是欺诈的一种手段，加密货币在生产交易过程当中也会带来大量的碳足迹。我们想要探讨加密货币如何重新定向，奖励人们对资源的保护和节约。换句话说，我们希望用加密货币的形式让人们更愿意植树而不是把树砍下来。有一种公司专门设立了代币，这种代币可以交易和投资，主要应用于森林保护，这种代币使用的数量越多，森林和自然资源得到的保护就越好，这就是通过新的技术惠及全球。

生物技术也是一个很好的领域。Colossal公司利用生物技术可以把已经灭绝的生物复活并重新带到世界上。他们有一项技术，有望把远古的长毛象带到世界上。虽然这项技术还存在很多问题，但这家公司依然在推进。他们通过更改基因，让大象呈现出远古长毛象的特点。同时，生物技术可以减缓全球变暖，这些基因工程项目在伦理和审批环节可能会有一些阻碍，但无论如何这依然是人类的尖端创新。通过有效的重新定向，依然可以为人类社会带来积极的作用。

刚刚给大家举了好几个例子，任何技术都可以重新定向，产生积极的作用，如AI、VR、AR、加密货币、生物技术。这些技术都可以让科技变得更有包容性，但真正让技术起到作用的是怎么去使用它们。今天演讲的最后，我希望大家可以在活动当中有所收获，祝全球技术转移大会及世界技术经理人峰会取得圆满成功。谢谢！

双碳目标下的科学技术发展

陈建民　欧洲科学院院士、复旦大学大气科学研究院常务副院长、
复旦大学特聘教授

> 气候变化的影响在世界上很多地方开始显现，未来北极、南极、沙漠等都将出现更大的问题。随着中国庄严承诺力争实现双碳目标，未来大健康和双碳将成关注的重点。通过发展健康和大气污染方面的技术，将污染减少与双碳结合起来，能进行测量和定量分析。

大家上午好！我跟大家简单介绍一下科学发展的问题，包括我们现在的部分技术。二氧化碳和气候变暖正在使世界上很多地方出现一些问题，未来将引发更多问题，北极可能会产生空洞，南极的空洞会增加，雪盖将会融化，撒哈拉沙漠可能会变绿，我们可能不是骑着骆驼，而是骑着摩托到森林里面。

关于世界变暖，最近中国很多地方已经创造新的世界纪录，超过历史极值。我们国家正在进行二氧化碳的控制，习近平总书记在环境、全球气候变化、全球治理、健康中国等方面有非常多的论述，"十四五"期间国家陆续出台相关政策，推动环保发展。我们庄严承诺，中国力争实现双碳目标，所以大健康、双碳将成为下一个风口。

技术路线一是减少碳排放，二是重点区域减少碳排放。减少碳排放包括能源调整、减少化石应用、提高能源效率、增加新能源、使用间接能源（包括氢能），以及推动交通领域减排和节能，增强金融减排作用，增加碳的吸收和利用。

大气污染目前改善很快，但是怎么样把大气污染与气候效应连在一起非常重要。我们最近发展一些技术跟它们相关，将污染减少与双碳结合起来，能进行测量和定量分析。秋冬污染非常严重，我们就发展气候变化准确测量技术，发展一些健康和大气污染方面的高端技术，包括知识产权的问题。

另外，前几年在国家自然科学基金委员会重大研究项目的支持下，我们开展了一些研究，包括如何在大气里面看到污染物，污染物如何进入及影响整个结构，这个结构进入人体里面会变成什么，目前发现血液和胸腔存在一些形貌或组成非常复杂的外源的超细颗粒物，这是大气污染物。

到目前为止，健康人体和大气污染是悬而未决的问题。我们研制了设备，用一些新的技术方法识别颗粒物，并进行颗粒物分离、检测，最后分析它们对健康的影响，这个目前在国际上还没有。对于PM2.5，我们希望将来不是以浓度大小来看，而是以它自己的毒性组分含量来区分，从而做出科学的指导。

另外浓度位置，特别做了富集浓缩，增加十倍颗粒物浓度，具有非常好的分析灵敏度。对于整个测量装置，浓缩以后效果非常好，可以看到积累毒性、有毒组分，以及毒

性在哪个区间。我们完成了以后做了十几项专利，已经得到批准，并在前两年上海市工博会和深圳广交会上获得了优秀产品奖。目前，在潍坊已经落地试用，效果不错。

除了这个问题以外，富集浓缩可以继续往下做，做高精确的在线毒性仪，可以用于细胞毒性、内外检测和大气污染与健康。大气污染物本身是气溶胶，气溶胶具有气候效应，通过光辐射特性，可以评估二氧化碳的减排或增加，为国家准确减排做出很好的评定。

我们初步计算了一下，假如能够完成一部分使用，大概到20亿左右的年产量，将处于国内、国际领跑位置。希望坚持科技创新作为发展的第一动力，构建低碳、零碳的技术创新体系，一些设备为关键技术的演进起到一定作用。

谢谢大家！

碳中和与智慧能源

王志章　俄罗斯自然科学院外籍院士、北京碳中和与智慧能源研究院首席专家

> 在碳达峰碳中和背景下，政府企业面临较大的减排压力。我们提出自然解决方案——消碳增产生态圈，通过低成本规模化捕集二氧化碳，并将其广泛应用于农业生产、化工等领域，赋以氢光能源绿色供应，可实现消碳增产、负碳排放、多产业融合发展。

尊敬的各位来宾、各位专家，大家上午好。首先，非常感谢科技部、上海市人民政府给我这一次机会，我带来的演讲是《碳中和与智慧能源》。我是中国石油大学（北京）的教授、博导，俄罗斯自然科学院院士，也是北京碳中和与智慧能源研究院的首席专家。30年来我带领我的团队获得国家/省部级奖40项、专利60项、软注60项，同时在成果转化方面也取得了一些成果。

我从如下几方面向大家做一个汇报，第一个是时机和背景，第二个是碳中和关键技术和有效路径。

在碳达峰碳中和背景下，政府企业减排压力非常大，未来20年，化石能源依旧占据主导地位，因为在碳中和过渡阶段，需要通过CCUS技术进行真正的碳达峰碳中和。目前，中国面临一次能源消费结构转型，从化石能源转向绿色能源。这个图是碳排放的图，伴随2030年和2060年的宏观目标，我们的压力非常大。

这张图是碳达峰综合背景下各地政府所面临的一些问题。从这里看，左边的图是各省碳排放空间收支状况的分类，右边是各省碳排放总量与强度的分布，从图上可以看出河北、山东碳排放强度非常大，碳排放池也是最高的。

要实现碳达峰碳中和目标，我们的有效路径也就是解决方案是什么？我们提出自然

解决方案——消碳增产生态圈，也就是低成本规模化捕集二氧化碳，并将其广泛应用于农业生产、化工等领域，赋以氢光能源绿色供应，可实现消碳增产、负碳排放，实现"一产松绑二产、二产反哺一产"，多产业融合发展。

通过低成本碳捕集技术和捕集工业二氧化碳，整体的生态架构在捕集二氧化碳的同时，要实现碳捕集、碳利用和氢光互补，也就是把二氧化碳应用到油田驱油、富碳农业增产、化工利用中。在利用过程中可能会引来更多的能源需求，如何去做？实际上可以通过光热发电、光热制氢实现碳中和。

第一个应用场景是CCUS+EOR，第二个应用场景是CCUS+A，第三个应用场景是CCUS+C，实际上就是通过低成本碳捕集技术，捕集工业生产的二氧化碳，应用于油田、农业、工业三大场景，实现消碳增产。

我把有效路径归结为五个大方面：

第一方面，我们叫第四次石油技术革命，也叫绿色智慧油田，也是CCUS+EOR。主要是将所有的油藏动静态数据汇入智能中枢进行分析，指导调整油气田的开发方案，通过IOT系统、控制硬件，将捕集的二氧化碳和氮气，根据不同油藏特征以不同比例注入油藏，并赋以氢光发电，实现负碳排放，能够节能节水66.7%，增产能力提高107%以上。

第一项技术是高精度的油气藏智能表征技术。油气藏的发展实际上历经了30年，从定性走到了定量，从手工发展走到了智能发展。在CCUS+EOR当中，大规模二氧化碳注入及对应的大规模油气藏认知需求，特别是我带中健天枢环能（北京）新能源科技有限公司通过人工智能技术提高油气藏预测精度的同时将能效提高了数百倍，推进油气藏勘探开发降本提效。

在智能油气藏描述技术里面，我们完成了8个模块：①断层的智能表征及预测；②岩相智能识别及预测；③岩性智能识别及预测；④多井智能处理；⑤油气水层智能识别及预测；⑥井震合一储层智能表征及预测；⑦地质模型、储量智能评价及预测；⑧岩心薄片智能鉴定。

第二项技术是CCUS+EOR高温多组分混相驱油技术。该关键技术将锅炉产生的大量二氧化碳和氮气都应用起来，注入油藏变废为宝，实现负碳排放，同时可以显著提高油藏生产能力。这是我们研制的第三代高温多组分混相驱发生器，通过这个发生器，可以消除99%的二氧化碳，并且将氮气注入油藏，节能67%，节水67%，增产原油107%，提高采收率10～20个百分点。我们在新疆油田做了案例，2021年完成了作业井103口，整体原油增产107%、节能75%、降碳83%。

第二方面，CCUS+A富碳智慧农业，称之为第三次农业革命。关键技术就是氢光互补富碳智慧农业技术，每亩消碳3～8吨，增收30%～50%，农作物产品增收50%。为什么这么提？因为在植物生长当中，二氧化碳是它的主粮食，但是这么多年我们把主粮食忘掉了，只是补化肥和农药。之所以会出现这种情况，就是因为我们国家工业的发展。美国、以色列、荷兰是农业强国，这些国家在20世纪七八十年代已经把工业的二氧化碳应用于富碳农业，获得了比较好的结果。

我们为什么晚？是因为我们没有碳源，实现不了工业化的应用。现在我们将数据汇集到智能中枢进行分析，指导调整种植方案，通过IOT系统控制硬件，根据不同作物的特征调节二氧化碳、水、肥的浓度比例。根据需求补光，采用氢光互补发电方案，实现负碳排放和绿色精准种植。通过物联网、智慧农业种植系统，我们就可以提高农业的产量，针对不同农作物的特性，每亩大棚增加3～8吨二氧化碳，平均每亩5吨。按照我们精准的适配标准，根据实验数据，将二氧化碳浓度控制在最适宜农作物生长的1200～1450 ppm，可以增产30%～50%，这已在山东和内蒙古等地区做了很好的推广和应用。这一个是大田农业的，针对不同的大田作物特性，每亩可以消化0.7～1吨二氧化碳，右边这个是增长的幅度。

第三方面，CCUS+C就是化工利用。在化工利用里面，我们觉得最简单的就是通过低成本的碳捕集获得二氧化碳，通过二氧化碳加氢获得一些醇类、酯类副产品。

第四方面，工业碳计量、碳监测、碳资产管理。我们现在工业的发展需要碳指标，但是现在没有一家能做出来，因为不知道这个地区碳排放量到底多大。我们现在已经实现了碳计量和碳监测的定量化。还有一个碳资产管理，我们讲究四库，即粮库、油库、水库、碳库，也就是说在一个地区到底有多少碳，到底有多少碳指标，这个实际上没有的。我们在这个基础上，通过建立一系列的标准来实现碳汇的精确计量。

在整个系统当中，我们做了四个方面，即系统平台、碳计量边缘一体机、中间件（无线集中器）、采集终端。通过这些分析，就可以实现碳计量、碳监测的定量化表征和预测。为了进行碳汇的计量，我们建立了三个标准，分别是《设施蔬菜农业碳汇计量监测技术规程》《大田种植农业碳汇剂量监测技术规程》《石油勘探开发碳汇计量监测技术规程》。

第五方面，综合治理方案。在研究当中我们发现，如果要真正地实现碳达峰碳中和，需要农、牧、碳、氢、光一体化盐碱地治理解决方案，这是非常好的另一条路径。①以氢光互补发电：于黄河两岸盐碱地部署碟式光热制氢/碟式光热发电装置，实现源网荷储绿电增量配网；②在光热发电装置下方种植经济作物或菌草；③以从工业捕集的二氧化碳作为气肥促进农作物的生长；④将菌草作为青贮饲料用于养殖业。

在过去的2个月里面，我们北上克拉玛依南到阿克苏，又去了黑龙江和吉林。我们跟当地政府签署了一系列的碳中和与智慧能源的框架协议，目前正在落地。

我们的关键技术是什么？我们有几项重要的关键技术。

第一项技术是国际领先的高精度油气藏智能表征技术。也就是通过人工智能技术，提高油气藏预测精度的同时，将人效提高数百倍，为油气田勘探开发提高采收率、降本提效。

第二项技术是智能物联网技术。将数据汇聚到智能中枢，进行智能分析指导，调整开发方案，实现负碳排放，使能耗降低67%，增产107%。

第三项技术是国际领先的CCUS碳捕集技术。

第四项技术是不同浓度多项低成本的碳捕集技术，可用于驱油、工业生产和农业生产等领域。

第五项技术是国际领先的高温多组分智能混相驱动技术。这是整个发生器，在这项技术的支持下，我们可以发展富碳农业智内物联网技术。根据实验数据和不同农作物的数据，精准控制二氧化碳的释放，为农作物的生长创造最适宜的环境。经过二氧化碳气肥的精准实施，农作物产量可以提高30%～50%。

感谢大家聆听。

探索绿色化工发展新路径

李春忠　华东理工大学化工学院院长

> 双碳是国家的重大战略，我们刚才提到有两条路径去实现双碳目标，一是传统化学工业的升级改造和节能减排，二是新兴技术的开发和利用。一方面，必须在应用方面解决公益和工程结合的问题；另一方面，加强科学技术创新，在热力学、动力学、传递等方面有新的发展和发现。同时，面向绿色低碳的要求，能够开发出高效专用的化学品和高端的化工新材料。

尊敬的各位来宾，各位朋友，很荣幸能有机会跟大家一起交流。我看到组委会给的题目和我的题目稍有区别，目前大家比较关心环境和低碳。首先，介绍一下双碳目标的时代背景，以及为什么提出双碳、我们国家提出双碳有什么重要的意义。其次，介绍目前我们国家的化学工业，很多人对化工还有很多自己的想法。再次，汇报一下华东理工大学在低碳能源方面开展的工作和一些将来的布局。最后，跟大家一起了解一下将来低碳能源化工领域如何发展。

20年前，大家对能源环境比较关心。比如，2003年瑞斯大学萨麦利教授提出，人类发展将要面临四大难题，其中能源排第一，环境排第四，没有能源寸步难行，但是人类持续利用赖以生存的环境，人类的生存将面临威胁。

我们有一句古话叫"风调雨顺、国泰民安"，这是讲气候问题，有很好的气候人类才能生存下去，二氧化碳排放已经严重影响了整个地球的环境，如极端高温、极端高碳都是二氧化碳导致的。

20世纪90年代，大家对气候非常关注，提出了《联合国气候变化框架公约》。目前，全球200多个缔约国在应对气候危机。2020年9月22日，国家主席习近平在第七十五届联合国大会发表重要讲话，宣布二氧化碳排放力争于2030年前达到峰值，努力争取2026年前实现碳中和。

对中国市场来讲，节能减排更加重要。不管是从二氧化碳的排放，还是从其他方面来讲，中国遇到了很大的困难。这一点并不是说中国在碳排放方面做得不好，中国是发展中国家，目前正是发展最迅速的阶段，要实现这个目标还存在很多问题。

接下来我们讨论化工。我们看到化工就觉得是有污染或是不安全的。可以告诉大家，化工是我们社会赖以发展的基础，没有化工人类基本上没办法生存。从人类发展阶段来讲，每一步的科技进步和社会进步都和化工紧密关联在一起，从远古时代到古代、现代，到整个社会的发展，事实上跟化工都是密不可分的。

在整个社会的发展当中，化学工业占有十分重要的地位，这里给出了在社会发展中全球化工GDP所占的份额基本上达到10%，发达国家往往化工占的比例小一点，发展中国家可能比例要大一点。更重要的是，在国民经济发展当中，国内的过程工业占GDP的比例高达20%，社会的发展都离不开过程工业和化学工业。目前，碳排放中过程工业的排放占很大比例，化石能源、建材、化工是目前最重要的问题。对化学工业、过程工业来讲，节能减排变得非常重要，也非常值得关心。

大家能看出来，可再生能源构建新的化工体系，可以很好地去实现节能减排，包括钢铁、有色、建材、化工。这里讲的化工是传统意义上的化学工业，和我后面跟大家讲的化工学科不是一回事。我们要真正实现低碳能源，事实上我们国家有"5+1"的低碳战略，是张锁江院士的报告提出来的，我在这里不跟大家细讲。

刚才提到的化工，是我们传统意义上的化学工业，但是化工学科和传统意义上的化学工业不是一回事。什么是化工学科？化工学科是化学、物理、数学的融合体，我们一直讲，学会数理化，走遍天下都不怕，这个大家都能讲。

事实上化工是化学和物理现象的融合体，是用数学的原理解决，更重要的是它是创造经济和社会效应的一个学科。这里的化工学科不是我们经常讲的传统意义的化学工业。只要涉及传递和反应，一定是我们讲的化工学科概念，是不是这样呢？从三酸两碱到高分子都是化学工业的内容，事实上并不是如此。人工智能、生物制药、地球生态系统事实上都是化工学科关心的问题。比如，刚才讲"风调雨顺、国泰民安"，整个地球系统里面有碳循环、氮循环、氧循环，循环的概念讲的是流动和传递。整个过程当中少不了遇到反应，光合作用就是利用太阳光能把二氧化碳和水转变成动物体所需要的有机物，也就是整个生态系统是由反应和传递组成的非常复杂的反应体系，也是化工学科很关心和要解决的问题。更重要的是生物体是最智能的，不管你吃什么食物，都可以得到需要的能量，这也是化工学科解决的问题。

上海市讲了三大制度——人工智能、生物医药、芯片。芯片之所以没解决，不仅是芯片加工和材料的问题，更重要的可能是这里面很多化工学科问题没有从根本上解决，导致我们很多技术和国外都有一定的区别。

我们这次新冠疫情已经3年了，但事实上都是在靠疫苗，疫苗是怎么来的呢？从疫苗生产过程来讲，从发酵到分离，涉及化工学科中单元操作的问题，这是非常典型的化工所要解决的科学和技术问题。化工学科不仅是三酸两碱和高分子石油化工的内容，而是将来集成电路、电子信息、生物医药关联在一起的学科，更重要的是把人工智能和互联网融合到整个技术当中。因此，反应和传递的问题，是物理和化学综合需要解决的问题。对化工学科来讲，全国哪个学校最厉害？华东理工大学是最强的。华东理工大学在著名的五所高校的基础上发展起来，包括南洋公学和震旦学院，化工学科是全国首批重点学科，也是双语类学科，在学科评估中这几类都是A+，全国只有天津大学和华东理工大学是A+。对化工来说，我们学校比较关注国家双碳战略，坚持"四个面向"，希望将基础研究和工程应用结合在一起，既能够做原创性的成果，又能解决双碳战略的重大问题。

是不是这样呢？给大家讲几个例子。煤化工的节能减排大家很关心，对于煤气化，不管从规模还是从单反应器来讲，华东理工大学都是世界领先的，目前建成了国内最大的垃圾制氢装备，这是彻底面向节能减排，已经获得了两项国家科学技术进步奖。

对大化工来讲从甲醇到乙醇，都是我们学校长期以来坚持的方向。比如，目前对甲醇来讲，我们在国内的占有率是40%，对于大型苯乙烯来讲，我们在市场上的最大产能达到28万吨，这个也获得了国家科学技术进步奖。更重要的是新型催化体系，对有机化工、石油化工来讲最重要的是催化剂，催化剂是我们学校很重要的研究方向，目前开发的催化剂全国各大领域都在使用。

另外，钾锂是国家的重大战略资源，如何用好钾锂也是国家关心的问题。这是我们学校于建国校长团队开发的，已经成功转移到"一带一路"沿线国家，获得了两项国家科学技术进步奖。无论是对于化工，还是对于过程工业来讲，核心是怎么实现节能减排，我们提出了物理法污染物源头控制技术，这个技术正在全国80%的石油炼制装置和70%的甲醇乙烯装置上推广应用，获得了三项国家科学技术进步奖和发明奖。

在新能源领域，我们从材料到器件、系统做了系统的工作，从一些原创性到应用成果，不但获得了国家自然科学奖二等奖，而且获得了国家科学技术进步奖二等奖。

在化工的自动控制融合或智能融合方面，我们学校的钱锋院士开展多元工作，取得原创性成果，这个项目已经获得五项国家科学技术进步奖和发明奖。

简单跟大家谈一下低碳能源未来的发展。节能减排的核心是开发新技术，即使从国际能源署来讲，2050年要有50%的二氧化碳的减排来源于新技术。这个情况下有两个途径，第一个途径是传统化学工业的升级改造和节能减排；第二个途径是新兴技术的开发利用。目前大家讲的储能和二氧化碳转化都是来源于这个过程，利用清洁能源，把转换的储能用于汽车，另外把二氧化碳转变为可用的小分子有机物。从传统工业来讲，我们要建立相关的二氧化碳捕集和大规模利用的技术。另外，需要将大的化学工业和数据融合，也就是说智能控制优化在一起，能够提高传统化学工业的效率、减少能耗及二氧化碳的排放。更重要的是还需要通过相关智能优化控制使智能决策、优化控制和运行关联在一起。

对于这方面我们学校做了很好的布局，主要面向我们自己化工的现有特色，面向双碳目标，希望能够从化学工程和理论技术方面有原创性的东西，解决一些面向国际前沿的科学问题。同时，又能面向节能减排，真正从技术上实现绿色低碳、高质高端和数据智能。

比如，面向新能源系统，我们可以从材料到器件、系统来解决一系列的问题，解决目前新能源领域内的一些核心科学问题。另外，在催化方面，希望能够有一些新的催化剂来改善我们传统化学工业的转化率和选择性，提高它的能量利用效率。材料方面是目前国家非常重视的，我们应关注如何开发新的材料来面向我们重大工程或应用。更重要的是，我们面向传统的化学工业，如何能开发一些新技术即实现工业减污和降碳的协同增效的技术。

对于资源利用，当然我们希望在钾锂或其他的一些战略资源方面能开发一些技术，真正实现利用一些资源来解决节能减排的问题。在智能反应器方面，我们希望能开发一些新的反应系统，在新兴药物和新兴的疫苗方面做出自己相应的贡献。我们也希望在化学工业和核能方面开发一些新技术，实现国家的重要战略。

刚才提到，不管是传统的化学工业，还是新兴的节能减排新技术、数字智能融合，对整个发展都非常关键，我们希望针对这个能研发一些新的技术、新的原理。

最后，给大家做一个总结，我们知道双碳是国家的重大战略，如何去实现双碳的目标？我们刚才提到两个途径，第一个途径是传统化学工业的升级改造和节能减排，第二个途径是新兴技术的开发利用。不管怎么样，大家从整个框架来看，我们必须在应用方面解决公益和工程的结合问题。另外，从科学技术来讲，我们要在热力学、动力学、传递方面有新的发展和发现，在这个基础上实现装备和人工融合在一起，面向绿色低碳的要求开发出高效专用的化学品和高端的化工新材料。基于这些基础，才能推动我国相关化学工业和相关领域的发展和进步。

最后，非常感谢各位代表、各位朋友，谢谢大家！

3 圆桌论坛：技术经理人助力绿色创新发展

主　持　人：
宰承峰，国家技术转移东部中心英国分中心负责人、中欧科技创新网络创始人。
互动嘉宾：
胡　翊，中国宝武上海宝地不动产资产管理有限公司宝地创新中心总裁；

许金鹏，中未（海南）综合能源设计研究院有限公司董事长；

刘书源，蔚能 CTO；

宋善奎，三一重工股份有限公司重机事业部数字化总监。

宰承峰：感谢主持人，感谢几位嘉宾。刚刚主持人已经把我们现场的四位嘉宾的一些公司背景介绍过了，今天参加论坛的几家企业都非常著名。今天我为大家准备了5个问题，其中有一个问题是专门给我们许总的，第一个问题是关于我们三家企业的，还有3个问题我们大家做一些讨论。

几家企业都是非常著名的企业，我看了一下还是来自不同的板块，所以我觉得可能首先还是请各位介绍一下所在公司的基本情况，在座很多观众可能已有基本的了解。

胡翊：大家上午好，我来自宝武集团，现在是全球最大的钢铁企业。我们现在不仅炼钢铁，也发展其他相关产业，包括新材料、新能源。宝地创新中心是宝武集团的产业孵化平台和科技服务平台，为宝武相关产业的发展特别是宝武产业生态圈建设提供服务，并为中小企业服务，促进大中小企业的融通发展。

许金鹏：各位领导好，非常有幸来参加今天的活动。我们中未综合能源设计研究院有限公司的重点是综合能源，从光热制氢到氢储能，再到相关的一些综合能源利用。公司于2020年6月23日在海南注册，目前落地于山东最大的氢能制剂基地。

刘书源：大家好，很高兴在这里跟大家见面。我来自武汉蔚能电池资产有限公司，我们公司比较年轻，成立于2020年8月，我们是全球首家着眼于动力电池、资产运营及管理的公司。我们以"高效化电池管理、低碳化能源世界"为使命，向行业提供包括数据智能、电池资产管理等全套电池服务。

宋善奎：大家好，我来自三一重工重机事业部，三一重工是一家装备制造企业，目前也在新赛道转型。大家对三一重工应该有所了解，我们始终坚持"品质改变世界，将工程机械走向第一品牌，并且走向世界"。很高兴今天跟大家进行相关数字化课题的探讨。

宰承峰：谢谢刚刚四位嘉宾的介绍，从国家技术转移中心到我个人和公司，其实跟三家公司都有一点渊源。不知道胡总是不是记得，我们在吴淞宝武有一个重大项目，我们是其中一家给宝武提供内容的企业，当时举行了非常隆重的发布会。刘总的蔚能非常特别，是技术和商业模式方面的创新公司，是由蔚来汽车、宁德时代、湖北科投、国泰君安联合组建的公司，也是非常具有创新性的公司。我们最近在欧洲、德国帮蔚来汽车找换电站，这件事情我们有参与。三一重工我们非常熟悉，是全国知名企业，宋总在重机事业部数字化这一块，法国的达索系统工业化数字软件这一块我相信跟三一重工有合作。

宋善奎：是，我们有过合作，现在也在合作。

宰承峰：我们也做达索在大企业数字化转型创新的工作。我们现在开始论坛的正式环节，第一个问题，我刚刚提到了，可能是给宝地创新、蔚能和三一重工的问题。

三家企业都非常重视绿色发展，强调绿色低碳，也都在进行很多数字化转型工作，也都用了很多数字化方法及人工智能方法进行这样一些转变。三位认为这些方法怎么样能够有效地为我们可持续发展赋能？举一些例子，谈一些个人的想法也可以，还是从胡总开始。

胡翃：宝武集团主业是钢铁，大家知道钢铁冶炼的过程非常复杂，流程非常长。我们立足于生产精品钢铁，但是生产过程强调智慧制造与绿色生产。前面几年宝武集团自上而下推进智慧制造，推出"四个一律"，即现场操作时要一律集中，操作岗位一律机器人，设备运营一律远程监测，服务环节一律上线。通过"四个一律"大力促进传统钢铁生产制造过程的数字化和智能化，应该说过去的五六年，我们取得了良好的发展。

特别是今年，我们又推出了"万名宝罗计划"。宝罗就是宝武机器人，我们把它拟人化了，给每个机器人一个工号，赋予它生命和灵魂。目前生产的工业机器人有1000多个，基本上每两年翻一番，5年内要有上万个机器人。机器人工作场景多是工业现场，环境比较恶劣，对精度稳定性要求比较高，这对我们相关行业都提出了新的创新需求。所以我们下半年还会面向社会举办机器人创新大赛，围绕工业现场如何利用好机器人来提升相关制造精度。

宝武集团在行业内提出了碳达峰碳中和的路径，即2023年实现碳达峰、2050年实现碳中和。在传统产线上，我们要发挥极致的能效，推动新的革命和颠覆性工艺，如生产厂房、园区屋顶光伏等，大力推动新能源利用，通过智慧制造绿色低碳来促进技术升级和产业转型。

宰承峰：其实觉得刚刚您讲的不管是工业机器人的使用，还是大规模的数字化转型，都是可持续发展的转型，像宝武集团本身就在做数字化转型，还有专门企业做这个的？宝信？

胡翃：宝信软件，是我们专业化的公司。

宰承峰：其实达索基于本身数字化转型这一块可以做很多结合。刘总您觉得呢？

刘书源：我分享一下自己的看法，其实蔚能这家公司从成立第一天开始，我们就和低碳紧密结合在一起。我们的使命是"高效化电池管理，低碳化能源世界"，动力电池生产和制造过程实际上是碳排放的过程。为什么说新能源汽车有助于实现国家碳达峰碳中和目标，实际上使用和回收阶段有碳减排的效果，和绿色能源结合在一起，所以我们公司实际上在做很重要的事情。动力电池在上车使用的时候，如何更安全、更高效，如何更加长周期服务于新能源汽车，电池在回收的时候如何使用能更加高效低碳，这一切都是蔚能着眼努力的方向。我们管理电池，使它更安全和高效地运行，这些电池分布在全国300多个城市、几万名用户的车上，怎么管理电池，依托的是电池技术和数据智能与人工智能的结合。

可以通过判断每一块电池实际的使用状态，对它进行高效化的运营。同时，电池在回收的时候，通过我们的云端判断，以集约化的方式回收，一个是物理集约化，另一个是电池集约化。我们是通过团队的大数据平台，运用算法和自动运营的管理系统做这些事情，可以说整个技术的底座搭建在数据化和智能化之上。

宰承峰：就像您说的，我们从一开始为什么会有这样一家企业？我们的定义非常有意思，电池资产管理运营公司，我理解的对吗？

刘书源：公司定位是电池本身的管理和运营，电池在真车T4工况情况下，电池状况如何？安全性和质量有什么风险？之后还能用多久？这些在云端数据有展示，支持前端运行。

宰承峰：我们计划2025年实现100 GWh的体量是吗？

刘书源：对的，现在增长很快，随着电池生产技术相对成熟，整个电池应用端和回收端的发展前景更加广阔。

宰承峰：宋总。

宋善奎：从企业本身的生产过程来看，我们是装备制造业，并不是碳排放的企业，但我们是能源消耗的企业，可以说是间接使用了碳。因此，在双碳战略提出之后，集团从产品和生产运营方面提出了几点。从产品角度来讲，要向新能源工程机械产品方向发展，使产品使用过程中减少碳排放。从产品来讲，以重机的产品挖掘机为例，它们更多的是类似于机器人的操作，将电、燃油能量转化成机器作业。如果不同的人操作，可能能效不一样，我们利用一种大数据的手段在众多产品中归纳出高能效的操作，固化成智能产品，操作手可以通过便捷的方式高效使用。

另外，制造过程我们也要尽量去通过智能制造和智能运营来降低能源消耗。比如，通过在生产过程中安装能源消耗的计量表计，连到整个数据平台减少浪费，生产过程中尽可能通过一些自动化、信息化手段，带来少人化或无人化生产。从另一个维度看，我们也可以通过错峰生产帮助国家和市场提高电能利用率。

宰承峰：您的部门是重机事业部数字化，我的理解是数字化本身可以帮助实现双碳底层的技术。您所在企业是装备企业，从某种意义上不产生碳排放，但在使用的能源上还是有碳排放，如何更有效地利用数字化的方法控制碳排放是值得关注的问题。

宋善奎：是的。

宰承峰：谢谢您。接下来的问题为四位准备，但是可能涉及专业领域，各位可以挑选回答。如何权衡低碳发展和经济的增长？我习惯每天关注GDP，今天上台之前，看了一下第二季度GDP的发展，说实话还是比较严峻。因为我们国家可能只有0.4%的增速，越南有7.4%的增速。我们国家提出双碳，而越南一定没有做双碳的事情，所以他们实现GDP全球第一的增速。如何权衡低碳发展和经济增长，如何助力完善需求和供给的系统性改革，这是很大的话题。今天我们可能因为时间原因没有办法展开，但是我们各位可以谈一下第一部分的问题，即平衡和权衡低碳发展和经济增长的问题。哪位愿意谈谈这个问题？

刘书源：我来分享我的感觉，蔚能这家公司比较特殊，低碳对我们来讲反而是后来会高速发展的强劲引擎，我们生而为汽车动力电池行业做低碳化的动力电池管理。这在我们公司这边是完全不冲突、不矛盾的。

宰承峰：我想问一下胡总和宋总。某种意义上，从传统的角度来讲是否对两位所在的企业有一系列的影响？我不太清楚，我个人觉得可能有一定的反向的情况。

胡翌：这个问题有两个方面，如果纯粹从单一产业来讲，低碳发展一定影响经济发展，但是反过来，就像我们搞数字化一样，我们叫数字产业化，也叫产业数字化。同样，我们产业可以低碳化，低碳可以产业化。以宝武集团为例，从宝武集团钢铁生产本身来讲，未来低碳发展一定要提高成本，反过来为了发展低碳，又产生了新的产业。比如，宝武刚才提出宝信软件是搞智能制造的，上市后市值可能会超过钢铁的上市公司市值。我们同样成立了宝武清能，搞清洁能源，还有宝武环科等相关产业。随着低碳的发展，同样会孵化出一批节能环保行业的龙头企业，目前已经有了。我觉得低碳其实也带来了新产业发展的机会，总体上我觉得是发展的机遇。

宰承峰：可能是一个波段，现在越南可能发展得很好，几年以后，因为全球双碳的要求，可能会系统性往下落。我们现在虽然增长放缓，但在未来某个阶段又会重新回到高点，是这样吗？

胡翌：传统产业一定要积极主动转型，在转型过程中发展新机遇。

宰承峰：三位还有什么要说的吗？

宋善奎：在当前大环境下，唯一不变的就是变化，我们叫作乌卡的时代。低碳政策出来以后，如果企业不做转型，肯定对企业有影响。这个政策会加速市场创新，市场创新会带来新的技术，结合传统产业，可能会有一个新应用，都有可能发生。经济增长依旧不会受低碳的影响有很大的波动，甚至达到前所未有的高度。

许金鹏：我是这么认为的，现在所有经济主要是跟能源有关，中国改革开放这么多年，所有传统行业都是传统能源改变的。双碳将促进新型技术的转换，尤其是今天的活动后可能有更多的新兴技术应用到整个行业里面，会让创新能源应用到未来。企业的改制、整个技术的提升、工业制造流水线的提升需要时间，我们认为目前的新冠疫情是转型的增长点。

宰承峰：是的，疫情逼得我们不得不做数字化转型。谢谢所有的嘉宾，下一个问题比较直接，我们每个企业都会碰到。如今我们企业面临的绿色发展机遇和障碍分别是哪些？这是非常直观的问题，还是请胡总先开始。

胡翌：机遇总是留给有准备的人，我们作为行业的龙头企业，在这方面很早就开始进行创新，特别是对于传统炼钢流程的一些颠覆性技术的开发。到2025年可以降低30%以上能耗，绿色低碳对行业创新提出了更高的要求，在行业创新上能够领先的，一定能够赢得未来。

宰承峰：谢谢，对我们宝武没有什么障碍是吗？

胡翔：障碍是针对全行业的，行业当中哪些企业能胜出，就看谁创新做得好了。

许金鹏：我认为这是一个机遇，从我们公司名字来看，综合能源设计研究院，也就是设计针对清洁能源的利用和解决方案。我们团队从海外回来16年，在氢能利用方面跟蔚来的胡总合作，在氢炼钢方面跟王院士合作，在二氧化碳的液化和二氧化碳的综合利用方面与国家工程中心合作，在氢能增程应用方面跟三一重工也有一些合作。可能跟宋善奎宋总不太熟悉，我们跟三一重工做挖掘机的增程，有移动式氢能供给站，包括跟刘总公司现在也有。目前，我们跟中石油华东设计院合作，在广东做加氢站，同时做充电桩，完全用绿色能源和可再生能源供给的绿氢。我认为这一次对我们公司而言是非常好的机会，特别是绿氢行业里面，很多人讲5个9的氢，6个9的氢，没有人告诉0.01含氢量是什么。我们做真正的绿氢，不含有硫化物。我们对蔚来的炼钢有非常大的辅助作用，在整个综合能源里面，也就是说可再生能源和清洁能源里面提供全方位解决方案。

宰承峰：听完胡总和许总的介绍我感觉很有信心，我们在中国企业绿色能源这一块看到的都是机遇，而没有障碍。

刘书源：整个蔚能就是乘着低碳的东风成立起来的新公司。公司的成立和目前合作的事情，得益于新能源汽车和动力电池的爆发，它们带来了动力电池的应用和回收需求，这才使我们的公司产生。通过技术转化，能够为市场上更多新的电池应用和回收需求贡献服务，这是新机遇，也是挑战。因为现在是整个行业加速发展的时期，市场需求技术迭代，这对我们公司来说是非常大的挑战。我们公司整个技术的研发，既需要能够站起来看得到远方，还能俯身满足现有行业的需求，这对技术开发是很"割裂"的事情，但是要努力克服。

宰承峰：宋总应该也没有障碍，应该看到的都是机遇？

宋善奎：机遇来自内外，企业外市场的政策、市场技术的爆发我们可以借鉴，内部是领导的大力支持。障碍谈不上，我想说的一点是行业跟行业之间的差异还是蛮大的，不同行业的技术被牵引过来的时候，需要一段时间进行消化，从而使行业与技术完美结合，这可能是企业追求的一个目标。

宰承峰：今天的主题是全球技术转移大会，我们论坛的主题是技术经理人助力绿色创新发展。下面这个问题，可能更偏向于这边，我想请刘总回答一下。我们知道第四次工业革命以来，涵盖了数字化转型和科技转移，在资金、资源、人才、知识产权等结合，我们国家一直都在讲技术转移。技术经理人大会这两年开始兴起，我从英国回来，其实在国外听了很多，在国内听的并不是那么多，我们四家企业肯定或多或少跟技术和技术转移相关。我想了解一下，除了单纯买卖以外，如何完成技术转移和转化，这个问题给刘总，其他嘉宾有这方面的建议也可以提，即如何实现技术转移。

我们在国外的时候见到很多大企业的所谓的技术创新、体外创新都依赖社会上很多小的企业，我们叫作体外创新。但是，我们国家的大企业更多的是内部研发，因为大企业都具备这样的能力，一群技术人员一个月就把什么问题都解决了。

在市场上如何能够让它有技术转移这一块、绿色这一块，更加有技术转移的价值？我曾经了解到国外很多大企业把自己的很多技术通过技术转移方法开放到全世界，很大一部分公司开放自己的技术给全球使用。这一块国家做的不是那么多，没有把技术给到全世界，可能只有个别的科技企业在使用。这个话题很符合我们的主题，即怎么实现技术转移，发展"绿色"商业，蔚能是输出电池管理的技术企业。

刘书源：我说一下感悟，这个问题分对内和对外两个部分看。对外，尤其是绿色的发展，现在更多的技术创新不是垂直的，而是横向的，意味着用户需求比较模糊。分解需求的时候你会发现，不像传统行业的技术开发有非常明确的技术需求，这个行业的需求是很模糊的，这里面很重要的一点是市场需求和技术研发部门的翻译，它们非常重要。我们公司的业务部门和产品部门，就需要这样的翻译。技术研发人员思维比较线性，A推B，B推C，目前对于新兴市场需求，用户是很难提出明确点的，这个需要公司内部有一个翻译。

对内需要注重的一件事情是各个研发部门的融合。传统的整车开发的技术平台体系和技术点、指标KPI非常明确。新兴行业需要跨研发部门的合作，比如，对于电池时效分析，性能团队、人工智能团队、数据团队三者要融合，共同为客户服务。这当中沟通成本和产品的有效性非常重要，无论是对外需求的技术翻译，还是对内需求的横向拉通，都可能是新兴行业技术开发和技术转化非常重要的两个点。

宰承峰：下一个问题给许金鹏许总。您提出了提高可再生能源利用率、增进绿电的概念。针对您我准备了这样的问题，刚刚提的增进绿电消纳系统，如何在现有国情下适应市场机制？

许金鹏：刚才我也提了，我们公司做综合能源，我用场景跟大家分享。我国大部分的能源都是一次能源，比如，一般电厂或一般工厂的应急电源或备用电源无论做几个回路，都是源于当地政府或国家电网输出一个电网，自己做的备用电源也是一次能源，比如用柴油或汽油做备用能源。

改革开放以来，我们以一次能源为主，如煤或天然气，另外加上水力发电。目前温度这么高，一下子整个四川没有水了。整个绿电概念里面，像光伏、风电，类似于这样的绿电没有利用好。因为靠老天吃饭，有太阳才有电，企业需要24小时发展，假如没有太阳该怎么办。解决方案是把现有剩余的电充分利用起来，用氢能储电，或者用生物质能做储电，这是大电网的布局，也是城市布局。另外在做的分布式布局是针对电厂。目前，我们跟中石油、国电投三家联合在寿光做一些案例。山东潍坊大量的滩涂用的是光伏，那些光伏电没有并入电网。因为需要大量做调峰，需要利用煤和天然气，调峰的时候增加了国网传统电站的消纳。在没有太阳和风的时候我们给出解决的方式，一个是生物质发电，另一个是用氢做补能发电，从根源解决问题，充分把原来的光伏电、风电运用起来。这一块带动相关产业链。比如，氢能燃料电池不只用于汽车上面，还用于氢能发电，作为电厂给予光伏做补充电，这个氢能给予普通电站。

寿光有一家钢铁厂，因为双碳关掉 1/3 的产能，在园区做了光伏，光伏电进行调峰，没有办法给工厂使用，这个时候用氢作为补充，充分利用绿电。另外，整个生产环境由原来的重碳工厂，变成纯绿碳的工厂，把现有的绿电和气电结合在一起综合利用，这只是简单钢铁行业的场景。

还有另外一个场景，如农业，这次上海新冠疫情中好多蔬菜没有办法供给，其实很大的一个原因是每一年大部分的中国老百姓靠天吃饭，综合能源供给蔬菜大棚的时候，我们可以通过技术将夏天的热转化为冷，将冬天的冷转化成暖，用综合能源提高植物的产量。刚才王院士提到二氧化碳的捕集，在整个智慧农业里面都是传统农业，没有充分利用碳进行植物的供给，这样我们可以提供热、电、冷、空气、阳光、二氧化碳的整个供给。目前氢的来源大家都知道，不管是电解氢还是光热裂解制氢，制造作为能源供给的氢，和钢铁行业冶炼、整个交通运输领域的能源供给，都产生了大量的二氧化碳，我们进行捕集、液化，零下 40 ℃ 以后它又成为一种高分子材料。国内现在大部分用的传统材料，都是传统行业的材料。绿色能源都是用零下 200 ℃ 以下的，如液态氢就是零下 253 ℃，目前的钢材和其他材料都不足以支撑零下 253 ℃ 的应用。那就需要大量的碳，它用大量原材料，如高分子材料，进行二氧化碳的捕集，并进行液化，然后做产业链。

宰承峰：还更需要您的公司和您的研究院多提供整体的解决方案，让我们的市场生活更加完善。

许金鹏：这一次双碳可以看出国家出台很多政策，早在 2006 年国家就已经开始布局海外技术转移回国。我们整个团队带着 DS 换热、裂解制氢、液氢、氢的储存、氢的应用、二氧化碳液化应用等技术回国，大家感觉二氧化碳可能只是气体，实际上是纯碳原材料的主要来源。

宰承峰：今天 4 位嘉宾分享的内容，让我受益匪浅。最后希望我们 4 位针对绿色创新发展讲一句总结的话，给我们论坛和观众一些建议。

胡翃：绿色低碳发展，对我们传统产业来说既是挑战又是机遇，我们会抓住机遇，引领世界钢铁行业的发展。

许金鹏：实业兴邦，科技兴国，氢能可期。

刘书源：我是觉得需要用技术赋能动力电池集约化管理，助力新能源产业的高速发展。

宋善奎：数字化转型是企业通往绿色之路的重要手段。

宰承峰：现场各位用最热烈的掌声感谢四位嘉宾的精彩分享。

第二部分

1 嘉宾致辞

中共上海市科学技术工作委员会党委书记徐枫的致辞

徐枫 中共上海市科学技术工作委员会党委书记

> 党的十八大以来，习近平总书记高度重视科技创新工作。新发展理念下，要促进科技成果转化，发挥科技创新在经济转方式、调结构当中重要作用的关键环节。因此，一是更加关注和重视技术创新，技术要素能促进经济发展质的转变，真正提升经济的价值层级和竞争力；二是不断发展和完善专业化技术市场，构建交易活跃的技术市场；三是进一步加快构建技术转移人才培养体系。

各位领导，各位来宾，女士们、先生们大家下午好！

非常高兴跟大家相聚在第三届世界技术经理人峰会，共同探寻科技成果转化途径、商讨技术经理人发展模式。首先我代表上海市科技工作党委、市科委，向线上线下出席峰会的各位领导表示热烈的欢迎和诚挚的问候。

党的十八大以来，习近平总书记高度重视科技创新工作。总书记强调，我们必须完整、准确、全面贯彻新发展理念，深入实施创新驱动发展战略，催生更多新技术、新产业，开辟经济发展的新领域、新赛道，形成国际竞争新优势，促进科技成果转化，发挥科技创新在经济转方式、调结构当中重要作用的关键环节。

近年来，上海按照习近平总书记的重要指示精神，不断完善科技成果转化制度政策体系，推进高标准技术要素市场的建设。2021年全市技术合同额达到2761亿元，同比增长了52%，科研事业单位技术合同输出额超过215亿元，同比增长了65.7%。根据国家有关统计数据，2020年，我市高校及科研院所以许可、转让、作价投资三种方式，转换科技成果合同金额超过32亿元，连续两年居全国首位，科研人员获得的个人奖励达到了21.7亿元，总奖励人次超过3.5万人。

技术转移是一项复杂的系统工程，突破科技成果转化瓶颈，需要大量专业化技术转移人才，人才的建设变得尤为关键。借今天的机会我向大家交流三点想法。

第一，更加关注和重视技术创新，技术要素能促进经济发展质的转变，真正提升经济的价值层级和竞争力。因此，要做大做强企业的研发力量，通过揭榜挂帅、创新联合体等方式，汇聚最强大脑，促进企业成为创新企业和研发投入、科研组织成果转化主体。

深化推动产学研合作，大中小企业融通，打通从科技强到企业强、产业强、经济强的通道，持续深化高校科研院所科技成果转化体制机制的改革，进一步激发科研人员活力。

我们希望技术经理人队伍能够成为助力高价值科技成果产生、推进科技成果市场价值最大化的重要力量。

第二，不断发展和完善专业化技术市场，构建交易活跃的技术市场，是技术要素市场最直接的任务板块。科技引领新兴产业跨境技术快速发展，科技成果转化不再是传统简单的撮合，技术许可、技术转让、作价投资等转化方式需要专业完善的技术市场支撑。倡导专业人做专业事，营造有利于市场主体创新的政策环境和制度环境，完善产权保护，公平维护金融支持和强化激励等方面的保障举措，切实提升科技成果转化效能，我们期盼技术经理人能够在专业细分领域持续深耕，成为技术市场供需匹配的核心要素。

第三，进一步加快构建技术转移人才培养体系。2020年科技部火炬中心印发了《国家技术转移专业人员能力等级培训大纲》，2020年技术经理人被列入《中华人民共和国职业分类大典》。近年来上海着力于点的突破，首次将技术转移人才纳入带头人的人才计划，并建立了科技成果转化类紧缺人才开发目录，加大力度构建专业化、梯度化、本土化技术转移人才培养和实训体系。

2021年上海交通大学首次增设技术转移专业学位的硕士研究生，实现了技术转移专业学历的教育突破。我们市科委与同济大学从2017年起积极探索技术转移方向学历教育路径，如今形成了一套行之有效的方式，今天我们将聆听到15名同济大学首批技术转移方向MBA/MPA学生的感悟，同时也将迎接新一批学生跨入技术转移专业的大门。

我们期待有更多的新生力量加入技术转移专业队伍，为技术转移行业带来勃勃生机。最后，预祝今天的峰会取得圆满成功。谢谢大家!

同济大学副校长顾祥林的致辞

顾祥林　同济大学副校长

> 同济大学与上海市科学技术委员会共同探索技术转移人才培养体系新机制、新路径，进行创新模式的组织和实施，组成全新的技术教育研究室，共同研发极具前瞻性的教学课程，并深入开展实训活动，逐步形成了理论、实训+实战的培养模式。未来将深化学历教育内涵，拓展职业发展的外延，积极推进产教融合，培养复合型人才，打造全国技术转移人才培养高地，助力上海建设成全国科技创新中心。

各位领导、各位朋友、各位同学，大家下午好!

今天我很荣幸代表同济大学参加本届浦江创新论坛之第三届世界技术经理人峰会。15年前科技部、上海市人民政府和同济大学共同发起了浦江创新论坛，希望搭建高端论坛，凝聚自主创新、高水平科技自立自强的共识。从此，浦江创新论坛便肩负起创新发展交流、先进理念传播、学术思想争锋、政产学研互动，以及最新政策发布和国际科技合作的重要责任，积极服务创新驱动发展战略和创新型国家建设。2020年，同济大学与上海市科学技术委员会在同济大学签订了《上海市科学技术委员会同济大学共同推进上海技术转移人才培养体系建设合作协议》，共同探索技术转移人才培养体系新机制、新路径。同济大学方由经济与管理学院、中国科技管理研究院、上海国际知识产权学院三所学院一起合作，共同推进技术转移人才学历教育、非学历教育、职业化实训的培养体系建设，上海市科学技术委员会指导、支持国家技术转移东部中心，基于国家技术转移人才培养基地（东部中心）来进行创新模式的组织和实施。双方本着优势互补、资源共享、机制创新、协同发展原则，坚持以促进科技成果转化为目标，以培养储备技术转移人才为着力点，最大程度发挥学校优势、学科溢出效应，努力打造全国技术转移人才的培养高地，助力上海建设成为具有全国影响力的科技创新中心。

两年来，同济大学在经济与管理学院MBA/MPA学生中优选15名组成第一届技术转移班，迈出学历教育路上坚实的第一步。同济大学凭借深厚的理论教学功底，联合国家技术转移东部中心，组成全新的技术教育研究室，共同研发了极具前瞻性的教学课程，并开展深入的实训活动，结合行业专家讲座和实战训练，逐步形成了"理论+实训+实战"的培养模式。以高水平世界技术经理人的目标及时打造学生的竞争力和创新力，世界技术经理人的发展对于贯通科技创新链条、完善科技服务生态具有重要意义。

今天借浦江创新论坛第三届世界技术经理人峰会，再次表明同济大学在技术转移人才培养方面的决心，我们将深化学历教育内涵，拓展职业发展的外延，积极推进产教融合，努力培养涵盖专业知识、商业技能、法律、外语，以及综合应用能力为一身的复合型人才。

同济大学愿与各位一起，推进上海技术转移人才培养体系建设，推进世界技术经理人职业体系的发展，助力世界科技创新发展努力奋斗，预祝大会圆满成功。谢谢！

2 嘉宾演讲实录

世界技术经理人峰会秘书处常务副秘书长夏多银的主旨演讲

夏多银　世界技术经理人峰会秘书处常务副秘书长

中国科技成果转移转化行业作为新兴行业，连接着各行各业的创新生态链，

> 在技术转移项目推进中，技术经理人十分关键。随着全球经济进入万物互联的数字化时代，技术经理人之间的互动、交流、协作方式也在发生变化。世界技术经理人联合会致力于成为全球领先的科技成果转化实践团体，以产学研融合，让新技术助力科技企业腾飞为使命，推动科技成果产业化。

尊敬的各位领导、各位老师、各位科技成果转移转化行业的同仁，大家下午好！

丹桂飘香秋风送爽，今天怀着无比激动的心情，共同庆贺世界技术经理人联合会成立，我谨代表世界技术经理人联合会对参加大会的全体成员表示热烈欢迎！

世界技术经理人联合会的成立，得到了上海市科委、国家技术转移东部中心、同济大学各单位领导的关心和重视，得到了国内外众多知名高校 EMBA、MBA、MPA 和技术转移硕士学子，以及中国科技成果转移转化行业同仁的关注与支持，对此我表示衷心的感谢！

中国科技成果转移转化行业作为新兴行业，连接着各行各业的创新生态链。在技术转移项目推进中，离不开技术经理人这一关键角色，技术经理人可以是个体自然人形态，可以是企业形态，也可以是社群组织形态。技术经理人分布在各行各业，他可能是一名教授，可能是教授的学子，也可能是企业技术人员、产品人员或市场人员，也有可能是科技园区的管理人员，或者是为技术转移提供法律、商务、知识产权服务的服务者。随着全球经济进入万物互联的数字化时代，技术经理人之间的互动、交流、协作方式也在发生着变化。分布在各行各业的技术经理人都可以参与技术转移一个或多个环节，在数字化时代技术转移中人人都是技术经理人，我们希望通过世界技术经理人联合会去连接技术转移生态圈中每一位技术经理人，助力技术经理人在社区中共享知识和职业发展。

未来世界技术经理人联合会将通过线上线下结合的各类社区活动和服务，助力技术经理人成长为科技成果转移转化领域的专家，助力技术经理人便捷高效地参加技术转移项目，在技术转移研究当中成为优秀的技术创业者、技术投资者，共享技术创新带来的商业价值和收益，助力更多技术经理人走向财富自由之路。

"科技向善，以人为本"，世界技术经理人联合会社区是开放的，是多元的，是产业互联的。每一个毕业生离校后，希望都常回母校看看，莘莘学子都应该加入联合会，每一个敢于拥抱不确定、躬身入时局的创新者都应该加入联合会，与更广阔的世界联结在一起，与更多同频同趣同好的技术经理人结伴而行。

世界技术经理人联合会致力于成为中国乃至全球领先的科技成果转移转化实践团体，做专业的科技成果搬运工，以产学研融合，让新技术助力科技企业腾飞为使命，助力技术经理人成长为科技成果转移转化领域的专家，推动科技成果产业化。

最后，我们真诚地希望各位领导、各位老师、各位业内人士，进一步大力支持世界技术经理人联合会工作，共同为推动科技成果转移转化行业的发展和进步做出不懈的努力，谢谢大家！

3　圆桌论坛：技术转移人才培养助推科技创新中心建设

主 持 人：
杨文硕，国家技术转移人才培养基地（东部中心）副主任。
互动嘉宾：
徐　勤，同济大学经济与管理学院专业学位中心主任兼 MBA/EMBA 中心主任；
王正寰，华东师大上海国际首席技术官学院副院长；
孟　添，上海大学 MBA 教育管理中心主任；
邹叔君，国家技术转移东部中心执行总裁。

杨文硕：欢迎各位嘉宾莅临第三届世界技术经理人峰会。今天我们有一个圆桌的环节，想请各位来分享真知灼见，我是本次论坛的杨文硕，首先对大家莅临峰会表示热烈欢迎。

面对百年未有之大变局，全国和上海市都在大力推进科技创新促进产业转型升级，社会经济发展对技术转移人才的需求越来越迫切，对人才培养的体系需求也是越来越大，成为时代的新主题。受国家政策的驱动，加上市场需求拉动，加上人才培养单位自主创新的驱动，第一批技术转移人才培养机构应运而生。今天请到四位嘉宾，分别是徐主任、王院长，还有孟院长、邹总，都是人才培养单位的代表。经过大胆创新，在沪的人才培养机构紧扣专业、实业、实训、实务，在企业界产生良好的示范带动效应。今天借论坛的机会，想邀请各位大咖面对面交流一下，把自己的经验与未来的战略，和我们在座各位同行做一个分享。我们按照座次，这里准备了一些问题，希望大家能起到抛砖引玉的作用。

首先有请徐主任，贵校技术转移 MBA、MPA 到今天走向结业的阶段了，请您分享一下，我们首届 MBA 和 MPA 技术方面有哪些建设思路、做法和举措。

徐勤：谢谢主持人。同济大学 MBA、MPA 的技术转移项目属于全国首批、上海首家，起源于 2020 年 11 月，上海市科委和同济大学签署了技术转移人才培养合作协议。当时安排经管学院和东部中心推进落实。经管学院的施书记和东部中心的邹总两位领导高度重视，全程进行指导。

我们培养理念设计的思路，也是遵循了学院一贯知行合一、学以致用的原则。在一年技术转移的培养过程当中，第一个学期的半年是以技术转移模块的四门课程为主，加上各种专业的讲座、活动、论坛等。第二个学期的半年是项目主要负责人杨主任推进的实训环节，符合实务化的理念。

我们将首届的 15 名学员分为了三个小组，分别选择了三家不同类型的企业，做为期半年的企业诊断。在前两个月的实训汇报当中，同学不仅拿出了非常接地气的商业计划书，同时对企业的技术瓶颈提出了独到的见解，让企业相当认可。

高温超导实验室进行实训小结的时候,首席科学家蔡总邀请同学在实训结束以后进行长期的合作。同时蔡总还说了一个很有意思的点,以前他不认为管理是一件很重要的事情,他认为只有技术才是实打实的,但是经过半年和同济大学经管学院同学的深度合作,蔡总认识到在技术转移、成果转化"最后一公里"走向市场化和商业化过程中,管理学科、商学是至关重要、不可或缺的。今天是第一届学院的结业仪式,也是第一届学院的启动仪式,这样薪火相传的模式证明了联合培养、学历教育培养模式的成效。谢谢!

杨文硕:正如徐主任所讲,技术成果解决以后,人与自然的矛盾结束了,但是人与经济的矛盾,人与产业的矛盾刚刚开始。

接下来这个问题是给王院长的,贵校的首席技术官(MEM),人才培养的主要思路、做法取得了哪些进展?

王正寰:刚才徐老师介绍了同济这方面取得的非常卓著的成效,跟同济、上大比,华东师范大学应该是后来者,我们现在正在努力赶上大部队的步伐。我们学院非常年轻,2019年开始筹建,2020年正式对外宣布学院的建制。在我们校长的极力推动下,集全校力量组建了科研和教学的实体单位,主要目标是实现人和技术的协同转化,最终实现科技的社会价值。我们强调的不仅是商业价值,而且是社会价值。在这个过程当中出现了刚才徐主任提到的问题,科学家做技术,或者说工程技术人员做技术,做得非常好,可是最后那一公里出了问题。我们如何把技术和商业相结合,如何让科技和商业化的过程相整合,最后落脚点在如何让科学家精神和企业家精神融合在一起,最终目标是培养具有首席技术官素质的科技创新人才及未来科技型的战略企业家。

MBM工程技术项目是在工商管理各个学位项目的基础上提出来的一个新方向,工程管理硕士是专业学位。CTO(首席技术官)方向不是仅培养首席技术官,首席技术官不是学校培养出来的,而是去担任这样的职责,培养出来的高科技人才。我们提出了T型人才培养模式、"4+X"培养模式,"4"是必须具备商业和技术的基础知识,"X"指特定行业前沿追踪的问题。另外提出了三导师制的方式,即产业导师、责任导师、学术导师相结合的培养体系。

第一届学生从今年9月开始,心理压力有,动力也有,因为徐老师他们已经为我们做了非常好的榜样,所以我们要努力迎头赶上。谢谢!

杨文硕:谢谢王院长,首席技术官听起来还是很有活力的。现在企业里面首席行政官和财务官都是比较常见的人才,市面上有比较好的人才供给,但是首席技术官现在还真的没有太多人才来源,希望将来技术转移方向能够为首席技术官提供源源不断的新鲜血液。

第三家单位是我的母校上海大学,上海大学的MBA教育开展比较早,也形成了自己独特的理念。今天请到上海大学管理教育研究院的执行院长、MBA中心的孟添主任。请孟主任介绍一下,MBA形成全融教育的理念,在科技创新与经济发展日益密切的情况下,全融型人才如何与理工团队进行互动,如何与科技产业界进行互动,企业创新方面有没有相关的举措和实效。

孟添:谢谢杨老师,非常高兴跟大家做交流,我纠正一下,我们不是最早的,我们三家里面同济大学的MBA比我们早,我们比华东师大早一点,我们居中。我们2004年开始办MBA、全融教育两块,一块是"全人","全人"教育是钱伟长老校长的教育思想,学做人、学做事、学做学问。"融"是国际与本土融合,知识和智慧融合,以及产教融合。产教融合也是我们2025年战略的重要组成部分,2025年MBA的战略方向里面有产教融合的五大产业方向。五个产业方向正在积极推进,也得到了MBA各教指委的高度肯定,主要包括文创、金融、区块链等。我刚刚跟邹总签了战略合作,在这方面肯定要更加强推进。为什么这么说呢?产教融合,听上去大家觉得是产业和教育不断深度融合,其实要去做的话,还有很多痛点和难点,不仅是技术的商业化问题。钱校长很早提到要打破专业和专业、系与系,包括商科的墙和工科的墙。上海大学今年百年建校纪念,前面有两个学校跟工科有关,是老工大和老上海科学技术大学,我们工科也是相对比较强的。MBA中心不只是简单的教学,我们定位于"MBA+"的生态平台,要把上海大学综合性优势,特别是工科方面的优势,在技术转移方面通过MBA+的生态平台发布出来,这是我们推进产业发展方向的重要原因。

我举一个例子,刚才徐老师讲到商业诊断,我们做了10多年了,最近一段时间正在加强这方面的深耕产业。我们最近做了一个项目,是磁悬浮自动化的机器人,董事长觉得做得非常好。

这个项目跟以前不同的是,师资团队来自商科、工科,包括机器人学院的老师,还有MBA的同学、高管团队。最后让企业家判断,让他们埋单,企业家要付钱,他们愿意出奖学金买同学们做的项目,这是对同学们的肯定。这个项目目前已经开始商业化了。类似的项目我们在不断推进,MBA同学要上完14门核心课,同时产教融合选择智能制造和技术转移方向,设计不同模块供他们选择。

杨文硕:谢谢孟添院长。人才模型看来多种多样,既有基于商科经管型人才的培养路径,也有华东师大这样基于工程的工程师、创新工程师、技术转移工程师。正如顾校长和徐书记讲的,技术转移话题很多元,今天活动的承办单位是国家技术转移东部中心,所以邹总作为特殊培养单位代表也被请来了。

虽然东部中心并不是一家大学,但是也常年参与技术转移学历和非学历的培养,利用科创功能性平台和科技转移生态平台做了大量工作。接下来请邹叔君邹总介绍一下东部中心作为一家企业参与技术转移人才培养的理念和做法。谢谢!

邹叔君:谢谢杨老师。东部中心有一点特殊,在上海市科委的指导下,要做技术转移生态体系的建设,这离不开技术经理人,这个话题绕不开。东部中心做技术经理人的培养的过程是比较辛苦和不太容易的。上海市科委培训技术经理人可以追溯到10年以前,那个时候更多是一两天的培训，我们发现培训了大量人，但留在这个行业的很少。

那个阶段更多的是让大家了解技术转移。到了第二个阶段，正如今天徐枫书记介绍的，第二个7年算是一个入口，这个阶段跟同济大学探讨，是不是把学历和非学历进行有效整合。最开始揭幕上海市技术转移路线时是2017年。大学经过层层考核进来尖子生，是不是从他们里面选拔一部分人做技术转移。

第三个阶段为2020年以后，我们和同济大学开展实质性的合作，过程很辛苦，但更多的是惊喜，这也符合我们最近发现的理念。过去讲到技术经理人，会讲到技术经理人必须是万能人，什么都会，不同高校依据不同的特点开展。万能人培养需要很长时间，他们要懂法律、技术、谈判、艺术感，还要有很强的人脉关系。这个造成很大的问题，大量人不断涌入这个行业，不断降低技术转移门槛，人人都想做技术转移，人人都想做技术经理人。

我们跟他们合作的时候，有15名学生把时间看得非常重要，觉得技术转移能力可能要在操作当中才能培养出来，学校只能解决一部分的知识积累，怎么操作和过程当中的酸甜苦辣只有自己去感悟和体会。

回到15名学生做实践的时候，刚开始我们对他们进行压迫式的教育，让他们操作真实的案例，跟企业一起谈真实的案例，让他们感觉如果谈不好会丢掉几百万元的单子。同济大学经管学院有很大压力，不知道学生做成什么样子。我们上了四门课，加上同济大学丰富的课程和几个培训，事实上是出乎意料的。这些同学利用东部中心平台的工具，利用同济大学的校友资源网络，同时利用所在实习单位建立的大生态关系，我们认为每一组做成的真实案例都取得了非常大的阶段性成功，他们对行业有很坚定的信心。技术经理人可以通过实践＋培训、学历＋非学历及社群社区的资源协调等开展工作，让很多原来不在这个行业的人进入这个行业，能够做成事情赚到钱，这才是一个行业的模式。

东部中心在市科委的指导下，2022年开始又有新的行动方案，这个行动方案坚持实践第一，坚持和高校合作，认为真正的培养工作在高校，我们从行业、实践、工业、工具角度进行辅助。非常开心看到同济大学第一批学生毕业、第二批学生入学，我们跟上海大学孟主任这边也达成很多合作。我们还是希望通过这种方式，让更多人爱上技术转移，喜欢上技术转移，让行业生态越来越好。

杨文硕：谢谢邹叔君邹总。技术经理人究竟是什么？通过企业的视角感觉不是理论问题，是实践问题。刚才王院长讲到人才是T形的，像中文的"丁"字形，刚才孟主任讲到这个人要全面教育，邹叔君主任讲到通才难得，专才是更加可取的。通过交流，第一个阶段性话题达成共识，技术转移人才要在实践中锻炼，真正的技术经理人是解决实际问题。

刚才领导介绍的时候说到，2022年国家统一培训初、中、高级的技术经理人。今年技术经理人作为新职业被正式纳入《中华人民共和国职业分类大典》，充分证明了在社会经济发展中技术经理人是紧缺型人才。第二阶段围绕人才需求和人才的就业和创业展开，经理人还是要面向市场的。

通过刚才专家的分享，我们发现技术经理人培养好像没有成熟的模式，但是需求是非常清楚的。我们不能决定他们是从哪里来的，但我们要明确知道他们要往哪里去。我们的工作还在起步阶段，但各高校和企业的培训都体现出了强大生命力。

想请问四位嘉宾第二个话题，即技术转移人才培养的就业创业，将来我们人才培养怎么和世界打通。

从徐主任开始，当前贵校技术转移方向已经招两届了，18名同学已经入学，请您介绍一下，对于将来第两届、第三届，乃至更多届的同学，在引导他们就业创业方面，有什么样的安排或考虑？

徐勤：同济大学经管学院在人才培养方面有很显著的特色和亮点。我们专业学位的项目品类非常繁多，一共有6个，包括工商管理硕士、高级工商管理硕士、公共管理硕士、工程管理硕士、金融硕士、会计硕士，每年的体量非常大，每年招生规模在1200～1300人。这些同学本身在职的，来自各行各业，选拔生员的时候也会考虑学生第一本科学历学位的技术背景。在全过程培养中，并不是凭同济大学经管学院一己之力，而是发挥了同济大学得天独厚的关于技术转移的一些优势，延伸到学生的创业和就业方面。

比如，我们和同济大学创新创业紧密联合，我想列举一下，同济大学在技术转移方面的独特优势。首先，大家都知道，同济大学自带"德国基因"，德国的史太白是欧洲技术转移的TOP1，不仅助力于500强的大企业，而且孵化了中小企业，这样技术转移的生态和网络模式非常值得我们学习借鉴和推陈出新，包括辅助同学的公司创业。其次，同济大学是20所高校首批试点的技术转移机构，今年同济大学成立了技术转移中心，我们和双创学院、同济大学技术转移中心，通过紧密结合协同不断地推出大赛和学生专业的Support，通过各种举措帮同学打开专业的社交圈。

同济大学具有很强的工科背景，有电信学院人工智能、环境学院双碳目标、新材料新医学，王牌的传统土木汽车亟待转型和升级。在同济大学经管学院技术转移人才培养过程中，起到作用的是从科学家到企业家的助力和加持。在整个实训过程中，我们有同学准备加入技术转移经理人的赛道，待会儿大家可以看到三个实训小组都带来了真实的技术转移合同。这是很好的成果展示，给同学技术转移、就业创业打开一扇窗户，同时是管理类教育服务国家战略进行产教融合的时代担当和使命。

杨文硕：同济大学家大业大，既能在校内消化一批，又能向市场推荐一批。另外，我们技术转移中心如果创建项目中心的话，是不是能招聘一批，因为每个技术转移成果落地都需要既懂管理又懂转化的人才。谢谢徐主任。王院长你好，贵院前一段时间，做了关于首席技术官的宣传发布活动，我虽然没有参加，但在网上看了相关的资料，感觉画的蓝图还是很大的，华东师大校领导也倾注很多心血。刚才你也提到T型，T型肯定面向市场，面向市场的 T 型人才在师资安排、课程安排上，特别是在实训、实践、实战的角度上有没有跟 T 型有关联的内容，希望您跟大家做一下介绍。谢谢！

王正寰：刚才徐老师提到这个问题，你创办一个项目，绝对不是学院自己的事，要集全校的力量。华东师大处于跟踪学习阶段，在这种情况下，我们不仅要集全校力量，还需要集全社会力量。在学院建设过程中，首先是华东师大各个相关的院系，它们有转化潜能资源的集合，其次是上海的许多高校，如同济大学、上海大学、上海交通大学、华东理工大学等，这些大学的相关团队对我们都有帮助。钱校长说过，我们学院叫作超级学院，不是因为自己真的很超能，而是要突破传统学院的框架。

T 型人才简单来说是一专多能，当时提的时候还有一个三次方，金字塔式的人才，最底层就是技术，我们很强调我们的项目，它具有科技型的学术背景，第二层是高度，最上层是思维。除了有技术、有高度，还必须终生思考，思考是人类最终胜出的根本原因。

刚才提到 4+X，"4" 指传统行业科技企业所必须具备的四个基本技能，"X" 指技术前沿领域。我们正在尝试三导师制，这里有一个前提，不一定是头部企业，但一定是我们非常看中的一些企业建立起来转化实训的基地。有了这些基地以后，我们与基地签约的企业建立一种联系，跟他们签约一批实践导师，称为产业导师。由于工程管理硕士是管理学科，有一位责任导师，责任导师一定是我们管理口的教授。另外和高校的基础科研有关，所以要有一位学术导师进行学术方面把控，有责任导师、学术导师、产业导师，我们称之为三导师制，这个尝试今年就要正式开始。谢谢！

杨文硕：T 立方很有思想，竞争力的最高境界是有思想，王院长的回答很有思想。接下来请孟主任，刚才你讲到 Global Local、再就业市场的考量 Global Local 这两个词一个至大，一个至小，你为什么会提出这个宏观、微观相结合的人才培养范式？特别在企业创新方面有没有一些案例，请您给大家介绍一下。

孟添：因为我们 MBA 在 2004 年创办的时候定了一个理念，到现在都没有变过，要培养你可相信和有共识的 Global Local 人才，"Think Global Act Local" 是我们一直坚持的理念。今天结合技术转移，刚才讲人才培养，包括人才本身需求和企业、行业、产业的需求，有一些点是很能够契合的。因为 MBA 有很大的特点，学生必须要有工作经验，整体一届同学里面大概有 30 名，为技术转移培养带来很大优势，MBA 同学里面相当一部分有很大特点，他们要完成转型，有的同学毕业以后选择的行业并不适合自己，所以想通过 MBA 完成转型。在整个教育环境里面应对这个加强引导，我们有职业发展中心、创业激励辅导中心、专业机构共建的几个中心为他们提供支撑。

我举两个小例子，有一名女同学原来是计算机背景，毕业之后做医美和化妆，然后入学 MBA，进入我们的项目学习。那一年企业诊断项目做医疗的机器人，她在医院里面引导机器人项目，完成之后得到了董事长认可，最后被推荐进入一家德国工业 4.0 的咨询公司，她从原来医疗化妆行业进入现在自己想要去的地方。这跟工业技术转移比较像了，这是培养体系里面支撑完成的。

我再讲一个创业的故事，有一名同学的公司新三板挂牌，拿到上海市创业奖，他之前是在广告行业工作，创办了一个企业。我们也有科技园，包括现在的环上大科技园，跟宝山区有很紧密的合作，创建上海市的科创主阵地等，得到很多支持。这个项目其实是关于物联网技术的，包括区块链溯源的数字农业技术。通过我们整个体系，最后创业也算成功了，但是创业成功很不容易，从他原来的行业进行跨行业转型有很多工作，需要教育机构、我们这样的平台给他提供各种各样的支撑，这个也是非常重要的。

杨文硕：刚才三位高校代表都讲到了我们进行人才培养，为学生赋能，学生在平台上完成职业转型。人才离不开行业，离不开企业，刚才三位高校领导都讲到了，东部中心在国内技术转移区域中心领域里的表现比较好，国际网络布局超过了30家，国内有数十个网点，是单位用来进行新生人才历练的难得的平台。这个问题留给邹叔君邹总，据我了解参加非学历和学历教育的学员中，每年大概有1000名有培养培训的经历，我们为大家准备了哪些资源、哪些平台，有哪些机制能够帮助这些参加非学历和学历教育的同学加速成长？

邹叔君：这个不是打广告，怎么感觉有打广告的嫌疑，只是代表产业界说说话。产业界其实非常需要技术转移人才，原来通常认为技术转移人才只会到科技服务机构去工作，其实不是这样的，很多大企业科研部门或资源部门都非常需要技术转移人才。事实上找到合适的技术经理人很难，比如东部中心本身就缺这样的人才，所有员工招进来以后都要从零培养技术转移方面的知识。

今天有这么多高校愿意来做人才培养的方向，这是功德无量的事情，确实很多机构有这个需要。关于研究成果转化，专家们通常说成果转化很低，其中有一条，就是没有专业人才。我还是那句话，怎么样能降低整个行业门槛，让更多人愿意选择从事技术转移，这是东部中心工作的方向。只有人才多了，这个行业才有可能往前发展。

杨老师讲的问题，我们有几个东西可以支撑，不仅支撑我们自己体系的发展，也可以支撑高校培养。前两天刚刚发布全球技术供需对接平台。我们平台很重要的理念是"人人都是技术经理人"，这个平台不再是传统的推荐一个项目或发布一个需求，而是完全从作为技术经理人开展工作需要用到哪些环节、需要什么工具、需要什么资源、需要什么链接这些角度出发的。这是很好的支撑，我们有一个平台完全可以。

另外，我们大量的服务机构是需要人才的。我们特别想发起一个项目，不知道是不是定向培养，他们进了学校以后就可以和服务机构联手，他们愿意一年以后到服务机构里面工作。这个时候学的东西和在单位工作学到的东西可以有效结合，这也是很好的模式。

技术转移人才必须终生学习，不能说只是学一段时间。我们着力打造一些在线培养平台，目前这个平台东部中心自己来做还是势单力薄，资源也不够。我们也希望和大学在不同的方向和特色产业方面合作，比如说不断地给技术经理人推出他们想要了解的知识、想要学习的产品，然后帮他们弥补他们的需要。关于我们有很多说法，如东部中心营造生态，但是我更希望有一天大家提到，整个东部中心和东部中心平台变成技术经理人发展的职业支撑平台。我们这个平台有高校合作伙伴，可以从校园走向社会，有各种实践基地、产业合作伙伴，让他们在工作当中不断深入。我想如果有一天有几十万名技术经理人专门从事成果转化和技术转移工作，不仅成果转化率会提升，科技创新的能力也会有较大的提升。今天听到台上三所大学的代表有完全不同的思考和不同的体系，其实同学们蛮幸运的，我在大学的时候，学校真没有给我们提供这样的服务。学校提供了这个平台，我们要用好这个平台，做到 1+1>2，能帮助大家做到职业持续发展或持续转型，这是我特别希望东部中心做到的事情。

杨文硕：谢谢邹叔君邹总，谢谢各位嘉宾的分享。技术转移人才培养是市场之需、国家之需、时代之需，现在高校、企业先行先试正当其时，我们用短短40分钟时间，分享了真知灼见。

我稍微总结一下，各个培养单位的思路不同，路径也是"八仙过海"，但是大家总的发展战略方向是一致的，都是面向国家和市场的需求，将高校、院所、科研机构、科技企业、孵化器、社会组织作为重要的学生来源、学生就业和创业的去向。明年，我们培养单位可能能够向社会和国家提交更好的答卷，诞生更多的明星项目、明星团队，说不定还有明星学生。技术转移人才培养，助推科创中心建设。今天圆桌论坛到此结束，期待明年与各位大咖在这里再次聚首"做论道"，谢谢！

第三部分

1　嘉宾致辞

同济大学经济与管理学院党委书记施骞的致辞

施骞　同济大学经济与管理学院党委书记

> 技术转移人才培养需要有好的生源，教学要打造完整的技术转移人才培养体系，要加强案例教学和实训，要构建一个好的技术转移人才培养生态。未来科学的发展趋势，一定是新兴技术给生产行业赋能，培养既懂新兴技术，又能在传统行业当中落地的人，这将是未来技术转移人才培养的重要定位之一。

本来我是准备了致辞稿，后来我想还是用PPT来讲讲我们对技术转移人才培养的思考。

刚才主持人介绍了，我们在过去的两年多时间里完成了第一批学生的培养，在这里我也想给大家分享一下我们的一些思考，我准备了一个PPT。

我从三个方面做一些探讨。关于技术转移这项工作国家越来越重视，可以看到国家出台了各种文件。技术转移一直存在，但是在不同的时期有不同的任务。当然，理解了技术转移工作的任务，才能做好技术转移人才培养方面的工作。到第三阶段，我们到了非常重要的阶段，进入新时期之后，在科技强国、创新驱动发展的过程中技术转移担任什么角色？它应该支撑实施创新驱动发展战略和科技强国战略，科技成果的转化、技术转移、人才培养显得非常重要。

接下来跟大家探讨一下技术转移人才培养方面的工作。我们第一批学生已经完成了一个周期的培养，这个过程从2018年和上海市科委讨论技术转移人才怎么培养，到2020年签署协议，正式纳入同济大学经管方向的技术转移人才培养。这个过程得到上海市科委的支持，还有兄弟单位，包括东部中心的帮助。我们同济大学经管学院在MBA/MPA当中选了一批学生，开始第一阶段的探索。

其实这里面还依托同济大学其他资源，如上海国际知识产权学院、中国科技管理研究院，这些都是同济大学依托部门，大家一起开展人才培养工作。同济大学经管学院借助同济大学资源，达到复合型人才培养的基础。刚才大家讨论了很多，技术转移人才必须懂一些技术，还要懂经济、管理、法律、知识产权保护等，他们是复合型人才。经管学院联合国际知识产权学院，恰恰都能涵盖这些方面，学院基础性师资都能涵盖这些，经管学院有四个一级学科，很多高校是比较少的，管理科学与工程偏向技术工程，工商管理偏向市场的对接，经济和金融偏向对经济的支持和孵化，公共管理和政策措施方面相对接，这是我们的基础。

在过去的人才培养当中，我们总结了"四大特色"，一开始规划方向的时候就做了一些思考，有些还是要继续完善。生源选择很重要，当时在所有入学的MBA/MPA学生当中专门做二次选拔，找到了一批非常优秀的学生。我们做人才培养，要在第一个环节下功夫把这个做好。

在这个基础上，我们在教学设计、教学大纲、培养方案及各种课程设计上邀请了不同行业的专家来分析，成立一种虚拟教研室，对于课程里面有什么样的教学要素、怎么打造完整的技术转移人才培养体系，我们做了很多研讨和分析。

我们还特别强调技术转移必须实操，所以我们加强案例教学和实训。实训是不可缺少的，学生一定要到企业里面。感谢在座的一些企业领导，他们同时也是我们实训的导师，学生到企业里面通过解决实际问题完成技术转移，从而得到培养。后面大家会看到，我们有一些成果做出来了，完成了科技成果的转化落地，这个也很重要。

另外，我们还要构建一个好的技术转移人才培养生态。我们成立了专门的联盟，以此构建人才培养生态，除了老师在课堂上讲课，还有各行各业的导师，如实训导师、案例分析导师。教学方式包括移动课堂，需要各个领域的人一起参与进来。为了做好这个工作，我们专门成立了行业联盟，通过这个联盟为人才培养奠定基础，也可以不断推动改进教学内容、教学体系，以及人才培养的整个环节，这是我们做的一些工作。我们在这个过程当中举办了很多论坛。在参加论坛过程中，我们希望跟学生、跟各行各业互动来完成整个学习过程。同时，我们在整个论坛中做了一些探讨，在怎么把技术转移人才培养得更好方面，我们做了一些探索和实践。

接下来跟大家分享的是思考。昨天晚上我还在考虑，未来人才培养怎么更上一个台阶。前面"四大特色"介绍的是基础，未来我们到底怎么培养技术转移人才，这是一个大课题，未来是什么？以后的技术特征是什么？我们可以梳理技术史。未来技术转移的工作要求是什么？工作需求是什么？我们理解了需求和要求，才能做好技术转移人才培养工作。

我们大家知道，同济大学跟行业结合特别紧密，衣食住行中的住和行在同济大学更强，住是房子的建造，这是同济大学的强项，行是汽车，也是我们的强项，但这是传统的行业。

在开学之前的四天，同济大学组织了很多中层干部，还有一些教务老师，做了四天的培训和讨论，就是研究怎么做好未来高质量的人才培养，其实这是很大的课题。我们老师站在讲台上的时候，是用过去的知识培养做未来工作的人，大家想想是不是这个道理。我们培养的过程都是在沉淀过去的知识，但是我们教他干未来的活，本身就是有矛盾。我们要具有前瞻性地了解未来怎么做好它，看未来的特征，很多时候，社会结构的特征、科技发展的特性都在不断地变化。

我想举一个例子，做一些思考。未来科学的发展趋势一定是新兴技术给生产行业赋能，这是一大特色。当然我们可以总结几个，对同济人才培养来说这很关键，怎么用新兴技术为传统的行业赋能，我们怎么培养既懂新兴技术又能在传统行业当中落地的人，这其实就是人才培养重要定位之一。

同济所有人才培养都是"智能+"。智能+汽车就是未来的汽车行业，智能+房屋建造就是未来的建造，智能+交通就是智能交通。技术转移未来也应该是"智能+"，也是新兴技术为传统技术赋能，培养适应未来的新兴技术发展但又能够实实在在落地传统的衣食住行行业的人。

按照这个逻辑培养技术转移人才下一步工作非常重要，我非常赞同刚才圆桌论坛当中邹叔君主任讲的，以后技术转移人才培养无所不在。不是培养这个人，这个人专门做技术转移，而是很多人都会不自觉地融入，在创新驱动发展中每个人都会不自觉融入技术转移过程中。它是生态，每个人都会为它做贡献，但是每个人都会从中得到价值，这就是我说的这方面。

我举一个例子，经管学院搞工程管理，工程界的技术转移怎么做呢？我们刚才讲技术转移有很多企业维度，一个企业用一种技术，慢慢再研发，最后落地，然后 To C 的，工程界一般 To B 端，直接一个大项目做这儿了，港珠澳大桥、青藏铁路等，这都有很多难点，都是技术植入。作为企业来说一年实施十个项目，十个项目如何做好技术的更新？当然我们用转移或获取技术、消化技术做好以后，进一步输出技术，这个过程无所不在。

最近我们做一个什么工作呢？同济大学有一个企业，就是同济咨询，对重大的工程做咨询，我们跟他们的老总一直在探讨做咨询的时候怎么给企业、给项目用技术赋能，比如，港珠澳大桥面临很多技术，怎么样能够让技术来带动整个项目的建设效率，实现项目的建设目标，同时实现目标控制。这是复合型的目标和主题，其实正需要技术的集成，它告诉我们怎么做，还有很重要的任务，就是想办法找到相应对接的技术，找到技术的供应商，做大项目都有供应商，要看技术的供应商怎么说。

我最近一个博后研究什么呢？我们就高速匹配，查一些资料，做什么样的工程，在选择供应商的时候就要匹配技术。有一些是材料供应商，怎么样的材料供应商和技术供应商，同时招采之后在你项目上发力，合作完成创新的任务，这又是很大的系统，怎么做好它。在这个过程当中，要获取很多数据，通过数据做一些分析，看什么样的企业和什么样的企业匹配以后创新能力更强，同时能完成工程建设的任务，我们在做这么一个项目。

其实，关于未来的技术转移、人才培养，可能一方面一定要用智能化定义它。比如，做一个工程，用机器做一个决策，事先由机器梳理一些最基本的技术供应商，按需求挑选出技术 A 和技术 B 并将其结合，这两个供应商的技术一般成功率比较高，用来解决实际问题和完成下一轮的技术创新和技术集成，希望我们在这方面做一些思考。

当然还有一些人的决策，我为什么把人的决策和智能机器决策分开呢？在下一轮培养当中，我们侧重于让机器决策，我们在研发这些内容，但是这个不是我们人才培养的主要目标，但它可以替代技术转移人才的一部分工作。能够替代的这一部分工作让机器完成，而不能替代的工作就让人去完成。下一个阶段从人才培养上就要思考，智能时代到来的时候，对于技术转移人才应该教授哪些内容、培养哪些能力，这些是机器不能替代的能力，是未来最重要的能力。这是我们下一轮进行未来技术转移人才培养时应突出的特点。

时间关系不展开了，谢谢大家！

2 分享发言

同济大学技术转移方向 MBA/MPA 结业学生代表许冰姿的分享发言

许冰姿　同济大学技术转移方向 MBA/MPA 结业学生代表

尊敬的各位领导、嘉宾，大家下午好！

我是同济大学 2020 级 MBA 学生许冰姿，非常荣幸作为同济大学与国家技术转移东部中心联合培养技术转移方向的第一期毕业生代表发言。

2021 年经过层层筛选，在 500 多名 MBA 学生中，我有幸成为联合培养技术转移方向的黄埔一期学员。当时拥有服务科技企业经验的我，对技术转移学历教育充满期待，我们学习任务分为理论和实训两个阶段，回顾整个过程收获颇多。

在理论学习阶段，我们了解了技术转移系统知识。任课老师常引导我们，要想真正成为技术经理人，一定不要临渊羡鱼，要下水捕鱼，"纸上谈兵终觉浅"，因此我们牢牢把握实践机会。老师们说在探索技术转移培养之路，我们同样也在探索学习之路。短短四个月之内，我们各组做了大量的工作，为实训单位识别难点，撰写商业计划书、股权结构说明等材料，制定战略目标和营销策略，促成战略合作协议的签订，一组依托中国创新挑战赛，依靠自身资源，挖掘 10 个真实需求并对外发布。同时我们在两个月内完成了真实案例的对接，签订了合同金额为 50 万元的技术开发合同，并成立了校友基金，捐赠给星火计划，二组、三组完成了成套技术公允价值项目建议书和知识产权运营台账等材料。

此外，各组尝试进行技术经理人的社群运营，撰写了长效机制建设方案。我们一组从博、学、知、行 4 个板块进行落地，创办技术经理人社群，举办系列讲座，开展企业参访，配合东部中心组织项目对接会。二组秉承人人都是技术经理人的理念，筹备世界技术经理人联合会，联合全国 60 余所高校，举办主题活动，参与人数过千。三组在"相约星期五"活动中碰撞出火花，促成与企业的技术合作，整个实训过程得到企业和导师们的一致好评。

这些成果背后付出的时间和精力都是值得的，我们 15 个人在一年学习中得到成长、收获知识、积累经验。

在此我代表同学们简单谈几点感悟：

一是从需求端、供给端、服务端进行尝试。大家一致认为，从需求端出发，促成项目对接的成功率更高，与本次大会需求侧引领、供给侧发力、服务侧助力的宗旨相契合，也为我们今后的工作方向提供发力点。

二是有同学总结了技术经理人画像，用听说读写来概括技术经理人所需要的能力。

其实技术经理人就像 N 次方程，所具备的资源和能力越多，项目对接成功率越高。

三是商务谈判的重要性，除了常规的技巧外，最重要的便是心诚，只有双方彼此坚定相信，才能更好地促进项目的合作。

在此期间，技术经理人要充当不同的角色沟通者，精准识别对方的需求，努力达成合作。

最后，非常感谢同济大学和东部中心给我们这次这么难得的实训和学习机会。感谢各位领导、老师和学院的大力支持，让我们懵懂的技术经理人走向成熟，在摸爬滚打中成长，体会技术转移的魅力与艰辛，并愿意为这项事业添砖加瓦。本次学习结束，将成为我们职业生涯的开始，虽然技术转移之路道阻且长，但是这群人将会初心如磐、笃行致远、行而不辍，相信未来可期。谢谢各位领导、嘉宾，以上是我的发言内容。

国家技术转移人才培养基地（东部中心）副主任杨文硕的分享发言

杨文硕 国家技术转移人才培养基地（东部中心）副主任

尊敬的各位领导、各位老师，亲爱的同学们，下午好！

非常荣幸受邀参加 2022 级技术转移方向 MBA/MPA 结业仪式，并作为导师代表发言。在 2021 年 10 月 16 日，我们开始上第一次技术转移专业选修课的时候，我就曾经预想过这样一个时刻，现在这个时刻如期到来。我想说三句话：感谢，感动，感悟。

首先，感谢市科委、同济大学及各位领导以先行先试、自主创新的精神，率先布局建立了联合培养 2020 级技术转移方向学历教育的制度框架和运行平台。同时，感谢同济大学经济与管理学院、国家技术转移东部中心及各位，在集聚创新资源、培育创新人才方面共建教学平台、谋划实施。今天总结大会是双方锐意创新的初步成果，同时感谢来自高校、企业、科研机构的六位导师及来自同济大学经济与管理学院率先选择技术转移方向的 15 位同学，正是你们的加盟，最终成就了我们今天 MBA/MPA 学习结业的成果。

其次，感动。在长达一年半多的教学实践当中，来自高校、企业、科研机构的各位导师的精益求精的敬业精神、一丝不苟的育人态度令我感动。在时间紧、任务新、新冠疫情干扰的情况下，导师们组织开发专业课程体系，牵头组织实训项目，参与企业和科研机构的实训，同时，引导学生建立技术经理人社群，指导学生完善实训报告，整个过程非常辛苦，还要带学生到自己的企业、科研机构等工作地点让学生亲手接触，亲自体会科技成果，体会它们从诞生到变成产品的过程。就读的各位同学在技术转移方向学习当中的求学态度和务实的精神令我感动。今天又看到大家自信的神情和一项项真材实料的学习实践成果，令我非常感动，因为我们技术转移队伍又将迎来一批生力军。到今天为止，我们上海首班同学已经完成了技术转移的课程学习，我相信通过技术转移方向的课业和实训活动,同学们对专业知识的掌握和对技术转移实践精神的理解有跨越性的提高。

最后是个人的感悟。新时期技术转移人才培养路在何方,依托同济大学经管学院优势学科、国家技术转移东部中心市场资源,双方初步建立了研究生学历教育联合培养机制,探索实行了双导师制,实施开发了我们的课程体系,联合开展了为期半年的实训活动。在这个过程中,双方深入交流,基于人才培养,放大产学研合作绩效,推进平台资源合作共享。这些探索可以启迪更多的高校和企业,通过机制创新加入到服务、技术转移、市场需求、国家战略需求的活动中来,为上海科创中心建设新的战略助力。技术转移人才培养的路就在我们的脚下。

最后祝愿我们技术转移人才培养事业蓬勃发展,人才辈出,希望在我们共同努力下,越来越多的人才,特别青年学子能够加入技术转移的学习实践队伍,我们技术转移的事业一定能迎来更辉煌的明天。谢谢大家!

国家技术转移东部中心副总裁朱江宣读《开展技术转移人才培养"薪火传承"计划》倡议

尊敬的各位领导、各位嘉宾,今天参会的各位同学,大家下午好!

随着我国经济社会步入高质量发展的新阶段,科技创新越来越显示出其战略的核心作用,科技创新的高效运营离不开专业化、职业化、复合型经理人队伍的建设。技术经理人的培养重在实践,国家技术转移东部中心作为上海市科创中心建设功能性平台的重要城建方,以及技术市场一体化建设的实施单位,坚持人人都是技术经理人的建设理念,面向社会开创平台资源,持续为技术转移、学历教育提供真实场景、真实需求、真实任务的实训项目。为了支持技术转移学历教育体系的建设,培养有实践能力的技术经理人队伍,通过用实训与产业结合做项目,用商业思维做实践,用创新能力做承载。国家技术转移东部中心提出倡议,未来在学历教育培训体系中,参与技术转移的学生,在实训过程当中达成真实交易,所获得的一部分服务费收益可以留作之后开展相关实训和社群活动的助力资金。同时,国家技术转移东部中心将同步进行1∶1知识配套,用于下一届学员的实训工作,同时做好新老学员社群持续的运营工作,实现"薪火传承"可持续的机制。

我们承诺,投入"薪火传承"的资金,将全部用于下学期学生的实训,同时也将邀请支持技术经理人队伍建设的企业加入计划,推动和推进技术转移工作的发展,技术转移事业薪火相传。让我们不忘初心、砥砺前行,携手共进。谢谢大家!

第三组学生代表夏多银进行项目介绍

尊敬的各位领导、各位老师、各位专家和亲爱的同学们，大家下午好！

我是技术经理人实训第三组科技向善团队的代表夏多银。在过去5个月技术经理人实训中，我们帮助上海毅珂新材料科技有限公司，将他们的酚醛纤维、超细尼龙等材料科技成果找到创新的应用企业单位。在实训过程当中，我们取得了丰硕的成果，完成理论到实践、再从实践到理论的飞跃。

第一，从技术转移的角度，我促成了上海毅珂新材料科技有限公司和上海某世界500强上市公司签署合作协议。

第二，军工领域市场资源。

第三，从学术沉淀的角度，基于技术转移实践当中所感所悟，撰写了一篇学术成果，完成了技术经理人画像——"听说读写"四项技能。

在整个实训过程当中，我们一步一个脚印，踏踏实实做了技术经理人该做的事。我们在实训的收尾阶段，很荣幸收获了上海毅珂新材料科技有限公司实训单位对我们的感谢信。

今日，既是实训的终点，也是新合作的起点。作为同济大学与国家技术转移东部中心联合培养的学历教育技术经理人，我们将继续秉承同舟共济的校训，在促进科技成果转移转化当中探索技术经理人新世界。未来我们将与上海毅珂新材料科技有限公司在企业品牌宣传、市场资源开拓、创新企业技术转移、技术转移投融资方面展开全方位合作，为推动科技成果产业化而不懈努力。

谢谢大家！

第二组学生代表傅晓伟进行项目介绍

尊敬的各位领导、老师、同学们及嘉宾，大家下午好！

我是技术转移实训二组的学生傅晓伟，很荣幸作为二组代表，向大家汇报二组技术经理人推进科技成果转移转化项目的情况。

我们二组实训单位是上海市高温超导重点实验室。我们的导师有两位，一位是超导领域领军人物蔡传兵教授，另外一位是技术转移领域理论和实战经验丰富的杨文硕博士。我本人在三一重工从事技改方面的管理工作。

我这个项目基于超导技术的应用，为工程机械行业提供降本增效、节能环保的解决方案。我们的合作对象主要有三家，即三一重工、上海市高温超导重点实验室、国家技术转移东部中心。我们三方充分发挥各自的优势，以面向产教融合、协同创新、多盈互利为原则，共同致力于提高科技创新的转移转化效率。

随着超导技术的逐渐成熟，越来越多的应用场景被开发，我们二组的应用场景是喷机车间的制具脱漆作业。深居高校实验室象牙塔的超导技术,是如何和油漆渣擦出创新的火花呢,下面我来介绍一下。

左上图可以看到,制具上的油漆渣非常难清理。目前是通过清洗液浸泡的方式,不仅效率低、成本高,而且非常不环保,这是企业老大难的问题。今年 5 月的社群活动当中,我这边首次提出这个难题,是不是可以通过超导技术进行解决。随后蔡教授、杨博士和同学们展开了多次可行性分析。最后我们克服了新冠疫情期间带来的各种困难,6月签订了超导感应加热服务合同。随后蔡教授带领我们前往三一重工上海工厂进行了现场调研及咨询,取得了超预期的良好效果。

接下来我们将继续依托上海市高温超导重点实验室、国家技术转移东部中心深入开展合作,推动超导脱漆技术的解决方案落地,挖掘更多的超导应用场景,加快产业的推广,提高科技成果转移转化的效率。

这里值得一提的是,在实训开始的时候我们建立了"相约星期五"的社群活动,它提供了非常大的帮助。

接下来的过程当中,我们将继续践行相约星期五的活动,加快项目落地。

最后由衷地感谢同济大学和国家技术转移东部中心,让我有机会去学习和参与到技术转移新时代浪潮中,同样感谢宋博士给我工作的支持和指导。实训虽然结束了,同时也是新开始,我将继续践行技术经理人的精神,为科技成果转移转化做出自己一点应有的贡献。

我的汇报到此结束,谢谢大家!

第一组学生代表许冰姿进行项目介绍

尊敬的各位领导、嘉宾,大家下午好,我是实训一组组长许冰姿,下面我汇报一下实训一组的案例情况。

我将从以下几方面展开。

下面是项目概况。我们的实训任务之一是挖掘 10 个真实需求,并且在 InnoMatch 平台上进行发布,促成服务案例。我们接到这个任务的时候更多的是担心和迷茫,如何挖掘真实的需求,如何评价需求的真实性,以及如何更好地促进服务案例的对接,大家都担心这个任务完不成。后来在东部中心各位导师的指导下,我们利用自己的人脉资源和互联网信息,成功挖掘了 10 个真实需求,并且对这 10 个真实需求进行分类整理,分析10 个需求的技术要点,以及短期内实现对接的可能性。因此,我们锁定了上海砺工实业有限公司帕尔贴智能制冷项目,帕尔贴制冷半导体在制冷行业应用广泛。根据业务需求上海砺工实业有限公司正在进军小型化产品的应用,目前已经斩获俄罗斯项目,同时希望能够提高产品的制冷效率、降低成本。上海予乐电子科技有限公司作为需求的发布方之一,我们发现它的技术成果正好能够满足砺工实业的技术需求,同时具有以下三个优势：一是予乐电子的设计优势；二是予乐电子丰富的汽车电子领域的设计经验，能够弥补砺工实业在该领域第一个量产项目的不足；三是予乐电子合作意愿强烈，愿意公开技术设计，并且转让相关的知识产权。

我们帮助企业梳理了细化技术需求，积极组建项目对接会。该项目中最大难点是小型化设计和设备散热之间的矛盾，予乐电子多次修改方案，都没有得到企业认可。项目陷入僵局，近半个月没有进展，此时我们异常焦急，不断思考阻碍点，想尽各种办法。我们每三天召开一次沟通会，有一次"头脑风暴"，一名组员根据自己的工作经验提出是否可以优化散热结构，同时结合主动散热的方式。由此技术团队经过多次修改设计，确定异型结构缩小机器空间，并利用温度传感器不定时结合风扇主动散热。方案最终得到了企业的认可，在实训一组的撮合下，双方签订了50万元的技术开发合同，以下是我们原机的图片和合同的截图。

在本次的供需服务当中，我们作为技术经理人促进了双方的合作，并跟踪项目的进度。合同签订之后，予乐电子给予了我们合同金额的2%作为服务费，小组成员在本次的服务中收获颇多，实战之后才知道，技术转移行业不易。

同济大学与东部中心的培养计划就是为了培养更多的人才，推动行业的发展。我们作为首批学员，希望能为学弟学妹的成长出一份力。因此，我们决定从服务费当中抽取20%，作为校友基金并捐赠给"薪火计划"，作为后续学员的项目启动资金。希望能以此形成良性的人才发展循环，希望能为技术经理人才培养的可持续发展贡献一分力量。

科技无限、智博通新，用心传递、赋能未来。我们会秉承初心、持续发力，在技术经理人的道路上，同心筑梦，继往开来。

以上是我的介绍，谢谢大家！

同济大学技术转移方向MBA/MPA新生代表丁芸婕的分享发言

尊敬的各位领导、老师，亲爱的各位同学，大家好！

我是2021级综合MBA班的丁芸婕，也是即将进入2021级技术转移班学习的学员。今天我有幸作为2021级技术转移班的新生代表在开学典礼上讲话，感到非常荣幸。

在报名技术转移班前，一直萦绕在我脑海里的是，为什么需要科技成果转化？后来参加技术转移班的宣讲，老师们耐心地讲解，师兄师姐们的成果展现，让我了解了它的非凡意义。它不仅是世界竞争发展的需要和国力经济实力的体现，更是对企业健康发展起着至关重要的作用。对我而言，我看到的是自己突破职业瓶颈的机遇，更是历史使命。

我从事过房地产、化工、机械重工、医疗设备及具有科技专利的零售品牌等领域的工作，亲身经历和亲眼看到成功的跨国企业如何凭借自己的创新技术能力占领市场。他们不仅带来了自己的经济利益、经济占有率、品牌优势，更为自己建造起了优势和技术壁垒。

我见识到很多好技术和有所冲破的学术，由于没找到合适的市场和技术场景，而只能"深居闺中"的窘境，难以发挥其更高的经济价值，在企业运营当中也碰到了痛点和难点，苦于没有技术支持而难以有所突破，导致失去很好的机会而只能面临被淘汰、重组甚至破产的困境。我曾想有科技转化品牌，让更多资源进行匹配，得到更好的发展。我就想从事这样的工作。

2021年全国技术合同成交额达到3.73万亿元，超过全社会研发投入2.79万亿元，是10年前的5.8倍。这几年模式创新转型至科技创新，处在科技自立自强的历史节点上，大量科技成果需要走向市场应用，将技术转化进入产业应用，成为社会和业界的共识。

我国科研力量虽然已经大大增强，但是与发达国家相比，科技成果转化率仍然相去甚远，在科技强国道路上我们还任重道远。我们非常有幸能成为同济大学2021级技术转移的第二批学员，针对技术经理人新型职业技术培训和实操，我们会以严谨认真的态度去学习，在实践中不断完善技术经理人听、说、读、写四项技能，不畏困难和挑战持之以恒。

首先，作为一位合格的技术经理人，通过了解市场、熟悉技术实施路径，以及企业运营、产品创新等多种技能和素养，努力解决科学家和企业家之间衔接的问题。

其次，做好科技成果转换政策的传播者，致力于创建良好的科技转移环境，为母校和企业技术转移工作做出自己的贡献。

路漫漫其修远兮，吾必将上下而求索。

最后，祝全体领导、各位老师工作愉快，祝全体同学都能在2021级的培训课程当中有所斩获，谢谢大家！

3　嘉宾演讲实录

数字化转型赋能技术经理人

陈超　上海国际技术交易市场总经理

> 技术经理人和专业服务机构需要大量复合型人才，我们通过数字化的平台来开发新的商业模式，实现单一或专一的技术经理人多技能的结合，解决技术转移转化方面的痛点和难点。在InnoMatch平台上，我们通过数字化的方式能够实现精确画像、精确对接。未来，我们将继续搭建开放的InnoMatch生态圈，通过数字化平台为技术转移转化带来新的赋能。

非常感谢各位老师、各位专家给我这样的机会。在这边跟大家分享一下，我对技术转移转化行业和技术经理人的理解。我在旁边主持圆桌论坛，刚才有同学在讲，技术经理人和服务机构怎么能拿到产业上的需求，拿到产业上的一些特别点做业务。其实在这个场子里面有我们的经理人，有大量专业的服务机构，还有很多产业链大佬，他们在提自己在开放创新当中的痛点和需求。这两个场合中间隔了一道墙，今天主题是"数字化转型赋能技术经理人"，我们用什么样的方式能够让这堵墙从有形变成无形，这是现在要思考的点。

技术经理人在技术转移转化行业当中的作用，大家其实有目共睹，而且已经理解得非常深了。可以看到很多专家在不同的场合里面都讲到技术经理人起到很大作用，技术经理人到底达到什么样的理想水平，才能真正"撑"起这份工作，或者"撑"起整个功能呢？

我们梳理了一下，可以看到在媒体上、学术期刊上、很多专业论坛上，很多人提出很多要求和想法，要求技术经理人懂技术、了解市场、懂经营，还得熟悉知识产权。有些人说你要帮我募资，把这些东西整合到一起，我们陡然发现，这不是一个小学生能做的事情。可能你要在行业里面摸爬滚打很多年，你才能够具备这样的素质。这不光是CEO的素质，还是CTO的素质，甚至还是资深投资经理的素质，这样一个"画像"跟现代技术经理人所要从事的业务存在巨大鸿沟。

我们发现，在猎聘和BOSS直聘上表述出来的需求和做出来的"画像"，大概60%的技术经理人的年薪在80万~100万元，而统计表明，市场上90%左右技术经理人的年薪在40万元以下。这么大鸿沟，这么多要求，我们怎么去满足呢？这其实是非常重要的问题，我们要把技术经理人培养到这个水平，要花费大量的时间进行专业培养，在这个过程之中，难道只有等吗？

数字化时代看到新的问题，数字化的平台能够解决非常多技术上的问题。传统理解里面，技术经理人和专业服务机构是需要大量复合型人才的，如何通过数字化的平台或保障商业模式来实现单一或专一的技术经理人复合型的实现。我们也能在这个领域里面，解决技术转移转化方面的痛点和难点。

我们希望通过数字化平台，把每个人的力量集成起来，把每个人的工作集成起来，把长链条的技术转移转化切分成不同的小业务，把复合型的人才通过不同专业的组合形成一个集合。在InnoMatch的开发和建设过程当中，我们提出"人人都是技术经理人，同时人人都是业务合伙人"的理念。

我们看到很多技术经理人都能够非常好地完成某一个环节的某一项任务，但是要让他从头跟到底，他精力有限，专业能力也是有限的。如果有一个平台把合伙人促成到一起，从而形成商机来源，形成能力的结合，形成商业模式的保障，这是新一代数字化平台对技术经理人的赋能。

目前，我们在 InnoMatch 平台上解决问题，平台有订单、有业务，如何保障平台持续有订单、有需求？现在开始已经在解决这个问题了。不管从哪里拿订单，InnoMatch 平台、国家技术转移东部中心，以及在全国全球的分中心和团队都在替大家拿一些订单，也就是说在平台上的需求来源是多样的。当然，其中有一些大企业的需求，有一些是企业自己发的需求，还有一些需求是由平台自动发出的。平台发出去的需求，一定是先谈好了订单，希望大家一起来参与。大家在参与过程当中能够获得收益。这是平台第一个特点，我们来帮助大家拿订单。每一名技术经理人，只要参与到平台中，就有机会参与国家技术转移东部中心在不同领域、不同订单的履约过程。这些订单看起来复杂，其实做起来没有那么难。因为其中有一些技术经理人就是擅长跑企业去挖掘企业需求，有一些专业机构拆借需求，有一些在中间形成对接，在这个过程中每个人都有自己的特点。

在履约过程中我们不用担心会被翘单，或者在这个过程当中事情解决不了。平台上的订单、东部中心和上海国际技术交易市场发出来的订单，本身带着金额和结算。我们把平台任务进行拆分，让大家共同参与，每个人完成其中一部分，所有的收益和所有订单都有明确的指标和区分。

同时，大家完成订单之后，在平台上可以直接得到收益，通过银行卡、支付宝、微信直接提现，可以让所有技术经理人在平台上直接接单、直接履约、直接变现。

通过 InnoMatch 整合大数据、整合技术转移的经验，我们形成分包、合作的商业模式。同时，在合作过程中，我们梳理所有的产业需求"画像"，梳理能够履约的服务机构"画像"，梳理每名技术经理人的"画像"。我们每一名技术经理人，也可以把自己的"画像"和成功案例在平台上充分展示。在这种情况下，我们可以主动推送给大家，你可以去完成，或者大概率能够参与一些订单。在这个过程当中，你如果接单或参与了，你在平台上可以更好地获得收益。在 InnoMatch 平台上，通过数字化的方式，能够精确画像，然后精确对接。我所对接的东西，不仅是成果和需求，还有商业订单。

在这个过程中，平台不仅让大家能够解决接单商业模式的收入问题，还为所有的技术经理人提供职场发展或跃升的可能性。

为什么这么说呢？我们刚才讲到中国的技术经理人有很多参与过技术经理人的培养，参与过技术经理人活动，但是真正靠技术经理人生活的人并不多，更多是在这个过程中兼职。

打个比方，刚刚在隔壁房间里面，大企业开放它的专家，他们有真实的企业，同时掌握技术需求，对接技术需求，找一些成果，起到技术经理人的某一种作用。

之前讲到，有一些技术需求其实并不完全来自高校和科研院所的成果，很多来自科技类、创业类企业。我们的订单并不是某一位专家或资深经理人完成的，而是来自某一些重创空间中某一位服务的同事，或者重创空间前台的同事，因为掌握了空间或园区里某些企业的信息后帮助他们进行客户对接，以企业服务形式对接，恰恰促成技术成果转移转化，或者促成技术需求的对接。这个过程是帮助大家，除了自己本职工作之外，找到更新的职场升迁或职场跃迁的机会。

  同时这个点上，为什么能够给大家提供这样的支持呢？因为国家技术转移东部中心和全国所有分中心在运营当地跟很多产业龙头进行产业合作，跟很多金融机构进行金融助力和合作。大家在对接过程中会看到一些不错的项目，我们帮助大家一起跟进资本和产业上的合作，甚至帮助一些普及类的企业，它们发展到一定程度后跟大企业产生非常多的关联，包括参与并购，或者参与生态建设。这既是客户又是资本，又是和市场全面结合。我们在说专家的时候，绝对不会说只有懂技术的才是专家，因为你懂投资就是投资专家，你待在一个国家很久就是国别专家，你在区域里面做很多就是区域专家，你是某个行业资深技术人员就是技术专家。这中间不仅是高校院所专家，在内地大家都可以在平台上进行交付和交流，我们来进行恰当的助力，希望技术经理人能对接出去。

  刚才会议开始之前，我跟上海一所高校的TTO办公室老师沟通的时候，他也提到，大学里面很多科技成果不只是通过TTO办公室往外走，因为TTO办公室行政工作太重了，压力也很大。我们有没有什么平台管理这些成果，能让老师或科研助理把需求发布上来，能够进行这样的管理呢？其实在我们平台上给大家建立了一套工作工具后台，让技术经理人、科研助理或技术转移从业人员能够通过工具后台进行需求、科技成果、服务企业的管理，这是平台给大家的助力。

  从整个结构上来说，我们这个平台是开放的平台，不仅在平台上给大家提供订单，而且平台可以让大家一起参与履约，一起提供履约能力。

  回过头来，希望更多的人，包括投资机构、基金、专家教授、行业里的学生，以及在各行各业从事科技创新和技术成果转移转化的朋友们一起加入到InnoMatch生态圈里。从整个架构上来说，我们希望搭建一个开放的平台，大家在上面可以共同发展的平台，我们是各位的合伙人，大家一起获取订单、完成履约、完成交付、获得收益。这是InnoMatch平台带来的新的赋能。我的分享就到这里。谢谢大家！

第12章
创新创业论坛：双创，新"碳"途

1 论坛综述

双碳目标的实现充满了挑战，但也蕴含着巨大机遇。双碳是一场绿色革命，也是一场系统性社会变革。双碳进程中应发挥双碳科技对"双创"的支撑作用，引导"双创"与双碳的深度结合，形成大中小企业的融通创新效应，释放大企业创新活力、激发中小企业创新潜力，提升产业链、供应链的稳定性和竞争力，营造良好的科技创新生态。双碳创业路上应该构建"大企业有担当、中小企业有动力、创新型企业有成长"的新格局，形成大中小创新企业共同参与的全新生态圈层，共同推动双碳目标实现。

2022年8月29日下午，"双创，新'碳'途"创新创业论坛峰会在上海举行。科技部、上海市科委相关领导，中国工程院院士黄震、万科集团创始人王石等领域知名专家、学者、企业家参加了会议，分享双碳领域企业发展实践。

2 嘉宾致辞

上海市科学技术委员会副主任陆敏的致辞

陆敏　上海市科学技术委员会副主任

尊敬的黄震院士、贾敬敦主任、王石先生，各位来宾，大家下午好。今年是浦江创新论坛创办的第15个年头，很高兴以线上线下的方式和大家相聚在上海，共同参加

"2022浦江创新论坛之创新创业论坛"。在此我谨代表上海市科委对参加今天论坛的各位来宾表示热烈欢迎，向论坛的顺利召开表示热烈祝贺。

本次论坛的主题为"双创，新'碳'途"。我理解新"碳"途的"碳"就是绿色低碳，呼应今年浦江创新论坛的"低碳：全球创新新使命"这一主题。为全面贯彻新发展理念，统筹有序做好碳达峰碳中和的工作，今年7月上海市发布《中共上海市委 上海市人民政府关于完整准确全面贯彻新发展理念做好碳达峰碳中和工作的实施意见》。意见指出，上海的双碳发展要以能源绿色低碳发展为关键，以低碳、零碳、负碳科技创新为支撑，在全国率先走出一条生态优先、绿色低碳的高质量发展之路，确保如期实现碳达峰碳中和，更好支撑上海生态之城的建设，对接国家战略和上海产业布局。我们积极响应碳达峰碳中和的技术创新需求，关注重点领域，加强布局前沿技术项目，已经产出了一批具有重大国际影响力的标志性科技创新成果。例如，成功研制亚洲首台11兆瓦直驱海上风电机组，已经形成了一批强有力的支撑平台，包括技术研发服务平台、创新试验平台、高效人才培养平台，在新能源、建筑、交通、工业及新能源汽车等领域培育了一批具有代表性的企业。这些都为实现碳达峰碳中和的创新实践提供了强有力支撑。

未来，我们将进一步加强政策引导，强化资源整合，着力推动碳达峰碳中和及其他碳减排相关技术和应用，以科技创新支撑低碳发展，实现生态之城的精细化建设和管理。今天的主题是"双创，新'碳'途"，我们祝愿这里的"碳"也是"新坦途"，创新创业道路非常艰辛和曲折，在成功道路上我们创新创业者们会付出巨大的辛劳，我们希望把我们的良好祝愿也就是"双创，新坦途"送给我们的创新创业者们，也希望通过我们的努力让创业者的成长之路更加平坦。上海市科委一直关注创新创业者和科技企业的培育和成长，搭平台、聚资源、汇众智，营造良好的创新创业生态，特别是面向初期和中小微科技企业，我们举办了11届"创·在上海"国际创新创业大赛，已经成为推动"双创"战略、营造"双创"环境、培育"双创"文化、促进科技成果创业孵化的重要平台，培育出了一大批创新创业英才和科技领军企业。今天也有不少创新创业者和创新企业家们以线上线下方式参与本次论坛，非常感谢我们的企业家们和创新创业者们一起为我们的科技创新事业做出贡献。

各位来宾，广大的创新创业者朋友们，创新创业让我们相聚于此，却不止于此，未来你们的舞台会更加广阔。最后借浦江创新论坛举办之际，衷心祝愿广大创业者工作顺利、事业有成、身体健康，祝"2022浦江创新论坛之创新创业论坛"取得圆满成功。谢谢大家。

3 主旨演讲

新赛道——碳中和目标下的创新创业

黄震 中国工程院院士、全国政协常委、上海交通大学讲席教授、上海交通大学碳中和发展研究院院长

> 气候变化是一个全球性、非传统安全问题，正在危害我们人类赖以生存的环境。应对气候变化是全人类面临的共同挑战，也是我国自身发展的迫切需求，意义非常重大。双碳能源转型会带来三方面变化：一是新能源将由目前的补充能源转向主体能源；二是化石能源将由目前的主体能源转向保障性能源；三是再电气化将成为重要转型路径。双碳行动是一场绿色革命，也是一场系统性社会变革，应关注政策、科技、市场三个要素。

2020年9月，习近平总书记在联合国大会上庄严承诺，中国力争于2030年前实现碳达峰、努力争取于2060年前实现碳中和，同时强调双碳是一场广泛而深刻的经济社会变革，把它提到了变革的高度。今天我主要谈三个问题。第一，双碳为什么重要？第二，双碳能源转型给我们带来什么变化？第三，如何把握双碳机遇？

第一，双碳为什么重要？需要明确一个重要概念，即大气中二氧化碳浓度。目前大气中二氧化碳浓度是420 ppm，工业革命前的1750年是275 ppm。以第一、第二、第三次工业革命的时间对比，化石能源（煤、石油、天然气）的使用极大地提高了劳动生产率，但随之也产生了严重的环境问题，特别是气候变化问题。由于二氧化碳浓度不断上升而发生气候变化，海平面上升，海洋风暴增多，很多地方正逐步沙漠化。特别是今年，上海创下了最高温纪录，且高温日达50天左右。欧洲、北美也都经历了极端高温，多地经历了近500年来最严重的干旱。气候变化是一个全球性、非传统安全问题，正在危害我们人类赖以生存的环境。引用今年6月《英国医学杂志》上的一句话："多年以来我们就像躺在温水里的青蛙，没人认识到我们周围环境的变化，现在水烧开了。"

应对气候变化是全人类面临的共同挑战，也是我国自身发展的迫切需求，意义非常重大。第一，我国煤炭消费占能源消费总量的50%以上，化石能源占比约85%，温室气体排放、大气污染控制（包括PM2.5）等一直是困扰我国的重大挑战。如何通过双碳行动改变我国能源结构，解决长期困扰我国的环境问题，对我国生态文明建设极为重要。第二，我国能源对外依存度较高，石油、天然气对外依存度分别达到73%和44%，且近年部分地区出现了拉闸限电现象，电力保供也已成为重要问题。如何通过双碳行动构建新型电力系统，实现能源转型，对解决我国能源安全问题极为重要。第三，关于单位

GDP 能耗。改革开放 40 余年，我国已取得很大发展，但单位 GDP 能耗较世界平均水平高 50%，是日本、德国的 3 倍左右。我国每度电煤炭消耗量为世界最高，达 250 多克。上述问题的出现，源于我国采用了以大规模能源资源投入换取经济快速发展的传统发展模式。如何通过双碳行动改变我国能源结构和经济增长方式，实现高质量发展，非常重要。

第二部分，双碳能源转型给我们带来什么变化？第一，新能源将由目前的补充能源转向主体能源。目前，我国以化石能源发电为主，未来将大力发展可再生能源发电，建立以新能源为主体的新型电力系统。第二，化石能源将由目前的主体能源转向保障性能源，未来将与可再生能源共同供给绿色电力。化石能源具有高碳属性，需同 CCS 和 CCUS 相结合，实现零碳排放。第三，再电气化将成为重要转型路径。通过以绿电代煤、油、气，再电气化将加快工业、建筑、交通各个领域的低碳转型。第四，可再生燃料和零碳电力将构成二次能源脱碳的重要组合。通过零碳电力制氢、制氨等，可对电气化行业进行深度脱碳。第五，能源开发利用将由传统的地质资源开发（煤、石油、天然气）转向基于技术创新的新能源开发。全球地质资源主要集中在少数国家。据统计，全球储量前 5 国家的煤炭、石油、天然气分别占总量的 75%、62%、67%，但未来几乎所有国家都可以充分利用光伏、水电、风电等可再生资源，核心问题是如何通过技术进步提高风、光、水发电的转换效率。

能源转型的变化将是颠覆性的。我国化石能源消费占比将由目前的 85% 降至碳中和节点的 15%，可再生能源将增长至碳中和节点的 85%。这种颠覆性的变化就是双碳行动的目标。

第三部分，如何把握双碳机遇？双碳不是弯道超车概念，而是换赛道概念，在全新的赛道上定义人类社会对资源的利用方式。双碳行动是能源系统的重大转型，是一场绿色革命，也是一场系统性社会变革。我认为双碳在能源转型和社会变革当中有 3 个要素，即政策、科技、市场。第一是政策。以往能源转型的主要驱动力是科技。例如，第一次能源转型由薪柴到煤炭，第一次工业革命，瓦特发明了蒸汽机等。此次，双碳背景下能源转型的驱动力是政策。人们看到了气候变化所带来的影响，政策成为这次变革最重要的驱动力。第二是科技。碳达峰是一个量变过程，通过节能减排将碳排放控制在一定程度。而碳中和是一个质变过程，若没有颠覆性、变革性技术的支撑，可能难以实现碳中和最终目标。因此，科技对双碳行动具有战略性支撑作用，是极为关键的。第三是市场。市场对技术进步和双碳目标实现也极为关键。碳市场交易明确了碳的价格信息，通过技术进步可在碳市场中获取回报。通过市场机制促进技术进步，推进双碳目标实现。

在此举两个案例。第一个案例是电力系统。未来将构建以可再生能源为主体的新型电力系统，储能将愈加重要。目前的电力系统是根据负荷确定发电量，未来将是源网荷储深度互动，储能将成为重要一环。我们要大力发展智能电网、微网、局域网以支持可再生能源发展。此外，电力市场交易也将会出现很多产业机遇和全新商业模式。第二个案例来自中远海运。现在长江所有船只均为发动机驱动，从武汉到南京，从南京到上海，部分集装箱做成电池，在码头直接换电，成为电动船，实现零碳排放。这是一个新的商业模式。

技术非常重要，市场机制也很重要。比如，目前碳市场聚焦在电力行业，但在"十四五"期间会进一步扩大到石油、石化、化工、钢铁、建材、有色、造纸、民用航空等其他行业，且碳配额将由目前的无偿转变为有偿。此外，对建筑、交通等难以采用碳市场模式的行业，将聚焦节能减碳。此外，欧盟已正式出台碳边境调节机制（碳关税），并于2027年正式实施。碳关税的实施将对我国未来国际贸易（国内对外贸易和国际贸易进出口）产生重大影响。为此，我们建议国家层面进一步推进产品碳排放核算标准体系建设，对每一个产品的碳足迹进行计量，若产品属于低排放即可填上碳足迹标签，由此促进企业碳减排和双碳行动进程。

双碳行动将为我们带来很多机遇。新能源、新型电力系统、储能、虚拟电厂、区块链等将成为未来大力发展的重要技术。碳市场、碳税、碳足迹、碳标签、气候投融资、ESG、CCER、电力市场改革等将成为市场发展焦点。碳交易、碳配额、碳核查、碳会计、碳审计等将成为新的职业。碳信用、碳基金、碳期货、碳保险等将成为未来的全新领域。碳中和引领的是全新零碳产业体系，将会引发数以百万亿计的投资和产业机遇，可以预期一批新的技术、行业、商业模式将会诞生。只有在技术、商业模式上持续创新，才能在新赛道成为领跑者。若不追求技术进步，某些行业将被颠覆甚至消亡。双碳是一个挑战，但更多的是带来全新机遇。

起点，中国"双创"孵化助力新未来

贾敬敦　科学技术部火炬高技术产业开发中心主任

> 碳达峰碳中和为中国科技"双创"带来新的发展机遇和挑战。科技"双创"引领绿色低碳发展取得积极成效，并已成为高质量绿色低碳发展的定盘星。做好科技"双创"支撑碳达峰碳中和绿色低碳发展的重点任务主要包括六方面：一是牢固树立创新发展、绿色发展理念；二是夯实基础技术创新能力；三是聚集科技创新创业要素资源；四是贡献专业化、现代化的高能级服务体系；五是提供精准绿色科技金融政策支持；六是开展绿色低碳领域国际合作。

尊敬的黄震院士、陆敏副主任，各位嘉宾，大家下午好。非常荣幸参加"2022浦江创新论坛之创新创业论坛"，我谨代表科学技术部火炬高技术产业开发中心向参加这次论坛的朋友们表示热烈欢迎，向组织本次论坛的上海市科委和上海市科技创业中心表示衷心感谢。

习近平总书记指出，创新是社会进步的灵魂，创业是推动经济社会发展、改革民生的重要途径。当前百年变局和世纪疫情交织叠加，我国经济发展面临需求收缩、供给冲击、预期转弱三重压力。面对复杂的国际环境和艰巨的国内发展任务，在以习近平同志为核心的党中央坚强领导下，全国科技战线按照要求，紧紧围绕高水平科技自立自强和经济高质量发展，抢抓新一轮科技革命和产业变革历史机遇，聚焦"双创"生态优化、科技企业培育、产业转型升级，大力推进大众创业万众创新向纵深发展。今天我们举办"2022浦江创新论坛之创新创业论坛"，论坛主题是"双创，新'碳'途"。

今年6月，科技部等9部门印发了《科技支撑碳达峰碳中和实施方案（2022—2030年）》，提出通过科技创新活动支撑实现碳达峰碳中和目标。借此机会我就加强科技"双创"支撑碳达峰碳中和引领绿色低碳发展谈三方面认识和思考。

第一，碳达峰碳中和为中国科技"双创"带来新的发展机遇和挑战。2020年9月，习近平总书记在联合国大会上庄严承诺，中国力争于2030年前实现碳达峰、努力争取2060年前实现碳中和。总书记高瞻远瞩，为我国科技创新绿色低碳产业发展指明了方向。科技部等9部门印发的《科技支撑碳达峰碳中和实施方案（2022—2030年）》明确要求，到2025年实现重点行业领域低碳核心技术突破，要大力实施绿色低碳科技企业培育与服务行动，培育一批低碳科技领军企业。2021年1月科技部印发了《国家高新区绿色发展专项行动实施方案》，单位工业增加值二氧化碳排放量年均削减率达到4%以上，部分国家高新区率先实现碳达峰，通过科技"双创"大力发展减碳负碳技术，推动产业升级和经济高质量发展。

第二，科技"双创"引领绿色低碳发展取得积极成效。科技"双创"成为高质量绿色低碳发展的定盘星，据统计2021年我国全球授予专利权460.1万件，比上年增长26.4%。全年共签订技术合同67万项，技术合同成交额达3.73万亿元，比上年增长32%。2021年国家高新技术企业达到33万家，全年企业研发经费增长15.5%，国家创新能力综合排名上升至世界第12位。一系列新技术、新产品正在加快形成高质量绿色低碳发展新引擎。量子计算勇攀新高，海空自然探索再获进展。近5年光伏产业年增长率达到45.7%，2021年风能、太阳能总装机总量占全球比重超过40%，稳居世界第一。中国占全球可再生能源发电增量比例达到50%，新能源汽车产销量再创历史新高。科技"双创"和绿色低碳发展紧密融合，补短板、固底板、内涵式增长为绿色低碳发展赋能提速。科技"双创"标准化、专业化载体建设成为绿色低碳科技企业培育的稳定器。目前全国有9000余家众创空间、6000余家科技企业孵化器、800余家加速器、173个国家高新区，构建了众创空间、孵化器、加速器、科技产业园的科技"双创"服务体系，服务创业团队和企业近70万家，形成覆盖全国95%以上的县市以上地区科技创新创业载体网络。以科创板上市企业为例，420家科创板上市企业当中有103家是科技企业孵化器培育的企业，占比达到1/4。科技"双创"孵化以人才吸附力、资源凝聚力、服务带动力助力科技企业健康发展。培育了科大讯飞、寒武纪、亿华通等一大批数字智能化、新能源等具有世界影响力的高科技企业，形成绿色低碳科技企业培育的牢固阵地。科技"双创"成为推动产业结构优化升级、支撑绿色低碳产业发展的压舱石。为贯彻落实《国家高新区绿色发展专项行动实施方案》，国家高新区深入践行绿色发展理念，推动产业转型升级，已成为所在城市能耗最低、生态最优、环境最美的区域。2021年国家高新区工业增长值能耗仅为全国平均水平的1/3，区内企业劳动生产率为全国平均水平的3倍。科学技术部火炬高技术产业开发中心还联合12个国家高新区发起国家高新区碳达峰碳中和行动宣言，提出加快支持绿色低碳技术研发与产业化。截至今年8月，天津滨海高新区、苏州高新区、武汉东湖高新区在新能源、化学储能等绿色产业加速布局，发展势头强劲。无锡高新区建立了全国首个零碳目标的科技产业园，成都高新区、肇庆高新区积极推动碳市场交易，促进绿色产业发展。

第三，做好科技"双创"支撑碳达峰碳中和绿色低碳发展的重点任务。一是牢固树立创新发展、绿色发展理念。习近平总书记在党的十九大报告中指出，发展必须是科学发展，必须坚定不移贯彻创新、协调、绿色、开放、共享的发展理念，推动形成绿色发展方式和生活方式，这是科技"双创"的应尽之责。科技"双创"要在贯彻绿色发展理念中挑大梁、打头阵。二是夯实基础技术创新能力，强化高质量绿色低碳科技供给，实现碳达峰碳中和目标。科技创新是根本，科技"双创"要面向绿色发展科技前沿，同能源生产、能源消费和减碳固碳三端发力，着力解决和突破一批绿色低碳转型科学问题和关键技术，开发一批自主可控、科技领先的绿色技术产品，使科技"双创"为绿色低碳发展提供高质量科技供给。三是聚集科技创新创业要素资源，壮大绿色低碳科技企业。聚集各要素资源，培育遴选一批引领绿色低碳技术跨越发展的科技领军企业，推进建立绿色低碳企业创新联合体。着眼全球绿色低碳产业发展前沿，支持科技企业参与国家科技计划项目，开展重大技术研发，深度融合绿色低碳创新资源，壮大绿色低碳技术企业群体。四是贡献专业化、现代化的高能级服务体系，推动绿色低碳技术产业化。完善众创空间、孵化器、加速器和科技园区为一体的支撑科技企业全生命周期的孵化载体建设，瞄准深海空天能源开发、碳捕集与利用等前沿领域，建设绿色低碳科技资源共享服务平台和产业集聚区，不断提升我国科技"双创"服务效率和治理能力，推动绿色低碳产业发展。五是加强政策研究，提供精准绿色科技金融政策支持。改革开放几十年来，我国科技"双创"政策是成功的，在高质量发展阶段需要政策创新为未来产业发展、创新创业高质量发展提供有效支撑，要在国家高新区、科技"双创"载体积极探索实施科技金融先行先试政策，推进企业创新结算制，促进政产营资深度合作，建立精准支持绿色低碳企业创新的新型政策工具，有效聚合投资机构、商业银行等各类金融主体支持科技企业。六是开展绿色低碳领域国际合作，打造具有国际影响力的科技"双创"平台。落实"一带一路"科技创新行动计划，搭建和完善政府间绿色低碳合作框架，促进科技园区和创新载体深度参与绿色发展创新合作计划，加强技术转移合作和产业对接交流，强化同国际绿色组织合作，鼓励各类创新主体主导和参与制定绿色技术国际标准，打造具有中国特色、中国风格、中国气派的科技"双创"品牌。

新机遇，低碳创业的生态圈

王石　万科集团创始人、万科公益基金会理事长

> 近年来，越来越多的民众感受到了气候变化给人类生存带来的危害。碳中和不是终极目的，终极目的是让我们的社区更适合人的生活、工作、学习。让每一个人都拥有更美好的生活、更美好的未来。

各位领导，大会主持人，大家下午好。我从一个实践者和企业家的角度来谈谈我是怎么考虑和怎么做的。

我连续12年参加联合国气候变化大会，告诉国际社会中国企业家是怎么认识气候变化、怎么采取行动实现减碳、绿色、低碳的。2021年召开的联合国格拉斯哥气候变化大会的焦点不是如何认识气候变化，而是如何采取行动实现气候变化目标。过去我率领万科更多地聚焦在绿色低碳、绿色建筑和绿色社区，2022年我们将聚焦双碳社区。

今年的气候异常震惊了很多人，越来越多的民众感受到了气候变化给人类生存带来的危害。作为企业家，我在20年前便认识到了碳排放造成温室效应的危害。2000年年初，我正攀登非洲第一高峰——乞力马扎罗山峰。海明威曾写过一本小说《乞力马扎罗的雪》，这座非洲最高峰常年积雪，但令我意外的是登顶后却没有发现一片雪，原因就是气候变暖。冰川的消失只是时间问题，一旦消失将给东非生态系统带来灾难性破坏。我也曾经徒步穿越南极点、北极点，但是没有预期那么冷，气候确实在变暖。

这些经历让我明白，作为中国企业家已无法独善其身。企业不能仅讲经济增长和盈利目标，而要和社会责任结合起来，走绿色低碳建筑之路。2000年初万科成立建筑研究中心，2005年在行业上率先推出绿色环保生态友好型建筑，并被联合国环境规划署作为中国绿色典型案例推荐到联合国气候变化大会宣讲交流。自2009年第一次参加哥本哈根气候变化大会至今，万科的绿色之路不仅得到联合国环境规划署认可，还得到联合国人类住区规划署、联合国开发计划署、国际环保组织等机构的认证合作。绿色减碳不仅是万科ESG的主要内容，也成为万科产品的竞争力。企业绿色发展很重要，不仅应关注眼前，更要关注未来，代表未来就会产生竞争力。

在2021年格拉斯哥气候变化大会上独立设立了中国企业馆，介绍中国企业的环保、绿色、减碳、碳中和的案例和愿景，其影响力大大超过预期。我们所代表的中国企业数

量从12年前的100家增加到目前的100万家，见证了中国企业绿色的发展和成长。2020年9月22日，习近平总书记在第七十五届联合国大会一般性辩论上提出了"3060"双碳目标。这一瞬间，从万科退休的我决定再次创业，将20年在绿色低碳健康社区建设方面的经验用于城市中心改造项目之中，以适应双碳经济需求。碳中和不是终极目的，终极目的是让我们的社区更适合人的生活、工作、学习。让每一个人都拥有更美好的生活、更美好的未来。

参加完格拉斯哥气候变化大会1个月后，我创建了投资基金和实业公司，资本和实业两手抓。要实现碳中和目标不仅需要技术设备，还需要大量资金。按照《巴黎协定》目标，中国实现碳中和至少需要投入130万亿元。格拉斯哥气候变化大会上，提议将2 ℃修改为1.5 ℃。若按照1.5 ℃，中国实现碳中和目标至少需要投资400万亿元。经过会议交流，最终目标是控制在2 ℃以内，争取接近1.5 ℃，既满足了欧盟要求也符合中国双碳目标。

下面我介绍一下近期实业情况。2021年年初至2022年2月，我们选定上海、深圳、扬州、鄂尔多斯四个城市地标社区作为候选项目，原计划从上海开始，但因新冠疫情原因，决定首先启动深圳项目。该改造项目包括2个片区：一是靠近海边的居住区，共407户；二是占地6.2公顷、建筑面积为13万平方米，可容纳2500人的学习办公场所。这两个物理空间不连在一起，但是利用虚拟电厂技术，通过能源互联网实现连接，共同打造碳中和社区。一期改造项目面积为1.6万平方米，微电网自身产生的绿电供应比例占85%，2023年二期改造完可实现100%绿电覆盖，建筑综合节能率达到85%。

今年5—8月，我对美国、日本、欧洲等11国进行碳中和项目考察，其中世界500强企业有9家，考察结论是我们团队所做的"1.0碳中和社区项目"走在世界前沿。碳中和不是应对气候变化的终极目标，终极目标是让人类生活更美好。

打造科技企业的碳中和路径

黄高成　特百佳动力科技股份有限公司总经理、联合创始人

> 在碳中和发展背景下，低碳城市作为一个非常重要的焦点，一体化绿电交通解决方案是非常好的实现路径。在双碳进程中，要关注政策端、市场端和技术端。

大家下午好，今天我以一个从业者的角度谈一下如何践行、发展碳中和路径。

2020年9月22日，习近平总书记在第七十五届联合国大会一般性辩论上提出了"3060"气候行动目标，同时在经济工作会议中把碳达峰碳中和作为2021年重点工作来抓。在碳中和发展背景下，低碳城市作为一个非常重要的焦点，一体化绿电交通解决方

案是非常好的实现路径。实现路径可分为两方面,一是通过风电、光伏实现绿电供给,通过特高压、储能运输把绿电应用到交通设备上;二是利用绿电制氢,通过氢燃料电池实现汽车驱动。城市中的渣土车、搅拌车、公交车、私家车、出租车等都将实现新能源替代。

刚才黄震院士提到了政策、科技、市场三要素。一是政策端。自2020年7月1日起,全国范围实施轻型汽车国六排放标准,禁止生产国五排放标准轻型汽车,进口轻型汽车应符合国六排放标准。二是市场端,国家电投宣布"十四五"期间瞄准绿电交通领域并加大投入力度,到2025年,计划新增总投资规模1150亿元,推广重卡20万台,其他类型车辆37万台,新增投资持有换电站4000座。一汽解放发布了"15333"新能源战略,一汽新能源整车销量在2025年力争达到12万辆,占总量的20%。三是科技端。商用车"新四化"需求很明显。根据第三方预测数据,2025年国内新能源重卡达到51.4万台,新能源工程机械达到12.3万台,占比将超过35%。

我们为什么聚焦商用车呢?因为市场占有量仅7.8%的柴油货车的氮氧化物和颗粒物排放量分别占汽车排放总量的57.3%和77.8%,相当于300辆小轿车的排放量。以300万辆重卡测算,若全部实现电动化可减少二氧化碳排放3.41亿吨,相当于减少9亿辆小轿车的排放量。在这个背景下,特百佳应运而生。特百佳产品覆盖纯电驱动系统总成、氢燃料驱动系统总成、混合动力驱动系统总成三大领域,聚焦城市、港口、矿山等场景及中长途运输车辆。特百佳之所以能快速发展一方面是因为良好的营商环境,另一方面是因为我们拥有诸多技术优势,如新能源自动变速箱及控制技术、大功率高效率电机控制器技术、新能源整车智能控制策略、机电耦合系统化集成等。基于终端产品需求,我们和上游整车厂形成紧密合作,打造合适产品。除了重卡外,我们现已成为全国主流整车厂的标配供应商或独家供应商。

相对于传统燃油重卡,电动重卡每年可省20万元。目前国家推广换电模式,该模式可大幅提高整个车辆运营效率。此外,重卡新能源化之后,没有传动发动机的进气系统、排气系统、后处理系统,整车结构简单,制造成本和后期维修成本有所降低。特百佳将继续做好产品创新,通过上下游产业链形成循环经济,打造低碳经济的发展。

4 圆桌论坛

主 持 人:

海 波,上海人民广播电台首席主持人。

互动嘉宾:

丁 钢,上海交通大学未来产业母基金投资委员会委员;

高 文,中国邮政储蓄银行股份有限公司上海分行副行长;

刘军瑞，风氢扬氢能科技（上海）有限公司董事长；

时运福，中核同创（上海）科技发展有限公司董事长；

胡　翊，中国宝武上海宝地不动产资产管理有限公司宝地创新中心总裁。

主持人：双碳如何助力绿色高质量发展？

丁钢：全球气候变暖不仅是产业问题，和每个人都息息相关。最近极端天气特别多，原因很复杂，有人说是温室效应，有人说是天文问题，但有一点大家都是公认的，就是温室气体排放。化石能源使用占温室气体排放的75%，其产生的二氧化碳占二氧化碳排放总量的90%。能源问题是双碳行动非常核心的问题。能源问题牵涉很多行业，既包括能源行业本身，也涉及交通行业、建筑行业等。我在上海交大未来产业母基金工作，我们母基金主要投资一些对人们生活和未来产业会产生变革性影响的新技术，我们关心技术方面的突破和进展。我们非常关注双碳领域的技术公司。技术变革不仅可以改变市场，而且可以普惠大众。以太阳能为例，2010—2020年太阳能发电成本降低了80%，这就是技术进步带来的效果。

主持人：现在投资的成长性在哪里？未来性在哪里？是否符合大趋势？

丁钢：投资就是投资变化和投资未来，如果没有变化也就没有投资机会。刚才各位嘉宾讲到双碳领域不仅是弯道超车，更是一个新赛道，这是投资界公认的不可忽视的领域。

主持人：减碳是不是只有大企业才有碳中和压力？

高文：肯定不是只有大企业有这个压力。按照统计2020年我国二氧化碳排放量大概有103亿吨，90%来自燃油、天然气和煤炭。按照14亿人口计算，人均大约7.4亿吨/年，一家三口大概22亿吨/年。所以无论是大企业还是小企业，甚至每一个人都会在这个过程当中受到影响。前期看到一个数据，如果美国按照25美元/吨征收碳税，10年大概可增加税收1.1万亿美元。从行业角度看，发电行业成本增加最多，大概增加11%。随着碳中和进程推进，未来所有行业都将成为利益相关者，如果转型早就是利益受益者，如果转型晚就是成本分摊者。

时运福：双碳背景下大企业有大企业的难处，小企业有小企业的难处。我来自大企业，所以感觉可能大企业因为碳排放量大，减排成效和碳达峰目标结果影响比较大，自然感到压力比较大。中国是全球碳排放最大的国家，其中电力行业碳排放量最大，占总量的50%以上。排第二和第三位的碳排放占比约10%左右。电力行业没有小企业，都是大企业。这个情况下，既要实现保供还要率先实现碳达峰碳中和，压力是比较大的。

主持人：宝钢在此次论坛上非常活跃，宝武宝地应该有非常大的绿碳发展的决心。

胡翊：说中国宝武我是产业界的，说宝武宝地我是孵化界的。前不久宝武被国家定位为国有资本投资公司，我又好像是投资界的。宝武怎么做碳中和？我们集团总经理在浦江创新论坛开幕式上已经做了很好的回答，宝武在我们行业做出了示范。对于碳中和这个命题，尽管政府引导很重要，但政府引导的背后其实是时代发展的需要。双碳是时代发展到今天提出的新命题。每一个时代总会涌现出一批英雄人物，每个时代都需要一批伟大的企业家和企业承担它的使命。就像房地产时代的王石董事长这样的伟大企业家，宝武作为我们行业的龙头企业，我们也责无旁贷承担起这个行业绿色低碳发展的"领头羊"责任。这是我们的使命，要完成这个使命必须要创新驱动。我们在创新上有很多布局，我们争取在2025年具备减碳30%的工艺技术能力，到2035年减碳35%，到2050年实现碳中和目标。

主持人：这是靠政策驱动吗？

胡翊：政策很重要，但是对于行业龙头企业来说，一定是通过政策把握住时代的需要，首先是时代的驱动。

主持人：园区能借这个机会孵化出更多优质企业吗？

胡翊：在国家"双创"背景下，为响应中央号召，宝武集团孵化器于2016年成立，我们探索出了大企业怎么做孵化器的模式和路径。前不久，上海市授予宝武（上海）碳中和产业园为上海第一个以碳中和为主题的特色产业园。在此背景下，我们要把它打造成冶金行业的创新策源地，以及碳中和相关融合产业的集聚地，同时发挥龙头带头作用，打造产业生态圈，实现大中小企业融通发展。目前，宝武规模很大，我们做了很多专业化整合，涵盖清洁能源公司、环保公司等，上述部分企业也是目前国内龙头企业，未来3～5年会上市。通过围绕龙头带动模式的孵化，孵化出一批小巨人企业。

主持人：说到科技创新，一看到风氢扬氢能科技（上海）有限公司的企业名字，就应该是科技助力。

刘军瑞：很荣幸受邀参加浦江创新论坛。风氢扬科技团队于2020年7月来到上海，短短2年时间从最早的10余人发展到现在的100多人，两年时间翻了10倍。另外，我们从籍籍无名变成行业内前几名的企业，离不开上海创新创业的大环境，也离不开上海科创中心的大力支持。我们认为中国现在人均GDP单位能耗是国外发达国家的3倍，到2030年中国碳达峰预计要达到130亿吨二氧化碳排放，之后要降低80%，因此单纯粗放式地下降10%、20%、30%解决不了问题。能源系统转型不仅需要大型国企、央企参与，更需要像风氢扬科技这类技术驱动型企业参与。因此，双碳目标的实现需要大型国企、央企、资本和政府的多方面参与，也需要科技型公司积极发挥自己技术驱动上的领先优势和机动灵活的优势。

主持人：今年很多银行发布了绿色金融发展规划，您怎么看？

高文：我们也把绿色银行作为重要战略进行规划，未来在4个方面还要加大力度。第一，加大投入。双碳转型最重要的是科技，银行也需要在人、技术和资金方面做大量投入。相关报告指出，目前全国绿色贷款规模只有18万亿元，但社融总量为320万亿元，未来空间很大。目前，所有银行在做绿色金融方面，不管是数据质量还是风险评价模型都是处于初级阶段。若想跟上双碳进程步伐，需要在专业领域加大人、资金和技术投入，否则难以对行业发展做出评判。第二，提升专业能力。银行不可能将所有专业领域人才全部汇聚，我们关注双碳转型重点行业，一是新能源，二是新能源汽车，三是绿色建筑。房地产在中国是非常大的存量市场，绿色建筑是我们重点布局方向。第三，产品创新。多家银行都在基于碳排放和碳质押融资产品创新。2016年以来，我们邮储银行参与了国家重点产业基金的投资。未来，我们将在投商行一体化方面满足科技型企业，特别是"双创"企业资金和资本的需求。第四，生态圈。银行应积极参与到政府大数据平台中，因为碳核算是未来针对企业风险评价的重要方面。银行还要和投资界、学术机构、大中型企业加强合作，构建绿色低碳生态圈。

丁钢：前面几位嘉宾说到政策、科技和市场，但是人才也很重要。国际可再生能源署估计化石燃料行业未来会逐渐损失500万个工作岗位，但新能源行业可能会新增1500万～2000万个工作岗位，人才的培养非常重要。

主持人：投资策略的组合会有变化吗？

丁钢：双碳本身就是一个重要赛道，我们很难影响政策，我们更多关注的是技术进步，如宁德时代的发展。一些新的技术路径，我们已在做投资，如氢能源。刘董事长是这个领域的专家，请问您觉得氢能还有多少年可以成为主流？

刘军瑞：一是氢能过三年快速发展。自2018年到现在，30～300千瓦及兆瓦级发电站都在快速发展。二是成本在过去三年快速下降。氢能产业类似于10年前锂电产业的发展。三是氢能单位质量的纯密度是锂的140倍。氢能有无限可能。未来发展的方向应该是将锂电的优势和氢能的优势完美结合起来。

主持人：现在还有一个ESG评价体系。

刘军瑞：E是环境，S是社会，G是企业治理。中国更注重技术驱动。

主持人：最后一个问题，碳中和的细分赛道是需要深耕的，不知道大家怎么看未来？

胡翙：碳中和目前来看是一个风口，大家都在积极布局，宝武也成立了500亿元的碳中和产业基金，现在100亿元已到位。我们围绕双碳这个赛道在积极布局，也是围绕着传统产业的转型升级及新产业的培育。我相信随着政府政策的引导，企业自身的努力及我们资本的助力一定会有新的气象。

时运福：我想说的是新赛道离不开核。要实现双碳目标，能源结构优化和去煤化很重要。一个百万千瓦级燃煤机组每年发电量为70亿度，碳排放为667万吨/年，若碳全部捕获一天需要80辆大卡车。现阶段不排放是不可能的。如果是同样的百万千瓦级核电机组，全周期排放只有7万吨/年。核电碳排放量是燃煤机组的1%，和风电、水电基本相当，比太阳能光伏还要低。除了核电还有核能技术综合利用。我们工业供气每年可节省标准燃煤400万吨。核能综合利用可提高钢铁、水泥等行业能源利用效率。核技术应用还很广泛，还包括医疗、生物医药、机组材料处理、新型环保建材等诸多领域。希望大家能够关注核技术应用这个赛道。

刘军瑞：氢能应该说是除了核能以外自然界当中热值最高的，它是汽油的3倍、酒精的3.9倍、煤炭的4.5倍，同时氢能是很好的二次能源的转化载体，规模化储能里面氢能是锂电储能成本的1/10，因此氢能是未来很好的清洁能源载体。氢能主要靠水转化，只要有水，理论上就可以有氢气。我们把太阳能、水能、风能这些品质不高的能源转化为氢能储存起来，一方面能解决国家能源需求，另一方面能解决环保需求。氢能是国家双碳进程中不可或缺的重要解决手段和解决方案。

高文：作为银行还是要对标先进。按照金融界的统计，我们现在发行的绿色债券大概40%不符合国际ESG标准。银行一方面要加强自身能力建设，另一方面要和公共环境研究中心联手推进中小企业碳核算工作。银行还是要履行好责任担当，服务好我们的企业绿色金融和产业金融，最后真正实现进步。

丁钢：我们做投资也是扎根于上海交大丰厚的科研和创业土壤，我们教授、校友的科技成果积累是非常丰厚的，如化学电池领域有固态锂电池，氢能领域有双极金属板、大功率电堆，包括再远一点的可控核聚变。我们做投资就是心怀未来、脚踏实地，用资本助力技术进步。

5 发布"2022上海高新技术企业创新投入百强榜"

李湛　上海社会科学院应用经济研究所研究员

各位领导、各位来宾、线上线下朋友们，大家好。我很高兴在此发布"2022上海高新技术企业创新投入百强榜"。

高新技术企业是一个地区产业发展和创新环境的重要标志。今年6月，习近平总书记强调指出，科技创新，一靠投入，二靠人才。上海社会科学院应用经济研究所联合上海市科技创业中心制定和发布"2022上海高新技术企业创新投入百强榜"，就是为了从研发投入和人才投入的角度，反映上海高新技术企业创新投入水平，树立标杆，也是为了发挥高新技术企业创新投入的主体作用。2016年年底至2020年年底，上海高新技术企业增长了1.88倍。2021年底上海高新技术企业已超过2万家，比去年增长17.6%，名列全国城市前列。这里面有不少是双碳行业的企业。目前，上海高新技术企业平均年龄是11.5岁，企均营业收入2.02亿元，净利润近2600亿元，净利润率6.4%，研发支出总额1544.88亿元，同比增长22.22%，研发支出占营收比重3.8%。上海高新技术企业包括了非规上企业，如果加总统计研发支出，相当于上海市全社会研发总支出的87.2%，显示了上海高新技术企业在研发投入上的主力军作用。上海高新技术企业总营收达到了4

万多亿元，比上一年增长 22.6%。

创新投入不能简单按研发投入一个指标来衡量。上海社会科学院应用经济研究所和上海市科学技术创新中心组织了专门团队，组成一个专门分析测算小组，选取了投入总量、投入总强度、投入深广度、投入效率 4 个方面共 9 个指标，按照上海 2 万多家高新技术企业的统计数据进行测算，综合评估，得到了百强榜。

百强榜中，上海华为技术有限公司和去年一样，仍高居榜首；上海汽车集团股份有限公司从去年第三上升为第二；中微半导体设备（上海）股份有限公司今年首次入榜名列第八，上海商汤智能科技有限公司首次入榜名列第十三，上海微电子装备（集团）股份有限公司从上一年的 52 名上升到 43 名。百强企业当中，国有控股企业 21 家，研发总投入占百强榜企业总投入的 44.3%，发明专利占百强榜的 45.7%，充分显示了国有高新技术企业在创新投入中的重要作用。百强企业营收 4771.8 亿元，研发总投入 511.8 亿元，占 2 万多家高新技术企业研发总投入的 1/3 左右。百强企业发明专利占所有高新技术企业的 22%。在集成电路、生物医药、人工智能三大先导产业当中，百强企业占比 70%，显示了先导产业领域对创新投入的巨大作用。百强企业在人力资源投入上也是标杆。张江科学城在百强企业数的分布上占据明显优势。

以上是百强企业特征的简单分析，百强企业的称号既是荣誉更是责任。谢谢大家。

第 13 章

中荷"能源对话"研讨会：
能源转型——工业脱碳、绿氢和电池领域的创新

1 论坛综述

中荷"能源对话"研讨会在东郊宾馆会议中心举行，本次研讨会以"能源转型：工业脱碳、绿氢和电池领域的创新"为主题。能源转型意味着发展和部署一条低碳及零碳能源道路，研讨会就以下主题介绍来自荷兰和中国的突破性技术：工业脱碳、工业电气化、新型电池技术和绿氢，并对实施这些技术的挑战和解决方案进行圆桌讨论。本次研讨会的参与嘉宾包括来自荷兰和中国的能源转型领域领军人物，从低碳发电到绿色能源的运输、储存、消费和回收等角度阐述了他们的看法。

中荷"能源对话"研讨会为荷兰和中国之间的技术、商业或外交合作创造机会，促进专业知识交流和伙伴关系建立，提出有助于实现气候目标的解决方案。会上，科技部国际合作司副司长徐捷、荷兰经济事务与气候政策部气候与能源司司长 Sandor Gaastra、荷兰领先行业-能源名誉主席 Peter Molengraaf 作视频致辞，上海市科学技术委员会副主任谢文澜出席并致辞（按演讲先后顺序）。

2　嘉宾致辞

主持人：女士们、先生们，欢迎大家来到第 15 届浦江创新论坛中荷"能源对话"研讨会，我是今天的主持人，在上海荷兰创新网络工作。荷兰作为今年的主宾国，同时为了庆祝中国荷兰两国建交 50 周年，我们非常荣幸能够举办今天的研讨会，今天的会议是由荷兰创新网络和荷兰驻上海总领事馆、绿色能源银行共同为大家呈现的。我们今天主要讨论能源转型，有来自中国和荷兰的业界专家和我们共同探讨在绿色氢能、电池，以及所有最新科技方面的话题。欢迎各位领导和来宾。接下来有请科技部国际合作司副司长徐捷先生致辞。

科技部国际合作司副司长徐捷的视频致辞

尊敬的各位来宾，女士们、先生们，大家好！

很高兴出席今天的中荷"能源对话"研讨会。中荷两国关系不断发展，各领域合作成果丰硕，非常欢迎荷兰担任 2022 浦江创新论坛主宾国，双方共同举办系列活动，包括今天的"能源对话"研讨会，中荷两国科技创新合作基础牢固、成果丰硕，荷兰一直是中国开展国际创新合作的重要伙伴，双方于 1999 年签署《中华人民共和国政府和荷兰王国政府科学技术合作协定》，实施科研合作和产业创新合作等系列计划，促进两国包括能源领域的务实科技创新合作，取得了令人满意的成果。

加快能源转型、发展可再生能源与实现碳达峰碳中和目标、推动绿色低碳发展息息相关，碳中和领域科技创新和技术发展，在中荷两国发展规划中均占有极为重要的位置。中国高度重视碳达峰碳中和工作，2020 年中国国家主席习近平提出中国的双碳目标。近年来，中国实施了一系列应对气候变化和低碳发展的战略、措施和行动，超额完成向国际社会承诺的"碳排放强度到 2020 年下降 40%～45%"的目标，基本扭转了二氧化碳排放快速增长的局面。

近日，《科技支撑碳达峰碳中和实施方案（2022—2030 年）》公开发布，提出了 10 项行动，统筹推进绿色低碳领域基础研究、技术开发、示范推广、人才培养、国际合作，其中一项重点就是碳达峰碳中和国际合作行动。

能源是荷兰九大优势产业之一，荷兰能源产业具有丰富的资源、优越的技术和创新优势，荷兰正在通过发展离岸风力，加速实现脱碳目标，中荷两国在实现碳中和方面有着共同愿景和目标。本次中荷"能源对话"研讨会，将深入探讨能源转型议题，突出低碳创新，期待今天的研讨会，双方通过专业知识交流，探索中荷能源领域科技发展契合点，挖掘中荷能源领域科研、技术创新和商业合作机遇。

我们欢迎和鼓励中荷两国企业、高校和科研院所共同开展碳中和国际创新合作，加强交流，发展绿色低碳能源技术，为实现碳中和愿景、促进经济增长，做出中荷贡献。

预祝论坛取得圆满成功，谢谢大家!

荷兰经济事务与气候政策部气候与能源司司长 Sandor Gaastra 的视频致辞

主持人：感谢徐副司长致辞，接下来有请荷兰经济事务与气候政策部气候与能源司司长 Sandor Gaastra 先生致辞。

Sandor Gaastra：气候变化是我们地球面临的最严重挑战，我们需要创新的力量，将气候变暖遏制在 2℃之内，创新是实现《巴黎协定》目标的重要路径。下面我将介绍一下荷兰政府应对气候变化的目标措施。

荷兰政府针对国内各大行业制定了温室气体减排目标，促进循环经济发展。近期，荷兰政府采纳了欧盟减排目标，到 2030 年减少温室气体排放 55%，并尽可能实现减排 60%，到 2050 年实现碳中和和全面循环经济发展。如何实现我们的目标？为鼓励企业和个人积极参与和投入未来的可持续发展，荷兰采取了奖惩政策：鼓励良好行为，惩罚欠佳表现。在欧盟层面，为率先采取碳中和技术的企业提供公平竞争环境，虽然转型政策旨在改变企业与个人的行为，但是科技可以为此助力，为此荷兰政府大力支持企业和科研机构开展合作，为应对气候变化、寻求创新解决方案。荷兰深知，推动能源体系转变的同时，保障能源的可负担性、安全性和可靠性并非易事，荷兰启动了专项工作，包括复杂基建、立法等领域的战略决策。

此外，荷兰也需要在能源生产、运输、储存、使用方面创新技术，以及数字化和材料技术方面的突破。我们深信，通过国际合作向他国借鉴学习，可以促进学习交流，让我们通过创新打造可持续的未来。

荷兰领先行业 – 能源名誉主席 Peter Molengraaf 的视频致辞

主持人：接下来，请荷兰领先行业 - 能源名誉主席 Peter Molengraaf 致辞。

Peter Molengraaf：非常感谢主办方，借本论坛，介绍一下荷兰能源及气候转型政策。荷兰能源创新网络是集企业、政府、科研为一体，着眼于应对气候变化而进行创新研究的网络组织，我们的任务是组织荷兰能源转型技术的科研和创新工作，使命是在 2050 年实现荷兰碳中和及全面循环发展的目标。通过能源创新网络，现在有上千家企业和科研机构携手合作，制定创新发展路线图，开展科研成果情景模拟，并将科研成果进一步推广应用。

能源创新网络始终以碳中和及全面循环发展为己任，科技是重要推手，但解决方案要比单项技术更加重要，工作方面更注重技术应用对社会经济的影响，以及新技术与现有能源体系整合的可能性，因而我们将其称之为"使命驱动创新"。与此同时，人才培养保障不可忽视，应确保有具备相应技术的人才来应用新技术。

在荷兰，大部分重工业仍离不开化石燃料，减排脱碳需要对工厂进行改造，任务十分艰巨。挑战不仅局限于工业设施本身，还在于清洁电力生产和传输，60%的工业转型需要通过电气化和氢能来实现。工业脱碳需要绿氢，在人口居住密度高的情况下，需要大规模打造输电网络，大量使用用工业设施改建的基础设施。

除技术路径之外，推动可持续发展的不同路径的经济考量也十分重要。由于时间紧迫、朝夕必争，必须在接下来几年做出重大决策，决策关乎四大主题，今天论坛也会有所涉及。海上能源开发以海上风电为主，荷兰在海上风电方面具有丰富的技术储备和作业经验，越来越多的创新研究聚焦深水浮式风电及海洋能技术。储能技术方面，电池是储能的关键技术，但是我们面临着新型电池材料储能技术方面的挑战，目前邻国开展的大量研究主要聚焦移动电源设备。

氢能作为能源载体，可以作为钢铁和化工行业的原料，航空航海业有望在未来使用绿氢制备的合成燃料。工业电气化，创造需求是打造全球价值链解决方案的关键所在，除了200℃作业温度以下的热泵电气化之外，我们可以考虑使用电裂解、电锅炉、脱水工艺等进行电气化。希望今天的论坛能给所有来宾带来灵感和启发，我深信，合作与交流能够帮助我们携手共创人人共享的可持续未来。让我们畅所欲言、各抒己见，携手合作、相互学习，尤其是在当下转型关键时期，更应加强合作，希望本次论坛圆满成功、硕果累累。谢谢！

上海市科学技术委员会副主任谢文澜的致辞

主持人：接下来请上海市科学技术委员会副主任谢文澜上台致辞。

谢文澜：尊敬的 Freek Jan Frerichs 科技与创新参赞，各位来宾，女士们、先生们，大家下午好！

非常高兴参加今天中荷"能源对话"研讨会。首先，感谢荷兰大使馆、荷兰驻上海总领事馆、荷兰科技创新官员办公室对浦江创新论坛的大力支持，感谢 Freek 科技与创新参赞亲临现场参加会议。借此机会，我代表上海市科委对中荷"能源对话"研讨会的顺利召开表示热烈祝贺，对各位嘉宾的到来表示热烈欢迎！

本次论坛以能源转型、工业脱碳、绿氢和电池领域创新为主题，与应对全球气候变化议题密切相关，中荷两国都是应对气候变化的积极参与者、支持者、推动者和贡献者。上海也正积极通过科技创新实现能源转型，推动低碳经济发展，并且与荷兰很多跨国公司在相关领域开展了一系列合作。例如，壳牌、飞利浦等多家公司都已在上海有很多重要业务，而且设有研发中心。他们与上海本地很多高校、研究机构开展了能源领域科技合作。早在

2004年，上海市科委和飞利浦公司在荷兰海牙签订了合作意向书，中国国务院总理温家宝和荷兰首相出席了签约仪式。在此基础上，2006年上海市科委和飞利浦公司签订了合作协议书，正式建立上海飞利浦研究与发展基金，开展照明等能源领域一系列合作。

近十年来，上海与荷兰在氢能、照明等领域已经有了很好的合作基础和成效。科技部、上海市科委在这方面都给予了一系列科研项目支持，正如刚才几位领导专家所说的，在全球变暖、气候变化背景下，绿色经济和可持续发展正面临着前所未有的挑战，更加迫切需要加强国际科技合作，在这方面上海与荷兰有着共同的目标，也有很好的基础，希望以这次论坛为契机，进一步加强与荷兰企业、高校、科研机构的紧密合作，携手应对能源转型挑战，期待今天的嘉宾通过主题演讲和圆桌论坛，分享各自聪明才智，碰撞出思想火花，为加速能源转型出谋献策，为中荷技术的商业合作创造更多的良机，为共同迎接气候挑战、造福人类做出积极贡献。

最后，预祝论坛取得成功，祝各位嘉宾在沪期间工作顺利、生活愉快，谢谢！

3 嘉宾讲演实录

3.1 主题发言：氢与离岸能源

主题发言环节，以"氢与离岸能源"为主题，邀请到了6位嘉宾，分别是海王星能源公司（Neptune Energy）新能源开发总监 Rene van der Meer、国家电投集团氢能产业创新中心创新管理部主任胡腾、荷兰皇家孚宝集团（Royal Vopak）新能源全球总监 Marcel van de Kar、马士基集团中国首席代表彦辞（Jens Eskelund）荷兰燃料电池 NedStack 公司中国技术解决方案总监江海克（Hack Heyward）中太海事技术（上海）有限公司总裁冯宪高、荷兰新能源联盟（New energy Coalition）氢能项目经理 Julio Garcia，这6位嘉宾将针对氢与离岸能源展开研讨。

绿色氢能发展前景和海王星能源公司相关氢能项目

Rene van der Meer　海王星能源公司（Neptune Energy）新能源开发总监

> 绿色氢能在未来能源供应中将扮演重要角色，试图将现有天然气基础设施整合到新系统中，能源转型可以更快、更便宜、更清洁。同时，介绍"波塞冬"项目（PosHYdon）以及 H_2opZee 项目的发展情况，以此推动海上油气平台生产绿氢、利用海上风力生产绿氢，为海上大规模低成本绿氢发展提供宝贵经验。

主持人：非常感谢谢主任的分享和致辞。接下来我们开始第一主题讨论，绿色氢能和离岸能源，首位演讲嘉宾是荷兰海王星能源公司新能源开发总监 Rene van der Meer。

Rene van der Meer： 大家早上好！

我来自海王星能源公司，主要关注和能源转型相关的三大问题。第一，关注二氧化碳的储存；第二，关注减少生产过程当中二氧化碳的排放；第三，关注绿色氢能。

首先，海王星能源公司 2030 年的目标就是要能够储存更多的碳，比排放的多，这是主要关注点，意味着有很多工作需要做。一方面，需要进一步减少排放的二氧化碳；另一方面，还需要更好地进行近海绿色氢能生产，帮助我们实现目标。下面是海王星能源公司的一些主要信息：它还是一个规模比较小的石油公司，大概有 30 多个近海平台，在 20 世纪 70 年代英国的北海油田就开采了，同时也是最大的天然气生产商，主要生产天然气和原油。从公司的基础设施可以看到，绿色能源、氢能发展起到了非常重要的作用，这些主要是天然气资产及我们的管道网络。

现在非常关注天然气，主要是在北海，因为觉得这是最为清洁的，也是比较可靠的能源来源，特别是在荷兰，还需要其他的一些支柱来支持未来，如有人提到的电气化、绿色氢能等，这些都是未来的展望。未来有很多挑战，需要有更多近海风能，风电厂是其中之一，如何从近海到陆地也是一个问题。荷兰也有很大的目标，这个时间线一直到 2040 年，我们需要建造很多风电厂，这也是比较大的挑战。在荷兰，公司要把所有风电厂的电能聚集在一起，在接下来几年当中，将尽力来打造这样的电力基础设施，除此之外，也要把电并到电网上，这是另外面临的挑战。

然后，再来看一下如何结合天然气基础设施，把所有电能从近海接到陆地上，因为陆地没有办法处理所有电能。除此之外，也要考虑海洋保护，海洋是非常脆弱的。荷兰有一部分平台是在海平面以下，要特别小心保护好环境，北部就有一些环境发生变化，所以说在这样的区域发展风电面临很大挑战，再加上近海风能发展计划，这里还有很多工作要做。因此，我们把它称之为能源系统的整合，但这里有很多机会，如和 GNO 进行合作，主要就是在近海生产氢能，并且把现有风能生产出来之后变成分子进行集中，然后分布式处理。集中式就是在一些人工岛屿或建立的一些平台生产电力之后，将其变成氢能。这里有很多机会，如风能涡轮机开发商，他们觉得涡轮机可以直接生产氢能，这是另外一种途径。

接下来讲一下"波塞冬"项目，这是公司发展的重点。QE3A 平台是比较小规模的生产油气的平台，接下来几年会进行转化，变成氢能平台。现在的"波塞冬"项目，就是把电力放在平台上，然后进行氢能转化，通过两步走的流程和系统，把水变成氢和氧气，然后把氢气通过天然气管道进行运输，这并不意味着我们将大规模地生产氢能，主要目的是要保证安全性，来证明氢能和天然气是可以共同进行开发的。

这里是一些信息，大概是 1 MW 的输入，旁边有一些风电厂信息，运营这样的风电厂，风能其实会有一定的波动，会影响到电力输入，有大量的电力来自于在岸，也会使用部分风电厂给公司的风能直接生产氢能,通过直接和风电厂相连来生产氢能,主要工作是要做安全性研究,因为以前的基础设施是用来生产油气的;在天然气发展过程当中,其实不允许把氢气纳入天然气基础设施当中,所以说现在有这样的创新是非常好的发展道路,希望能够打开氢能发展局面。

这里有一些短期的学习经验,其中安全是最为关注的东西。氢能可以说是一种可燃的气体,和天然气、原油一样,所以最为核心的工作就是要保证安全,氢能是一种完全不一样的气体,非常轻,而且很容易弥散,所以我们要特别关注安全性。除此之外要关注其背后的价值,如何保证价值?要从近海运输到陆地上,会和天然气结合。将氢气运送到陆地上,这样很多在荷兰的消费者,都可以使用这些可燃气体。有一些工厂,如生产玻璃的、生产砖头的,都需要使用能源,且需要的是低碳可靠的能源,这是氢能可以提供给他们的。

关于来源问题,在电网建设过程当中,有来自天然气的电力,有火力发电,有再生能源发电,如有来源证明的话,消费者就可以知道购买的电力到底是哪种类型的,所以说氢气来源证明的问题,需要在接下来几年进行探索。关于长期的好处和学习到的要点,需要用"波塞冬"项目来实现和验证。例如,规模扩大,可以看到怎样的经济效益?除此之外,还需要关注那些今后能够做的额外项目,这些是长期的项目。

关于 H_2opZee 项目,是一个 $300 \sim 500$ MW 的项目,可以建风力发电厂,如果能源来自现有海上天然气,可以打造一个不在电网里的风电厂。现在正在做可行性研究,也有一些初期的资金需求投入,所以也希望在这 10 年末期,能够运营这样的风力电厂。

系统整合方面,风电厂有可能产生电,有风能涡轮直接生产氢能,还有现有的一些基础设施也可以被使用,因为依然会在低压情况下生产氢能,所以说现有基础设施,也可以帮助把压力提升起来,有可能到 100 Pa,现有管道网络都是在这样条件下运作的,可以把氢气从近海运送到陆地上,但还需要一些管道终端。我们也在想,如何把氢气从海上运送到陆地上,也可以让消费者收到天然气和氢气之后再分开,然后直接使用氢能。

谢谢!

国家电投的氢能布局和创新技术

胡腾　国家电投集团氢能产业创新中心创新管理部主任

> 阐释国家电投氢能产业布局,特别是在氢能产业布局方面,将综合考虑丰富的可再生能源资源与区域特点,开发优质的绿氢场景。在形成自主技术与产品,实现燃料电池核心材料、关键部件、整堆集成、系统关键设备等自主化的基础上,将推动氢能在交通、无人机等多元场景的应用。

主持人： 有请国家电投氢能产业创新中心创新管理部主任胡腾先生。

胡腾： 首先，想介绍一下国家电投的氢能产业布局。国家电投高度重视氢能产业发展，通过两条线来布局氢能产业。其中一条线是能源线，国家电投利用丰富的可再生资源并消纳新能源来制氢，然后通过网络使用。在产品线方面，国家电投依托比较强的自主研发能力，开展包括燃料电池、制氢装备等关键设备的技术研发和产品生产，以及大规模的应用示范。通过两条线进行关键技术研发、基础设施建设、生态系统构建，最终打造国家电投的氢能经济。

在氢能产业区域布局方面，综合考虑了丰富的可再生能源资源与区域特点，大力开发优质的绿氢场景，全国多个区域开发了多个氢能示范项目。在北京、宁波、武汉、济南、佛山等地区，依托当地资源建设了示范中心、产业基地，相当于氢能项目和氢能研发生产制造两线并举。

在氢能研发方面，国家电投专注于氢能技术，通过打造基础的核心技术体系，衍生出两大产品线，推出了一系列产品。核心技术方面主要包括催化剂、质子膜、膜电极、双极板等技术体系，形成了 PEM 制氢产品线和燃料电池产品线，两个产品线内形成了一系列 PEM 电解槽系统和水冷燃料电池，总体实现自主化、低成本。

燃料电池研发方面，围绕燃料电池关键材料和部件开展自主研发，现在包括催化剂、质子膜等核心材料和关键部件，包括电堆集成，以及空压机、氢泵、引射器等方面均实现了技术自主化和国产化，并且基本实现了燃料电池的核心材料、关键部件、整堆集成系统关键设备的全自主化。同时，根据自主技术，形成了一系列产品。比如，水冷动力电堆形成了 3 款产品，性能国内领先，去年年底，ML-150 电堆净输出功率达到 150 kW 以上，实现零下 30 ℃ 自启动，未来还要开发大功率的电堆模块和大功率乘用车模块。

空冷堆方面，有两款商品和商飞合作，应用于无人机领域。开发了专门应用于发电堆的模块，目前已经完成百千瓦级模块开发，发电堆最大特点是效率比较高，热电效率可达 95% 以上，寿命达到 8 万小时。另外，依托自主电堆进行了多种燃料电池系统开发，成果已经在客车、公交车、中重卡、物流车、轨道交通、船舶领域大规模应用；同时，在观光车、快递小车、无人机方面使用空冷堆系统，并开发了应急电源、分布式发电系统。另外的产品有 PEM 制氢，依托自主开发关键技术系列化产品，已经形成了百千瓦级的品牌性产品，大型的有兆瓦级的。PEM 制氢产品，在 2020 年实现了 5 标立原理样机，2021 年开发出 MW 级装备样机，2022 年形成了 MW 级制氢产品，并进行小规模生产，2023 年之后进行大规模生产。制氢产能方面，2022 年年底会建成创新基地，形成百套 MW 级制氢产能，2023 年之后实现千套乃至万套 MW 级制氢产能，同时开展装备应用推广。

下面介绍氢能关键装备的应用示范情况。2021 年国家电投燃料电池应用于博鳌亚洲论坛，是博鳌亚洲论坛 20 周年唯一的氢能合作伙伴，搭载氢能电池的 20 辆大巴承接了博鳌论坛的接驳服务，获得了比较好的评价，之后在东北亚博览会，以及宁波、深圳等地实施了氢能示范项目。

2022年，国家电投自主研发的150辆氢能大巴用于北京冬奥会，用于接驳、开闭幕式保障，累计行驶里程89万公里、7200余班次，接驳乘客16万人次，耗氢约75吨。国家电投氢能大巴是国内用于示范的唯一国产氢能大巴，通过冬奥项目，充分验证自主化氢能交通的技术产品、商业模式在全国范围内具备了复制推广的基础。冬奥会之后，用于冬奥会的200辆氢能汽车面向各种应用提供服务，包括接驳服务，如用于陕西省运动会，包括企业的班车服务方面，200辆车都使用起来了，后续面向多元化应用场景，开发轻卡、冷链、市政、渣土、重卡等各型氢能车，扩大适用范围。

氢能无人机方面，目前已有三款无人机研发完成并开展示范；同时在去年，全国首台氢能机车在锦白铁路上通车。PEM制氢产品已经进入示范阶段，装备已经交付，正在开展实际测试运行，吉林白城的制氢装备也已经完成制造。

谢谢各位聆听！

关注重要产品的储存

Marcel van de Kar　荷兰皇家孚宝集团（Royal Vopak）新能源全球总监

> 复杂系统科学不是一门新的科学，它的共性就是能够处理信息，并传播信息到系统中的每一个单元。研究复杂系统中的关键是其信息传播的网络，核心理论是K-core理论，大数据技术促进复杂系统科学的蓬勃发展，机器学习和网络科学是未来复杂系统科学研究的两个重点维度。

主持人： 有请荷兰皇家孚宝集团新能源全球总监Marcel van de kar发表演讲。

Marcel van de kar： 各位好！

非常高兴参加今天的研讨会，感谢主办方给我这个机会，代表皇家孚宝发言。首先，介绍一下皇家孚宝。皇家孚宝有406年的历史，历史悠久，我们所做的主要是液态产品，包括化学用品、能源产品，未来也会有其他的产品，因为在今天主题当中，我们把供需双方连接在一起，连接世界不同产业不同地区及本地产业，在未来也会这样做，这将建立新的价值链，也是我们的目标。要实现这一点，需要以正确的方式寻找正确的合作伙伴和正确的合作政府，包括国内、海外的合作，对于我们这样系统的建立非常重要。

关于能源转型，我们在不同的领域都扮演主要角色，主要是氢能、二氧化碳基础设施、低碳能源和长期能源储存4个关键领域。这是在我们的终端，减少碳排的同时所建立的氢能终端。在这4个关键领域建立新基础设施，可以确保实现气候减排目标，下面给大家介绍一下。最为重要的就是氢能，之前提到过几次，氢能在未来能源体系当中会扮演重要角色，我们也坚信这一点。现在，氢能的生产已经工业化，未来会变得更加重要，所以说本地化的氢能生产非常重要，刚刚海王星能源公司也介绍了这方面内容。

此外，还有国际氢能运输，我们相信绿色氢能会大规模生产，在太阳能、风能非常充足的地方生产的本地化绿色氢能，将被运输到需求高的领域或地方，这是未来的趋势。有3个不同的方法可以来运输，也可以说有3个不同的载体，液态的氢能载体：氨、液氢、LOHC。目前很难说哪种更重要，但未来会有这三者的位置。比如，LOHC技术是运输氢能的安全方式，把氢能和平台连接，可以非常简单地从A运输到B，使用现有的一些比较便捷的基础设施，执行起来也很方便，但需要进一步升级，这也是目前我们在做的；LOHC项目有来自德国的供应商一起合作，正在做升级，但现在规模还比较小，要从每天几吨升级到几百吨，希望尽快实现，让它成为一个可执行的方案。

氨是很容易很方便的运输氢能的方式，现在全球有7个终端站在用氨运输氢能。大家都知道氨的性能，也知道氨的风险，如果能正确处置氨，这就是很好的运氢方式。氨裂变成氢还比较困难，但这是最为重要、也是最为可行的选择。氨的发展，世界各地都有很多关于氨的终端，因为关于氨的基础设施都是现有的，可以马上运输储存氢能，我们在鹿特丹港也做过，有国际储能公司，有液态的，也有干燥的，用HES这块土地，他们正在转型，用液态天然气的储存罐来储存氨，我们和这几个伙伴合作得非常好。氨经过世界各国来到荷兰，然后在中间进行裂解，生产出氢，输送到管道当中。

第二个关键领域，二氧化碳基础设施。二氧化碳可以非常方便地在各个产业当中捕获，然后把它运输到管道当中，如果港口离汽铁很远，就需要好的基础设施进行运输。这也是我们进入的领域，把供需双方连接起来，建立起便捷的基础设施，用于出口、进口。保证去碳化，这是第一个步骤，我们在鹿特丹港也有这个项目，希望在2026年能实现终端运营上线。在比利时安特卫普、德国等地收集进口二氧化碳。

第三个关键领域，低碳能源。这个领域的产品包括生物燃料、氨和甲烷，现在还有很多方法能让它变得更可持续、可再生，其最重要的因素就是循环，如何循环这些化学产品，使之成为新的化学产品，这是将来会变得更加重要的方向。希望在鹿特丹港建立起第一个项目，名字叫作circle，从塑料产品回收到生产低碳燃料。

第四个关键领域，长期能源存储。这主要是电能存储，我们认为其在将来非常重要，同时是未来能源转型的关键因素，因为大规模电能存储是必需的。作为大规模液态储存公司，我们认为，把电能储存在大的罐体当中，利用回流技术，有两个不同的气罐可以运输储存电能，这种方式会在能源储存当中扮演重要角色。这些都是相互联系的，如果看不同的产业集群，就会发现我们在世界各地都有部署：在23个国家有78个不同的终端，其中10个在荷兰、7个在中国，我们可以看到，两国之间其实有很好的联系。

我们相信，刚刚介绍的项目，二氧化碳的存储、氢能的存储等，都会扮演重要角色，以确保这个系统是去碳化的,且在欧洲、中国,或者说在其他地方都可以实现,可以起到很重要的作用。非常感谢,希望大家能明白我所说的,能够理解我们的做法,我们有很多的工作可以做,需要获得更多支持,不管是现在还是将来。谢谢!

马士基脱碳计划及目标

彦辞(Jens Eskelund) 马士基集团中国首席代表

> 阐释能源转型在关注关键领域建立的新基础设施,以此确保能够实现减排目标;重点关注绿色氢能的本地化生产,以及未来的发展优势;同时,关注低碳燃料产品的创新方向,如生物燃料、氨和甲烷、化学品循环利用等。

主持人:有请马士基集团中国首席代表 Jens Eskelund 先生。

Jens Eskelund:感谢主办方邀请我参与本次意义重大的浦江创新论坛,很遗憾没有办法亲临现场,非常高兴有机会介绍一下马士基在脱碳方面的计划和目标。马士基 12 艘以绿色甲醇为燃料的大型货轮预计于 2024 年陆续交付,这也是为什么马士基近期计划重点寻购重组的绿色燃料和甲醇,用于新能源货轮。

关于马士基实现近零碳排的历程,在全球气候变化大背景下,全球物流产业每年排放 30 亿吨二氧化碳,其中国际航运占二氧化碳排放的 3%,如果将航运比作国家,相当于日本和德国的全年碳排总量。在马士基,每年运营直接产生的二氧化碳范围为 3400 万吨。以马士基船队每年 1000 万吨油耗计算,如果看每公里碳排强度,尽管航运比公路运输排放要低,但是看绝对排放值,航运业有着不可推卸的责任。未来将尽可能减少绝对的碳排量,更理想的是实现整个行业的近零排放。

减排是我们多年以来致力于实现的目标,2008—2018 年,每标准箱运输碳排指标减少了 47%,但于 2018 年我们开始思考,依赖当前的技术碳排潜力是有限的,要进一步大幅度减少碳排或实现近零碳排,需要寻找全新的航运解决方案。在尚不清楚未来发展路径的情况下,2018 年马士基制定了到 2050 年实现运营近零碳排的愿景,此后马士基投入了大量资源,寻找行业大幅度减排、实现净零排放的解决方案,并取得了喜人进展。由于这些进展,我们把 2050 年的净排目标提前到了 2040 年。相信通过部署,利用所有可能资源,不断努力寻求适用的技术方案,马士基有望在 2040 年实现净零排放。

目前,看好 3 种燃料,但技术成熟度各不相同:已经开始使用生物柴油,甲醇是近期聚焦领域,长期而言绿氨具有巨大潜力。这三种绿色燃料处于不同技术开发阶段,也各有所长和不足,在当前已知的减排技术中,非常看好生物柴油,它可以直接用于现有货轮、供应链和基建,十分实用。但生物柴油在其产量和规模化上存在局限性,再加上生物柴油需求高企，造成了使用成本上的压力。

另外，目前有已知可解决气候问题的方案，也有比较成熟的技术，但是基建和燃油产能尚不能满足现有需求。对于我们而言，绿色甲醇拥有振奋人心的巨大潜力。首先，绿色甲醇技术已经问世，而且在海上作业拥有经验，操作便捷，可以改造现有船只以使用绿色甲醇。不足是短期内规模化比较困难，后期规模化生产之后，如何保障生物质原料又成了新挑战，如何获得足够的生物源二氧化碳也是一个问题，但是这方面的工作已经开展起来，通过建立合作伙伴关系，对绿色甲醇的应用还是很有信心的。长期来看，希望在绿色甲醇的基础上同时采用绿氨技术，绿氨以后会成为成本最低的绿色燃油，同时具有巨大的规模化潜力，是真正意义上的零碳排燃油，但是使用绿氨的船不太成熟，绿氨落地应用之前还需要一段时间发展，马士基在绿氨方面下了很大功夫。

关于马士基零碳排方面，我们提供采用绿色生物燃料的环保运输服务，通过此举证明了零碳排运输是切实可行的，生物燃料可以减少80%的二氧化碳排放，如今这一服务规模不断扩大，去年马士基运输服务为全球减少了9.8万吨二氧化碳排放。荷兰创新网络是本次论坛主办方之一，提到绿色转型，荷兰也是马士基航运业务的重要枢纽，荷兰鹿特丹港是马士基最大的传统燃油加油基地，17%的货轮加油服务都来自鹿特丹港，未来鹿特丹港会成为生物燃料的供给枢纽。这些发展得益于荷兰政府前瞻性的政策和项目扶持，积极推动可再生燃料发展。

本次论坛，中荷双方代表齐聚一堂，希望两国在绿色燃油发展方面有更多的合作和交流，目前面临的一大挑战是无法寻购到绿色甲醇，因为需求尚未形成，没有生产商，没有企业愿意生产绿色甲醇，构成了先有鸡还是先有蛋的问题。由于市场上买不到绿色甲醇，没有船主采购使用绿色甲醇的货轮，如果说是由需求不足导致的，那么可以定制使用绿色甲醇的船舶来创造需求，现在下单制造了13艘以绿色甲醇作为燃料的货轮，其中12艘为大型货轮。令人振奋的是，不少优质合作伙伴已经有了需求，他们愿意和马士基合作生产绿色甲醇。新能源货轮外形上和传统货轮有所不同，由于使用绿色甲醇，船舶设计上存在本质上的不同，特别强调燃料和引擎的效率，新船舶可以提高20%的燃油效率。

马士基集团有幸和诸多合作伙伴携手。其中，有两家来自中国（绿色技术银行和中集安瑞科），2025年需要50万吨绿色甲醇，2030年这一需求将增长到600万吨，需求量非常大。但是我们有信心，中国将成为马士基寻购绿色甲醇的重要市场，中国生物质总量排名全球第三，而且拥有成熟可靠的将生物质转化为绿色甲醇的技术。

众所周知，中国在工程设计、规模发展和按期交付方面是全球的佼佼者，所以我们深信，中国在发展绿色甲醇领域有着突出的潜力。绿色甲醇还有一些其他优势，目前中国大量依赖全球石油进口，绿色甲醇完全可以利用中国境内所有资源进行生产制备，包括生物质和可再生电力，以减少对能源进口的依赖。

非常感谢各位的聆听，谢谢！

荷兰氢电"吉瓦氢能"工厂项目介绍

江海克（Hack Heyward） 荷兰氢电公司中国技术解决方案总监

> 荷兰氢电在氢能方面实现了3个世界首创。例如，首座1MW固定式质子交换膜燃料电池系统、运行时间最久的燃料电池系统及功率最大的燃料电池系统。同时，荷兰已成为欧洲第二大产氢国，占全欧洲的15%，满足每年约1300万吨需求。荷兰氢电吉瓦工厂将来会成为欧洲甚至全球的领先氢能燃料电池的生产基地。

主持人：非常感谢Jens分享航运方面的努力，接下来请荷兰氢电公司中国技术解决方案总监江海克。

江海克：感谢上海浦江创新论坛、荷兰科技创新官员办公室、荷兰驻华使馆邀请荷兰氢电出席本次大会。今年是中荷建交50周年，长时间在中国工作，经常受邀参与活动，哪怕在线上也非常荣幸。近期欧盟批准了荷兰氢电燃料电池工厂，这也是今天要介绍的项目，荷兰氢电吉瓦工厂坐落在荷兰氢电总部的旁边，该工厂秉承欧盟公布的氢气制储运加核心理念，开创了欧盟地区大功率低成本燃料电池生产的先河。欧盟面临着储能电池、光伏、风能等新兴行业落后的现状，吉瓦氢能工厂让我们在氢能方面有机会分一杯羹。

荷兰氢电已经成为欧盟甚至全球在大功率、长寿命、低成本燃料电池领域的领先公司，公司发挥地理位置优势，集合燃料电池核心材料、生产工艺、配套系统等的供应商资源，环环相扣，坚决打造钢筋铁骨的核心团队，在固定式燃料电池领域积累了20多年的丰富经验。其中，在中国的业务也丰富多彩，联手荷兰贸易促进委员会创新联盟、东部氢能联盟等协会组织，坚持开放合作的态度，不断汇聚各方在氢能燃料电池方面的创新成果和优势资源。

成立于1999年的荷兰氢电，在氢能方面已经实现了3个世界首创。第一个方面，全球第一座功率超过1MW的固定式质子交换膜燃料电池系统；第二个方面，全球运行时间最久的燃料电池系统；第三个方面，全球功率最大的燃料电池系统。功率最大的燃料电池系统是在中国的项目，在中国东北辽宁省投入使用，这张照片就是荷兰氢电在辽宁做的2MW燃料电池发电系统，是全球功率最大的。荷兰氢电新建的吉瓦工厂，不但能生产创造性能极佳的燃料电池产品，还可以作为中国燃料电池产品进口的良好选择。近期公布的吉瓦工厂是大型燃料电池走出实验室、走向商业化的里程碑。就欧盟地区近期重要氢能相关政策，先做一个简单介绍。有欧洲绿色协定、欧盟氢能产业发展计划（2020年公布）、氢能重塑欧洲项目，以及成立欧盟氢能协会。工业政策旨在创造就业岗位，并加强绿色能源及能源安全。2019年欧盟发展策略高峰论坛公布的关键核心技术中，瞄准氢能为重点发展方向之一。

关于荷兰国内氢能行业的情况，欧洲氢气生产中15%来自于荷兰，荷兰年度需求大约是1300万吨氢，荷兰合成氨气的每天生产量大约是1200吨，荷兰化工行业规模和德国差不多，但是荷兰人口比德国少很多。荷兰是欧洲第二大产氢国家，荷兰氢能相关高校院所也很发达，鹿特丹港具备多地氢气充放设备，也是国际大港口之一。荷兰附近有比利时、德国，这些国家都有很大的氢气需求，是非常大的潜在市场。中荷合作不断加深，多家中国公司在荷兰设有氢能研究院，与荷兰高校院所设立交流项目。另外，吉瓦级氢能燃料电池生产即将开工，荷兰氢电先进燃料电池生产中心将要破纪录，成为欧洲首家兆瓦级甚至吉瓦级的燃料电池工厂。吉瓦工厂会落在阿纳姆总部旁边的工业园，吉瓦氢能工厂预计2023年竣工投产，2026年达到额定产能。

当前，全球工业脱碳刻不容缓，不管是欧洲绿色能源新协定还是中国的双碳目标，都需要氢能行业各家企业不懈努力。荷兰氢电吉瓦工厂将来会成为欧洲甚至全球的领先氢能燃料电池生产基地，我们为此而骄傲，但是一花独放不是春，荷兰氢电希望和中国的同行朋友携手共进，奋力推进全球氢能行业，一同拥抱全球需求，共同行动，加强合作。谨代表荷兰氢电再次感谢大家！

谢谢！

氢能是中国能源自给的有效保障

冯宪高　中太海事技术（上海）有限公司总裁

> 阐释发展氢能的重要意义，特别是中国作为能源消费大国，石油资源对外依赖度过高，解决经济要发展、能源有需求及环境要保护等问题，氢能是最好的纽带。同时，强调依托西部、三北地区丰富资源，大力发展太阳能、风能制氢，以此推进氢能的广泛应用是必然选择。

主持人：非常感谢江海克先生分享了他们的项目和工厂建设情况，接下来有请中太海事技术（上海）有限公司副总裁、首席运营官冯宪高先生发言。

冯宪高：大家下午好！

我是来自中太海事的冯宪高，一直从事能源储运和调配，现在主要做氢相关工作。报告分4个部分，主要是中国氢能发展的必要性、中国发展氢能的资源禀赋、未来氢能应用的主要方式、中太产品在未来氢能当中的应用。为什么说要发展氢能，因为地球太热了，从1830年以来，地球温度增高了1.5 ℃，全世界要控制在2 ℃以下，最好控制在1.5 ℃以下，现在已经达到了1.25 ℃，中国作为一个大国，有义务参与全球气候保护。中国的能源消费也比较大，2021年全国消费标准能量52.4亿吨标准煤，煤炭占了消费的

56%，以煤炭为消费基础的国家，碳排放量相对来说比较大，去年排碳 107.1 亿吨，加速了用氢减排的步伐。

中国的原油和天然气一直是短缺的，进口了大量原油和天然气。2021 年进口了 5.13 亿吨原油，对外依存度达到了 75%；进口了 1700 亿立方米天然气，对外依存度达到了 45%。碳达峰碳中和是承诺，也是必须实现的目标，体现了大国担当，这是碳中和目标下未来煤、天然气、石油消费的推进图，能源消费，未来都是以光伏和风能的形式补充进来。

习近平总书记在考察胜利油田时强调，中国作为制造业大国，要发展实体经济，能源的饭碗必须端在自己手里。经济要发展、环境要保护，发展氢能是解决上述问题的最好的途径。

中国发展氢能的资源禀赋：西北有丰富的太阳能辐射资源，适合发展光伏，面积达到 300 多万平方公里，最多的是西藏地区，辐射能量大约有 80 亿焦耳，量非常大，乌鲁木齐塔里木沙漠的 33 万平方公里，也非常适合发展光伏；三北地区有丰富的风能资源，适合风力发电，可发展风能面积达到 400 多万平方公里。

2021 年全国电力工业统计数据显示，全国装机容量 23.8 亿千瓦，风电装机 3.3 亿千瓦，太阳能发电 3.2 亿千瓦；2020 年全国的发电量是 8.2 万亿千瓦时，风电和光伏达到了 9785 亿千瓦时。短短 10 年时间，每年以翻倍的数量增长，设想未来 10 年，中国的光伏和风能发电量会达到什么水平。库布齐沙漠的光伏发电，非常大。此外，从地图看，黑河到腾冲左侧占了 64% 的国土，只有 7% 的人口；右边是 36% 的国土，占有 93% 的人口，大量的能源从西部运输到东部，天然气输送和电力输送都是如此，东部是用能中心，西部是产能中心，包括光伏和风电，未来以氢的形式通过管道运输。

根据《中国氢能源及燃料电池产业白皮书》统计，绿氢逐步替代灰氢，最终占比达到 70% 左右。未来氢能应用的主要方式，首先是合成氨及甲醇，其次是混合在天然气管道当中，作为燃料来使用，将西部的氢送到华东华南华北这些地方。以氢氨或甲醇的形式，同火力发电的燃煤锅炉混烧。风电光伏最终兜底保障靠火电，火电大量排放二氧化碳，未来必须改变燃料形式，氢或氨是最好的方式。氢气炼铁，2021 年炼铁行业排放的二氧化碳 18 亿吨，未来逐渐改变为以氢炼铁。

有关中太的产品，首先是液氢常压储罐，做了小型试验，也取得了成功。为了保证电网平衡，通过氢来发电，给电网提供电源，所以开发了地下储氢系统。管道储氢系统要跨越能源界限，必须通过管道，联合中石油管道局，推进一条从乌海到呼和浩特的管道，这条管道正在启动。关于重卡燃料供给系统，现在供氢的主要方式还是高压气氢，储备太少，不适合重卡长途运输，所以开发了液氢储罐系统，现在液氮试验已经成功，将马上进行液氢的试验，成功以后在重卡上推广，将液氢推广到全国。

谢谢大家！

荷兰氢气运输领域的最新发展

Julio Garcia　荷兰新能源联盟（New energy Coalition）氢能项目经理

> 氢能作为绝佳的零排放能源载体，可通过100%可再生能源制造零碳排的氢气，也可利用氢气帮助工业和建成的环境实现脱碳，进而用于交通运输以减少碳排放。同时，介绍荷兰氢能项目发展情况，以及荷兰氢气在运输领域的最新应用进展。

主持人：感谢冯先生的分享，接下来有请荷兰新能源联盟氢能项目经理Julio Garcia先生。

Julio Garcia：大家好，感谢主办方的邀请，很高兴参加这次活动。首先介绍一下自己，我所供职的机构新能源联盟，是产业集群机构，我在绿色能源和氢能部负责科研和项目开发，参与了众多国内外项目，包括欧洲和其他一些国家或地区，参与了不同级别的工作，包括项目协调、项目管理、研究、沟通、推广等。其中，第一个氢谷项目，从零开始逐步构建开发的项目；此外，还有智能能源岛项目、智慧城市项目、碳捕集和城市项目及HyDelta项目。

关于荷兰氢能经济发展机遇，在我看来，氢能是绝佳的零排放能源载体，在座各位也认同这一点，可以通过100%可再生能源制造零碳排的氢气，也可以利用氢气帮助工业和建成的环境实现脱碳，还可以用于交通运输减少排放。

关于未来荷兰氢能经济的发展，将有众多氢能用户和生产企业，使用和需求通过输氢网络来连接，2021—2022年，荷兰政府批准了HyDelta项目，拨款7.5亿欧元建立了输氢网络，到2030年实际输氢规模将达到15 GW，主要原因之一是荷兰决定逐步减少国内天然气开采和运输。2030年将建成输氢骨干网络布局，以及荷兰输氢网络和欧洲输氢网络的衔接，形成覆盖欧洲的大规模输氢网络。但是氢能经济不仅是骨干网络，荷兰还开展了其他项目，包括储氢，将规划盐穴储氢。储氢技术开发公司正在计划开发Hystrok项目，第一座盐穴将在2027年就位，预计2030年储氢盐穴会增加到4座，总储氢量达到2.4万吨。氢能经济不仅是修建管网，也关乎消费需求。在部分试点项目当中，将在2029年率先为居民住宅提供氢能，按规划试点将陆续于今年逐步展开，主要目的是证实，建成环境当中氢能应用是安全而且可行的，并同时创造氢能消费需求。

荷兰使用天然气管网输氢的挑战有哪些？这些市政紧靠输氢网络，居民住宅试点项目当中，住宅将接入氢气，接入住宅的低压输气管路需要就位，希望建成完整的高低压输氢管网。使其不仅用于住宅，而且可以用于运输和工业领域。无论规模大小，工业都将面临减排脱碳需求，氢能成为工业脱碳的手段之一。目前，最大的挑战是什么？将氢气引入天然气网络，通过强制性应用创造市场需求，氢气的安全性和管网部件的兼容性非常重要。

关于HyDelta项目，其是推动荷兰向氢能经济转型的综合科研项目，首先介绍一下HyDelta1.0联合体，该联合体组建于2020年，负责改建现有天然气基建，以便用于输氢。HyDelta1.0聚焦输氢安全性研究，有三大主题，分别为氢能安全、天然气管网输氢、价值链。第一阶段项目于2021年12月启动，2022年4月结项，项目资金240万欧元，包括政府补贴和私营部门赞助。

HyDelta2.0项目覆盖面更广，包括氢能体系经济效益研究，实现2030年所规划氢能产能和消费水平所需开展的工作是重点关注点。此外，继续开展天然气管网输氢安全性研究，在高压管路方面，有一个专门负责研究天然气高压管路输氢安全性的专项，也有专项研究输氢管网的其他配套设施、材料应用、改造规划。在HyDelta2.0中，引入了氢能相关的社会和环境研究，需要研究的内容非常广泛。

随着研究方向的多元化，更加了解了氢能经济对社会的影响。第二个阶段项目于2022年5月启动，在HyDelta1.0项目下发表了240篇文献，2022年会发布HyDelta1.0项目报告，所有资料都是公开资料，可以前往现在展示的网址来寻找信息。例如，氢能管网运输安全性，其中部分结论涵盖了在英国开展研究的发现。只要获悉当地的规范和标准，这些研究成果可以适用于不同的国家和设施。技术经济性是国际通用的，环境结果可以经过推演，用于不同的地区。

感谢大家的聆听，大家有任何疑问可以发电子邮件与我们联系，谢谢！

3.2 主题讨论：电池与工业电气化

新能源汽车动力锂电池热点问题及解决策略

汤卫平　上海交通大学教授、上海前沿新能源电源技术研究院院长

> 阐释动力电池产业链中的热点问题，特别是碳酸锂原材料的供应、电池能量密度的提升及动力电池的安全性等问题，要解决这些关键性瓶颈制约，重点关注锂离子筛所带来的盐湖提锂技术革命，以及大力推动下一代动力固态电池的商业化。

主持人：现在开始第二个主题讨论，电池与工业电气化。有请上海交通大学教授、上海前沿新能源电源技术研究院院长汤卫平教授。

汤卫平：大家下午好！我是来自上海交通大学的汤卫平，现在兼任上海前沿新能源

电源技术研究院的院长，今天分享的是新能源汽车动力锂电池热点问题和解决策略，从4个方面和大家交流。包括动力电池的社会经济效应，动力电池热点问题、资源问题，现有锂离子电池问题，下一代固态电池问题。

今天的主题其实就是低碳，发展新能源汽车本身就是低碳的需要，也就是双碳政策的有力抓手。刚才冯总讲到，我国75%的原油是进口的，在能源问题上有很多能源危机。新能源汽车也是解决能源危机的非常大的措施，其不可缺少的就是电池，现在看起来，锂离子电池还是新能源汽车当中看得见、摸得着且最可靠的动力来源，这几年新能源汽车的发展带动了动力电池的快速发展。预计到2025年，仅动力电池市场就可达到1万亿元以上，如果加上电网的储能电池，锂电池产业将是非常庞大的产业，也将为社会带来很大的经济效应。

梳理锂电池产业链显示，我国产业链已非常成熟，有些还走在国际前列。但是最近产业链上有几个比较大的问题：锂矿、碳酸锂出了很大问题，碳酸锂价格暴涨，供应出了问题；续航问题，新能源汽车要求1000 km续航是标配；电动汽车起火问题等。

首先，看资源问题，我们认为到2025年碳酸锂缺口会达到400万吨，2021年的产量100万吨左右，碳酸锂缺口非常大，这是影响新能源汽车发展的非常大的问题。刚才讲碳酸锂价格暴涨，这对于电动汽车末端影响非常小，价格不是问题。从这个角度讲，后面的发展空间非常巨大，但是填补这400万吨的空缺不是容易的事情，碳酸锂的缺口到2030年之前，问题一直会持续存在。

问题出在什么地方？储量是没问题的，全球碳酸锂储量足以支撑新能源汽车发展（全球有4.78亿吨储量，如果加上海洋里的储量，更多）。问题在于锂矿和铁矿不一样，矿产当中含量非常低，把锂负极提取出来难度非常大，现在大部分锂储备在盐湖当中，加上盐湖本身成分非常复杂，从盐湖当中把锂资源提取出来成为非常大的难题。盐湖还有一个问题，盐湖都在高原地区，西藏盐湖海拔4500 m以上，没有电和水；现在在青海海拔3000 m左右的盐湖当中，有一些可以使用铝系吸附法等提取技术，但青海一年碳酸锂产量不足4万吨。

礼思（上海）材料科技有限公司有一项技术，把锂作为模板离子和化合物进行化合，然后再用酸浸泡，形成和锂一样大小的微孔，以极高的选择性吸附锂离子。从原理上讲就是酸碱反应，从动力学、热力学来看都有非常好的过程，这个技术实现了锂的非常高效回收，同时和现有的锂不太一样，现在的锂资源不是盐田晒出来的，而是完全从化工过程中提取的。以前是通过盐田晒盐实现的，现在在工厂里面就可以实现，当然也是非常环保的。晒盐的时候把水晒完了，就成了干的，我们一湖水还是原来的一湖水。有了这项技术之后，尽管5年之内锂资源还会非常紧张，但是后续会有解决方案。

关于锂离子电池，从电动汽车厂家来讲，要求就是续航里程长和安全，续航里程长就是要求能量密度高，动力电池在这方面做了很多改良。材料方面，三元、磷酸铁锂提升了安全性，从刀片电芯到短刀电芯，做了非常多改良，应该说在动力电池上有了非常大的进步，比如300 W的电池从目前的技术上来讲还是可以实现的，且部分300 W的动力电池已经开始使用了。但是现有电池机理是摇椅式机理，这是有局限性的，在这个机理上对锂电池再进行改良也只能是300 W，而不能超过300 W（现有结构是不行的）。整车厂的要求是400 W，但是400 W的电池需要一些新的技术体系来实现。

关于下一代锂电池，可称之为固态电池。固态电池有很多好处，把一些液体换成固体，从安全性来讲无疑是非常好的，因为固体没有烧和爆的成分，安全性非常高，同时又是固体，可以用原来不能用的高比能材料，具有长循环寿命等优势，这些优势从小电池来讲已经实现了，在实验室里面做成了微型固态电池，寿命和能量密度都可以做得非常好。但是作为动力电池还有很多问题，能量密度可以做上去，400 W、500 W都可以，但是在这个指标基础上再提升安全性、改良循环寿命的时候就碰到了很大的问题，所以未来从固态电池的角度讲，有几个方面的问题需要解决：材料，固态电池作为新型电池，材料方面还是不够的，还要开发一些新的固态电池材料；体系，改良界面上的问题，把电池的阻抗减少降低；采用能量密度更高的锂负极的一些材料。研究院实验室最近开发了新的固态电池材料，被行业专家称之为中国人发明的第一个新型材料，化合物本身是新的化合物，用在电池里面，是我国对电池行业的贡献。

小结：动力电池是发展新能源汽车的支撑；锂资源供给不足有可能成为限制新能源汽车发展的"瓶颈"，这个"瓶颈"五六年之后有望得到解决；动力锂电池还是新能源汽车的主要动力，但是能量密度和安全性还是一个"瓶颈"；下一代固态电池，我国在这方面走在前列，希望后续进一步发展好固态电池，为动力电池做出更大的贡献，谢谢大家！

低容量电池限制能源的创新和可持续性

Tim Aanhane　LeydenJar 公司商务总监

> 硅基正极材料是当前改良电池性能的颠覆性技术，正极材料的厚度可降低到现有材料的 1/10，可大大提高电池容量、缩小电池体积。相比传统材料制备的湿法工艺，提出的干法制备硅基正极材料方法，可方便快捷应用于现有电池生产设施，大幅度提升生产速度。

主持人：非常感谢汤教授的精彩演讲，接下来有请 LeydenJar 公司商务总监 Tim Aanhane。

Tim Aanhane：大家好！我是 Tim Aanhane，我代表荷兰 LeydenJar 公司讲讲硅基正

极材料。公司研发了硅基正极材料技术，提升锂离子电池能量密度是关键所在，包括可穿戴设备、消费类电子产品、电动汽车和航空产业，所有这些产业的可持续发展，都有赖于锂离子电池技术及容量的提升。但是仅凭传统电池技术和电池容量的提升路径，没有办法促进上述产业的发展，需要性能更优的电池来实现基于电池技术的可持续未来发展。

硅基正极材料是改良当前电池性能的颠覆性技术，关于原理，电池能量密度受限于电池正极、负极材料的研发相对普遍。目前，锂离子电池多采用石墨基材料，石墨基材料的锂离子存储量存在理论限制，将正极材料从石墨基转向硅基，可存储的锂离子数量是石墨基材料的十倍之多，意味着正极材料的厚度可以仅为现有材料的 1/10，又或者可以提高电池容量，缩小电池的体积。这是 LeydenJar 公司的技术。LeydenJar 公司于 2016 年在荷兰成立，源于一项薄膜太阳能电池技术开发，LeydenJar 公司用于生产硅基正极材料的技术诞生于 2016 年，目前团队有 45 人，在荷兰有两处设施，我们不断优化材料技术，生产基地位于荷兰埃因霍温。关于制造流程，采用干法制备，经过一个步骤就可以加工制作成硅基正极材料。首先，铜箔卷经生产设备展开，通过 PECVD 系统镀上硅基沉积物并重新成卷，硅基仅仅十微米厚，镀成铜箔卷直接运输给客户，主要制作软包电池，也制作纽扣电池，用于提升电池性能，近期我们打算逐步制作圆柱电池。

我们的生产机器为 PECVD 系统，PECVD 全称为等离子增强化学沉积，铜箔卷展开后经过真空柜，硅粒子通过沉积附着在铜箔上。生产系统有两个真空柜，可以实现高速生产，也可以进行双面沉积。真空柜里面采用混合气形成等离子，实现硅粒子在铜箔表面的沉积。生产流程速度取决于输入电力功率，相比传统的需要经过四五步制备的湿法工艺，干法工艺一步到位，可方便快捷应用于现有电池生产设施，生产速度也有继续提升的空间，需要调控的参数也大大减少，是一套可以轻松实现规模化生产的极简系统。

关于一步干法制备流程，无须供热或干燥，相比湿法工艺，耗电量要小得多。相比石墨，硅是非常清洁而且存量丰富的材料，加上生产流程只需较少的耗电量，碳排强度可以降低 85%，这不包括正极材料在可持续产业应用中所产生的排放，如电动汽车、电动飞机等。

接下来介绍一下如何抑制硅膨胀。鉴于制备的材料具有多孔的结构，像是花菜，硅的体积膨胀发生在柱状结构内，或者说之间，可通过多孔结构得到控制。如此一来，硅层整体不会出现体积膨胀，可以实现锂离子电池较为理想的循环寿命。虽然采用硅基正极材料制作电池，但主要还是聚焦硅基正极铜箔的制备，为此和电池生产商合作，把硅基正极用于生产，未来会考虑或许可使用生产平台，这样电池制造商可在电池生产设施中使用特有的专利工艺平台。

正极材料性能如何？电堆密度达到 1400 W，相当于石墨基正极电池的 70 倍，循环寿命进一步提升，达到 400 次循环，预计到 2023 年可以达到 800～1000 次循环。放电倍率方面也有优势，由于生产的正极材料只有 10 微米厚，非常薄，目前可实现 2～5 C，预计很快可以实现 10 C。正极材料可用于最常见的电池类型，可生产 1.5 A·h 样品电池，也正在和合作伙伴共同生产圆柱电池和更大容量的 100 A·h 电池，预计在未来一年内可以实现。

目前，公司正在和合作伙伴一同落地这项技术，以确保第一个应用事例成功投产，同时也愿意和电池生产商或 OEM 开展广泛合作，将高能量密度硅基正极材料推向市场，如果大家有任何问题，可以通过我们官网联络方式和我联系，希望有机会可以和大家见面，谢谢！

化学工业中高温工艺的电气化

Eric Appelman　Brightlands Chemelot 创新园总监

> 化工产业作为温室气体排放的主要来源之一，只有其中的部分能量可以回收。高温工艺的电气化作为解决方案之一，可实现二氧化碳的零排放，以及可提供高质量热能。但电气化转变还十分艰巨，需要实现大规模技术应用，还需要保障电力持续稳定供应。

主持人：有请 Brightlands Chemelot 园区 CTO Eric Appelman 先生。

Eric Appelman：大家好！今天介绍的也是我目前供职的机构，位于荷兰南部的 Brightlands Chemelot 园区，由当地马斯特里赫特大学及皇家帝斯曼共同开发建设，旨在专注于为化工生产发展的企业和研发机构提供设施场地。园区重点聚焦工艺流程、材料开发、生物医药技术。

要承认化工产业是主要温室气体排放的主体之一，减少产业排放，为子孙后代创造宜居环境，这是义不容辞的责任。化工产业的大部分排放来自能量生产，其中部分能量是无法回收的。化学专家都知道，部分热能转化到部分分子之后，这部分是无法回收的，绝大部分热能用于化学加热，促进化学反应的发生。高温制备后需要进行降温，以备后续使用。这部分余热需要去除，现在化工企业都拥有相应技术以实现高效余热回收，但是无法完全回收，这其中的复杂之处在于需要大量能源产生高温；回收余热的温度会降低，要涉及余热回收，热量损失是不可避免的。

高温工艺的电气化是解决方案之一：一方面可实现二氧化碳的零排放；另一方面能提供高质量的热能。因为将电力转化为高温热能相对而言并不是那么复杂，但是减排的挑战依然十分棘手，主要是因为使用高温的工艺流程，如蒸汽裂解、水泥和炼铁的生产，这些都是排放大户，也是减排困难户。可以毫不夸张地说，整个化工产业一半的能耗都来自于超高温流程，而电气化是这些工艺流程减排的解决路径。由于使用天然气或化学燃料成本低廉，虽然有替代技术，但是一直得不到应用。电气化技术有不同的类型，如等离子体技术、冲击波技术、电子加热技术、远红外辐射加热技术、电化学技术等，这些技术 Brightlands Chemelot 园区都有孵化和规模化发展，我们很自豪和各位分享相关成果。

我个人比较感兴趣和骄傲的是等离子体技术，它并不是当代的新产物，其发明可以追溯到 100 年前。强电流进行离子化，反应过程不仅可以产生高温，而且可将其创新应用于传统化学反应，形成新型化学制备流程。可直接通过等离子体技术使用甲烷制备 C2 化合物，长期以来，通过甲烷氧化使用 C1 制备 C2 化合物是业界比较头疼的事情，通过等离子体可以解决这一问题。还有一项技术可通过二氧化碳转化为一氧化碳，解决目前这一工艺难题。比较有意思的是，等离子体技术的 CAPX 比较低，且启停反应快，这对于高温流程而言并不常见。这项百年技术是在 50 年前广受青睐的。如今这项技术将再次重焕新生，研究团队刚刚启动项目，就得到了快速发展，也吸引了一批初创企业，如今园区已经建成了初具规模的等离子体研究中心。

是冲击波加热技术，利用电能加速气体流动，产生超音速气流，气体加速到超音速后，如果突然减速，就像后面的车辆无法穿过拥堵的车辆，在这个瞬间释放出极高温热量，这一过程产生的热量非常适合特定的工艺流程，如蒸汽裂解，不仅可获得高温，而且停留时间短，可避免不必要的间接反应。园区来自芬兰的 Coolbrook 是技术的引领者，他研发了冲击波装置，体积五米长、两米宽，这台装置可以为上万台裂解装置供热。采用电气化可以解决传统天然气碳排的问题，且装置体积紧凑，利用非常灵活。

此外，园区在推进另外一个冲击波制热项目，欧洲几家石化企业组建联合项目体，携手西门子和德西尼，采用冲击波技术，利用于石化企业超高温反应流程。比较传统的技术包括电阻加热和辐射加热，这里显示的是电阻加热，是日常使用技术，油炸机就是典型的电阻加热。电流通过导体，导体被加热，加热的导体将热能传导至周围部件，虽然常用于传统化学反应，但是可以产生较高温度，最高可达 1000 ℃。园区有企业和研究机构致力于电阻技术的开发利用，利用 1000 ℃ 的蒸汽裂解炉，还有间接电阻加热。就像在冬天坐的炉台上一样，同样是电流通过暖炉片，暖炉片作为导体受热，但不是直接对周围的空气进行加热，而是通过辐射将热量传送到体表。辐射加热可以用于大规模化工流程，现在辐射加热在于保温而不是加热，可有更多的应用潜力。但是并不是完全不能用于加热，园区内有企业在开展这两项技术的研发应用。

总结而言，为了真正实现化工产业的减排和脱碳，要通过电气化解决高温流程的供热难题，从而取代传统燃烧化学燃料的做法。好消息是，通过电气化提供高温热能是可行的，事实上要比使用化学燃料更加便捷，但是电气化转变的任务还是十分艰巨，需要实现大规模技术应用。

另外一项挑战不在化工企业的可控范围内,即要保障电力持续稳定供应,特别是可再生电力,如何生产可再生电力,且要保证全年无休的供应则是一大挑战。我个人没有明确答案,但是 Brightlands Chemelot 园区,拥有所有超高工艺的电气化相关的研发示范,目前也在逐步规模化落地。大家如果对此感兴趣,欢迎随时和我们联系,如果您恰好有技术需要进行转化或规模化,或者在未来从事化工产业其他相关工作,我们都竭诚欢迎您的到来,非常感谢您的聆听!

海南清洁能源储能与转换系统的研究与应用

邓意达　海南大学材料科学与工程学院教授

> 海南具有丰富的可再生能源资源禀赋,以及在研发清洁能源储能和转化系统方面的独特优势。特别是发展光伏产业,落成多个大型太阳能发电项目;开发风能资源,建立多个陆地和海上风电项目,有望打造500亿级风电产业链。此外,也可深度利用生物质能、潮汐能、波浪能资源,增进可再生能源资源利用。

主持人:有请海南大学材料科学与工程学院教授、教育部长江学者特聘教授邓意达发言。

邓意达:女士们、先生们,大家好!我是来自海南大学的邓意达,我的报告分为3个部分:第一部分是海南的地理环境和资源条件。海南位于中国最南端,四面环中国南海,和东南亚国家毗邻而居,海南宜居宜业,在工业发展领域有着得天独厚的优势,空气污染指数全国最低,环境优美、风光旖旎,全年平均温度20～33 ℃,是居住旅游的理想选择。

海南有丰富的可再生清洁能源资源,在研发清洁能源储能和转化系统方面有着独特优势:海南全年日照时间达2000小时,平均温度26 ℃,适合发展光伏产业;为有效开发风能资源,海南建立了多个陆地和海上风电项目。此外,海南在规划进一步利用生物质能、潮汐能、波浪能资源。鉴于可再生能源发电存在间歇性和波动性,要如何利用这些不稳定的可再生能源?解决方案之一是,将可再生电力进行有效储存,再进行并网输送。但是绝大部分可再生电力仍无法得到有效储存,会造成电力供应的极大不稳定。为此,电解制氢是另外一种能源转化路径,制备氢气直接用于燃料电池车,或者作为燃料进行化学合成,从而有效利用可再生能源资源。

第二部分关于海南在清洁能源应用方面的进展。海马汽车是海南规模最大的汽车制造商,最近海马汽车投建了第一个相关设备,其制氢电力来自太阳能发电,投入了大量资金、科研力量来开发氢能源电池,目前开发的氢能源汽车完成了路试,每台车有3个储氢罐、总储氢180升，总行驶里程800公里，超过了传统汽车的续航里程。除此之外，氢气可以作为化学合成燃料。杨浦经济开发区是海南最大的经济开发区，有10家企业和其签署合作协议，投入15亿元生产氢能。

太阳能光伏是利用光伏技术将太阳能转化为电能。目前，海南落成了多个大型太阳能发电项目，例如屯昌县20 MW项目，光伏发电占海南总发电量的8%，屯昌县农光互补项目达到100 MW，所产电力直接用于当地种植业、渔业及其他农业领域活动；开始建造屋顶光伏发电项目，所产电力不仅可以实现供电自给，余电还可以并网，这些项目大大促进了经济发展，提高了生态质量。海南还拥有丰富风力资源，目前建成了多个风力发电站。陆上和海上风电装机总量达到1300 MW和200 MW，风能发电量占海南总发电量的7%，海南计划2020—2025年打造500亿级风电产业链。海南也在积极推动新能源汽车发展。近年来新能源汽车年增长率达到91%，到2022年电动汽车保有量将达到全省汽车的50%。此外，在海南的所有加油站都已加装电动汽车充电桩。

第三部分关于海南大学在清洁能源储能和转化方面的研究进展。首先介绍海南大学，海南大学位于海口市北部，紧邻中国南海，成立于1983年，为"211工程"大学，大学现有大学生4.1万名，开设74个本科专业。鉴于水电解制氢尽管有很多优势，但是因为成本过高，每标方4.38元，84%的成本来自输入电力，为此研发高效电催化剂是推动电解制氢普及的重要突破口。海南大学研发了成本低、效率高、性能稳定的过渡金属基电催化剂，催化效率和贵金属催化剂相当，稳定性是现有商业电催化剂的20倍。此外，还研发了大规模制备工艺，可一次生产1公斤过渡金属基催化剂，且催化效果没有出现降低，目前正在进行商业转化。为进一步推动水电解制氢的商业化应用，研发了新型电解技术，并已实现可用于制氢的装置规模，在此研究成果基础上，携手海南核电进一步推动电解技术的研发和应用。此外，海南大学也与海马汽车携手合作，建设水电解制氢站。

储能装备研发是实现包括电动汽车在内新能源技术应用的保障，锌-空气电池的理论容量及能量密度是锂电池的几倍之多，这就意味着锌-空气电池在取代传统储能方面有着巨大技术潜力，锌-空气电池的安全性更高，而且应用成本更低，海南大学研发了平方米级别的空气电极，以及电解液循环系统。另外，研发不同类型的空气电池系统，可以满足不同功率的应用需求，锌-空气电池可为LED设备供电100小时，还研发了海水电池系统，与其他企业合作，共同研发大规模海水电池，以及深海和公海海域监测系统。

在此要感谢来自天津大学及海南大学的科研团队成员，也要感谢科技部、教育部对项目的资助，感谢所有合作方的帮助，感谢您的聆听，谢谢！

4　主旨演讲

能源转型

Nico van Dooren　鹿特丹港务局新业务总监

> 鹿特丹港是能源之港,为实现到2030年碳排放减少55%、到2050年实现碳中和的目标,要依托基础设施、开发新能源体系、原料转型、可持续的供应链、清洁等四大支柱,并在新能源体系开发、新原料开发方面,要有所为、有所不为,不断打造低碳未来。

主持人: 有请来自鹿特丹港务局新业务总监Nico van Dooren先生,他将介绍鹿特丹氢能基础设施,以及一些创新的举措是如何融合在他们的业务当中。

Nico van Dooren: 非常感谢给我这样一个机会来做演讲,今天我想说的是,在之前演讲当中,已经听到有一些嘉宾提到了鹿特丹港。我首先简单介绍鹿特丹港,然后详细说说我们不同领域的一些项目。

首先,简单看一看鹿特丹港,今天的主题需要来说说鹿特丹港,其实它是欧洲的能源之港,大约13%的欧洲能源是经过鹿特丹港运输的,1/3的德国能源经过鹿特丹港运送。目前,所有能源是化学燃料,因为里面包含了很多碳排放,这些数字使得我们有责任参与到应对气候变化中来,有责任实现碳中和目标。

在2017年,我们和产业界一起进行了两项大型研究,寻找如何让整个港口实现去碳化,一年之后寻找交通去碳化路径,从鹿特丹到中国的运输,或者到其他内陆国家的运输,如何实现去碳化,这些研究让我们有了整体了解,知道需要采取怎样的行动,以及目前有哪些技术是可以应用的;怎样的创新是我们需要做的,帮助我们实现2050碳排减少的目标;需要很多创新,以便在鹿特丹港应用,实现保障不同的供应链、实现创新升级。

比如氢能运送,很多中国伙伴也提到了电气化,而我们做的就是把这些都综合在一起,提出实现整合之后的融合方案。我们所设立的目标,涉及有四大支柱,希望能够实现,这个方法可以让我们在2030年实现碳排放减少55%,到2050年实现碳中和。

第一个支柱,关于基础设施,港口及港口和产业连接的基础设施;第二个支柱,开发新能源体系,将碳、石油、天然气这些能源转型到可再生能源,这也是氢能发挥作用的领域;第三个支柱,原料转型,从原油转向废物,如固体废料、碳废料等;第四个支柱,可持续的供应链、清洁运输,包括海路和陆路的交通运输。

第一个支柱,我们正在开发六大基础设施项目,这些项目关注港口内的氢能,在建立一个氢能运输管道，不是港口内，而是连接港口和欧洲其他地区的管道，包括直达德国的运输管道。此外，需要一个强大的电网，很多电气化方案，今天也有很多介绍，这些都需要强有力基础设施支持。油气用的碳捕获和储存系统可以储存二氧化碳，在这些油气田当中，港口有很多余热网络，港口外也有，需要连接起来，让整个体系更加高效。最后就是去碳化，实现来自炼气厂的氢能提炼和生产。可以看到，新能源需要新基础设施，现在我们用很多油气田储存碳排放，基础设施也连接欧洲很多其他地方。

第二个支柱，新能源体系。我们关注的是风能、太阳能，但是如果看一下数据就会发现，未来只靠风能、太阳能是不够的，所以氢能也占了非常重要的位置。在氢能开发方面，设立的项目建立起整个氢能价值链，从生产电力、离岸的电能连接到港口，通过电解氢能，离岸生产氢能，海王星做的就是这样的工作。所有这些元素都在整个氢能价值链上，可以达到10%的本地化生产，90%清洁氢能还是需要进口。所以总体来说，和荷兰皇家孚宝这样的公司一样，我们有氢能进口计划。在体积方面做过计算，从进口氢能开始，看一下有什么能效政策，然后转化为未来需要多少的氢能。总体来说，2050年需要2000万吨的氢能。我们的项目首先需要升级所有的基础设施以适应这些需求，最初的措施已经在进行当中，包括在港口建立第一个电气化氢能储存生产体系。

接下来介绍乌克兰危机之前和之后的对比，危机之后欧洲需要实现能源转型，需要的能源转型速度比之前更快。之前提到了不同形式的氢能是目前所需要的，预计需要2000万吨的氢、9300万吨的氨和5600万吨的原油，但现在只有100万吨的原油，所以需要能效路径，实现从100万增加到5600万吨的原油，才能有足够氢能来满足未来需求。壳牌已经开始生产建设电气化系统，2024年会上线，最晚也会在2025年上线，我们的基础设施到时候也会上线，计划一直到2030年，是很大的项目，现在方向是非常正确的。

第三个支柱，原料转型。从化学燃料转型，这方面需要把废物作为原材料进行循环，也需要生物废料作为原料，这一产业链需要氢能作为原料。基础设施是可以满足这一策略的，利用基础设施实现产业转型。有两个例子：一个项目在鹿特丹港已实现了，和壳牌、Enerkem一起做的，把废料做成飞机燃油；另外一个项目是Neste，一家芬兰公司，把生物基材料做成飞机燃油，大约是200万欧元的项目。还有很多这方面的例子，但时间关系就不详细介绍了。

第四个支柱，可持续的供应链、清洁运输。较早的时候，听到马士基提到了各种类型的方式和方案。在海运方面，马士基已经做了详细介绍，如果细分一下，90%的碳排放来自远洋运输，这也是需要和国际伙伴进行合作的地方，这些大的航线是从中国到欧洲，需要一起努力才能实现碳减排。目前，在港口已经做了一些工作：如将离岸电力系统和风电系统连接在一起，这些离岸设施可以直接把电能输送到港口，这也是世界上目前最大的类似设施；内河运输，这是用电来驱动的船只，船从荷兰的内河航行到鹿特丹港，通过这样的方式可以实现15%的减碳，就是因为用的是完全清洁的电能。

最后讲一下我在今天研讨会上学到的，现在有很多技术可以帮助我们实现目标，也有很多创新能让我们实现气候目标，非常感谢大家的分享，期望和大家紧密交流，共同应对气候变化，谢谢大家！

5　圆桌论坛：推动、投资和连接能源转型——顺应潮流还是成为主流？

参与圆桌讨论的嘉宾共有6位，主要为荷兰外商投资局Roya Zhang，绿色技术银行副总经理余峻，鹿特丹港务局中国首席代表邹俊善，上海交通大学汤卫平教授，荷兰外商投资局Vivien Chu，落基山研究所Li Shuyi。

主持人：在场的各位嘉宾、线上的朋友们，下午好！即将开始讨论环节，建议大家以热烈的掌声欢迎参加论坛的6位嘉宾上台！下午的讨论环节是推动投资和连接能源转型，之前的演讲嘉宾已介绍了很多这一领域的技术和解决方案，现在想进一步和6位嘉宾探讨，怎样从不同角度综合解决要面对的能源转型问题。首先，请各位嘉宾简单介绍一下所在机构和能源转型之间的关系。

Li Shuyi：各位嘉宾、各位专家下午好，我介绍的是来自落基山研究所的工业机构脱碳项目，我们是一家独立的智库，成立于1982年，同时识别和规模化能源转型系统方案，创造清洁零碳未来。项目涵盖工业、电力、建筑、交通、城市等领域，我们主要为政策制定者、专家、行业，提供解决方案，助力中国的脱碳进程，今天的分享更多是基于我们在重工业难减排部门的能源减排工作，非常感谢参与，非常期待接下来的讨论。

Vivien Chu：刚才我同事做的分享里面，对我们公司做了一些介绍，除了传统的石油化工领域之外，我们还从10年前就开始探索LNG相关基础设施建设和开发，在全球有4个项目，其中一个项目在中国香港，是建立第一个LNG浮式接收站项目，为香港能源安全、脱碳和清洁能源发挥重要作用。我的同事介绍了在荷兰的新能源和绿色能源项目，现在在中国投资了7个石化园区基础设施项目，希望与中国合作伙伴一起，把荷兰的新能源项目和应用经验分享给中国石化园区和中国相关新能源领域。

余峻：我来自于绿色技术银行，2016年中国签署《巴黎协定》，为履行国家承诺，成立了由科技部和上海市部市合办的组织，推动银行建设并将其落在上海。公司定位是国家绿色低碳战略的践行者，主要从事绿色低碳金融和工作。刚才严先生介绍马士基给了我们一个邀约，有关绿色甲醇。我们作为一个平台公司，主要业务模式是股权投资，对行业进行评估后发现是一片蓝海，特别适合做一些行业推进工作，技术+金融整合，做新行业的开拓者。因而，绿色技术银行接受了这个合同，目前项目处于立项落地阶段，第一个项目落在上海。同时我们也提出了绿色低碳伙伴计划，我们觉得很多技术商业化的过程，需要一个生态圈，今天非常荣幸接受邀请来参与交流，同时我们也非常欢迎国内外各界朋友共同参与绿色低碳践行,来创造更多商业项目。

汤卫平:我是来自上海交通大学的汤卫平,很高兴有机会参加和荷兰同行的学术交流,我们团队里面也有从荷兰留学回来的学生,这方面的国际交流确实做得非常多。我的工作主要是做锂,称之为"锂想事业",从锂的源头开始做,从锂资源提取到锂材料合成,一直到锂材料集成做电池;同时,也做后端应用,包括锂在动力系统和电网储能中的应用,做锂的研究链。

我1990年到日本待了20年,2021年回来之后在国内应用方面做得比较多,在锂资源方面已经有一个初创公司,在盐湖提锂和海水提锂方面走在国际前列,希望在这个领域能为全球锂产业做出一些贡献。此外,关于固态电池,这是后锂离子电池时代,也就是下一代锂电池,这部分工作,对于电动汽车发展会有比较大的影响。从续航里程、安全性上来讲,这是一个非常好的选择。今天非常高兴,期待在圆桌会议上有比较深入的讨论,谢谢大家!

Roya Zhang:大家下午好,很荣幸参加今天的圆桌会,前面几位都是专家,我本人不是专业的,想代表荷兰政府机构介绍一下相关情况,我来自荷兰外商投资局,隶属于荷兰经济事务和气候政策部,是专门吸引海外优秀企业去荷兰投资的政府机构,和所有荷兰政府机构一样,我们的总部在海牙,但是主力团队都分布在海外,常驻荷兰海外的使领馆,在中国常驻北京的大使馆和上海、重庆、广州的总领事馆。我常驻在上海,负责华东地区的招商引资工作。为什么这次来参加活动?因为新能源这块也是将来我们会努力追求的方向,希望越来越多的与新能源相关的中国优秀企业能意识到荷兰的重要性,以及今后在全球化发展当中能起到的关键作用,因为荷兰确实是欧洲的门户,不光是物流门户和欧洲总部,更重要的是研发和新能源全球化的总部。希望今天的探讨能给我更多灵感,希望大家以后更加关注荷兰这样一个特殊的小而强大的国家,谢谢!

邹俊善:我来自于鹿特丹港务局,刚才我的同事已经对鹿特丹港情况做了介绍。鹿特丹港曾经是世界第一大港,吞吐量曾经是世界最大的,最近几年中国港口发展比较快,但是鹿特丹港依然是欧洲最大的港口,也是欧洲的门户港。讲到门户港,实际上进入欧洲内陆国家,包括德国、法国等,如通过鹿特丹进入,在很大程度上会更加便利,这是第一点。第二点,鹿特丹港务局和中国国内港口集团之间还是有一些区别的,鹿特丹港务局在绿色能源、能源转型、低碳、低排放等方面的发展,与国内港口集团是有一定区别的。我本人今年年初被任命为鹿特丹港务局驻中国首席代表,在航运圈工作了36年,主要在航运公司工作,过去4年主要从事船舶技术管理,接触到低碳、零排放、脱碳等,包括现在方兴未艾的船舶燃油问题,马士基的同事讲了新的燃油,现在市场上有很多种方式,LNG、氢能源、氨气等,这些都是航运业适应能源转型的手段。作为港口集团,希望在能源领域和业界同仁共同努力,今天非常感谢有这个机会,来听一下各位专家阐述如何进行能源转型。谢谢!

主持人：非常感谢，听下来行业经历最长的有 36 年，我只有 6 年经验，你们都是我的前辈。下面我准备了一些针对性的问题：首先从能源转型开始，前面讲了落基山研究所为中国做了很多工业脱碳路线图，我们想向 Li Shuyi 请教的问题是，制定路线图有何作用，以及路线图落地怎么样达到最好的效果？

Li Shuyi：说到路线图，从现在国内的双碳目标来看，提 "1+N" 政策的时候经常提到两图一表，即路线图、施工图、时间表。近两年，落基山研究所在中国重工业方面开展了几个分行业重工业脱碳路线图研究，2021 年 9 月发布了钢铁行业路线图，下周会和欧洲水泥协会发布水泥路线图。针对这几个路线图想尝试回答几个问题：

第一个问题，需要把转型目标图景勾勒出来，如提到碳中和，更细致一些，对于不同行业的碳中和和能源转型，最终能源供给和利用形式是什么样的。

第二个问题，从现状到目标实现的步骤如何，要回答谁要在什么时间，去完成什么事情这个问题。所以思考这几个重点行业路线图的时候，主要是关注重点，希望可以和各位分享：技术成熟度、经济成本及资源可得性。

从时间维度来看，技术成熟度和经济成本都需考虑。以钢铁行业为例，短期内可行的方案是提高基于废钢电镀钢的占比，此外，因为国内钢铁生产设施比较年轻，还只到运行寿命的 1/3 左右，需要在既有资产上追加固定投资，如 CCS 或采取提高能效措施以实现减碳，充分利用已有年轻设备去避免资产搁浅。在中长期更多关注大规模地发展绿氢、CCS 等颠覆性技术，同时对颠覆性技术的研究和试点需要从近期开始做，路线图可以帮助我们回答时间上的问题。

从空间维度来看，不同地区资源可得性和对应成本是不一样的，绿氢成本比较低的地区，更容易出现发展的机会。研究计算发现，当制氢绿电成本低于 0.2 元时，就更加有优势了，可以帮助我们选择具备条件的地方开展试点。从这个角度来看，对前面鹿特丹港同事 Nico 做的分享非常有体会，也觉得这是非常好的案例，实际上对于这种大规模集中式生产工业来讲，需要保证绿氢的可持续供应，包括对二氧化碳的利用等，这些都需要一个系统性的规划和基础设施建设，甚至是以零碳产业集群这样的模式去发展零碳工业，包括绿氢、碳捕集与封存等，这些都需要系统规划，然后落实到具体的利益相关方。所以路线图可以更好地帮我们回答什么时间该干什么的最优化问题，另外也帮助我们寻找早期机会，以及启发我们以什么样的模式去实现这些早期机会，我就先分享这么多，谢谢！

主持人：非常感谢 Li Shuyi 刚刚就鹿特丹港分享的内容，我在荷兰待过，鹿特丹港有很多值得借鉴的地方。下一个问题问鹿特丹港务局的代表，鹿特丹港现在的规划方式及经验，对其他港口或国内港口有什么借鉴意义，会不会直接影响到其他港口？

邹俊善：从两个方面来看，首先鹿特丹港务局的定位是半政府性质的，鹿特丹港务局范围里面有两块大的业务，一块是传统意义上的物流枢纽；另外一块是非常重要的工业综合体,这在中国国内港口,尤其是港口集团管辖范围里面不存在这块业务。在中国港口范围里面,港口主要企业就是码头装卸企业和物流企业,他们是纯粹企业的性质,所以在低碳、环保、新能源等方面,更多是有关法规要求的执行者,而不是推动者,这和鹿特丹港有很大的区别。

刚刚 Nico 提了鹿特丹港的情况,为什么鹿特丹港起的作用更加积极主动,因为其肩任的角色不一样。如果站在鹿特丹港角度来说,更重要的是其本身就是绿色、环保、低碳航运业或物流业的推动者和倡导者,我自己从事航运业接近 40 年时间,知道航运业是重污染产业,有很多大型企业,包括马士基、CMA、中远,有很多绿色环保措施,但是更大程度上都是受国际公约的约束,被动做的调整。比如传统燃油是重油,污染性很强。国际公约提出来要用低硫油,船舶公司不得不用,这里面有很多成本问题,所以过程是非常艰辛的,我做了 4 年船舶管理,为船东管船,船东一方面想接受公约,同时又要大量投入。这种情况下,需要像鹿特丹港这样的单位来倡导和推动这方面事情。鹿特丹港和新加坡港务局签署了世界上最长绿色航运走廊协议,倡导行业里面所有从业人员都要有低碳绿色环保意识。

国际贸易是国际物流的过程,现在很多发展中国家,包括中国很多客户,更多关心的是将货物从上海运到汉堡,或者说运到鲁尔工业区需要花掉多少运费,鹿特丹港最近推出了定舱网络系统,里面有选项,可以选不同的运输方式,最终得出运输方式产生多少碳,全球没有哪家物流平台可以这样做,这样做的目的就是唤醒大家的低碳意识,在运输产品过程当中,实际上已经给地球造成了破坏,但是可以做出选择,可以选择走水路,比如从鹿特丹港走水路到欧洲中部地区,也可以用卡车、火车,这 3 种运输方式产生的碳排放是不同的,这种情况下,觉得非常重要的就是,我们能够成为绿色环保航运的倡导者和推进者。同时,有关新能源的生产和使用者。鹿特丹港是工业综合体,氢气的生产、运输、储备就在业务范围内,是一个集合。但是鹿特丹港自己不会生产氢气,也不会把氢气生产转换成其他东西,而是这个过程的集成者,包括规划、优化、土地使用批复,以及在过程当中给他们提供服务,在港口综合体里面,有各种各样与能源相关的生产、物流、储存企业,我们能够让他们更加有效率,在过程当中达到真正意义上的低碳环保,所以我们的业务更多的是一个集成。从这个角度来说,鹿特丹港是值得中国港口学习的地方,现在和中国港口负责方不断交流的几个方面中,首要是绿色环保、安全生产、自动化,我们希望达到全球共同推动绿色环保航运的目的。

主持人:我注意到,今天很多分享都表明,企业、港口、机构起的作用都是主动带领。下一个问题想问一下荷兰皇家孚宝集团,据说是需要运营 100 年以上才能拿到皇家这个标志,皇家孚宝公司有 400 多年历史,肯定做对了一些事情,才能一直带领着行业进行转型,问一下 Vivien Chu,低碳能源载体已经可以取代传统能源载体了吗?

Vivien Chu:非常感谢提到皇家孚宝集团的悠久历史,我们是于 1616 年在阿姆斯特丹成立的，现在有 400 多年历史，公司员工非常为我们的悠久历史感到骄傲。

说到能源载体，公司一直都是从事港口相关的码头、仓储基础设施和石油化工天然气等业务，所以打算以海运燃料为例来谈一下。最近几年，海运燃料低碳化是非常热门的话题，大家非常关注，而且我们做港口基础设施，航运行业变化对于我们来说也是息息相关的。

刚才邹总提到了整个航运行业近期的变化，特别重要的变化就是 2020 年 1 月 1 号开始，国际海事组织（IMO）颁布的脱硫或者说控硫条例已经正式实施了，原来船用燃料的硫含量要求从 3.5% 降到 5‰，很多航运公司和船舶行业做了积极改进，对船舶进行改造，如做脱硫塔、使用低硫燃料油和氢制燃油，还有用天然气作为船舶燃料。

另外，整个能源转型和船用燃料转型的过程，一直都是持续不断进步的过程，在未来一段时间从中期、短期和长期来看，非常同意马士基刚才的分享，认为甲醇将来会是比较好的传统能源替代燃料，从刚才马士基的演讲当中也可以看到，其优势就是船用甲醇可获取性非常高。2021 年全球甲醇产量达到 1 亿吨，作为传统的化工产品、化工原料，是其最主要的一种应用，将来用来替代一部分能源也是非常容易实现的。实际上，甲醇减少二氧化碳排放达到 20%，硫含量会降到 0，有毒颗粒含量也会降到 0，这些都对减碳有非常大的帮助。传统甲醇生产还会产生二氧化碳排放，下一步希望余总这样的投资公司给予更多投资和更多支持，研究绿色生物质甲醇，帮助在甲醇生产过程当中减碳。

其他船用燃料，提到了绿氨，感觉绿氨下一步发展空间很大，其燃烧过程当中没有二氧化碳产生，所以说是非常绿色的清洁能源，可以作为非常有效的氢的载体，能够帮助氢解决运输和储存过程当中的难题，只是目前绿氨还含有一些毒性，在应用过程当中对于金属物质会有腐蚀性，这是下一步需要解决的问题。

关于氢能源，我们觉得下一步大规模应用可能还是以产地为主，刚才有嘉宾介绍过用氢来发电，还有氢可以调配到天然气当中，做家用燃气，还有工业使用。作为船舶燃料，会是更长期的选择。比如，有一些电动船舶，选择氢燃料电池、锂电池作为船舶动力，和车用市场异曲同工。电动车市场一般都是小型轿车用锂电池比较多，大型重卡有载荷问题。同样的，小型船舶距离短，点到点，非常适合电动船舶应用；大型油轮运距非常长，荷载要求非常高，下一步动力电池的应用还不具备这方面优势，这只是我个人观点，谢谢！

主持人：刚刚提到了绿色技术银行的项目，投资能源转型，下一个问题问余总，为什么对绿色技术的投资是好投资，大家通过什么方式可以进一步改善能源投资？

余峻：人类社会的进步就是长江后浪推前浪，年轻人希望创新希望挑战，国内讲内卷，常规赛道已经被一些学有所成或事业有成的人占据的时候，年轻人就没有出路，所以发现层出不穷的创新团队和年轻人，试图找到一个机会，颠覆前辈的成就或者说赛道。

能源行业是非常好的行业，靠山吃山，会延续很多代，如何破局，如何让后来人有新的赛道？很有意思的一点就是能源创新。照理说，绿色技术银行是有投资能力的技术公司，原则上是投一些小而美的公司，但是马士基邀约，去年年底和我们初步接触，3个月后就把协议签了，当时评估这个行业后认为甲醇是一片红海，中国甲醇的产能是2亿吨，2021年中国卖了多少甲醇？6000万～7000万吨，而且是作为化学中间体，去说服一个甲醇化工从业人员参与风险投资的时候，当时和他讲，你是做化学品的，现在让你做能源，他一直不理解，甲醇还能作为能源？今天咱们再回到这个话题，他们一直认为甲醇是最简单的有机化工原料，是一片红海。2008年产能是5万～10万吨，现在是100万吨起步、300万吨封顶，我们问中化集团，能不能给建一个5万吨的甲醇项目，能不能做出来？价格好商量，后来发现这是一片蓝海，这个事情干起来后就是全球领跑者。因此，找中化集团作为第一大股东，咱们共同来做这个项目，创造一个赛道，让更多的人参与到里面，如果想颠覆中石油、中石化，如果发展汽油柴油煤油永远没机会，但是干甲醇，两年之内、三年之内，甲醇行业一定会被接受，三桶油也会跟着转型，但中化集团两三年后已经跑在路上了。

所以说，能源行业的革命也是必由之路，特别是产业升级，对于中国来说，现在的资本方特别缺思路，这样的平台公司更多的是资源整合，营造一个生态圈，让有钱的人有能力的人坐在一起干共同的事业。回到前面说的一句话，特别致力于生态圈的营造，大家达成共识，正好马士基提出了需求，借这个机会把中国绿色能源事情往前推，交通运输部、上海市交委拉着中国船级社，共同制定中国的行业标准、绿色航运标准、燃料行业标准，这方面大家达成共识了，相信中国在绿色甲醇制造领域一定会全球领先。同时，欢迎在座各位有识之士与我们共同探讨"1+N"，需求量非常大，短短这一段时间，许多外资企业、航运业主动和我们提出合作。我们走到了行业的前列，也需要有更多的人愿意参与，共同推动这个事业。

主持人：非常感谢，余总讲了国内能源转型上的投资前景，特别好，下一个问题得交给荷兰外商投资局的同事，请介绍一下为什么投资荷兰能源转型项目，现在荷兰能源转型趋势是什么情况。

Roya Zhang：这个题目挺大的，而且我不是专家，从我收集到的信息来向大家介绍一下荷兰投资的情况，尤其是能源方面。荷兰处于西欧中心，很多能源企业会在荷兰建厂或设立研发总部，目前有720多家在荷兰设立工厂和总部。

至于能源方面，10多年前在荷兰设立的中资企业，都是传统的化石燃料企业，但这两年越来越多的新能源中资企业来咨询我们，如何去荷兰设立，也有部分已经在荷兰设立。从新能源这块来看，本身就是多元性发展，大概三四年前，太阳能企业会比较多一点，目前大多数是Top10的中资企业，也有逆变器企业已经和我们联系在荷兰设立。这两年又有一些新发展，包括新能源车企，越来越多的新能源车企和我们接触，包括上汽、蔚来、吉利，他们已经发现了荷兰对他们的特殊意义，都会在荷兰设立第一站，最重要的一站。这两年又发现越来越多做能源蓄电池及智能能源管理的企业，甚至在氢能方面，尽管国内刚刚起来，但是发现了荷兰的一些优势，也有兴趣在荷兰设厂或投资，而且我们发现这个趋势在不停加速。

关于荷兰本身的新能源发展趋势，欧盟制定了2050碳中和政策，荷兰作为欧盟最重要的一员，2050年目标也是国策，并制定成了法律，制定了《荷兰气候协定》，其中有几个比较重要的内容：荷兰政府首先制订了国内的减排计划，有几个数据，温室气体排放量要比1990年减少55%，超过70%的发电要来自新能源。现在是什么数据？2021年荷兰总发电量为1791千瓦时，新能源方面发电量同比增长22%，化石燃料降低了11%；新能源发电量占总发电量的33%，如要在2030年达到70%，还有七八年时间，这个时间窗口对于荷兰来说，也是新能源爆发增长的时间段，从太阳能、风能、氢能、生物质能来说，都在不遗余力推广和鼓励，出台很多补贴和政策来促进这块的发展。

荷兰已经拥有欧洲最大的离岸风电厂，还有欧洲最大的浮动太阳能公园，建立了欧洲第一个氢谷。荷兰政府还在不停投入资金以鼓励新能源发展，也持续关注水面+光伏的新型创新模式。在氢能方面，在荷兰的气候政策当中，氢战略占了非常重要的一部分，制订了减排计划，电解制氢要达到3～4 GW，计划2025年之前建设50个加氢站、15 000辆氢燃料电池车。据今年3月份数据，氢燃料电池车只有505辆，到2025年要达到15 000辆，氢能需要更加大的投入，对于海外企业来说也是非常好的机遇。

另外，提到荷兰新能源车的优势，在充电桩方面，密度世界排名第一，即使已经排名第一，荷兰政府预估2025年之前增加两倍，2030年之前增加八倍，对于充电桩、充电站相关的中资企业来说这也是非常好的机遇。荷兰是很多研发方面的热土，刚才提到了很多荷兰机构，如港口、百年企业皇家孚宝公司，以及做氢能源的研发机构，如果一些优秀中资企业想闯出一片蓝海，不光是在中国，也应该来荷兰看一看，这是我的一些看法。

主持人：非常感谢，下一个环节，大家各自分享一下面临的困难或问题，以及您认为这个问题怎么解决，时间控制在每个人两分钟。

邹俊善：我觉得这里面有很多困难，航运行业目前难度比较大的就是如何界定什么是清洁能源，大家可能会说什么都是，但是实际上LNG还是化石能源，甲醇是不是清洁能源，氢是不是终极清洁能源，没有最终定义，这是一个方面。发展新能源对于这个行业来说是需要投资的，一条船正常运营20～30年，这个过程当中燃料不断发生变化，主机能不能适应，这是比较大的挑战，暂时找不出解决方案。刚才马士基的朋友讲，希望一下子跳到清洁能源，那个是不是清洁能源？这是一个问题。

汤卫平：刚刚介绍了很多新能源的方案和方法，实际上现在全球都在发生新能源革命，有很多新能源种类，如甲醇、氢、风能、光伏、潮汐能、地热能，新能源形式非常多，应用也非常多。刚才讲到码头，码头是各种新能源应用的集聚地，有重卡类的，还有一个特点就是点到点,非常容易实现。实际上新能源种类非常多,新能源之间怎么融合,怎么样一起发展,哪个地方哪个用途最适合使用哪种新能源。锂电池与氢能,各有特点。能源怎么样融合,能源用在哪里更合适更经济?这是新能源以后发展非常大的契机,这也是需要大家思考的,现在的新能源给生活上带来了非常大的挑战,新能源改变了通信,现在又改变了交通出行,以后各种各样的能源都会加入进来,哪个能源最合适,这是我们面临的挑战,以后产业会给出答案。

余峻:我想阐述的观点是,百家争鸣才是春,任何一种能源如果是绝对地使用就是垄断,特别反感国内提的能源电气化,特别是完全电气化。新能源为什么多种多样,因为没有一个产品和技术完全占优势地位,另外,因为大家都存在优劣势,所以就有存在的必要性,就有不同的应用场景。所以我们投资的前提是已经假设好了商业场景,在新能源没出现之前就提到。能源价格体系决定用能方式,无论是电还是天然气、石油,不是哪个贵用哪个,因为价格体系会选择是用电还是用天然气。希望在不同应用场景下、不同的赛道上,各种新能源都有存在的必要性,让大家在市场上验证、在市场上迭代,30年后固化下来一些新的能源,这些新能源性价比比较高、可获取性比较好,同时又安全。这是由市场决定的,或者说由客户决定的,将来这个好东西一定会推广开来。目前各种能源流派,都应该允许存在,大家共同努力,创造一个更好的新世界。

Vivien Chu:荷兰皇家孚宝公司公司,主要项目都是投资石化园区,对于石化园区非常了解,现在石化园区面对的主要挑战就是碳排放问题,很多石化园区政府有一定的碳排放指标,很多因为指标已经用光了,一些新的比较好的产业不能投资进来,这是一个比较大的挑战。我们看CCUS技术,二氧化碳的捕集、应用、存储,现在大家说得比较多的是二氧化碳的捕集存储,这里面有比较高的技术含量,要有相应的地质结构才能进行二氧化碳存储。另外要考虑存储的安全性,如果造成大规模二氧化碳泄露,后果不堪设想。怎么把二氧化碳更好地应用起来?现在有一些新的技术在研发,包括收集二氧化碳之后,将其混在混凝土当中的应用;还有在研发二氧化碳的储能方式,或者说发电方式,希望这些技术有更好的应用场景,能够解决这些难题。呼吁各个化工园区,能够在这方面有更好的助力手段和支持措施,甚至出台一些相应政策,让研发成果下一步能更好地应用到实际的化工园区场景中。

Li Shuyi:我分享的是困难也是机遇,是非常需要的跨界解决方案,需要整体生态系统。分享几个比较具体的例子:我们关注的是重工业能源转型和脱碳,水泥行业脱碳中40%来自燃料燃烧,替代燃料最大的挑战不是技术问题,而是替代燃料的废弃物收集和处理系统不完善,这个解决方案不仅是水泥行业要解决的问题,还是整个生态系统要解决的问题,如回收体系的搭建等。这其实也是一个机遇,以德国为例,1985年德国的燃料替代率也非常低,但是后来经历了一系列非常快的增长,到2017年达到70%,其中的原因首先是欧盟国家完善了垃圾回收和无害化处理产业链,以及大多数国家颁布垃圾填埋禁令，实际上是水泥行业外的解决方案反过来推动了水泥行业的脱碳。

另外，钢铁、化工行业利用绿氢，很难保证绿氢能持续大规模地供给这些工业生产，跨界解决方案是什么？可能要依赖于大规模的基础设施，或者说一些储运方案，现在也在研究一个概念，即零碳工业集群，不仅是地理上如何把各种方案整合在一起，如CCUS和绿氢的可行运输半径是多少，一个集群的概念涉及如何把多方利益相关方协同起来，组成一个生态系统，把上下游串联起来，形成一个系统化解决方案。这方面非常期待和各位专家、同仁进一步探讨，看如何构建系统化的零碳产业集群解决方案。

主持人： 非常感谢，我个人其实希望专家们可以分享更多，我很愿意听，但时间太有限了，简单总结几个听到的关键词：

"技术创新，要多元化"，因为没有单一技术能够解决现在能源转型、目标实现的问题，所以都是综合解决方案。"没有最好的解决方案，只有最合适的解决方案"，可能每个行业、每个国家、每个技术面临的问题和解决方式都不一样，所以还是需要交流，包括国际上的交流、国内的交流，以及每个行业的交流。希望大家用热烈的掌声感谢嘉宾们的分享，同样的掌声欢迎荷兰驻华大使馆科技与创新参赞 Freek Jan Frerichs 上台给我们致闭幕词，谢谢！

Freek Jan Frerichs： 女士们、先生们，大家好！今天的讨论谈到了能源转型和相应创新，怎样带来一个低碳未来，我们了解了各自的目标和愿景，谈到了生产、使用低碳能源载体，比如氢和电池，荷兰和中国有很多值得互相学习的地方，两国需一起应对气候变化带来的挑战，找到创新的解决方案，期待看到在这方面的合作能够加强，今天的讨论中，提到了很多新想法，如果大家需要支持，请随时联系我或我的同事。同时，感谢主办方、感谢科技部、感谢上海市政府、感谢联合主办方绿色能源银行，感谢在座的各位和在线的听众，期待以后能够一起面对面开会，感谢大家来到这里，谢谢！

主持人： 非常感谢大家的到来，会议到此结束！

第 14 章

科技金融论坛：探路绿色金融

1　论坛综述

面对气候变化、资源短缺、人口老龄化等诸多挑战，经济长期可持续发展已成为全球共识。2021 年，中国双碳战略落地，掀起了一场涉及能源转型、产业转型、金融转型、生活方式转型的绿色革命，并将全方位推动经济社会高质量发展。绿色将成为未来中国发展的底色。中国向双碳目标迈进，绿色金融将发挥什么作用？如何做一家"负责任的银行"？如何通过创新型金融工具控制碳排放？要让全国碳排放权交易市场真正发挥作用，还面临哪些挑战？绿色金融风口来了，投资机会在哪里？2022 浦江创新论坛之科技金融论坛聚焦绿色金融领域发展的现状和问题，邀请多位嘉宾共同研讨，为我们提供未来发展思路。

2　主持人致辞

各位代表大家好，欢迎来到 2022 浦江创新论坛科技金融论坛，我是今天论坛的主持人杨宇东。由科技部和上海市政府共同主办的浦江创新论坛，创设于 2008 年，今年已经举办第 15 届，第一财经连续多年承办其中的专题论坛，每年都会邀请监管人士、业界专家、行业人士共同探讨科技金融发展的未来。今天，我们要讨论的主题是"探路绿色金融"。人类正面对气候变化、资源短缺、人口老龄化等诸多挑战，推动经济长期可持续发展已成为全球共识。中国双碳战略的落地，掀起了一场涉及能源转型、产业转型、金融转型、生活方式转型的绿色革命，并将全方位推动经济社会高质量发展。绿色将成为未来中国发展的底色。在这一过程中，企业主动求变，寻求绿色低碳发展，加快绿色转型或绿色升级，而积极发展绿色金融是一项重要的政策保障。这也引领着相关投融资行为，发展绿色金融成为金融行业的主旋律。

作为一家较早投入绿色可持续发展研究的专业财经媒体，第一财经长期坚持用专业的视角观察金融行业正在发生的这场新变局。今年 6 月，我们正式上线了第一财经可持续频道，绿色金融是其中一个重要板块，同时我们还对国内正在构建的绿色金融生态体系、长三角等区域绿色金融市场发展进行长期关注和报道。今天，我们以"探路绿色金融"为主题，邀请多位相关专家和行业人士，共同探讨其中蕴含的创新机遇和挑战。

3 嘉宾演讲实录

提升防范风险能力，促进绿色金融可持续发展

屠光绍　全国政协委员、上海交通大学上海高级金融学院执行理事

> 绿色金融风险包括气候环境变化引发的风险等多方面，防范绿色金融风险对于更好地促进可持续发展非常重要。我们应努力把握好绿色金融风险特征，坚持绿色金融与绿色经营的协调互动，完善绿色金融基础设施，健全绿色金融体系，提升风险防范和管理水平。

大家好，非常高兴参加 2022 浦江创新论坛，这次分论坛的主题是关于绿色金融，我主讲的题目是"提升防范风险能力，促进绿色金融可持续发展"。绿色发展、双碳目标自提出之后，引起了广泛关注，也聚集了越来越多的金融资源。绿色金融可以支持双碳目标的推进，进一步促进中国的可持续发展。我们一方面看到绿色金融发展势头非常快；另一方面，觉得绿色金融发展将是一个长期推进的过程。所以，如何更好地促进绿色金融可持续发展，在发展同时，防范风险，十分关键。今天，我将围绕这个题目讲以下 4 个方面：

一、充分认识防范绿色金融风险的意义

绿色金融的属性是金融。绿色金融体系、绿色金融服务要更好地围绕绿色发展、双碳目标来提供支持。既然是金融属性，那么绿色金融风险和绿色金融发展就是相伴相生的。防范好绿色金融风险是金融体系，尤其是绿色金融体系健康稳定可持续发展非常重要的基础。从这个意义上讲，防范好绿色金融风险，也是为了更好地保证、支撑整个金融体系的稳健和稳定。金融是要服务实体经济的，金融体系的稳健和稳定对整个经济的可持续发展、健康发展具有十分重要的意义。发展绿色金融是非常重要的战略任务，绿

色金融目前来看方兴未艾，需求量很大，在双碳目标推进过程中，需要巨额资金支持，这就需要金融体系发挥对金融资源的动员能力、运用能力，更好地服务双碳目标，支持绿色发展。当前，我国绿色贷款规模已经居全球首位，绿色债券也取得了长足进展，绿色基金、绿色保险等其他金融服务业态发展也非常之快，那么，在促进发展同时，防范好风险，这本身就是可持续发展的应有之义。强调金融风险防范恰恰是为了更好地使得绿色金融发展与风险防范能够相互协调，形成良性互动。这样，绿色金融可持续发展就有了重要保障。

二、全面分析绿色金融风险的主要成因

金融风险来自各个方面。当前，我国金融风险的防范能力在不断增强，我们要在研究传统金融风险的基础上，更多关注绿色金融的风险成因，或者引起绿色金融风险的因素。这对于我们有针对性地防范绿色金融风险是非常重要的。绿色金融风险是指在绿色发展过程中，在绿色金融体系提供金融服务过程中，引起绿色金融风险的原因，可以从以下几个方面简单分析。

第一，由于气候环境变化带来的风险。绿色金融要应对气候环境变化，进而更好地通过绿色金融服务好绿色发展，使整个社会经济体系更好地应对气候环境变化，特别是气候环境的恶化。但气候环境的变化有其自身特点，既有确定性，又有不确定性。所以很多学者都在研究，认为气候环境变化中蕴含着几个所谓的"天鹅"，即风险。一个是"黑天鹅"，是指突发性气候环境的巨大不确定性，或是它引致的巨大风险，如极端天气、自然灾害，往往很难预先做出精确的预估和判断。一种是"白天鹅"，就像"灰犀牛"一样，是可以判断的，或者说可预测的风险，如气候环境变暖。如果我们对现在整个生态没有更有利和针对性的建设，如果对气候变化不采取一系列措施，特别是人类的活动（包括人类的商业经济活动及个人的活动），不更多注意气候环境的变化或环境保护，那么可以预测到气候环境变暖是一个大概率事件。学术界在这方面做了很多模型分析，大家就认为这是"白天鹅"，它是确定的。目前，气候变化与绿色金融风险领域还有一个词，叫作"绿天鹅"，主要指气候环境变化对整个金融体系，包括绿色金融体系可能带来的潜在负面影响。绿色金融是为了优化气候环境而提供金融支持和资源，因此气候环境变化在绿色发展、转型、金融服务过程中，本身就是一个潜在风险，有的已经是现实风险了。从这个意义上讲，这就是绿色金融风险产生的很重要来源，或者说是很重要的影响因素。我后面还要谈到，在从事绿色金融活动、开展金融业务时，无论是做间接融资、直接融资，还是保险等，确实会改变我们对经济活动风险和收益、金融活动风险和收益的分析方法，这跟过去是完全不一样的。

第二，绿色发展、绿色金融活动的基础设施不足所带来的风险。绿色金融主要是针对绿色发展，特别是企业围绕绿色、双碳经营活动提供金融服务。但是，提供金融服务有条件限制，这就是各类金融机构在服务绿色经营活动时，需要有各个方面配套的条件

和支撑，也就是我们所说的需要有一系列基础设施。这里面涉及很多种类型的基础设施，涉及很多因素。例如，绿色经营活动的分类标准问题、分类的指标问题，企业绿色经营活动信息披露问题，特别是上市公司对绿色双碳方面的信息披露，这里面还包括信息披露的标准问题。从更宏观的意义上来讲，可能还需要将有些统计、账户核算等因素考虑在内，它们都需要有绿色金融的基础设施。同时，我们还需要做一些评价，这其中非常重要的就是数据支撑问题，加之需要对企业的实体经济绿色经营活动提供法规、管理制度保障，这些都构成了绿色金融服务所需要的基础设施。如果没有这样的基础设施支撑，就无法更好地开展绿色金融活动，无法进行科学的金融资源配置，也无法有针对性地提供金融服务，更无法出台更多的绿色金融工具、产品和服务。如果基础设施不足，也会带来风险。例如，信息披露不充分，甚至信息披露过程中造假，包括信息造假、数据造假，这就是所谓的"漂绿"问题。实际上，我们金融体系配置金融资源的时候存在一种错配现象，使绿色金融也面临潜在风险。当然，围绕绿色发展、实体经济开展绿色金融活动，国家相关部门已经出台了一系列法规、指引或指导性文件。对于基础设施建设，我们看到已经得到了很大的健全和完善，这为我们有效开展绿色金融活动提供了坚实基础，但总的来看，这方面还需要进一步健全和完善，才可以使金融体系更好地、更有效地服务绿色发展，同时可以减少和防范好绿色金融在服务过程中的风险。

第三，绿色金融市场体系机制不健全带来的金融风险。金融市场有其基本功能，需要有健全的机制，才能更好地实现有效配置金融资源的功能，如定价功能、资源配置和资产管理功能、风险管理功能。从当前情况来看，绿色金融市场的发展需要在市场机制和市场功能方面不断完善。绿色金融市场还处在不断发展过程中，整个发展还不太平衡，传统的金融市场本身也在不断地完善，功能也在不断地深化。绿色金融市场完善和健全的空间还有很大，比如大家提到的碳排放市场，我们下一步建立碳金融市场、碳资产管理市场，这些功能还需要不断深化。如果市场机制还不够健全、功能还不够完善，有可能在整个金融，特别是绿色金融资源配置方面产生一些错配，比如资产错配，包括价格发现方面，等等。上述这些现象一方面会影响绿色金融服务的效果，另一方面会带来一些潜在的风险，因为重大风险的一个产生原因就是错配。如果我们的金融市场体系和机制能够进一步健全，就会使得绿色金融市场功能得到进一步深化，会减少绿色金融资源的错配，这也是我们需要关注的一个风险点。

第四，绿色转型所带来的金融风险，也就是大家所谈到的转型风险。绿色发展是要改变过去高碳发展、高排放发展模式。从中国现实情况来看，我国是以化石能源为主的能源体系，整个产业能源消耗、能源利用、能源使用都是以化石能源为支撑的。无论能源生产，还是能源使用，都面临着重要转型。从过去的高碳、高排放，逐步转变到低碳、低排放，这就是我们所说的绿色转型。但是转型是有风险的，因为转型的过程需要应对各种非常复杂的挑战。转型的核心思想是"转"。"转"的过程中不能造成经济大起大落，还要有效，在"转"的过程中实现动能转换、经济平稳转换，从而保持经济可持续发展。所以转型的"转"怎么能够做好，对于整个绿色发展而言是非常重要的。经济体系、产业、企业的转型过程中，也会给绿色金融带来一些风险。

第一，政策变动。转型过程中需要有政策，需要不断制定政策，通过政策不断推动、促进转型过程，所以政策必须要有变动和调整。有了这些政策才能支撑绿色转型实现，如双碳目标非常有意义，不光对中国的可持续发展有意义，对全球的可持续发展也有重要贡献，因为中国是一个大国，碳排放在全球占的比重比较大，所以中国的双碳转型对全球非常有意义。要实现双碳目标，就需要不断调整我们的政策。政策的变动，必然会给经济体系、产业、企业带来影响。对产业、企业的影响自然就会传导到金融，因为金融就是服务产业、服务经济、服务企业的，所以政策变动也可能对绿色金融带来风险。

第二，技术变动。科学技术是第一生产力，科技创新对于整个绿色转型意义非常重大。无论是能源生产，还是能源使用，我们整个经济、产业和企业在转型过程中，非常重要的一点就是科技资源的运用，通过运用先进的科技手段，更好地实现、带动这种转型，这个意义非常重大。但是，技术在不断地创新，加速迭代，这既是机遇，也是挑战。科技应用会改变整个生产、经营过程，所以它会带来一系列变化，这就使得我们金融服务也会面临这方面的变动风险。

第三，金融消费者和金融投资者行为变动。如果越来越多的金融消费者、金融投资者注重环境生态保护，对金融消费和金融投资有自己的选择，这对于金融机构、金融体系来讲，是运用好社会资源、社会资金的机会，如果不能快速适应金融消费者、金融投资者的行为变动，金融体系，特别是绿色金融体系就会失去发展方向。

我们在分析转型风险的同时，还应该关注一个因素，就是金融机构在发展绿色金融业务时存在的潜在风险点。一方面，金融机构为了更好地服务绿色发展，包括双碳目标，会向绿色金融发展加大资源倾斜，对于金融机构来讲是好事情，这是服务国家战略。另一方面，金融机构需要更加全面、有序地根据内外条件和自身特点，更好地发展绿色金融业务，这就要避免金融机构为了绿色金融发展，甚至有的时候不顾条件，或者过于急于求成，使得绿色金融业务发展方面的有序性不够，造成"一窝蜂"，一下子将全部资源都铺到绿色金融上面去，引起国家资源浪费，这方面的金融风险需要重视。因此，对于金融机构来讲，自身转型也需要兼顾好绿色金融业务发展和风险管理，二者协调和配合。

三、努力把握绿色金融风险的特征

绿色领域、双碳领域，既有传统金融领域固有风险，又有其自身的特征，或者说传统金融领域的特征在绿色金融领域可能有一些新的表现。我们应主要把握好以下几个方面。

第一，绿色金融风险来源的维度。绿色金融风险呈现更加多元性的维度，或者说有特异性的维度。因为相对于传统金融风险而言，绿色金融多了风险来源的维度，也就是环境生态的风险来源维度，使得金融风险的多元化特征更加明显。我们在把握其风险特征的时候，一定要了解绿色风险的特异性，也就是风险的多元性。

第二，绿色金融风险转化性特征。绿色金融风险更多是由气候环境引发的风险，包括物理风险、转移风险等，这种风险可能转化成为金融体系或金融机构的风险，这种转化跟过去传统金融风险转化是不一样的。因为对于气候环境风险，过去分析传统金融风险的一些方法是覆盖不了的，如对外部风险转化成为内部风险的分析。另外，过去我们更多从财务性的风险和收益来看待风险，现在则是非财务风险转化成为金融机构和金融体系的风险，使得风险的转化特征非常明显。外部性转化为内部性、非财务的转化成为财务风险，这是它非常重要的财务特征；社会性风险转化为商业性风险，这是它的风险转化特征。

第三，风险因素交叉性。我们前面分析过，气候环境方面风险、绿色转型过程风险和我们固有的传统意义上的金融风险有更多交叉，共同构成了一些新的风险形态。

第四，风险影响方面的多重性。因为潜在的风险可能变成现实的风险，不仅会影响金融更好地服务绿色发展，影响金融资源有效地配置到绿色发展过程当中，支持更多从事绿色经营活动的企业和项目、产业，也会使得金融体系的稳定增加新的风险因素。从更高层面来看，也会影响我们社会的可持续发展。所以，这种影响是多重性的影响。

上面这些方面构成了绿色金融风险的特征，当然也会增加我们金融风险防范和管理的难度。

四、不断提高绿色金融风险防范和管理能力

通过前面分析可知，防范绿色金融风险意义重大，一定要关注风险的成因，同时还要把握好绿色金融风险新的特征，更好地、有针对性地提高绿色金融风险防范和管理能力。当然，我们也要看到，提升绿色金融风险防范和管理能力是一个系统工程。

第一，坚持绿色金融与绿色经营的协调互动。绿色金融要以服务绿色发展为目标，要支持双碳目标推进，以及企业、产业绿色转型，所以不能脱离绿色发展和绿色转型来孤立地谈绿色金融体系的发展。这可能是防范绿色金融风险非常重要的基础，或者是基本原则。也就是说，绿色金融和绿色发展需要协调、需要互动，绿色发展、绿色转型对绿色金融提出了需求。反过来，绿色金融体系需要更好地为绿色发展和绿色转型服务，体系内部也要有协调和互动，这样才能提升整个可持续发展的能力。如果我们不能满足绿色转型、绿色发展需要，或者脱离绿色发展和转型，自己去搞所谓的绿色金融活动，这可能都使得绿色金融不能服务好绿色转型，甚至产生绿色金融风险，因此我觉得这是一个最基本的基础或原则。

第二，完善绿色金融基础设施。绿色金融若想能够可持续发展，必须要有绿色金融基础设施来支撑，我前面已经提到。我国绿色金融基础设施建设还需要进一步完善和健全，任重道远。

第三，健全绿色金融体系。这对于防范绿色金融风险非常重要。绿色金融是一个体系，通过这个体系来发挥作用，将起到提升效率、补齐发展短板的作用，从而使得绿色金融发展有更好的支撑。通过健全金融体系，满足绿色发展和绿色转型对金融的需求，可以使得绿色金融发展更加有效。其中涉及一些问题，如在绿色金融体系中，怎么能够更好地实现商业性金融、政策性金融和开发性金融的协调问题；在绿色金融发展过程中，怎么更好地既要发展绿色贷款，又要发展绿色直接融资，即股权融资和债券融资；绿色保险怎么发展等。这个体系发展健全之后，就会避免金融资源的错配，使得金融体系各个方面能够更好地满足对金融服务的不同需求。否则，错配也会造成金融体系的不稳定，产生潜在风险。另外，金融服务体系既要关注投融资，又要关注资产配置。金融市场、金融体系本身要提供风险管理手段，这都属于要健全绿色金融体系、提升整体防范风险能力的范畴。

第四，提升风险防范和管理水平。从宏观上来讲，要提升金融监督和管理等水平。金融管理部门对相关领域越来越关注，从宏观的金融政策设计和金融管理方面着力，来更好地防范和管理绿色金融风险。绿色金融风险发展、蔓延得很快，所以管理必须要能够跟得上。这里面就涉及一些手段，如将环境气候风险纳入宏观审慎管理和微观机构管理当中，这已经有所推进了。另外，还要提升信息捕捉系统能力，以便更好地监测绿色金融在发展过程中可能出现的潜在风险因素。同时，要做好风险的压力测试，这些都是要从管理层面必须做好的。提升金融风险防范管理水平，从宏观管理上来看，非常重要的是怎样在绿色金融业务发展过程中，增强金融机构自身的防控风险能力。这就需要在管理方式、考核、人才建设、管理架构等方面，不断地提升机构发展绿色金融的能力，提高防范风险的能力。其中，数字金融和金融科技等科技手段的运用是非常重要的，能够使我们无论是宏观管理方面，还是机构自身风险防范能力建设方面，都可以得到非常重要的支持，使得风险管理更加有效、到位、精确。

4 圆桌论坛

主持人：今天我们非常荣幸，请到了上海环境能源交易所副总经理李谨博士、湖州市政府金融办副主任黄丁伟先生、协鑫科技联席首席执行官兰天石先生。今天几位嘉宾将和我们一起探讨分享对于绿色金融和可持续发展的一些真知灼见，共同探讨人类可持续发展的未来，这个题目我觉得非常大，但是也非常重要。今天这个圆桌会议有点创新，我们会首先请3位嘉宾分别做一个5分钟的小演讲。首先请上海环境能源交易所的李博士，请您跟我们分享一下绿色金融在迈向双碳目标过程中的作用和面临的挑战，一方面请您从交易所的角度，谈一谈关于中国双碳目标实现的进展；另一方面，您认为绿色金融在其中能够发挥什么样的作用，以及面临什么样的挑战。

李瑾：谢谢主持人，今天非常荣幸参加2022浦江创新论坛，踏入绿色金融论坛，也非常高兴来到第一财经演播现场，我是来自上海环境能源交易所的李瑾。上海环境能源交易所成立于2008年，目前已经走过了整整14年的历程，从上海环境能源交易所在2011年开始参与筹备地方性碳交易市场的设计，到2013年启动地方性碳市场的交易，再到2021年7月全国碳排放权交易市场正式上线启动交易，我们知道，在碳达峰碳中和这样大的宏观战略背景下，我们国家已经围绕双碳出台了一系列顶层设计文件，包括各个领域的文件，如在工业、城乡建设、科技等方面的一系列文件。碳排放权交易市场是碳达峰碳中和目标愿景下的一个有效的市场政策工具，可以在碳排放资源约束条件下形成碳的定价机制，可以在绿色金融活动中，识别绿色和定价，形成有效的价格信号。在过去几年中，由上海环境能源交易所推动的碳排放权交易市场取得了一系列成绩，包括在运行全国碳市场、推动碳金融创新等方面做了一些探索。绿色金融是专门针对可持续发展、应对气候变化、资源节约利用、循环经济等的一系列相关投融资活动。碳市场、碳金融也是绿色金融非常重要的组成部分，通过碳排放权交易市场形成碳的稀缺性、形成碳的定价，未来可以改变我们跟绿色项目有关的成本收益结构，为绿色资产做定价。我们过去围绕碳排放权交易市场也开展了一系列交易工具的创新，以及碳的融资工具创新和碳的支持工具创新。但是，这些都还处于探索过程中。在绿色金融方面，我们也知道，绿色金融在国内是以实验区的形式在开展一些探索，在一些地方也有很多实践。在绿色金融实践中，围绕绿色金融标准的制定，还有信息披露的建立，一些项目库的开发等都取得了不错的成绩，但是仍然面临一些挑战。例如，如何去识别真正的绿色，怎么让金融能为绿色这部分溢价支付，或者让绿色金融资源更精准地匹配相关项目、企业和技术推广，其实现在还是非常难的。碳排放权交易市场可以很好地解决绿色金融的问题，相当于我们把原本具有外部性的碳资源通过市场机制形成定价，可以让项目因为有了绿色的溢价而获得更好的金融支持和关注。

主持人：关于挑战，第一财经连续好几年都在关注双碳减碳，前两年我们大量开展活动、论坛和圆桌会议，更多的是做一些理念的推广跟宣传。但从今年开始我们也反复强调，应更多地关注市场，关注企业提供的技术、模式、方式等，对更多关注这些方面进展或有这些需求的机构、企业、地方政府，提供更多实操性的支持和帮助，我想交易所在这方面也起到了非常重要的作用。

今天第二位嘉宾是湖州市政府金融办的黄主任。在我们很多圆桌会议里面，像您这样的嘉宾我们是第一次请到，就是来自地方金融部门，且在绿色金融方面取得了非常显著的成绩。所以，湖州作为全国首批绿色金融的创新实验区，已经有5年的绿色金融实践经验，我们特别想请您讲一讲湖州绿色金融的发展情况，目前处于一个什么发展阶段，湖州能够取得这些成绩的关键经验是什么？

黄丁伟：谢谢主持人。首先，还是有必要介绍一下我来自哪里，我来自浙江湖州。

湖州最大的一个标签，就是"绿水青山就是金山银山"理念的诞生地，所以绿色是湖州的底色。这里引出一个问题，为什么湖州会发展绿色金融？5年前，湖州发展绿色金融有非常大的背景，就是要推动绿水青山向金山银山转化，所以湖州开始谋划生态文明建设，成为首批生态文明示范区。后来，湖州又申请了绿色制造的试点。生态文明建设、绿色产业发展离不开金融支持。在这个背景下，湖州就向国家申请绿色金融改革试点。通过5年的实践，湖州目前的状态可用两个词概括：第一个词就是承上启下，第二个词乘胜前进。回顾这5年，绿色金融最大任务就是推动绿色转型发展，下一个5年绿色金融的任务将发生一些变化，从绿色到低碳，再到共同富裕。所以，经过5年的探索实践，湖州绿色金融取得很大的进步，可以从几个维度做一个概括。

第一，从投入方面，湖州绿色信贷的占比达到24.5%，远远高于全国平均水平。第二，从成果方面，湖州通过5年的探索，形成一系列可复制、可推广的实践经验。第三，从实效方面，这几年湖州的经济发展、生态文明建设取得了良好进展，两次获得国务院工业转型升级督查激励，一次获得国务院生态文明督查激励，还获得了浙江省政府金融工作的激励。第四，从行业交流来看，一些国际金融组织和多边金融机构都在湖州开展金融合作。

主持人：谢谢黄主任，听上去我们觉得有很多很新鲜的维度或具体的成绩，后面还有近一个小时的圆桌，我们到时听您更详细的介绍。第三位嘉宾请协鑫科技的兰总，作为企业的代表，我们特别想听一听，从行业的角度、从企业的角度看，协鑫科技到底有哪些低碳的经验，因为在整个光伏产业链当中绿色发展是很重要的话题；同时，您能不能从能源行业的角度，讲一讲目前深度脱碳到底面临哪些方面的挑战？

兰天石：谢谢主持人。非常高兴参加2022浦江创新论坛，并有这个机会能够介绍协鑫科技。协鑫科技成立于2006年，是一家光伏材料研发和制造企业。经过15年的发展，我们看到光伏作为新能源，尤其是低碳和零碳领域的新能源，其产业发展速度是非常快的。我们做了测算，2006—2022年，每年市场复合增长率已经超过30%，其根本原因是新能源从性价比的角度上来说已经真正地走进了千家万户。

从这十几年的发展看，如何在行业内实现低碳转型，其实是整个行业一直在思考的问题，协鑫科技以创新和实践为己任一直在引领这个行业发展。我们2006年进入这个行业的时候，多晶硅每公斤电耗接近200度，在2011年，我们率先成功使用冷氢化技术以后，多晶硅每千克电耗降到了接近100度，我们又通过10年的研发历程，其中包括购买美国SunEdison的技术，现在我们已经把颗粒硅，也就是第二代硅基材料做到了每千克13度左右的电耗，这个电耗接近原来的5%。所以，在使用总电力方面，有几何倍数的降低。

对全行业而言，未来深度脱碳其实还是面临很多问题。总的来说，光伏每兆瓦的耗电量还是挺多的，但是我们也看到，从工业硅开始到组件，最终它使用的电量通过光伏组件发电一年就能收回来。如何能够更短时间内收回成本？未来可能的途径是用光制造的电去反哺整个行业中的用电。在还原用剂方面，以前是碳能源时代，未来是硅能源和氢能源时代，氢和硅作为新能源的代表，它们的属性更多的是光电和储能的属性，协鑫科技在这两端都有布局。未来我们在将光电变成氢能过程中，致力于使更多的光电能够通过氢能形式变成新的能源，然后作为储能变成其他的能源形式走进千家万户，连接其他的能源体系。

主持人：谢谢兰总，您简单的几分钟阐述，把这个行业的深度脱碳，至少从技术上讲得非常清晰，我们也受教匪浅。接下来我们的圆桌会议顺着您刚才的话题，即双碳战略落地之后，中国人全力以赴向着这个目标前进，从一个新能源企业角度看，您认为目前中国碳中和最大的压力和挑战来自于哪里？

兰天石：我个人认为，最大的压力和挑战来源于新能源的增幅和日益增长的能源需求相比，目前还没有达到交叉线，也就是说现在能源需求的增幅是高于新能源的增幅的，这也表现在近两年我们的能源在局部时间出现了一定的短缺现象。目前来说，整个能源价格相对于全球而言，中国的接受度较欧美而言可能是偏低的。就光伏行业来说，中国光伏组件的制造能力占全球的95%，但是我们可能有接近70%～75%出口了，所以真正辐射到国内的光伏产能的新能源增幅是低于我们预期的。

主持人：这个跟中国本身对于能源需求增长也是有关系的，因为中国作为制造业大国和消费大国，能源需求的增速始终很难达到拐点。

兰天石：对，因为这两年整个工业和制造业，尤其是疫情期间全球制造业萎缩，但是中国制造业加工力是在增加的，在这个情况下其实能源是不够的。同时，中国的能源成本较全球其他国家而言偏低，居全球第110多位，也就是说前面还有100多个国家更需要用更便宜的电，或者他们的耐受成本更高一些，所以目前从G20这些国家来说，他们都能接受比目前售价更高的光伏组件的发电成本。

主持人：对，这当中有市场和价格的因素。

兰天石：对。

主持人：谢谢兰总。接下来想请教一下李博士，我们知道转型是目前的核心关键词。在转型过程中、在双碳目标下还有一个新名词，叫转型金融，转型金融成为绿色金融之后特别重要的新的名词，您能不能借这个机会介绍一下：第一，什么叫转型金融？第二，目前转型金融在国内的发展现状是怎样的？

李瑾：好的，谢谢主持人。转型金融其实最早是由经济合作与发展组织（OECD）提出来的一个概念，它是指为了支持可持续发展转型的金融相关活动。但是，最近我们针对转型金融有一些特别的定义，就是指这些高碳的传统行业和资产向低碳转型所需要的金融相关业务。为什么我们现在特别要提出转型金融这样一个概念呢？而且是我们已经有了绿色金融大的方向之后还要提出转型金融呢？是因为绿色金融它更聚焦于对更加绿色的循环经济这部分活动的金融支持。但是，因为我们未来要实现双碳目标，且目前还依然有非常多的高碳存量的一些行业和企业，需要向低碳去转型，在这个转型过程中，它们可能暂时并不属于绿色金融的范畴，也不符合绿色金融要求，但是他们依然在这个转型过程中需要投入大量的技术、项目，去促进它们向更加清洁、更加高效、更加绿色的方向去转型。所以，在这个过程中还是需要有金融的支持。也是在这样一个大的背景下，才诞生了我们对于转型金融这样一个比较迫切的需要。

主持人：绿色金融相对原来概念比较宽泛，但是转型金融当中，有很多业务、服务和一些领域并不属于原来意义上的绿色金融，尤其是从高碳向低碳的转变过程的金融支持需要转型金融。

李瑾：对，比如我们有大量传统火力发电，以及石化的、电解铝的、造纸的这样一些高碳行业，他们也需要去转型，而且他们还是在我们存量资产中占比非常高的，暂时不能纳入绿色金融这个范畴。

主持人：上海环境能源交易所在这一方面有什么探索和规划呢？

李瑾：其实我们觉得上海环境能源交易所本身所从事的碳市场的组织和运用工作也是转型金融的一部分，因为碳交易所覆盖的这些行业本身就是高耗能的。

主持人：就等于很多交易主体就是这些电、煤等高耗能行业。

李瑾：对，发电行业，包括传统八大行业，发电、石化、造纸、电解铝、有色、钢铁等这样一些行业，他们本身就是我们要控制排放的主体。

主持人：也说明我们上海环境能源交易所既做绿色金融，又做转型金融，是非常重要的一个载体和主体。

李瑾：对。

主持人：我们再回到湖州黄主任这边，刚才我们说到，作为中国非常领先的绿色金融试点城市，推出了转型金融目录，这个我们很感兴趣，请问这个目录重点关注的是哪些行业，出台这样一个目录的背景是不是跟我们刚才讨论的一样？这方面请黄主任做一个介绍。

黄丁伟：谢谢主持人，刚才李博士介绍了转型金融的概念及相关背景，湖州在这方面做了一些实践和落地。转型金融在改革落地的过程中，我们也发现它比绿色金融更加具有系统性和挑战性，所以湖州在这方面，率先走出了第一步，编制了转型金融路线图，出台了转型金融支持目录，建立了转型金融项目清单。转型金融支持目录解决了3个问题。第一个问题，哪些行业需要纳入转型金融的重点支持范围。湖州从能耗角度来梳理，从高到低，形成纳入转型目录的9+1领域，这9+1的领域相当于整个湖州能耗的90%左右，这是解决的第一个问题。第二个问题，转型路径问题。在这个目录里面，将9个领域细分为30个行业，每个行业规划了一系列转型路径，里面有57个技术转型路径，这是解决的第二个问题。第三个问题，转型目标引导问题。每个行业都规划了一个转型目标值，这个目标值是根据浙江省给湖州的双碳目标及湖州双碳行动的规划来确定的，如纺织业碳强度经过5年努力，从以前的数值要达到未来的多少数值，每个行业都有相应的规划。

主持人：我们看到这个非常具有创新性，从主体、目标、路径等3个方面做了非常好的规划。我们也很感兴趣地方金融这个服务机构，从你们的角度，请谈一些经验，即怎样利用一些金融工具来实现低碳、控制碳排放。作为金融服务部门，你们又怎么去引导金融机构服务于绿色金融的发展？

黄丁伟：这个问题很多同行都问过，到湖州去调研，想了解怎样通过政府引导，包括市场化的激励政策和工具来引导金融机构创新绿色金融。在这个方面湖州建立了几套机制：第一就是制定政策激励机制；第二就是挖掘市场潜力；第三就是通过理念引导绿色金融。具体过程中，我们坚持自上而下的顶层设计与自下而上的实践结合，在中国人民银行、中国银保监会等部委的谋划下，中国绿色金融制度的三大功能、五大支柱都比较健全，相关的激励机制也比较完善，所以金融机构自身有动力。对于地方政府来讲，我们的任务就是实践探索，把基层的实践向上总结，形成行业标准和制度。

绿色金融是一个高度市场化的工具，商业可持续性是绿色金融改革的基本原则，如何让金融机构有内生动力来发展创新绿色金融是面临的一个非常共同的问题。在破解这个问题的实践当中，湖州有3个坚持，第一个坚持是坚持外部引导和内生驱动相结合，所谓外部引导就是我们设计了一整套制度政策来引导银行提高他们的积极性，比如我们出台了25条绿色金融政策，规定了对绿色贷款进行贴息、对绿色担保进行补助、对绿色信用贷款进行风险补偿，通过政策来提高积极性。所谓内生动力，我们有个统计数据，在湖州我们1/4的信贷增量来自绿色信贷，有25%的盈利来自于绿色信贷。所以说在湖州的金融机构，做绿色金融是有内生动力的。第二个坚持是坚持政策激励和立法促进相结合，刚才讲了一系列的激励政策，在这个基础上，湖州进一步的提升，出台了《湖州市绿色金融促进条例》，在该促进条例里面，有3个比较有创新性的规定：一是职责法定，各个部门、各个区县、各个金融机构发展绿色金融不是情怀，而是职责；二是专项支持，通过地方立法的形式、法律刚性的要求，设置专门资金来保障促进绿色金融发展；三是激励考核，把政府资源跟绿色金融表现挂钩，如金融机构在绿色金融中表现更好的，在政府财政存款的招投标、专项账户的招标里面会得到更多支持。第三个坚持是坚持有为政府和有效市场结合，各个金融机构都是有社会责任的，都想去做好绿色金融，作为政府来讲，不仅仅要告诉金融机构你要做绿色金融，更多的是告诉金融机构怎么做好绿色金融，核心的一个点就是，怎么能够为金融机构提供高品质、高质量的公共服务。所以，在这个过程中，湖州在绿色金融基础设施建设、公共服务体系完善上做了大量文章、大量工作。例如，我们出台绿色金融地方标准15项、省级标准4项，参与了一系列国家标准制定。又如，我们在机构建设方面，已经推动建立47家支行或绿色金融事业部。通过提供高品质、高质量的金融公共服务，促进金融机构的能力建设。当然我们还有信息披露机制，根据各个金融机构能力建设的不同，分了5个档次，像湖州银行、工商银行湖州分行这些绿色金融体系比较完善的金融机构，它的信息披露要求比较严格；一些村镇银行的能力建设可能比较滞后，那么信息披露可能要求更加低一点。在统一框架情况下，我们推出了5个版本的要求，建成了全市域金融机构信息披露体系。

主持人：听下来感觉我们湖州真的做得非常好，很具有系统性，出台了一系列机制，进行了一系列的结合和坚持，非常值得其他地方金融服务部门好好学习和借鉴。

圆桌会议越谈越具体了，从一开始的宏观、中观到转型金融，包括地方金融服务，以及我们怎么支持地方的绿色金融发展。接下来我们特别想探讨的是一些新的迹象和变化。一方面，近期我们看到双碳政策密集出台，与此同时，2022年8月23日生态环境部公布了23个气候投融资试点区域，其中上海浦东新区就入选了，我们也很感兴趣，我们特别想问一下上海环境能源交易所的李总，您是深度参与上海浦东新区的试点申报和准备工作的，所以请您介绍一下什么叫气候投融资，它具体是指什么？以及当前试点落地的背景和原因是哪些？

李瑾：谢谢主持人。其实气候投融资这个概念最早是来自国际的，在整个国际气候谈判当中，专门为了应对气候变化所投入的资金需要有一个专门的统计。在现在国家大的双碳战略下，为了应对和适应气候变化，为了实现双碳目标愿景所投入的金融资源也属于气候投融资范畴。我国对整个气候投融资的筹备工作经过了非常长的历程，首先是发布了关于气候投融资的指导意见，从去年底9个部委联合发布《关于开展气候投融资试点工作的通知》，再到各个地方从去年底开始申报国家气候投融资的试点，通过很多轮的评审，对这些申报地的工作基础、方案设计情况等进行综合评比，经过9个部委联合评审，最后确定了首批20多个气候投融资试点区域。浦东新区非常有幸能进入国家首批气候投融资试点名录，我们上海环境能源交易所团队也是全程支持、参与浦东新区气候投融资试点申报工作，如编制气候投融资工作方案和实施方案，在区级和市级几十个相关部门征求意见，最终成功获得了这样一个资格。我们觉得气候投融资本身涉及的面非常广，因为我们知道上海是国际金融中心，浦东新区又是金融机构最为集聚的一个地方，本身有着非常好的金融资源、产业资源，还有大量围绕双碳的产业，如新能源汽车，还有低碳相关的科技产业都汇集在浦东新区。有了这样一个很好的基础，去申报气候投融资试点就有非常多的独特优势。气候投融资试点它是非常跨界的一个工作，需要应对气候变化的低碳相关主管部门，还有产业相关部门和金融主管部门能够开展紧密合作，因为它一方面需要在适应气候变化和减缓相关产业和项目中制定相应标准，建立一系列基础体系；另一方面要在金融管理端，激励和引导更多金融机构将金融资源投向跟双碳、应对和适应气候变化相关的项目和产业当中去，这两个匹配其实都非常关键。

主持人：大家很关注这一点，我再问一下，与我们以前的绿色贷款、绿色信贷、绿色股票、绿色债券这一系列绿色金融工具相比，能不能就相关问题介绍得更清晰一点，如可能涉及的一些新的标准、新的基础体系，还有一些机构。也就是说，气候投融资与前面说的那些绿色金融工具有些什么明显的、明确的不同之处？

李瑾：气候投融资和绿色金融有非常密切的关系，它未来要借助绿色金融一些大的框架和体系发展。但是，气候投融资目标是更加清晰的，是为了实现双碳目标，这可能是一个大的区别。在一些标准、一些基础机制上面，可能更加聚焦于双碳导向，如在信息披露机制上面、在金融机构碳核算方面、在企业相关评价体系方面，可能都更加聚焦在碳这样一个维度。

主持人：与刚才说的转型金融有点类似，它更聚焦于双碳。相对而言绿色的概念外延更宽泛。气候投融资更聚焦在双碳、减碳、低碳这些目标上，用这个导向去设计一套标准体系方法。

李瑾：对。

主持人：谢谢李总，我们已经谈得越来越详细，谈到了很多技术和市场的话题。我们也特别关注，上市公司企业主体应该是你们的核心服务对象，也要为金融机构服务。除了资本市场之外，您认为企业的低碳发展还需要什么样的金融支持，刚才我们说了绿色信贷、债券、股票、保险等，包括很多新的转型金融等，您认为还需要哪些金融创新产品？目前来看金融创新制度还需要在哪些方面进行提高和完善？

兰天石：谢谢主持人。前两天国家出台了一个政策，希望各个行业去做碳足迹认证，其实这是一个非常好的政策。可以把各个行业，如刚才李博士提到的八大行业，用同一个标准去评估的政策。最终行业发展路径和减碳目标能做到可实现、可测量。从目前来看，如刚才提到的钢铁行业，未来如何实现绿色钢铁，如用绿氢代替碳作为还原剂，最终变成绿色钢铁。其次，可计算光伏、风能等新能源和化石能源总体的比例，最终使用绿电的比例来衡量如何达到降碳的目的。上述这些都可以最终通过碳足迹去认证是否达到了减碳标准。

其实，我们很关注绿色金融的一些点。我举一个例子，就目前多晶硅这个行业而言，协鑫科技已经取得了中国和法国能源署 2 张碳足迹认证，这个碳足迹认证使得其在中国、欧洲，企业的组件售价已经产生了一定的溢价，这个溢价的买单者目前是国外，但是未来随着低碳金融到来以后，我们可以把通过利用金融属性获得的溢价，最终转移到我们的产品里面。目前光伏行业已经得到国家、省市层面大量绿色金融支持，我们获得的长期贷款、基金资金，有很多都是来源于绿色金融支持。例如，江苏省和生态环境部投入大约 200 亿绿色基金，我们从中获得了一些投资基金，它的利率其实是很低的，比目前的基准利率还下调了 30～50BP，这些点对绿色生产的光伏企业非常重要。现在的高碳行业未来一定要往低碳发展，在这个降碳过程中，研发、实验都可以通过绿色金融支持的方式实现。这种对企业的投资扶持，不光能使企业成本降低、实现低碳，也能够更加触发资本市场对绿色资源的追逐。

主持人：您说的其实是一个体系性的问题，必须有完整的配套体系，不是单一的企业去追求低碳，肯定需要很多政策支持，但是我又觉得国家不单是大的方向上的扶持，而是更多要通过绿色金融的支持，使得企业在技术方面能够投入和创新，降碳之后又能够转化成经济效益。因此，我觉得这不只是纯粹的理念问题，而是如何推动形成良性循环的问题。上海环境能源交易所有很多创新的金融产品已经推出一年了，从去年7月份到现在，启动发布碳价格指数、首个企业碳资信标准、国内首个碳中和指数等，我们想了解未来还有哪些可以供投资人参与的产品创新，这方面请李总介绍一下。

李瑾：我们在过去围绕碳市场包括碳服务做了一系列探索，如在融资方面，开发碳的质押融资、碳的回购等产品；在碳交易工具方面，我们有碳配额远期交易中央对手清算的衍生品；在碳的其他支持工具方面，有碳保险、碳指数等一系列产品；还有和其他金融基础设施机构、金融机构一起合作的一些产品。未来，我们希望基于之前开发的产品，能够更进一步多元化，在这些产品的模式上进一步升级。我们一方面推动整个流程更加便捷、整个产品模式更加标准化；一方面不断丰富金融产品，如类似于主题指数，因为我们原来开发的碳中和主题指数和中证指数今年正式上市了，基于这些指数的ETF产品，未来也可以开发基于高碳行业的转型指数。此外，我们还希望基于碳市场去开发一些更加多元化的指数产品，在碳的交易工具方面，希望针对市场阶段性发展特征，开发出跟市场成熟度相匹配、由市场逐渐去培育的一些产品，能够满足各类主体需求。因为，市场的发展不是一蹴而就的，有其自身发展规律。所以，在这个过程中，我们逐渐去引导、挖掘市场需求，再从支持性的、融资性的，还有交易类的等各个方面去开发更多产品。

主持人：现在需要越来越多的工具、交易品种。又回到刚才兰总说的问题，您提到的碳足迹是近来非常重要的话题，因为它需要标准、需要符合测量的主体，并不是说谁都可以做，我们认为这个话题在行业的未来发展里面是非常重要的，既是市场机会，也有巨大的市场需求。李总，从上海环境能源交易所的角度考察下来，您认为未来有没有可能比较快地把碳足迹市场或服务建立起来，其共识、标准、能力这几个方面我们也很关注。

李瑾：我们也非常高兴地看到，在上周国家发展改革委、国家统计局和生态环境部联合发布了《关于加快建立统一规范的碳排放统计核算体系实施方案》。在该方案中，未来建立整个碳排放统计核算体系的思路非常清晰，包括4个方向的重点任务，如建立全国及地方碳排放统计核算制度、完善行业企业碳排放核算机制、建立健全重点产品碳排放核算方法、完善国家温室气体清单编制机制等。另外，该方案还提出推动一系列相关的基础工作，包括探索在产品层面的碳足迹、个人消费层面的碳排放、隐含碳排放（这可能是跟贸易相关的）等，而且也鼓励用更多新兴的科技手段，包括物联网、大数据等技术，建立碳的数据库。我们原来一直在说，绿色金融、气候投融资等，它们很核心的痛点就是数据的可得性、标准的建立、信息披露的制度，未来随着整个碳统计核算体系的建立，这些问题都可以逐步得到解决。从这个方案也可以看到，我国未来完善双碳数据基础的决心是非常大的，也会建立多层次、具有可比性的数据体系，如从行业层面、区域层面到企业层面、产品层面的数据体系。

主持人： 从您的角度看，有没有大致的时间表，给我们预测一下形成相对能够进入实际运营层面的体系和标准需要多少年？

李瑾： 在过去很长时间，我们有些工作已经有了一些基础，特别是我们做碳市场过程中，对于一些重点行业，如八大行业，还有一些地方行业，已经积累了很好的技术层面的基础。未来，基于这样的技术基础，进行更进一步的扩展，可以变成常规性动作，要求企业去监测或获取碳相关的数据，建立相关能力和基础体系。当体系建立之后，跟金融机构或投资相关的碳排放统计核算体系也可以进一步建立起来。我们现在也在做金融机构碳核算的试点，存在的问题也是很多基础数据不够。未来整个体系建立起来之后，我们投资组合也可以测算对金融机构产生影响的碳排放，我们在核算方面不应只是对于企业或制造业企业而言，对于金融机构产生影响的碳排放也是非常重要的。至于这个过程，可能也是一个从上到下、由粗到细的一个过程，随着体系、相关要求的建立，应该可以很快建立相关标准。

主持人： 说到这个话题，刚才听到兰总讲了一个黑科技。今天我们特别想听您普及一下，贵企业的颗粒硅拿到了2个证书，一个法国的、一个中国的，请兰总再为我们深度介绍一下，这2张证书意味着什么。在目前能源紧缺、碳排放还居高不下的形势下，在这么巨大的压力下，您这个黑科技对于我们这个行业意味着什么？

兰天石： 谢谢主持人，这是很多投资者，包括银行、香港资本市场等都非常关心的一个问题。我们刚刚也进入了香港蓝筹股里面。ESG报告的关键用户里，通过碳足迹认证，可以显性化地在行业里面表达不同企业带"碳"的程度。我们在法国国际能源署获得37千克二氧化碳当量的产品的认证，在中国质量协会获得20.74千克二氧化碳当量的产品的认证。两个认证之间有接近17千克的差异，因为两个认证的核算体系不一样。两组数据里面还有很多是可以对比的，如法国国际能源署也给德国瓦克公司做了碳足迹认证，其碳足迹认证大约为57.4千克二氧化碳当量的产品，同样的多晶硅，我们的排碳量低了一半，中国质量协会也给我们的某一家友商做了碳足迹认证，大概是74千克，相对于20.74千克，我们是它的1/3～1/4，节约大约70%的碳。我们可以通过表征化的数据得知，每千克多晶硅只耗电13度，但是改良西门子法的棒状硅需要耗电60度，节约了近80%的电；蒸汽方面，我们可能比它稍微高一点儿，原因是我们没有更多的电力负荷去闪蒸蒸汽，进而抵消蒸汽的消耗。即便如此，从总数看碳排放的话，我们测量过，每1万吨的多晶硅，可以减少38.9万吨二氧化碳的排放，为整个全球带来积极的碳减排。欧洲的碳税交易市场，现在每吨碳税已经超过100欧元，中国从去年开始也进入了碳税交易市场，目前价格在 50～70 元人民币之间波动，而这个其实是未来各个企业在不同带宽情况下，可以去增加其溢价和竞争力。

从多晶硅到最后的光伏组件，这个过程中有很多环节可以降低二氧化碳排放，如现在企业里面做一些源网荷储项目，把光伏的电回充到使用侧，我们既作为光伏的发电源，也作为使用的荷载，形成相对的闭环。在内蒙古和新疆这些比较广袤的土地上，我们希望光伏发电，包括风力发电的自给率达到 60% 以上，未来包括储能等其他能源形式可以作为调峰形式，进入到整个用电负荷比例中，超过 60% 的能源都是新能源。从这个意义上讲，它已经大不同于以前我们对内蒙古都是煤电的固化认知。其实内蒙古现在的绿电比例已经超过 25%，中国需要在内蒙古建 6 个超大型光伏发电集群，未来有 6 条线路往长江三角洲输送纯绿电的绿色资源，"绿色"已经真正走到了我们生活中，因为它的发电成本低于带碳比较高的火力发电，如化石能源、煤等。

主持人： 早年间，大家都诟病多晶硅，选择火力发电，已经造成大量排放，尽管最后是清洁能源。所以，一个是你们的"黑科技"，另一个是各方面成本的下降，能真正使新能源从上游的电源开始就是清洁能源或绿色能源是特别重要的。颗粒硅"黑科技"听上去是您企业掌握的一项自有的创新技术，但是推动全行业发展，特别是将光伏行业的转型升级做得更彻底。而企业之间是竞争关系，在这个当中是不是意味着您的技术还只停留在提升企业自身实力、降低碳排放后获得的经济效益，会不会用来做全行业推广？

兰天石： 这是一个逐步推广的过程，其实中国现在对知识产权的重视程度越来越高。从 2010 年开始，董事长朱共山就提到，未来我们在无人区的时候，什么才能够颠覆我们？其实，在那一刻我们就认为，越低碳、越低能耗的产品，一定是未来的理想属性，在此过程中，企业十年磨一剑，在无人区里面走了一条非常孤独的路，未来肯定有一个红利释放的过程，但是这条路一定是全人类一起去享受的路。所以，当资本的力量发挥作用，当这个行业的认可度越来越高的时候，大家都会转型去研发，颗粒硅技术不光是协鑫一家的技术，在美国和挪威 REC 也拥有类似的技术，由于各自专利保护而有细微差别，但总体而言是能够实现低碳的。我们希望利用第二代硅基材料，即颗粒硅，在未来促进八大行业的转型，包括造纸等行业向低碳甚至零碳方向发展。这是一个艰难而投入巨大的过程，国家层面上非常扶持。目前，很多企业已经明显感受到带碳量与未来的准入程度相关，可能未来在高于某一个碳值的时候，企业产品就会受到惩罚，或者缴纳更多税收，这些都会倒逼有创新基因的企业在这条路上越走越宽。颗粒硅只是碳基的第二代，在下一代产品研发中，我们可能协同更多友商、入局者把这条路走得越来越宽。颗粒硅才产业化 2～3 年，我相信未来 5～6 年的时间，能够让这条道路越走越宽。绿色能源只占总能量的 65%，可能未来随着氢能、水储能的运用，真正实现整个光伏业的零碳，最终我们能够把能源转化为完全实现零碳化，是可以实现的。

主持人： 刚才的提问听上去有点儿奇怪，我觉得你们这个行业跟一般的科技创新行业是不一样的，它需要十年磨一剑，长期专注钻研技术，投入巨大成本，一旦技术成熟，它带有一定的全球共识、与国家战略契合，又有一定的公益性。所以，怎样通过创新促进全行业快速提升、实现共同的标准和水准非常关键，您刚才已经讲清楚了，要促进创新，带动行业一起发展。

我们已经说到"黑科技"，再听听湖州黄主任的观点，您作为服务机构，肯定也看到过很多这样的案例，您认为科技在绿色金融当中会发挥什么样的作用？有没有一些比较好的观点和经验？

黄丁伟：金融科技是一个工具或思维方式，它最终的落脚点是服务绿色金融的痛点，降低成本。在实践过程当中，也发现绿色金融存在诸多问题，如供给端和需求端信息不对称、绿色识别、信息收集成本比较高、碳核算的效力和成本问题等。这些痛点和难点正好是金融科技在绿色金融中可以发挥作用的地方。湖州在这几年做了大量探索，我可以介绍三个方面的应用。第一个是针对信息不对称的情况，我们开发了一个叫绿贷通的平台，其核心功能就是让绿色金融需求者和金融供给者之间连接起来，更加高效地对接上。绿贷通从2018年上线到2022年是第二代，第二代的关键词是更加智能。针对首贷户、续贷户、增贷户3种不同客户的不同需求，我们进行了拆解；通过模型算法感知企业需求，如通过税收、订单、能耗、招工等方面特征和维度来智能感知需求，获得之后派给银行，在派单过程中，我们也加了一系列算法，如物理距离、利率、需求精准性等，通过这些算法把企业需求以最高效率、最精准渠道派送到银行；银行拿到绿贷通形成每人一码，扫码后实现对接，目前为止，我们实现了3.2万家企业获得银行授信3200亿的效果，解决绿色金融中的信息不对称问题。第二是解决ESG评价的问题。ESG在国际和国内发展非常迅速，各个国家和地区都非常重视，目前研究重点在上市公司，因为上市公司信息披露更加充分。浙江省有大量中小企业，针对中小企业怎么构建ESG指标体系，需要采用金融科技手段，或者采用某种搜索化的方式。湖州市在2020年上线第一个中小企业区域性ESG评价系统，它的特点也是智能化。比如，在环境方面，我们对企业环境表现、应对气候行动、资源节约利用等方面进行数字化评价。在社会层面，我们会量化地考核企业，如对员工的权益维护、对弱势群体的关注、对公益的投入等情况。目前为止，湖州市已经为1.78万家中小企业进行ESG评分，ESG评分最后落在金融产品端，现在湖州银行、工商银行湖州分行等一些银行，已经将ESG分数嵌入到整个信贷的全流程，ESG分数的高低能够影响其利率和金融可获得性。第三个是碳核算。碳核算要解决几个问题，第一个是效率和成本的问题，怎么以更高的效率、极低的成本来实现低碳；第二是精准和科学的问题，如何将标准化的、科学的算法和数字结合起来；第三是解决和运用的问题，单纯把碳算出来可能不是目的，目的是通过金融工具的应用引导降碳，湖州市通过金融科技或者数字化方式来实现碳核算的新突破，找到了一种新的碳核算方式。

概括起来为四个关键词，第一个关键词是"一指起诉"，通过数字化方式，在合规、企业授权的情况下获得企业相关的电、气、煤、油、热等能耗数据，能很好地量化企业能源活动产生的碳排放。在生产过程中也有部分企业会产生碳排放，如钢铁、水泥企业，这个方面我们通过跟第三方合作，以第三方报告的形式在起诉方面实现了较高的效率和极低的成本。第二个关键词是"一键核算"，把数据和算法进行有机融合，实现精准核算，没有人工干预。第三个关键词是"一图观效"，我们不仅要把碳的排放量算出来，还要把碳排放强度算出来，知道到底是高碳高效还是高碳低效，所谓高碳低效指的是对政府税收、就业贡献效率低的问题。我们对每个企业都会有一些效率上的评估和一个碳效等级。第四个关键词是"一体集成"，把碳核算结果跟金融机构能力建设、产品创新等结合起来，将碳核算用在 ESG、金融产品创新、金融机构信息披露等方面。举个例子，湖州市的一个金融机构开发了一个叫碳效贷的产品，它是根据企业碳效等级进行测算，根据测算结果给出不一样的利率水平。首先，可以给企业一个优惠利率，希望企业第二年碳效等级更高，到了第二年回顾，如果达到了优惠利率继续执行，没达到则把利率调回来，以上是湖州金融科技在绿色金融应用中的三个较为典型的案例。

主持人：第一财经可持续商业研究中心推出了中国企业碳综合表现榜，跟环境交易所合作，更多的是关注上市公司。讲到 ESG，您对中小企业都可以研究得这么好，我叫他们赶快去取经。我们并不是为了做某一个榜单，其实是为了在全国更快推广，研究怎样去量化、分析，以及企业真正的减碳效果。

黄丁伟：政府做 ESG 并不是说一定要对企业进行评价，更多的目的是作为一种能力支持。从单个金融机构，特别是区域性的金融机构的角度来讲，很难构建自己的完整ESG，政府有自己的优势，可以做一个公共版，各个银行在此基础上自己开发定制版，这样是非常高效的。每个银行都有自己的 ESG 能力建设，很快就能搭建起来。

主持人：ESG 评价对于单个企业来讲太复杂，像政府、媒体、交易所、指数公司可以通过合作，去联合做一个更全面、更好的评价体系，谢谢黄主任。

今天的讨论非常充分，我们也学到了很多新知识、新理念，了解了大家新的经验和做法，对我们非常有启发。最后请三位嘉宾代表各自主体，用一句话收个尾，对于中国的绿色可持续未来，或全球、全人类的绿色可持续未来，您认为最关键的、最需要解决的问题，面临的挑战，以及可以达到的目标，请总结一下。

黄丁伟：我一直非常坚定地相信中国绿色金融将领跑全球。在中国绿色金融改革过程中，湖州市有幸参与，我们愿意、争当绿色金融改革示范者、先行者。

李瑾：我认为未来通过在标准、规则、市场体系等方面的完善，能够让绿色金融体系更加健全，更加全面地引导金融转型，我们要走的是金融的绿色化，而不只是针对绿色化的金融。

兰天石：我现在在一个新能源的龙头企业。站在我的角度看，我个人认为零碳的时代一定会比"3060"目标来得更快。低碳能源的时代已经真正来临,低碳能源的竞争力越来越显著。光伏的能源属性已经优于很多化石能源和高碳能源,我坚信随着时间的延长,随着更多新技术的导入,越来越多的行业、产业会受益于低碳能源和新能源。我也坚信在不远的时代,低碳能源时代和零碳能源时代一定会提前到来,我们这一代人就能够看得到。

  主持人:我们今天的讨论效果非常好,我个人也深有体会。人类社会面临着非常多的挑战,如资源短缺、能源高碳排放、粮食危机、人口老龄化等。就像前两年所说的,双碳已经是毋庸讨论的根本共识,我们各方面怎样持续地贡献智慧和力量,如平台力量、政府力量、企业力量等。我们要坚持去推动可持续发展。我们今天从三位嘉宾的介绍和分享当中看到了一个非常乐观的前景,我们也期望一个绿色、可持续的未来能够更快到来,再次感谢三位嘉宾,谢谢。

第15章

未来（科学）论坛：脑疾病发病的神经机制

1 论坛综述

浦江创新论坛未来（科学）论坛：脑疾病发病的神经机制，由施普林格·自然集团（Springer Nature）承办，由 Nature Portfolio 的编辑发展经理 Jeffrey Robens 和复旦大学类脑人工智能科学与技术研究院院长、上海脑科学与类脑研究中心副主任冯建峰线上线下共同主持。中国科学院院士、海南大学校长骆清铭，英国皇家工程院院士、上海交通大学医疗机器人研究院院长杨广中，英国失智症研究所科研主任 Bart De Strooper，塞韦罗-奥乔亚分子生物学中心高级研究员 María Llorens-Martín，德国海德堡大学神经病学系实验神经肿瘤学教授 Frank Winkler 等多位脑科学研究领域的国际领军人物，分享了他们的最新研究成果，以及他们对脑疾病早诊断和早治疗的重要见解。

作为浦江创新论坛的重要品牌，未来（科学）论坛坚持传播科学真理，已经成为上海科技创新的一张"名片"。今年未来（科学）论坛作为浦江创新论坛海南分论坛的主要活动之一，建立了开放合作的新机制，拓展沪琼重点领域开放合作。大脑非常复杂，而阐明脑疾病的病因和发病机制一直是神经科学领域的一个重要挑战。如果能破解这些分子机制，就能提供新的治疗思路，帮助治愈某些疾病或缓解与慢性病相关的一些退行性症状。最新的技术手段带来了各种神经系统疾病的动物模型，能让我们在先进成像技术和分析方法的帮助下，探索这些疾病的致病机制。

2　嘉宾演讲实录

病理性衰老过程中的全脑神经元网络和血管的介观成像

骆清铭　中国科学院院士、海南大学校长

> 中国科学院院士、海南大学校长骆清铭分享了其在介观层面上对神经元和神经元回路的创新研究。他利用先进的成像技术，以老鼠和猕猴为模型，实现了单个神经元的高清成像，并能够对神经元进行长距离的追踪、全脑成像和精准定位，揭示神经元之间的关联，即神经回路的基础，为脑疾病的发病机制研究和治疗方法提供了支持。

各位下午好，我是海南大学的骆清铭，我非常高兴参加2022浦江创新论坛未来（科学）论坛：脑疾病发病的神经机制，今天我要谈的是病理性衰老过程中的全脑神经元网络和血管的介观成像。大脑是最复杂的器官，基础的部分是神经元，但是我们对于神经元的亚型和分布了解甚少，神经元到底是什么？它们是怎么互联的，位置在哪，上面还是下面？它们是如何连接的，在大脑的哪个区域，如何进行定位？它们如何进行相互的信息传导，如何形成神经元的回路？神经元之间如何互动？我们可以对大脑进行研究来回答这些问题。

目前来讲，没有任何一项技术可以在不同层面上研究大脑，如分子、突触可以在微观层面上进行显像，而我们从介观层面上研究神经元和神经元回路。微观层面主要是在1纳米的清晰度上成像，可以实现在1立方毫米的范围内清晰成像。宏观成像主要是全脑的成像，在介观层面上通过光学显微的方式来成像，清晰度是很高的，主要限于50微米的范围。所以，在神经元层次上主要是通过介观层面成像，通过光学显微的方式呈现出单个神经元，还可以进行长距离的投射追踪，并进行全脑显像、精准定位。同时，我们需要通过光距成像等各种方式解决在成像过程中遇到的问题，使得神经元看得见、看得清、看得全、看得懂。

在过去的十几年中，我们致力于发展显微光学切片层扫描，总共推出了三代技术来了解神经元之间的联系。我们研究了老鼠及猕猴的大脑扫描情况，这张图片是通过切片的方式，切片的宽度是450微米、厚度是1微米，通过这种方式，我们可以得到老鼠大脑的3D成像，通过这样一层一层的扫描，我们把所有图像存储起来，随时可以抽调这些资料，最终得到全脑神经元的分布信息和3D图像，确保我们采集到的数据是非常稳定可靠的。

这是激光扫描的情况，我们还用荧光显微光学切片扫描的方式，在保证高清晰度的前提下，呈现出单个神经元的情况，同时实现单个轴突长距离的追踪，这样的话就可以追踪神经元的回路是如何形成的。最开始我们就注意到了结构和投射研究的重要性，因此我们开始利用实时的复染技术来进行神经元的追踪，对神经元进行染色，通过3D模型来进行追踪，复染还能将成像时间缩短72个小时。另外，成像的数据质量是非常重要的，我们使用现照明调质光学成像技术提升信噪比，改善度可以提高1～2个量级，通过这种方式对神经元达到更好的成像效果。

我们的技术在2017年开始启用，是当前对于单个神经元的形态学研究最为推荐的一种方式。2021年，《自然》推出了一本特别期刊，其中介绍了我们单神经元的成像技术，《自然》共有四篇论文介绍了这方面的技术。

这是我们发表的另外一篇论文，也是《自然》杂志的封面重点文章，由我们团队和中国科学院神经科学团队共同完成，对单个神经元形态学的建模起到了很好的作用，包括数据的获取和建模的形成。我们获取了169只老鼠的大脑成像数据，对6000个前额皮质的神经元成像进行研究，发现了64类神经元投射，包括它们在空间上的分布，以及内部调整的过程，显示了神经元之间的关系，我们在上述研究结果之上提出了前额神经元的运行机制。

我们还研究了猕猴的大脑，猕猴大脑的容量大约是老鼠的210倍，成像的难度比老鼠要高2个量级。我们成功对猕猴的大脑进行了成像，也使用了实时复染技术，通过荧光显微光学切片断层成像系列技术（fluorescence Micro-Optical Sectioning Tomography, fMOST）很好地展示了神经元之间的联系，实际上神经元之间的联系非常多，达到了1000万亿的水平，这样的联系是构成神经元回路的基础。

我们使用老鼠模型对脑部疾病的发病机理进行研究，虽然老鼠不是灵长类动物，但是它对于研究病理性的老化也有应用价值。可以观察疾病在大脑的哪个区域发生，如β-淀粉样蛋白或血管层面、神经元层面上出现了疾病的征兆，我们通过光遗传学和化学遗传学，以及其他方式，对大脑的一些特定区域进行成像，包括海马体等。海马体的成像也是通过扫描的方式，使用量化的分析技术，找出了一些血管系统中病变的一些基础现象，包括血管方面到底哪里出现了明显损伤。β-淀粉样蛋白的沉积发生在大脑不同区域，还能观察到β-淀粉样蛋白的密度情况，这对于药物的开发也起到很好的支持作用。

对于轴突病，我们可以在全脑范围进行很好的描述。我们对于16周的老鼠进行分析，一组16周的老鼠没有出现轴突病，与另外一组16周出现轴突病的老鼠进行对比，可以看到后者的轴突在不同的生长阶段出现了不同的损伤情况，我们就可以知道其发病机理。另外，我们对7周的老鼠也进行了相似研究，它们的淀粉样蛋白的沉积密度显著高于16周的老鼠。所以，在未来的研究中，我们将对其他年龄的老鼠进行进一步的轴突病分析，研究轴突病和淀粉样蛋白沉积之间的关联，在轴突病出现之后，老鼠脑部的淀粉样蛋白沉积是不是出现了显著不同？在这方面我们还没有得到详细的信息。但是能够得出的结论是，这些斑块在血管上沉积后的影响，我们还看到神经元回路上出现一些短浅的缺少，但是还需要找出上游和下游的变化情况。把输入和输出结合起来研究，可能能够找出靶向治疗所需要注意的关键点。

总体来讲，我们通过介观的角度，解决了单个神经元高清成像的问题，并可以进行长距离的追踪、全脑成像和精准定位，从而实现单个神经元形态学特点的呈现，我们还分析了突触的关联性和输入的回路。我们的研究对于研究神经元之间的互联具有重要的意义，对于相应的发病机制和治疗疗法也有很好的支持作用。感谢CNS中国神经科学学会给予了大力支持，华中科技大学苏州脑空间信息研究院也为我们的研究提供了很好的支持，特别是在高通量的高速脑扫描方面提供了很好的帮助。《自然》杂志也进行了报道，我现在在海南大学工作，海南是中国最南端的省份，欢迎大家到海南参观。

寻找精神分裂症和抑郁症的根源和进展模式

冯建峰　复旦大学类脑人工智能科学与技术研究院院长、
上海脑科学与类脑研究中心副主任

> 以"寻找精神分裂症和抑郁症的根源和进展模式"为主题，分享了对未来脑科学研究发展方向的见解。他认为，传统的研究模式已经无法应对新的挑战，数据和人工智能将带来新的突破。例如，通过收集精神分裂症和抑郁症患者的海量数据，对这些数据进行分析，并应用人工智能技术，能够帮助研究人员寻找疾病的根源和机制，同时发展一些治疗方法。

刚才我对演讲主题做了一点微调，一开始我想讨论的是精神分裂症和抑郁症，现在是未来科学论坛，所以我想讨论一下未来，讨论未来20年我们要做些什么。几年前，我参加了中国科学院的会议，包括很多欧洲科学家都参与了这次会议，其中一个主席给我们分享了关于科学的界定，包括中国和欧洲未来科学的发展，未来的科学是怎样的？我会用我的理论跟大家分享一下。

其中一个问题是关于科学范式的转变。我从里昂中法大学（NIFC）李海教授的论文中得到了一些灵感，他讨论了传统科学学科所面临的问题，如数学或化学方面。随着全球化的推进，自然灾害、气候变化、社会治理等，这些全球的挑战是我们必须面对的问题，但是从传统学科的角度来看，传统的机制已经不能够应对这些复杂问题，他认为必须要实现一种新的发展模式,从之前注重量的发展到现在的注重质的发展,从之前的宏观到微观的发展,包括单学科和多学科的交织,我们还要改善整个体系的发展,这篇论文已经在《科学》杂志发表。

在我的演讲中,我用了范式三角来解决,我相信最基本的是人工智能,用以"人工智能+模块化管理"为驱动的更加全面的方式,可以从这个层面推断得到一些理论,并通过更高层的理论基础来解决,这就是未来科学的发展方向。

当然,从数据开始是非常重要的,上周我们已经进行了5次内部会议,在过去的发展中,生物科学或生物数据库已经涉及了很多人,如英国的生物数据库对50万人的数据进行了收集;欧洲关于人类大脑的数据收集,我们从环境进化机制中可以发现这些数据的重要性。

另外,在全球范围内做出数以千计的生物学实验,数据最多的是美国。对于我们来说,我们是世界上第三大实验国家,我要跟大家分享,这些数据应该怎么使用?如在复旦大学和浙江大学脑影像科学技术中心,我们建立了大脑微观结构的高分辨成像,这张图片就是我们的成像中心,欢迎大家有机会到我们中心参观。我们还做了一些关于计算机的生物科学发展,目前应用人工智能来研究脑部疾病,应用了巨大的 NRI 成像,对于人类大脑也做了非常细致的研究。

这就是我自己大脑 3D 的随机扫描,你可以看到它的变化,在生命发展过程中,大脑在持续变化,这就是我的大脑的一些机制,可以猜想一下有多少个神经元,所有神经元都在活跃。同时,在这个过程中我们也对抑郁症、精神分裂症做了很多资料收集,并且在国际脑库中招收到大学生作为一个群队列的研究计划,我相信 5~10 年后会有更详细的数据。

关于大脑扫描,我们要推动大学教育,使得大脑更加年轻、更加智能、更加聪明,这就是大学教育的目的。目前我们有 7000 人的数据整合,我们要做的就是用这些数据做预测,如根据大脑我们可以得出大脑是否年轻的结论,不仅能通过实际年龄或性别来预测,而且可以基于人工智能从大脑中反映出一些细节信息。

人工智能通过与人类的知识结合的机制来研究精神分裂症,在这个机制中,我们一开始是收集数据,有了数据再通过人工智能得到一个机制,以寻找精神分裂症的根源,在这个过程中要发展一些治疗方法,我们和临床医生、药企都进行了合作,共同开发治疗方案,可以使用应用软件包 Parallel-Meta Suite(PMS)进行生物标记。

对于所有大脑的疾病和机制,特别是帕金森和阿尔茨海默病,通过数据收集可以发现大脑的疾病,通过细节发现大脑中疾病的发生机制。如果我们能找出一个切入点,就可以找到解决脑部疾病的方式,并且能知道大脑中到底发生了什么。关于精神分裂症已经有很多论文发表,能看到精神分裂症的病患大脑会非常快速地缩小,特别是皮层厚度,随之而来的是记忆力衰退,这些变化都会影响患者的精神认知。

这些疾病的发生机制到底是怎样的？我们如何推动疾病的解决呢？我们采取了很多方式，包括收集患者精神分裂症的数据，通过成像观察病患的大脑内部结构，研究患者大脑和正常大脑的区别是什么。我们搜集了2000多个精神分裂症患者的大脑数据，利用这些数据，我们发现大脑有两个主要形态的变化，数据证明，精神分裂症主要影响的是语言和海马体。语言是大脑中的一个部分，人类和猴子的区别之一，就是语言。正如大家在PPT上看到的，我们也发现了一些机制，比如第一行、第二行，比如第一行显示大脑皮层发生了巨大萎缩，我们用经颅磁刺激（TMS）的方式进行诊断和治疗，经过多年的合作研究，我们也形成了关于分裂症的发病机制和理论体系建设。

很多年前，我在英国的时候，一位同仁提出了一个机制，他认为精神分裂症主要是从运动性语言中开始发展的，经过100多年的发展，我们通过很多数据得到了这样的理论。当我们在发表论文的时候，可以看到很多临床医生及科学家通过多年的研究，共同产出这些论文，这些论文认为语言影响着精神分裂症。我提出了一个问题，能否通过不同的方式，如应用未来的科学，目前存在的大量数据为基础来验证这些结论。

未来的科学不是单一的，我们必须共同合作努力，在当前科学层面共同研究，通过多学科和跨学科的融合，试图解决另外的问题。我们还需要搜集资料进行分析，应用不同的模式、不同的治疗方式，在临床上不断进行试验。生物型大脑和数字化大脑之间的相似性达到了50%。我们也可以加入到不同的团队，使得大脑更加灵活，并且在做决定的时候更加明智。非常感谢大家的聆听。

如果大家有问题可以提问我。

提问：谢谢冯教授，数字孪生的大脑和真实大脑活动是非常接近的，我的问题是你如何预测自己的行为？

冯建峰：这是非常好的问题，我现在没有时间讲得太详细，刚才我说的是对大脑进行扫描得到数据，大概有1万个时间序列的大脑数据，我用数据作为参照，通过逆向工程确保860亿个神经元网络，将数字大脑和生物大脑进行比较，包括相似度和科学性之间的关系，都可以做相应的研究和对比。

我可以对大脑进行刺激，比如我看到一幅画，它是非常感性的评分，让数字大脑来评价，你可以看数字大脑对这张图的打分跟生物大脑只有0.5分的差距。

脑肿瘤劫持神经通路实现肿瘤成长和脑定植

Frank Winkler 德国海德堡大学神经病学系实验神经肿瘤学教授

> 德国海德堡大学神经病学系实验神经肿瘤学教授 Frank Winkler 以"脑肿瘤劫持神经通路实现肿瘤成长和脑定植"为主题,分享了其对肿瘤细胞在大脑中产生机制的研究。他发现,脑肿瘤细胞之间具有沟通机制,会形成神经元网络,劫持神经通道,从而使肿瘤在大脑中不断扩散,并阻止各种干预。

大家好!我是德国海德堡大学的 Frank Winkler,非常高兴跟大家介绍我的研究成果,浦江创新论坛是中国非常有影响力的论坛。我今天讲的题目是肿瘤劫持神经通路实现肿瘤成长和脑定植情况,在临床上还没有例子,脑肿瘤难治疗是因为神经元影响了大脑,而大脑出现肿瘤,肿瘤也会形成神经元网络,神经元之间相互交流,维持了肿瘤网络的存在。

这是神经胶质瘤的进展情况,这个肿瘤是如何迁移到大脑里,我们通过肿瘤生长数据制作了一个三维动画,可以看到随着时间的推移,2 个月以内神经元交流的情况。通过大脑扫描可以看到,神经胶质细胞占据了整个大脑,肿瘤细胞形成了沟通机制,肿瘤细胞不是单个存在的,而是集体存在的。从这个模型我们可以看到人类大脑中的肿瘤情况,这个图是老鼠的大脑肿瘤的情况,今天我们聊的是基础性的发病机制。

我们通过扫描研究微观的肿瘤形成过程,2015 年,我们的研究成果发表了很多论文,这些研究让我们更好地了解了神经胶质瘤的发病机理和神经元的变化,包括神经元的延伸延长、神经元的迁移,以及神经元相互之间的联系等。消灭单个种类的肿瘤细胞比消灭在网络里的细胞更加容易,但是肿瘤细胞为了得到营养支持会形成一个很好的沟通系统。肿瘤细胞在体外延展的过程中,如果一个细胞死了就会产生另外的延伸。在 40 个小时之后,基本上复原到初始状态,在 64 个小时后,新的肿瘤细胞建立了完全联系,形成了一个网络,治疗癌症之所以那么困难,因为单个细胞被杀死后可以由新分裂的细胞填补死亡细胞。肿瘤细胞的网络可以使用各种医疗手段进行干预,如手术的切除或化疗,如果没有别的肿瘤细胞取代它的位置,毕竟大部分肿瘤都在网络系统之中。现在我们也在全力研究,过几年将会出版这方面的研究成果,这张图片是肿瘤细胞的一个网络,我们可以在分子层面上研究连接的肿瘤细胞,以及没有连接的肿瘤细胞,进一步了解这些细胞的行为。

这是另外一个博士后正在研究的成果——一种新型的细胞瘤,细胞之间形成一个网络,互相连接起来,并且连接性非常紧密,还有一些没有连接起来的肿瘤细胞。肿瘤在大脑里不断发展,形成网络的肿瘤细胞被杀死以后很快就被替换,但是肿瘤的发展和没有连接起来的那些细胞有很大的关系，没有进入网络的细胞如果没有被及时控制，它们会逐渐演进形成一个网络，或者和现有网络建立联系，成为肿瘤细胞网络中的一部分。随着时间的推移，原来游离在肿瘤细胞以外的细胞也会成为肿瘤细胞网络的一部分。

这是在分子层面上，如果跟进入网络的肿瘤细胞相比，没有进入网络的肿瘤细胞也有很强的攻击性。从肿瘤微观的角度，包括迁移模式，通过观察运动和迁移的方式，可以看到这些肿瘤细胞会移动，从而推动肿瘤的发展。通过神经元和神经胶质瘤的突触来推动肿瘤的发展，不光是网络里的肿瘤细胞突触，没有在网络里的肿瘤细胞也会跟旁边的大脑形成突触，加快肿瘤的发展。

如果实验动物处于麻醉状态下，肿瘤微管的行动会变得缓慢，只有老鼠清醒之后，肿瘤微管的移动速度才会加快。足以可见，从微观层面、分子层面、突触层面都可以推动肿瘤的发展。也就是说对大脑进行更深入的侵入，这些细胞可以和神经元形成互动，这既是侵入带来的后果，也是神经胶质瘤侵入的机制。

脑肿瘤是很难治疗的，因为肿瘤会劫持神经通道，阻止各种干预，希望通过对发病机制的研究能够开发出更好的治疗机制，感谢我的合作机构，以及提供资助的机构，谢谢大家。

神经科学机器人

杨广中　英国皇家工程院院士、上海交通大学医疗机器人研究院院长

> 上海交通大学医疗机器人研究院院长杨广中以"神经科学机器人"为主题，分享了神经科学机器人的使用基础框架研究。他表示，在脑疾病的临床诊疗中，融入不同技术，包括机器人技术，能够实现更加精准的医疗干预。例如，植入式机器人的发展，能够实现在无须手术的情况下，对脑部进行灵活治疗。但医疗机器人技术仍面临很多挑战，如微型化与精准性能、狭小空间下灵巧结构、良好生物相容性材料、多模态智能感知等，需要不断迭代以实现更广泛的临床应用。

今天我和大家分享一下关于神经科学机器人的专题，刚才听到了各位的发言，包括前沿科学神经和脑科学前沿方向，正如大家所知道的手术机器人的应用，在康复和医学干预中机器人也得到了巨大应用，现在我和大家分享一下我们的工作成果，并且我们还会在新的科学方面持续发展和应用，现在我给大家讲解一下神经科学机器人的使用基础框架。

比如，在手术的过程中，特别是开放性手术中，我们应用机器人不仅能够进行远程诊疗，而且第一代达芬奇系统的神经外科机器人已经应用到了临床医疗中。更为重要的

是可以进行同步远程，实时跟进手术进展，提高人类操作的精准性，使手术更加精准，应对在微米、微毫米、毫米的细小误差中做出精准的切割等非常巨大的挑战。神经科学机器人在很多学校中都得到了应用，在过去的40年中，神经科学机器人的技术不断发展，目前已经发展到第四代，在临床专业中，机器人对于神经科学的发展是一个医疗奇迹。随着第四代的发展，我们在机器人中融入了良好的技术，如运用成像，远程观众或者医生在诊断的过程中可以看到非常精准的切割，以及整个细节的呈现，从而提高诊断的准确性。从某种程度上来说，随着技术的发展，我们可以依赖先进技术，使得机器人更加精准，我们称之为精准治疗。

这一次未来科学论坛的主题是关于脑疾病发病机制。在过去的40年中，把机器人技术融入一个体系，已经发展出了一整套体系，如应用机器人进行临床手术等。我们根据不同的机构和不同的研究来共同发展机器人，同时进行生产和制造。最近几年，实际临床的过程中有越来越多的应用，中国企业越来越多关注到这些体系。神经科学机器人经过了不同技术的迭代和演变，对临床的吸引力也越来越大。

我们是多元化的观众，正如我们知道的脑肿瘤及神经功能性疾病，如帕金森、癫痫等，对个人和社会的影响都非常巨大。目前已经有一些常见的治疗方式，如深部的电极植入、射频消融等，随着全球脑病和帕金森患者越来越多，我们尝试在临床诊疗中融入不同技术。我们的计划是先进行实验室研究，确保这种技术的持续迭代，随着这几年的发展，共同解决相关的问题，如非核磁兼容等。

我们不仅有非核磁兼容，还有核磁兼容，这也是一种大脑技术分辨的转型，我们通过这些技术能够非常快速地得到结论。除此之外，我们还有植入式的机器人，如机器臂。在上海，我们和不同的机构进行合作研究，在神经元的发展实验中取得了非常巨大的成功。通过机器人和机器人科学的发展，我们对神经元、神经科学进行联合研究，希望能够做到以不同的方式避免病患的恶化等。这些就是我们的能力，在诊断的过程中，我们还会进行技术迭代。

比如，在植入式机器人中，我们进行了斜管性的界定，这是澳大利亚大脑植入物，我们称之为Stimulatioe，它是斜管内植入脑机接口的设备，无须手术就可以进行脑部的治疗。医疗机器人仍面临很多挑战，如微型化与精准性能、狭小空间下灵巧结构、良好生物相容性材料、多模态智能感知等，当我们提出这些技术难点的时候，也在不断攻破，包括在神经元干预中，我们不仅依赖当前技术，同时依赖传统模式，我们所要做的是解决目前临床方面的问题，共同解决医疗机器人的挑战。

除此之外，人工智能、机器学习的协同发展是非常重要的。我刚才也提到了机器人在不同手术中应用，包括直径为100纳米的微型机器人，我们会不断发展不同类型、不同结构的机器人，以此在非常复杂的手术中提供精准的服务，这是实现成功的机器人发展的前提条件。机器人身上的一个零件能够有多小，如微观镊子，它是3D构造的，应用在机器人扫描的过程中,能够提升临床功能,做到更加精准的医疗干预。除此之外,我们还有很多微观的工具可以应用在更多的复杂手术中,如力感知的微夹持器和微活塞等。

除此之外,我们还对表层介质包括空气和液体进行研究,从而确保小器件的高效使用。同时,我们还会把很多可利用的、可触及的小零件融入相关的手术中,包括刚才提到的植入式的小器件,包括人的pH酸碱度在内的很多数据都可以得到精准的反映。我们还有一个阀门,相关成果已经在《发展科学》上发表,它是一种新的液体传输的开放模式。

最后我简单介绍一下其他的工作,特别是关于神经机器人,一篇论文是在《科学机器人》杂志中发表的一些生物传感器的文章,另外一篇论文是关于神经元的多层发展,关于痛觉和触觉的假设。通过神经科学的发展,我们也可以通过脑电图来观察大脑的活动等数据。

今天非常荣幸有机会跟大家分享神经科学机器人的基础,我相信目前的发展可以在科学的基础上向前推进。当然我们也期待与各方进行合作,不可否认科学机器人在发展过程中也面临着巨大挑战,我们如何应用目前的技术去解决,包括应用神经科学的方式和临床诊断赋能神经科学,是需要探讨的。这就是我对于神经机器人的介绍。非常感谢!

生理性衰老和病理性衰老过程中的成年人神经发生

María Llorens-Martín   西班牙塞韦罗-奥乔亚分子生物学中心高级研究员

> 西班牙塞韦罗-奥乔亚分子生物学中心高级研究员 María Llorens-Martín 以"生理性衰老和病理性衰老过程中的成年人神经发生"为主题,分享了功能性的神经元在人类成长中是如何产生的。她研究了神经元的产生过程、发展发育、与其他神经元构成联络,以及神经元细胞的扩散过程,并对健康人群和阿尔茨海默病患者的神经元进行了对比分析,发现后者的神经发生出现了衰退。

各位下午好,我主要谈一谈功能性的神经元在人类成长中是如何产生的。大脑有很好的调节机制,海马体是非常重要的结构,对于我们学习、情绪管理都非常重要,很多年前,我们就意识到人类神经发生的重要影响,到目前为止共研究了140种生物。对于大脑的研究,我们采用了包括组织提取分析等方法,这是非常重要的研究方法,通过组织分析的方式来研究大脑。

最近我们证明了,对于人类的神经发生疾病,组织分析也是个有效的手段。我们能够看到神经元的情况,当大脑出现功能障碍之后,神经元产生的过程受阻。对于海马体的研究,如果神经元固定的话,如12个小时的固定,对神经元后续的功能产生了影响,所以12小时属于很短时间的固定。我们还做了24小时的固定实验,在24小时固定之后,跟 12 小时的固定产生了一些差别，我们希望找到一些方法，逆转 12 个小时或 24 个小时固定造成的损害。事实上，在特定条件下可以逆转固定造成的损害。我们对人类成人海马体神经发生（adult hippocampal neurogenesis, AHN）采取了 35 项研究，其中有 30 项研究进行了 12 ~ 24 小时的固定性研究。

通过追踪的方式，我们可以看到神经元的变化，神经元如何发展发育，跟旁边的神经元构成联络，可以看到它的发展过程。这些是自然的进程，我们想要知道神经干细胞如何发展，通过标签法，我们找到了神经干细胞，以及它们不同的表达形式。而对于神经干细胞的定量研究，有一些神经元发育过程需要更长的时间，我们要识别这些细胞并不容易，对于如何进行细胞识别，我们发表了 3 篇论文。

在神经发生方面，我们想看这些细胞是如何扩散的。这张 PPT 显示了神经元细胞的扩散过程，85% 的细胞属于神经元发生的区域，关于这个发现，我们还有其他的佐证，这些神经元细胞可以变得成熟。这是海马体的神经发生进程，有不同的发展阶段，从不成熟的阶段发展成一个成熟的神经元。在研究过程中，我们还要对神经元进行定位，找到不成熟阶段的神经元，以及发展到了成熟阶段有不同表达形式的神经元，并对成熟的细胞和不成熟的细胞形态进行对比，这两种细胞在形态上出现了很大的差别。这是细胞发生的过程，这是我们在分子层面上的分析成果，这是非常经典、没有成熟的神经细胞的形状。这是成熟细胞和非成熟的神经元，以及干细胞的扩散过程，随着年龄的衰老，神经发生会出现衰退的趋势，我们要证实这样的假设。我们研究了 90 个人类样本，有些人在神经上处于健康状态，有些人患有脑部疾病，如阿尔茨海默病等，我们对患者和健康人进行了对比控制研究，包括大脑不同区域的神经元。

阿尔茨海默病患者的不成熟神经元的细胞数量会急剧下降，在疾病发病的初期就出现了下降，说明了神经发生受到了影响，新的神经元产生受阻，而成熟神经元数量保持稳定。干细胞的功能也受到了影响，这些数据说明患者神经元发生的机制受到了负面影响。关于不成熟细胞的数量下降，我们也有论文来说明。所以，细胞繁殖的机制是一个非常重要的疾病发生原因，我们根据阿尔茨海默病来做神经元数量的分析研究，其他疾病也可以做相似研究。对于阿尔茨海默病患者而言，细胞的形态发生了变化，这是实验室里对神经细胞的位置分析。从图中可以看到，这是在内部的细胞，这是在外面的细胞，内部和外部的细胞受到神经发生影响的程度是有所不同的，我们的研究是以阿尔茨海默病作为基础来开展的，患者的神经细胞还出现了萎缩的情况。我们开创了一个测量成熟和不成熟细胞数量的研究方法，观察疾病对神经元产生的影响，数据证明了有脑部疾病的患者神经元细胞在形态上、神经发生上都有相应的问题。

我们在细胞繁殖上是弱化的，这是一个趋势，脑部疾病确实对神经发生机制造成了影响。海马体对于神经发生起到中枢的调节作用，在阿尔茨海默病患者中，海马体也受到了影响，我们观察到了细胞数量的变化和衰老过程相关，病理上的变化对细胞发生或神经发生产生了影响。另外，衰老也会对神经发生进程产生影响，不光是数量上的影响，在细胞形态上也会产生影响。每一种病对神经发生的影响程度是不一样的，我们分析了阿尔茨海默病和其他脑部疾病，主要通过不成熟的细胞数量来判断对实际神经发生产生的影响，还需要进一步依靠技术进步来进行研究。谢谢各位！如果有问题的话大家可以向我提问。

Jeffrey Robens：好的，非常感谢María Llorens-Martín，现在大家有问题可以提出来，包括在线的嘉宾。在病理性衰老过程中我们看到了所有的神经机制，刚才也听到了我们通过神经机制、神经突触等影响着这些症状的发展，我们要提高对于患者的诊断效率。

María Llorens-Martín：对我们来说，刚才提到的阿尔茨海默病，在临床发展过程中，我们如何诊断，确实非常有必要，我们要分清病理性衰老和生理性衰老。

Jeffrey Robens：刚才您提到阿尔茨海默病的细胞死亡，我想问的是AD机制根据不同的患者是如何影响的，阶段是不是不同？

María Llorens-Martín：确实，刚才也跟大家分享了一些例子，可以看到患者大脑神经元的发展，在一些阶段我们可以诊断并观测大脑的发展，还有神经胶质瘤，我们要确保诊断的准确性。

阿尔茨海默病的细胞期

Bart De Strooper　英国失智症研究所科研主任

> 英国失智症研究所科研主任Bart De Strooper以"阿尔茨海默病的细胞期"为主题，分享了阿尔茨海默病的基础机制研究。他认为，细胞期的变化对阿尔茨海默病的发展非常重要，他研究了神经细胞的损坏机制，包括淀粉样斑块的积累、神经元纤维缠结等，为阿尔茨海默病的预防和治疗提供了支持。

非常感谢主办方的邀请，今天我要和大家讲一下阿尔茨海默病的细胞期，因为它目前已经成为全球性挑战，特别是在英国，3个英国人中就有1个人会得阿尔茨海默病。研究发现，只有1%的科研人员在进行阿尔茨海默病研究，而大部分人都进行癌症方面的研究，我们也看到关于癌症的研究是阿尔茨海默病研究的18倍，同癌症相比，可见我们对阿尔茨海默病的研究多么缺乏，2000年，阿尔茨海默病案例研究就非常少。目前FDA批准的癌症药物超过200多种，但是只有6种是关于阿尔茨海默病的药物。

80%的阿尔茨海默病都是由于基因突变造成的。如我们在一些阿尔茨海默病的大脑中发现淀粉样前体蛋白等，大脑中有一些保护性的机制，为什么在这个过程中基因突变会导致淀粉样板块的积累？关于这个研究，我们会提到淀粉样前体蛋白（APP），它会导致淀粉样斑块的积累，在这个过程中产生很多淀粉前体蛋白。另外一个是早老蛋白-1和早老蛋白-2，这些都是非常复杂的机制，存在很多内在基因突变。让我们感兴趣的是，在非常复杂的过程中淀粉样前体蛋白的积累会导致很多神经细胞的程序性凋亡和坏死。

现在有很多阿尔茨海默病的药物，对于患者我们一开始通过阿杜那单抗进行治疗，然后进行大脑的研究，如大脑斑块，经过一年的治疗后进行对比。在这个过程中，需要FDA的申请和鉴别、审核阿杜那单抗在长期使用过程中是否能够延长生命或减少病患痛苦。

阿尔茨海默病细胞期的发展，首先是在淀粉样斑块产生的生物化学过程中，我们发现了一些不正常的细胞。但是随着疾病的发展，我们经过10年甚至20年的时间持续观察，如皮层细胞、星形胶质细胞和小细胞都会受到影响。

除此之外，还有神经元的损坏和坏死，现在需要根据临床来评估，随着时间的推移，淀粉样前体蛋白在治疗的过程中能够恢复到正常的水平。我们在现实临床治疗当中，确实需要很长时间。一方面，淀粉样斑块不再增大，并且能够实现潜在的恢复，如果我们能在细胞发展过程中得到控制，就能缓解细胞向坏的方向发展。另一方面，我们必须要进行早期的预警，越早的发现对于防止症状严重化就更加有效。根据已有数据发现，阿尔茨海默病的发展需要多年积累。

所以，研究疾病的发展过程是非常重要的，我们要做的是了解这些细胞的变化，包括在病理学中的淀粉样斑块的积累是如何产生的。阿尔茨海默病有一些显著的病理学特征，如淀粉样斑块的积累，同时还有神经元纤维沉结，以及颗粒细胞空泡变性的退化等。我们用小鼠构建了早期发病模型，通过3个模型的小鼠杂交，生成遗传细胞有缺陷的小鼠，细胞的损坏会导致各种危险因素，包括小胶质细胞的活化。我们利用2个月大的正常小鼠和疾病小鼠来进行对比研究，通过实验发现，在疾病发生后可以通过治疗性的灭活B细胞来控制疾病，我们确实观察到了疾病过程中基因的发展，神经会损坏，包括IL-6、IL-1、TNF-α都是损坏神经元的细胞因子。刚才我也提到了要进行内在基因研究，非常有趣的是在图中可以看到，经过十几个月的观察，如果在这个过程中发现内在的细胞期有淀粉样斑性机制的话，它会向坏的机制方向快速发展。

所以，淀粉样斑块，以及这些的纤维沉结都是非常复杂的机制。目前来说，关于神经细胞的损害，在这个过程，50%的细胞会遇到各种问题，在不同的发病期的小胶质细胞结合后会发挥不同的作用，发病初期细胞会呈现出非常快的损坏神经元的机制，以及细胞的死亡、细胞的退化等，下一步的研究重点是如何在阿尔茨海默病的早期适度激活小胶质细胞，发病后治疗这些细胞，减少炎症和神经毒素的产生，深入研究胶质细胞的机制。

刚才提到在人类大脑中细胞的程序性死亡和程序性凋亡，这是人类大脑中的一个案例，所以我们要在这个阶段进行激活。我们在程序性凋亡的过程中会看到很多神经元死亡，那么如何进行改善，并且采取哪种方式阻碍或抑制死亡，特别是如何减少或清除淀粉样斑块的沉积。如果进行 3～6 个月的治疗，我们可以看到细胞的改善，对于病情的进展也需要持续的进行研究。

人类的神经元在遇到淀粉样斑块积累的过程中会产生 TAU 蛋白、磷酸化蛋白等，同时还会产生生理性和病理性的异种移植。现在回到阿尔茨海默病的基因发展上，在人类的基因中，你可以看到这么复杂的机制。在这样的实验中你可以看到人类小胶质细胞的区别，以及小胶质细胞在阿尔茨海默病中是如何发展的，所以我们构建了一个人类小胶质的移植模型。绿色部分就是通过异种移植模型看出来大脑的机制，当然我们也需要持续地推进研究。

除此之外，人类的小胶质细胞是如何影响淀粉样斑块的。对于这个问题我们已经做了很多研究，包括淀粉样蛋白和 TAU 蛋白是否能够具有正常的生理功能，蛋白的产生和清除是否处于平衡，在大脑中的浓度能否保持稳定的状态。我们还需要对年轻大脑和年老大脑中小胶质细胞的正常功能进行对比，看其是否能够清除或吞噬过量的淀粉样斑块及 TAU 蛋白，从而维持脑部的平衡，并防止阿尔茨海默病的发生。

我们还做了一些实验，发现不同基因之间是相互作用的，不同的人群、不同的个体产生不同的基因表达，有的基因会受到影响并产生炎症等。所以，我们要研究到底如何应对这些变化，以确保整体机制的正确运行。

我觉得阿尔茨海默病非常重要的解决方案是如何解决和消除淀粉样斑块。在阿尔茨海默病的过程中，细胞期的变化是非常重要的。阿尔茨海默病并不是老年痴呆，它在病理学中被认为是多细胞疾病。淀粉样斑块如何在细胞期影响大脑，影响细胞的坏死及程序性坏死，散发性的阿尔茨海默病和长期性的阿尔茨海默病的区别是什么，人类和小鼠小胶质细胞的区别是什么？我们都要进行研究。

3 互动对话

主 持 人：

Jeffrey Robens，Nature Portfolio 编辑发展经理；
冯建峰，复旦大学类脑人工智能科学与技术研究院院长、上海脑科学与类脑研究中心副主任。

互动嘉宾：

骆清铭，中国科学院院士、海南大学校长；
María Llorens-Martín，西班牙塞韦罗－奥乔亚分子生物学中心高级研究员；
杨广中，英国皇家工程院院士、上海交通大学医疗机器人研究院院长；

Bart De Strooper，英国失智症研究所科研主任；

Frank Winkler，德国海德堡大学神经病学系实验神经肿瘤学教授；

殷　明，海南大学生物医学工程学院教授。

　　Jeffrey Robens：非常感谢各位演讲人给我们分享了相当丰富的内容，感谢所有的演讲人，介绍了生物学方面的研究和技术方面的成果，这对我们发展创新性的技术，回答这些挑战是非常重要的。现在有请冯博士、殷博士、Jeffrey Robens 博士、María Llorens-Martín 博士、杨博士，我们的问题可以由在场的观众和在线听众提出。

　　冯建峰：各位听众有没有问题要提问呢？

　　殷明：我是殷明，我没有做主旨发言，但是我想跟大家一起参加讨论，我的研究领域跟各位不一样，我学的是电子工程，主要是从空间和时间上的模拟研究，所以我的目的是帮助先进科学家更好地了解神经机制、神经元的功能、神经元的病症，包括帕金森、阿尔茨海默病、精神分裂症，今天对我来说是眼界大开的机会，我们听到了分子生物学专家解释各种各样的化学和分子层面的原因，来解释神经元的病变。希望能与大家有好的讨论。

　　冯建峰：我对 María Llorens-Martín 博士有一个问题，从我们的数据来看，以抑郁症和精神分裂症来说，我们总是发现海马体是精神分裂症的主要研究目标，为什么会发生这样的情况，为什么都是跟海马体的萎缩有关，能不能请您来回答一下我的问题。

　　María Llorens-Martín：这是非常重要的问题，因为海马体确实在信息的整合和处理方面发挥非常大的作用，海马体的功能性损坏，如果确实跟疾病有关，我们可以追踪海马体的神经发生的过程中有没有神经减少，当然这是一个很难回答的问题。这些患者在情绪上、情感上都出现了问题，如果我们能找到一个机制，从情感上或情绪上缓解他们的症状，所以人类感官上的功能应该也是跟神经发生相关的。

　　Jeffrey Robens：杨博士，我有一个问题，我们在生物学研究方面面临的重要挑战是什么？

　　杨广中：谢谢 Jeffrey Robens 的问题，我展示的是成像技术，纳米层面上相关的研究，我们也希望努力跨越障碍。神经的反应方面，我们加强合作研究，包括病理方面的研究、临床上的研究、科学上的研究，我们在技术科学方面发展研究，可以打破壁垒共同促进。

　　Jeffrey Robens：研究人员讲的内容非常精彩，让我们大开眼界，还提出了未来解决的方向。我要向冯教授提问，在海马体萎缩前是否有干预的措施？

　　冯建峰：海马体确实会出现萎缩，在精神分裂症方面，我们需要对精神分裂症的病因进行分析，发现主要有两类的病因，一类是布洛卡区出现问题，另一类是海马体的问题，我们不但提出分型，同时提出相应的治疗方案，你的问题出现在海马体还是布洛卡区，治疗方案是不一样的，所以我们和临床医生也在开展联合的工作，这是非常好的问题，谢谢。

Jeffrey Robens：临床的医生是不是对你的发现很惊讶？

冯建峰：我也不好说他们是不是出乎意料，他们很多年都希望从不同的角度把精神分裂症进行分类，我们使用 AI 构建了大量的数据库，有很多临床医生跟我们一起合作，我的合作作者有 40 个，有些是临床医生，所以我非常清晰地展示了精神分裂症的发展过程和分型，希望有助于我们在临床上治疗精神分裂症的患者。

殷明：我对这一点非常感兴趣，暂时没有太多的时间去消化，大脑有语言相关、语音相关的感受区，现在还没有具体的证据表明，我们有没有更好的模型证实布洛卡对于精神分裂症的影响，可以更好地指导临床的治疗。

冯建峰：这个问题是有建议性的，包括动物实验、动物研究等对研究来说都是非常重要的部署，动物实验跟人是不一样的，像猴子进行自闭症的研究，我的看法是猴子自闭症研究跟人类自闭症是不同的，并且有很大的差别，我们不需要把人类疾病和动物疾病之间进行更好的协调。

Jeffrey Robens：我问 María Llorens-Martín 教授一个问题，在您的介绍中提到 10 小时或 14 个小时的固定，如果固定到更长的时间，这样的时间是不是更容易实施，这种实验容不容易开展？

María Llorens-Martín：最早可以固定 48 小时，我们有很大的数据库来研究神经发生问题，我要收集更多的数据，更好地研究人类大脑的运作机制。当然实施这样的实验是很困难的，需要专门的人员花很大力气处理相关的数据，同时我们要根据不同的数据，把工作小组的数据进行处理，并根据病患的细节进行区别。

Jeffrey Robens：确实，您提到的这些非常重要，因为人们也期待着提出新工具来做贡献，这些机制影响着整个疾病的发生过程，提供了卓有成效的范式，也期待着在未来能有更多的成果。

冯建峰：我们有一个一般性的问题，希望杨博士给我解答。在您提到的神经科学机器人中，是否采取了正确的方式进行评估，比如在大脑智能扫描中对大脑进行实时扫描或者监测，这是哲学性的问题，也是非常难以回答的，具有非常大的挑战。

杨广中：当我们讨论大脑的时候，想要知道大脑的机制，我们利用计算机，把人类的感情、分析、记忆都融入这个过程。在计算机的研究中，我们根据当前的架构模式确实可以实现机器模拟人脑，我们也有人工的神经元来满足当前的任务，但是在情感和繁殖方面是非常困难的，机器人体系的完善还需要很长的过程。今天我们也讨论了很多关于阿尔茨海默病、精神分裂症、抑郁症等，如果用得上机器人的话，可以减少很多人力成本。在学科中，机器人可以参与不同的对话，确保机制有效。关于病患的管理，有的病患有认知功能障碍，我们和不同的工程师进行合作，来确保机制的有效性。

殷明：我现在还有一个问题，医疗器械在过去的 20 年中应用到了医疗和临床治疗，从你的角度能否跟我们分享一下机器人使用将有什么大的挑战？

杨广中：关于机器人如何在病患的管理中得到应用，比如在康复过程中应用，包括帮助截肢的患者来说是非常有意义的。在使用神经科学进行诊断的过程中，我们遇到很多功能性的困难。刚刚海德堡大学的 Frank Winkler 教授讲到植入性的机器人也有一些大学合作研究，当前一些新材料的应用，可以在未来为大脑治疗和神经元的干预提供一些条件。

殷明：我非常同意，我们有没有使用一些电子和其他方式来检测神经元网络？比如阿尔茨海默病，包括脑瘤，都是对神经元网络造成影响的，是不是可以使用多种模式、多种技术来共同进行干预，更好地解决神经方面的疾病，这样的结合是不是可以取得更好的诊疗效果？

杨广中：当然，你讲得很对，我们需要多模式的方法，例如，在分子层面我们确实需要跨学科的方式，多种方式结合才能取得最好的效果，我也不相信某一种方式就可以取得最好的效果，不可能以单一的方法来解决问题。

Jeffrey Robens：跨学科能够使来自不同领域的专家共同开阔眼界，时间差不多了，我要感谢所有的发言人，感谢各位听众，包括在线和现场观众，感谢浦江创新论坛给了我们这个机会来分享这些前沿技术，希望各位身体健康，感谢各位参与我们的活动，谢谢！

第 16 章

未来（科学）论坛：生物医药科技前沿与生命健康产业创新

1 论坛综述

浦江创新论坛未来（科学）论坛高度关注生物医药科技前沿与生命健康产业创新问题，依托海南省独特的生态环境、地理区位及"先行先试"政策体系优势，围绕全球健康策略、干细胞治疗、新药研发、高端医疗、健康产业创新发展模式等展开研讨对于促进生物医药前沿技术发展和产业创新具有十分重要的意义。论坛共邀请了 7 位演讲嘉宾，分别为同济大学附属东方医院原院长、俄罗斯工程院外籍院士刘中民，比尔及梅琳达·盖茨基金会北京代表处首席代表郑志杰，诺华集团（中国）总裁 Daniel Brindle，上海现代制药股份有限公司副总裁倪峰，荷兰王国驻华大使馆卫生、福利和体育参赞 Nico Schiettekatte，上海天泽云泰生物医药有限公司 CEO/联合创始人、军事医学科学院药理学博士赵小平，海南大学药学院院长罗海彬。论坛与会中外嘉宾共同探讨未来发展趋势，推动国内外产学研合作，促进生物医药科技前沿与生命健康产业创新发展。

2 嘉宾演讲实录

干细胞技术是安全、有效、打破传统医疗的第三次革命

刘中民 同济大学附属东方医院原院长、俄罗斯工程院外籍院士

> 干细胞既可以改善器官的功能,又可以通过提升器官功能为自身提供良好的生长环境。干细胞技术是安全、有效、打破传统医疗的第三次革命。一方面,围绕干细胞的基础研究是当下的重大科学问题。干细胞可以治疗多种疾病,它的基本原理与化学药物、其他物理性治疗都不一样。干细胞通过提高免疫修复器官功能来治疗疾病,它能治疗一个病就能治疗十个病,因为治病的原理是一样的。所以,目前干细胞主要用于难治性疾病的治疗。另一方面,干细胞有着广阔的应用前景。干细胞可以有效对抗衰老,甚至能够实现冻龄和逆龄,还可用于治疗大部分慢性病。中国政府非常重视干细胞技术,各地政府都在积极推动干细胞产业政策。海南也在乐城"先行先试"开展干细胞应用。干细胞是未来生物经济时代国际竞争的重要核心技术。

海南的干细胞代表了中国干细胞未来的方向和先行者。谈及干细胞有何重要的意义。作为一名心脏外科医生,在我的医疗生涯里抢救过无数危重患者,我曾经做过全国第一例人工心脏手术,2003 年,第一位心肺移植的患者长期存活,但是我很清楚地知道患者的生命虽然延长了,但是生活质量相对于正常人来讲是比较差的。他要长期服用抗排斥药,是药三分毒,抗排斥药的毒性更强,并且背负着严重的经济负担,患者很难回归社会,还要跟人群保持距离,防止感染。在这种情况下,如何既能推迟器官的移植,又能避免器官的移植,是现代医学领域追求的目标。所有的器官衰竭最后都需要移植,如果我们能够实现推迟或避免的话,这将是一场真正的医学革命,而这场革命靠的就是干细胞。

10 多年前,同济大学附属东方医院和同济大学就开展了干细胞的基础研究、临床前研究和临床研究,涉及如何扩大细胞产量,减少批件差,降低细胞的价格等。我开启了干细胞的研究之路,走到现在已经十多年了,回过头看步步艰辛。今天做一个总结汇报,干细胞是安全、有效、打破传统医疗的第三次革命。

首先,什么是干细胞?从干细胞的本意上来讲,它是根与起源,就像一根树干。有人说干细胞是一粒种子,一粒种子可以长成一棵树,但是想要长得好就必须要有好的土壤。对于人来说,"土壤"就是器官功能。人越老"土壤"越贫瘠,而我们撒的种子是千万级、上亿级的细胞,可以改善器官的功能,改善器官的功能就是改善"土壤",种子既可以生长又可以改善"土壤"功能,为自己提供良好的生长环境,这就是干细胞的功

能。另外，干细胞还有一个功能。随着年龄的增长，细胞衰老的速度大于细胞新生的速度，但是衰老细胞有一个特性，它就像一颗烂桃子，会影响到好桃子（健康的细胞）。如果一个筐里的桃子没有一个烂的就可以一直摆下去，只要有一个桃子烂了就全部烂了，这就是衰老细胞，干细胞可以定点清除这些衰老细胞。

人为什么会生病呢？排除环境因素，首先是免疫系统，免疫系统异常后人就会生病，不管是免疫力过高还是过低都会生病；其次是随着人的年龄增长，器官功能衰老也会使人生病。这两点是机体衰老的特征，也是疾病发生的根本原因。干细胞在这个过程中有什么作用呢？类似调节免疫，免疫力过高可以降低，免疫力过低可以提高，这都是经过临床实践证明的。器官衰老、器官功能下降的疾病，包括心衰、呼衰、肾衰等，通过干细胞调整可以改善或提高。以往心率衰竭的患者用常规抗心衰的治疗只能暂时缓解，甚至要心脏移植，现在通过干细胞治疗，不仅能有效提升患者心脏做功的能力，而且使很多患者避免了心脏移植而回归到正常的生活。干细胞可以治疗多种疾病，它的基本原理与化学药物、其他物理性治疗都不一样。化学药物是作用于某一个靶点，如果同时有多个靶点就需要使用多种靶向药，不但造成浪费，作用也是有时效的，一旦过了时间靶点就会失效。干细胞是通过提高免疫修复器官功能来治疗疾病的，它能治疗一种病就能治疗十种病，因为治病的原理是一样的。所以，现在干细胞主要用于难治性疾病的治疗。

霍金把干细胞作为医学史上的第三次革命不无道理，他在2014年曾预言干细胞有望掀起医学革命，可以医治任何疾病、再生移植器官、治疗偏瘫痪，是青春的源泉，也可以阻击癌症。当然，从干细胞基础研究的进程来看，从1892年提出干细胞之后，100多年间人们发现了各种干细胞，如造血干细胞、胚胎干细胞、间充质干细胞等，目前为止干细胞的研究仍方兴未艾，现在有50多万篇与干细胞有关的文章与研究。因此，围绕干细胞的基础研究是当下的重大科学问题。

为了抢占生物制造业的高地，各国政府都在集中各种优势资源，甚至举全国之力来做干细胞的研究。近期，拜登又签署了一个关于优先加强美国本土细胞技术和安全的生物经济行政命令，用细胞工厂超越世界工厂，美国意图打生物经济战。美国政府希望从现在开始把生物经济4万亿的产值提高到10年后30万亿的产值，占全球制造业的1/3。在这种情况下，可以设想未来就是生物经济时代，国际竞争就是生物经济战争，生物经济战争是最符合美国利益的，生物经济不单单是民用产品，还有军用产品。所以，我们可以看到生物经济的未来，全世界已经有将近1万项干细胞的研究，有1/10进入了临床三期，意味着过了安全性和有效性的临床实验，再往前走就可以成为临床可用的药物，一个药可用于治疗1个人就可以用于治疗10个人。

中国政府也非常重视干细胞技术。习近平总书记是第一个提出把干细胞核心技术尽快用于临床患者，用于治疗新型冠状病毒感染的大国领导人。我们在2020年武汉新冠病情期间受科技部的紧急立项，在武汉治疗了37例重症和微重症的新冠患者且全部治愈。

现在各地政府都在推动干细胞产业政策，海南在乐城"先行先试"，也准备开展干细胞的应用。同济大学附属东方医院和上海干细胞转化研究院在乐城建设了干细胞研究工程中心，对乐城干细胞产业进行第三方评估评价。首先对细胞来源进行把控；第二是对开展临床研究或应用单位进行软硬件评估，并对其抗风险能力进行评估；第三是开展项目须与卫生健康委已备案的项目、内地的三甲医院合作，现在已有4个项目正在开展临床小样本研究。

干细胞有着广阔的应用前景。从规模上讲，多种类的慢性病有约千亿乃至万亿的市场。由于老龄化问题，根据干细胞相关的功能和作用，干细胞对于抗衰老也是非常有效的，甚至可以实现冻龄和逆龄，这些已经在临床中观察到了。关于对慢性病的管理，归根到底是两方面：一方面是免疫系统的问题；另一方面是衰老的问题。所以，干细胞的作用不言而喻，它有着重要的基础作用和广阔的市场应用前景。

比尔及梅琳达·盖茨基金会在全球及中国健康领域的工作

郑志杰　比尔及梅琳达·盖茨基金会北京代表处首席代表

> "所有生命价值平等"是比尔及梅琳达·盖茨基金会自2000年成立以来一直秉持的信念。基金会希望在全球范围内与各国政府一起合作，努力消除全球健康和发展不平衡问题。一方面，基金会通过激励创新实现对政府和企业角色的有效补充，通过加强全球合作，汇聚全球资源，通过专业能力和洞察来发现问题、寻找答案、驱动变革。另一方面，基金会提供资金和技术支持，搭建国际合作桥梁，致力于推动全球健康创新和公平可及、推动非洲农业发展助力减少贫困、支持发展合作创新与交流对话、促进公益慈善发展与合作。基金会在中国有许多合作伙伴，包括在研发方面与国家自然科学基金委员会联合资助一些项目，在转化方面与清华大学和北京市人民政府一起成立了全球健康药物研发中心，在监管方面与药监系统一起合作推动中国监管体系的国际化和能力提升，以及与上海市政府合作成立了上海全球健康与发展卓越中心。基金会期待未来与中国的合作伙伴继续携手合作，共同应对全球健康和发展重大挑战，为全人类努力创造一个更加平等和美好的未来。

"所有生命价值平等"是比尔及梅琳达·盖茨的信念，也是比尔及梅琳达·盖茨基金会自2000年成立以来一直秉持的信念。2000年，比尔及梅琳达·盖茨在《纽约时报》上看到了一篇报道，一些已消除的疾病仍然造成数百万贫困国家儿童的死亡，他们觉得应该做点事情，这是2000年盖茨基金会成立的主要原因。盖茨及其所有同仁认为，一个孩子生存和成长的机会不应由他的出生地决定，这一直是基金会的功能。上海浦江创新论坛也曾谈到过儿童健康问题。过去30年由于疫苗、疾病预防、新生儿医疗条件的改善，全球5岁以下儿童的死亡率已大幅下降，1990年，5岁儿童的死亡人数超过1200万，到了2020年已经下降至500万左右，但即使是500万这样的数字，对我们来说也是相当大的数据，挑战仍然巨大。基金会希望在全球范围内与各国政府一起合作，使这个工作得到明显改善。

全球90%的传染病负担发生在发展中国家，但是全球相关的研发和生产投入只有10%是针对发展中国家的需求。自1975年以来，全球批准使用的1500种药物里只有不到20种是针对影响发展中国家的疾病。我们在疾病负担问题、科研研发和医药研发投入方面都是相对不平等的。正因如此，基金会的愿景是希望人人都能过上健康而富有成效的生活。

我们通过激励创新，对政府和企业的角色进行有效补充。政府进行投入，企业进行产品研发。政府和企业都没有考虑到的一部分前期工作，基金会可以发挥补充的作用，针对低收入国家人群的需求开展创新。我们通过加强全球合作，汇聚全球资源，通过专业能力和洞察来发现问题，寻找答案，驱动变革。基金会非常重视市场的作用，让市场为贫困人群服务，创造市场激励机制，支持贫困人群所需疫苗、药物、诊断试剂和其他工具的研发和交付。同时支持高质量数据和实证产出，基于数据和实证对不同策略和方法的有效性进行评估，以推动进步。

基金会有超过650亿美元的资金，去年有约70亿美元的支出，主要受赠方约1400家单位。基金会在全球有超过1700名员工，总部设立在西雅图，在华盛顿、伦敦、柏林、南非、印度、埃塞俄比亚和中国均设立有办公室。中国办公室是2007年在北京成立的，今年是基金会在中国的第15个年头。我们与中国合作伙伴一起向全球提供公共产品来解决中低收入国家的发展不平衡问题。我们认为在全球公共产品提供方面，中国潜力巨大，因为中国有全球最完备的产业链，医疗市场非常大，医疗健康投入的规模也是全球第二，并且有创新政策引导。

基金会提供资金和技术支持，并搭建国际合作的桥梁。我们致力于帮助公共、私营和社会领域的合作伙伴在卫生、农业和减贫领域的产品、技术和模式创新，探索高效的合作机制，让创新成果在中国乃至全球的脆弱人群中尽快得到普及。基金会主要涉足以下领域：

第一个领域是全球健康创新和全球健康公平可及。加强健康产品创新生态建设，助力医药产品监管体系国际化，支持全球消除疟疾，加强国家免疫规划，降低传染病负担，艾滋病预防与控制，公共卫生设施技术的改进，尤其是厕所革命，通过革新和商业化推广来解决很多中低收入国家和边缘地区的健康问题，提高全民健康水平。第二个领域是推动非洲农业发展，助力减少贫困。目前食品安全是非常重要的领域，推动中非农业科研合作，支持非洲国家建立水稻育种、繁殖、推广一体化的现代种业体系，改善粮食价值链，促进非洲小农户收入提升。第三个领域是支持发展合作创新与交流对话。支持南南合作，加强供需匹配，提升传统双边援助的有效性，助力中国在全球健康和发展领域多边合作机制中发挥积极作用，促进国际减贫经验交流与分享，特别是中国解决了极端贫困问题，在国际上如何介绍中国的经验是很重要的领域。第四个领域是促进公益慈善发展与合作。支持相关的政策研究，倡导慈善捐赠文化，加速创新应用的实施和推广。

这些工作主要通过以下方式进行：一是通过捐赠资金的形式进行合作。二是贡献专长，基金会有超过1000多名专家学者，可以提供技术支持，发挥很重要的作用。三是激发创新，通过不同的形式、不同的方法努力实现创新。四是协调行动。五是通过搭建桥梁、整合资源、汇聚伙伴进行相关工作。

在卫生健康领域创新产品的研发是全产业链的工作，包括最上游的早期开发研究到产品研发、产品制造、产品监管等。基金会的中国办事处把中国供给侧相关工作跟全球需求进行匹配，加强中国在全球健康领域的研发实力，助力中国成为全球健康公共产品的主要提供者，包括药物、疫苗、诊断试剂等卫生产品，凸显中国产品的制造能力。

在整个产业链方面，我们在中国有许多合作伙伴。在研发方面，我们与国家自然科学基金委员会联合资助一些项目；在转化方面，我们与清华大学和北京市人民政府一起成立了BBP形式的全球健康药物研发中心，研发中心近年来发挥了重要的作用；在商业化方面，我们遵照国际质量标准实现规模化生产；在监管方面，我们与药监系统一起合作推动中国监管体系的国际化和能力提升。我们还与上海市人民政府合作成立了上海全球健康与发展卓越中心，这是我们推动全球健康创新和全球健康公平可及的一些主要工作。

为什么要成立全球健康药物研发中心或研究院？全球发展中国家承担了90%的疾病负担，但是全球相关的研发支出中只有10%是针对这些国家的主要疾病。我们希望通过创新合作模式来解决发展中国家缺医少药、缺乏相关疫苗药物和诊断工具的挑战。2016年基金会和北京市人民政府、清华大学创办了全球健康药物研发中心，主要针对结核病、疟疾、艾滋病等重大传染病开展新药的研究工作，为消除不平等做出了贡献。合作模式是以公私合作伙伴关系进行的，在很多方面具有开创性，目前已经取得了非常好的成绩，包括在新型冠状病毒、结核病和疟疾等方面，一些研发项目也非常顺利，是比较好的合作模式。

我们与国家自然科学基金委员会也有很多合作。2015年启动了中国大挑战项目；2020年联合发起了农业领域资助项目，帮助低收入国家应对威胁农业生产的相关气候挑战；2021年一起资助户外疟疾媒介控制领域的创新解决方案。这些工作都是国家自然科学基金委员会非常重要的工作。我们与浦江创新论坛也一直有合作，共同举办了全球健康与发展论坛，至今已经持续3年，非常感谢科技部和上海市科学技术委员会与我们携手所做的工作。我们与上海市科学技术委员会和上海市生物医药科技发展中心成立了上海全球健康与发展卓越中心。作为基金会,如何充分发挥上海在人才、机构、国际化等各方面的优势,为全球健康和发展做出更大的贡献,上海全球健康与发展卓越中心在未来一定能发挥更重要的作用。

我们希望解决全球健康和发展不平衡问题。我相信中国的创新一定能为全球做出更大的贡献,也期待未来与中国的合作伙伴携手合作,共同应对全球健康和发展重大挑战。我相信我们的合作一定会为我们创造一个更加平等而美好的未来。谢谢大家!

诺华集团与博鳌乐城携手推动生命健康产业高质量发展

Daniel Brindle(贝德年) 诺华集团(中国)总裁

> 诺华集团在改善人类生命健康和全球医疗科技方面做出了很多卓越贡献,过去也与海南建立了很多合作伙伴关系。在未来,诺华会进一步支持博鳌乐城在真实世界中的发展,希望与博鳌乐城加强国际交流,建立更可靠的临床市场,推动真实世界研究。

我们在改善人类生命健康和全球医疗科技方面做出了很多卓越贡献,比如去年我们在研发方面有 350 亿美元的合作,相信在未来会产生重要的作用。如今诺华集团的足迹遍布全球,在全球层面上也有很多合作。在创新方面,我们致力于加强生命健康产业的高质量发展,目前我们有 50 多项新的药物正在研发,均到了提交新药上市申请的阶段。我们在海南建立了很多合作关系。海南现在是自由贸易港,博鳌乐城也是非常好的平台。2018 年,我们第一次和博鳌乐城进行合作,引进了诺华策略产品,让很多患者受益,截至 2021 年,又进行了很多次合作。一年前,我们在治疗方面取得了重要进展,上个月我们在博鳌乐城进行了 2021 年的 CIE 发布,把新药带进了中国国际进口博览会。我们相信这样的研究可以得到转化,也得到了海南省人民政府和自贸港的支持。未来几年,希望博鳌乐城和诺华集团能建立更可靠的临床市场,在实验数据中进行真实世界研究。

同时,我们会支持博鳌乐城在真实世界中的发展。成功需要 3 方面:第一,要确保真实世界中研究药的临床数据的正确性及准确性。这需要发展很多技术,包括如何在数据转换或分享的模式下确保其安全,这对实现整个世界临床领域活跃发展至关重要,目前我们在此方面实现了创新。第二,要加强人才培养。很多年轻有为的博士在驱动生命健康的发展中做出重要贡献。相信在未来,我们会和很多大企业及中国其他城市的医院,特别是博鳌乐城共同合作,建立伙伴关系,加强我们在真实世界中的研究和发展。在上海、海南和其他地方,我们也合作完成了很多项目。第三,国际交流非常重要。博鳌乐城实现了海外医疗器械和药物进入中国的平台作用,在中国市场上扮演着非常重要的角色，在国际研究中产生了重要的影响。所以，在临床方面我们需具备更强的能力，我相信海南、上海乃至整个世界会持续发展，我相信政府、各利益相关方，以及其他合作伙伴会利用创新的方式、创新的医疗整合来建立一个生命健康领域解决问题的方法机制。非常感谢论坛为我们提供的平台，谢谢。

产研融合加速创新，助力产业高质量发展

倪峰　上海现代制药股份有限公司副总裁

> 当前，生物医药领域受到了前所未有的重视。医药是高技术含量、高科技水平行业，发展依托创新水平和人才建设，推动关键核心技术攻关、加快策源地原创技术打造和现代产业链链长建设，深度参与生物医药全球化市场竞争和改革。国药集团通过多年和行业内科研院所的深入合作，建设了多个研究中心，开发了多款国家级重点药物和智能工序设备，通过产研合作平台进一步扩大了在全球的辐射能力，保证药物生产的绿色工艺处于行业领先水平。希望未来借助海南的优惠政策，深入推动产研融合加速创新，助力产业高质量发展。

近几年的新冠疫情使人们对生物医药领域，尤其是关乎生命健康的生物医药领域的重视提高到了前所未有的高度。党的二十大报告首次将生物医药列入党的重要会议和报告中。国药集团刘敬桢作为党的二十大中央候补委员、党的二十大党代表全程参加了党的二十大，疫情3年里国药集团在疫情防控和疫情救治中做出极大贡献和努力。我们在可诊、可治、可防3大领域均取得了突破，也是全球唯一一家独立自主同时开发4款新冠诊断试剂、4款新冠病毒治疗药物和4款新冠病毒疫苗的企业。2021年，国药集团进入到世界500强的第80位，在全球医药企业中位列第一。

习近平总书记在多次重大会议上强调科技自主创新、科技自立自强的重要性，提出了"四个面向"，即面向科技前沿、面向经济主战场、面向国家重大需求、面向人民生命健康，这些阐述也对生命医药发展提供了根本指导。生物医药是高技术含量、高科技水平的行业，完全依托创新水平和人才建设。近几年，从国家到科研院所也都提出了关键核心技术攻关、加快策源地原创技术打造和现代产业链链长的概念，为企业和行业高质量发展提供源源不断的产品和新型技术，参与生物医药全球化市场竞争和改革。

二十大报告中从另外一个角度提及"健康中国"的概念，包括生育支持、重大慢性病、精神卫生、疫情防控、老龄化战略、医药改革、中医传承和医院改革，这几个方面是目前中国乃至全球都要面对的重大挑战。尤其是中国开始进入老龄化社会阶段，慢性病发病率逐年提升，给生物医药带来了挑战。所以，这也为国内医药行业产品布局和发

展方面确定了基调。针对二十大报告所传递出的相关精神，我们作为国药集团下属的化学药物开发平台公司，于2016年开始国药集团内部最大的整合，目前的规模达到了140亿，下属15家子公司和28家法人公司。结合产业基础和新生物医药产业的政策指引，与大家分享一下我们近年来在新型给药系统、新型技术、绿色工艺等方面取得的一系列成果。

除了科技创新，目前还有几大危及国内人民健康的领域，如中枢神经领域和慢病领域。不同领域用药特点是不一样的，如慢病领域，一般来说通过混控给药、长效给药，根据用药需求和疾病谱的变化，结合技术开展平台建设，以及特色产品群的打造，来支撑现代制药产业发展。目前复杂工艺和工程装备的开发，包括制剂工艺、递送系统和制剂装备的跨界融合，包括AI发展和药物设计，以及晶体各方面研究的结合，要聚焦关键核心技术和新兴交叉领域，开展符合国情的集成创新开发模式。

以国内的药用递送材料为例，该行业发展相当滞后，药物递送材料是药品质量非常关键的一环，药品做得好不好，疗效能不能达到临床需求，药物递送材料是其中一个关键掣肘。现在很多企业开展了药物递送辅料和递送系统的研究，我们也已经开展了7年。国内的头部药物递送系统因为受到多方面的影响，整个行业的水平和产品质量仍有很大的提升空间，成为制约行业发展的一个短板，行业容量非常巨大，亟待突破。

另外一个值得关注的是关键工序设备的制造问题，这是先进制造的核心。制造企业非常多，但是整个行业存在多、小、散的特点，低水平复制、产品同质化现象严重，产品耐久性差，配套设备缺乏，外观效果差，很多设备还依赖国外进口。尤其是这几年受疫情影响，有的设备从下订单需要2年以后才落地到生产线，有时候日常维护都不能及时解决，极大地影响了药品的日常供应。

以我们的工作举例，硝苯地平控释片是我们公司最大的产品，20多年来一直是国内唯一的产品，2018年被列入国家基本药物目录。该产品采用渗透泵控释技术完成攻关，也涉及了国家"九五"科技攻关计划，由合作单位中国医药工业研究总院侯院士领衔，是国内首个激光打孔渗透片。该产品荣获国家知名品牌等一系列奖项，从中可以看到掣肘行业发展的两个关键因素，一个是药物递送系统，另一个是智能装备。激光打孔设备是我们和侯院士自主开发，激光设备经过20多年的更新已经到了第十代，达到了国际领先的水平，每分钟达到2000片的制孔，精准在药片上打开一个小孔，而且这个小孔的均匀度和深度都要合适，对没有打孔的药片能够通过极快地实现替片的功能。该产品受到上海市科学技术委员会和国家重大项目的支持，目前已经被列入国家药物集采目录。

第二个例子是一个模具的平台，这个机型在全球都有广泛的应用，有近百亿美金的市场。它主要针对一些特殊人群，包括依从性比较差的儿童、有吞服困难的老年人等。我们和医药先进制造国家工程研究中心、药物制剂国家工程研究中心合作完成开发，这是一个合作典范。目前国内制造产品的设备处于空白阶段，希望在不久的将来能够填补国内的空白。

我们通过多年和行业内科研院所的深入合作,开发了国内第一个激光打孔控释产品,目前销售金额超过15亿;开发了国内第一个头孢缓释长效产品,年销售额超过2亿元;开发了国内第一个针对儿童的缓释口服溶液产品。这么多年来,我们和中国医药工业研究总院、上海高等应用技术研究中心共建了上海药物合成工艺过程工程技术研究中心,自2011年成立以来,连续两届受到上海市科学技术委员会的资助。今年我们在上海奉贤举办了绿色合成分论坛,该中心近3年承担的重大课题超过100项,完成55个重大医药产品的落地和10余款产品的开发落地,发表论文49篇,与行业横向合作合同额近2亿元,通过产研合作的平台进一步扩大了在全球的辐射能力,保证药物生产的绿色工艺处于行业的领先水平。

同时,我们和长三角国家技术创新中心、上海市科学技术委员会的工程中心、上海市生物医药科技发展中心也有长期合作。海南乐城一直是国内生物医药产业"先行先试"示范区,希望未来借助海南的优惠政策,能够与海南的高校院所和企业有更多的合作,加速产业的开发。

最后,预祝大会圆满成功,谢谢大家!

荷兰在生命科学和健康产业方面的创新与计划

Nico Schiettekatte　荷兰驻华大使馆卫生、福利和体育参赞

> 荷兰的医疗体系有150年的历史。荷兰的整个医疗产业是非常发达的,医疗国际化发展水平也是非常先进的。2020—2023年,荷兰政府制定了相关医疗政策,推动医疗健康领域实现功能性发展,为公民提供生命健康方面的支持。此外,荷兰不断深化创新模式,以创新性策略推动实现健康产业的发展为核心,开展生活方式、生命质量、治疗方案、长期疾病、痴呆症等中心任务。荷兰政府在整个医疗产业的生态系统构建中投入了很多资金,特别注重中小企业的发展,也十分强调多方的共同参与,包括与各类研究机构、创业者、企业等共同发展新的治疗技术和药物生产,提供医药方面的各类服务,实现非常有利的价值链,为创业者提供良好的合作氛围。荷兰王国在多领域的公共卫生合作方面已有长久的历史,在过去50年,与中国也建立了非常强有力的关系,荷兰期待在未来有更多的合作。

荷兰的医疗体系有150年的历史。根据2021年联邦基金会的数据显示,与其他11个高收入国家相比,荷兰排在前三位,特别是护理行业排在全球第一。荷兰的整个医疗产业是非常发达的,医疗国际化发展水平也是非常先进的。我们可以把荷兰比作通往欧

洲的门户，欧洲生命科学和健康产业的发展与荷兰息息相关，特别是把荷兰，尤其是阿姆斯特丹的医疗体系融入欧洲体系中。2020—2023 年，荷兰政府制定了相关医疗政策来推动部门发展，如 KIA（知识创新议程）旨在医疗健康领域实现功能性发展，为公民提供生命健康方面的支持。此外，荷兰不断深化创新模式。从之前 3 方面合作发展为现在的 4 方面合作，以创新性策略推动实现健康产业的发展为核心，开展 4 个中心任务，且每个中心任务都有非常明确的目标：第一是生活方式、生命质量；第二是治疗方案；第三是长期疾病；第四是痴呆症。

关于公司经营伙伴的战略目标，自 2012 年荷兰已经绘制了基本路线图，与不同的合作伙伴建立了相关机制，如发展策略、应对全球医疗挑战的计划、以数据为驱动的发展等。此外，在康复性和再生医疗方面，荷兰有很多公司部门的合作伙伴，在这些平台中共同推动了创新性生物治疗方案和各自的发展议程。以癌症的治疗、诊断为例，学术医疗交流、共同医疗机构、大学和学院共同推动实现癌症诊疗，荷兰还建立了创新中心，旨在实现一种可获得的评价机制，惠及更多人，使更多人参与其中，有效丰富生活方式、提升生命质量。

关于痴呆症的治疗，医疗教育机构、健康产业、社会、企业共同融入，建立全国性的诊疗机构，包括为医疗机构的参与者和患者提供多种类服务。在荷兰有 30 多家合作伙伴进行全方位产业链、价值链发展，如在不同的教育机构、学术机构、知识界、商业部门实现共同合作。在荷兰健康社会发展中，通常以数据发展和医疗整合来界定及减少阿尔茨海默病的发生。关于如何界定这种发展，在产业发展中，诺华、飞利浦、博健等不同的机构在相关项目领域深入探讨，推动公共和私营部门的投资和研究，有时将近 30%～40% 的投资被投入这些项目体系中，每年有数百万的研究资金来推动产业发展。

关于荷兰的资源投入。从 2013 年开始，由于研究和资源的整合，资金投入越来越多，中小企业在投资医疗产业发展中的比例也越来越高，成为非常巨大的部分。在生物医疗中，不只是生物医药，还包括医疗领域，中小企业过去几年在这些领域的创新取得了前所未有的发展。

关于具体的产业或项目是如何实现的，以一款小机器为例。这是一款药物分发机，可以帮助患者根据时间实时分发，使患者不会错过吃药的时间，而这只是很小的细节上的创新，也可以通过网络机制进行分发，从某种程度上为患者提供有效且简单的方式。在这个体系中，从长远来看中小企业的发展投入确实可以帮助患者，甚至一些小细节都可以推动整个产业的发展。

荷兰在整个医疗产业的生态系统构建中进行了很多投入，有超过 400 个社区共同出资金，加速健康产业的发展。此外，还有很多健康产业的技术支持创业者和其他生物制药、生物医疗机构等不同的组织参与其中。当然，还有与公私部门的合作，共同推动项目,这些都是荷兰提供的支持。在未来,随着创新的不断发展,荷兰政府决定注入更多的资金,即"国家发展资金",如在 2021—2025 年会投入 200 亿欧元在教育、气候变化、健康产业方面。关于生命科学项目,荷兰还将计划投入 8.5 亿英镑。在可再生资源和跨学科方面,荷兰也推行了实实在在的创新做法,需要其他产业或实践性的实验公司参与进来,包括与研究机构共同发展新的治疗技术和药物生产,提供医药方面的各类服务,尝试将所有的疾病共同管理,实现非常有利的价值链,为创业者提供良好的合作氛围。

展望未来,2022 年是特别的一年,今年是荷兰与中国建交 50 周年。荷兰王国在多领域的公共卫生合作方面已有长久的历史,在过去 50 年中我们已经建立了非常强有力的关系,不仅仅在生命科学领域,在整个健康产业中都与中国有着区域上的发展与联系,特别是与海南,荷兰也期待在未来有更多的合作。感谢主办方能够给我这个机会和大家分享荷兰在生命科学和生命产业上的创新和计划,非常感谢。

基因治疗行业发展面临的机遇和挑战

赵小平　上海天泽云泰生物医药有限公司 CEO/联合创始人、
军事医学科学院药理学博士

> 基因治疗是把特定的基因从体外导入靶组织或者组织里,进行替代性疗法、补偿、阻断,包括修正特定的基因,达到疾病治疗的目的。基因治疗行业如今有着重大的发展机遇,过去 10 年,基因编辑技术取得了长足发展,目前全球有 40 多款基因产品上市,我国也有多款产品上市及获批临床。此外,基因治疗获得了各国政府的大力支持。我国也集中修订了基因治疗行业的指导原则,各地方政府也相继出台配套支持性政策使基因治疗进入快速发展期。基因治疗行业市场前景广阔,资本不断涌入,投融资总额不断攀升。基因治疗作为一项全新的技术也面临着诸多挑战,核心挑战包括:一方面,基因编辑和递送技术还不成熟、生产质控上也有很多需要解决的问题、政府监管方面也面临很大挑战;另一方面,基因治疗面临着商业化挑战。

基因治疗行业看似是比较新的领域,实际上在过去很多年都有着非常大的发展,只是这些年才进入产业化的阶段。基因治疗从本质上来说,它是把特定的基因从体外导入靶组织或者组织里,进行替代性疗法、补偿、阻断,包括修正特定的基因,达到疾病治疗的目的。总体来讲,一个人的基因里缺什么就补什么,错什么就改什么,多了就去除掉。从技术手段上有非常多的方式,如体外基因编辑项目,基因编辑技术应用在基因治疗领域有非常大的前景。

为什么基因治疗行业如今有着非常大的机遇？从技术的成熟度来讲，它从二代测序、基因编辑，包括把遗传物质作为递送手段的技术，在过去10年得到了非常大的发展，现在开始在各个维度上有成药的药物出现，包括在眼科、血液病、神经领域等的突破，都让基因治疗领域成功进入大众视野，并能够进入到整个治疗过程中。放眼全球，监管政策、地方政策，如美国提出的生物技术和生物制造在这个领域都发生了非常大的变化。政策助力高新技术研发和应用转化，加速基因治疗产品等新兴技术的产业化，让基因治疗能够蓬勃发展起来。基因治疗和细胞治疗一起被誉为下一代药物治疗的主要形式。

从技术的成熟度来讲，临床上比较多的是以腺相关病毒为主的应用。目前已有一些产品获批上市，中国也有一些产品在临床阶段。该技术在人体内有随访超过10年的安全性数据，同时这个载体能够安全递送基因表达，达到疾病治疗的目的。特别典型的一个案例是脊髓性萎缩病。患有脊髓性萎缩病的孩子从降生后就不能走路，一步一步变成多器官衰竭，最后死亡。但是当基因治疗产品上市后，该疾病得到了极大改善，甚至治愈，有的孩子在疾病治疗后能够走路、游泳、运动，基本达到完全治愈的效果。所以，基因治疗不同于传统的小分子药物或抗体药物，它有两个特点：第一，对于单晶遗传疾病，小分子和抗体药物解决不了，该技术却可以；第二，该技术在体内长期表达和操控，可以达到对疾病治愈的目的。因此，该技术和干细胞在未来再生领域的研究已颠覆了传统疾病治疗的模式。

目前市场上及研发领域主要是以2019年诺贝尔奖所表彰的基因编辑技术的发展和成药路径，这是基因治疗方向上生物技术成熟的方向。基因治疗目前的治疗手段和所覆盖的疾病治疗领域得到了极大突破，截至目前，全球有40款基因产品上市。截至2022年11月15日，我国共有2款溶瘤病毒治疗产品上市，13种以AAV为载体的我国自主研发的基因治疗产品获批临床，1种进口药获批临床。

对基因治疗行业全球的监管，政府的支持力度是非常大的。美国在2019—2020年间集中发布和修订了指导原则。而中国所有关于基因治疗指导原则的修订则晚了一年，发生在去年到今年，这说明在中国基因治疗的研发已经进入到了蓬勃发展的阶段，并进入药品监管的流程里，如海南省把干细胞、基因治疗作为新技术转化研究的重点方向；上海市科学技术委员会细胞治疗行动方案；深圳市基因编辑、基因治疗药物的"卡脖子"技术攻关等，这对未来3年内的基因治疗行业是非常大的鼓舞，基因治疗会进入快速发展期。

基因治疗行业的市场前景非常广阔，资本不断涌入，全球CGT投融资总额从2014年的50亿美元增长到现在的230亿美元。在中国，2018—2021年间基因治疗行业投融资事件63起，同比增长50%，金额从2018年的16.8亿增加至如今的243.3亿元，增长速度惊人。随着中国政策的利好，临床实验的广泛开展和科研技术的逐步推进，预计2025年，中国细胞与基因治疗市场规模将可能达到179亿人民币。

基因治疗行业目前蓬勃发展，收获了来自全球包括中国在内各个领域的支持，但是它面临的挑战也是非常大的。基因产品类型繁多，涉及各种各样的递送方式和遗传物质，需应对不同疾病领域的治疗，在技术上比较新，生产制造和工艺差异特别大，机制比较复杂，各界对其认知还处于摸索过程，商业成本也比较高。

目前，基因治疗在临床上面临两大核心挑战：第一，基因编辑和递送技术还不成熟。以 AAV 为回补的疗法技术比较成熟，但是基因编辑目前在人体内编辑的应用仍处于早期临床阶段。换句话讲，该技术手段和递送进入人体的实验仅有 2～3 年的时间，还需要很长的时间做技术改进，包括基因编辑的效率和工具大小问题、真实存在的脱靶问题、有效的编辑位点问题等。从转化研究来讲，大小的限制、疾病模型的可及性、免疫反应的临床管理是非常大的挑战。生产质控上也有很多需要解决的问题，基因治疗需要公司有多样的技术储备和转化能力。临床上的挑战主要是诊疗率较低，误诊率较高。临床上的挑战最突出的是以单基因遗传病为主，自然病史相对欠缺，临床潜在的安全风险高，如免疫原性高、有插入整合的可能。新型技术产品缺乏长期安全性数据的支持，也缺乏研究者的经验，希望大家对未来的随访有一定的了解，这是未来在真实世界基因治疗上能够突破和做更多工作的重要环节。在监管方面，因为基因治疗是最新的技术，从药品本身的生产质控、技术迭代到监管机构对此的科学认知，都面临很大的挑战，这是中国把基因治疗和细胞治疗的监管科学纳入了"十三五""十四五"规划里的原因，包括常见安全性防控和在与临床医生的合作方面都有非常大的挑战。

第二，基因治疗还面临商业化挑战。EMA 第一个商业基因治疗产品 Glybera 差不多一年卖 200 万美金一剂，多方面的平衡是基因治疗的策略。简单介绍一下我们公司的情况，我们是致力于把前沿基因递送、基因编辑和细胞技术转化为临床可及的治疗方案，目前公司已经有 2 款产品获得了美国资质认证；2 款产品获得了耳科认证；2 款产品通过了 VGE 的审批，公司本身的优势除了高速的转化以外，我们还有 2 个具有全球自主知识产权的平台，我们的研发中心在上海张江，北京有一个研发实验室，希望我们公司在基因治疗的赛道上更多地为中国乃至全球的患者服务。谢谢大家！

海南大学药学院助力海南医药产业高水平发展

罗海彬　海南大学药学院院长

生物医药是生命健康的重要部分，也是中国梦实现的重要保障。从制药大国走向制药强国，我们与部分发达国家仍有一些距离。海南省有非常多的海洋和陆地动植物资源，海口市也有 97 家药企，占据了海口市工业 GDP 的 37%。海口的药谷需要更多高水平的新药研发平台和人才培养基地，在政府、大学、企业的共同努力下实现更好的发展。海南大学药学院于 2021 年成立。虽然起步比较晚，但

> 在人才培养上有一定的优势，包括今年获得国家一流本科专业试点，获得发展改革委试点支持，建立院士工作站等。在海南省的大力支持下，海南大学药学院于今年率先搬迁至药谷，建设现代药学产业园区，助力海口医药产业的发展。海南大学药学院加大人才引育，有效提升了人才队伍水平；不完全照搬其他药学院，突出海南大学热带地区的海洋生物资源的优势，就地取材、因地制宜。海南大学药学院希望未来在4个方面持续发挥作用：提供设备共享平台，提供新药创制技术，提供成果转化，提供人才培养。海南有需求，海大有作为。海南大学药学院旨在打造一流的新药筛选和设备平台，为海口新药研发水平的提升做出贡献。

人民健康是中国梦的重要标志和根本保障。没有全民健康，就谈不上中国梦实现。在中国梦实现过程中会遇到很多问题，如以恶性肿瘤为首的重大疾病及以新型冠状病毒感染为首的突发新发传染病给全球政治经济及社会稳定带来了非常大的影响。海南2025年封关，作为"一带一路"的支点，大量的人流和物流到达海南，海南是否做好了人才、技术、平台等各方面的储备呢？

生物医药是生命健康的重要部分，也是中国梦实现的重要保障。目前，很多药和设备要依靠进口，假如中国和美国陷入严重的对抗后会出现什么样的情况。现在俄罗斯碰到的问题，很有可能是下一次中国碰到的问题。在中国梦实现过程中，中国已经成为仅次于美国的医药大国，但从2017年的比较数据来看，中国最好的医药企业跟美国的医药企业相比仍有非常大的差距。因此，我们要成为医药强国，可能要分3个步骤完成，即从现阶段的积累到崛起再到跨越，未来有更多的原始创新药物，我们才能真正意义上成为一个医药强国，支撑起中国梦的实现。我们希望从以仿制为主走向创新为主，从制药大国走向制药强国，欢迎更多的有志青年加入生物医药行业。中国很多行业做得非常好了，如高铁行业，但是生物医药领域很缺人才，相对于部分发达国家仍有一些距离。

实际上，我们在新冠疫情期间也做了一些粗浅的工作，在下一次疫情到来时，有望研发出一种应急药物。我们使用了特殊的超算算法，进行了大规模精准筛选。我们的药物除了抗病毒，还有抗凝血功能障碍的作用，使其处于比较安全的水平。我们也做了100多次临床试验，发现患者出院时间平均提前4天。该成果提交了美国一个医学大奖，获得提名奖。这一套技术完全可以在突发新冠或遇到生物战争时，使我们找到快速应急药物。我们的研究间接导致了美国3所大学对该药进行了试验，密歇根大学完成了试验，治疗效果非常好，没有一例死亡。

海口是一个非常特殊的城市。海口市有97家药企，占据了海口市工业GDP的37%。海口前几年的生物医药产值都在一路攀升，至今有300亿左右的规模。尽管海南生物医药领域有非常好的基础，但也有需要改善、完善的地方。6月2日，海南省委书记主持会议时提出,有必要从 400 亿发展到 1000 亿,打造千亿集群。为此应该做好以下几方面的工作:一是引进高端研发人才,我们要向上海学习,上海有非常多的医药企业做得非常好;二是新药研发链上有比较大的欠缺,如化物库、CMC 平台、GLP、GCP 等在海南仍比较缺乏,海南更多的是药品和生产,我们还需出台鼓励创新的政策。

尽管平台是比较匮乏的,但是海南也有一个非常好的优势,它有丰富的海洋和陆地动植物资源,如上海的 GV-971 就来自海南。上海的张江高科技园区是"政产学研"的典范,打开张江高科技园区的地图可以发现,在中国科学院上海药物研究所和复旦大学药学院周围就有很多大型药企,如拜耳、药明康德等。"他山之石可以攻玉",海口也有一个地方药谷,张江高科技园区所打造的"政产学研"典范有非常多值得学习的地方。

海南的药谷有许多需要发展的地方,如设备的共享平台、新药研发的技术和成果转化、人才方面也有较大的需求。海南药学院数量有限,所以,海口的药谷需要更多高水平的新药研发平台和人才培养基地,在政府、大学、企业的共同努力下,实现更好的发展。海南大学也要努力发挥一定的角色功能,助力海口医药发展。

介绍一下海南大学药学院的情况。2004 年成立制药工程专业,2014 年在海洋学院成立药学本科,2018 年沈书记调研时提出不能没有药学专业,因为海口有这么多的生物医药企业,没有药学专业是不合适的,最终在 2021 年成立了药学院。今年获得国家一流本科专业试点,也获得发展改革委试点的支持,支持药学院成立新药筛选和研发平台。虽然起步比较晚,但是在人才培养上有一定的优势。李松院士也加盟了海南大学药学院,设立了院士工作站,每年来这里工作 3 个月。

我们也希望通过努力尽快达到国内类似于武汉大学、苏州大学的水平。我们很有底气,因为省里给予了大力支持。我们希望走进药谷,我们是海南大学第一个药学院,也是海南大学搬迁到药谷后第一个学院。我们在 11 月 6 日整体搬迁到药谷,将学院建在园区,打造现代药学产业园区,助力海口医药产业的发展。

要加大人才引育的力度,实现人才倍增,通过高位嫁接,提升人才队伍水平。药学院最初只有 27 人,通过 1 年的努力,现在有 54 位老师,我们希望 2 年内达到 100～120 人,超过全国平均药学院的水平(约 70 人)。我们构建了多个新药研发平台来提升学科水平。搬到药谷后,我们希望按照教育部的要求建设现代产业学院,可以与企业实现高度共建共享。如果企业有什么需求,或招聘存在困难,完全可以与海南大学药学院对接招聘人才,我们有 2.3 亿的设备,可以共享设备,我们按照中国科学院上海药物研究所的仪器设备进行购买,也会按照新药研发链来打造。打造新药研发的 6 个平台是将来主攻的领域,依托海南特有的动植物和海洋资源进行海南特色疾病药物研发。我们认为不能完全照搬其他药学院,应当突出自己在热带地区的海洋生物资源的优势,就地取材、因地制宜。

海南大学药学院希望走进药谷,将学院办在园区,希望在 4 个方面发挥作用:我们提供设备共享平台,提供新药创制技术,提供成果转化,提供人才培养。海南有需求,海大有作为。将学院办在园区,就是学校办学宗旨的直接体现。我们进入到园区,旨在打造一流的新药筛选和设备平台,最终为海口新药研发水平的提升做出贡献,谢谢。

3 圆桌论坛

圆桌论坛围绕"先行先试"政策创新、医药研发创新、健康产业高质量发展等主题展开研讨。

主 持 人:
闫路恺,博鳌乐城国际医疗旅游先行区管理局宣传部长。
对话嘉宾:
刘中民,同济大学附属东方医院原院长、俄罗斯工程院外籍院士;
Daniel Brindle(贝德年),诺华集团(中国)总裁;
倪　峰,上海现代制药股份有限公司副总裁;
Nico Schiettekatte,荷兰驻华大使馆卫生、福利和体育参赞;
赵小平,上海天泽云泰生物医药有限公司CEO/联合创始人、军事医学科学院药理学博士;
罗海彬,海南大学药学院院长;
李积宗,上海市生物医药科技发展中心主任。

闫路恺:圆桌论坛分为两大部分:第一部分,我们谈一些相对务虚的政策方面问题;第二部分,我根据大家的领域提一个相对具体、具象、开创性的问题。第一个务虚环节,我有3个方向跟各位探讨。今天的论坛作为未来科技创新论坛,大家对于下一步生物医药健康发展的方向和趋势都非常关注,基因编辑、基因检测、液体活检、AI等都成了现如今生物医药产业最前沿的关键词。那么在各位的心目中,你们认为未来生物医药、生物健康产业发展的趋势是什么,关键词是什么?我们先请罗院长来发言。

罗海彬:我觉得AI是非常重要的方向。新药研发周期约10年,花费约10亿美元。因此,无论是时间,还是研发成本上都有非常大的空间,如果能将时间缩短,费用降低是非常好的。从我的方向来讲,AI技术应该会对将来的新药研发有提升,现阶段未必明显,但是5年、10年甚至更长的时间可能会有长足的进展。

李积宗:我们的单位主要是做管理和服务的,具体的技术我说得不一定非常专业,但是我谈一下自身感受。未来做生物医药一定要把握大局、把握大势、顺势而为。有一些行业你可以做到全球第一,但很可能用处不大,就像现在没有人买磁带,你可能做到这个领域的第一,但是它已经被时代淘汰了。所以,第一是顺应大局、顺应大势,在我看来,小分子药是不可能被替代的,因为它会解决很多现实的问题,不可能一个小毛病就需要生物药。

第二,生物药的比重会逐步增加,从哲学上也有它的道理。无论你用中药还是小分子药,都需要对身体细胞进行调控,随着现在各个学科技术的突飞猛进,随着各个学科的交叉,就像罗院长讲的AI,这是非常重要的方向,随着底层技术、学科交叉融合带来了这么便利的条件,我相信这会进一步促进生物技术的发展,我们把很多生产做成植物的反应器、生物的反应器,可能会颠覆之前对生物医药的判断。

很多时候我们有两方面问题:一个是自我设限,另一个是自我膨胀。自我设限是你没有认识到自己的潜质,没有挖掘自己的潜力。第二个是自我膨胀,生物技术的风险很大,你认为通过你的技术可以完全掌握它的未来、完全预测它的结果、完全把风险控制在认知之内,其实很可能不是这样的。这就是没有控制和自我膨胀,就像之前的基因编辑,可以认为这个小孩永远不会得HIV,但是不清楚未来会不会有其他不可控的疾病。

总之,第一,原始创新是医药及其他领域最根本的。你现在看到的趋势,如果没原始创新,没有多年的积累,你认为的趋势和创新也是跟随别人的,可能是国外大企业10年前甚至20年前就已经布局的,你现在才认为它是最新的,其实不是,因为你没有基础研究。第二,人才。没有人才什么都做不了。第三,政策。海南有这么好的政策,有人才、有基础研究,政策跟不上就会制约发展。所以,一共3个方面:第一是原始创新,第二是人才,第三是政策,并在把握大势的基础上开发新药。

闫路恺:倪总,您怎么看待未来生物医药的发展趋势?

倪峰:刚刚罗院长和李主任谈到了新药开发的基本要素,我非常赞同。我原来从事科研工作,现在分管新药制药研发。从研发人员的角度,未来生物医药的发展不能脱离两点:第一,生物医药最终导向是一款临床产品,一定要瞄准临床需求;第二,药品的开发并不是一个新的东西,有句话叫"从人民中来到人民中去",药品也是一样,药品要"从生命中来要生命中去"。这个论坛非常简短,但是讨论了很多技术,包括基因编辑等,其实小分子只是人类基本组成的一个切块,如基因的基本组成是核酸,包括多糖、多肽等,这些基本物质大多直接来自于人体,并不是我们创造的。尊重生命,才能更好地服务于人类的健康。

另外一点,刚才在我的报告里也讲过。一些药物递送,包括新型冠状病毒的核心是核酸类的结构,但是RNA并不是技术中的难点,更难的可能是递送。递送来自于磷脂,磷脂是人类细胞最基本的成分。我们将各个学科包括分子学、药物化学、计算机科学等所有学科和工具结合在一起,瞄准临床需求,深刻了解生命本身的机制,才能发现最好的药物。

赵小平:我完全赞同倪总说的。生物技术只是手段,这些技术手段的应用无论是小分子药物、以靶点为导向的抗体药物，还是在基因层面做操控，本质上都是为了解决临床需求。为什么我们认为基因和细胞治疗是下一代生物医药，因为除了小分子药物和抗体药物，有很多没有被满足的临床需求可以通过基因层面的编辑、操控、再生，去解决它的问题。所以，我们有这样的需求，要做好生物技术的转化，转化研究会变成全球维度上要做的事情。真实世界的研究，需要我们了解疾病，过去这么多年我们通过二代测序探索出很多遗传性疾病，只有在转化的过程中把这些基因和疾病表型，包括未来需要的治疗、药物弄清楚，才能很好地做转化。很多转化概念过去已经十多年，实际上真正做好转化是非常难的事情，要对技术本身很了解，了解它的风险，这是转化最重要的点。人们都知道这个技术好，但是你要知道它的风险，才能做好评估，利用各种各样的手段做好兜底研究，才能使其正确转化，增加药物开发的成功率，才能够惠及患者。

总结一下，像我们做新技术，不要太以技术为导向，还是要以临床需求为导向。比如一个小分子药物解决这个疾病已经做得很好了，但为了技术创新而做适应证是不合适的，为什么大家都从致死性的罕见病出发，这种情况下本来又无药可治，能够对他有所治疗、能够让这些患者存活、能够高质量存活本身就是一件非常伟大的事情。所以，从临床需求出发来选生物技术是接下来要通过很多研究来做的事情，对新技术的临床转化是非常难的，也需要大家去做，最后能够增加这些技术转化的成功率，而不至于因为一个适应证把一个技术打到谷底。

闫路恺：还是以临床需求为导向，接下来我们把问题抛给线上的Nico Schiettekatte先生。我们和荷兰之间有很多缘分，荷兰的生物医药周期比较长，已经有150年了，请问您怎么看待全球范围内的生物医药和生物健康产业的发展？

Nico Schiettekatte：非常感谢主持人的介绍。目前全球范围内，HIV、阿尔茨海默病等疾病有50%的概率得以治愈，如糖尿病治愈率在2019年得到了很大的提高，阿尔茨海默病在2020年也实现了很大的突破，这些在我的演讲中也提到了。我的观点是未来全球健康产业会实现重大突破，主要是重大临床病症，包括我们采取一种精准的诊断和预警机制，这些都非常重要，我特别同意其他嘉宾所提到的，现在人工智能领域的应用的确非常多。

闫路恺：第二个问题，对于海南来讲，在海南自由贸易港的背景下，未来我们为健康产业服务也是非常重要的命题，所以有了博鳌乐城，有了海口国家高新技术产业开发区，有了海南大学药学院。几位怎么看待上海的经验和模式，它是否能够在短期内被海南所借鉴，对海南有什么发展上的建议？先请上海的朋友发言吧。

赵小平：我对于海南寄予非常大的希望。因为我们公司做的是新技术，无论是细胞治疗还是基因治疗。目前我们做的主要是适应证领域，一个是罕见病，另一个是老年疾病。短期内从我的内心出发，我希望在海南做点事情，或者跟海南一起做点事情。海南

"先试先行",在罕见病方面,从国外引进一些产品做真实世界的研究,这对研究型医院是好的。我们未来做基因治疗和罕见病,是不是也能够在海南的医院?因为大家在之前做了真实世界的研究,包括患者真实世界的数据搜集等,对我们来讲也是临床试验的推进,惠及全世界的患者。

对于退行性疾病,海南在这个领域也是这样的。在真实世界,中国人群长期所处的环境,疾病的发病、数据的搜集,海南在这方面做了很多数字化医疗,可能未来对我们药物研发的来讲是一项基础数据的搜集。同时,也希望通过"先行先试"加快临床试验。未来如果有机会在国外进行审评审批,把这个药用在中国患者身上,也是我们希望看到的。

海南在生物医药上有"大健康"的概念,在很多新的医疗融合上可能做出它的特色,我们在上海创新的氛围特别浓厚,希望我们在创新上有所突破,能够跟海南合作。

闫路恺:第一个方向是以政策优势为依托,有更多的创新项目;第二个是创新能力,基于人才和团队,所以您打算什么时候来?有请倪总发言。

倪峰:海南有"先行先试"的好政策,尤其是一些创新产品,这几年受疫情的影响,一直没有机会来。之前跟海外的科研公司的创新产品进行对接,当时考虑到海南有这么好的政策,新药开发的过程是非常漫长的,而且投入比较大,是不是能利用这个政策,先把这个产品在海南进行临床上的突破,论证它的药效和安全性,这会加速我们对一些产品合作和开发的进程,降低风险。这次来也是非常好的机会,后续我们在创新产品的开发,包括临床方面都可以合作,我不知道海南有没有这方面的专门办事机构,可以推介临床上的工作,能够加快我们的产品在国内的落地。毕竟国内的市场是非常大的,从国外通过海南引进再用到患者身上,国内有的创新产品是不是享受这样的政策,能够加速临床的落地。

海南在我的印象中环境非常优美,我不像罗院长一样在这边工作,业余时间也来海南旅游度假。海南非常适合介入一些治疗产品和医养结合,国内一些企业包括国药集团下面的子企业在海南也有康养项目的布局。一些干细胞产品是我们目前比较看好的方向,人们在放松的环境下,能够调理身体,保证健康。

说到人才建设,我们也了解到沈书记在海南坐镇,上海很多人才通过柔性引进的方式,通过周末在海南的研发机构和临床医院开展工作,慢慢形成良好的氛围,通过人才、产业、管线、技术平台推动海南的医药发展。我相信在不久的未来,海南在国内医药行业有着举足轻重的地位。

闫路恺:放眼全国,海南对人才的吸引力度是比较大的。罗院长讲了,我们引进了院士,在这里工作3个月,待到180多天就可以享受免税政策。我来回应倪总讲的,国内创新药是不是有一个加速上市的通道,因为博鳌乐城成立了海南省真实世界数据研究院,它的平台目前主要是针对国外的创新药。从国家药品监督管理局的层面来讲,还是希望国际创新药进入国内市场,"十四五"规划的最后一点是希望国内药通过全球多中心研究到国外注册。但是现阶段还没有放到国内创新药,这是下一步应该探索的。有请李积宗主任发言。

李积宗:在谈具体想法之前有 2 点:第一,我们一直在讲生物医药,生物医药和生命科学不是等同的。生命科学研究生命的本质和规律,生物医药是解决患者的问题,满足临床需求的,二者是不一样的。没有生命科学的深入研究就没有生物医药,生物医药只是生命科学研究的一部分;第二,我们一直讲政策"先行先试",既然是"先行先试",必然有"后行后试",怎么在时间窗口里把局面迅速打开?不可能所有政策只在海南,它是有时间段的,不可能 10 年、20 年都在海南"先行先试",现在"先行先试"政策不仅对上海,对全国其他地方的吸引力也是非常大的。我跟赵小平说有一个会,我们到海南一起过来交流一下,她没有犹豫就同意了,就是因为海南有"先行先试"的政策,这是政策红利,也是区位红利。地理优势是不变的,但是政策优势是变化的,也有一定的危机时间,怎么利用时间窗口来打开局面,这是不一样的。做生物医药产业需要的是高品质的药物,我们不需要低水平模仿的药,如果大家都来做,已经有 5 个获批临床,而你已经排在 10 名开外,那么我们不需要这样的药,这对我们的临床资源和资金都是极大的浪费,而且将来极有可能没有市场。为什么是极大的浪费?因为患者数量是有限的,研发挤占了临床资源,迟滞了水平较高的药的研发进度,这不是我们希望看到的。我们不希望 PD-1 扎堆,也不要被资本绑架,我们自己开发新药,很多时候一直"踩油门",实际上"刹车"很重要,如果你判断出这种药的市场前景不好的时候,就需要"踩刹车"了,这是我对新药开发的总体看法。

接下来正式回答一下问题,上海和海南多年来有很好的合作,没有一个地方可以将整个创新产业链吃下,大家应该发挥各自的优势。我们要发现真正的人才,真正发现人才,跟他们合作,要发挥人才的特长。上海在基础研究人才方面优势明显,无论是院士还是高水平的学者、临床医生。第二个优势是大科学装置。第三个是国家机构,我们有三大国家实验室,国家实验室而非国家重点实验室,国家实验室是立足国家战略的,我们有国家新药实验室、人工智能实验室、芯片实验室等,立足于未来 10 年或 20 年以后的。很多时候我们更多的是拿来主义,其实我们应该多学无用之用的知识,做一些无用之用的研究,这才是 10 年、20 年以后用到的。当下有市场就交给市场解决,财政的资金用来布局未来、服务中小企业和科学家。

另外,在大的平台方面,特别是生物医药,我们有生物医药公共服务平台,也有制剂平台。有一些是前瞻布局,像中心自己所做的细胞治疗平台是 5 年前建设的。我们要将财政资金发挥到极致,它的作用是做好服务、做好布局,不是为了今天投资,明天赚钱,如果为了这样就应该投资快上市的企业,我们要让利给中小企业、高校、研究所和学者,让它们快速成长。小企业、研究者应该给资金,大企业应该给政策。大企业到市场上谋钱，不应该到政府这里申请资金，特别是一些上市公司，募集了很多钱，应该用资金做研发，我们的资金应该给罗院长，因为学校到市场上拿钱是非常困难的，是有公益性的。但是企业不一样，企业是盈利的，要自己先生存才能回馈社会，首先要活下去，没有一个企业说不以营利为目的，那就不叫企业。所以，这是平台上的优势。

最后，服务和效率非常重要。虽然好的政策、好的区位，但是服务也要到位。如果提出的问题都能被高效解决，那我们就能吸引到上海的人才。

总结一下，我们要把握好做生物医药的使命是什么，很多时候我们走得远，路走下来也很快，但是不清楚到底是往哪个方向走，出发的目的是什么。借用比尔及梅琳达·盖茨基金会郑志杰先生的一句话，工作是复杂的，但是初衷是简单的。我相信做生物医药产品的企业不完全是为了赚钱，我们作为生物医药企业，无论是研发者还是参与者、服务者，都要坚守自己的使命，发现真正有价值的产品，真正惠及患者，守护老百姓的健康。

闫路恺：谢谢李主任，我看罗院长已经迫不及待，请您来谈一谈怎么把上海的人才和资源跟海南共享？

罗海彬：上海的资源有其得天独厚的条件，我有4个想法跟大家分享一下。

第一，虚心学习。刚才我为什么介绍了张江高科技园区有那么多的大药企，反思一下海口为什么没有，原因在哪里？这非常值得我们思考，我们需要向上海学习，学习别人做得成功的地方。我最近也花了很多时间调研，发现了一个问题，上海在新药的供应链、研发链、人才链、物流等各方面都做得非常好。再来看海南，我们在供应链、研发链及人才链上都有相当大的欠缺。当然了，我们要承认自己有这样的问题，才能虚心向别人学习。另外，我们是岛屿经济，在物流各方面没办法跟上海相比，我们要先认清自己、承认差距，认真而虚心地向上海学习。

第二，打造平台。这是供应链和研发链的问题，实际上很多国际大药企没有在海南开办分店，很大原因是海南不具备开展研发的各种要素。我们没有上海"两片一脑"的布局，也没有重大的仪器设备，很多新药研发的要素平台，我们都比较缺少。如果我们想要吸引大的药企，就要痛下决心，花大力气引进或合作，把这些平台逐步打造起来。如果不具备这些平台，我们怎么吸引别人，别人来了的意义又是什么？人家在上海过得好好的，凭着一股热情来到海南，来了以后要稳定，要发展。所以，平台非常重要，我们应该虚心向上海学习需要哪些必备要素才能做好这件事。

第三，吸引人才。上海汇聚了太多人才，我有非常多生物医药领域的朋友，他们来自中国科学院上海药物研究所、国字头的新药研发企业，还有国家实验室等。脑科学和生物医药的水平已经到了国家层面。上海有这么多的人才，除了中国科学院上海药物研究所，还有华东理工大学药学院、复旦大学药学院等，政府在这个层面非常重视人才，尤其是生物医药人才的培养，人才不是一天两天就培养出来的。海南有一个问题，虽然公司在这里，但是招不到人，甚至产业工人都不多，海口还没有一所专门针对生物医药的大专院校。但并不影响海南仍是一块热土，假如上海有 90 分，我们可能只有 20～30 分，上海再往前进需要很大的努力，上海招聘一个人的费用很高，但我们有一个优势，虽然我们跟上海有很大的距离，但是我们前进一大步就很开心了。我不是说海南很落后，而是说我们有很大的空间，要打好基础，平台和人才是引进国际大药企和国内大药企的先决条件，如果没有这些条件，只靠一腔热情是很难的。

第四，落实政策。其实海南有很多好政策，如企业 15% 的税收优惠政策，来料加工、购买设备的政策等，足以吸引很多医药企业。政府需要想一想怎么出台更有利于落实的政策。我们有了自贸岛的政策，法无禁止皆可为。我们怎么把好的政策用好很重要，不应只看国内哪个省市有什么政策，而是要想一想哪些政策可以有所突破，制定有利于海南生物医药产业发展的政策。

总结 4 点：第一是虚心学习；第二是打造平台；第三是多吸引人才；第四是落实政策。

闫路恺：由于时间原因，对大家提的问题请简短回答。第一个问题，赵小平赵总，对于基因治疗、基因编辑，包括干细胞领域，目前仅限于临床研究的阶段，转化应用方面，在乐城只铺开了 4 个小样本，你怎么看待背后的原因，为什么临床推这么慢？

赵小平：每个技术的成熟需要时间，如以 AVV 为递送的回补技术，在 1999 年前后经历了低谷期，因为有患者死亡，后面的 10 年在递送上大家没有找到特别合适的递送 DNA 的技术。很多人都能想到经过二代测序发现这些小孩带有遗传病，从 DNA 修正是最直接的方法，但真正做的时候需要用各种各样的递送。递送才是难点，用什么把 DNA 递送进去，做成安全、可靠、有效的药物。我们过去做了尝试，直到 2012 年前后，发现相关病毒的递送是比较理想的方式，因为它在体内不会任意组合，同时可以自我复制，侵染之后可以持续表达，在免疫上有比较大的优势，与人是共存的状态。大家发现这几点之后，觉得这是比较理想的过程，才开始慢慢地尝试做成药，还只是做单基因的罕见病。在这个过程中，第一个是技术的正确选择，第二个是适应证的存在，人们不断探索技术的安全边界。目前 AVV 回补作为一个公认安全的递送手段，能够治疗疾病，现在开始从罕见病向常见病扩展，这就是未来的发展方向。

闫路恺：核心是安全和有效。

赵小平：还有质量可控。

闫路恺：展望下一步还需要时间。

赵小平：对。

闫路恺：接下来的问题由于时间原因，请每位嘉宾精炼在三句话以内回答。请问倪总，生物医药产业和生命健康的发展，会发现存在几个问题。几大国际创新药的专利在国外，绝大多数的国际创新器械设备需要靠进口，对于绝大多数临床指南标准的依托或原始素材的依靠来源也是国外。这种情况之下，中国医药企业在破解这几个难题中应该往哪些方面发力？

倪峰：这些问题不只是涉及生物医药领域，包括研究领域、基础研究领域都存在类似问题。国内的研发和产品跟风的行为特别明显，如某一领域容易发文章，容易取得成功，很多人就去做。这么多年来，国家的科学进步一等奖一直空缺，因为很多科学问题是一个综合性、交叉性、复合性的问题，涉及的知识并不只是一个领域，很多技术突破包括开发的产品有很多限制，如基因治疗是一个很好的治疗，但是你要解决递送，既要进得去，又要送得到，还要放得出，做出这个产品需要有很好的装备，很好的产业工人，以及很好的商业化团队。我们有一个激光打孔设备，这个设备开发到了第十代，我们也买了国外设备进行比较。虽然我们能够做出来，但是一段时间后设备就不稳定了，在1000片药里有2片药片没有打孔，这对于高血压患者来说是极其危险的，这么高精度的设备，千分之二的误差是不允许的。所以，创新是非常复杂的，需要前沿的科技基础研究，我们要做一些基础储备，产业端也需要加强先进制造，还有其他的辅料、递送、新兴前沿技术等，结合起来才能实现一个完美产品，在临床上解决问题，保障患者生命安全。

闫路恺：请问李主任，您怎么看待外资企业在利用人力资源方面的监管以促进国内药企的新药研发？

李积宗：第一是要守好底线，法律法规不可突破；第二，要做好服务，一个是服务的效率，一个是服务的质量；第三是坚持问题导向，企业和机构到底需要什么，需要吃香蕉的人送苹果过去是没用的，不要自以为是，要深入一线；第四是做好宣传，宣传自己的服务内容、服务方式，还有对法律法规的宣传，我们也会对处罚进行宣传，一旦触碰了监管底线就要付出相当沉重的代价。

闫路恺：谢谢李主任。请问罗院长，刚才说到了新药生产和研发，海南还有2个特色——南药、黎药。下一步怎么进一步发挥南药和黎药的影响力，提升其产业价值呢？

罗海彬：国内有非常多的药材，南药已经被纳入国家体系，唯独黎药没有，因为黎药的传承靠的是口口相传，没有文字，所以没有纳入国家的医药体系。真正要做好南药和黎药，第一，政府要承认它们，很多黎医是不太正规的，我们要承认他们，做好文化传承。虽然黎药不能用自有的文字，但是可以用汉字；第二，做好规范。做好黎药的标准，有了标准才能更好地推广；第三，加大黎药的挖掘力度。现在黎药更多的是资源，可是没有人发表论文或者做试验，只是依靠自圆其说。所以政府是否能够出台政策支持黎药，把标准建立起来，投入资金和人员加大黎药的开发是很重要的。其实黎药有几味药的效果非常好，汉族人坐月子要一个月，而黎族人不需要，有一个很大的原因是当地有药材吃完了，3～5天就可以下地干活，这是汉族人做不到的。所以，民族特色药在自然界斗争过程中发挥了非常重大的作用，需要做好传承，将其进一步挖掘好、推广好。

海南大学药学院最近准备投入3000万元把黎药做好。我们尽可能搜集海南所有的黎药,搜集1000～2000种,做一个展览馆,把黎药分离提取好,对感兴趣的疾病进行筛选,进一步通过实验来观察黎药的效果,找到一些明确适应证的黎药来规模推广种植。

闫路恺:谢谢罗院长。今天最后一个问题交给线上的Nico Schiettekaffe先生,请您作压轴回答。从国际层面来说,未来如何推动荷兰跟中国海南博鳌乐城的合作,您认为在哪些方向采取哪些步骤可以进一步推动合作?

Nico Schiettekatte:谢谢您的问题。我们需要一个非常好的生态系统,能够促进创新的生物医药,使荷兰的创新也在中国发扬推广。有一些公司,他们在鹿特丹开展创新,也开创了一些新的诊疗方案,在中国也有业务。中国一些医药公司也在荷兰开展业务,也在荷兰开展临床测试。所以,在未来确实需要中国和荷兰在生命科学领域的合作。这是一定会开展的,也是我的一项工作,不只在北京的大使馆工作,在中国其他的领事馆,我们也会开展这方面的工作。我们在公共卫生、医疗、老龄化等方面有共同的挑战。今年是不寻常的一年,我们庆祝中荷建交50周年,在未来我们会进一步聚焦地区层面的合作,特别是希望加强与海南的合作,加快在生物医药方面的创新。

闫路恺:谢谢Nico Schiettekaffe先生,我们也期待早日在线下相见。今天我们花了大概40多分钟的时间跟大家进行探讨,我有3句话:第一,我们在探讨过程中发现问题是为了进一步研究、解决、进步;第二,作为全中国唯一的自贸港,我们持续看好海南接下来的发展,"风"从浦江传到自贸港,非常期待有更多的"风"到海南;第三,对于生物医药和生命健康产业,我们要以"生命至上"原则,把人民健康放在优先发展的战略位置,这是生物医药产业的根本遵循。以上是论坛圆桌论坛环节,感谢台上的几位嘉宾。最后请李主任做总结发言。

李积宗:时间过得非常快,今天的论坛已接近尾声。虽然今天的活动即将结束,但是我们跟海南的合作仍将继续,我们集聚健康资源,分享最新成果,探讨未来趋势,推动产学研合作,促进生物医药科技前沿与生命健康产业创新发展的合作仍将继续。我相信通过大家携手,一定能够发现真正有价值的医疗健康产品,也能够实现我们的初衷,一定能够守护人民的健康。我相信在后续的合作中上海与海南博鳌乐城一定会有非常多的成果展现给大家。同时,我们也欢迎海南的朋友明年6月13—15日到上海来,我们在国际会议中心继续探讨,再次感谢大家!谢谢。